GERHARD J. BELLINGER

IM HIMMEL WIE AUF ERDEN

SEXUALITÄT IN DEN RELIGIONEN DER WELT

Gerhard J. Bellinger

Im Himmel wie auf Erden

Sexualität in den Religionen der Welt

DROEMER KNAUR

Die Deutsche Bibliothek – CIP Einheitsaufnahme

Bellinger, Gerhard J.:
Im Himmel wie auf Erden : Sexualität in den Religioneen der Welt / Gerhard J. Bellinger. –
München : Droemer Knaur, 1993
ISBN 3-426-26502-8

Für Hinweise auf Veränderungen und Ergänzungen ist die Redaktion dankbar. Zuschriften an Droemer Knaur Verlag,
Postfach 80 04 80, 81664 München
Gestaltung und Herstellung: von Delbrück, München
Reproduktion: Repro Ludwig, Zell am See
Texterfassung und Filmbelichtung: Appl, Wemding
Umbruch: Ventura Publisher im Verlag
Gesamtherstellung: Mohndruck, Gütersloh
Printed in Germany
ISBN 3-426-26502-8

5 4 3 2 1

Inhaltsverzeichnis

Einführung

Die Existenz des Menschen als Frau oder als Mann prägt von jeher entscheidend seine religiöse Vorstellungs- und sinnliche Erscheinungswelt. Zudem sehen viele religiöse Menschen dieser Erde ihre erotischen Erfahrungen mit den Mitmenschen des anderen oder auch des gleichen Geschlechts in den sexuellen Erlebnissen von Göttern und Göttinnen in deren Götterhimmeln vorgebildet.

Das vorliegende Sachbuch »Im Himmel wie auf Erden« will über *das Männliche und das Weibliche* in den Religionen der Welt, über das Beziehungsverhältnis von *Sexualität und Religion* informieren, das in fast allen Religionsgemeinschaften seit der Zeit der Frühgeschichte bis in die Gegenwart nicht unproblematisch war und auch geblieben ist.

Der historisch-systematisch aufgebaute Band geht aus von den urgeschichtlichen Sippenreligionen und den bis in die Frühgeschichte zurückreichenden, z.T. heute noch existierenden Stammesreligionen und führt über die alten, jetzt ausgestorbenen Volks- und Reichsreligionen Afrikas, Vorderasiens, Europas und Amerikas zu den ebenfalls alten, aber noch existierenden Volks-, Reichs- und Weltreligionen in Mittel- und Hinterasien sowie zu den drei monotheistischen Weltreligionen des Judentums, Christentums und des Islams bis hin zu den neuen Religionsgemeinschaften der Gegenwart.

Die Reihenfolge bei der sexualwissenschaftlichen Darstellung einer Religion ist in allen 24 Kapiteln soweit wie möglich – auch wenn die Überschriften zu den einzelnen Abschnitten variieren – die gleiche, damit für den Leser ein Vergleich des Beziehungsverhältnisses zwischen Religion und Sexualität in den verschiedenen Religionsgemeinschaften erleichtert wird. Diesem »synoptischen« Vergleich dient auch das *Sachregister*, in dem z.B. unter dem

Stichwort »Beschneidung«, »Menstruation« oder »Polygamie« alle diejenigen Religionen (mit Seitenzahlhinweisen) genannt werden, die dazu eine wertende Stellungnahme abgeben.

Zu *Beginn* eines jeden Kapitels wird jeweils die betreffende Religion in ihrer Bedeutung und Verbreitung sowie nach ihrem Einfluß – auch auf das Sexualleben eines Volkes –, z. B. als Staatsreligion, kurz charakterisiert. Ferner wird auf die »heiligen«, autoritativen »Schriften« dieser Religion als auf die Primärquellen verwiesen, denen die Hauptnachweise dieses Buches vorzugsweise entnommen sind. Insbesondere belegen die *Anmerkungen* am Schluß dieses Buches die entsprechenden Zitationsstellen der Primärquellen-Schriften der Religionen. Alle für die Religionen fundamentalen *Primärquellen* sind in der Reihenfolge ihrer historischen Entstehung am Schluß des Buches in einer tabellarischen Übersicht zusammengestellt. Wohingegen das *Sekundärquellenverzeichnis* lediglich die Literatur allgemeiner Art zum Thema Religion und Sexualität enthält, jedoch nicht die bereits in den Anmerkungen zitierten Publikationen.

Nicht nur die heutigen Fundamentalisten der verschiedenen Weltreligionen (des Hinduismus und des Islams, des Judentums und des Christentums) in einzelnen Ländern wollen die reinen Lehren und Gesetze, wie diese in ihren »heiligen Schriften« auch für den Bereich menschlichen Sexualverhaltens vorgeschrieben sind, wiederherstellen, sondern auch viele andere religiöse Menschen sehen in diesen autoritativen »Schriften« die Hauptorientierung für ihr Leben, und darin eingeschlossen auch für ihr Sexualleben, vorgezeichnet.

Im Aufbau der Kapitel folgt dann eine Darstellung des Sexuallebens der *Religionsstifter und -stifterinnen* (bei Stifterreligionen). Die meisten Stifterpersönlichkeiten sind männlichen Geschlechts, und erst seit der Neuzeit treten auch Frauen als Stifterinnen von Religionen in Erscheinung. Jede Stifterpersönlichkeit hat ein besonderes Beziehungsverhältnis zu den Mitmenschen des anderen Geschlechts oder/und auch des eigenen. Es gibt Stifter, die ehelos blieben, wie z. B. der Jesus des Christentums, oder auch solche, die sich nach einer Heirat von ihrer Ehefrau getrennt haben und ein besonderes Verhältnis zu einem männlichen Jüngerkreis pflegten, wie z. B. der Vardhamana des Jainismus oder Buddha und Kung-tse. Es gibt prophetische Stifter und maßgebende Persönlichkeiten zu Beginn einer religiösen Bewegung, die in Vielehe mit zahlreichen Ehefrauen und zusätzlichen Konkubinen lebten, wie z. B. der israelitisch-jüdische Abraham und der Muhammad des Islams, der Bahā'u'llāh des Baha'ismus und der Joseph Smith der Mormonen, und die diese Vielehe mit einem göttlichen Offenbarungsauftrag rechtfertigten. Es gibt andere prophetische Stifter, die sich unter Bezugnahme auf ihren göttlichen Auftrag von ihrer älteren Ehefrau scheiden ließen, um eine jüngere Frau zu heiraten, wie z. B. San Myung Mun von der Vereinigungskirche oder David Berg, der Stifter der Kinder Gottes. Aber auch das Beziehungsverhältnis der Religionsstifterinnen zum anderen, dem männlichen, Geschlecht war nicht immer unproblematisch, wie z. B. im Falle der dreimal verheirateten Mary Baker-Eddy von der Christian Science, die von ihrem zweiten Ehemann geschieden wurde, oder wie bei Nao Deguchi, der Stifterin von Ōmotokyō, deren trunksüchtiger Mann sie mit ihren 11 Kindern sitzenließ.

Der sexuell als Frau oder Mann geprägte religiöse Mensch überträgt die geschlechtlich differenzierte Prägung der zweizelligen Lebewesen dieser Welt auch auf die Welt des Transzendenten, z. B. auf die Lebenswelt der Gottheiten, die er sich entweder *als Götter oder als Göttinnen* vorstellt, die hetero- und/oder homosexuelle Beziehungen untereinander haben, die als Gottheiten miteinander »göttliche« Kinder zeugen oder auch als Gottheiten mit Menschen Geschlechtsverkehr haben und auf diese Weise »gottmenschliche« Kinder in diese Welt setzen, aufgrund dessen letztere ihre Machtansprüche als irdische Könige und Kaiser legitimieren, wie z. B. der ägyptische Pharao. Bekannte Beispiele göttlicher, erotischer Ausstrahlung bieten der hinduistische Gott Krishna mit seinen über 16 000 Frauen und der griechische Göttervater Zeus mit seinen zahlreichen Ehen, Ehebrüchen und Liebschaften oder auch die den ersten Striptease vor den männlichen Gottheiten im Götterhimmel tanzende shintoistische Göttin Ama-no-uzume. Die Götterhimmel können von männlichen oder von weiblichen Gottheiten dominiert sein. Ersteres ist z. B. der Fall bei den Slawen und letzteres bei den Inselkelten.

Aber auch die monotheistischen Religionen des Judentums, Christentums und des Islams, die ihre jeweils einzige Gottheit als geistiges, nichtmenschliches Wesen verstehen, benennen diese »geschlechtsneutrale« Gottheit fast ausschließlich mit betont männlichen Sprachformen, wie z. B. »der Gott«, »der Herr«, »der Vater«, nicht aber auch als Mutter, und darüber hinaus wird im Christentum dieser einzige Gott, auch noch in den drei Personen als Vater, Sohn und Geist, fast immer in männlichen Abbildungen dargestellt.

In den meisten Religionen sind nicht nur die Gottesbilder männlich oder weiblich verstanden und gesehen, sondern auch das religiöse *Bild vom Menschen* und das von seiner Erlösung sind sexuell geprägt, demzufolge Männer und Frauen eine unterschiedliche Wertung erfahren, z. B. in der Unterordnung der Frau unter den Mann im Konfuzianismus und im paulinischen

Christentum. Im extremen Fall erreichen die Menschen nur als Männer das Erlösungsziel, hingegen nicht als Frauen, und wenn doch, dann nur über den Weg der Wiedergeburt einer Frau als männliches Kind. So kann z. B. nur ein Mann, aber keine Frau, die Buddhaschaft erlangen. Die (an sich »schlechten«) Frauen gelten sogar als »Verführerinnen« der (an sich »guten«) Männer und Mönche, so z. B. bei buddhistischen und jainistischen Mönchen sowie bei hinduistischen Einsiedlern. Und im Islam besteht u. a. wegen der verführerischen Reize einer Frau ihre Schleierpflicht. Im Gegensatz dazu werden andererseits in der Neureligion der Kinder Gottes Mädchen und Frauen als Lockvögel der Erotik eingesetzt, um durch dieses »flirty-fishing« Männer als künftige Mitglieder werbend »einzufangen«.

Fast jede Religionsgemeinschaft hat bestimmte Wertvorstellungen, das Sexualleben betreffend, und erläßt deshalb für ihre Anhänger diesbezügliche *Verhaltensnormen*, die von höchster göttlicher Autorität selbst angeordnet und sanktioniert sind und die u. a. Ehe und Ehebruch, Ehescheidung und Ehelosigkeit, Empfängnisverhütung und Abtreibung, Heterosexualität und Homosexualität betreffen. So übergibt z. B. der Sonnengott Shamash dem babylonischen Herrscher Hammurabi eine Gesetzessammlung u. a. mit sexuellen Geboten und Verboten, auch der zoroastrisch-parsische Hochgott Ahura Mazdā ordnet über seinen Propheten Zarathustra Sexualgebote und -verbote an. Insbesondere sind hier die 28 Sexualgebote und 66 Sexualverbote des israelitischen Herrn und Gottes Jahwe zu nennen.

Vorgänge des normalen Sexuallebens, wie z. B. Pollution und Menstruation, Geschlechtsverkehr und Geburt machen in vielen Religionsgemeinschaften die Betroffenen kultisch »unrein«, z. B. in der zoroastrisch-parsischen Religion, in der israelitisch-jüdischen Religion und im Islam, und die davon Betroffenen bedürfen erst der rituellen Reinigung, bevor sie mit den übrigen »reinen« Mitgliedern wieder zusammenkommen dürfen. Über Verstöße gegen sexuelle Tabu-Vorschriften mußte und muß von dem »Täter« ein (»Sünden«-)Bekenntnis abgelegt werden, nicht nur in Alt-Ägypten, sondern auch von heutigen buddhistischen Mönchen und Nonnen sowie von römisch-katholischen Christen.

Dieses Buch informiert ferner über *Sexualrituale*, wie z. B. die Feier der Geschlechtsreife, die Beschneidung an den Geschlechtsorganen von Jungen und Mädchen, die christliche Taufe als ein Vorgang des »Wiedergeboren-Werdens«, die Beischlafrituale im tantrischen Hinduismus, die Eheschließung mit Auftrag der Kinderzeugung, wie z. B. im Konfuzianismus, oder der ritualisierte Geschlechtsverkehr zum Zwecke der eigenen Lebensverlängerung im

Volks-Taoismus, die Witwenheirat oder Witwenverbrennung, ja selbst die Bestattung des Leichnams im »Mutterschoß« des Erdgrabes mit dem Ziel einer Wiedergeburt in ein neues Leben, wie es z. B. in den urgeschichtlichen Sippenreligionen und bei einigen Stammesreligionen üblich war und ist. Auch viele Feste und Feiern mit ihren sakralen Tänzen weisen eine sexuelle Prägung auf, wie z. B. die Kranichtänze der Mädchen oder die Phallustänze bei den Männern in Stammesreligionen oder die erotischen Tempeltänze im Hinduismus.

Mit der kulturgeschichtlichen Entwicklung von der Wirtschaftsstufe der Getreidekörnerpflanzer zum Pflugbauerntum hatte der Mann wirtschaftliche Bedeutung erhalten und war gleichberechtigt neben die pflanzende Frau getreten, die bisher eine überragende Stellung eingenommen hatte. Seit der Wirtschaftsstufe der Hirten und der Großviehzüchter sank dann die Rolle der Frau zu einer Randfunktion herab. Seit diesen Zeiten ist die Dominanz des Mannes nicht nur in Wirtschaft und Gesellschaft, sondern auch in der Religion vorherrschend. Seit diesen Zeiten stammesgeschichtlicher Entwicklung dominiert in fast allen Religionen der Welt das Männliche über das Weibliche, nicht nur in bezug auf die Religionsstifter, nicht nur bei Göttern und bei Religionsanhängern, in der Sexualethik und bei den Kulten, sondern auch bei den *Kult- und Religionsdienern.* So waren und sind nur Männer in leitenden und entscheidenden religiösen Ämtern als Gurus, Priester oder Mullahs, z. B. im Hinduismus und Sikhismus, im Parsismus und Judentum, im römisch-katholischen und orthodoxen Christentum, im Islam, Baha'ismus und Mormonentum.

Erst seit der Zeit des Zweiten Weltkriegs (1939–1945) ist in dieser Beziehung in einigen Religionsgemeinschaften ein Wandel im Hinblick auf eine Gleichwertung der beiden Geschlechter von Männern und Frauen erkennbar, so wenn in den bisherigen reinen »Männerreligionen« des Judentums und Christentums außer Männern jetzt auch Frauen zu leitenden Ämtern zugelassen werden, z. B. wenn im Judentum Frauen zu Rabbinerinnen ordiniert werden, oder wenn im evangelischen und anglikanischen Christentum auch Frauen zu Pfarrerinnen/Pastorinnen bzw. Diakoninnen und Priesterinnen ordiniert und in jüngster Zeit sogar zu Bischöfinnen gewählt bzw. ordiniert werden.

Die sexuellen Phänomene haben in der *bildenden Kunst* nicht nur die im Kult als Fruchtbarkeitsidole der Bodenbauer verwendeten Plastiken geprägt, sondern auch die Anlage der Bauten bestimmt: So waren z. B. die Ganggräber als »Mutterschoß« für die Wiedergeburt der Toten gedacht, oder es gab das

»weibliche Opferbett« als Opferstätte im Brahmanismus, und es gibt noch die »Schoßkammer« als Mittelpunkt des hinduistischen Tempels, oder es wurde ein »Raum mit neun Löchern« für das zoroastrische Reinigungsritual benutzt.

Die »wertende« Trennung der beiden Geschlechter führte bei einigen Stammesreligionen für die Männerbünde zum Bau der »Männerhäuser« und für die menstruierenden Mädchen und Frauen zu den »Menstruationshütten«. Eine abwertende Trennung der Geschlechter zeigte sich auch im »Frauenvorhof« des israelitisch-jüdischen Tempels und zeigt sich heute noch im Ausschluß der jüdischen Frauen aus dem Hauptraum der Synagoge bei orthodoxen Juden sowie für muslimische Frauen aus dem Hauptraum der Moscheen.

Sexistische Sprachformen gibt es in zahlreichen Religionen, d. h. unterschiedliche Wertungen des männlichen und weiblichen Geschlechts bei Gottheiten und Menschen. In den Sprachenkreisen der Erde erfolgt die Einteilung der Hauptwörter – einschließlich der Gattungs- und Eigennamen für Gottheiten – aus der wertenden Sicht (ob wichtig oder weniger wichtig) der Menschen vorwiegend als geschlechtiger Wesen.

In den Genussprachen werden die Hauptwörter mittels eines Systems angehängter Wortsilben in verschiedene Geschlechter eingeteilt, wobei meist das (starke) Stammwort, z. B. Gott, männlichen Geschlechts und das davon durch eine angehängte Wortsilbe, z. B. »-in«, abgeleitete (schwache) Wort, z. B. »Göttin«, weiblichen Geschlechts ist.

In den Klassensprachen werden die Hauptwörter zwar nicht wie in den Genussprachen durch ein grammatisches Geschlecht in männlich oder weiblich, sondern durch bestimmte, dem Stammwort vorgesetzte und/oder auch nachgesetzte Wortsilben in mehrere ebenfalls wertende Klassen- bzw. Formgruppen eingeteilt, z. B. in Personen, Tiere, Paariges, Großes usw. Eine besondere Art der Klassifizierung von Hauptwörtern geschieht nach der Unterscheidung in »höhere« Klassen einerseits und »niedere« Klassen andererseits, so z. B. bei den nordamerikanischen Irokesen, bei denen zu den »höheren« Wesen u. a. die Gottheiten und die Männer gezählt werden, während zu den »niederen« Wesen alles andere, darunter auch die Frauen, gehört.

Sexistisch ist auch eine Sprachregelung, wenn z. B. die Hauptlehre des Buddhismus aus Sexualvorstellungen formuliert wird, wonach die meisten – nicht alle – Wörter für die Schlüsselbegriffe des vorgefundenen negativen Zustandes der Erlösungsbedürftigkeit, dessen Ursachen die Grundübel, z. B. »Durst« und »Unwissenheit«, in der Pali-Sprache das grammatische Geschlecht des Weiblichen haben, ebenfalls wie die Wörter für »Geburt« und »Wiedergeburt«. Hingegen haben die Wörter für die Schlüsselbegriffe zur Bezeichnung der Hilfen auf dem Weg aus diesem (negativen) Zustand das grammatische Geschlecht des Männlichen, so die drei Juwelen: »Buddha«, »Gesetz« und »Orden«.

Wenn die religionsgeschichtlichen Ausführungen dieses Sachbuches über das – wie anfangs gesagt – fast immer problemhafte Verhältnis von Religion und Sexualität dazu beitragen, nicht nur Licht in die diesbezügliche Vergangenheit zu bringen, sondern auch für die Gegenwart und Zukunft in Lehre und Praxis der Religionsgemeinschaften eine problemfreie Gleichwertung des männlichen wie des weiblichen Geschlechts für alle angesprochenen Bereiche der Gottes- und Menschenbilder zu eröffnen, dann wäre dies ein Beispiel dafür, daß die Beschäftigung mit der Geschichte auch die Gegenwart und die Zukunft im Positiven zu ergänzen, ja zu korrigieren vermag.

Dortmund, im März 1993

Sippen- und Stammesreligionen

Am Anfang der Geschichte der Religionen steht die (eheliche) Gemeinschaft von Frau und Mann, die sich mit ihren Söhnen und Töchtern zur (Einzel-)Familie und in der weiteren geschlechtlichen Vermehrung der Generationen zur Großfamilie entwickelt. Mehrere dieser Großfamilien bilden die *Sippe,* die sich aufgrund der gemeinsamen Abstammung ihrer Mitglieder auf einen gleichen mythischen oder legendären Urahn männlichen oder weiblichen Geschlechts zurückführt. Obwohl die Sippe oft über weit voneinander entfernte Gebiete verteilt ist, hat sie doch wegen des gemeinsamen Ahnenkultes eine gemeinsame Kultstätte.

Auch der u. a. aus vielen Sippen zusammengewachsene Großverband eines *Stammes* führt seine gemeinsame Abstammung oft auf ein urzeitliches Stammelternpaar zurück, das die alle Stammesmitglieder verpflichtenden Stammesgesetze erlassen hat. Das Zusammengehörigkeitsbewußtsein dieser Menschen gleicher Kultur und Sitte, gleicher Sprache und Religion wird insbesondere durch die gleichen Vorstellungen und Riten im Ahnen- und Totenkult gestärkt.

Urgeschichtliche Sippenreligionen

Die in urgeschichtlicher Zeit, das heißt von den ersten Anfängen der Menschheit in der Altsteinzeit bis zum Beginn der Frühgeschichte (ca. 3000 v. Chr.),
entstandenen Religionen bilden die erste Phase der Religionsgeschichte. Diese älteste Religion der Menschheitsgeschichte ist heute nur noch durch Bo-
dendenkmäler – Grabanlagen, Höhlen mit ihren Fels- und Höhlenbildern,
Megalithe – sowie Funde der bildenden Kunst, wie Idole, nachweisbar.
Der Homo sapiens der mittleren und jüngeren *Altsteinzeit* (ca. 120 000–10 000
v. Chr.) lebte als Wildbeuter in Horden und wohnte in Höhlen oder unter
Felsvorsprüngen. Sein Denken und Handeln konzentrierte sich auf die beiden
Brennpunkte: Leben, einschließlich Überleben, und Tod.[1]

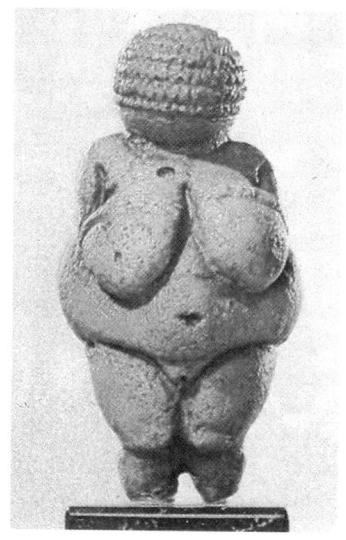

*»Venus von Willendorf« (Niederöster-
reich). Altsteinzeit. Wien: Naturhistori-
sches Museum*

Ahnmutter- und Sexualkult der Jägerhorden

Den Lebensaspekt mit Fruchtbarkeit und Sexualität dokumentiert eine Anzahl altsteinzeitlicher Plastiken nackter Frauengestalten mit stark betonten
Mutterattributen, wie Brüste, Schoß und Schamteil.
Eines der ältesten Menschenbilder ist das Flachrelief der »Venus von Laussel«
(25 000–20 000 v. Chr.) aus Kalkstein mit Spuren der Bemalung in Ocker.
Brüste, Hüften und Scham sind stark betont, ihre linke Hand ruht auf dem
vergrößerten, schwangeren Leib, und ihre rechte hält ein (Bison-)Horn mit
13 Einkerbungen. Ihr Platz an einem Felsüberhang und nicht in einer Höhle
ließ sie bei der Jägerhorde für den (Ahn-)Mutterkult als stets anwesend
erscheinen.
Ein weiteres Beispiel bietet die 1908 in Willendorf (Niederösterreich) gefun-
dene Kalksteinstatuette der »Venus von Willendorf« (ca. 23 000 v. Chr.) mit
Spuren von roter Bemalung. Auch bei ihr sind die Geschlechtsmerkmale
(Brüste und Schamteil) überbetont – im Gegensatz zu den vernachlässigten
Körperpartien wie Gesicht, Arme und Füße. Ihre kleinen Unterarme sind über
die nach unten ziehenden gewaltigen Brüste gelegt.
Auch die Elfenbeinfigur der »Venus von Lespugne« (20 000 v. Chr.) zeigt in
den Körperformen eine Überproportionierung der als Doppel-Ei gestalteten
Brüste und der eigestaltigen Lenden- und Gesäßteile. Ihre kleinen Unterarme
sind über die Brüste gelegt.
Es gibt über 100 kleine »Venusfiguren« von 5 bis 25 cm Höhe aus Knochen,
Stein oder Elfenbein. Diesen Statuetten in z. T. naturalistisch fettleibiger

Linke Seite:
»Venus von Laussel«
(Frankreich). Altsteinzeit

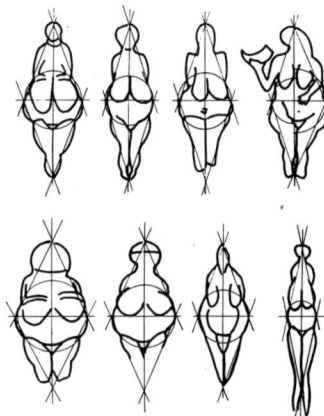

Innerhalb einer Raute gleichbleibender figurativer Aufbau der acht »Venus«-Statuetten von Lespugne, Kostienki, Dolni Vestonice und Laussel (obere Reihe), Willendorf, Gagarino und Grimaldi (untere Reihe)

Darstellungsweise und z. T. schematisierter Stilisierung wurden an verschiedenen Orten in Mittel- und Osteuropa, von Südfrankreich bis Sibirien gefunden. Bei ihnen ist alles Individuelle, insbesondere das Gesicht, nicht ausgeprägt. Hingegen sind die weiblichen Geschlechtskennzeichen, die »Zone des Gebärens« mit breitem Schoß und Schambereich und die »Zone des Nährens« mit den Brüsten, stark hervorgehoben. Die anderen Körperpartien sind mehr oder weniger vernachlässigt.

Fast alle Frauenfiguren zeigen, unabhängig von der Variationsbreite der Proportionen, den gleichbleibenden figurativen Aufbau einer Dreiteilung, die dadurch gegeben ist, daß innerhalb einer Raute ein Kreis eingeschrieben ist. Das heißt: Die gesamte Venusfigur ist in einer Rautenform gearbeitet, deren obere und untere Spitzen den Scheitel des Kopfes bzw. die zusammengefügten Füße markieren und deren beide seitliche Spitzen die äußeren Punkte der Hüfte tangieren. Im Mittelfeld umschließt ein eingefügter Kreis den Leib, von dessen oberem Rand die Brüste herabhängen, dessen unterste Seite die Scham tangiert und dessen Mittelpunkt den Mutterschoß markiert. Schon die Darstellung des nackten Frauenkörpers in der Form einer Raute, der Doppelung des Dreiecks (der Scham), ist ein Symbol des lebensspendenden Mutterschoßes, und die starke Hervorhebung von Schoß, Scham und Brüsten symbolisiert zusätzlich die Lebensbezirke des Gebärens und Nährens.

Diese Frauen, fast immer sind es reifere Frauen, Muttergestalten, sind die Verkörperung eines »weiblichen Anfangs als Zeichen des inneren Zusammenschlusses der seßhaften Jägerhorden«. Als Mutter der Horde, als »Ahnmutter«, von der die Mitglieder einer Sippe ihren Ursprung ableiten, wird die Frau als die eigentliche Quelle des Lebens angesehen. Als in der Altsteinzeit die Anzahl der Menschen noch klein und ihre Lebensdauer noch kurz war, boten die Frauen aufgrund ihrer Gebärfähigkeit die große Chance für das Überleben der Horde, der Sippe und des Stammes.

Da die Frau als Mutter das Leben an die nächste Generation weitergibt, stellt sie auch das Bindeglied zwischen den Generationen dar, zwischen den bereits verstorbenen und den lebenden.

In diesen hochschwangeren Frauengestalten verehrten die Wildbeuter des Aurignacien (ca. 35 000–20 000 v. Chr.) die gebärende und vermehrende Lebenskraft der Frauen, von denen die gesamte Horde, die Sippe und der Stamm abstammten, und in denen sie die Verkörperungen des menschlichen Sexuallebens sahen, durch das das Fortleben auch jener Ahnmütter garantiert war.

Diese Frauen-»Idole«, ungenauerweise als »Venusfiguren« bezeichnet, die eine frühe Form des Ahnmutter- und Sexualkultes der Jägerhorden des Aurignacien dokumentieren, verschwinden in der Zeit des Magdalénien (ca. 15000–11000 v. Chr.) und werden in der späteren Jungsteinzeit die Vorläuferinnen für die Erdmutter-Göttinnen der Ackerbauern.

Ein rätselhaftes Doppelbild ist das Relief der »Frau von Laussel« (25000 v. Chr.), auf dem ein fettleibiger nackter Frauenkörper spiegelbildlich verdoppelt dargestellt ist. Die beiden einander gegenübergestellten Frauenkörper sind in der äußeren Gestalt eines Ovals eingeschrieben, aus dem je ein kreisförmiger Kopf an jedem Ende hervorsteht. Da die Umrißlinie dieser Figurengruppe (seitenverkehrt) genau der stehenden Frauenfigur mit ausgestrecktem linkem Arm, der »Venus von Laussel«, entspricht, ist sie den vorgenannten Ahnmüttern vergleichbar, und der Doppelaspekt dieser Frauenfigur symbolisiert also die gebärende und vermehrende Urkraft der Ahnmutter.

Tanzender Zauberer in Bisonmaskierung, dessen erigierter Penis auf die vor ihm fliehenden Tiere gerichtet ist. Höhle von Trois-Frères/Ariège (Frankreich). Altsteinzeit

Der Jagd- und Vermehrungszauber in den Kulthöhlen

Da das *Überleben* der Wildbeuter in der Altsteinzeit von der stets schwierigen Nahrungsbeschaffung abhing, gibt es in den Höhlen aus jener Zeit eine Vielzahl von Bildmotiven der Jagd und der Vermehrung, Bilder, die auf die Fruchtbarkeit und Sexualität bezogen sind. Auch die geschlechtliche Dualität von Frau und Mann hat hier ihre Einordnung. Die enge Beziehung der Menschen zu den Wildtieren, ja ihre existentielle Abhängigkeit von den Tieren wird vor allem deutlich in den zahlreichen Darstellungen der Menschen in Tiermasken.

Die Felszeichnung eines nackten Mannes mit erigiertem Penis und in Bisonmaskierung (ca. 13000 v. Chr.) stammt aus der Höhle Trois-Frères im Département Ariège (Südfrankreich). Der aufrecht gerichtete und tanzende Mann bläst auf einem Musikinstrument (Mundbogen?), während vor ihm zwei Tiere flüchten.

Eine Ritzzeichnung auf einem Lochstab aus Hirschhorn (ca. 10000 v. Chr.) zeigt drei Männer in Gemsbockmasken, die in aufrechter Haltung emporspringend tanzen. Sie stammt aus Teyjat im Département Dordogne (Südfrankreich). Das Bild des »Zauberers« *(le sorcier)* mit Penis und in Hirschgeweihmaske, mit Gemsbart und Wolfsschwanz ist teils graviert, teils gemalt. Dieser mit halbgebeugten Knien tanzende Mann stammt ebenfalls aus der Grotte von Trois-Frères bei Montesquieu-Avantès (Pyrenäen).

Tanzender Zauberer in Rentiermaskierung, mit herabhängendem Penis. Höhle von Trois-Frères/Ariège (Frankreich). Altsteinzeit

Aus der ostspanischen Gasulla-Schlucht in der Provinz Castellón stammt das Bild eines tanzenden Menschen in Stiermaske und mit Schwanz.

Ein Wandbild aus der Höhle von Lascaux bei Montignac im Département Dordogne zeigt einen von einem Speer verwundeten Bison und vor ihm einen Mann in Vogelmaske mit erigiertem Glied, der (in Trance tanzend) rückwärts stürzt. Seitlich sieht man eine Vogelgestalt auf einer Stange.

Diese Abbildungen von tanzenden Männern mit z. T. erigiertem Penis und in den Masken von Wildtieren stellen Rituale dar, die das Jagdglück beschwören und die Vermehrung der Tiere bezwecken sollen. Da diese Rituale in vielfacher Weise denen der sibirischen Schamanen bei Jägerstämmen entsprechen, werden die dargestellten Maskentänzer oft als Schamanen bezeichnet.

Jäger in Vogelmaskierung, (zwischen zwei Bisons) mit erigiertem Penis, in Trance tanzend, rückwärts stürzend. Höhle von Lascaux (Frankreich). Altsteinzeit

Es ist verständich, daß, wenn die Jagd im Zentrum des Überlebenskampfes der altsteinzeitlichen Wildbeuter steht, ihre Rituale hauptsächlich mit Jagdglück und Vermehrungszauber zu tun haben. In diesen Jagdritualen wird ein Analogiezauber angewendet. Durch Tiermasken und in Tierverkleidungen will sich der Jäger die Eigenschaften (Stärke, Schnelligkeit, Fruchtbarkeit) derjenigen Tiere zu eigen machen, von denen er Teile ihres Körpers (Fell, Hörner, Klauen u. a.) als Maske am eigenen Körper trägt. So macht er sich dem Tiere gleich, überträgt dessen Eigenschaften auf sich und ahmt im Tanz das Verhalten der Tiere nach. In diesen Tierabbildungen und im getanzten Jagdritual wird vor der Jagd der Jagderfolg simuliert, um beim nächsten Jagdzug in ähnlicher Weise erfolgreich zu sein. Viele Fels- und Höhlenbilder stellen einen solchen Jagd- und Vermehrungszauber dar.

Der Zusammenhang zwischen Jagd- und Vermehrungszauber, zwischen dem Erlegen des Wildtieres und der menschlichen Fruchtbarkeit, zwischen Tod und Sexualität kommt in zwei Abbildungen eines Menschenpaares in sexueller Verbindung besonders drastisch zum Ausdruck. Aus dem nordafrikanischen Tiout, Sahara-Atlas-Gebiet, stammt die Darstellung eines in den Knien leicht gebeugten Mannes mit Pfeil und Bogen, der mit einer weiblichen Gestalt, die die Arme erhebt, durch eine Schnur verbunden ist, die von seiner Genitalregion zu der der Frau führt. Auch aus dem australischen Neusüdwales (Cumberland County) gibt es die Abbildung eines stehenden Mannes mit erhobenen Armen, mit strahlenartigem Kopfschmuck und einem Gegenstand (Tjuringa?) in der Hand, der mit einer liegenden Frau mit ebenfalls erhobenen Armen durch eine Schnur verbunden ist, die von seiner Geschlechtsregion zu der der Frau führt.

Jäger vollzieht beschwörend die Paarung als erfolgverheißende Einleitung der Jagd. Felszeichnung aus Tiout/Sahara-Atlas (Algerien). Jungsteinzeit

Die Höhlenbilder der Altsteinzeit befinden sich in den nicht immer leicht zugänglichen Kulthöhlen, in ihren engen Gängen und tief im Erdinnern.

Diese für die kultisch-magischen Analogiehandlungen notwendigen Bildsze-
nen zeigen nicht nur figürliche Darstellungen von Menschen und Tieren mit
Motiven der Jagd und der sexuellen Vermehrung, sondern auch einfache
Zeichen, die die geschlechtliche Dualität von Frauen und Männern symbolisieren. Die sexuelle Polarität des Männlichen und des Weiblichen ist eine der
zentralen Aussagen der altsteinzeitlichen Fels- und Höhlenbilder.
Diese Zeichen sind auf, bei oder zwischen den Wandbildern angebracht.
Dreieckige und ovale Zeichen, oft mit einem Mittelstrich versehen, werden
als Vulva gedeutet und einer weiblichen Symbolik zugeordnet, wohingegen
harpunenartige Zeichen als Hinweise auf die Jagdwaffe des Mannes verstanden und dem Kreis der männlichen Symbolik zugeordnet werden.

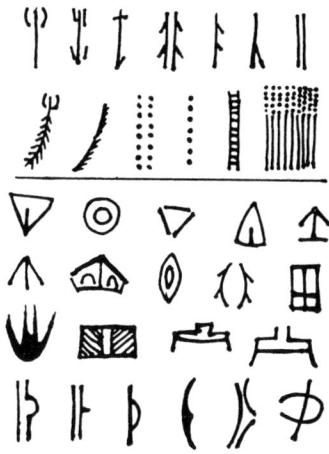

Alle Zeichen und Bilder in den Höhlenheiligtümern als Ausdruck eines
großen männlich-weiblichen Dualismus zu deuten, hat der französische Prä-
historiker André Leroi-Gourhan unternommen.[2] Nach ihm sind männliche
Zeichen: Widerhaken (»Speerschleudern«), Hakenzeichen, Striche und
Punktreihen; zu den weiblichen Zeichen gehören Dreiecke, »Wunden« oder
»Pfeile«, ovale Zeichen, Rechtecke und claviforme Zeichen. Nach den Ermitt-
lungen und Deutungen von Leroi-Gourhan erscheinen die »weiblichen«
Zeichen und »weiblichen« Bildthemen (Bison und Rind) zu mehr als 80 % in
zentraler Lage der Höhlenheiligtümer. Die »männlichen« Bildthemen (Hirsch
und Pferd) finden sich in ähnlicher Häufigkeit nur in den peripheren Räumen,
und die »männlichen« Zeichen sind auf alle Bezirke gleichmäßig verteilt. Da
sich eine große Zweiteilung im Überwiegen der Tierarten Pferde und Rinder
nachweisen läßt, spiegelt sich möglicherweise darin – auch in Verbindung
mit den Zeichen, die die beiden Geschlechter symbolisieren – eine Zuordnung
dieser beiden Tierarten (Rind = weiblich, Pferd = männlich oder umgekehrt)
zu den zwei Geschlechtern von Frau und Mann wider.

*Typologie der Bildzeichen für das
Männliche (obere zwei Reihen) und für
das Weibliche (untere vier Reihen).
Altsteinzeit*

Die Höhlenbilder der Altsteinzeit sind in der Mehrzahl der jägerischen Kultur
zuzuordnen und den Bildmotiven nach in hohem Maß vom Jagdtier oder vom
jägerischen Leben des Menschen bestimmt. Dazu besitzen sie einen hohen
Symbolgehalt, der mit Vorstellungen des Jagd- und Fruchtbarkeitszaubers
und des Geschlechtstotemismus verbunden ist.

Die Hockerbestattung im Mutterschoß des Grabes

Die rätselhafteste und beunruhigendste Erscheinung im Leben bilden seit den
Anfängen der Menschheitsgeschichte zweifellos das Sterben und der Tod,
d. h. das Problem des *Weiterlebens* über den Tod hinaus. Ausdruck dafür sind

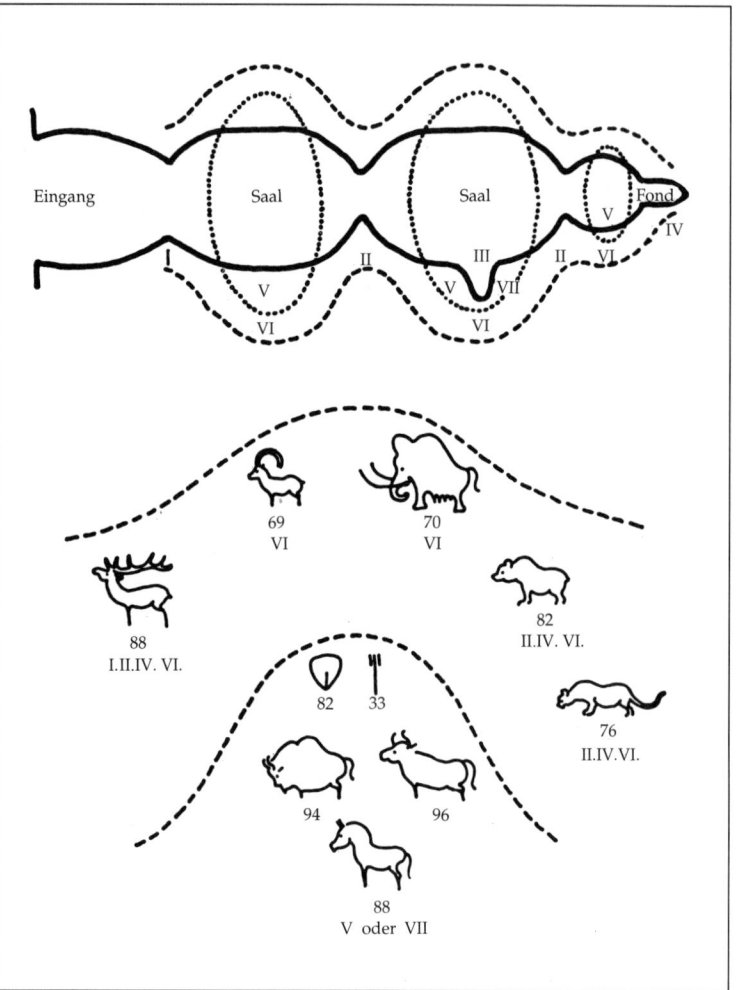

Topographische Verteilung der männlichen und weiblichen Zeichen im Grundschema eines Höhlenheiligtums, nach der Lage (a) und nach der Gesamtfläche (b). I. Beginn des Dekors, II. verengte Durchgänge, III. Eingang zu zentral gelegenen Nebenkammern, IV. Abschluß des Dekors, V. zentrale Flächen der Säle oder Gänge, VI. Umgebung der zentralen Flächen, VII. Inneres der zentralen Nebenkammern. Die Zahlen beziffern die Prozentanteile der Figuren an den bezeichneten Stellen

die vielfältigen Bestattungsbräuche, gleichsam die frühesten Zeugnisse der Religiosität.

Seit der mittleren Altsteinzeit, ab ca. 60 000 v.Chr., gibt es die rituellen Bestattungen der Toten. So wurden den Toten nicht nur Grabbeigaben in Form von Nahrung als Lebensmittel, von Werkzeugen und Schmuck mitgegeben, sondern ihre Leichname selbst symbolisieren das (Weiter-)Leben der Toten. Man bestäubte die Toten mit Ocker, einer Art Blutersatz, und brachte sie in Hockerstellung, so daß der Leichnam sitzend oder meist auf der linken Seite liegend mit mehr oder weniger stark angezogenen Beinen zu liegen kam, eine Nachahmung der Stellung des Menschen im Schlaf, aus dem er wieder erwacht – was manchmal durch eine Ausrichtung des Leichnams nach Osten, zum Sonnenaufgang hin, unterstrichen sein könnte –, bzw. eine Nachahmung der Lage des Fötus im Mutterleib. Wie nämlich das ungeborene Leben im Schoß der leiblichen Mutter bis zur Geburt liegt, so sollte der Verstorbene im Schoß des Grabes bis zu seiner Wiedergeburt gebettet liegen.

Diese Glaubensvorstellung der altsteinzeitlichen Menschen von der Wiedergeburt der Toten aus dem Schoß des Grabes findet später in der Jungsteinzeit ihren architektonischen Ausdruck in der Anlage der Ganggräber, die den Mutterschoß symbolisieren.

Hier schließt sich der Kreislauf von der Vorstellung der Ahnmutter, der die Mitglieder der Sippe ihre Geburt und ihr Leben verdanken und zu der sie im Tod zurückkehren, um aus dem Schoß des Grabes wieder zu erwachen bzw. wiedergeboren zu werden.

Die *Mittelsteinzeit* (ca. 10 000–4000 v. Chr.) beginnt mit dem Ende der letzten Eiszeit. Jetzt ändert sich die Lebensweise der Menschen, die aus der Jagd des Wildes nur noch einen Teil ihres Lebensunterhalts gewinnen. Den anderen Teil bilden Fischfang und Sammlung von Pflanzen sowie später die Züchtung von Haustieren.

In der Übergangsperiode zwischen der Alt- und der späteren Jungsteinzeit erfolgt eine Arbeitsteilung zwischen den Geschlechtern. Für den Bedarf an pflanzlicher Nahrung (wildwachsende Getreidearten und Wasserpflanzen) sind die Frauen zuständig, während für die fleischliche Nahrung die Männer sorgen. Am Ende dieser Epoche liegen die Anfänge des Ackerbaus und der Viehzucht.

»Im Mutterschoß des Grabes«: Menschliches Skelett in Hockerbestattung. Flachgräberfeld der Ortlerschen Ziegelei bei Straubing/Bayern (Deutschland). Frühbronzezeit

Der Übergang von der Nomadenkultur der Jäger und Sammler zur Seßhaftigkeit der Ackerbau- und Viehzüchterkultur, der Übergang von der Jagd der Wildtiere zur Domestizierung der (Haus-)Tiere, von der Sammlung der Wildpflanzen zu Züchtung und Anbau von Nutzpflanzen vollzog sich am sichtbarsten im Vorderen Orient (z. B. Türkei und Palästina) sowie in Südwestasien und Südostasien (z. B. Thailand).

Anfang und Ende der *Jungsteinzeit* (ca. 7000/4000–2000 v. Chr.) liegen in den einzelnen Gebieten der Erde sehr verschieden. Im Vorderen Orient beginnt sie zugleich mit der Mittelsteinzeit Europas, und in anderen Teilen liegt ihr Anfang wesentlich später. Sie ist gekennzeichnet durch den Anbau von Nutzpflanzen und in weiten Bereichen auch durch die Viehzucht.

Zu dieser Zeit beginnen die für die menschliche Existenz bedeutsamen Vorstellungen von Fruchtbarkeit und Sexualität und die damit verbundenen

Ereignisse wie Zeugung und Geburt, Tod und Bestattung (Wiedergeburt) eine neue Bedeutung.

Die Erdmutter-Göttin und die Fruchtbarkeitsidole der Bodenbauer

Als die nomadisierenden Jäger und Sammler seßhaft wurden und zur Bodenbearbeitung übergingen, spielte die Frau als Züchterin der Kulturpflanzen eine bedeutende Rolle.

An die Stelle der mystischen Solidarität zwischen den Jägern und den Wildtieren in der Altsteinzeit trat in der Jungsteinzeit die mystische Verbundenheit zwischen den Sammlerinnen bzw. Pflanzerinnen und den Pflanzen der Erde.

Jetzt wurde der fruchtbare Erdboden, aus dem die Vegetation hervorkommt, mit dem fruchtbaren Mutterschoß der Frau in Beziehung gesetzt. Wie der menschliche Samen im Mutterschoß während der Schwangerschaft ruht, bevor das Kind geboren wird, so liegt das Samenkorn längere Zeit im »Schoß« der Erde, bis der Keimling sichtbar hervortritt. Da aus beider Schoß neues Leben erwächst und da den Kindern wie den Ernten beider »Mütter« die Sippe und der Stamm ihr Leben und Überleben verdanken, wird die Frau als Mutter und die Erde identifiziert und zum Synonym »Erdmutter«. Die Erde als Mutterschoß alles Lebendigen wird als mütterliche Göttin, als Erdmutter-Göttin personifiziert.

Deshalb ist die Muttergöttin oft in ihrer gebärenden und nährenden Bedeutung dargestellt, wenn sie die Hände an ihre prallen Brüste preßt oder ihr Kind stillt, bzw. wenn sie mit weitgespreizten Beinen sitzt, ihre Scham zeigend oder ein Kind gebärend.

Im Hausschrein von Sabatinivka II (ca. 4800–4600 v. Chr.) wurden weibliche Figuren mit schlangenförmigen Köpfen und ohne Arme gefunden, vermutlich um sie als Idol der Schlangengöttin erscheinen zu lassen.

Eine Knochenfigur aus Karanovo in Bulgarien (ca. 4500–4300 v. Chr.) zeigt eine nackte Muttergöttin mit übergroßem Schamdreieck, deren Oberkörper ganz reduziert erscheint. Sie hat einen langen schlangenförmigen Mund und die runden Augen einer Schlange.

Auch eine Marmorfigur aus Karanovo in Bulgarien (ca. 4500 v. Chr.) zeigt eine nackte Muttergöttin in starrer Haltung mit geschlossenen Armen und einem großen Schamdreieck im Zentrum.

Seit dem 7./6. Jahrtausend v. Chr. gibt es bei frühen bodenbautreibenden Kulturen weibliche Idole (griechisch: *eidolon* = »Bild«), die aus einem Block oder Stein durch Bemalen, Schnitzen oder Ritzen etwas künstlerisch gestaltet sind. Meist handelt es sich um flache, brettartige Statuetten nackter Frauen mit ausgeprägten Akzenten der Fruchtbarkeit, mit ausladenden Hüften und hervorgehobener Vulva, in Verbindung mit Kindern (z.B. als Gebärende) oder mit Tieren (Schlangen).

Diese Idole für die Fruchtbarkeits- und Erdmutter-Göttin wurden in den Kultzentren aus Stein oder Holz, aus Knochen oder Elfenbein in Massen angefertigt und von den Kultteilnehmern mit nach Hause genommen und dort verehrt. So gibt es zahlreiche Funde von Idolen in Wohnbauten.

Männliche Idole sind in den agrarischen Kulturen der Jungsteinzeit in der Regel seltener als Frauenfiguren. Teilweise sind weibliche Figuren mit einer männlichen Symbolik (z.B. Stier und Widder) verbunden. Die weiblichen Idole sind die wichtigsten Symbolträger für Fruchtbarkeit und Mutterschaft.

Die größere Seßhaftigkeit der Ackerbauern fördert die Entstehung eigener Kultbauten neben den Wohnstätten mit den häuslichen Kulturen. In der Zeit vom 7. bis 6. Jahrtausend v.Chr. existierte die »Tempelstadt« Çatal Hüyük (Anatolien), die größte bekannte Stadt der Jungsteinzeit und neben Jericho die bislang älteste städtische Anlage im Vorderen Orient. In ihr waren drei bis vier Wohnhäuser um einen Tempelraum zusammengeschlossen, dessen Kultgegenstände von einem mit Getreidebau und Tierzucht verbundenen Fruchtbarkeitskult zeugen. Der Zugang ins Innere war nur durch eine Öffnung in der Decke (Dach) möglich. In den Räumen waren u.a. lehmüberzogene Stierschädel als Kultobjekte aufgestellt, und zur Innenausstattung gehörte auch die Tonstatuette einer gebärenden Frau, einer majestätisch thronenden korpulenten Muttergöttin, die ein Kind gebiert, dessen Kopf zwischen ihren weitgeöffneten Schenkeln hervorkommt. Diese von zwei männlichen Leoparden flankierte Göttin ist eine Vorform des mediterranen Typs der »Herrin der Tiere«. Die Leben gebende und Fruchtbarkeit spendende Herrin der Tiere wird auch unter dem Bild der mit der Erde verbundenen Schlange verehrt.

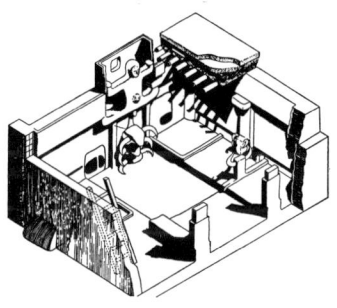

Frau mit weitgespreizten Beinen und betontem Nabel über drei Stierköpfen. Nord- und Westwand einer Kultstätte in Çatal Hüyük/Anatolien (Türkei). Jungsteinzeit

An Idolfiguren lassen geometrische Figuren der Felsmalerei an der Peña Escrita bei Fuencaliente (Südspanien) erinnern, die Menschen durch einen einfachen Mittelstrich (Rumpf) mit schrägen Querstrichen (Arme und Beine) darstellen. Die Kopfenden der Figuren sind durch Querstriche gekennzeichnet. Die stehenden Gestalten (mit Penis) sind männlich und die kauernden (mit angezogenen Beinen) weiblich. Zwischen den Figuren befinden sich oft bäumchenartige Gebilde als Hinweis auf das pflanzliche Leben.

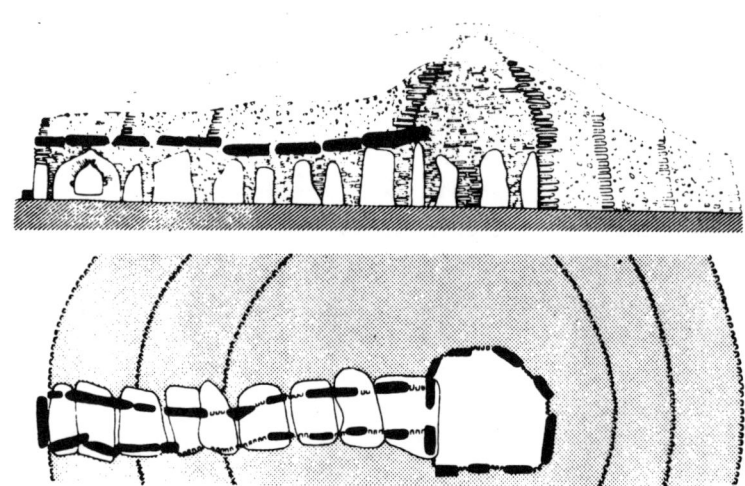

Ganggrab, dessen Bienenkorb-förmige Kammer (= Bauch der Erd-Mutter) oben mit einem flachen Stein (= Nabel) bedeckt ist. Eine Platte am Eingang des Ganges ist mit derselben Erdwall- und Buckel-Gestaltung graviert. Die Linien, die vom Erdwall ausgehen, stellen möglicherweise das wiedererstehende pflanzliche Leben dar.
Longue, Larmor, Baden/Bretagne (Frankreich). Jungsteinzeit

Menhir in Gestalt einer Frau mit angedeuteten Brüsten. Saint-Sernin/Dép. Aveyron (Frankreich). Kupferzeit

Ganggräber und Menhire als Sexualsymbole

In der Jungsteinzeit treten erstmals die Megalithe (griechisch: »große Steine«) auf, die bis in die Kupfer- und Bronzezeit hinein aufgestellt werden. Die Megalithkultur der Jungstein- und Metallzeit stellt ein Bindeglied zwischen der sich über Jahrtausende erstreckenden alt- und mittelsteinzeitlichen Jäger- und Sammlerkultur und den archaischen Hochkulturen (z. B. der Ägypter) dar. Zentren der Megalithkultur gab es in Westeuropa, in West- und Nordostafrika, in Melanesien, in Indien, Indonesien und Südostasien.

Für alle Kulturen der Jungsteinzeit ist die Sorge für die Toten bzw. für die Ahnen als Stammeltern, an deren bleibender Bedeutung für die Lebenden und Hinterbliebenen man glaubte, charakteristisch. Zeugen dieses Ahnen- und Totenkultes sind vor allem die monumentalen Grabbauten aus Megalithen, gleichsam als die bleibenden Aufenthaltsorte der Ahnen und Toten, was die großen Steine durch ihre Beständigkeit und Dauerhaftigkeit zum Ausdruck bringen.

Die Megalithgräber wurden als Dolmen (keltisch: »Steintische«), Steinkistengräber und Ganggräber gebaut. Das Ganggrab besteht aus einer durch große aufrecht stehende Tragsteine und mit waagerecht darüber liegenden Decksteinen gebildeten Grabkammer, zu der ein enger Korridor als Zugang führt. Oft ist diese Grabkammer mit einem Erdhügel bedeckt und von einem flachen Stein gekrönt.

Diese Grabform ist insgesamt, wie Marija Gimbutas[3] aufzeigt, eine Metapher für die schwangere Erdmutter-Göttin der Ackerbaukulturen in der Megalith-zeit, in der mit dem Absterben des Samens und dem Entstehen des neuen vegetativen Lebens der Tod des Menschen und dessen (Wieder-)Geburt in enge Wechselbeziehung gesetzt wurde. Demgemäß ist die Grabkammer der Schoß, der Uterus der Göttin, der darüber aufgeschüttete Hügel ist ihr Leib, der flache Krönungsstein ist ihr Nabel, der Omphalos, und der enge Zugang zur Schoßkammer ist die Vagina der Göttin.

Gemäß dieser sexuellen Symbolik wurde der Leichnam des Menschen, der seit der Jägerkultur der Altsteinzeit in Hockerstellung mit angezogenen Beinen, gleichsam wie ein Fötus im Mutterschoß vor der Geburt, bestattet wurde, seit der Ackerbaukultur der Jungsteinzeit zusätzlich in einer Grab-form beigesetzt, die die schwangere Erdmutter-Göttin symbolisiert und da-mit die Hoffnung auf ein Weiterleben und die Wiedergeburt des Toten zum Ausdruck bringt. Verbreitet war diese Grabform in Nordwestdeutschland, Schweden, England, Wales, Schottland und Irland.

Kennzeichnend für die Megalithzeit mit ihrem Ahnen- und Totenkult sind auch die Steinsetzungen der Menhire (keltisch), d. h. der aufrecht stehenden, langen bis zu 4 m hohen Steine, die sich auf dem Hügel über oder an den Eingängen megalithischer Grabkammern befinden. Als Symbole der Ahnen oder auch Sitze der Ahnengeister bzw. Ahnenplätze stellen sie das Bindeglied zwischen den Toten und den Lebenden dar und sind die Träger der magi-schen Kräfte sowohl der machtvollen Ahnen, für die sie errichtet wurden, als auch der lebenden Nachfahren.

In der Regel sind die Ahnensteine unbearbeitet. Seit dem Ende der Jungstein-zeit zeigen einzelne Menhire Ansätze eines ausgearbeiteten Gesichts oder die Umrisse eines Menschen. Es gibt Menhir-Statuen als Frauengestalten, mit Andeutung der weiblichen Brüste, so die von St.-Sernin-sur-Rance im Dépar-tement Aveyron. Andere Menhire gibt es mit einem ausskulptierten Phallus (griechisch: *phallos* = männliches Glied) oder ganz als Phallus gestaltet.

In der Provinz Sidamo in Südwestäthiopien befindet sich auf dem Hügel Tutto fela ein Menhir-Feld mit zahlreichen Grabhügeln. Die 6 m aus dem Erdboden herausragenden ca. 10 000 Menhire sind Phallussymbole. Bei vie-len von ihnen ist die »Eichel« durch einen Steinring vom zylindrischen Schaft abgehoben. Die durch die Menhire geehrten machtvollen Ahnen sollen als Vermittler der dauernden Fruchtbarkeit von Menschen, Pflanzen und auch Tieren für ihre lebenden Nachfahren weiterwirken und damit deren Fortbe-stand sichern.

Stele in Form eines Phallus. Filitosa/Kor-sika (Frankreich). Bronzezeit

Stammesreligionen

Die Religion einer Gruppe mit gemeinsamer Abstammung und mit Gemeinsamkeiten in Kultur und Brauchtum, Sitte und Sprache, die zudem in einem bestimmten Siedlungsgebiet, dem Stammesterritorium, lebt, nennt man Stammesreligion. Nicht selten verstehen sich die Mitglieder eines Stammes als die Nachfahren eines gemeinsamen urzeitlichen Stammelternpaares. Stammesreligionen gibt es heute in Afrika und Ozeanien, in Asien und Amerika.[1] Die sexuelle Vorstellungs- und Erscheinungswelt dieser Religionen ist abhängig von ihrer jeweiligen Wirtschafts- und Gesellschaftsstruktur.

Von der Herrin der Tiere zur männlichen Himmelsgottheit

Die Mitglieder der Stammesreligionen personalisieren gewöhnlich dasjenige Naturelement, das ihren Hauptlebensunterhalt sichert. So werden je nach Wirtschaftstyp unterschiedliche Naturkräfte divinisiert. Auf der Wirtschaftsstufe der *Jäger und Sammler* jagen das Großwild die Männer, und die Frauen sammeln Pflanzen sowie Früchte und fangen Kleintiere. Da bei den Wildbeutern ähnlich wie bei den Menschen der Steinzeit die Jagd im Zentrum ihrer Beschäftigung steht, verehren sie vor allem einen »Herrn der Tiere« bzw. eine »Herrin der Tiere«, der/die ihnen das Jagdwild und die übrige Nahrung zuführt. Der »Herr der Tiere« bzw. die »Herrin der Tiere« bei den Jägerkulturen gewährt dem Jäger das Jagdglück und nimmt die Seelen der getöteten Tiere wieder zu sich. Andererseits wacht er/sie darüber, daß das Jagdwild nicht mutwillig getötet wird. Der Aufenthaltsort der Gottheit der Tiere ist der Wald oder – bei den Küstenstämmen der Meeresgrund.

Die afrikanischen Bambuti-Pygmäen identifizieren ihren »Herrn der Tiere«, den Waldgeist Tore, mit dem Urwald. Wenn die Pygmäen kein Wild mehr erjagen, also der Waldgeist Tore den Urwald für sie verschlossen hat, dann wird eine Jagdzeremonie gefeiert, um den Urwald wieder zu öffnen.

Unter den südamerikanischen Tupi-Indianern in Amazonien heißt der Waldgeist Caapora (Tupi: *caa* = »Wald«, *po* = »Bewohner«). Als »Herr der Tiere« schützt er Tiere und Pflanzen und verfolgt den wilden Jäger, auf einem Jaguar oder Tapir reitend.

Für die asiatischen Semang auf Malakka ist Karei (»Donner«) der Schöpfer- und Schutzgott der Tiere, der besonders diejenigen bestraft, die Tabu-Vögel töten oder lahme und hilflose Tiere verspotten.

Bei den Eskimos heißt die »Herrin der Tiere« Sedna. Sie wohnt in der Tiefe des Meeres, und in ihrer Wohnung haben alle Seetiere ihr Zuhause. Wenn die Eskimos keine Seehunde mehr fangen, also Sedna die Jagdtiere auf dem Meeresgrund zurückhält, so muß ein Schamane auf seiner Seelenreise ins Meer hinabsteigen, um von der »Mutter der Meerestiere« zu erreichen, daß sie die Seetiere aus ihrem Haus wieder herausläßt.

Auf der Wirtschaftsstufe der *Ackerbauer* rückt die Erde in den Mittelpunkt des Interesses, da von ihrer Fruchtbarkeit die Menschen abhängig sind. Die fruchtbare Erde, aus der alle Pflanzen gleichsam wie aus einem Mutterschoß neu hervorgehen, wird zur numinosen »Mutter Erde«. Bei den Ackerbauern wird die Hauptnahrung (Maniok, Yams bzw. Mais, Reis) personifiziert und als die »große Göttin« und »Mutter« divinisiert.

Aufgrund der Erfahrung mit den Pflanzensetzlingen und den Getreidekörnern weiß der Ackerbauer, daß es einen Lebensrhythmus von Vergehen und Sterben einerseits und Werden und Auferstehung andererseits sowohl bei den Pflanzen und Körnern wie auch bei Tieren und Menschen gibt und geben muß. Aus diesem Grund ist ein zentrales Element aller agrarischen Kulturen die Polarität von Sterben und Wiedergeborenwerden.

In den Ackerbaukulturen unterscheiden sich die Knollenfruchtpflanzer von den Getreidekörnerfruchtpflanzern und von den Pflugbauern.

Zum Weltbild der *Knollenpflanzer* gehören weibliche Urzeitwesen, die einst von den Menschen getötet und zerstückelt wurden. Aus ihren begrabenen Leichenteilen entstanden die Nahrungs- und Nutzpflanzen, vor allem die Knollenpflanzen.

Die Marind-anim, ein Papuastamm auf Neuguinea, bezeichnet die Gesamtheit der Urzeitwesen als Dema-Gottheiten, die durch ihren Tod das erste Sprießen der Nutzpflanzen bewirkten und dem die Menschen lebenswichtige Erkenntnisse, wie z. B. den Zeugungsvorgang, verdanken. In den ihnen zugeschriebenen Nutzpflanzen leben die Vorzeitwesen meist körperlich weiter.

Fruchtbarkeitsritual: ein zerstückeltes »Regen«-Opfer am Boden liegend, das der links danebenstehende Mann mit seiner ejakulierenden Phallus-Lanze zu Tode gestoßen hat und aus dem jetzt ein Fruchtbaum herauswächst. Oben neigt sich die weibliche Wildnisgottheit über das Geschehen und sendet fruchtbringenden Regen hernieder. Felsmalerei in Simbabwe (Afrika), ca. 10 000 v. Chr.

Bei den asiatischen Wemale auf Ceram ist Hainuwele (»Kokospalmzweig«) die Kulturbringerin der Knollenfrüchte. In der Urzeit war dieses göttliche Mädchen auf einer Kokospalme entstanden. Es wurde schnell erwachsen und beschenkte als Kulturbringerin die Menschen. Als Hainuwele eines Abends zum Maro-Tanz ging, wurde sie in der neunten Nacht von den Menschen der Urzeit lebendig begraben. Ihr Vater Ameta grub ihren Leichnam aus, zerschnitt ihn in viele Stücke und vergrub die einzelnen Teile im ganzen Gebiet um den Tanzplatz herum. Aus ihren zerschnittenen und vergrabenen Leichenteilen entstanden die ersten Knollenfrüchte, von denen das Pflanzervolk der Wemale seitdem hauptsächlich lebt. Seit dem Tod dieses Mädchens ist der Tod über alle Menschen gekommen.

Im Gegensatz zum Zerstückelungsmotiv des Knollenpflanztums steht das Saatraubmotiv der *Getreidekörnerpflanzer*. Danach raubte ein Urahn oder Kulturheros dem Schöpfergott im Himmel den Getreidesamen, brachte diesen zu den Menschen und pflanzte ihn in die Erde.

Die afrikanischen Bambara in Mali wiederholen jährlich diese Heilstat, weil sonst das Korn nicht mehr gedeiht. Charakteristisch für die Getreidekörnerpflanzer-Kulturen sind die Kornmutter-Göttinnen, die die Fruchtbarkeit der Getreidekörner gewährleisten. Zu ihnen zählen die »Reisgöttinnen« in Indonesien und die »Maismütter« in Nord- und Mittelamerika. Das himmlische Gegenstück zur irdischen Getreide- und Erdmutter bildet die Mondgöttin. Die Periodizität ihres Erscheinens als (zunehmender) Neu-, Voll- und abnehmender Mond bzw. Dunkelmond setzt man in Beziehung zu der Periode der Regelblutung bei Frauen und sieht im Mond den Regler der Menstruation. In Pflanzkulturen ist die Mondgottheit vielfach weiblich. Sie gilt als Spenderin des Lebens und der Fruchtbarkeit bei Menschen, Tieren und Pflanzen, aber zugleich auch als Vernichterin des Lebens.

Als im *Pflugbauerntum* der Mann wachsende wirtschaftliche Bedeutung erlangt, tritt er gleichberechtigt neben die pflanzende Frau. Jetzt werden die Furche mit der Vulva der Frau und der ausgesäte Samen mit dem Sperma oder auch der Pflug mit dem Phallus des Mannes gleichgesetzt, und neben die bisherigen Muttergöttinnen treten zahlreiche männliche Gottheiten, zunächst den weiblichen als Sohn, dann als deren Liebhaber noch untergeordnet, später gleichrangig und bald in vaterrechtlichen Kulturen übergeordnet. Die höchsten Wesen der Ackerbauer sind die Schöpfergottheiten.

Der Hochgott bei den Baining, einem Papua-Stamm auf der Gazellenhalbinsel, heißt Rigenmucha. Er spendet Fruchtbarkeit und wird als »Vater« angerufen. Als Schöpfergott schuf er die Welt und das erste Menschenpaar, den Sonnenmann und die Mondfrau. Den Baining gab er die Stammessitten und -gesetze.

Bei den indischen Munda ist Singbonga (»Sonnengeist«) der Hoch- und Himmelsgott. Er hat eine Frau und einen Sohn bzw. sogar zwei Frauen, darunter eine Hexe. Als Kulturheros hat er den Menschen das Saatgut gebracht und für sie den ersten Pflug aus einem Baumstamm geschnitzt – mit der Verfügung für immer: »Die Männer sollen Pflüge machen, und die Frauen sollen sie nicht einmal berühren dürfen.«[2] Er lehrte die Menschen auch den

Gebrauch des Reisbiers und führte damit den ersten ehelichen Zeugungsakt ein.

Auf der Wirtschaftsstufe der *Hirten und Viehzüchter* intensiviert sich die besondere Beziehung des Mannes zu den Tieren, die er seit der Jägerkulturzeit hatte. Die Rolle der Frau hingegen, die seit der Sammlerzeit eine besondere Beziehung zu den Pflanzen hatte und während der Ackerbaukultur noch die zentrale Mittlerin der Fruchtbarkeit war, wird in der Hirtenkultur zu einer Randfunktion. Da die Frau direkt mit dem Vieh nichts zu tun haben darf, wird sie auf das Zelt oder Haus beschränkt. Im Gegensatz zu den Kennzeichen der Agrarkultur, wie Erde, Mond und Schlange, sind die der Hirtenkultur: Himmel, Sonne und Vogel. Die Hirten identifizieren gern den Hochgott mit dem Himmel. Sie verehren einen Himmels- und Gewittergott, der den Regen bewirkt und die Weiden grünen läßt, so daß die Herden Nahrung haben.

Die Dominanz des Himmelsgottes bei den Hirtenvölkern kommt darin zum Ausdruck, daß oft das Wort für Himmel und für Gott dasselbe ist. So ist Es (»Himmel«) der Himmels- und Schöpfergott bei den sibirischen Keten/Jenissejern, den Rentierzüchtern am mittleren Jenissei in Nordasien. »Aus der Erde, die Es mit der rechten Hand nach links warf, entstand der Mann, was aus seiner linken Hand nach rechts fiel, wurde zur Frau.«[3] Der Himmels- und Schöpfergott bei den sibirischen Jurak-Samojeden heißt Num (»Himmel«). Als Num aus einem Stückchen Erde einen Menschen gemacht hatte, ging er auf Reisen. Während seiner Abwesenheit fraß sein Gegenspieler Ngaa, der Tod, den Menschen auf. Daraufhin schuf Num nach seiner Rückkehr aus Erde nunmehr zwei Menschen, den Mann und die Frau, und lehrte sie, wie sie zu leben hätten. So wurden dem Menschenpaar Kinder geboren, und diese bevölkerten die Erde.

Göttliches Welternpaar und menschliches Stammelternpaar

In *komplexen Kulturen* hat der Himmelsgott die Erdgöttin zu seiner Gattin, und beide repräsentieren als Welternpaar das Weltganze. Aus der sexuellen Vereinigung dieses Götterpaares sind alle Dinge und Wesen dieser Welt nicht nur hervorgegangen, sondern in ständiger Begattung befruchtet der männliche Partner »Vater Himmel (Sonne)« durch Regen und Tau oder Sonnenstrahlen den weiblichen Partner »Mutter Erde (Mond)«.

Nach den polynesischen Maori auf Neuseeland bildet der Himmels- und Vatergott Rangi zusammen mit seiner Gattin, der Erd- und Muttergöttin Papa, das Urelternpaar, aus deren beider Umarmung alle Götter und Lebe-

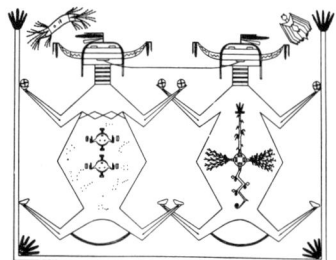

Himmel und Erde als Welternpaar bei den Navaho-Indianern (USA). Sandmalerei

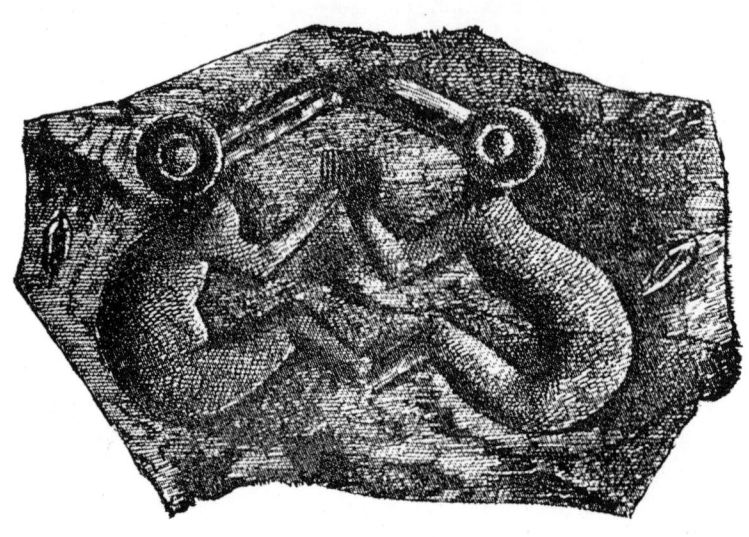

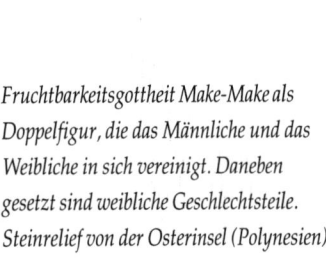

Fruchtbarkeitsgottheit Make-Make als Doppelfigur, die das Männliche und das Weibliche in sich vereinigt. Daneben gesetzt sind weibliche Geschlechtsteile. Steinrelief von der Osterinsel (Polynesien)

wesen hervorgegangen sind. Da ihre (Götter-)Kinder in der ständigen Umarmung der Eltern lagen, wurden sie in dieser beengten Stellung unruhig und überlegten, ob sie deshalb die Eltern töten oder gewaltsam voneinander trennen sollten. Letzteres übernahm schließlich ihr Sohn, der Sonnengott Tane. Nun ist das Weltelternpaar für immer getrennt, und über ihre Trennung trauern beide. Seitdem steigen die Liebesseufzer der Papa (»Erde«) als Nebel zu Rangi (»Himmel«) auf, und seine Tränen fallen als Tautropfen und Regen zu ihr nieder.

Bei den indonesischen Ngadju-Dajaken auf Borneo bilden der vogelgestaltige Himmelsgott und die schlangengestaltige Erdgöttin ein urzeitliches Weltelternpaar, das in sexueller Vereinigung zu einem Feigenbaum wurde. Aus diesem gefällten Lebensbaum entstanden Götter und Menschen. Und um die urzeitliche Lebenskraft neu zu entfalten, wird dieser Urzeitmythos im Kult sexualsymbolisch nachvollzogen.

Die Stammeltern bilden das erste Glied in der Stammesreihe. Dieses mit außergewöhnlichen Fähigkeiten und Kräften ausgestattete erste Menschenpaar ist das Idealbild des Stammes. In mutterrechtlich geprägten Kulturen steht die Stammutter und in vaterrechtlich betonten der Stammvater im Vordergrund.

Nach den afrikanischen Loango in Gabun (Kongo) hat einst der Himmels- und Schöpfergott Nzambi der ersten Frau und Stammutter den Leib aufgeschnitten, um sie gegenüber dem ersten Mann und Stammvater kleiner zu machen. Als er aber dann die gesamte Öffnung wieder zunähen wollte, reichte dazu der Faden nicht. Daraufhin bemühte sich der Mann, seiner Frau die an eine Wunde erinnernde Vulva im Geschlechtsverkehr zu schließen. Das war der Anfang des Geschlechtslebens bei den Menschen. Nach den Baining in Melanesien ist der Stammvater als Sonnenmann und die Stammutter als Mondfrau vom Hochgott geschaffen worden. Sie sind die Hüter der Stammesgesetze. Für die indischen Bhil ist das Stammelternpaar ein Geschwisterpaar, vom Schöpfergott Bhagvān aus Lehm geformt und nach der Errettung aus der Urflut von ihm belehrt worden, als Mann und Frau zusammenzuleben und miteinander für die Fortpflanzung Sorge zu tragen.

Im Dienst der Kontaktaufnahme mit dem Stammelternpaar und den Ahnen steht die Kunst. So ist die besonders bei Pflanzervölkern übliche Ahnenfigur nicht nur ein Erinnerungsbild an die Stammutter oder an den Stammvater, sondern vor allem ein Mittel der bleibenden Verbindung zwischen verstorbenen Ahnen und lebenden Nachkommen. In der Skulptur ist das Stammelternpaar gegenwärtig. Dargestellt werden die Ahnen meist stehend, in einem Zustand der Ruhe, mit großem Kopf (geistige Kraft), oft nackt und mit betont großem Nabel (Fruchtbarkeit), dessen (Nabel-)Schnur als Lebensschnur das Kind mit der Mutter verband, und mit betont großen Geschlechtsorganen. Weibliche Ahnenfiguren halten oft ihre Brüste mit den Händen (Fruchtbarkeit). Auf Sumatra stellen die Holzfiguren »Debata idup« einen nackten Mann und eine nackte Frau dar, die beide ihre Hände über ihre Genitalien halten. Diese Figuren werden von unfruchtbaren Frauen wie eigene Kinder auf dem Rücken getragen. In Mittelneubritannien (Südsee) werden die häufig als bisexuelle Menschenfiguren gestalteten »Uli« vor allem für die Erinnerungsfeste verstorbener Häuptlinge angefertigt. Bei den Aruak-Stämmen der Antillen bilden die »Zemis« den Sitz der Ahnengeister. Diese mit betonten Geschlechtsorganen gestalteten Menschenfiguren dienen der Förderung der Fruchtbarkeit.

Nach dem Geschlechtstotemismus (indianisch: *totem* = »Klan, Sippe«) leben die Stammeltern in zwei verschiedenen Totemtieren weiter, so daß die Frauen ein anderes Totemtier als die Männer haben müssen. So hat bei den Semang auf Malakka jedes der beiden Geschlechter einen anderen Totemvogel. Diese Vögel sind die Seele der neuzugebärenden Kinder. Wenn eine Frau schwanger ist, schickt der Hoch- und Schöpfergott Karei einen dieser Vögel auf die Erde, den der Ehemann dann mit Pfeil und Bogen schießt und dessen Fleisch er seiner schwangeren Frau zu essen gibt, um dadurch dem Kind im Mutterschoß die Seele zu übermitteln. Für die Aborigines in Australien leben die

Schöpfer- und Muttergöttin Ka Tyeleo mit einem Säugling. Holzstatue der Senufo (Afrika). Hamburg: Museum für Völkerkunde und Vorgeschichte

Kinderseelen vor ihrer Wiedergeburt an einem bestimmten Kultort, einer Art Reinkarnationszentrum. Wenn sich der zukünftige Vater des Kindes zu einem solchen Ort (Lokaltotem) begibt, empfängt er im Traum (geistig) die Seele des Kindes und bringt sie der Mutter, die schwanger wird, sobald dieses »Geistkind« in ihren Leib eingedrungen ist. Da das Totem des Ortes der geistigen Empfängnis zum Totem des neugeborenen Kindes wird, kann ein Kind einem anderen Totem angehören als sein Vater oder seine Mutter.

Sexuelle Tabus

Sexuelle Tabus (Tonga [polynesisch]: *ta-pu* = »das als außerordentlich Bezeichnete«) umfassen verschiedenartige Meidungsgebote, die das Berühren bestimmter Personen, das Sehen bestimmter Dinge, das Betreten bestimmter Orte und das Handeln zu bestimmten Zeiten untersagen.

Als Tabu-Personen gelten Menschen in einem außergewöhnlichen Zustand, wie z. B. Menstruierende, Gebärende und Wöchnerinnen, weshalb für diese eigene Menstruations- und Gebärhütten eingerichtet werden. Tabu-Gegenstände sind für Nichteingeweihte, z. B. für Frauen, Masken und Musikinstrumente (Schwirrholz), die mit Männergeheimbünden und Initiationszeremonien der männlichen Jugend in Verbindung stehen. Als Tabu-Orte, die zu betreten den Frauen verboten sind, gelten die Männerhäuser. Eine tabuisierte Tätigkeit kennzeichnet z. B. das Gebot, für eine bestimmte Zeitdauer den Geschlechtsverkehr zu meiden, u. a. zwecks Erreichung eines angestrebten (oft religiösen) Zieles. Bei Stämmen auf der Wirtschaftsstufe der Jäger und Sammler besteht vor einer größeren Jagd zwecks Sammlung der Kräfte gelegentlich ein sexuelles Enthaltsamkeitsgebot. Für die verheirateten Männer der Stämme der indonesischen Mentawei-Inseln im Südwesten von Sumatra gibt es eine Verbotszeit »Punen«, d. h. feste Zeitspannen in ihrem Lebenslauf, während deren sie z. B. keinen Geschlechtsverkehr haben dürfen. Bei den indonesischen Semang auf Malakka umfaßt das Sittengesetz »Telaidon« des Gottes Karei alle, auch sexuelle Verbote wie Ehebruch, Inzest und Geschlechtsverkehr bei Tage im Lager.

Die Enthaltung von vorehelichem Geschlechtsverkehr von seiten der Braut bildet vielfach die Voraussetzung einer späteren Ehe bei Stämmen mit vaterrechtlicher Orientierung. Zur Erhaltung des Tatbestandes der Jungfräulichkeit bei Mädchen wird nicht nur der Keuschheitsgürtel verwendet, sondern manchmal die Infibulation (lateinisch; griechisch Kynodesme) vorgenommen, d. h. zwecks Verhinderung des Geschlechtsverkehrs werden die Ge-

Bisexuelle Ahnenfigur Uli aus Neu-Irland (Südsee). München: Museum für Völkerkunde

schlechtsteile operativ verschlossen. Bei Frauen werden die Schamlippen vernäht, z. B. im Ostsudan und in Nordostafrika sowie bei Indianerstämmen Südamerikas. Bei Männern wird die Vorhaut verschlossen, z. B. bei den indonesischen Dayak.

Aus Furcht vor dem Blut des Hymenrisses bei der ersten geschlechtlichen Vereinigung wird manchmal eine rituelle Defloration des Mädchens vorgenommen. Diese Defloration, die nur der Priester oder sakrale König vornehmen darf, ist in Gebieten mit sakralem Königtum verbreitet, wie z. B. in Polynesien und Melanesien. Um das Mädchen zu deflorieren, verwendeten die Mamabolo in Ostafrika das Kuhhorn, da das Horn bei ihnen den Penis symbolisiert.

Bei Stämmen mit mehr mutterrechtlicher Orientierung gibt es weniger strenge sexuelle Tabus bezüglich der Enthaltung von vorehelichem Geschlechtsverkehr von seiten der Braut als Voraussetzung zu einer späteren Ehe.

Feier der Geschlechtsreife und der Beschneidung

Der Lebensrhythmus eines Menschen wird an den entscheidenden Wendepunkten mit religiösen Ritualen umgeben. Diese »Übergangsriten« (französisch: Rites de passage)[4] sollen bei den Haupteinschnitten des menschlichen Lebens, wie bei Geburt, Geschlechtsreife und Tod, das Verlassen des bisherigen Lebensabschnittes und das vorübergehende Verweilen in einem Zwischenzustand sowie den Eintritt in einen neuen Lebensabschnitt überbrücken und die an den Übergängen drohenden Gefahren bannen helfen.

Die mit der Geschlechtsreife verbundenen Riten der Initiation (von lateinisch: *initium* = »Anfang, Eintritt«) bringen den Lebensabschnitt der Kindheit zum Abschluß und leiten die neue Periode des geschlechtsreifen Erwachsenen ein. Fast alle Stammesreligionen heben diesen Übergang vom Kind zum Erwachsenen durch ein Ritual des symbolischen Übergangs vom Tod (Ende der Kindheit) zur Wiedergeburt (Anfang des Erwachsenseins) hervor.

Bei den Yamana-Indianern auf Feuerland gibt es die Initiationsfeier »Ciexaus«, eine kollektive Jugendweihe für Jungen und Mädchen im Pubertätsalter, die zwei bis drei Monate dauert und in einer besonderen Kuppelhütte stattfindet. Die Initiationszeremonien der Jugendweihe beschränken sich meist – je nach dem Überwiegen vaterrechtlicher oder mutterrechtlicher Tendenzen in der Stammesgruppe – nur auf die Jungen als Jungenweihe bzw. Knabenweihe mit Bindung der Jungen an die Männergemeinschaft oder seltener auf die Mädchen als Mädchenweihe in der Regel als Familiensache und zum Zweck der geschlechtlichen Aufklärung und Einführung in die Ehe.

Zu den Initiationsfeiern sind bei manchen Stämmen die Frauen nur beschränkt oder überhaupt nicht zugelassen. Der Verlauf der Initiationsfeier, die oft mehrere Jahre dauern kann, umfaßt verschiedene Stadien. Zunächst werden die Initianden von der bisherigen gewohnten Lebenswelt in Busch oder Wald, in Einöde oder Gebirge abgesondert, was zugleich die Trennung von der Mutter bedeutet und manchmal dramatisch dargestellt wird, indem Maskenträger die Mütter ängstigen und ihnen die Kinder rauben. In die neue Lebenswelt werden die Kandidaten eingeführt durch Unterweisung in der gesamten Stammesüberlieferung, u. a. in dem mythisch-religiösen Traditionsgut und in den sittlichen Geboten, sowie Einweihung in die Masken und sakralen Gegenstände (Schwirrholz) des Stammes und Aufklärung über das Sexualleben sowie Einweisung in ihre Rollen als Männer und Frauen des Stammes. Es ist eine Zeit der Erprobung und Abhärtung durch Fasten und Entbehrung, durch Folterung und Verletzung (z. B. Ausschlagen der Schneidezähne).

Der Übergang des Initianden vom Tod zur Wiedergeburt wird oft symbolisch dadurch dargestellt, daß ein Ungeheuer den Initianden verschlingt und dann

Beschneidungszeremonie anläßlich der Mannbarkeitserklärung bei Indianerstämmen. Kupferstich von B. Picart, 1748

wieder ausspeit, oder aber daß der Initiand durch eine enge Öffnung, z. B. bei den australischen Aborigines durch die gespreizten Beine der Männer, hindurchkriechen muß.

Das Abstreifen des Kindseins wird symbolisiert durch eine neue Kleidung, durch Bemalung des Körpers mit dem Weiß der Toten, durch Tatauierungen und durch Bestreichen der Jungen mit dem Blut alter Männer. Dieser Blutritus, z. B. bei australischen Stämmen, geschieht zum Zweck der Vermehrung der Lebenskraft und der Fruchtbarkeit und ist zugleich Symbol der blutsmäßigen Verbindung mit den Ahnen der Urzeit.

Beschneidungsgesang der Bapere (Zentralafrika). Solistische Männerstimme

Die Neugeburt in der Stammesgemeinschaft findet auch ihren Ausdruck im Namenswechsel des Kandidaten. Bei manchen Stämmen ist mit der Initiationsfeier der männlichen Jugendlichen zugleich die Aufnahme in den männlichen Geheimbund des Stammes verbunden.

Zur Initiationsfeier gehört bei vielen Stämmen auch die Beschneidung der Geschlechtsteile. Die im Pubertätsalter vorgenommene Beschneidung wird verschiedentlich als Fruchtbarkeitsopfer zwecks Sicherung der Zeugungs- und Gebärkraft aufgefaßt.

Die Beschneidung der Jungen als Zirkumzision (lateinisch: »Rundschnitt«) bedeutet die operative Entfernung der Vorhaut des männlichen Geschlechtsgliedes. Sie ist bei afrikanischen Völkern südlich der Sahara und in Australien üblich.

Bei den australischen Aborigines sollen die Jungen bei der Beschneidung möglichst viel Blut verlieren, da das ihnen bei der Geburt von der Mutter mitgegebene Blut für den mit der Beschneidung beginnenden neuen, rein männlichen Lebensabschnitt schädlich ist.

Die Beschneidung als Inzision (lateinisch: »Einschnitt«), ein Einschnitt in die Vorhaut, wird bei den Völkern in Ozeanien und Indonesien praktiziert und ist zugleich ritueller Vorbereitungsakt auf die Sexualfunktion des Mannes und der Frau.

Die Beschneidung der Mädchen ist relativ selten. Sie wird als Exzision (lateinisch: »Ausschneidung«), d. h. Verstümmelung der Nymphen oder der Klitoris, vorgenommen. Letztere meint als »Klitoridektomie« die Verstümmelung des weiblichen Genitals, bei dem die kleinen Schamlippen und die Klitoris vorgezogen und durchschnitten werden, was z. B. bei Stämmen in Ostafrika und Arabien üblich ist.

Neubeschnittenes Mädchen der Dschisu (Afrika)

Im Zusammenhang mit der Mädchenbeschneidung im Pubertätsalter wird bei afrikanischen Stämmen die Infibulation (lateinisch: »Vernähung«) der weiblichen Geschlechtsteile vorgenommen, wodurch diese zum Geschlechtsverkehr im Sinne des Erhalts der vorehelichen Keuschheit unbrauchbar gemacht sind, bis zum geeigneten Zeitpunkt vor der Hochzeit die vernarbte Stelle wieder durch Defibulation (lateinisch: »Auftrennung«) aufgetrennt wird.

Für die afrikanischen Dogon ist die Beschneidung der Jungen wie der Mädchen darin begründet, daß jeder Mensch eine bisexuelle Seele, d. h. außer seiner eigenen Seele auch die seines Geschlechtspartners besitzt. Das Praeputium (lateinisch: »Vorhaut«) des Mannes ist Träger der weiblichen Seele, und in der Klitoris der Frau liegt die männliche Seele.

Einehe, Vielehe und Gruppenehe sowie Probeehe und Gastehe

Die Ehe als dauernde Lebens- und Sexualgemeinschaft von Mann und Frau wird bei den Stammesreligionen in Form der Einehe, Vielehe oder Gruppenehe gelebt.

Die *Einehe* (griech: Monogamie), bei der ein Mann mit einer Frau dauernd zusammenlebt, ist die am meisten verbreitete Eheform. Bei Jägern und Sammlern z. B. ist sie in den Ursprungsmythen begründet, nach denen die Hochgottheit der Schöpfer des Stammelternpaares und der Begründer der Einehe ist.

In der *Vielehe* (griechisch: Polygamie) lebt ein Geschlechtspartner mit mehreren Partnern des anderen Geschlechts dauernd zusammen. Unterhält ein Mann dauernde Geschlechtsbeziehungen zu mehreren Frauen, so handelt es sich um Vielweiberei (griech.: Polygynie), hat hingegen eine Frau mehrere Männer, so ist das Vielmännerei (griech.: Polyandrie). Die Vielweiberei ist vor allem in vaterrechtlich orientierten Kulturen, so bei Ackerbauern und Hirten in Afrika, verbreitet. Als Gründe gelten u. a. der Wunsch nach vielen Kindern und der Mangel an Arbeitskräften. Die Vielmännerei ist hingegen eher in mutterrechtlich orientierten Kulturen anzutreffen, z. B. auf den Marquesas (Polynesien), in Tibet, bei den Toda in Südindien, auf Sumatra und bei den Giljaken. Gründe für die Polyandrie sind ein betontes Erstgeborenenrecht, z. B. in Tibet und Südindien, der hohe Brautpreis bei Frauenmangel, z. B. bei den Hima-Stämmen in Ruanda, oder die hohe soziale Stellung der Frau, z. B. in Südindien und Polynesien.

Die *Gruppenehe* als eine dauernde Lebens- und Sexualgemeinschaft von einer bestimmten Anzahl von Männern mit einer bestimmten Anzahl von Frauen aus einer engeren oder weiteren Verwandtschaftsgruppe, wobei innerhalb dieser Gruppe jeder Mann mit jeder Frau Geschlechtsverkehr hat, gibt es bei

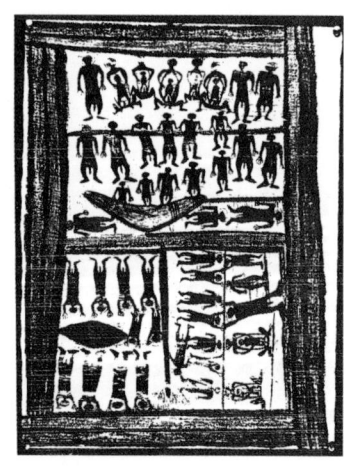

Kunapipi-Ritual bei den Aborigines. Darstellung eines Ritual-Koitus auf dem geheim-geheiligten Erdboden. Yirrkalla/ Arnhem-Land (Australien)

den afrikanischen Balonda am Sambesi, bei den indischen Nais und Todas sowie bei Tschuktschen und Jakuten sowie Giljaken auf Sachalin. Bekannte Formen der Gruppenehe sind die Punalua-Ehe bei den Alt-Hawaiianern und Tahitiern, eine Institution von nebenehelicher Beteiligung unter bestimmten Verwandten, Brüdern des Mannes und Schwestern der Frau, verbunden mit der Einrichtung von »Zeugungshelfern« sowie die Pirauru-Ehe der Dieri in Zentralaustralien, bei der vor jedem Beschneidungsfest alle diejenigen Frauen und Männer bezeichnet werden, die bis zum nächsten Beschneidungsfest als Pirauru-Gatten miteinander Geschlechtsverkehr haben dürfen. Danach ist eine Frau gleichzeitig die Ehegattin ihres Ehemannes und die Pirauru-Gattin mehrerer anderer Männer. Und umgekehrt ist ein Mann gleichzeitig der Ehemann seiner Ehefrau und der Pirauru-Gatte mehrerer anderer Frauen.

Im Gegensatz zu den vorgenannten Formen einer dauernden Lebensgemeinschaft zwischen den Geschlechtern stehen die zeitlich begrenzte Form der *Probeehe* vor der Ehe, z. B. in Afrika, bis zur Feststellung der Fruchtbarkeit der Frau, oder die *Gastehe*, bei der ein Gastherr die eigene Ehefrau oder Tochter seinem ankommenden Gast als Zeichen der Gastfreundschaft anbietet und eine Ablehnung dieses Gastgeschenks als Beleidigung gilt. Beispiele dafür gibt es bei den afrikanischen Hottentotten, in Ozeanien, bei den Eskimos, bei Samojeden und Tschuktschen sowie bei Mongolen und Tibetern.

Männerbünde und Männerhäuser, Frauenbünde und Menstruationshütten

Im kultischen Leben der Stämme spielen die *Männerbünde* eine große Rolle. Mitglieder dieser organisierten Verbände sind alle erwachsenen Männer einer Stammesgemeinschaft, wobei die Aufnahme durch die übliche Initiationsfeier im Pubertätsalter erfolgt. Gegenüber Frauen und Mädchen sowie nichtinitiierten Jungen besteht strenge Geheimhaltungspflicht bezüglich ihrer Vorstellungen über den mythischen Stammvater und die Naturgeister sowie über ihre Rituale und sakralen Objekte, wie z. B. Masken und Musikinstrumente, die im Männerhaus, wo sie regelmäßig zu ihren kultischen Versammlungen zusammenkommen, aufbewahrt werden. Im Mittelpunkt ihres Kultes steht die Verehrung der Ahnen- und Naturgeister, die bei Festen von den Mitgliedern des Männerbundes szenisch und auch mit Masken – unter Ausschluß der Frauen – dargestellt werden und deren Stimmen sie durch ihre Musikinstrumente ertönen lassen.

Im Unterschied zu den vorgenannten inklusiven Männerbünden, die alle

Zwei Tänzer des Dukduk-Männergeheim-
bundes bei den Küstenstämmen der
Gazellenhalbinsel der Südsee
(Melanesien), mit kegelförmigen Masken
und Blätterpelerinen

erwachsenen Mitglieder einer Stammesgemeinschaft umfassen, stehen die exklusiven Männergeheimbünde einer ausgewählten, kleineren Gruppe mit oft einem autoritativen Oberhaupt an der Spitze. Zur Aufnahme in einen solchen Geheimbund ist eine eigene Initiationsfeier notwendig. Die Geheimhaltungspflicht gegenüber Außenstehenden gilt für die Mitglieder sogar unter Todesstrafe, so beim Poro-Bund. Benannt sind die Männer(geheim)bünde meist nach den von ihnen verehrten Geistern, z. B. nach dem Ahnengeist der Egungun-Bund der Yoruba in Westnigeria, nach dem Wassergeist der Mangongo-Bund der Aduma in Gabun, nach dem Waldgeist der Mumbo-Djumbo-Bund der Mandingo in Westafrika und nach dem Erdgeist der Mwetyi-Bund der Bakele in Gabun.

Geheimbünde der Männer gibt es bei Wildbeutern und vor allem bei Ackerbauern in Westafrika, Melanesien und Amerika. Sie fehlen in Vorder- und Südostasien. Bei Stämmen und Völkern mit mutterrechtlicher Tendenz nehmen die geheimen Männerbünde eine frauenfeindliche Haltung ein.

Im Gegensatz zu den zahlreichen Männerbünden sind die *Frauengeheimbünde* selten und meist eine Nachahmung der exklusiven Männergeheimbünde. So bildet der weibliche Njembe-Bund bei den afrikanischen Npongwe das Gegenstück zum männlichen Nda-Bund und der weibliche Nyembe-Bund der Bapindschi in Gabun das Gegenstück zum männlichen Bwiti-Bund. Der Sande-Bund, auch Bundu-Bund genannt, ist der größte und mächtigste Frauengeheimbund in Afrika. Er bildet das weibliche Gegenstück zum männlichen Poro-Bund im westafrikanischen Sierra Leone. Beim Bundu-Bund erfolgt der Eintritt der Mädchen zur Zeit der Reisreife, wobei die Novizin mit weißem Ton bestrichen, dann beschnitten und in der Nabelgegend tätowiert wird. Das beschnittene Mädchen trägt das abgetrennte und getrocknete Teilstück ihrer Klitoris – zum Zeichen ihrer Jungfräulichkeit – am Halsband. Als Amulett gilt ihr das Horn einer kleinen Antilope, dessen Kraft sie töten wird, wenn sie ihr Geheimwissen preisgibt. Solange sie das Horn trägt, ist ihr jeder Geschlechtsverkehr untersagt. Das Ende ihrer Mitgliedschaft im Frauengeheimbund fällt zusammen mit dem Tag ihres Hochzeitsfestes.

Eigenständige Frauengeheimbünde – ohne männliches Gegenstück – sind der Sukwe-Bund auf den Banks-Inseln und der Kaldebekels-Bund auf den Palau-Inseln.

Neben den vorgenannten reinen Männerbünden und den, wenn auch seltenen, reinen Frauenbünden gibt es vereinzelt *Geheimbünde für Männer und Frauen,* so den polynesischen Arioi-Bund auf Tahiti und den afrikanischen Ndembo-Bund der Stämme am unteren Kongo sowie den Mau-Mau-Bund der Kikuyu (Bantuneger) in Kenia (Ostafrika). Letzterer ist eine seit 1950 existierende national-religiöse Bewegung für die Bewahrung der eigenen schwarzafrikanischen Traditionen und gegen eine weiße und christliche Überfremdung u. a. wegen des Widerspruchs christlicher Missionare gegen die von den Kikuyus praktizierte Mädchenbeschneidung (Klitoridektonomie) und gegen ihre Vielehe. Die Aufnahme in den Geheimbund Mau-Mau (»die Verborgenen«) erfolgt während einer nächtlichen Initiationsfeier, bei der das neue Mitglied den Eid der Geheimhaltung leistet: »Möge ich durch diesen meinen Eid getötet werden, wenn ich irgend etwas tue, um diese Organisation dem Feinde zu verraten.«[5]

Männerhaus auf der Insel Yap/Karolinen (Mikronesien)

In enger Verbindung mit den Männergeheimbünden steht das *Männerhaus,* auch Geisterhaus genannt. Dieses Gemeinschaftshaus steht oft im Zentrum einer Siedlungsgemeinschaft, wobei den Frauen und Kindern der Zutritt, manchmal unter Todesstrafe, verboten ist. Es steht im Mittelpunkt kultischer Feiern, vor allem der Initiation der Jungen, und ist Aufbewahrungsort für sakrale Gegenstände, wie Ahnenbilder und Masken, sowie der beim Kult verwendeten Musikinstrumente. Das Männerhaus ist weltweit verbreitet, außer in Teilen Zentral- und Nordasiens sowie Nord- und Südamerikas. In der Südsee (Neuguinea und Neuseeland) ist es besonders entwickelt und künstlerisch gestaltet.

Das Bwiti-Haus ist das Gemeinschaftshaus des Bwiti-Männergeheimbundes bei den Bapindschi in Gabun, dessen besonderes Charakteristikum der Mittelpfahl des Hauses ist, unter dem in der Erde die Schädel der Ahnen beigesetzt sind und der den Pfad vom Diesseits ins Jenseits und somit die Verbindung zu den Ahnen darstellt. Das Rumsram-Haus ist das Gemein-

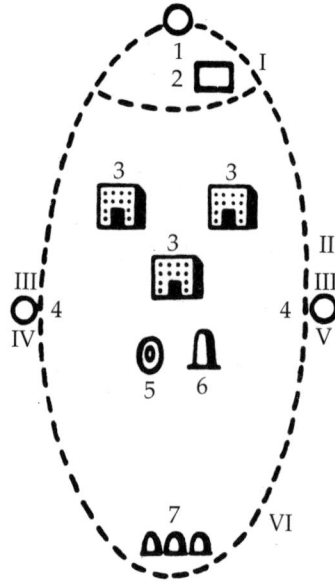

Anlageschema für die Dörfer der Dogon (Afrika), das auf der schöpferischen Vereinigung des Männlichen und des Weiblichen in der Gottheit beruht und dessen Gestaltung im einzelnen zugleich den Leib einer Frau und eines Mannes symbolisiert: die Schmiede (1) und das Männerhaus (2) symbolisieren den Kopf (I), die Familienhäuser (3) die Brüste und den Nabel (II), die Frauenhäuser (4) die Hände (III), der Stein zur Ölpressung (5) die Vulva (IV), der Dorfaltar (6) den Phallus (V), die übrigen Altäre (7) die Füße (VI)

schaftshaus der Männer bei Stämmen im westlichen Neuguinea. Es gleicht in seinen Umrissen einem Boot und ist auf Pfählen errichtet, die menschliche Figuren mit übergroßen Geschlechtsteilen, manchmal auch ein koitierendes Menschenpaar, darstellen. Das Tambaran-Haus des Männerbundes in Papua-Neuguinea hat oft als Eingangspforte eine Darstellung der Urmutter mit weitgespreizten Oberschenkeln. Wer nach der Initiation in dieses Männerhaus eintritt, muß zwischen den Beinen dieser Mutterfigur hindurchkriechen, wobei er gleichsam die bisherige Welt als Jungmann hinter sich läßt und im Innern dieses Hauses als geschlechtsreifer Mann neu geboren ist. Eine besondere Form des Männerhauses bildet das *Junggesellenhaus*. Es ist Arbeits- und Wohnhaus, aber auch Versammlungs- und Kulthaus der unverheirateten männlichen Jugend von der Pubertät bis zur Eheschließung. Ein Beispiel für das Junggesellenhaus ist das Alol-Haus der Stämme im nordöstlichen Neuguinea, das für Frauen und Kinder tabu bleibt.

Parallel zu den Männerhäusern bzw. den Junggesellenhäusern gibt es, wenn auch relativ selten, *Frauenhäuser* bzw. *Mädchenhäuser*, z. B. in Ostafrika, in der Südsee, auf den Philippinen und bei den Oraon (Drawida). Sie dienen als Wohn- und Schlafstätten der geschlechtsreifen Mädchen bzw. der unverheirateten Frauen und der Witwen.

Da bei afrikanischen und australischen Stämmen sowie bei Indianern die menstruierende und gebärende Frau als unrein gilt, muß sie während dieser Zeit abgesondert in einer *Menstruationshütte* bzw. in einer *Gebärhütte* leben. Der Abscheu und die Furcht der Männer vor dem Menstruationsblut zur Zeit der Regel der Frau ist Ausdruck eines ausgeprägten Geschlechtsantagonismus und vor allem in vaterrechtlichen Kulturen verbreitet. Da das Menstruationsblut als besonders schädlich für die männlichen Tätigkeiten der Jagd und der Viehzucht gilt, gibt es in diesen Kulturen nicht nur die getrennte Arbeitsteilung, sondern auch die Isolierung und Absperrung der menstruierenden Mädchen und Frauen in besonderen Menstruationshütten, z. B. bei den indischen Toda. Diese Hütten sind oft weitab von der übrigen Stammesgemeinschaft errichtet, um während der Zeit der Regelblutung eine Berührung der als unrein geltenden mit vor allem männlichen Stammesmitgliedern zu vermeiden.

In mutterrechtlichen Kulturen hingegen wird die erste Regelblutung des Mädchens mit Freude über die nun eingetretene Geschlechtsreife des Mädchens durch Gesang und Tanz der Stammesgemeinschaft öffentlich bekanntgemacht und zeremoniell begangen. Bei den südwestafrikanischen Buschmännern z. B. werden die Mädchen bei Eintritt ihrer ersten Regel zwar in einer kleinen Menstruationshütte abgesondert, aber das Ereignis der Menarche wird gefeiert.

Fruchtbarkeitsrituale und sakrale Phallustänze

Zur Erlangung und Vermehrung der Fruchtbarkeit bei Pflanzen, Tieren und Menschen werden kultische Rituale praktiziert. Dabei kommt die enge Verbindung, ja Verwandtschaft von Pflanzen und Menschen sowie von Tieren und Menschen, in Nachahmungstänzen zur Darstellung, und eine Identifikation wird oft durch das Anlegen von Masken unterstrichen. Um die Fruchtbarkeit der Pflanzen und das Wachsen der Feldfrüchte zu fördern, werden die *Vegetationsrituale* zelebriert, oft in der Weise des Analogiezaubers.

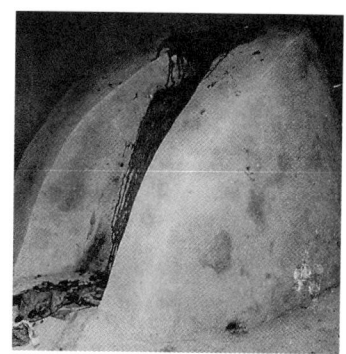

Altar in Form des weiblichen Geschlechtsteils bei den Yoruba. Ilesha/Nigeria, (Afrika)

Die Analogie von Saat und Ernte einerseits und Zeugung und Geburt andererseits kommt besonders deutlich im Phallustanz der Indianer am oberen Rio Negro in Nordwestbrasilien zum Ausdruck, wenn die Männer im Tanzrhythmus und unter koitalen Bewegungen ihr Sperma auf die Felder spritzen. Bei den amerikanischen Pueblo-Indianern wird der Vegetationsdämon Kokobeli von dem ihn repräsentierenden Tänzer mit einem großen Phallus und mit einer Vogelschnabelmaske dargestellt. Und die Irokesen im nordöstlichen Nordamerika haben die Männergeheimgesellschaft der Maisstrohgesichter, die ihre Fruchtbarkeitsrituale mit Masken aus Maisstroh zelebrieren.

Zu den Tiervermehrungsritualen gehören die Corroboree-Tänze der australischen Aborigines, die in Form von Tierpantomimen reiche Jagdbeute bewirken sollen. Das Okipa-Ritual der Mandan-Indianer in Nordamerika stellt den Weltschöpfungsmythos dramatisch dar und ist begleitet von Büffeltänzen mit Büffelmasken, durch die die Jagdtiere vermehrt werden sollen. Auch die afrikanischen Bambara im Westsudan tanzen vor Beginn der Regenzeit einen Fruchtbarkeitstanz mit zwei Antilopenmasken, eine männliche und eine weibliche Antilope darstellend.

Die Fruchtbarkeit der Menschen findet ihren sinnfälligen Ausdruck bei den Ritualen anläßlich der Initiation, der Menarche, der Hochzeit und der Geburt. Bei den Geschlechtsreifefeiern der Initiation stellen die pantomimischen Tänze mit Ahnenmasken oft das symbolische Sterben und Wiederauferstehen dar, oder sie symbolisieren das Verschlingen der Jungen und die sich anschließende neue Geburt des jetzt geschlechtsreifen Erwachsenen. Die kultischen Manda-Tänze der Baining-Papuas auf der Gazellenhalbinsel in Melanesien zu Ehren des Hochgottes Rigenmucha, des Schöpfers des Stammelternpaares und des Spenders der Fruchtbarkeit, wiederholen das

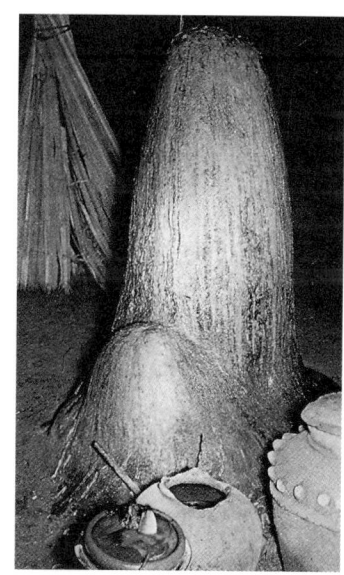

Altar in Gestalt des männlichen Geschlechtsteils, dazu Weihegaben der Yoruba. Oya/Nigeria, (Afrika)

Büffeltanz des Bison-Männerbundes bei den Mandan-Indianern (USA). Kupferstich nach Carl Bodmer

Geschehen der Urzeit, dessen Höhepunkt das Auftreten des Stammelternpaares in Ahnenmasken bildet, wobei der Tanzplatz den Mutterschoß der Urmutter und das Tor allen Lebens versinnbildet.

Das Klóketén-Fest der Selknam in Feuerland findet in einer Festhütte statt, die die sieben ersten männlichen Urahnen symbolisieren. Maskentänzer stellen symbolisch den Tod und die Neugeburt dar.

Das Kuksu-Ritual, ein Maskentanz der Indianer in Nordkalifornien zur Vermehrung der Fruchtbarkeit, ist verbunden mit einer dramatischen Darstellung von Tod und Neugeburt des Stammvaters und Kulturheros im Männerhaus unter Ausschluß der Frauen.

Während der ersten Menstruation der Mädchen wird bei den afrikanischen Buschmännern der Elandbullen-Tanz zur Unterstützung der Fruchtbarkeit getanzt, wobei zwei Männer in der Maske des Elandbullen mit Hörnern vor dem Mädchen das Werbespiel des Elandbullen nachahmen. Bis zum Abschluß der ersten Regelblutung wird jede Nacht getanzt.

Phallische Tänze sind Rituale, die die Fruchtbarkeit der Felder, der Tiere und der Menschen fördern sollen. Sie stellen zwei Phasen des menschlichen und auch tierischen Geschlechtsverkehrs dar: das werbende Zusammenkommen der beiden Geschlechtspartner, oft verbunden mit einer ungewöhnlich weitreichenden Exhibition, d. h. absichtlicher Entblößung und Zurschaustellung der Geschlechtsmerkmale (Brüste und Genitalien), und der Geschlechtsakt selbst als mimische Darstellung der Körperbewegungen beim Koitus. Ein

Werbetanz ist z. B. der Kranich-Tanz der afrikanischen Watussi in Zaire. Den rituellen Koitus tanzen einige Afrikanerstämme. Auch der Hula-Hula-Tanz der Alt-Hawaiianer ist ein von Männern oder Frauen zu Ehren der Fruchtbarkeitsgottheiten, des Regengottes Lono und der Waldgöttin Laka, getanzter »Bauchtanz« mit Nachahmung von Koitusbewegungen mit Bauch, Hüften und Lenden.

Beim Geburts-Tanz der Pygmäen umtanzen die Männer einen neugeborenen Jungen und singen das Geburtstagslied von der Nkulanuß, da der erste Mensch aus ihr erschaffen wurde. Danach tanzen Männer und Frauen zum Rhythmus der Trommeln und Rasseln einen Sexualtanz, der symbolisch »alle Geschehnisse vor und nach der Geburt wiedergibt«.[6] Diese Fruchtbarkeitsri-

Tanzende weibliche Buschgeister des Aborigines. Oenpelli (Nord-Australien)

Junge Mädchen der Watussi in Zaire (Afrika) beim rituellen (Paarungs-) Kranich-Tanz

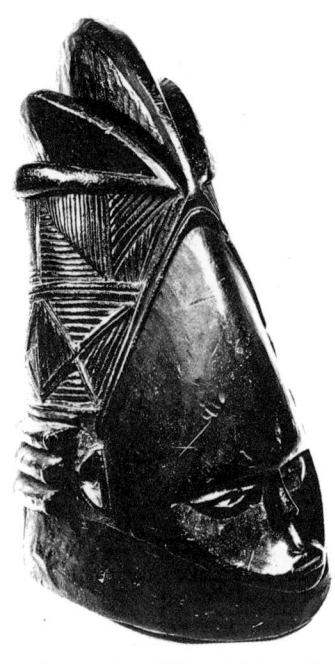

Holzmaske der weiblichen Geheimgesell-
schaft Bundu bei den Mende in Sierra
Leone (Afrika), deren oberes Ende die
Form des weiblichen Sexualorgans hat.
London: Britisches Museum

tuale werden im Jahreskreislauf der Flora und Fauna sowie im Rahmen der menschlichen Lebensübergänge, insbesondere bei der Initiation als Geschlechtsreifefeier, aber auch bei der Initiation als Aufnahme in einen Männergeheimbund, gefeiert, wobei der Tanz mit Masken eine bedeutende Rolle spielt. Der Form nach ist der Tanz entweder ein Einzeltanz (z. B. der Schamanentanz) oder ein Gruppentanz, der in der Regel nur von einem der beiden Geschlechter ausgeführt wird.

Im Gegensatz zur statischen Ahnenfigur gelangt die *Maske* im Tanz zur dynamischen, dramatischen Entfaltung. Sehr häufig sind dies Tiermasken, da Tiere oft als Geschlechtstotems, als Ahnen- und Fruchtbarkeitsgeister, vorgestellt werden. Die Maske als künstliche Verhüllung des Gesichts oder des ganzen Körpers ermöglicht dem Maskenträger sowie dem Zuschauer die Identifizierung mit dem durch die Maske verkörperten Wesen, dessen Kräfte im Analogiezauber angeeignet werden sollen. Die durch die Maskierung erlangte äußere Verwandlung intendiert eine innere Wandlung. Die Maske ist Symbol der Verwandlung des Menschen in ein anderes Ich oder Wesen.

Maskentragen ist weithin das Privileg der Männer. Selbst Frauenmasken werden von Männern getragen, so z. B. bei den afrikanischen Tschokwe in Angola.

Verschiedene Mythen in Afrika, in Ozeanien und Feuerland erzählen, daß einst die Frauen allein um das Geheimnis der Masken wußten, bis ihnen die Männer dieses Geheimnis entrissen haben. Seitdem halten die Männer ängstlich die Frauen von den Masken fern, oder die Männer benutzen die Masken als Mittel, um den Frauen Angst und Schrecken einzuflößen.

Beim Kore-Geheimbund der Bambara ist jedes Detail der Masken ein Symbol für Einzelheiten, die dem Initianden vermittelt werden. Für den Dukduk-Geheimbund bei den Küstenstämmen der Gazellenhalbinsel der Südsee sind die kegelförmigen, mit stilisierten Augenornamenten versehenen Dukduk-Masken und die Blätterpelerinen der Dukduk-Tänzer charakteristisch. Der Qatu-Geheimbund auf den nördlichen Inseln der Neuen Hebriden trägt beim Kult Qatu-Maskenhüte, die wegen ihres großen Gewichtes von mehreren Männern zugleich getragen werden müssen.

Die bei Fruchtbarkeitskulten und Tänzen verwendeten *Musikinstrumente* stehen vielfach in einer inneren Beziehung zum betreffenden Kult und Tanz, so die Flöten oder Schraper als fruchtbarkeitsfördernde Instrumente bei nordamerikanischen Indianern. Zum Teil benutzen Frauen und Männer bei Kulten unterschiedliche Instrumente. Dabei sind die heiligen Rasseln in Frauenhänden, und die heiligen Flöten und Schwirrhölzer werden in Männerhäusern aufbewahrt. Bei den australischen Aborigines heißen die Schwirrhölzer »Seelenhölzer« (Tschuringa). Sie werden bei der Geburt eines Kindes angefertigt und gelten als zweiter und unvergänglicher Leib des Menschen. Der Anblick sowohl des eigenen wie der fremden Tschuringa ist Frauen und Mädchen verboten.

In Zentralaustralien ist das Schwirrholz aus jenem Baum geschnitzt, in den die Ahnengeister eingegangen sind. In dem auf diese Weise verwandelten Leib des Ahnengeistes sitzt der Kinderkeim, der in den Leib einer vorübergehenden Frau eingeht, so daß sie schwanger wird, wenn das Schwirrholz nach ihr geworfen wird. Bei Stämmen auf Neuguinea heißt das Schwirrholz Djabobibi. Es steht im Mittelpunkt der von Männern zelebrierten Kulte und wird als Warninstrument gegen Frauen benutzt.

Schamane und Schamanin, Priester und Priesterin, Medizinmann und Medizinfrau

Die *Schamanen* (tungusisch: *shaman;* chinesisch: *sha-men*) stellen eine frühe Form des Propheten- und Priestertums dar. Sie haben die Funktion, mit dem Jenseits in Kontakt zu treten, übersinnliche Erkenntnisse zu gewinnen, von guten Geistern Beistand und Hilfe zu erlangen und die bösen Geister zu bannen. Ihr Wunderwirken erstreckt sich auch auf Jagd- und Regenzauber (Fruchtbarkeit). So unternimmt der eskimoische Angakok in Trance eine Reise in die Tiefen des Meeres zu der Mutter der Seetiere, um den Erfolg der Eskimos bei der Seehundjagd zu ermöglichen. Mit Hilfe einer Handtrommel, der Schamanentrommel, und eines mit Glöckchen und klirrendem Metall behängten Gewandes sowie durch Musik und Tanz versetzt sich der Schamane in Ekstase.

Schamanen, die es in Afrika und Ozeanien, in Asien und Amerika sowie bei den sibirischen Völkern gibt, sind männlichen oder auch weiblichen Geschlechts. Frauen als Schamaninnen gibt es vor allem bei paläosibirischen Stämmen, bei Yakaghiren und Koryaken, bei Tschuktschen, Samojeden und Ostjaken. Der männliche Schamane tritt oft in Frauenkleidung auf, weil der kultische Geschlechtswandel durch Kleidertausch eine große Rolle spielt. Bei den nordamerikanischen Indianern erfolgt der als Berdache bezeichnete Kleidertausch zum Zweck der Ergänzung männlicher durch weibliche Potenzen mit dem Ziel, ein bisexuelles Wesen zu werden. Es ist bei männlichen Schamanen auch die gleichgeschlechtliche Liebe anzutreffen. So erfolgt bei den Tschuktschen auf Anordnung des Geistes Kalet der kultische Geschlechtswandel eines männlichen Schamanen in ein weibliches Wesen, und dieses erwählt einen »Gatten« zur »Ehe«, in der der in eine »Frau« verwandelte Schamane die weibliche Geschlechtsrolle übernimmt.[7]

Wenn im Beziehungsverhältnis zwischen Menschen und Gottheiten, zwischen Lebenden und Verstorbenen (Ahnen) die Opfer und Gebete (-Opfer) eine entscheidende Bedeutung im Kult haben, treten die *Priester* als Mittler auf, wobei diese männlichen oder auch weiblichen Geschlechts sein können. Bei den indonesischen Ngadju-Dajak auf Borneo heißen die Priester Basir und die Priesterinnen Balina. Sie vertreten bei allen wichtigen Kulthandlungen das höchste Götterpaar, den Himmelsgott und Herrn der Oberwelt Tingang (»Nashornvogel«) und die Erdgöttin und Herrin der Unterwelt Tambon (»Wasserschlange«). Dieses Götterpaar bildet zugleich als eine einzige androgyne Gottheit den Weltenbaum, dem alle Menschenkinder entstammen.

In stark patrilinear organisierten Gesellschaften bleibt der Beruf des Priesters in der Hauptsache den Männern vorbehalten. Hier kann auch der Patriarch oder Familienvater, der Häuptling oder König die priesterlichen Funktionen ausüben.

In matrilinear geprägten Gesellschaften fungieren Frauen als Priesterinnen. Bei den Puyuma, einer altindonesischen Ethnie auf Taiwan auf der Wirtschaftsstufe der Ackerbauern, gibt es mehrheitlich Priesterinnen und Schamaninnen.

Der *Medizinmann* (indianisch), Heiler oder Zauberer, sowie die Medizinfrau, Heilerin oder Zauberin, sind Personen mit eingehender Kenntnis von pharmazeutischen Heilstoffen und mit krankenheilender Kraft, wie z. B. bei den indianischen Apachen in Nordamerika. Sie kennen die magischen Zauberworte, die glückbringenden Formeln des Segens und die unheilbringenden des Fluches. Zu ihrer Hauptfunktion gehören der Vollzug der Zauberhandlung, so die Heilung von Krankheiten, und der Regenzauber bei Dürre. In Verbindung mit kultischen Ritualen (Maskentänzen u. a.) werden die Lebenskraft verleihenden Handlungen vollzogen, wobei man sich oft eines Fetisches (von portugiesisch: *feitico* = »künstlich gemacht, zauberkräftig«) als eines machtvoll geladenen, auffallenden Gegenstandes bedient.

Medizinmänner und Medizinfrauen gibt es in Afrika und Australien, in Asien und Amerika. Bei zahlreichen Stämmen Zentralafrikas üben Frauen den (ba)nganga-Beruf als Medizinfrau aus. Da Frauen als Geburtshelferinnen in vielen Regionen tätig sind, ist ihre Funktion als Medizinfrau naheliegend. Bei den Tupi-Indianern Südamerikas heißt der Medizinmann Piache bzw. Pajé oder Piaje und bei den Stämmen auf den Mentawei-Inseln bei Sumatra

Bronzegruppe mit Prozession von Priesterinnen aus Ife (Afrika). London: Britisches Museum

Si-karei. Oft sind der Medizinmann und die Medizinfrau zugleich Schamane bzw. Schamanin oder Priester bzw. Priesterin. Manchmal sind die Medizinmänner in geheimen Medizinbünden zusammengeschlossen.

Das Geschlecht der Götter in den Genus- und Klassensprachen

In den Sprachenkreisen der Erde erfolgt die Einteilung der Hauptwörter – einschließlich der Götternamen – aus der wertenden Sicht der Menschen vorwiegend als geschlechtige Bezeichnungen, so daß alle Hauptwörter entweder geschlechtig oder ungeschlechtig sind. Im ersteren Fall haben die Wörter männliches oder weibliches Geschlecht und im letzteren »keines von beiden« (lateinisch: *neutrum*). Diese wertende Einteilung bedeutet fast immer eine Zweiteilung des Geschlechts (lateinisch: *genus*) – abgesehen von einer Dreiteilung in der indoeuropäischen Sprachenfamilie –, wobei das Geschlecht des Männlichen und des Weiblichen verschiedenen Bereichen zugeordnet sein kann. Es gibt vier verschiedene Arten der Genuszuordnung, je nach welchem Hauptbegriff die Einteilung der Hauptwörter erfolgt. Wenn das entscheidende Kriterium der Worteinteilung die Geschlechtlichkeit des Menschen ist, spricht man von Genussprachen, und in allen anderen Fällen der Klassifizierung nach Vitalität, Personalität und Superiorität handelt es sich um Klassensprachen.[8]

Die *Genussprachen* sind ein Sprachtypus, bei dem vor allem die Hauptwörter mittels eines Systems angehängter Wortsilben (lateinisch: Affixe) in mehrere grammatische Geschlechter eingeteilt werden, wobei die Genuszuordnung inhaltlich nicht notwendigerweise mit dem natürlichen Geschlecht des Bezeichneten übereinstimmen muß.

In Afrika gibt es, wenn auch in geringem Umfang, Sprachen, in denen die Hauptwörter für alle Wesen und Dinge nach der *Kategorie der Sexualität* in Männliches oder Weibliches eingeteilt sind. Zu diesen afrikanischen Genussprachen gehören u. a. die zentralen Khoisansprachen, das Kuschitische und Nilotische.[9] In den Genussprachen ist nicht das physische Geschlecht das Entscheidende, sondern das bewertende Element ist die Unterscheidung von wichtig und weniger wichtig, wobei das Wichtige das Maskulinum und mit ihm in der Regel das Männliche und das weniger wichtige das Femininum bzw. das Weibliche ist. In diesen Sprachen ist das grammatische Geschlecht gekennzeichnet durch ein angehängtes Geschlechtswort (suffigierter Artikel), ein »-b« als männlicher und ein »-s« als weiblicher Artikel. So finden sich Namen von Männern und Göttern, die auf -b enden, und bei Auslaut eines

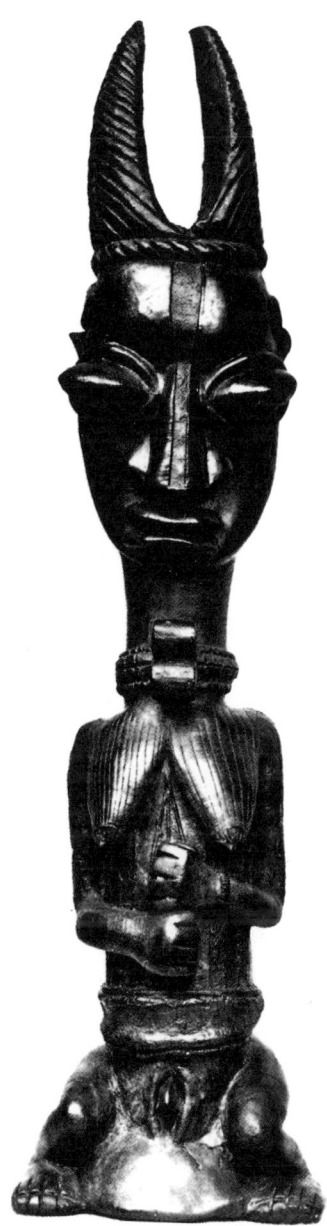

Göttin mit Kopfbedeckung in Form einer Vagina. Bronzestatuette der Yoruba (Afrika)

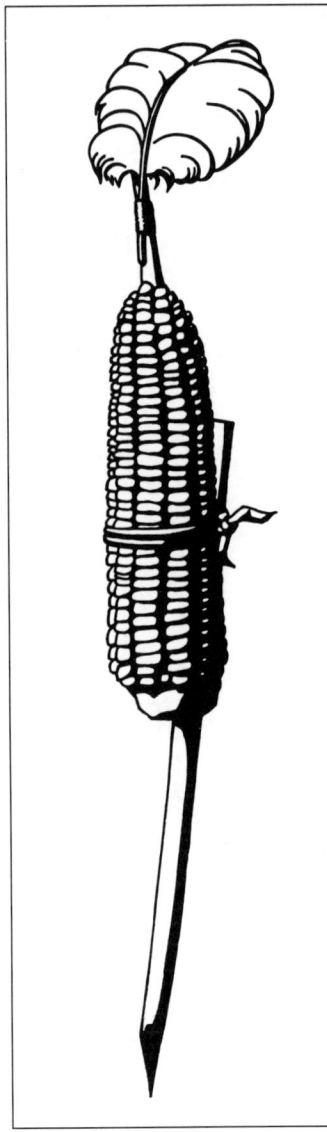

Bemalter Maiskolben mit weißer Vogel-
feder als »Mutter Korn« der Pawnee-
Indianer (USA). Der Maiskolben
symbolisiert das weibliche Prinzip (Erde),
während die Vogelfeder das männliche
Prinzip (Himmel) repräsentiert

Wortstammes auf einen Konsonanten lautet der maskuline Artikel »-i«. Die Namen von Frauen und Göttinnen erhalten den weiblichen Artikel, der auf »-s« endet.

So verehren die zu dem zentralen Khoisansprachkreis gehörenden Hottentotten in Namibia den Regen- und Himmelsgott Tsui-Goab und die Bergdama in Namibia und Südwestafrika den Regen- und Schöpfergott Gāmab. Zum kuschitischen Sprachkreis zählen die Galla in Äthiopien, die als Sonnen- und Himmelsgott Wāqa (Subjektkasus Wāqni) kennen. Die Massai in Kenia und Tansania aus dem nilotischen Sprachkreis haben den Gewitter- und Himmelsgott N'gai (von: *enkai* = »Regen«), der vom Himmel herab den ersten Mann, Maitumbe, und aus der Erde heraus die erste Frau, Naiterutop, kommen ließ.

Die *Klassensprachen* bilden einen Sprachtypus, der dadurch gekennzeichnet ist, daß die Hauptwörter (lateinisch: *nomina*), nicht wie in den Genussprachen durch ein grammatisches Geschlecht in männlich oder weiblich, sondern durch bestimmte angefügte Wortsilben (lateinisch: Affixe) in mehrere Nominalklassen bzw. Formgruppen eingeteilt werden, mit denen sich semantische Unterschiede verbinden. So gibt es Klassen für Personen, Tiere, Paariges, Kleines, Großes, Sachen, Abstrakta usw., wobei eine dem Hauptwort hinzugefügte Silbe andeutet, in welche Klasse das jeweilige Wort gehört. Klassenaffixe werden entweder dem Stammwort vorgesetzt (präfigiert), wie z. B. in den Bantusprachen, oder nachgesetzt (suffigiert), wie z. B. in den Gursprachen. Gelegentlich geschieht auch beides zugleich. Nach der jeweiligen Hauptkategorie der Klassifizierung (Vitalität, Personalität, Superiorität) kann man drei verschiedene Arten der Klassensprachen unterscheiden.

Bei der ersten Art erfolgt die Klassifizierung der Hauptwörter mittels der *Kategorie der Vitalität*, d. h. es wird unterschieden in belebte Wesen einerseits und unbelebte Wesen bzw. Gegenstände andererseits. Diese, möglicherweise auf mutterrechtliche Kulturen zurückzuführende Klassifizierung[10] ist besonders verbreitet bei den Indianersprachen Nordamerikas, so bei den Algonkin und Irokesen sowie in den Siouxsprachenkreisen.

Eine zweite Art der Klassifizierung der Hauptwörter erfolgt aufgrund der *Kategorie der Personalität*, d. h. der Unterscheidung in menschliche Wesen bzw. Personen einerseits und alle anderen Wesen und Sachen bzw. Gegenstände andererseits. Dieser Sprachtypus ist in Afrika weit verbreitet, so in den Bantusprachen, den Kordofan- und Niger-Kongo-Sprachen.

So kennen die Bantusprachen außer der 1. Personenklasse weitere 5 bis 18 Klassen der Hauptwörter, die nach ihren verschiedenen Präfixen eingeteilt und danach benannt sind, außer nach Menschen u. a. nach Bäumen, Stühlen, Früchten, Wegen, Gabeln und Plätzen. Im Suaheli wird die erste Klasse, die »Menschen-Klasse«, auch »Wa-Klasse« genannt, weil ihre Wörter in der Mehrzahl (*watu* = »die Menschen«) die Vorsilbe »wa« haben, jedoch in der Einzahl mit »mu« beginnen.

In den Bantusprachen gehören die Gottesnamen grammatisch nicht zur Menschen- oder Personenklasse, d. h. zur ersten Nominalklasse. So ist das in Ostafrika weitverbreitete Wort für Gott Mungu (aus Bantuwurzel: *-lungu* = »Ahnensippe, Ahnenschaft«) ursprünglich ein Lokativum mit der Bedeutung »Ahnen*platz*, Geister*platz*«. Da das Präfix »mu-« auch zur Kennzeichnung lokativer Verhältnisse dient, wurde das Wort der 18. Nominalklasse zugeordnet. Später gehörte das Wort zur Nominalklasse 3/4 mit den Wörtern des magisch Belebten und hatte dann die Bedeutung »Ahnen*geist*«. Diese Wandlung in den Klassen war möglich, weil das obligatorische Klassenpräfix »mu« für die Klassen 1, 3 und 18 identisch ist.

Mungu bedeutete also zunächst Ahnen*platz* (unter der Erde). Diese Gottesbezeichnung hat also einen lokativen Ursprung. Aus dem Platz für das Ahnenkollektiv hat sich dann eine göttliche Kollektivperson gebildet, die schließlich von der Erde (unter der Erde, Unterwelt) an den Himmel versetzt wurde.

Wie beim Namen Mungu lassen sich viele Gottesnamen auf Ahnenvorstellungen zurückführen, so auch der Name des Ahnengottes Mukuru (der »[Ahnen-] Alte«; aus dem Bantustamm: *kuru* = »groß, alt«) bei den Herero. Einige Bantusprachen haben vor dem Eigennamen des Gottes das Klassenpräfix »u-«, so der Ahnengott Unkulunkulu bei den Zulu. Der Stamm dieses Namens ist die Verdoppelung des Eigenschaftswortes khulu (»groß, alt«). Dieser Gott ist also der »ganz Alte«, der »Älteste«.

Auch die Lunda-Sudanneger in Angola verehren einen Ahnengott: Kalunga (Wortstamm: *lunga*). Da das Präfix »Ka-« lokative Verhältnisse bezeichnet, ist hier ebenfalls von einer lokativen Grundbedeutung auszugehen, von der sich über das Ahnenkollektiv der Hochgott entwickelt hat.

Ausgangspunkt für die Bezeichnung der Gottheiten sind außer den Ahnen auch der Himmel, die Himmelskörper und die atmosphärischen Erscheinungen. So ist häufig der Namen für »Sonne« oder »Himmel« identisch mit dem Gottesnamen, z. B. im Falle des Himmels- und Sonnengottes Ruwa (»Sonne«) bei den Dschagga-Bantus.

Die dritte Art der Klassifizierung von Hauptwörtern geschieht nach der *Kategorie der Superiorität*, d. h der Unterscheidung in »höhere« Klassen einerseits und »niedere« Klassen andererseits, so in den nordamerikanischen Indianersprachen, z. B. bei den Irokesen, nach denen zu den »höheren« Wesen u. a. die Gottheiten und die Männer gezählt werden. Zu den »niederen« Wesen zählt alles andere, auch die Frauen.[11]

Schriftzeichen der ältesten Religionen für Gott und Göttin sowie für Mann und Frau

	Mann/Mensch		Gott		Gottheit		Göttin		Frau	
	Zeichen	Wort	Zeichen	Wort	Zeichen	Wort	Zeichen	Wort	Zeichen	Wort
Sippen-Religionen	⟨Zeichen⟩								⟨Zeichen⟩	
Sippen-Religionen	⟨Zeichen⟩								⟨Zeichen⟩	
Stammes- Religionen (Osterinsel)	⟨Zeichen⟩	tangata							⟨Zeichen⟩	pua
Ägyptische Religion					⟨Zeichen⟩	ntr				
Ägyptische Religion			⟨Zeichen⟩				⟨Zeichen⟩			
Ägyptische Religion	⟨Zeichen⟩	s	⟨Zeichen⟩	ntr			⟨Zeichen⟩	ntr.t	⟨Zeichen⟩	s.t
Sumerische Religion	⟨Zeichen⟩	lú			⟨Zeichen⟩	anu/ dingir	⟨Zeichen⟩	inin	⟨Zeichen⟩	mi
Akkadische Religion	⟨Zeichen⟩	ruχ, gum			⟨Zeichen⟩	ilu			⟨Zeichen⟩	rak. šal, sal
Hethitische Religion	⟨Zeichen⟩				⟨Zeichen⟩	siu (ni)				

Volks- und Reichsreligionen in Afrika und Vorderasien

Die Religion einer größeren Gemeinschaft von Menschen, die nach Sprache und Kultur sowie durch gemeinsame geschichtliche Erfahrungen zusammengehören, nennt man *Volksreligion*, z. B. die der Sumerer. Das innerhalb eines abgrenzbaren Kulturgebietes lebende Volk kennt in seiner Religion meist eine durch verwandtschaftliche und funktionale Beziehungen miteinander verbundene Großfamilie von Göttern und Göttinnen.

Demgegenüber wird die Religion eines über Völker- und Landesgrenzen hinausgewachsenen Staatengebildes mit universalen oder hegemonialen Herrschaftsansprüchen, an dessen Spitze oft ein Gottherrscher als Repräsentant der höchsten Reichsgottheit steht, als *Reichsreligion* bezeichnet, wie z. B. die der Ägypter, Babylonier und Assyrer.

Altägyptische Religion

Die Reichsreligion der alten Ägypter datiert vom Beginn der Vereinigung der beiden Reiche von Oberägypten (Niltal) und Unterägypten (Nildelta) um das Jahr 2955 v. Chr. bis zum Ende der Römerherrschaft (395 n. Chr.).[1]

Androgyne Urgottheit und heterosexuelle Götterpaare

Am Anfang der Welt steht eine noch nicht geschlechtlich differenzierte Urgottheit als von selbst entstandene Einheit, die weder gezeugt noch geboren wurde. Charakterisiert ist die Zeit vor der Weltentstehung »als noch nicht zwei Dinge in dieser Welt entstanden waren«.[2] Erst mit der Schöpfung der gestalteten Welt beginnen die Trennung der Einheit in die Dualität und die geschlechtliche Differenziertheit aller Wesen. Ja, der Schöpfungsvorgang besteht darin, daß aus der androgynen einzigen Urgottheit, die »Vater der Väter und Mutter der Mütter« genannt wird, das erste heterosexuelle Götterpaar hervorgeht. Dieses hinwiederum zeugt geschlechtlich differenzierte Paare, womit der Prozeß des Zeugens und Gebärens in Gang gesetzt wird.

Nach der Lehre von On (griechisch: Heliopolis) steht »der von selbst entstandene« Urgott Atum am Anfang aller Dinge. Als »Einherr« und männlich-weibliches Wesen vereint er die Kraft des Zeugens und Gebärens in sich, bevor er das Götterpaar Schu und Tefnut zeugt. Der männlich-weibliche Atum begattet sich selbst, indem er seinen Phallus in die Hand nimmt und masturbiert (dabei entsteht die Vorstellung einer Göttin »Gotteshand«) und dann seinen Samen verschluckt. Daraufhin spuckt er den trockenen Luftraum Schu und die Feuchtigkeit Tefnut aus. Damit sind nicht nur die beiden Urelemente, das Trockene und das Feuchte, entstanden, sondern zugleich ist die Spaltung der Einheit in die Zweiheit der Geschlechter von männlich (Schu) und weiblich (Tefnut) vollzogen, aus deren geschlechtlicher Vereinigung alles Leben entsteht.

Wie alle Wesen sind auch die Gottheiten männlich oder weiblich differenziert und in der Regel zu Götterpaaren verbunden. Nach dem Stammbaum der Götterneunheit von On zeugen Schu und Tefnut, die Kinder des Schöpfergottes Atum, das Geschwisterpaar Geb und Nut, die Erde und den Himmel. Diese wiederum zeugen das Götterpaar Isis und Osiris sowie Seth und Nephthys. Die vier aufeinander folgenden Göttergeschlechter erklären den ganzen Kosmos, die Umwelt und die Welt des Menschen.

Der Luftgott Schu hebt den nackten und sternenbedeckten Leib der Himmelsgöttin Nut aus der geschlechtlichen Umarmung des am Boden liegenden Erdgottes Geb empor

Es gibt eine Vorstellung vom Himmel(sgewölbe) als Frau, die sich, meist nackt und oft mit sternenbedecktem Leib, über ihren am Boden liegenden Gatten, den Erdgott, beugt (seit der 19. Dynastie), wobei der Luftgott Schu die Himmelsgöttin Nut über den Erdgott Geb emporhebt und sie fortwährend stützt, eine Erinnerung an die Zeit der Weltschöpfung, als Himmel und Erde noch in ehelicher Gemeinschaft zusammenlagen, bis sie durch den Luftraum voneinander getrennt wurden. Seitdem bildet der Leib der Göttin das Himmelsdach, über das ihre Kinder, die Gestirne Sonne, Mond und Sterne, ihre Bahn ziehen. Als Mutter der Gestirne gebiert sie ihre Kinder täglich aufs neue, so auch am frühen Morgen im Osten des Himmels den Sonnengott als Kind, um ihn als Greis abends im Westen wiederum mit ihrem Mund zu verschlingen, so daß sie nachts mit ihm schwanger ist, bis sie ihn verjüngt morgens aufs neue »zwischen den Schenkeln« wiedergebiert. Bei ihrem täglichen Untergang kehren alle Gestirne in den Mund ihrer Muttergöttin zurück und treten bei ihrem täglichen Aufgang aus ihrer Scheide als Wiedergeborene hervor.

Als Wiedergebärerin der Gestirne, insbesondere des Sonnengottes, ist sie die Mutter der zum Sonnengott aufsteigenden Verstorbenen, weshalb seit dem Neuen Reich das Bild der Himmelsgöttin Nut auf den Deckeln der Särge, die gleichsam den Mutterschoß der Göttin bilden, zu finden ist. Auf seine Wiedergeburt durch die Sternenmutter Nut richtet der Tote seine ganze Hoffnung:

»So ruft er Re (den Sonnengott) an, Nut zu schwängern, um in dem Samen in den Leib der Göttin einzugehen... Dann darf er hoffen, nicht nur als Stern, sondern als › Auge des Re‹ (d. h. als Sonnengestirn) während der Nacht in Schwangerschaft getragen und jeden Tag wiedergeboren zu werden.«[3]

Als Kinder von Nut und Geb gelten die Geschwisterpaare Isis und Osiris sowie Nephthys und Seth. Osiris ist nicht nur der Königs- und Totengott, sondern auch der Gott des befruchtenden Wassers und der jährlich wiedererstehenden Vegetation.

Einst hat der Wüstengott Seth seinen Bruder, den Fruchtbarkeitsgott Osiris, getötet, dessen Leichnam in 14 Teile zerstückelt und diese über das ganze Land Ägypten zerstreut. Aber die über den Mord an ihrem Bruder und Gatten tief betroffene Frauen- und Muttergöttin Isis suchte und fand alle Teile des Leichnams bis auf die Genitalien des Osiris, die in den Nil gefallen und von drei Fischen verschlungen worden waren. Daraufhin ließ sie das Geschlechts-

Fellatio als Weihehandlung. Isis belebt den verstorbenen Osiris, indem sie mit ihrem Mund dessen Phallus reizt, während Anubis die Mumie stützt. Papyrus von Ani. London: Britisches Museum

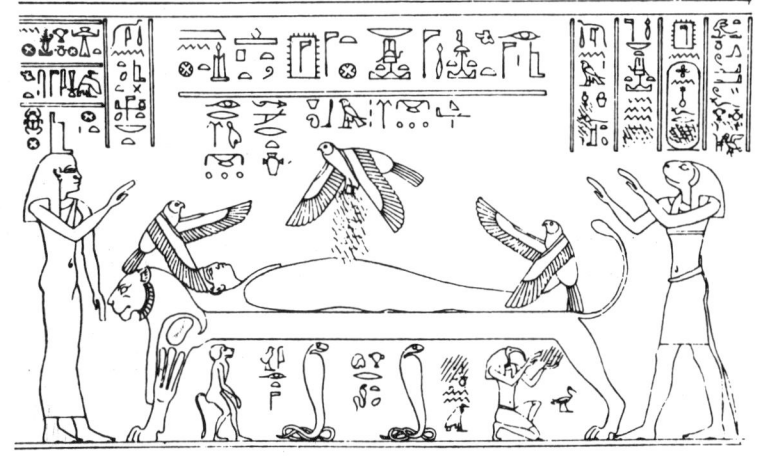

Isis, die in Gestalt eines Falkenweibchens über dem Schoß des toten Osiris schwebt, wird geschwängert vom aufsteigenden Sperma ihres toten Gatten, so daß sie beider Sohn Horus empfängt. Zudem stehen Isis am Kopfende und Horus am Fußende. Abydos: Tempel Sethos'I.

teil künstlich nachbilden. Da sich in dem Körper des von Seth getöteten Osiris noch verborgene Kräfte erhalten haben, konnte der tote Osiris noch einen Sohn zeugen. So zeigt ein Relief, wie Isis sich als Falkenweibchen auf den Schoß ihres toten Gatten setzt und posthum von ihm schwanger wird, so daß sie noch den Horus gebiert.

»Zu dir kommt deine Schwester Isis,
freudig über deine Liebe;
du setztest sie auf deinen Phallus,
und dein Same trat aus in sie,
der als Sothis (= Stern der Isis) bereiten:
Horus, der Bereite, der aus dir hervorging,
als Horus, der in der Sothis ist.«[4]

Im Sterben und Auferstehen des Osiris (sein Weiterleben in seinem Sohn) stellt sich der Naturkreislauf mit seinem Entstehen und Blühen einerseits sowie im Welken und Vergehen andererseits dar. Mit dem Toten- und Auferstehungsgott Osiris erfolgt gegen Ende der 5. Dynastie die Identifizierung des toten Königs.

Wenn zum Götterpaar ein Kindgott als Sohn hinzutritt, entsteht eine familiäre Göttertrias, wie das Beispiel von Osiris und Isis mit dem Kindgott Horus, dem Harsiesis (»Horus, Sohn der Isis«), zeigt. Eine genealogische Trias bestand auch in Memphis aus dem menschengestaltigen Gott Ptah, der löwengestaltigen Göttin Sachmet und deren Sohn, der Lotosblume Nefertem. Im Theben (Karnak) gab es die Götterdreiheit aus dem Schöpfer- und Reichsgott Amun, der Himmelsgöttin Mut und deren Sohn, dem Mondgott Chons. In Dendera wurde die Dreiheit Hathor, Horus und Ihi verehrt.

In der familienorientierten Göttertriade kann die Göttin eine Doppelrolle übernehmen, d. h. als Gattin des Gottes (Gottesgemahlin) und zugleich als Mutter des Gottessohnes (Gottesmutter), wobei die beiden männlichen Personen in der Vater- und- Sohn-Form als ein und derselbe Gott, als Kamutef (»Stier/Begatter der Mutter«), gelten. Kamutef ist seit der 18. Dynastie der Beiname für einen ithyphallisch dargestellten Gott. Es ist ein Gott, der eine Göttin im gleichen Zeugungsakt zu seiner Gattin und zu seiner Mutter macht. Zweck dieser Begattung ist die Wiedergeburt des zeugenden Vaters im Sohn, die Wesenseinheit beider. Die Beziehung der Muttergattin zu Kamutef erzählt der Sukzessionsmythos als Vergewaltigung der Mutter durch den Sohn. Der Erdgott Geb, der seine Mutter Tefnut vergewaltigt hat, erbt und besteigt den

Königsthron seines verstorbenen Vaters Schu, ähnlich wie Horus seine Mutter Isis vergewaltigt und die Nachfolge seines verstorbenen Vaters Osiris antritt.

Geburtslegende der Pharaonen

In urgeschichtlicher Zeit ist das geschichtliche Königtum von Gottheiten begründet worden, was die zehngliedrige erste Götterdynastie am Anfang der Königsliste ausdrückt. So steht am Anfang der Gott Ptah, gefolgt von den Göttern Re, Schu, Geb, Osiris, Seth, Horus und Thot, dann folgt die Göttin Maat, und zuletzt steht wiederum der Gott Horus, aus dem sich das Königtum der historischen Dynastien herleitet. Die Herrschaft des Königtums liegt begründet in seiner Gottesnatur.

Gemäß dem Horuskönigtum der vier ersten Dynastien (2920–2467 v. Chr.) ist der jeweils regierende König die Inkarnation des falkengestaltigen Himmels- und Reichsgottes Horus, weshalb die königliche Titulatur mit einem Namen beginnt, der den König als »Horus NN« bezeichnet. Dieser »Horusname« steht in einem rechteckigen Schild, auf dem der Horusfalke sitzt.

Seitdem in der 5. Dynastie (2465–2223 v. Chr.) die Sonnenreligion von Heliopolis zur Staatsreligion und der Gott Re zum Reichsgott wurde, ist der König der »Sohn des Re«. Dieser Titel erscheint in der fünfteiligen Königstitulatur jeweils am Ende, und zwar verbunden mit dem Geburtsnamen des Königs.

Der König ist Gottes »geliebter Sohn«, da das Liebesverhältnis dem zwischen Vater und Sohn entspricht. So spricht Gott Amun-Re zu Sesostris I. (reg. 1971–1926 v. Chr.): »Mein Sohn ... ich bin dein Vater, dein Geliebter.«,[5] und Gott Ptah sagt zu Ramses II. (reg. 1290–1224 v. Chr.): »Ich bin dein Vater ... ich nahm die Gestalt des Bockes von Mendes an und zeugte dich in deiner erhabenen Mutter.«[6] Das Selbstverständnis der Pharaonen als Söhne Gottes kommt auch in ihren theophoren Geburtsnamen zum Ausdruck, wie z. B. bei Thutmosis (»Kind des Thot«) und Ramses (»Kind des Re«).

Wie der König als Gottessohn bezeichnet wird, so gibt es in vergleichbarer Weise auch die Bezeichnung Gottestochter. Im Alten Reich (2575–2134 v. Chr.) ist dies der Titel der Mutter des jeweils regierenden Königs, des Gottessohnes, und in der Spätzeit (712–332 v. Chr.) führen diesen Titel die »Gottesgemahlinnen« des Amun, seine Priesterinnen. Aber auch die regierende Königin Hatschepsut (reg. 1485–1473 v. Chr.) versteht sich als Tochter des göttlichen Vaters Amun. So kennzeichnet ihr irdischer Vater Thutmosis I. ihr Wesen: »Sie ist ausgestattet mit der Göttlichkeit einer Gottestochter.«[7]

Die Vorstellung vom König als Gottessohn bzw. von der Königin als Gottestochter hat ihren klassischen Ausdruck in einem von Texten begleiteten Bilderzyklus über die göttliche Zeugung und Geburt des Königskindes, in der sogenannten Geburtslegende, gefunden, so bei der Königin Hatschepsut in der Geburtshalle ihres Terrassentempels in Deir el-Bahari, bei König Amenophis III. im Geburtsraum des Amun-Tempels in Luxor, bei Ramses II. im Ramesseum und bei einem unbekannten König im Tempelbezirk der Mut in Karnak.

Die Bildüberlieferung von der Zeugung und Geburt des Königs bzw. der Königin als Gotteskind weist 15 Szenen auf: 1. Der Wind- und Geistgott Amun beruft eine große Ratsversammlung im Himmel ein und gibt seinen Willen kund, die Thronfolgerin Hatschepsut zu zeugen. Diese werde als spätere Königin von Ägypten für den Kult der Götter sorgen, weshalb er sie ihrer aller Gunst empfehle. 2. Vom Botengott Thot erfährt Amun, daß die zukünftige Mutter der Thronfolgerin, die Königin Iames, obwohl mit dem regierenden König Thutmosis I. verheiratet, noch eine Jungfrau ist, da der König noch ein Kind und deshalb noch nicht mannbar sei. 3. Thot geleitet den Gott Amun zu der erwählten ägyptischen Königin Iames. Der Gott Amun nimmt beim Betreten des Gemachs der Königin Iames die Gestalt ihres Gatten, des Königs Thutmosis I., an. Er findet die Königin schlafend und entbrennt in Liebe zu ihr. Als diese von seinem Gottesduft aufwacht, lächelt sie ihm zu. Daraufhin gibt sich Gott Amun ihr in seiner Gottesgestalt zu erkennen und weckt ihre Gegenliebe. 4. Die Beiwohnung selbst wird in Text und Bild nur angedeutet: »…nachdem die Majestät dieses Gottes alles, was er wollte, mit ihr getan hatte«, nämlich mit ihr die Thronfolgerin Hatschepsut zu zeugen, bildet Amun aus den ersten Worten der Königin Iames den Namen des Kindes, dessen Geburt und künftige Herrschaft über Ägypten er verheißt. Das Bild zeigt, wie der Gott Amun der irdischen Königin auf einem (Matten-) Bett sitzend, beiwohnt. Ihre gekreuzten Füße werden von zwei Genien Hemuset getragen. Die Vereinigung der beiden ist angedeutet durch die Gebärde des Leben-Schenkens: Amun führt mit der linken Hand der Königin das Lebenszeichen (Henkelkreuz) an die Nase, mit der rechten reicht er ihr die Zeichen für Heil und Leben, die die Königin mit berührt. 5. Nach der Zeugung des Kindes geht Amun zum Schöpfergott Chnum und gibt ihm den Auftrag, dem Kind einen ebenbildlichen Leib zu schaffen, der »der des Amun ist«, d. h., der dem Leib des göttlichen Vaters wesensgleich ist. 6. Wie ein Töpfer auf seiner Töpferscheibe den Ton formt, so sitzt Chnum vor seinem Töpfertisch und gestaltet den Leib des göttlichen Kindes Hatschepsut und dessen form-

Beischlaf des Gottes Amun mit der irdischen Königin Iames. Außer dem Berühren ihrer Hände stellt das Kreuzen ihrer Füße den Akt der heiligen Hochzeit dar. Relief in der Geburtshalle im Terrassentempel der Königin Hatschepsut in Deir el-Bahari, 15. Jh. v. Chr.

identischen Ka, während Heket, die Göttin des werdenden Lebens, ihnen die Lebenszeichen reicht. 7. Der Botengott Thot geht zur Königin Iames und verkündet ihr im Auftrag Amuns ihre Titel und Würden, die sie als Gottesgemahlin und Königinmutter preisen: »Tochter des Erdgottes, Erbin des Osiris, Fürstin von Ägypten und Mutter der künftigen Königin von Ägypten«. 8. Der widderköpfige Chnum und die froschköpfige Heket, die den Leib des Kindes gebildet haben, geleiten nun die schwangere Königin zur Entbindung ins Geburtszimmer und gewähren der Mutter und dem Kind ihren Schutz. 9. In Gegenwart des göttlichen Vaters Amun und der Göttin der Geburtsstätte, Mesechnet, sowie unter dem Beistand vieler göttlicher Wesen gebiert die Königinmutter das göttliche Königskind Hatschepsut zugleich mit seinem Ka. 10. Die Muttergöttin Hathor hält das neugeborene Kind dem Amun entgegen. Dieser berührt das Kind mit seiner Hand und anerkennt es als seine wesensgleiche Tochter mit den Worten: »Meine Tochter von meinem Leib, mein strahlendes Abbild, aus mir hervorgegangen. Du bist ein König auf dem Thron des Horus wie Re.« 11. Der sitzende Amun drückt das Kind an sein Herz, küßt es und umarmt es, weil er es mehr liebt als alles: »Willkommen in Frieden, Tochter meines Leibes, meine geliebte Hatschepsut.« 12. Auf Anweisung Amuns stillen göttliche Ammen das Kind, deren göttliche Milch es zum Königsamt befähigen soll. 13. Zwei Gottheiten bringen das Kind und sein Ka einer Götterneunheit dar, eine Art Reinigung des Kindes und Präsentation vor den Gottheiten des Palastes. 14. Das Kind und sein Ka, zwischen Amun und Thot und unter der Flügelsonne, wird durch den göttlichen Vater zum Kronprinzen eingesetzt. 15. Zur Zeit der Reife weist die Göttin Seschat dem stehenden Königskind als Thronfolger viele Jahre der Regierungszeit zu.

Die Geburtslegende über Zeugung und Geburt des Königs bzw. der Königin begründet deren göttlich-menschliche Doppelnatur, da sie den Himmelsgott zum Vater und eine Irdische zur Mutter haben. Der König ist der irdische Stellvertreter des Reichsgottes, denn »sein göttlicher Vater hat ihn gezeugt, ›um auszuführen, was er befiehlt‹«. Aufgrund der göttlichen Zeugung ist der König zwar schon als Kind im Mutterschoß für das Königsamt prädestiniert, aber dieses verborgene Königsein bedarf noch der öffentlichen Bestätigung im Ritual der Krönung.

Da beim Tod eines Königs die Inkarnation des Reichsgottes auf seinen königlichen Nachfolger übergeht, beginnt die eigentliche, am Königsamt haftende Inkarnation des Reichsgottes im König erst mit der Thronbesteigung. Aus diesem Grund nimmt der König mit seiner Krönung offiziell einen neuen

Namen, den Thronnamen, an, der auf die göttliche Inkarnation hinweist. So lautet z. B. der Thronname von Sesostris I. (reg. 1971–1926 v. Chr.): »der Ka des Re ist entstanden (in der Person des Königs)«. Aus der insgesamt fünfteiligen Titulatur des Königs werden nur die beiden letzten Titel, sein Thron- und Geburtsname, in den ovalen Kartuschenring der Könige eingeschrieben.

Wie der König aufgrund der göttlichen Zeugung sein Leben dem Reichs- und Himmelsgott verdankt, so kehrt er bei seinem Tod als Gottessohn zu seinem göttlichen Vater im Himmelsaufstieg zurück. Der tote König »steigt auf zu seinem Lichtland, entfernt sich zum Himmel und vereinigt sich mit dem Sonnengott, der ihn gezeugt hat«.[8] Dieser vertikale Himmelsaufstieg des verstorbenen Königs ist die Heimkehr des Gottessohnes zu seinem väterlichen Ursprung, was auch die Bauform der Pyramiden symbolisch zum Ausdruck bringt. Und am Ziel seiner Himmelfahrt begrüßen den heimkehrenden Gottessohn alle mütterlichen und väterlichen Gottheiten.

Sexuelles Sündenbekenntnis

Der Inhalt des sittlichen Handelns wird gern mit den Worten umschrieben: Was die Menschen raten und womit die Gottheiten zufrieden sind. »Ich tat das Rechte (die Maat) und verabscheute das Unrecht, und kein Glied an mir ist frei von Maat« versicherte der Verstorbene im Totengericht.[9]

Das 125. Kapitel des ägyptischen Totenbuchs handelt vom Eintreten des Verstorbenen in die Gerichtshalle des Totengottes Osiris, in der das Herz des Neuankommenden auf einer Waage gewogen wird. Bevor jedoch der Verstorbene diese Halle betreten darf, muß er versichern, daß er von allen Sünden, darunter auch von sexuellen Vergehen, frei ist. In dem ersten »negativen Bekenntnis« sagt der Verstorbene, daß er nicht gegen die Gebote der Götter, gegen die Maat, gehandelt hat:

> »Ich habe kein Waisenkind an seinem Eigentum geschädigt ...
> Ich habe nicht Ehebruch begangen und nicht Unzucht
> getrieben an der reinen Stätte meines Stadtgottes ...
> Ich habe nicht die Milch vom Munde des Säuglings fortgenommen ...
> Ich bin rein, ich bin rein, ich bin rein, ich bin rein!«[10]

Im zweiten »negativen Bekenntnis« werden die zu Gericht sitzenden 42 Totenrichter einzeln angerufen:

»O Wamenti-Schlage [19. Totenrichter]… Ich habe nicht die Frau eines (anderen) Mannes beschlafen…

O du [20. Totenrichter]… ich habe keine Unzucht getrieben…

O Hintersichschauer [27. Totenrichter] ich habe nicht gleichgeschlechtlich verkehrt.«[11]

In den positiven Versicherungen der Schlußrede beteuert der Verstorbene dann:

»Ich habe getan, was die Menschen raten und womit die Götter zufrieden sind… Ich habe den Gott zufriedengestellt mit dem, was er möchte: … Kleider den Nackten… Ich bin einer mit reinem Munde und reinen Händen…

Ich bin hierhergekommen, um die Maat zu bezeugen, um die Waage ins Gleichgewicht zu stellen im Totenreich… Denn ich habe Maat getan…

Ich bin rein von jeglicher Sünde.«[12]

Erst nach diesem mehrfachen Bekenntnis darf der Verstorbene durch ein Tor die Gerichtshalle betreten.

Geschwisterehe und Gottesgemahlin

Die Grundlage der Familie war die *Ehe*, meist in der Form der Einehe. Manchmal heiratete der Mann mehrere Frauen. Dazu konnte er neben den Ehefrauen als Hauptfrauen auch Nebenfrauen besitzen, die meist Sklavinnen gewesen waren.

Wie die Götter, so hatte auch der Pharao als Gottessohn einen *Harem* (ägyptisch: *jpt*). Ramses II. (reg. 1290–1224 v. Chr.) besaß mindestens drei Hauptfrauen, und die Zahl seiner Kinder, die vor allem von seinen Nebenfrauen stammten, betrug 25 Söhne und 17 Töchter. Einen eigenständigen Bereich im Palast für des Königs Frauen mit ihrem zahlreichen Anhang zeigen die Haremsanlagen für Amenophis III. (reg. 1391–1353 v. Chr.) in Malqata, für Amenophis IV./Echnaton (reg. 1353–1335 v. Chr.) in Tel el-Amarna und für Ramses III. (reg. 1194–1163 v. Chr.) in Medinet Habu. Letzterer hat bei einer Haremsverschwörung den Tod gefunden.

Da der Pharao – und nur er – als Gottessohn galt, diente in den Herrschergeschlechtern die *Geschwisterehe* der Erhaltung des göttlichen und königlichen Erbes. Am häufigsten waren die Ehen mit einer Schwester oder Halbschwester zur Zeit der 18. Dynastie (1550–1307 v. Chr.). Auch in griechisch-römischer Zeit gingen die meisten Ptolemäer zum Zweck der Erhaltung des dynastischen Erbes eine Geschwisterehe ein. Den Anfang dazu machte Ptolemaios II. Philadelphos (reg. 285–246 v. Chr.), der nach Verstoßung seiner 1. Gattin 278/277 v. Chr. seine Schwester Arsinoë II. (†270) heiratete. Sein charakteristischer Beiname ist Philadelphos (griechisch: »geschwisterliebend«). Ptolemaios VIII. Euergetes II. (reg. 170–163; 145–116 v. Chr.), der seine Schwester und Gattin Kleopatra II. im Jahr 143 zugunsten ihrer Tochter Kleopatra III. verstoßen hatte, lebte seit der Wiederversöhnung und Amnestie (119/118) in Doppelehe mit seiner Schwester und seiner Stieftochter. Kleopatra VII. (reg. 51–30 v. Chr.), als Sechzehnjährige mit ihrem neunjährigen Bruder Ptolemaios XIII. (reg. 51–47 v. Chr.) verheiratet, regierte zunächst mit diesem Brudergemahl und nach dessen Tod mit ihrem Brudergemahl Ptolemaios XIV. (reg. 47–44 v. Chr.) und danach zusammen mit ihrem von Cäsar stammenden Sohn Ptolemaios XV. Caesarion (reg. 44–30 v. Chr.), bis sie zusammen mit Marcus Antonius, von dem sie Mutter dreier Kinder war, Selbstmord durch Schlangenbiß beging.

Auch die *Tochterehe*, in der ein Vater seine Tochter zur Ehefrau hat, war bei den Pharaonen verschiedener Dynastien keine Ausnahmeerscheinung. So führte z. B. Ramses II. mit dreien seiner Töchter eine Ehe.

Da die Zeugung von Nachkommen den Zweck einer Eheschließung darstellte, bildete Kinderlosigkeit einen Grund für die Ehescheidung. Nur ein Sohn konnte das Bestattungsritual und den Totenkult seines Vaters vollziehen, um diesem das Weiterleben im Jenseits zu ermöglichen.

»Ein Mann, dem kein Kind geboren ist, der ist wie einer, der nicht gewesen ist, er ist gar nicht geboren. Seines Namens wird nicht gedacht, sein Name wird nicht ausgesprochen wie der von jemandem, der gar nicht gewesen ist. … (Denn) ein Toter lebt vom Aussprechen seines Namens.«[13]

Der Tod ist nur ein Übergang von Geburt zu neuer Geburt. Symbol für diese Wiedergeburt ist das Kind. So können die zusammen mit Tutanchamun (reg. 1347–1337 v. Chr.) bestatteten Föten als Garanten seiner Wiedergeburt gelten. Ein (Wiedergeburts)Modell für die Hoffnung auf ein Leben nach dem Tod bietet der zyklische Sonnenlauf des Gottes Re, der, wenn die Sonne untergeht, als Greis stirbt, und beim Sonnenaufgang als Kind wiedergeboren wird. Der sich mit der Rolle des Sonnengottes Re identifizierende Verstorbene tritt auf diese Weise in eine Sohn-Mutter-Relation, zur Mutter- und Himmelsgöttin Nut, die den Sonnengott täglich von neuem (wieder-)gebiert:

»Daß du ja sitzen wirst auf diesem Thron des Re /
(und) Befehle erteilen wirst den Göttern, ist /
weil du ja Re bist, der aus der Nut hervorgekommen ist, /
welche Re zu gebären pflegt Tag für Tag. /
Wie Re wird dieser NN. (wieder-)geboren werden Tag für Tag.«[14]

Bei der Mumifizierung erfuhr der Phallus vielfach eine besondere Behandlung. An der Mumie Tutanchamuns war »das Glied durch Binden in aufgerichteter Stellung gehalten«.[15] Um die Zeugungskraft des Lebens über den Tod hinaus zu gewährleisten, mußte das Zeugungsglied erhalten bleiben. So wurde der Phallus sorgsam abgeschnitten, in Binden gewickelt und dem Leichnam gesondert beigefügt bzw. in dem Postament einer Osirisfigur beigesetzt, eine symbolische Identifizierung des Verstorbenen mit dem Toten- und Auferstehungsgott Osiris, dessen Zeugungsglied fehlte, als man die Mumifizierung des Gottes vornahm.

Wie an der Leiche des Gottes Osiris die Göttinnen Isis und Nephthys als Klageweiber stehen, so übernahmen seit dem Alten Reich zwei Berufsklagefrauen beim zeremoniellen Grabgeleit die Totenklage. Ihre Klagelieder sind nach dem Vorbild der Klage einer Witwe um ihren verstorbenen Ehemann gestaltet. Auch die weiblichen Angehörigen des Toten nahmen – neben den zeremoniellen Klageweibern – an der Totenklage mit Entblößungsgesten teil. Ihre Haare sind gelöst und ihre Kleider aufgerissen, so daß die entblößten Brüste, Symbole des Lebens, mit ihren Händen geschlagen werden konnten.

Unfruchtbarkeit und Kinderlosigkeit sollten behoben werden u. a. durch Teilnahme an Fruchtbarkeitsfesten. So feierten Frauen zu Ehren des Gottes Osiris das Fest Pamylien, bei dem sie unter Gesang und Flötenspiel eine ellengroße Figur des Gottes mit einem großen beweglichen Zeugungsglied mit sich führten und dabei das Glied auf und ab bewegten. »In dem Glied, das bald als membrum mortuum, bald als membrum vivum erscheint, stellt sich das Sterben und Wiedererstehen des Gottes dar.«[16] Den Leichnam des Fruchtbarkeitsgottes Osiris hatte sein Bruder Seth, der unfruchtbare Wüstengott, zerstückelt, und die Körperteile waren in Ober- und Unterägypten über alle Gaue verstreut worden. Jeder der 21 Gaue besaß eines seiner Körperglieder, d. h. Osiris war mit ganz Ägypten identisch. Bisweilen wurde ein und dasselbe Glied von verschiedenen Städten beansprucht. So besaß Diospolis parva im 7. Gau den Phallus des Osiris, den nach Plutarch ein Fisch verschlungen hatte.[17] Während des Coiak-Festes wurden alle Körperteile des Osiris symbolisch zum vollständigen Leib des Fruchtbarkeitsgottes in Gestalt des »Kornosiris« zusammengefügt, ein Ritual, durch das die Vegetation wieder zum Leben erweckt wurde.

Alljährlich zur Feier des höchsten Nilstandes – am Opet-Fest – besuchte Gott Amun von seinem Tempel in Karnak aus seinen »südlichen Harem« im Tempel von Luxor. Mittelpunkt waren der Auszug des Götterbildes auf einer Götterbarke aus dem Tempel, die Schiffsprozession auf dem Nil und der Einzug des Götterbildes in den Besuchstempel von Luxor, wo zum Zweck der Gotteszeugung die kultisch-symbolische Vereinigung von Amun mit seiner Gottesgemahlin erfolgte.

Auch die Liebes- und Fruchtbarkeitsgöttin Hathor (»Haus des Horus«) besuchte einmal im Jahr von ihrem Haupttempel in Dendera aus ihren Gatten Horus in Edfu. Aus diesem heiligen Beilager des Götterpaares ging ein göttliches Kind hervor, das die Göttin in dem am Eingang des Tempelbezirks gelegenen »Geburtshaus« (Mammisi) zur Welt brachte. Auf dem Tempeldach in Dendera steht die Osiris-Kapelle, in der zum Neujahrsfest das Mysterium der Vereinigung der Liebesgöttin Hathor mit ihrem Vater, dem Sonnengott Re, gefeiert wurde. Ein Mythos erzählt, wie Hathor sich vor Re entblößt, und Re angesichts der ihr Gewand hochhebenden Hathor das sexuelle Vergnügen überkommt.[18] Überhaupt trug der Kult der Hathor deutlich erotische Züge, bei dem u. a. Versteckspiele mit Travestien im Papyrusdickicht stattfanden und die Göttin sich am Rascheln des Papyrus erfreute.

An bestimmten Kalendertagen, an denen ein sexuelles Vergehen unter Göt-

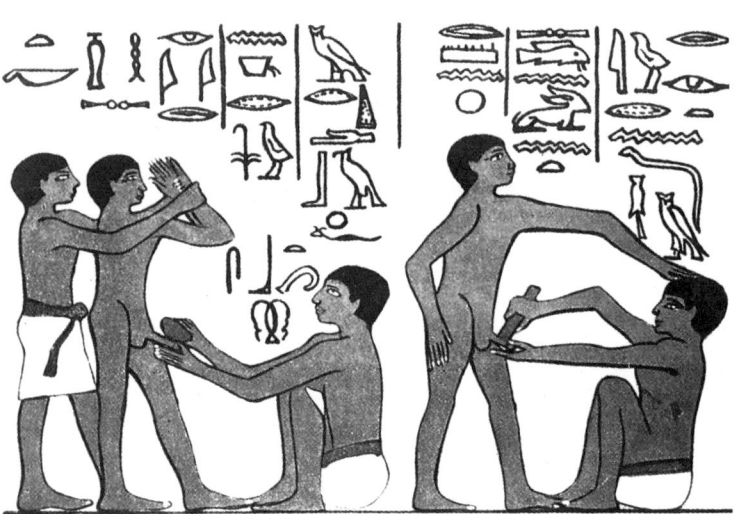

Beschneidung mit einem Steinmesser. Aus einem Grab bei Saqqara, Zeit des Alten Reiches

tern begangen worden war,[19] wird von allen Ägyptern ein Verzicht auf jeden Geschlechtsverkehr gefordert. So hatte einmal der Wüstengott Seth versucht, den Himmelsgott Horus durch homosexuellen Verkehr zu vergewaltigen. Diese »Schande« bestand nur für den »Unterlegenen«, wohingegen der »Überlegene« als Sieger über den Besiegten triumphierte. Deswegen prahlte Seth vor der Götterneunheit damit, daß er »das Werk eines Mannes« an Horus getan habe.[20]

Geschlechtliche Vorgänge, z.B. bei Frauen die Menstruation und das Wochenbett, bei Männern die Pollution und bei beiden der Beischlaf, stehen nach dem Empfinden der Ägypter im Widerspruch zur kultischen Reinheit.[21] So muß die »unreine« Wöchnerin die Zeit ihrer 14tägigen Reinigung außerhalb des Hauses in einer eigenen Wochenlaube verbringen. Vor dem Betreten einer Tempelanlage mußten sich alle, auch die Laien, von den Verunreinigungen beim Geschlechtsverkehr durch Waschungen reinigen.[22] Insbesondere waren den Priestern seit der Spätzeit regelmäßige Waschungen zur Erhaltung ihrer Reinheit vorgeschrieben, sofort jedoch nach nächtlichen Pollutionen.[23] Die allgemeine Bezeichnung für einen Priester war »Reiner« (ägyptisch: *web*). Zur äußeren Reinheit gehörte z.B. die Beschneidung. Sie war seit der Spätzeit gleichsam priesterliche Weihe und Zeichen der rituellen Reinheit.

Jeder kann ein Kultdiener sein, sofern er ein »Reiner«, d.h. ein rituell Gereinigter ist. Bei bestimmten Aufgaben mußten von den Kultdienern und Kultdienerinnen Keuschheitsfristen beachtet werden.[24] Im Alten und Mittleren Reich übten Laienpriester und Laienpriesterinnen den ordentlichen Tempeldienst aus, der jedoch im Neuen Reich von einem Berufspriestertum übernommen wurde. Je mehr das Amt des Priesters zum Beruf wurde, waren Frauen mehr und mehr davon ausgeschlossen. Es gab Priester und Priesterinnen in den verschiedensten erblichen Ämtern und Funktionen, so als Propheten und Prophetinnen, als Hohepriester und Hohepriesterinnen, als Totenpriester und Totenpriesterinnen sowie als Gottesvater und *Gottesgemahlin*.[25] Letztere ist der Titel der Königin und das Amt der Hohepriesterin des Gottes Amun in Theben von der Zeit des Neuen Reiches bis in die Spätzeit. Zur Zeit der 23. bis 26. Dynastie übten unverheiratete Prinzessinnen dieses Amt aus. Als die Königin Hatschepsut den Thron bestieg, ging ihre Stellung als Gottesgemahlin an ihre Tochter Nefru-Re über. Die Nachfolgerin der Gottesgemahlin in Theben wurde jeweils durch Adoption bestimmt.

Da die irdische Gottesgemahlin dem Gott Amun vermählt war, war sie zeit ihres Amtes zur dauernden sexuellen Enthaltsamkeit verpflichtet. Der Gott Amun hatte nicht nur die Königin bzw. eine Prinzessin zur irdischen Gottes-

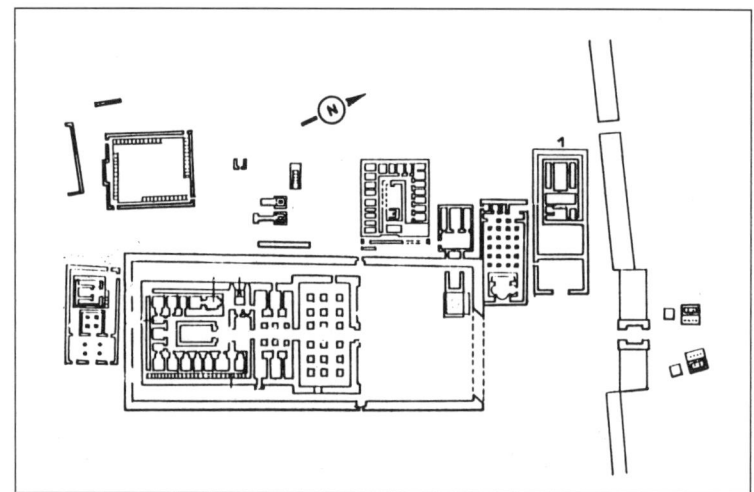

Grundriß eines Tempelbezirks für die Liebes- und Muttergöttin Hathor-Isis mit einem Mammisi (»Geburtshaus«) (1) außerhalb des Haupttempels. Dendera: Hathor-Tempel

gemahlin, sondern auch aus dem weiblichen Kultpersonal in Luxor die Pallakiden als irdischen Harem. Diese standen unter der Leitung der Gattin des Oberpriesters als der Haremsoberin, und sie hatten die Aufgabe, ihren Gott durch Tanz und Musik zu erfreuen und für die Befriedigung seines sexuellen Verlangens Sorge zu tragen.

Geburtshaus und Beischläferinnen

Ähnlich wie für die gebärende Ägypterin während der Zeit ihrer vierzehntägigen Unreinheit eine außerhalb des Hauses gelegene, eigene Wochenlaube errichtet wurde, so gab es seit der Spätzeit für die Liebes- und Muttergöttin Hathor-Isis am Eingang der Tempelbezirke – jedoch außerhalb des Haupttempels – ein eigenes *Geburtshaus* (arabisch: *Mammisi*), in dem die Göttin zurückgezogen ihr göttliches Kind gebären konnte, ein Ereignis, das alljährlich festlich begangen wurde.

Da die Mythen von der Geburt des Gotteskindes und von der des Königskindes sich berühren, übernahmen die Geburtshäuser ihren Bildzyklus von den Geburtsräumen der Tempel (z. B. von Luxor). So zeigen die Reliefs in Dendera, wie die Muttergöttin Hathor, die Gattin des Horus, ihren göttlichen Sohn Ihi, einen Musikgott, an ihren Brüsten stillt. Im Tempelbezirk der Hathor-Isis von Philae sind Geburt und Kindheit des Gottessohnes Horus dargestellt, und in Edfu gebiert Hathor, die Gattin und Mutter des Horus, das göttliche Kind Harsomtus.

Göttin Hathor als Amme, dem Pharao die Brust reichend. Dendera: Hathor-Tempel

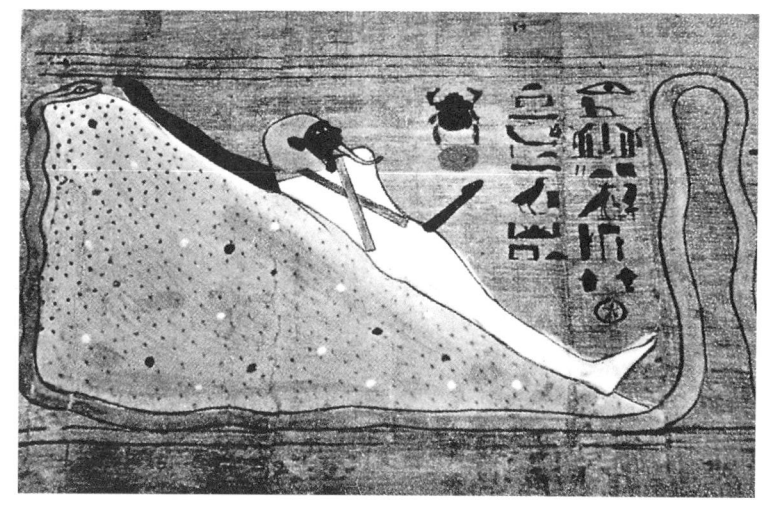

Ithyphallisch dargestellter Königs- und Totengott Osiris. Papyrus, Zeit des Neuen Reiches

Große Bedeutung hatte neben der Fruchtbarkeit der Felder und der Tiere die Zeugungsfähigkeit der Menschen. Als Schutzgötter der männlichen Zeugungskraft galten die ithyphallisch (griechisch: »mit geradem Phallus«) dargestellten Götter Min, Amun (vor allem in Luxor) und Osiris, der sogar noch posthum zur Zeugung des göttlichen Kindes Horus fähig war.

Min ist oft stehend abgebildet, wobei seine linke Hand nach seinem erigierten Glied greift. Er ist »der Stier, der auf den Frauen ist und Samen schafft den Göttern und Göttinnen« und »der Gatte, der die Frauen mit seinem Glied befruchtet«.

Die Phalli der Götter sind für den Jenseitsglauben von Bedeutung. Wenn der Tote sich mit den einzelnen Körperteilen der Götter identifiziert, bezeichnet er sich auch als Phallus des Re, des Min oder des Osiris.[26] So heißt es vom letzteren: »Mein Penis ist Osiris«. Um dem Verstorbenen seine männliche Geschlechtskraft über den Tod hinaus zu erhalten, wird der Mumie des Toten ein Ersatzphallus zum Gebrauch im Jenseits zwischen die Beine gelegt.

Als Göttinnen der weiblichen Gebärkraft gelten vor allem die mit Horus schwangere Isis, die nachts mit dem Sonnengott schwangere Himmelsgöttin Nut sowie die hochschwanger dargestellte Nilpferdgöttin Thoëris. Meschenet (»Ort, an dem man sich niederläßt«) heißt der Gebärziegel, ein Lehmlager als Sitz der Kreißenden, aber auch die Geburtsgöttin als Personifikation dieses Gebärziegels, die den Gebärenden zur Seite steht. Oft ist abgebildet, wie Göttinnen die Brust ihrem Kinde oder auch dem (bereits erwachsenen) König als dem Gottessohn reichen.

Der König Sesostris I. (1971–1929 v. Chr.) opfert vor dem Gott Amun Re, der das Aussehen des ithyphallischen Fruchtbarkeitsgottes Min hat. Basrelief im Amun-Tempel von Karnak

In der darstellenden Kunst werden die menschlichen Geschlechtsorgane durch Symbole nur angedeutet. Der Mund ist ein Symbol für die Vagina,[27] so wenn die Himmelsgöttin Nut allabendlich den Sonnengott mit ihrem Mund verschlingt. Die Hand ist ein Symbol für den Phallus, so wenn die Hand des Horus abgeschnitten wird.[28] Das Auge kann als Symbol des männlichen wie des weiblichen Sexualorgans dienen. Wenn Horus von Seth an den Augen verletzt wird, so kann dies entweder auf den homosexuellen Analverkehr oder auf seine Kastration anspielen.[29]

Als Verkörperung der jährlich wiederkehrenden und vegetative Fruchtbarkeit bringenden Überschwemmung des Nils gilt der androgyne Fruchtbarkeitsgott Hapi. Er ist zugleich »Vater und Mutter der Götter und Menschen, Amme des ganzen Landes«. Dargestellt wird er als Mann mit weiblicher Brust, ja mit zwei Brüsten (in Medinet Habu). Zu seiner Tracht gehört manchmal eine Phallustasche. Dieses von einem Gürtel gehaltene Schutzfutteral, das den Phallus aufnimmt, gehört auch zur Göttertracht des Re und des Geb.[30]

Zu den Attributen der männlichen Gottheiten gehören das Uas-Zepter (ägyptisch: *Uas* = »Heil«) und der Götterbart. Bei den Göttinnen wird das Uas-Zepter oft durch einen Papyrusstab (*Papyrus* = »Gedeihen«) ersetzt. Als Kleidung tragen die Götter einen kurzen Schurz und die Göttinnen ein enganliegendes Trägerkleid.[31]

Wenn Bekleidung Ausdruck eines sozialen Status ist, dann bedeutet Nacktheit Statuslosigkeit. Deshalb werden Kinder, da sie noch keinen besonderen Sozialstatus haben, generell nackt dargestellt. Dazu gehören auch die Kindergötter wie Nefertem und Harpokrates.

Seit dem Ende der 18. Dynastie werden Tänzerinnen und Musikantinnen nackt oder vereinzelt auch Göttinnen mit durchsichtigen Gewändern, den sogenannten koischen Kleidern aus einem seidenen Gewebe von der Insel Kos abgebildet.[32] Die Nacktheit stimuliert Erotik und steht im Zusammenhang mit Zeugung. So werden auch Gottheiten wie das Zeugungspaar Nut und Geb nackt dargestellt. Osiris, der noch posthum den Horus zeugte, erhält den Beinamen »der Nackte«.[33] In den Gräbern des Neuen Reiches sind auch die Dienerinnen nackt dargestellt.

Statuetten unbekleideter Frauen mit besonders betonten Geschlechtsmerkmalen gibt es seit ältester Zeit in Tempeln und als Beigaben in Gräbern. Seit dem Neuen Reich liegen diese »*Beischläferinnen*« nackt auf Betten, zum Beilager bereit (mit und ohne Kind), manchmal auch neben sich eine zweite leere Lagerstätte (für den Toten). Da das Leben im Jenseits nach dem Vorbild des Diesseits gesehen wird, hat der Verstorbene weiterhin ein Verlangen nach

Nut, die Himmelsgöttin, gebiert aus ihrer Scheide am Morgen die Sonne, (deren Strahlen auf Hathor, die Göttin für Leben und Liebe, fallen), die sie am Abend mit ihrem Mund wieder verschlingt, um sie am nächsten Morgen neu zu gebären

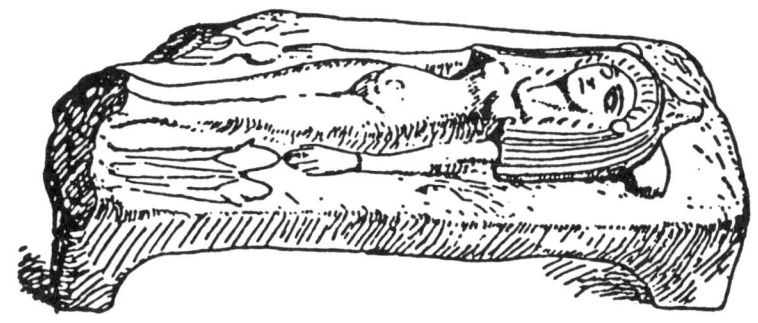

»Beischläferin«. Eine unbekleidete Frau mit besonders betonten Geschlechtsmerkmalen auf einem Bett liegend, zum Beischlaf bereit; zu ihren Füßen rechts ein Kind und links ein Sandalenpaar

Sexualverkehr und Kinderzeugung. So symbolisieren die Figuren der nackten Dienerinnen und Beischläferinnen die Wiedergeburt und das erotische Verlangen des Verstorbenen.

Die zwei Geschlechter in den Hieroglyphen

Die Hieroglyphen (griechisch: »heilige Kerben«), die aus zwei Gruppen von Schriftzeichen bestehen, den speziellen Sinnzeichen (Ideogrammen) und den allgemeingültigen Lautzeichen (Phonogrammen), unterscheiden zwei Geschlechter, ein männliches und ein weibliches.[34] Für das Wort »Gottheit« gibt es drei verschiedene Hieroglyphenzeichen. Die häufigste Gotteshieroglyphe hat die Form eines Stabes mit einem Stück Stoff als Fahne, also die Gestalt eines Fetischs. Ein zweites, gelegentlich verwendetes *Ideogramm* zeigt für einen Gott das Bild eines Falken auf einer Tragstange und für eine Göttin das Bild einer Kobra. Beide Bilder, die also tiergestaltige Verkörperungen göttlicher Wesen zeigen, sind vorwiegend in der hieratischen, d. h. kursiven Schrift verwendet. Das dritte und jüngste Gotteszeichen hat eine menschengestaltige Form und zeigt für das Wort Gott einen am Boden sitzenden Mann mit leicht gekrümmtem Bart und gerader Perücke. Das Bildzeichen für das Wort Göttin stellt eine am Boden sitzende Frau dar.

Das dazugehörige Lautzeichen *(Phonogramm)* für die männliche Gottheit ist das dreikonsonantige Wort »ntr«, wohingegen das entsprechende Zeichen für das Wort Göttin »ntr.t« lautet. Hier ist also wie bei allen Feminina an das männliche Stammwort die weibliche Endung »-t« angefügt.

Selbst wenn das ägyptische Wort für Gott phonetisch als »ntr« geschrieben wurde, ist das entsprechende Bildzeichen (Ideogramm) »sitzender Mann« als stummes Deutezeichen *(Determinativ)* hinzugesetzt. Das gleiche trifft für das Wort Göttin zu, da eine solche doppelte Kennzeichnung allen Wörtern ge-

Geburtsgöttin Thoëris in Gestalt eines aufrecht stehenden, trächtigen Nilpferds mit Krokodilkopf und Löwenbeinen

ALTÄGYPTISCH							

Hieroglyphen		Hiera-tisch	Bedeutung	Hieroglyphen		Hiera-tisch	Bedeutung
monu-mental	papyrus			monu-mental	papyrus		
Götter und Dämonen							nt *Neith*
			Gott, vornehm, heilige Person				nki *Anoki*
			Göttin, vornehme Frau				bst *Balsamierung, Göttin, Bast*
			ra *Sonnengott*				sbk *Sebek*
			nb *Sphinx*				nfr, knt, hpi *Affengott*
			amn *Amon*				rχ *Vogel Rock, Greif, Weisheit*
			asr *Osiris*				χχ *Hippogryph, Phönix*
			pth, xnm *Schöpfer*				ba *Harpye*
			lipi, nb *Apis-Stier*				aχm *Wassergott*
			as, hs *Isis*				sah *Mumie*
			mn *Min Erzeuger*				shr *Abwehrer des Bösen*
			hr *Horus d. Sperber*				Apophisschlange
			hrmχi *Sonnengott*				ntr *göttlich, heilig*
			st *Typhon*				ntr-a *hochheilig*
			bs *Kabyre*	Menschen			
			th, tχ, thuti *Thaud*				a *Mensch, Person*
			anpu *Anubis*				bk *Weib*
			ma, šu, s *Wahrheit, Sohn, Tochter*				tsr *Ruhe, Grab*
			nfr-tm, atm *Sonnenuntergang*				*Vorfahren*
			ma, mu *Geiergöttin*				šp *Bild, Schöpfer, vornehme Person*
			pχt *Pacht*				sa *Beschützer*
			npt *Nephthys*				ati, tn *gr. König*
			hthr *Hathor*				ur, sr, s, a *Vornehmer*
			nb, nbti *Göttin*				aau, tn *Alter*

meinsam ist. Die geschlechtsspezifische Unterscheidung für den Gattungsnamen Gott (ntr) bzw. Göttin (ntr.t) gilt auch für die Eigennamen der Gottheiten. So enden alle ägyptischen Eigennamen der Göttinnen auf »-t«, wie
z. B. Maat, Nut und Sachmet.

Das Bildzeichen für die Göttin Nephthys (Lautzeichen: Nb.t-h.t) besteht aus
drei Hieroglyphen, einem geflochtenen Korb (nb = »jeder, alle«), einem Brot
(t = »Konsonant«) und einem Rechteck (hw.t = »Tempelhaus«), wohingegen
das Bildzeichen für die Liebesgöttin Hathor (Lautzeichen: H.t-hr = »Haus des
Horus«) eine Kombination aus zwei Hieroglyphen darstellt, dem Rechteck
(hw.t = »Tempelhaus«) und dem Falken (Hr = »[Gott] Horus«).

Das Bildzeichen für die Muttergöttin Isis (Lautzeichen S.t) ist identisch mit
der Hieroglyphe für das Mobiliarstück »Sitz« (s.t = »Platz, Sitz«).

Außer den zuvor genannten drei allgemeinen Gotteshieroglyphen (Fahne,
Falke bzw. Kobra und Mann bzw. Frau) gibt es noch zahlreiche spezielle Bild-
und Deutezeichen für einzelne Gottheiten. Ein sitzender Gott mit Sonnenscheibe und Uräusschlange auf dem Kopf meint den Sonnengott Re, und ein
stehender, ithyphallischer Gott mit Federn auf dem Kopf, mit erhobenem
Arm und mit Geißel steht für den Fruchtbarkeitsgott Min. Eine sitzende
Göttin mit einer Sonnenscheibe zwischen dem Kuhgehörn auf dem Kopf
bedeutet die Liebesgöttin Hathor, und ein Kastendeckel steht sowohl für den
Himmel (p.t) wie für die Himmelsgöttin Nut (Nwt).

Zu den männlichen Götternamen wurden manchmal weibliche Parallelna-
men gebildet, wie z. B. bei den vier Urgötterpaaren der Achtheit von Hermo-
polis, die jeweils eine negative Kategorie der Welt vor der Weltentstehung
personifizieren. So stehen Nun und Naunet für die Urflut, Huh und Hauhet
für Grenzenlosigkeit, Kuk und Kauket für Finsternis sowie Amun und Amau-
net für Verborgenheit.

Das Geschlecht der kosmischen Gottheiten stimmt mit dem Geschlecht der
kosmischen Elemente, die die Gottheiten personifizieren, überein. So ist der
Himmel (p.t) weiblich wie die Himmelsgöttinnen Hathor, Isis, Mut und Nut,
und die Erde (t) ist männlich wie die Erdgötter Aker, Geb, Min und Ptah. Die
Sonne (jtn) und der Mond (j'h) sind ebenso männlich wie die Sonnengötter
Aton, Atum, Chepre und Re sowie die Mondgötter Chons und Thot.

Linke Seite:
Altägyptische Hieroglyphenzeichen für Götter und Göttinnen sowie für Mann und Frau

Religionen der Sumerer und Akkader, der Churriter und Hethiter

Nisaba, sumerische Göttin der Fruchtbarkeit und des Getreides, mit Kornähren auf der gehörnten Tiara. Aus ihren Schultern sprießen Pflanzen und in der Rechten hält sie eine Dattelpalme

Das vorsemitische Volk der Sumerer gründete und organisierte im südlichen Mesopotamien in der Zeit zwischen 3000 und 1950 v.Chr. theokratische Stadtstaaten, an deren Spitze Priesterfürsten bzw. Sakralkönige standen.[1] Auf die sumerische Religion folgte die der semitischen Babylonier[2] (1894–539 v.Chr.) und Assyrer[3] (1800–612 v.Chr.). Die Religion des churritischen Volkes[4] (ca. 1500–1370 v.Chr.) im nördlichen Mesopotamien spielt eine bedeutende Rolle als Vermittlerin der sumero-akkadischen Religion für die Westländer, wohingegen die hethitische Religion die Symbiose verschiedener Völker im Hethiterreich (1640–1200 v.Chr.) widerspiegelt.[5]

Götterfamilien und Göttergenerationen

Dem politischen Zusammenschluß zu vielen Kleinstaaten entsprachen ebenso viele lokale Götterfamilien, in denen die Hauptgottheiten ehemals selbständiger Siedlungen in ein Verwandtschaftsverhältnis zueinander gebracht wurden, wobei diese göttlichen Verwandtschaftsverhältnisse dem Schema der frühen **sumerischen** Gesellschaft entsprechen. So dominieren auch in den von Göttern und Göttinnen gebildeten Götterpaaren die männlichen Gottheiten gegenüber den immer noch mächtigen weiblichen Gottheiten.

Da die irdische Gesellschafts- und Staatsform in die himmlische Götterwelt projiziert wurde, ist der Himmelsgott An so wie der irdische König der sumerischen Staatswesen das Haupt des Götterstaates. Dem Götterkönig An (»Himmel«) sind alle anderen Gottheiten hierarchisch untergeordnet. Das Keilschriftzeichen seines Namens ist zugleich das Gottesdeterminativ, das den Namen aller anderen Götter und Göttinnen vorangestellt wird. An ist Gatte der Erdgöttinnen Urash (»Erde«) und später der Ki (»Erde«), die beide, vom Himmelsgott geschwängert, alle Bäume und Pflanzen gebären. An ist Vater vieler Gottheiten. Als seine Söhne gelten die Schöpfergötter Enlil (»Herr Wind«) und Enki (»Herr Erde«). Ersterer als Windgott trennte das göttliche Paar Himmel und Erde. Er ist der Schöpfer der Hacke, ein für die Erdarbeit und den Ziegelbau wichtiges Arbeitsgerät der Menschen. Letzterer ist Gott des Süßwassers und der Quellen, die die Erde fruchtbar machen. Als Töchter des Himmelsgottes An gelten die Vegetations- und Muttergöttinnen, die u. a.

Gilgamesch, sumerischer Gottmensch und 5. König von Uruk sowie Titelheld des Gilgamesch-Epos, Sohn des Lugalbanda und der Göttin Ninsun. Muscheleinlegearbeit aus einem Königsgrab zu Ur, ca. 3200 v.Chr.

bei der Erschaffung der Menschen eine große Rolle spielen. So formen die Göttinnen Nammu und Ninmach die Menschen aus Lehm. Die Kinder der Schöpfungsgötter Enlil und Enki sind patrilineare und die der Vegetations- und Muttergöttinnen matrilineare Gottheiten.[6] In den Götterlisten werden auch einige göttlich verehrte Könige der Frühzeit aufgeführt, so z. B. Etana, Lugalbanda, Dumuzi und Gilgamesch. Als Gottmenschen haben sie zwar eine Göttin zur Mutter oder auch zur Gattin, aber das ewige Leben auf dieser Welt haben sie vergeblich gesucht. Deshalb führen sie in der Unterwelt ihre Herrschaft als Unterwelt- bzw. Richtergötter weiter.

Der 12. König der 1. Dynastie von Kish »nach der Sintflut« heißt Etana, der »Hirte, der zum Himmel gefahren ist«.[7] Bei seinem Versuch, auf einem Adler zum Himmel aufzufliegen, um für seine kinderlose Gattin »das Kraut des Gebärens« vom Himmel herunterzuholen, stürzt er kurz vor Erreichen des Ziels mitsamt dem Adler in die Tiefe. Lugalbanda (»starker König«), der 3. König der 1. Dynastie von Uruk, gilt als Gatte der Göttin Nunsun, mit der

Dumuzi, sumerischer Vegetations- und Auferstehungsgott und »Herr der Pflanzen und Tiere«. Rollsiegelabdruck aus Uruk. Berlin: Staatliche Museen

er den Gilgamesch gezeugt hat. Dumuzi (»rechtmäßiger Sohn«) heißt der 4. König von Uruk, der als Bruder der Unterweltsgöttin Geshtinanna gilt und als Geliebter der Muttergöttin Inanna/Ishtar später zum akkadischen Vegetationsgott Tamūzu wird. Er ist der Typus des guten Hirten, der die Schafe und Rinder seiner Geliebten, der Göttin Inanna, füttert und schützt, jedoch von wilden Tieren getötet wird und so in die Unterwelt hinabsteigt, aus der er jedes Jahr zurückkehrt, da ihn seine Schwester Geshtinanna (»Weinstock des Himmels«) halbjährlich ablöst. So steigt Dumuzi/Tamūzu jedes Jahr in dem nach ihm benannten heißesten Monat des Jahres (Juni/Juli) in die Unterwelt der Toten hinab, wo er als Totenrichter tätig ist. Nach einem Ablauf von 160 Tagen kehrt er im Frühjahr (Januar) als Vegetationsgott in die Oberwelt zurück. Sein jährliches Entschwinden während der hochsommerlichen

Dürrezeit wird in vielen Klageliedern betrauert und seine periodische Wiederkehr im Frühjahr zur Zeit des Anschwellens der Flüsse und des Erscheinens des jungen Grüns der Pflanzen freudig begrüßt. Seine Wiedervereinigung mit seiner Geliebten, der Fruchtbarkeits- und Liebesgöttin Inanna/Ishtar, wird im Ritual der Heiligen Hochzeit beim Neujahrsfest gefeiert und kultisch nachvollzogen.

Gilgamesch, der 5. König von Uruk und Held des Gilgamesch-Epos, hat in der Göttin Ninsun eine göttliche Mutter, zwei Drittel von ihm sind Gott, ein Drittel ist Mensch.[8] Der Tod seines Freundes und Kampfgefährten Enkidu veranlaßt ihn, nun selbst von Todesangst erfüllt, rastlos die ganze Erde zu durchstreifen, um das ewige Leben zu gewinnen. Als er die »Pflanze des Lebens« schließlich vom Grunde des Meeres geholt hat, wird sie ihm von einer Schlange geraubt. So wird er belehrt, daß ewiges Leben den Göttern vorbehalten, den Menschen hingegen das unabänderliche Todeslos beschieden ist.

Die Zahl der **akkadischen** Gottheiten wird im babylonischen Weltschöpfungsepos »Enuma elish« (»als droben«) mit 600 angegeben. Die Mehrzahl von ihnen entspricht den sumerischen Göttern und Göttinnen. In ihrem Zentrum stehen – abgesehen von dem Reichsgott Marduk – zwei Triaden von Gottheiten, deren Rangordnung durch die ihnen zugeordneten Zahlwerte deutlich wird.

Als *Dreiheit der ruhenden (kosmischen) Mächte* erscheinen drei männliche Gottheiten: der Himmelsgott Anu (sumerisch An) mit der Zahl 60, der Erd- und Luftgott Enlil (sumerisch Enlil) mit der Zahl 50 und der Wassergott Ea (sumerisch Enki) mit der Zahl 40.

Die *Dreiheit der bewegten (astralen) Mächte* repräsentieren zwei Götter und eine Göttin: der Mondgott Sin (sumerisch Nanna) mit der Zahl 30, der Sonnengott Shamash (sumerisch Utu) mit der Zahl 20 und die Venussterngöttin Ishtar (sumerisch Inanna) mit der Zahl 15.

Da die Gestirne am Horizont auf- und untergehen, haben auch die sie repräsentierenden astralen Gottheiten einen zweifachen Aspekt: den des Lichten und den des Dunklen. Sie stehen zugleich für die Himmelswelt und für die Erden- bzw. Unterwelt. So wird der Sonnengott Shamash nicht nur mit aus seinen Schultern wachsenden Strahlen dargestellt, sondern auch mit einer Säge, mit der er die Erde öffnet, aus der er morgens emporsteigt. Insbesondere zeigt die Venussterngöttin Ishtar, die Schwester des Sonnen- und die Tochter des Mondgottes, eine doppelte Erscheinungsform: die chthonische und (fried-)liebende einerseits und die astrale und kämpferische an-

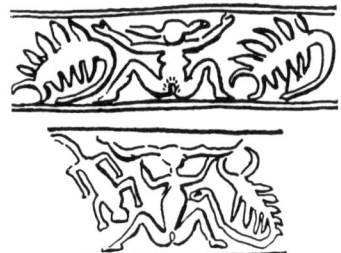

Ishtar, akkadische Mutter- und Liebesgöttin, »die Öffnerin des Schoßes«, deren geöffneter Schoß Symbol der Fruchtbarkeit und der Lust ist. Rollsiegelabdruck

Wettergott mit Keule und große nackte Göttin auf einem Stier stehend. Rollsiegelabdruck, 18. Jh. v. Chr.

dererseits. Deshalb ist sie zugleich Göttin der Fruchtbarkeit und der Liebe, aber auch Göttin des Himmels und des Kampfes. Ja, als Venussterngottheit ist sie zugleich männlich und weiblich, d. h. als Morgenstern bei Sonnenaufgang männlich und als Abendstern bei Sonnenuntergang weiblich. Vom doppelten Charakter der Göttin Ishtar erzählen auch die Mythen. Ihr Charakter als Fruchtbarkeits- und Liebesgöttin verdeutlicht die »Höllenfahrt der Ishtar«.[9] So steigt Ishtar in die Unterwelt hinab, wo ihre Schwester Ereshkigal als Unterwelts- und Totengöttin herrscht. Das »Land ohne Wiederkehr« ist von 7 Mauerringen mit 7 Toren umschlossen. Beim Durchschreiten dieser Tore wird der Ishtar gemäß dem Gesetz, daß man nur nackt die Unterwelt betreten darf, bei jedem Tor ein Teil ihres Geschmeides und ihrer Gewandung abgenommen (1. Tiara ihres Hauptes, 2. Gehänge ihrer Ohren, 3. Ketten ihres Halses, 4. Schmuckstücke ihrer Brust, 5. Geburtsgürtel ihrer Hüfte – ein Amulett zur Erleichterung der Geburt, 6. Spangen ihrer Hände und Füße, 7. Schamtuch ihres Leibes). Dann wird die Göttin nackt, wie jeder Sterbliche, vor Ereshkigal gebracht. Diese läßt Ishtar mit 60 Qualen an jedem Körperteil foltern und schließlich einsperren. Während die Göttin Ishtar in der Unterwelt eingesperrt ist,

»Bespringt der Stier nicht mehr die Kuh,
beugt sich der Esel nicht mehr über die Eselin,
beugt sich der Mann nicht mehr über das Weib auf der Straße.
Es schlief der Mann an seiner Stätte,
es schlief das Weib für sich allein.«[10]

Da jetzt jedweder Geschlechtsverkehr bei Tieren und Menschen aufgehört hat und es keine Entstehung neuen Lebens mehr gibt, greift der Wassergott Ea

Syrisch-phönikische Fruchtbarkeitsgöttin und »Herrin der Tiere« mit entblößten Brüsten zwischen zwei Wildziegen, denen sie Blätter reicht. Elfenbeinrelief aus Ras Schamra (Ugarit). Bronzezeit (13. Jh. v. Chr.)

ein und schickt seinen Boten zweimal zu Ereshkigal in die Unterwelt, um die gefangene Fruchtbarkeits- und Liebesgöttin Ishtar freizubekommen. Besprengt mit dem »Wasser des Lebens« und dadurch wiederbelebt, kann die Göttin aus der Unterwelt zurückkehren. Beim Durchschreiten der 7 Tore erhält sie alle ihre Kleidungs- und Schmuckstücke in umgekehrter Reihenfolge wie beim Eintritt zurück. Mit der Rückkehr der Göttin in die Oberwelt kehren auf die Erde auch Wachstum und Leben zurück.

Der andere Charakteraspekt der Ishtar als Himmels- und Kriegsgöttin ist im Gilgamesch-Epos gezeichnet. Gilgamesch soll der Gatte der Göttin Ishtar werden. So spricht sie zu ihm: »Wohlan, Gilgamesch, sei mein Gatte! Deine Frucht schenke mir, ja schenke mir! Du sei mein Mann, ich sei dein Weib!«[11] Doch Gilgamesch lehnt die Werbung der Göttin unter Hohn ab und sagt zu ihr: »Welchen deiner Gatten liebtest du ewig? Welcher deiner Hirten gefällt dir immer?«[12] Daraufhin ergrimmt die Göttin und läßt zur Strafe durch den Himmelsgott Anu einen Himmelsstier auf die Erde senden, der viele hundert

Marduk, Stadtgott von Babylon und Reichsgott, verfolgt und bekämpft die greifenartige Löwin (Tiãmat?)

Menschen tötet. Doch Gilgamesch und sein Freund Enkidu können nach hartem Kampf den Stier überwältigen und töten. Dadurch erneut gekränkt, übt Ishtar Rache, indem sie Enkidu erkranken und sterben läßt.

Die Entwicklung in Babylonien von einer Ackerbau- zur Stadtkultur symbolisiert Marduk, der erstgeborene Sohn des Ea. Zunächst war er ein Gott des

Ackerbaus und der Frühlingssonne, dann wurde er Stadtgott von Babylon. Seinen Aufstieg zum Reichsgott von Babylonien verdankt er, gemäß dem Weltschöpfungsepos Enuma elish, seinem Sieg über die weibliche Tiāmat, deren Leib Marduk spaltet. Aus deren einer Hälfte bildet er den Himmel, aus der anderen die Erde. Aus ihrem getöteten Gatten Kingu läßt er durch Ea die Menschen formen. In Marduks Haupttempel Esangila in Babylon wurde der Mythos des »Enuma elish« am 4. Tag des elftägigen Neujahrsfestes rezitiert und an die Schöpfung der Welt durch Marduk erinnert. Auch die Götterhochzeit des Marduk mit seiner Gattin Sarpanītum wurde gefeiert und im Akitu-Tempel als »Heilige Hochzeit« symbolisch dargestellt.

An der Spitze der **churritischen** Gottheiten steht zunächst der Himmelsgott Kumarbi, der den Samen des Himmels Anu verschluckt und auf diese Weise mit dem Wettergott Teshup geschwängert wird. Die ältere Göttergeneration um Kumarbi gilt als »Vater und Mutter«, speziell Kumarbi wird »Vater der Götter« genannt. Später wird dieser allmächtige Himmelsgott von seinem Sohn, dem Wettergott Teshup entthront, als dessen Gemahlin die Sonnengöttin Chepat gilt. Beider gemeinsamer Sohn ist der Berggott Sharruma. Von dem Wettergott Teshup wird vor ihm und nach ihm je eine Generation genannt, so daß seine Genealogie insgesamt drei Generationen umfaßt. Die churritische Vorstellung von den sich ablösenden Göttergenerationen im Mythos um den Wettergott Kumarbi hat die Theogonie des Griechen Hesiod beeinflußt.

An das churritische Hauptgötterpaar Teshup und Chepat wird je ein Kreis der männlichen bzw. der weiblichen Gottheiten angeschlossen, die im späteren Pantheon der Hethiter eine bedeutende Stellung einnehmen.

Da die **Hethiter** die Gottheiten unterworfener Völker übernommen haben, werden in hethitischen Verträgen 1000 Gottheiten namentlich genannt, wobei Göttinnen prinzipiell den Vorrang vor Göttern haben. An der Spitze des hethitischen Pantheons steht das für agrarische Kulturen typische Götterpaar – ähnlich wie bei den Churritern –, eine die Erde verkörpernde Muttergöttin, die Sonnengöttin Wuru(n)shemu, auch Sonnengöttin von Arinna genannt, und als Wettergott Taru, wobei letzterer oft in der Gestalt eines Stieres vorgestellt wird.

Des Götterpaares gemeinsamer Sohn ist der Vegetationsgott Telipinu, der die weiblich-männliche Zweiheit zu einer familiären Dreiheit werden läßt. Vom Wettergott, dessen Vater der Mondgott ist, werden vor ihm und nach ihm je zwei Generationen gezählt, so daß seine Genealogie insgesamt fünf Generationen umfaßt. Charakteristisch ist auch die matrilineare Deszendenz der

Syro-phönikische Fruchtbarkeits- und Liebesgöttin Anat, die den (zweifach dargestellten) Erbprinzen stillt. Elfenbeinrelief aus Ras Schamra (Ugarit), Bronzezeit (ca. 1380 v. Chr.). Damaskus: Nationalmuseum

hethitischen Göttin Wuru(n)shemu, ihrer Tochter Mezzulla und ihrer Enkelin Zintuchi, wobei z. T. die Zuordnung männlicher Partner unklar bleibt oder sogar fehlt.

Sexuelle Gebote und Verbote in den Gesetzessammlungen

Der Sinn des menschlichen Lebens bestand letztlich im Dienst für die Götter und in der Befolgung der von ihnen sanktionierten Gesetze, für deren Befolgung sich die jeweiligen Gottherrscher und Könige verantwortlich sahen.
So bietet der aus dem 18. Jh. v. Chr. stammende *Codex Hammurabi* eine Rechtsordnung, die der König Hammurabi (reg. 1728–1686 v. Chr.) einst aus der Hand des Sonnengottes Shamash selbst entgegengenommen hat, wie die berühmte Gesetzesstele aus Susa plastisch darstellt. Von den insgesamt 282 Paragraphen dieses Gesetzbuches beschäftigen sich 23 mit Bestimmungen, die die Sexualität betreffen. Insbesondere sind es die Ehe mit Ehebruch und Ehescheidung sowie der Geschlechtsverkehr mit Verwandten. Hier zeigen sich weitgehend Parallelen zu den später entstandenen letzten drei Büchern des biblischen Pentateuch.

Als Eheform wird die Einehe bei Duldung zusätzlicher Nebenfrauen und Sklavinnen des Mannes vorausgesetzt, wobei auch die (Haupt-) Ehefrau vor allem unter dem Gesichtspunkt des Eigentums des Mannes gesehen wird. Auf Ehebruch mit einer verheirateten Frau steht die Todesstrafe. »Gesetzt, die Gattin eines Mannes ist ertappt worden, wie sie bei einem anderen Manne gelegen hat, so wird man sie (beide) binden und ins Wasser werfen.«[13] Auch die Vergewaltigung einer verlobten Jungfrau zieht die Todesstrafe für den Vergewaltiger nach sich. »Gesetzt, ein Mann hat die Gattin eines anderen, die noch nicht (geschlechtliche) Bekanntschaft mit einem Manne gemacht hat und im Haus ihres Vaters wohnte, vergewaltigt und hat in ihrem Schoße geschlafen, und man hat ihn (dabei) ertappt, so wird selbiger Mann getötet, selbige Frau (aber) wird freigelassen werden.«[14] Die des Ehebruchs verdächtige Frau soll, wenn die Beweise dafür fehlen, durch ein Gottesurteil als schuldig oder unschuldig erkannt werden. »Gesetzt, auf die Gattin eines Mannes ist wegen eines anderen Mannes der Finger ausgestreckt worden, sie ist (aber) nicht ertappt worden, wie sie bei einem anderen Mann schlief, so wird sie für ihren Gatten im Flusse untertauchen.«[15]

Da die altbabylonische Ehe den Zweck hat, den Bestand der Familie durch männliche Nachkommen zu sichern, sieht der § 138 bei Kinderlosigkeit der Frau die Ehescheidung vor. Andererseits kann sich auch eine Ehefrau mit

Gesetzesstele des Hammurabi in Gestalt eines Phallus. Aus Susa. Paris: Louvre

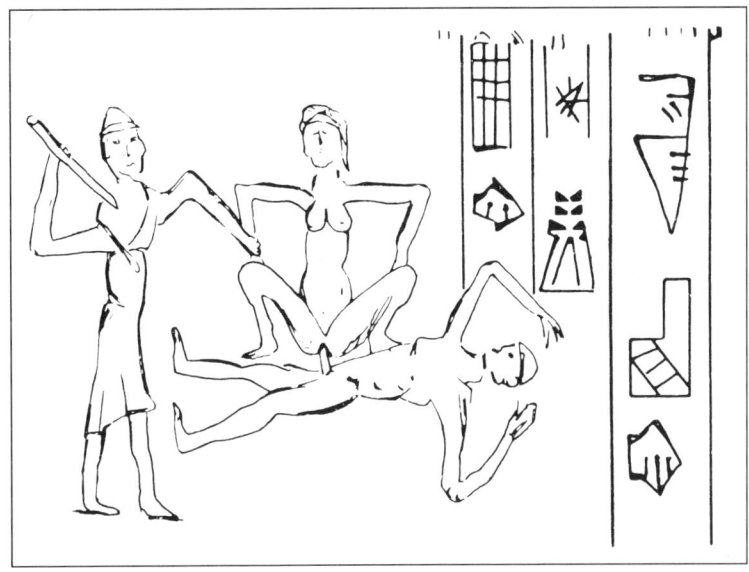

Tötung der Ehebrecherin, die auf einem Mann in Koitusposition sitzt. Rollsiegelabdruck. Paris: Louvre

untadeliger Lebensführung, wenn sie sich durch den Gatten sehr vernachlässigt sieht, unter Mitnahme ihrer Mitgift von ihm scheiden lassen.[16]

Der Codex Hammurabi behandelt auch den Geschlechtsverkehr zwischen Blutsverwandten und Verschwägerten (Inzest).[17] Der Beischlaf des Vaters mit der eigenen Tochter hat die Verbannung des Vaters aus der Gemeinde zur Folge, und der Beischlaf des Vaters mit der Schwiegertochter wird sanktioniert mit dem Tod des Vaters durch Ertränken. Intime Geschlechtsbeziehungen zwischen Mutter und Sohn werden mit dem Verbrennen beider geahndet.

Auch die *altassyrischen Gesetze* mit 58 Paragraphen sehen bei Ehebruch, Vergewaltigung einer Ehefrau und Ehebruchsverdacht vergleichbare Strafen wie die babylonischen Gesetze vor. Ferner regeln sie die Vorgehensweise bei vermuteter und auch bei erwiesener Homosexualität. So heißt es: »Gesetzt, ein Mann hat seinen Genossen beschlafen, man hat (es) ihm bewiesen, ihn überführt, so wird man ihn beschlafen, ihn zu einem Eunuchen umwandeln.«[18] Die Kastration ist eine assyrische Strafform nicht nur für überführte Homosexuelle, sondern auch für ertappte Ehebrecher.[19]

Die Paragraphen 40 und 41 regeln die Verschleierung der Frauen. Sie galt als ein Gebot und Recht für die (freien) Ehefrauen und deren Töchter wie auch für die Haremsfrauen und die verheirateten Hierodulen, hingegen als Verbot für Dirnen und Sklavinnen. Wenn letztere sich trotzdem verschleierten, wurden sie dafür grausam bestraft. »Wer eine verhüllte Dirne sieht, wird sie festnehmen... Ihre Kleidung darf der, welcher sie festnimmt, nehmen. 50 Stockschläge wird man ihr geben, Erdpech wird man auf ihren Kopf gießen... Wer eine verhüllte Sklavin sieht, wird sie festnehmen, sie zum Eingang des Palastes bringen, ihre Ohren wird man abschneiden. Der, welcher sie festnimmt, kann ihre Kleider nehmen.«[20]

Nach assyrischem Recht wurde eine Frau, die eine Schwangerschaftsunterbrechung vorgenommen hatte, mit dem Tod und mit Begräbnisverbot bestraft. Paragraph 52 sagt: »Gesetzt, eine Frau hat aus eigenem Antriebe ihre Leibesfrucht abgeworfen, man hat (es) ihr bewiesen, sie überführt, so wird man sie mit Hölzern pfählen, wird sie nicht begraben.«

Die *hethitischen Gesetze* sehen Strafen vor bei Vergewaltigung von Mutter, Tochter und Sohn (§ 89), jedoch Straffreiheit bei freiwilligem Geschlechtsverkehr derselben (Inzucht [§ 90]). Auf Vergewaltigung einer Ehefrau steht die Todesstrafe für den Vergewaltiger und bei vorausgesetzter Einwilligung der Vergewaltigten auch deren Tötung. »Wenn ein Mann eine Frau im Gebirge ergreift, so ist es ein Verbrechen des Mannes, er muß sterben. Wenn er (sie) aber im Hause ergreift, so hat die Frau (auch) gesündigt, die Frau muß sterben.«[21]

Erstmals behandeln die hethitischen Gesetze auch die Fälle der Bestrafung für den Geschlechtsverkehr zwischen Menschen und Tieren – heute manchmal Bestialität (von lateinisch: *bestia* = »Tier«) genannt. »Wenn jemand eine Kuh vergewaltigt, so (findet) Bestrafung statt, er muß sterben.« »Wenn jemand ein Schwein, einen Hund vergewaltigt, so muß er sterben.«[22] In beiden Fällen konnte die Todesstrafe vom König aufgehoben werden. Straffrei bleibt jedoch die Vergewaltigung eines Pferdes oder eines Maultieres. Andererseits sind auch Fälle behandelt, bei denen die geschlechtliche Initiative von Tieren ausgeht. »Wenn ein Stier einen Mann bespringt, so muß der Stier sterben, der Mann stirbt nicht. Ein Schaf soll der Ersatz für den Mann sein, man soll es töten.« Straffrei bleibt, »wenn ein Schwein einen Mann bespringt.«[23]

Heilige Hochzeit und heilige Dirnen

Die *Heilige Hochzeit* meint zunächst jede geschlechtliche Vereinigung von Göttern und Göttinnen untereinander und dann auch die zwischen einer Gottheit und einem Menschen. Sie wird im Mythos erzählt und auch im Kultritual an Festtagen entweder nur symbolisch dargestellt oder auch tatsächlich nachvollzogen. Festlich begangen wurden die Hochzeiten des jeweiligen Stadtgottes und seiner Gemahlin am Akitu-Fest. Die bekanntesten Götterhochzeiten sind die des Marduk und der Sarpanītum in Babylonien, die des Ningirsu und der Baba in Lagash und vor allem die des Dumuzi und der Inanna in Uruk und Badtibira. Im Tempel Emush von Badtibira wird das »glänzende Lager der Inanna« neben dem Bett des Dumuzi erwähnt.[24]

Bei den Sumerern und Akkadern zelebrierten die Zeremonie der Heiligen Hochzeit der jeweilige König und die Hohepriesterin. Sie fungierten dabei als Braut und Bräutigam und repräsentierten den Stadtgott bzw. Reichsgott und dessen Gemahlin.

Die Heilige Hochzeit als realer Geschlechtsakt zwischen dem König als Vertreter des Gottes und der Hohepriesterin als Vertreterin der Göttin ist in den Anfangszeiten sicherlich nur ein einmaliger wirklicher Akt gewesen, und zwar aus Anlaß der Inthronisation des vergöttlichten Königs. So ist der Beischlaf der Stadtgöttin Inanna von Uruk mit dem Vegetationsgott Dumuzi und dessen Nachvollzug durch den König mit einer Priesterin der Göttin ein für die Stadt Uruk bezeugtes Ritual zur Inthronisation des Stadtherrschers. Dieses die Herrschaft legitimierende Ritual wird von der neusumerischen und aus Uruk stammenden III. Dynastie von Ur (ca. 2112–2004 v. Chr.) und von den altbabylonischen Königen von Isin (ca. 2017–1794 v. Chr.) sowie denen von Larsa (ca. 2025–1763 v. Chr.) praktiziert.

Im sumerischen Hymnus des Shulgi, des 2. Königs von Ur (ca. 2094–2047 v. Chr.), rühmt sich der Herrscher, das heilige Mahl mit Inanna gefeiert zu haben: »Mit meiner Braut, der Jungfrau Inanna, der Königin der Wonne im Himmel und auf der Erde, saß ich bei Speise und Trank.«[25] Hohepriesterin von Ur war damals Ennirganna, die Schwester des Königs.

Die mit einer Inschrift versehene Halskette einer Hohepriesterin, die 1936 im Eanna-Tempel von Uruk gefunden wurde, bezeugt, daß diese Hohepriesterin als Vertreterin ihrer Göttin Baba mit dem vergöttlichten König Shu-Sin von Ur (ca. 2037–2029 v. Chr.), dem Sohn und zweiten Nachfolger des Shulgi, die Heilige Hochzeit vollzogen hat. In einem Preislied spricht die Hohepriesterin, die sich selbst als Schenkin bezeichnet, zu dem deifizierten König:

»Mein Gott! Der Schenkin Rauschtrank ist süß,

wie ihr Rauschtrank ist ihre Scham süß, ist ihr Rauschtrank süß,

wie ihre Rede ist ihre Scham süß, ihr Rauschtrank ist süß,

ist ihr Kashbir-Rauschtrank süß, ist ihr Rauschtrank süß,

Shu-Sin, der du mich begnadet hast,

der du mich begnadet hast, der du mich berührt hast,

Shu-Sin, der du mich begnadet hast,
Geliebter Enlils, mein Shu-Sin,
mein König, Gott Deines Landes!«[26]

Erst in späterer Zeit wurde die Heilige Hochzeit als einmaliges Krönungsritual zu einem jährlich zu wiederholenden Bestandteil des Neujahrsfestes. Ein akkadischer Hymnus auf Iddin-Dagan, den 3. König von Isin (ca. 1974–1954 v. Chr.) bezeugt, daß beim Neujahrsfest er als Tammūz die Hochzeit »mit Inanna« gefeiert hat.

»Im Palaste ... im E'ilurugu, haben ... die Menschen insgesamt
der ›Herrin des Palastes‹ einen Hochsitz errichtet:
Der König, der Gott, weilt dort mit ihr.
Daß sie das Schicksal der Länder entscheide ...
bereitete man am Neujahrstag, dem Tag der Kultfeiern,
meiner Herrin das Lager,
reinigte es mit Zweigen ... von Zedern,
machte es meiner Herrin zum Lager,
legte ihr als Geschenk ein ...-Kleid zurecht.
Daß sie sich in dem ...-Kleid von Herzen freue, das Lager genieße,
badet man meine Herrin für den heiligen Schoß,
badet sie für den Schoß des Königs,
badet sie für den Schoß Iddin-Dagans,
wäscht man die heilige Inanna,
besprengt den Boden mit duftendem Zedernharz.
Der König geht stolz erhobenen Hauptes zum heiligen Schoß,
geht stolz erhobenen Hauptes zum Schoß Inannas,
Amaushumgalanna [Dumuzis Beiname] liegt bei ihr,
kost ihren heiligen Leib.
Nachdem die Herrin sich im heiligen Schoß des Lagers gesättigt,
nachdem die heilige Inanna sich im heiligen Schoß des Lagers gesättigt,
spricht sie an der Stätte des Lagers zu ihm:
›[Des Helden Id]din-Dagan ... bin ich‹.«[27]

Dieser Hymnus, dessen Hauptinhalt die geschlechtliche Vereinigung Inannas mit dem König am Neujahrsfest ist, folgt in seinem Aufbau dem Ablauf der Festfeier. Nachdem Musikanten vor Inanna aufgetreten sind und (Opfer-)Gaben für das nach dem Beilager stattfindende Festmahl herbeigebracht haben, wird Inannas Thronsitz aufgestellt und ihr Lager bereitet, sie wird gebadet und gesalbt. Währenddessen begibt sich der König mit Opfertieren zum Tempel der Inanna. Dort wird er nur mit langem Mantel und Perücke bekleidet und dann vor Inanna geführt. Diese hält einen Monolog. Priester und Priesterinnen errichten einen Altar vor Tammuz und erfrischen ihn mit Wasser. Dann fordern sie den König auf, sich zu Inanna zu legen. Nun findet das Beilager des Königs mit Inanna, die dabei von der Hohepriesterin vertreten wird, statt. Nach dem Vollzug des Beischlafs verheißt Inanna dem König in einer »Schicksalsentscheidung« eine lange Regierungszeit über alle Länder sowie reiche Ernteerträge und große Viehherden. Abschließend der Wunsch, »daß sich der König viele Tage lang am heiligen Schoß (Inannas) erfreue.«[28] Ein großes Festmahl schließt das Ritual der Heiligen Hochzeit ab.[29] Die Annahme, daß die Heilige Hochzeit während des Neujahrsfestes gefeiert wurde, bezieht sich auf den vorgenannten Hymnus und darauf, daß der rituelle Vollzug der Heiligen Hochzeit zwischen Marduk und Sarpanītum im Neujahrsfestritual des 1. Jahrtausends erwähnt ist. Das Neujahrsfest war ein Frühlingsfest, das die Erneuerung des Lebens in Natur und Gesellschaft feierte und das Gedeihen des Staates für das kommende Jahr garantierte.

Der sumerische Brauch der Deifizierung des Königs mit dem dafür grundlegenden Ritual der Heiligen Hochzeit scheint seit dem Machtantritt des westsemitischen Herrschergeschlechts der 1. Dynastie von Babylon (seit 1894 v. Chr.) nur noch symbolisch vollzogen worden zu sein, ja auch seine Bedeutung verloren zu haben. Erst Samsuditana, der letzte Herrscher dieser Dynastie von Babylon (ca. 1625–1595 v. Chr.) ließ im Zuge einer sumerischen Renaissance das Ritual der Heiligen Hochzeit wiederaufleben und die »Brautkammer« für Shamash und Aja in Sippar wiederherstellen. Die mit einem Götterbett ausgestattete Brautkammer war ein Hochtempel (gigunu) auf der obersten Plattform einer Stufenpyramide (Zikkurat). Sie erschien als Stätte der Begegnung und Vereinigung von irdischen Menschen und himmlischen Gottheiten als besonders geeignet.

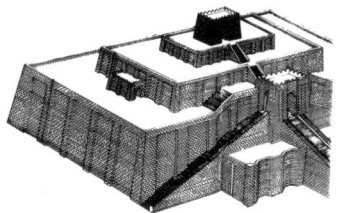

Nanna-Zikkurat von Ur (Rekonstruktion), die Ur-Nammu (2111-2094 v. Chr.) aus Ziegeln erbauen ließ und auf deren oberster Plattform, in der mit einem Bett ausgestatteten Brautkammer, die »Heilige Hochzeit« vollzogen wurde

Zum akkadischen Tempelpersonal gehörten Frauen und Männer. Je nach ihren Funktionen waren sie in verschiedene Klassen eingeteilt.

Unter den *Priesterinnen* hatten die entu-Priesterinnen (sumerisch nin.dingir = »Gottesherrin«) die ranghöchste Stufe inne. Sie war meist eine Tochter des Königs oder Angehörige einer hochstehenden Familie. Im Ritual der »Heiligen Hochzeit« stellte sie als Repräsentantin der Göttin die Braut des Gottes dar. So wurde die Vertreterin der Göttin Ningal in Ur mit dem Appellativ »Gemahlin des Mondgottes Nanna« bezeichnet. Der Vollzug des

Hochzeitsrituals zwischen ihr und dem König als dem Repräsentanten des Gottes konnte inzestuös sein, wenn der König – wie nicht selten – zugleich der Vater der entu-Priesterin war.[30] In der ausgehenden sumerischen Zeit des Warad-Sin (1834–1823 v. Chr.) und des Rim-Sin von Larsa (1770–1698 v. Chr.) blieben die Oberpriesterinnen 30 bis 40 Jahre in ihrem Amt. Während dieser Amtszeit war ihnen die Heirat erlaubt.

Hochangesehen war auch die naditu-Priesterin (sumerisch lukur), ebenfalls eine Tochter des Königs oder eines hohen Staatsbeamten. Schon in jungen Jahren wurde sie der Gottheit geweiht. Ein Beispiel für ihre Brautrolle im Ritual der Heiligen Hochzeit ist der Hymnische Dialog zwischen der lukur-Priesterin Kubatum und dem König Shushin von Ur. Die naditu lebte gewöhnlich in klosterähnlicher Abgeschiedenheit.

Die nicht im Kloster lebende konnte zwar heiraten, durfte aber keine Kinder gebären, da ihr Schoß als Weihegabe galt. Der Codex Hammurabi bestimmt, daß sie ihrem Gatten eine Sklavin oder eine Shugitu-Hierodule zu bringen habe, durch die sie dem Gatten Kinder »verschaffe«, also nicht selbst gebar.[31] Die Kinder der ihrem Gatten zugeführten Sklavin galten als Nachkommen der Priesterin.

Für die Priesterin und Hierodule qadishtu (sumerisch nu.gig = »verbotener Schoß«?) galt ein Empfängnisverbot, unbeschadet einer Heirat. Die verheiratete qadishtu ging verschleiert, die unverheiratete war ohne Schleier. In einem Lied auf den Tempel der als nu.gig bezeichneten Göttin Nininsinna heißt es, daß der Tempel »der Hierodule (nu.gig) das mush (priesterliche Würdezeichen) umbindet und der Kultdirne (nu.bar) alle Brüste fließen läßt«. Und ein anderer Text spricht vom Dämon Samana, der »die Hierodule (nu.gig) in ihrem Amt behindert hat, und die Dirne (nu.bar) in ihrem Gewerbe behindert hat«. In einem Hymnus der sumerischen Sakraldichterin Encheduanna wird die Göttin Inanna selbst als »Hierodule des An« (nu.gig.anna), d. h. ihres mit ihr zusammen in Uruk verehrten Vaters, des Himmelsgottes An, bezeichnet.

Auch die kulmashetu-Priesterin (sumerisch nu.bar) war eine Kultdirne, »deren Inneres vielfältig ist«, d. h. die mit vielen Männern verkehrt. Sie ist im Codex Hammurabi an letzter Stelle von dreien genannt, offenbar Ausdruck einer Rangfolge.[32]

Die kultische Prostitution stand im Dienst der Venussterngöttin Ishtar. Eine Selbstprädikation dieser Göttin war »Mutter-Hierodule« (ama.mugib), während ihre Liebesdienerinnen sich als ishtaritu (»Ishtargeweihte«) bezeichneten. Zentrum des Kultes war die Stadt Uruk, die im akkadischen Er(r)a-Epos als »Sitz von Anu und Ishtar« sowie als »Stadt der Dirnen, Hierodulen und Prostituierten, denen Ishtar den Mann entreißt« genannt wird.[33]

Die harimtu (sumerisch kar.kid) war eine Kultdirne. Für sie bestand ein strenges Verschleierungsverbot. Sie konnte zwar heiraten, jedoch warnte ein babylonischer Weisheitsspruch den Mann aus Gründen des sozialen Prestiges, mit einer solchen »femme fatale« eine eheliche Verbindung einzugehen: »Heirate nicht eine Hure, deren Männer nach Tausenden zählen, eine Hierodule, die einem Gotte geweiht ist, eine Buhldirne, deren Gunsterweisung häufig ist; aus deinem Unglück wird sie dich nicht erheben. In dem Streit lästert sie gegen dich, Ehrfurcht und Unterwürfigkeit wohnen nicht bei ihr.«[34]

Nach dem Gilgamesch-Epos bewirkt jedoch der Umgang mit einer harimtu, daß aus dem wilden, tierähnlichen Enkidu ein menschlicher Held wird. Aruru, die Muttergöttin und Schöpferin aller Menschen, hatte auch Gilgamesch und Enkidu geschaffen. Ersterer lebte in der Stadt Uruk und letzterer im Gebirge unter wilden Tieren, bis eines Tages eine harimtu aus der Stadt Uruk zu Enkidu in die Wildnis geschickt wurde.

»Es löste das Freudenmädchen ihre Spangen des Busens,
ihre Scham öffnete sie, damit er ihre Fülle nehme.
Sie zauderte nicht, nahm seinen Geruchssinn gefangen.
Ihr Kleid machte sie weit, und er legte sich auf sie.
Sie machte ihm Wonne, das Werk des Weibes.«[35]

Als Enkidu sechs Tage und sieben Nächte die harimtu begattet und er sich an ihrer Fülle gesättigt hatte und ihn danach die ihm von früher her so vertrauten Tiere wiedersahen, war er den Tieren fremd geworden. Die Gazellen eilten davon, und das Vieh des Feldes wich vor seinem Leib zurück.

Darauf verließ Enkidu auf Anraten des Freudenmädchens die Wildnis und ging in die Stadt Uruk zur Wohnung des Himmelsgottes Anu und der Liebesgöttin Ishtar, »wo es shamhatu [›Tempelmädchen‹] gibt von herrlicher Gestalt, mit Lust geziert und voll der Wonne«.[36] Später versammelte Ishtar die verschiedenen Klassen ihrer Kultdirnen: die Tempelmädchen (shamhatu), die Freudenmädchen (harimtu) und die Dirnen (kezretu). Die kezretu (sumerisch sal.suhur.la) war eine im Dienst der Ishtar stehende Dirne in Uruk und Kish.

Der griechische Geschichtsschreiber Herodot[37] (484–425 v. Chr.) berichtet, daß jede Einwohnerin von Babylon verpflichtet gewesen sei, sich einmal in

Am Lebensbaum der Göttin Ishtar bringt der (zweifach dargestellte) König Assurnasirpal II. ein Opfer dar. Zwei geflügelte, vogelköpfige Wesen reichen ihm die Gaben: Tannenzapfen als Symbol des männlichen Gliedes und ein Körbchen als Sinnbild der Hoden im Hodensack. Nimrud, aus dem Thronsaal Assurnasirpals II., 9. Jh. v. Chr. London: Britisches Museum

ihrem Leben im Tempel der Ishtar zu prostituieren. Unter den im Tempelbezirk weilenden Frauen konnte sich der männliche Tempelbesucher eine auswählen und ihr ein Geldstück mit der Spruchformel »Ich rufe dich zum Dienst der Göttin« in den Schoß werfen, ohne daß die Gewählte das »heilige Geld« zurückgeben oder den Mann zurückweisen durfte. Das bei diesen geschlechtlichen Kultakten verdiente Geld mußte als Votivgabe an den Tempel gegeben werden.

Beim Ritual des Neujahrsfestes, das im Akitu-Tempel außerhalb der Stadtmauern von Babylon und Uruk gefeiert wurde, fungierten verschiedene Klassen von Priestern. Der urigallu(»Großbruder«)-Priester sprach als Hoherpriester die Gebete und den Segen, und er rezitierte das Weltschöpfungslied »Enuma elish« (»als droben«). Ferner wirkten mit die erib-bitu(»Betreter der Räume«)-Priester, die kalu-Priester mit den Sängern und die mashmashu(»Beschwörer«)-Priester. Im akkadischen Kult bildeten auch zahlreiche Eunuchen das Kultpersonal. Ihre Bezeichnungen sind kulu'u, assinnu und kurgarū. Die letzten beiden traten als Kinäden (Homosexuelle), aber auch als Hexenbeschwörer auf.[38] Sie tun Dienst als zwei Klassen kultischer Buhlknaben im Kult der Ishtar. In einem Hymnus heißt es:

»Seite an Seite der Ishtar von Babylon
spielen der Assinnu und der Kurgarū
auf der Flöte, ja spielen!«[39]

Nach dem Mythos von der Höllenfahrt der Ishtar hat Ea, der Gott des Süßwasserozeans, den Buhlknaben Asushunamir (»sein Aufgang ist glänzend«), einen assinnu, geschaffen, um durch dessen Schönheit Ereshkigal, die Göttin der Unterwelt, zu gewinnen, so daß diese sich in den Buhlknaben verliebt und ihm jeden Wunsch erfüllt, vor allem aber das erlösende Lebenswasser zu erhalten, mit der er Ishtar besprengen und dadurch aus der Unterwelt befreien kann.[40] Denn seit die Liebesgöttin Ishtar aus der Himmelswelt in die Unterwelt, das Land ohne Wiederkehr, hinabgestiegen ist, um Tammūz, den Buhlen ihrer Jugend, daraus zu befreien, ist sie selbst eine Gefangene ihrer Schwester Ereshkigal.

Auf den Eunuchen und »Weibmann« wird in sechs Paragraphen des Codex Hammurabi Bezug genommen.[41]

Das Geschlecht der Gottheit in Keilschrift und Bildkunst

Die von den Sumerern erfundene *(Keil-)Schrift* (ca. 3000 v. Chr.) war ursprünglich eine Bildzeichenschrift zum Zweck von Aufzeichnungen in der Tempelverwaltung. Seit 2500 v. Chr. wurde sie von den Akkadern übernommen und umgestaltet. Die Hethiter übernahmen sie nach 1700 v. Chr.

Die Keilschrift ist eine Wort- und Silbenschrift altvorderasiatischer Völker, deren Formen durch die keilartigen Eindrücke des Schreibrohrgriffels in die Tontafel entstanden. Die Schriftzeichen haben Wort- und Lautwert, wobei jedes Zeichen nicht nur für ein einziges Wort oder eine einzige Silbe, sondern zugleich für verschiedene sinnverwandte Wörter und Begriffe steht.

Schon in den ältesten Zeiten bezeichnen z. B. die *Bildzeichen* des männlichen und des weiblichen Geschlechtsorgans nicht nur diese, sondern sie stehen auch für »Mann« und »Frau«. Und das Bildzeichen eines Sterns bedeutet nicht nur »Stern«, sondern auch »Himmel« und »Himmelsgott« und dann auch »Gottheit« überhaupt. Und da der Himmel als der »hohe« bezeichnet wurde, bedeutet dieses Zeichen gleichzeitig auch »hoch«.

Um aus dieser Mehrdeutigkeit der Bildzeichen zu einer eindeutigen Kennzeichnung zu kommen, wurden *Deutezeichen* für einzelne Begriffs- und Gattungsgruppen, wie z. B. für Frauen- und Männernamen, oder für Namen von Göttern und Göttinnen verwendet.

Der *sumerischen Sprache* ist das grammatische Geschlecht völlig unbekannt. Dafür kennt sie ein *Zweiklassensystem*, nach dem alle Hauptwörter einer Personen- oder Sachklasse zugeordnet sind. Zur Personenklasse gehören alle beseelten oder als beseelt gedachten Wesen, wie Götter, Halbgötter und Menschen, während die Sachklasse alle unbelebten Dinge, Abstrakta und Tiere umfaßt.[42] Eine Änderung der Klassenzugehörigkeit kann sich dann ergeben, wenn sich z. B. mit dem zur Sachklasse gehörenden Wort *an* (»der Himmel«) die Vorstellung von einem anthropomorphen Himmelsgott An, der zur Personenklasse gehört, verbindet.

	Archaische Bildzeichen		Keilschriftzeichen		Bedeutung
1					Mann Penis
2					Gottheit Stern
3					Frau Vulva
	I	II	III	IV	

Die periodisierte Entwicklung altsumerischer Bildzeichen für Frau und Mann zu Keilschriftzeichen:
I. Ende 4. Jtd. v. Chr.;
II. Anfang 3. Jtd. Chr.;
III. ca. 2500 v. Chr.;
IV. ca. 1800 v. Chr.

Das Wort *an* ist präsumerisch eine Rosette als Totem, wobei diese als architekturaler Bestandteil im Haus- und Tempelbau – ähnlich dem »Schlußstein« – zu verstehen ist, der z. B. im *e.ana* (»Haus der Rosette, Haus des an«) in Uruk verehrt wurde.

Über die der Lage und Funktion des architekturalen Elements *an* entsprechende primäre Bedeutung (»oben, [Aller]höchstes«) ging die Entwicklung weiter zur sekundären Bedeutung »Himmelsgottheit«.[43]

Das *natürliche Geschlecht* wird im Sumerischen nur insoweit bezeichnet, als der Geschlechtsunterschied wichtig erscheint. Dann wird zu dessen Darstellung meist für jedes der beiden Geschlechter ein eigenes Wort (Heteronym) gebraucht, z. B. *lú* (»der Mann«) und *mí* (»die Frau«), *a* (»der Vater«) und *ama* (»die Mutter«), *en* (»der Herr«) und *nin* (»die Herrin«). Die Namen vieler Urgottheiten sind dadurch gebildet worden, daß die der Sachklasse zugehörenden Hauptwörter der Elemente asyntaktisch mit den der Personenklasse zugehörenden Hauptwörtern *en* und *nin* verbunden wurden. So bilden die Wörter *en* und *nin* den Wortbestandteil mancher Götternamen, wie z. B. beim Erdgott Enki (»Herr Erde«), beim Wettergott Enlil (»Herr Wind«) sowie bei den Muttergöttinnen Ninchursanga (»Herrin des Gebirges«), Ninlil (»Herrin

Wind«), Ninmach (»größte Herrin«), Ninmena (»Herrin Tiara«), Ninsuna (»Herrin Wildkuh«) und Nintu (»Herrin Geburt«). Die etymologische Herkunft der Namen der beiden männlichen Vegetationsgottheiten Ningirsu (»Herr [Frau] von Girsu«) und Ninurta (»Herr [Frau] der Erde«) ist bis heute ungeklärt.

Das Wort *nin* (»Herrin«) ist auch Wortbestandteil im Namen der Himmelsgöttin Inanna. Im Präsumerischen ist *Inin* primär die Bezeichnung des sogenannten »Schilfringbündels«, das bei den Rohrhütten als Stütze des Eingangs und als Tür gedient hat, und dann der Name einer weiblichen Gottheit, die im Sumerischen den Namen *nin.ana* (»Herrin des an«), d. h. Herrin der (achtblättrigen) Rosette erhält, und dann sekundär als *(n)in.ana* (»Herrin des Himmels«) umgedeutet wird.[44] Diese achtblättrige Rosette im Haus- und Tempelbau wird später zum achtstrahligen (Venus-)Stern, dem Symbol der akkadischen Göttin Ishtar.

Wenn bei Wörtern, die gewöhnlich unterschiedslos für männliche und weibliche Wesen verwendet werden, in besonderen Fällen der Geschlechtsunterschied deutlich gemacht werden soll, dann fügt man zur Kennzeichnung des weiblichen Geschlechts an das betreffende Wort ein nur für das weibliche Wesen passendes Hauptwort an. So wird bei dem unterschiedslos für Gott und Göttin gebrauchten Wort *dingir* (»Gottheit«) zur besonderen Kennzeichnung einer weiblichen Gottheit z. B. das Wort *ama* (»Mutter«) angefügt zu: *dingir-ama* (»Gottheit-Mutter« = »Göttin«), oder aber es wird das Wort *nin* (»Herrin«) vorausgesetzt. So heißt z. B. *en* der »en-Priester« und die »en-Priesterin«, jedoch *nin.en* nur die »en-Priesterin« und *ensi* heißt »Orakelpriester« und »-priesterin«, jedoch *nin.ensi* nur die »Orakelpriesterin«.[45]

Das Sumerische verwendet Wort- bzw. Silbenzeichen und Determinative. Die Wortzeichen sind vielfach polyphon. So kann das Keilschriftzeichen AN als Lautzeichen *an* gelesen werden, dann bedeutet es »Himmel«, oder es kann als Lautzeichen *dingir* gelesen werden, dann bedeutet es »Gott« bzw. »Göttin«.[46]

Die Determinative werden zwecks Verdeutlichung meist vor das zu kennzeichnende Hauptwort gesetzt. So wie z. B. das Wort *lú* (»Mann«) vor männliche Berufe und das Wort *mí* (»Frau«) vor Frauennamen und weibliche Berufe gesetzt wird, so steht auch das Wort *dingir* (»Gott/Göttin«) – in der Umschrift meist als hochgestelltes »d« wiedergegeben – vor den Namen von Göttern und Göttinnen sowie vor göttlichen Gegenständen.[47] Man schrieb das (nicht mitzulesende) Wort *dingir* vor dem betreffenden Gottesnamen mit Ausnahme der Namen, die mit *an* anfangen.

Links:

Der »Uterus«, ein omega-förmiges Zeichen, ist Symbol der sumerischen Erd- und Muttergöttin Ninchursanga, der »Mutter der Götter« und » Mutter aller Kinder«.

Rechts:

Das »Schilfringbündel« ist sowohl Schriftzeichen wie auch Symbol der sumerischen Göttin (N)Inan(n)a, der Göttin des Venussterns, der Liebe und des Geschlechtslebens

Im Gegensatz zum Sumerischen kennt das *Akkadische*, wie alle anderen semitischen Sprachen, ein *grammatisches Geschlecht*, und es unterscheidet beim Hauptwort zwei Genera: das Maskulinum und das Femininum. Das erstere wird im allgemeinen durch den reinen Wortstamm dargestellt, wohingegen das letztere durch Endungen davon unterschieden wird.[48]

Das wichtigste Femininzeichen, das an den Nominalstamm angefügt wird, ist das *-t* bzw. das *-at* oder auch *-it*. Dieses Femininzeichen findet man nicht nur bei Wörtern wie *aššatu* (»Frau«) und *šamhatu* (»Hure«), sondern auch bei den Namen von Göttinnen.

So gehören zu Assur, dem Reichsgott von Assyrien, die Göttin Aššuritu (»die Assyrische«) als seine Gattin und zum Luftgott Bēl (»Herr«) die Muttergöttin Bēlet (»Herrin«). Bēlet-ilī (»Herrin der Götter«) lautet der babylonische Titel für Muttergöttinnen.

Die Fruchtbarkeitsgöttin Sarpanitum ist die Gattin des Marduk, des Reichsgottes von Babylon. Das Femininzeichen *-t* führt auch die Urgöttin Tiamat (»Meer«) in ihrem Namen.

Weiblichen Geschlechts ist im Assyrischen, wie in allen semitischen Sprachen, die Erde und als ihre Personifikation die Erdgöttin, wie z. B. die Göttin Anatum, die als Schwester und Gattin des Himmelsgottes Anu gilt. Demgegenüber sind im Semitischen der Himmel und die Sonne männlichen Geschlechts, wie der vorgenannte Himmelsgott Anu und der Sonnengott Shamash bestätigen.

Die babylonisch-assyrische Keilschrift ist eine gemischte Wort- und Silbenschrift. Ihre Schriftzeichen haben neben einem Silbenwert (Syllabogramm) auch einen Wortwert (Logogramm), und die meisten Zeichen haben nicht nur einen, sondern mehrere Silben- oder Wortwerte.

So hat z. B. das Keilschriftzeichen mit dem Namen AN den zweifachen Silbenwert *an* und *il* verbunden mit dem dreifachen Wortwert *ilu* (»Gott«), *šamû* (»Himmel«) und *elû* (»oberer«).[49] Eine Anzahl von Logogrammen dient als Gruppen- oder Klassenzeichen (Determinative), um eine ganze Gattung zu kennzeichnen. Sie werden meist einem Wort vorangestellt.[50] Wie z. B. das aus einem einzigen Keil bestehende Keilschriftzeichen DIŠ, das den erigierten Penis des Mannes darstellt, als Determinativ vor männlichen Personennamen und das aus vier Keilen angeordnete Keilschriftzeichen SAL, das die Vulva der Frau darstellt, als Determinativ vor weiblichen Personennamen gesetzt wird, so erscheint das aus drei Keilen bestehende und an einen Himmelsstern erinnernde Keilschriftzeichen AN als Determinativ vor den Namen von Göttern und Göttinnen.[51]

BABYLONISCH – ASSYRISCHE KEILSCHRIFT			
Zeichen	Wert	Zeichen	Wert
►─► ...	Gott, heilig	►▐ ...	Holz
...	König, Mensch	...	Edelmetall
...	Stadt	...	Tier
...	Stadt	...	Weltgegend
...	Land	...	männlich
...	Fluß	...	weiblich

Klassenzeichen (Determinative) der babylonisch-assyrischen Keilschrift für Gott und Mensch, für männlich und weiblich

Da bestimmte Grundzahlen mit den babylonischen Hauptgottheiten in Beziehung gesetzt wurden, hat man deren Zahlzeichen auch als Wortzeichen zur Schreibung des betreffenden Gottesnamens verwendet, wobei die auf der Grundlage des Sexagesimalsystems gebildeten Zahlen die verwandtschaftlichen Beziehungen der Gottheiten (Vater, Sohn, Tochter usw.) erkennen lassen. So steht das Zahlzeichen sechzig, die Zentralzahl im Sexagesimalsystem, für den obersten Himmelsgott Anu, den Vater der Götter, auch als das Wortzeichen [d]LX (»Gott sechzig«), und das Zahlzeichen dreißig, die Zahl der Tage eines Mondumlaufs, steht für den Mondgott Sin auch als Wortzeichen [d]XXX (»Gott dreißig«). Für die Venussterngöttin Ishtar steht nicht nur das Keilschriftzeichen ININ, sondern auch das Zahlzeichen fünfzehn, die Hälfte der Zahl (als Tochter) des Mondgottes, als Wortzeichen [d]XV (»Göttin fünfzehn«). Da dem Wettergott Adad die Zahl zehn zugeordnet ist, steht für ihn das Zahlzeichen zehn auch als Wortzeichen [d]X (»Gott zehn«).

Da die *hethitische Sprache*, im Gegensatz zum Akkadischen, kein grammatisches Genus für das Hauptwort kennt, ist das Geschlecht einer Gottheit weder aus dem Gattungswort für »Gott(heit)« noch aus dem Eigennamen eines Gottes oder einer Göttin zu erkennen. Die allgemeine Bezeichnung für »Gottheit« in keilschriftlichen Texten ist *šiu(ni)*, die meist als Sumerogramm DINGIR geschrieben wird.[52] Dieses Wort steht sowohl für »Gott« wie für »Göttin«. Als Kriterien einer Geschlechtsbestimmung bleiben jedoch: die

Assyrische Prozession von 7 Planeten-
gottheiten, auf heiligen Tieren stehend,
eingerahmt von zwei Königsgestalten.
Alle Gottheiten tragen die Götterkrone
mit 7 bzw. 5 Hörnerpaaren und halten in
der Linken den Herrscherring.
Die 5 männlichen Gottheiten tragen an
der rechten Seite ein Schwert, und vier
von ihnen halten den Herrscherstab.
Die beiden Göttinnen haben – zusammen
mit zwei Göttern – die Rechte segnend
erhoben.
Felsrelief aus Maltaya, ca. 700 v. Chr.

besondere Kennzeichnung durch das geschlechtsspezifische Eigenschaftswort »männlich« bzw. »weiblich«, z. B. DINGIR LÚ (»männliche Gottheit«)
bzw. DINGIR SAL (»weibliche Gottheit«) oder durch geschlechtsdifferenzierende Epitheta, wie z. B. König, Herr, Vater, Sohn, Bruder, Wesir, Seher und
Arzt für die Götter oder z. B. Königin, Herrin, Mutter, Tochter, Schwester,
Hierodule und Seherin für die Göttinnen.

So steht als Anruf an einen Gott DINHGIR^{LUM}EN-IA (»Gott, mein Herr«) und
an eine Göttin DINGIR^{LUM}GAŠAN-IA (»Göttin, meine Herrin«). Oberste
Reichsgöttin ist die Sonnengöttin von Arinna, deren Name mit dem Keilschriftzeichen für die Sonne geschrieben wird.

Der einzig bekannte hethitische Götterhymnus preist sie als »Königin des
Himmels und der Erde, Herrin der Könige und Königinnen des chattischen
Landes«. Als Mondgott fungiert der männliche Arma, dessen Wortzeichen
eine Lunula (»Mondsichel«) ist.

Die *Bildkunst* kennt seit der *altsumerischen* Mesilimzeit (ca. 2700 v. Chr.) die
Darstellung der Gottheiten in anthropomorpher Gestalt, d. h. als Menschen
männlichen oder weiblichen Geschlechts. Ihre Kennzeichen als göttliche
Wesen sind die Hörnerkrone, ein bestimmtes Gewand und der Tierthron. Die
Hörnerkappe bzw. Hörnerkrone ist eine tiaraähnliche Mütze, an der Paare
von Rinderhörnern übereinander angeordnet sind. An der Anzahl der Hör-
nerpaare ist der Rang einer Gottheit abzulesen. Diese zunächst den Gottheiten
vorbehaltene Hörnerkrone wurde seit der altakkadischen Zeit auch weltli-
chen Herrschern zum Zeichen ihrer überirdischen Macht zugebilligt. Von
Gottheiten höheren Ranges wurde ein Fabelgewand bevorzugt, während ein
Faltengewand häufig bei Gottheiten von geringerer Bedeutung zu sehen ist.
Die auf einem Tier oder Tierthron stehende Gestalt ist meist eine Gottheit,

Begegnung der großen hethitischen Gottheiten. Die Götter mit Kegelmütze und kurzem Leibrock, die Göttinnen mit Polos und langem Faltenrock. Felsrelief, Yazilikaya (Türkei). Bronzezeit (13. Jh. v. Chr.)

selbst wenn sie keine Hörnerkrone trägt und nur mit einem menschlichen Gewand bekleidet ist.

Geschlechtsdifferenzierte Tiere sind Rind, Pferd und Vogel für Götter sowie Löwe, Hund und Schlange für Göttinnen. Auch die den Gottheiten zugeordneten Attribute und Symbole sind geschlechtsunterscheidend. Als männlich gelten vor allem Mondsichel, Sonnenscheibe und Blitzbündel sowie Spaten, Pflug und Griffel, für weiblich stehen Sterne und Pflanzen sowie ein omegaförmiges Zeichen, das als »Uterus« gedeutet wird, und das vielleicht älteste Symbol für eine Gottheit, das sogenannte »Schilfringbündel«, das als Zeichen für die Göttin Inin (Inanna) in die Keilschrift eingegangen ist.[53]

Das *hethitische* Pantheon ist auf den Wänden des Felsheiligtums von Yazilikaya in zwei nach dem männlichen und weiblichen Geschlecht getrennten Prozessionszügen dargestellt. Seit althethitischer Zeit wurden männliche Gottheiten mit Kegelmütze, z. T. mit »Hörnern«, kurzem Leibrock und Schnabelschuhen, hingegen weibliche Gottheiten mit Polos und langem Faltenrock abgebildet. Geschlechtsdifferenzierende Embleme sind für hethitische Götter: Bogen, Keule, Lanze, Schwert und Streitkolben, für Göttinnen: Becher, Spiegel und Spindel.[54]

Volks- und Reichsreligionen in Europa und Amerika

Zu den europäischen *Volksreligionen* zählen die der Griechen, der Germanen und Kelten sowie der Slawen und Balten. Dagegen gehören die Religionen der Römer, der Maya und Azteken sowie der Inka zu den *Reichsreligionen*.

Griechische Religion

Die griechische Religion ist aus einer Verschmelzung der Religion der vorgriechischen Bevölkerung mit der der eingewanderten griechischen Stämme entstanden.[1] Im Unterschied zur Volksreligion mit ihren Lokalgottheiten und Personifizierungen von Naturkräften (Wetter), Himmelskörpern (Sonne, Mond) und Begriffen (Liebe, Frieden) sind in der durch den Dichter Homer (8. Jh. v. Chr.) bezeugten Adelsreligion die olympischen Gottheiten von menschlicher Gestalt.[2] Das Kennzeichen der Götter ist im Gegensatz zu den sterblichen Menschen vor allem ihre Unsterblichkeit, die durch Nektar und Ambrosia als Trank und Speise garantiert ist. Aus diesem Grund stehen Geschlechtlichkeit und Liebe bei Göttern und Göttinnen nicht in erster Linie für Zeugung von Nachkommen, um in diesen weiterzuleben, sondern für Lust- und Machtgewinn.

Göttervater Zeus, seine Ehen, Ehebrüche und Liebschaften

Zu den zwölf olympischen Gottheiten gehören sechs Götterpaare aus der Familie des Zeus. Es sind dies: der Himmelsvater Zeus und seine Schwester, die Erdgöttin Hera, ferner als sein Bruder und seine Schwester der Meeresgott Poseidon und die Fruchtbarkeitsgöttin Demeter, außerdem als seine Kinder der Licht- und Totengott Apollon und die Fruchtbarkeitsgöttin Artemis, der Kriegsgott Ares und die Liebesgöttin Aphrodite, der Götterbote Hermes und die Friedensgöttin Athene sowie der Feuergott Hephaistos und die Staats- und Feuergöttin Hestia als Schwester des Zeus.

Der Göttervater Zeus, dessen Wesen durch zahlreiche Beinamen charakterisiert wird, steht als Hochgott über allen. Er ist der jüngste Sohn des Titanen und vorherigen Göttervaters Kronos sowie der Titanin und Göttermutter Rheia. Mit seiner Schwester und Hauptgattin Hera hat Zeus u. a. die Söhne Ares und Hephaistos. Das Beilager, das Zeus und die Ehegöttin Hera auf dem Berge Ida vollziehen, bedeutet Befruchtung der Mutter Erde durch den männlichen Himmelsvater. Ihre »heilige Hochzeit« gilt als Prototyp aller irdischen Hochzeiten.

Zeus spricht zu Hera:

»Komm, wir wollen in Lieb' uns vereinigen, sanft gelagert.

Denn so sehr hat keine der Göttinnen oder der Weiber

je mein Herz im Busen mit mächtiger Glut mir bewältigt …
Als ich nun jetzt dir glühe, durchbebt vom süßen Verlangen! …
Also Zeus und umarmte voll Inbrunst seine Gemahlin.
Und nun sproß die heilige Erd' aufgrünende Kräuter.«[3]

Zeus, der mächtigste der Götter, ist zugleich ihr fruchtbarster. Aus seinen zahlreichen Ehen, Ehebrüchen und Affären mit Göttinnen ging eine große Nachkommenschaft hervor. Als seine erste Gattin Metis (»Klugheit, Weisheit«) von ihm schwanger war, verschlang er sie zusammen mit dem Ungeborenen aus Furcht vor einem mächtigen männlichen Nachkommen. Das Kind entsprang dann nach 9 Monaten aus seinem Haupt als Göttin Athene. Mit seiner Gattin Themis (»Recht«) hat er als Kinder die Horen und Moiren, und aus seinen Begattungen der Mnemosyne (»Erinnerung«) während 9 Nächten gingen die 9 Musen hervor. Als Leto (»die Glänzende«) von Zeus mit den Zwillingen Apollon und Artemis schwanger war, ließ dessen eifersüchtige Gattin Hera die Göttin durch den Drachen Typhon verfolgen. Mit seiner Schwester Demeter (»Mutter«), der Gattin des Poseidon, zeugte der Himmelsvater die Unterweltsgöttin Persephone, die er später in Gestalt einer Schlange beschlief. Aus dieser geschlechtlichen Vereinigung ging der Vegetationsgott Zagreus hervor.

Zu den Geliebten des Zeus gehören auch Nymphen (»junge Frau, Braut«). Mit der Nymphe Maia (»Mütterchen«) zeugte er den Götterboten Hermes, und durch Zeus ist die Nymphe Elektra Mutter des Iasion, des trojanischen Heros. In der Gestalt eines Adlers entführte er die Nymphe Ägina auf die später nach ihr benannte Insel, südwestlich von Athen, und schwängerte sie in der Gestalt des Feuers.

Bei seinem Bemühen, sexuell erfolgreich zu sein, war Zeus sehr einfallsreich und verwandelte sich in vielerlei Gestalt, als Göttin oder Mensch (Ehemann), als Tier (Schlange, Stier, Schwan, Adler) oder Tiermensch (Satyr) oder auch als Naturerscheinung (Wolke, Regen, Feuer).

Zeus hatte auch Affären mit sterblichen Frauen, vor allem Prinzessinnen, von denen viele verheiratet waren bzw. jungfräulich lebten. In der Gestalt ihres eigenen Gatten Amphitryon, der sich auf einem Feldzug befand, wohnte Zeus der Alkmene bei. Als tags darauf der echte Amphitryon zurückkehrte, erfuhr dieser von der erstaunten Gattin, daß er doch eben erst die vergangene Nacht mit ihr zugebracht habe. Nach 9 Monaten gebar Alkmene Zwillinge, von denen der eine Herakles, der Sohn des Zeus, und der andere, Iphikles, der Sohn des Amphitryon war.

Göttervater Zeus begattet in Gestalt eines
Schwans die Muttergöttin Leda. Skulptur

Der schlafenden Nymphe Kallisto (»die Schönste«), einer Freundin der jungfräulichen Göttin Artemis, nahte sich Zeus in Gestalt der Artemis und
schwängerte sie. Als letztere einige Monate später beim Nacktbaden die
Schwangerschaft ihrer Freundin bemerkte, verwandelte sie die Schwangere
in eine Bärin und erschoß sie. Von Zeus wurde Kallisto zusammen mit dem
später geborenen Sohn Arkas, dem Bärenhüter, als Sternbild »großer Bär« an
den Himmel versetzt.

Die am Ufer von Sidon spielende Prinzessin Europa wurde von Zeus in
Gestalt eines weißen Stiers übers Mittelmeer nach Kreta entführt und von ihm
zur Mutter des Minos gemacht. Der Stier (Taurus) wurde als Sternbild und
Tierkreiszeichen an den Himmel versetzt. Als Leda (lykisch »Frau«), die

Gattin des spartanischen Königs Tyndareios, einmal an den Ufern des Euro-
tos badete, nahte sich Zeus ihr in Gestalt eines Schwans, der von einem Adler
verfolgt wurde, und ließ sich auf sie herab. Hierauf gebar sie zwei Eier, aus
deren einem Polydeukes und Helena, aus deren anderem Kastor und Klytaimestra hervorkamen. Die beiden Jungen bilden das Sternbild der Zwillinge,
während Helena die schönste und verführerischste Frau wurde. Im Streit um
den Apfel der Eris wurde sie von Aphrodite dem Paris versprochen, von dem
sie sich nach 10jähriger Ehe mit Menelaos von Sparta nach Troja entführen
ließ. Dies löste den 10jährigen Trojanischen Krieg seitens der Griechen aus.

Io, eine Prinzessin und Priesterin der Hera, wurde von Zeus in Gestalt einer
Wolke geschwängert. Als beide von Hera beim Liebesakt überrascht wurden,
verwandelte Zeus die Geliebte in eine Kuh. Durch eine Bremse ließ Hera die
weiße Kuh bis nach Ägypten treiben. Dort verwandelte sich die Io in ihre
Menschengestalt zurück und gebar den Epaphos.

Der von ihrem Vater in einen ehernen Turm eingesperrten Prinzessin Danaë
wohnte Zeus in der Gestalt eines Goldregens bei. So wurde sie Mutter des
Perseus.

Als die von Zeus schwangere Prinzessin Semele den Gott bat, sich ihr in seiner
göttlichen Herrlichkeit zu zeigen, fiel sie von seinem Blitz getroffen zu Boden
und verbrannte. Ihr noch ungeborenes Kind Dionysos wurde von Vater Zeus
aus den Gluten gerettet und von ihm, in seinen Schenkeln bis zur Geburt
eingenäht, ausgetragen.

Die Prinzessin Antiope, der Zeus im Waldgebirge Kithairon als Satyr begegnete, wurde von ihm geschwängert, und sie gebar die Zwillinge Amphion
und Zethos.

Die Mythen erzählen vom Göttervater, daß er nicht nur heterosexuellen
Geschlechtsverkehr mit Göttinnen, Nymphen und sterblichen Frauen hatte –
und darin eingeschlossen sexuellen Verkehr mit seiner eigenen Schwester
Demeter und mit seiner eigenen Tochter Persephone –, sondern auch homosexuellen Verkehr in Form der Knabenliebe gepflegt hat. In Gestalt eines
Adlers hatte Zeus den Prinzen Ganymedes, den schönsten der sterblichen
Menschen, in den er sich verliebt hatte, entführt und zum Olymp getragen,
damit dieser in ewiger Jugend sein Lieblingsknabe und Mundschenk wurde,
während Zeus den Adler als Sternbild an den Himmel versetzte.

Als einmal die jungfräuliche Arachne (»Spinne«), eine Künstlerin und Bild-
weberin aus Lydien, alle Liebesabenteuer des Himmelsgottes Zeus mit den
Menschentöchtern auf der Erde in einen Bildteppich einwebend darstellte,
zerriß die jungfräuliche Athene, eine Tochter des Zeus, das ganze Gewebe

*Gott Zeus entführt den Prinzen Gany-
medes als seinen Buhlen in den Götterhimmel Olympos. Terrakotta-Schale,
ca. 460 v. Chr. Ferrara: Museum*

und verwandelte die Weberin zur Strafe für diesen »Frevel« in eine Spinne,
deren Nachkommen die heutigen Spinnen sind.

Der Göttervater Zeus ist, seitdem er seinen Vater Kronos entmachtet und ihn
zusammen mit den anderen Titanen in den Tartaros gestürzt hat, alleiniger
Weltherrscher vom Olymp aus. Mit Hilfe seines Sohnes, des Gottmenschen
Herakles, hat er auch die gegen ihn sich erhebenden Giganten vernichtet.

Die Liebesgöttin Aphrodite und ihre Kinder Eros, Priapos und Hermaphroditos

Nach Homers »Ilias«[4] ist Aphrodite, die schönste der Göttinnen, eine Tochter
des Göttervaters Zeus und der Göttin Dione, nach Hesiod jedoch ist sie aus
dem Spermaschaum des von Kronos entmannten Vaters Uranos, des Großvaters von Zeus, hervorgegangen. Jede Nacht nahte sich der Himmelsgott
Uranos der Erdgöttin Gaia, der »Göttin mit den breiten Brüsten, dem festen
Sitz von ewiger Dauer für alle Götter«, und er lagerte sich über sie und umfing
sie in befruchtender Umarmung.

»Der hehre Himmel verlangt danach, die Erde zu umfangen,
und Liebe ergreift die Erde und Sehnsucht nach Vereinigung mit ihm,
der vom Himmel niederströmende Regen macht die Erde schwanger,
und diese gebiert den Tieren das Futter und den Menschen die Brotfrucht.«[5]

Die Frucht der Liebesumarmung von Uranos und Gaia waren auch die zwölf
Titanen, die drei Kyklopen (»Rundaugen«) von gewaltiger Naturkraft und
die drei Hekatoncheiren (»Hunderthändige«) als Riesen. Als die Kyklopen
und Hekatoncheiren ihrem eigenen Vater allmählich zu unheimlich und zu
mächtig wurden, stieß er sie in den Schoß der Mutter Erde zurück. Da rief die
Erdgöttin Gaia ihre Söhne, die Titanen, zu Hilfe und forderte sie auf, ihre
verletzte Mutterehre an dem Vater zu rächen. Kronos, ihr jüngster Sohn, war
dazu bereit und erhielt von seiner Mutter eine große scharfe Sichel. Als nun
Uranos sich zur nächtlichen Liebesumarmung wieder auf die Erdmutter
herabsenkte, stürzte Kronos aus seinem Versteck hervor und mähte dem
Vater mit der Sichel das gewaltige Zeugungsglied ab und schleuderte es ins
Meer.

»Aber sobald er die Scham mit der stählernen Sichel geschnitten
und sie vom Lande geworfen hinab in das brandende Weltmeer,
trieb sie lange dahin durch die flutenden Wellen; da hob sich
weißlicher Schaum aus unsterblichem Fleisch, es wuchs eine Jungfrau
in ihm empor, sie nahte der heiligen Insel Kythere
erst, doch gelangte sie dann zum ringsumflossenen Kypros.
Aus stieg dort die Göttin, die hehre, herrliche; Blüten
sproßten unter den Schritten der Füße, und Götter und Menschen
nennen sie nun Aphrodite, weil sie aus Aphros, dem Schaume ...
und auch schamerfreute, weil aus der Scham sie entsprossen.«[6]

Aus dem im Meer schwimmenden Glied, das unmittelbar vor dem Samenerguß abgeschnitten und bereits mit Sperma gefüllt war, floß der Samen heraus,
und aus diesem Spermaschaum ist die »Schaumgeborene« Aphrodite entstanden.

Aufgrund der Entmannung seines Vaters Uranos wurde Kronos anstelle
seines Vaters Göttervater und Weltherrscher im »Goldenen Zeitalter«. Um
aber selbst dem Schicksal seines Vaters zu entgehen, verschlang er alle seine
von seiner Schwester und Gattin Rheia geborenen Kinder bis auf Zeus, von
dem er später entmachtet wurde.

*Kallipygische Aphrodite, die Göttin
mit den »schönen Hinterbacken«.
Neapel: Nationalmuseum, Sammlung
Farnese*

Aphrodite (*aphros* = »Schaum«; *duo* = »tauchen«) ist die Göttin der geschlechtlichen Liebe und der Schönheit. Sie ist eine Göttin der vegetativen Fruchtbarkeit wie auch Schutzgöttin der Hetären.

Die Schönste aller Göttinnen wurde unter verschiedenen Beinamen angerufen und verehrt: als Urania (»die Himmlische«) und als Kallipygos (»mit schönem Gesäß«), da sie ein besonders schönes und üppiges Hinterteil besaß. Die Wertschätzung der »kallipygischen Reize« förderte bei den Griechen den Analkoitus, den »Coitus in anum feminae«, d. h. den Koitus mit Einführung des männlichen Gliedes in den After der Frau, der in der Antike zwischen Mann und Frau nahezu ebenso häufig war wie der Vaginalkoitus, sowie den Analkoitus zwischen Männern und Knaben (Päderastie). Ein anderer Beiname der Aphrodite ist Anadyomene (»die Auftauchende«), weil sie aus dem Spermaschaum der abgeschnittenen Genitalien des Uranos geboren und dem Meer entstiegen ist. In Paphos, einer Stadt auf Zypern, wo Aphrodite aus dem Schaum geboren wurde, führt sie den Beinamen Paphia, eine Bezeichnung, die oft als Druckort für Erotica angegeben wird. Pandemos (»die dem ganzen [attischen] Volk Gemeinsame«) ist ihr Beiname als käufliche Buhlerin und der Name eines ihr von Solon in Athen erbauten Tempels, und Hetaera (»die Gefährtin«) ist sie in Athen und Ephesos als Schutzgöttin der kultischen Prostituierten. Ihre Statue auf einem Platz in Athen wurde von allen Hetären verehrt. Zu ihren Festen am 4. Tag eines jeden Monats lieferten die Hetären von Athen den Ertrag ihres Gewerbes im Tempel der Aphrodite Pandemos ab. Opfergaben für sie waren u. a. Phalli aus Gold oder Elfenbein.

Geburt der Aphrodite aus dem (Sperma-) Schaum des Meeres. Ludovisischer Thron, ca. 470 v. Chr. Rom: Thermen-Museum

Nach (der »Odyssee« des) Homer ist Aphrodite die Gattin des Hephaistos, des kunstreichsten der Götter, den sie mit dem stärksten der Götter, Ares, betrog. Dieser Ehebruch wurde vom Sonnengott Helios dem Hephaistos verraten, der mit Zaubernetzen das in Umarmung liegende Paar umgab und so das in flagranti ertappte Liebespaar allen Göttern präsentierte.

Aus der Verbindung der Aphrodite mit Ares entstammt der Liebesgott Eros (»Liebe, Lust«). Er ist liebenswert wie seine Mutter und kriegerisch wie sein Vater, da er mit Pfeil und Bogen auf seine Opfer zielt. Der jugendliche Gott der Liebe entfacht die Liebe zwischen den Geschlechtern, zwischen Menschen und Göttern, aber auch die Knabenliebe. Auf Kreta, in Sparta und Theben wurde Eros als Gott der Päderastie verehrt, da er vorzugsweise Knaben entführte. In Troas und Lakonien war der Eroskult bisexuell. Die Statuen des Eros von Praxiteles und Lysippos sind hermaphroditisch. Eros steht für das Prinzip der Liebe in jeder Gestalt, der heterosexuellen wie der homosexuellen Liebe.

(Bisexueller) Hermaphroditos. Attische
Schale, 5. Jh. v. Chr. Korinth: Musuem

Eros »ist der schönste der ewigen Götter«[7] und Schöpfer alles Erschaffenen, der Götter und der Menschen Herrscher. Nach Hesiods »Theogonie« ist Eros eine am Weltanfang von selbst entstandene kosmogonische Urkraft, die die Entwicklung vom Chaos zum Kosmos bewirkte. In der Philosophie des Sokrates und des Platon wird der Eros vergeistigt. Die sokratische Erotik besteht aus der gegenseitigen Zuneigung von Lehrer und Schüler, die die gegenseitige geistige und sittliche Förderung zum Ziel hat. In Platons »Symposion« ist Eros, Sohn des Poros (»Weg, Mittel«) und der Penia (»Armut«), das Streben und die Liebe zur Erkenntnis der Ideen des Schönen, das Verlangen nach Zeugung des Schönen.

Als Sohn der Aphrodite und des Gottes Dionysos gilt Priapos, die Verkörperung der Zeugungskraft und der üppigen Fruchtbarkeit sowie später auch der Gott der Geschlechtslust. Als Aphrodite noch mit Priapos schwanger war, hat die zürnende Hera den Leib der Schwangeren mit ihrer Zauberhand berührt, so daß Aphrodite ein häßliches, mit einem übergroßen Phallus versehenes Kind gebar. Wegen seines mächtigen Phallus führt Priapos auch den Beinamen Triphallos (»Dreiglied«), weil sein Zeugungsglied das Maß von drei Phalli zusammengenommen erreichte. Nach Priapos sind die Pria-

peia benannt, scherzhafte, derb erotische Kurzgedichte in vielerlei Versma-
ßen, die dem Fruchtbarkeitsgott in den Mund gelegt werden, so wenn er Feld-
und Gartendieben komisch-obszöne Strafen androht. Für die Gedichte des
Priapeium wird oft das Versmaß Priapeus (griechisch Priapeion) verwendet,
z. B.

»Diesen Hain dir weihe ich und heilige ich, Priapos.«[8]

Dargestellt wird Priapos nackt, zinnoberrot bemalt und ithyphallisch.
Als Kind der Göttin Aphrodite und des Götterboten Hermes gilt Hermaphroditos (aus: Herm [es und] Aphrodite), ein Wesen, das von beiden Elternteilen
nicht nur den Namen, sondern auch das Geschlecht erbte: halb Mann, halb
Frau, eine Personifikation der Bisexualität, als Zwitter dargestellt, stets mit
Penis, jedoch nie mit Vagina. Ein päderastisches Ideal, für das der Koitus stets
anal, nicht jedoch vaginal ausgeführt wird.

Gottmenschen und Tiermenschen

Die *Gottmenschen* sind übernatürliche Wesen männlichen oder weiblichen
Geschlechts mit halbmenschlicher und halbgöttlicher Abstammung. Als
männliche Gottmenschen haben sie einen überirdischen Gott zum Vater und
eine irdische Frau zur Mutter, als weibliche Gottmenschen eine Göttin zur
Mutter und einen irdischen Mann zum Vater. Gottmenschen sind aufgrund
ihrer gottmenschlichen Natur zwar sterblich, werden aber vielfach nach
ihrem Tod von ihrem göttlichen Erzeuger zur Unsterblichkeit erhoben.
Zu den bekannten *Gottmenschen männlichen Geschlechts* gehört z. B. Perseus,
der Begründer von Mykene, ein Sohn des Gottes Zeus und der sterblichen
Danaë, der nach seinem Tod als Sternbild an den Himmel versetzt wurde. Ein
anderer Gottmensch ist der Heros Herakles (»Heras Ruhm«), die Verkörperung von männlicher Kraft und Tapferkeit sowie von unverwüstlicher sexueller Potenz. Er ist ein Sohn des Göttervaters Zeus und der sterblichen
Alkmene. Infolge der Eifersucht der Göttermutter Hera muß er viele Mühsale
auf sich nehmen, und er macht dabei eine Reihe von negativen Erfahrungen
mit Frauen. Misogynes (»Frauenfeind«) lautet sein Beiname, weil er seinem
Priester in Phokis verbot, während der einjährigen priesterlichen Amtszeit
eine Frau auch nur zu berühren. Der Königin von Lydien und Witwe Omphale (»Nabel«) mußte Herakles als Sklave drei Jahre lang dienen und Frauen-
arbeit (Spinnen und Weben) verrichten und mit ihr die Kleidung tauschen,

Omphale und Herakles. Lithographie von Alfred Hagel

eine Art Transvestismus. Während Herakles, gekleidet in ihre weiblichen Gewänder, arbeitete, wurde er von Omphale, angetan mit dem Löwenfell des Heros und mit dessen Keule in der Hand, beaufsichtigt. In einem von Hera gesandten Wahnsinnsanfall (»Mania«) tötete Herakles später seine Gattin Megara und seine acht Kinder. Seine zwölf »Herkules-Arbeiten«, die die 12 Tierkreise symbolisieren, kennzeichnen den Weg des Sterblichen zur Unsterblichkeit. Als seine »dreizehnte Arbeit« zählt seine sexuelle Großtat, die Entjungferung von 49 der 50 Töchter des Königs Thepsios in einer einzigen Nacht. Durch ein von seiner Gattin Deianeira (»männerfeindlich«) aus Eifersucht mit Blut vergiftetes Gewand (Nessosgewand) wurde Herakles in den Flammentod auf dem Scheiterhaufen getrieben, aber von Zeus in den Götterhimmel des Olymp entrückt, wo jetzt Hebe (»Jugend«), eine Göttin der ewigen Jugend und der Potenz, zur Gattin des vergöttlichten Heros wurde. Auch sein Sternbild leuchtet bleibend am Himmel.

Zu den *Gottmenschen weiblichen Geschlechts* gehören die beiden Schwestern Ino und Semele, Töchter der Göttin Harmonia (»Einklang«) und des Königs Kadmos. Ino, die sich auf der Flucht vor ihrem wahnsinnigen Gatten Athamas, der bereits ihr erstes Kind erschossen hatte, zusammen mit ihrem zweiten Kind ins Meer gestürzt hatte, verwandelte sich hier zu der unsterblichen Seegöttin Leukothea (»die lichte Göttin«). Ihre Schwester Semele war von Zeus Mutter des Gottes Dionysos. Nach ihrem Tod führte der göttliche Sohn sie in den Olymp hinauf.

Auch die Schwestern Ariadne und Phaidra sind als Kinder der Mondgöttin Pasiphaë und des Königs Minos gottmenschliche Wesen. Ariadne (»die Wohlgefallende«), die auf Naxos verlassene Geliebte des treulosen Heros Theseus, der ihr die Ehe versprochen hatte, wurde vom Gott Dionysos dann zur Frau genommen, der sie nach ihrem Tod in den Olymp hinaufführte, während ihr Brautkranz als Sternbild am Himmel steht. Ihre Schwester Phaidra, zweite Gattin des Theseus, verliebte sich in ihren keuschen Stiefsohn Hippolytos, den Sohn des Theseus und der Antiope, und beging deshalb Selbstmord.

Die *Tiermenschen* sind Mischwesen, deren Gestalt eine Verbindung von einem Tier- und einem Menschenleib darstellt. Die Mischgestalt dieser Wesen bedeutet eine Potenzierung der tierischen und menschlichen Kräfte und Fähigkeiten, die dem echten Menschen oft bedrohlich erscheinen. Viele Tiermenschen resultieren aus Paarungen von Menschen mit Tieren. Sie sind weiblichen oder männlichen Geschlechts und kommen in zwei verschiedenen Arten vor.

Die *erste Art* besteht aus der Verbindung des Körpers ein und desselben Tieres und dem eines Menschen; sie sind halb Tier, halb Mensch, bzw. ein Mensch mit Tierkopf. Bekannte Gestalten von *Tiermenschen männlichen Geschlechts* sind der Fischmensch Triton, die Schlangenmenschen (Giganten), die Pferdemenschen (Kentauren), der Stiermensch Minotauros und die Ziegenbockmenschen Pan und Satyr.

Pan koitiert mit einer Nymphe.
Radierung (1559?) von A. Carracci

Die wilden und meist lüsternen Kentauren mit menschlichem Oberkörper und Pferdeleib sind die Söhne des Königs Ixion. Als dieser einmal die Göttermutter Hera zu verführen suchte, bildete Zeus an ihrer Statt die Nephele (»Wolke«), ein nebelartiges Eidolon, das ist eine Gestalt der Göttin, der Ixion beiwohnte. Die Kinder der beiden sind die Kentauren. Der Kentaur Nessos hatte einst Deianeira, die Gattin des Herakles, zu entführen und zu vergewaltigen versucht, wurde aber von dem Heros mit vergifteten Pfeilen getötet. Als bei einer Hochzeit der Kentaur Eurytos der Hippodameia (»Rossebändigerin«), der Braut des Gastgebers Peirithoos, nach den Brüsten griff und die Braut zu entführen versuchte, entbrannte der Kampf zwischen Kentauren und Lapithen, in dem die Kentauren schließlich unterlagen. Als Sternbild leuchten sie seitdem am Himmel.

Der Stiermensch Minotauros (»Minos-Stier«) ist ein Abkömmling der Liebe zwischen Pasiphaë (»die allen Leuchtende«), der Gemahlin des Königs Minos, und einem vom Meergott Poseidon gesandten weißen Stier. Damit die unbezwingliche leidenschaftliche Liebe der Pasiphaë zu dem Meeresstier befriedigt werden konnte, fertigte der kunstreiche Dädalus im Auftrag der Königin aus einem starken Baumstamm eine ausgehöhlte Figur an, die die Gestalt einer Kuh hatte. Nachdem er diese hölzerne Kuh mit dem frischen Fell einer geschlachteten Kuh überzogen hatte, kroch die Königin in den Bauch der hohlen Figur und hob ihr Hinterteil, so daß ihre Vulva mit der der hölzernen Kuh deckungsgleich war. Als nun der brünstige Stier von Dädalus zu der hölzernen Figur auf die Weide geführt wurde und die Gestalt der Kuh sah, sprang er sofort auf sie und begattete sie. So wurde die Königin von dem Stier schwanger und gebar den Minotauros, einen stierköpfigen Knaben, ein Mischwesen, halb Mensch, halb Stier. Später ließ König Minos den Minotauros in dem eigens dafür erbauten Labyrinth gefangenhalten. Alle 7 Jahre mußten dem Stiermenschen 7 Jünglinge und 7 Jungfrauen aus Athen zum Fraß vorgeworfen werden, bis er schließlich von Theseus erschlagen wurde.

Pan, ein Mischwesen aus Mensch und Ziegenbock, ist ein Sohn des Gottes Hermes und der Nymphe Dryops. Er führt im Gefolge des Weingottes Dionysos die Satyrn an und stellt zusammen mit ihnen in großer Lüsternheit den Nymphen nach. Als einmal die keusche Nymphe Syrinx (»Flöte«) vor ihm, der sie begehrlich verfolgte und vergewaltigen wollte, floh und sich an einem nicht mehr zu überquerenden Fluß in ein Schilfrohr verwandelte, schnitzte Pan daraus die nach ihr benannte Syrinx, die Pan- oder Hirtenflöte, bestehend aus 7 Rohrpfeifen, auf der er seitdem seine Liebesklagen intoniert. In einer Höhle bei Ephesos hing eine Syrinxflöte, die von selbst zu tönen begann, wenn eine keusche Jungfrau die Höhle betrat.

Auch die Satyrn (*satto* = »vollstopfen, beladen«; *sate* = »männliches Glied«) sind lüsterne Verfolger der Nymphen (»Braut, junge Frau«). Die mythologische Verbindung von Satyrn und Nymphen ist wahrscheinlich eine Erinnerung an alte rituelle Deflorationssitten, wobei die vielleicht als Tiermenschen

Mänade und Satyr. Innenbild einer rotfigurigen Schale. München: Museum antiker Kleinkunst

verkleideten Priester die Aufgabe hatten, bei Jungfrauen die rituelle Defloration, das Erstlingsopfer der Jungfräulichkeit, mit einem Deflorationsinstru-
ment vorzunehmen.

Zu den *Tiermenschen weiblichen Geschlechts* gehören die Vogelmenschen der
Sirenen (»die Bestrickenden«). Es sind Jungfrauen mit einem Vogelleib, die
ihre Häßlichkeit der Aphrodite verdanken, weil sie Liebesfreuden verschmähen. Sie locken vorbeifahrende Seeleute mit ihrem betörenden Gesang an, um
sie dann im Schiffbruch untergehen zu lassen. Die Bezeichnung Sirene für
eine verführerische falsche Frau ist heute durch das Wort Vamp ersetzt.

Bei der *zweiten Art der Tiermenschen* sind Körperteile verschiedener Tiere mit
Teilen eines Menschen verbunden. Diese Wesen sind meist weiblichen Geschlechts, so die griechische Sphinx – im Gegensatz zur (meist) männlichen
ägyptischen Sphinx –, die Gorgonen und Harpyien. Die Sphinx, eine Tochter
der dämonischen Echidna und des Typhon, erscheint mit dem Kopf und der
Brust einer Frau, mit einem Löwenleib und mit den Flügeln eines Vogels. Die
von der Göttin Hera zur Bestrafung der Thebaner nach Theben geschickte
Sphinx gab jedem, der an ihr vorüberging, ein Rätsel auf und verschlang
denjenigen, der es nicht lösen konnte, bis Ödipus des Rätsels Lösung fand
und das Ungeheuer beseitigte. Die Antwort auf die Frage der Sphinx, »welches Wesen zuerst auf vier, dann auf zwei und zuletzt auf drei Beinen geht«,
heißt »der Mensch«. Derjenige nämlich, der den Mut hat, sich dem rätselvol-
len Unbewußten (= Ungeheuer) zu stellen, findet den Menschen, d. h. sich
selbst.

Die Harpyien (»die Raffenden«) sind Töchter der Flußgöttin Elektra und des
Thaumas. Sie besitzen den Leib eines Raubvogels, die Klauen eines Löwen
sowie Kopf und Brust einer Frau, und sie sind Menschenräuber. Schon der
Anblick der Gorgonen (»Starrblickende«) versteinert jeden. Sie, die Töchter
des greisen Meergottes Phorkys und der Ketos, haben den Kopf und die Brust
einer Frau, die Hauer eines Ebers, die Flügel eines Vogels sowie Schlangen
anstelle von Haaren. Zu ihnen gehört die durch den Meergott Poseidon
geschwängerte Medusa, die Mutter des geflügelten Götterpferdes Pegasos.

Tragische Rollen beim Kampf der Geschlechter

Die Überordnung der olympischen Götter über die Göttinnen und die größere
Bedrohung durch weibliche Tiermenschen als durch männliche findet im
Menschenbild ihre Fortsetzung in den meist schicksalhaft tragischen Rollen
der Frauengestalten.

So kam alles Übel durch eine Frau in die Welt, Pandora (»Allgeberin«) mit Namen. Um die Menschen für den von Prometheus (»der vorher Überlegende«) begangenen Diebstahl des Feuers zu bestrafen, hat Zeus durch Hephaistos eine Frau aus Erde und Wasser formen sowie mit allen verführerischen Reizen durch Aphrodite und die Musen ausstatten lassen. Die List und die Lüge erhielt sie von Hermes, und von Zeus bekam sie eine Urne, in der alle Übel eingeschlossen waren, die »Büchse der Pandora«. Damit wurde sie auf die Erde geschickt, wo Epimetheus (»der [erst] nachher Überlegende«) die wunderschöne Pandora trotz der Warnungen seines Bruders Prometheus zur Gattin nahm. Als die Büchse geöffnet wurde, kamen alle Krankheiten und Übel heraus und verbreiteten sich über die ganze Menschheit. Den verzweifelten Menschen blieb nur die Hoffnung, die allerdings trügerisch ist.

Beispiele für den ständigen Kampf der Geschlechter gegeneinander, insbesondere der Frauen gegen die Männer, bieten als *Gattenmörderinnen* Klytaimestra und die Danaiden, sowie als Kindesmörderinnen Medea und die Amazonen. Klytaimestra, Gattin des Agamemnon und durch ihn Mutter von Iphigenie, Elektra und Orest, ermordete zusammen mit Aigisthos, ihrem Geliebten, den aus Troja heimgekehrten Gatten und dessen Begleiterin Kassandra. Daraufhin wurde die berüchtigte Gattenmörderin auf Befehl des Gottes Apollon von ihrem eigenen Sohn Orest unter Mithilfe der Elektra erschlagen, um den Vater zu rächen. Jetzt verfolgten die Erinnyen, die von der Erdmutter Gaia gesandten Rachegöttinnen, den Orest wegen des Muttermordes, aber die Göttin Athene stellte sich auf seine Seite, so daß dieser von Schuld freigesprochen wurde. Klytaimestra gilt als Typus der treulosen Gattin, ganz im Gegensatz zur Penelope, der treuen Gattin des während seiner 20jährigen Abwesenheit ganz und gar nicht treuen Odysseus.

Zu den Männermörderinnen zählen auch die Danaiden, die 50 Töchter des Danaos, des Stammvaters der Griechen. Als sie wider ihren eigenen Willen und den ihres Vaters an die 50 Söhne seines Bruders Aigyptos verheiratet werden sollten, ermordeten sie – auf Anraten ihres Vaters – noch in der Hochzeitsnacht die ihnen verlobten Männer – vielleicht eine Rache für die Defloration. Da alle Töchter – außer einer, die ihren Bräutigam rettete – dem Rat des Vaters gefolgt waren, mußten die 49 zur Strafe für die Männermorde im Tartaros ständig Wasser mit Sieben in ein Faß ohne Boden schöpfen.

Medea, Prinzessin von Kolchis und Zauberpriesterin der Göttin Hekate sowie Gattin des Iason, tötete zunächst ihren Bruder Apsyrtos und warf seine zerstückelte Leiche ins Meer. Als ihr Gatte Iason sie später zugunsten einer anderen Königstochter verstieß, tötete sie die drei mit ihm gezeugten Söhne und bestattete sie im Heiligtum der Hera. Als *Knabenmörderinnen* gelten auch die Amazonen (? von: *amazos* = »ohne Brust«), ein Volksstamm kriegerischer Frauen aus Kappadokien unter Führung einer Königin. In ihrem Frauenstaat waren Männer nur zur Zeugung von (weiblicher) Nachkommenschaft geduldet, weshalb sie nur einmal im Jahr, jedes Jahr im Frühjahr, den Geschlechtsverkehr mit den Männern eines benachbarten Bergvolkes pflegten. Die aus diesem flüchtigen Verkehr entstammenden neugeborenen Jungen schickten sie entweder zu ihren Vätern zurück oder verstümmelten und töteten sie, und nur die Mädchen zogen sie auf und bildeten sie zu künftigen Kriegerinnen aus. Um beim Bogenschießen den Bogen besser spannen zu können, schnitten sie sich im Pubertätsalter die rechte Brust ab oder brannten sie aus. Unter ihrer Königin Penthesileia beteiligten sich die Amazonen am Trojanischen Krieg. Penthesileia wurde im Zweikampf von Achill getötet, nachdem dieser sie noch zuvor vergewaltigt hatte. Die Amazonenkämpfe sind Ausdruck männlicher Angst vor einer Dominanz der Frauen und zugleich ein Symbol des Kampfes zwischen den Geschlechtern, der schließlich bei den Griechen zugunsten der männlichen Helden ausging.

Im Gegensatz zu den von Frauen verübten Gatten- und Kindesmorden steht die Wertung des von Männern verübten *Muttermordes* (z. B. Orest) und Vatermordes. So widerfährt dem *Vatermörder* Ödipus am Ende seines Lebens ein gnädiges Geschick. Ödipus (»Schwellfuß«), Sohn des Königs Laios von Theben und der Königin Iokaste, wurde von seiner Mutter ausgesetzt, um das Vorhaben des Vaters, das Kind zu töten, zu vereiteln. Laios hatte von dem Orakel erfahren, daß sein eigener Sohn ihn einst töten werde. Ödipus, als Findelkind von einem Hirten aufgefunden, wurde am Königshof in Korinth erzogen. Später tötete er in einem Streit den Laios, ohne zu wissen, daß es sich bei ihm um seinen Vater handelte. Nachdem er Theben von dem Ungeheuer der weiblichen Sphinx befreit hatte, wurde er König von Theben und heiratete die Witwe Iokaste, ohne zu wissen, daß sie seine Mutter war. Als Ödipus zwanzig Jahre später – mit Iokaste hatte er inzwischen zwei Söhne und zwei Töchter – bei der Suche nach dem Mörder seines Vaters erfuhr, daß er selbst ihn ermordet hatte, stach er sich die Augen aus, und als Iokaste erkannte, daß sie mit ihrem eigenen Sohn Inzest begangen hatte, erhängte sie sich. Ödipus, nun von seinen beiden Söhnen aus Theben verstoßen, führte, nur von seiner Tochter Antigone begleitet, ein unstetes Wanderleben, bis er in Kolonos auf den Stufen des Altars der gnädigen Göttinnen, der Eumeniden (»Wohlgesinnten«), starb. Ödipus wurde von den Göttern entrückt, da er als Werkzeug des Gottes Apollon an dem Vater Laios die ausgleichende Strafe dafür vollstreckt

Der Heros Ödipus vernimmt das Rätsel der Sphinx, eines weiblichen, geflügelten Mischwesens aus Löwenkörper und Frauenkopf. Rotfigurige Schale, 5. Jh. v. Chr., Città del Vaticano (Rom): Etruskisch-Gregorianisches Museum

hatte, daß dieser den Pelopssohn Chrysippos geraubt und verführt hatte (letzterer hatte sich daraufhin das Leben genommen).

Nach dem Psychiater Sigmund Freud (1856–1939) ist dieser Mythos ein Gleichnis vom Fluch der Erbschuld eines jeden Menschen, ob Mann oder Frau (Ödipuskomplex). Da jeder Sohn seine Mutter liebt und sich in seinem Unterbewußtsein mit ihr paaren möchte, will er den Vater ausstechen, hat jedoch Angst, wegen dieser Schuld kastriert (= geblendet) zu werden. Und da jede Mutter ihren Sohn mehr als ihren Mann liebt und sich als seine Geliebte sieht, bezahlt sie für diese Schuld mit ihrem eigenen, todesgleichen Schicksal, wenn sie den Sohn einer anderen (Ehe-)Frau überlassen muß.

Halbierte Kugelmenschen und der Eros

Der Philosoph Platon (427–347 v. Chr.) sagt in seinem mit »Symposion« (»Gastmahl, Tischgesellschaft«) betitelten Dialog, daß es ursprünglich drei Geschlechter von Menschen gegeben habe.[9]

Das rein männliche Geschlecht stammte von der Sonne, das rein weibliche von der Erde und das aus beiden gemischte vom Mond. Da die ursprünglich kugelförmigen Menschen – Kugeln mit je vier Händen und vier Füßen, mit zwei einander entgegengesetzten Gesichtern auf einem einzigen Kopf, mit vier Ohren und zwei Schamgliedern – schnellster Bewegung fähig und mit großer Kraft ausgestattet waren, wurden sie selbst den Göttern gefährlich.

Um nun ihren Übermut zu schwächen, zerschnitt der Göttervater Zeus einen jeden von ihnen in zwei Hälften. Seitdem ging jede Hälfte aufrecht auf zwei Beinen und trat mit sehnsüchtigem Verlangen an ihre andere Hälfte heran, und sie schlangen ihre Arme umeinander und hielten sich umfaßt, voller Begierde, wieder zusammenzuwachsen. Als sie infolge der Sehnsucht nacheinander ihre wichtigsten Lebensbedürfnisse vernachlässigten und auszusterben drohten, erbarmte sich Zeus und versetzte ihnen die Geschlechtsglieder nach vorne – bisher trugen sie auch diese nach außen und erzeugten und gebaren nicht ineinander, sondern in die Erde wie die Zikaden – und bewirkte dadurch die Erzeugung in einander, nämlich in dem Weiblichen durch das Männliche, zu dem Zweck, daß, wenn dabei ein Mann auf eine Frau träfe, sie in der Umarmung zugleich erzeugten und so die Gattung fortgepflanzt würde; wenn dagegen ein Mann auf einen Mann träfe, sie wenigstens von ihrem Zusammensein eine Befriedigung hätten.[10]

Jeder von uns ist demnach nur das Halbstück von einem (Kugel-)Menschen, weil wir zerschnitten wie die Schollen, aus einem zwei geworden sind. Daher sucht denn jeder beständig seine andere Hälfte. Alle Männer also, die ein Schnittstück von jener gemischten (mann-weiblichen; heterosexuellen) Gattung sind, richten ihre Liebe auf die Frauen, und die meisten Ehebrecher sind von dieser Art, und ebenso wiederum die Frauen, die mannsüchtig und zu Ehebruch geneigt sind.

Alle Frauen aber, die ein Schnittstück von einer Frau sind, richten ihren Sinn nur wenig auf die Männer, sondern wenden sich weit mehr den Frauen zu, und die mit den Frauen buhlenden Frauen stammen von dieser (weiblich-weiblichen; lesbischen) Art.

Alle Männer endlich, die ein Stück von einem Mann sind, gehen dem Männlichen nach, und solange sie noch Knaben sind, lieben sie als Schnittlinge der männlichen (männlich-männlichen; homosexuellen) Gattung die Männer ... und es sind dies gerade die trefflichsten von den Knaben und Jünglingen, weil sie die Mannhaftesten von Natur sind.« »Ein Hauptbeweis hierfür ist der, daß solche allein, wenn sie herangewachsen sind, Männer werden, die sich den Staatsgeschäften widmen. Sind sie aber Männer geworden, dann pflegen sie Knaben zu lieben; auf Ehe und Kindererzeugung dagegen ist ihr Sinn von Natur nicht gerichtet, sondern sie werden nur vom Gesetz dazu gezwungen.«[11]

Umarmung des Eros.
Seiner Umarmung (= sexuelles Verlangen) sich zu widersetzen, ist sinnlos und frevelhaft zugleich. Vasenbild

»Aus zweien eins zu werden« liegt also darin begründet, »daß wir einst ungeteilte Ganze waren. Und so führt die Begierde und das Streben nach dem Ganzen den Namen Eros [»Liebe«].«[12]

In Griechenland gehörte die Päderastie (*pais* = »Knabe«; *erastes* = »Liebhaber«), die geschlechtliche Beziehung eines reifen Mannes zu einem mannbaren Knaben, einem Jungen, der die Pubertät erreicht hat, rund 300 Jahre zur gesellschaftlichen Norm. Der Pädagoge war der »Knabenführer«, der als älterer kluger Mann dem Jüngeren die Weisheit der älteren Generation mittels der Liebe übermittelte. In Sparta war die Knabenliebe staatlich sanktioniert. Lykurgos, der auf Weisung des Delphischen Orakels (große Rhetra) zwischen dem 9. und dem frühen 7. Jh. v. Chr. die spartanische Verfassung geschaffen hat und dem in Sparta kultische Ehre zuteil wurde, schrieb, daß »niemand ein tüchtiger Bürger sein könne, der nicht einen Freund im Bett habe«.[13] Religiöse Vorbilder für die Knabenliebe sah man in der Liebe der Götter zu ihren Lieblingen unter den Sterblichen, so bei Zeus zu Ganymedes und Apollon zu Hyakinthos.

Die Liebe zwischen den Kugelmenschen der gemischten Art ist die zwischen Mann und Frau, die gleichsam eine Androgynie (*aner* = »Mann«; *gyne* = »Frau«) bilden, wobei in dieser Beziehung die Frau eine untergeordnete

Bedeutung hatte. Vom 8. Jh. v. Chr. an war der gesellschaftliche Rang der Frau gesunken. Bei den Olympischen Spielen von 766 v. Chr. waren Frauen nicht einmal als Zuschauerinnen zugelassen. Der Philosoph Aristoteles[14] (384–322 v. Chr.), ein Schüler Platons, hat die naturgegebene physische, geistige und seelische Unterlegenheit der Frau gegenüber dem Mann gerechtfertigt. Aus der Sicht des Politikers und Redners Demosthenes (384–322 v. Chr.) rangierten die Ehefrauen noch hinter den Hetären, und er formulierte dies so:

»Wir [Männer] haben Hetären für das Vergnügen,
Dirnen für das tägliche Bedürfnis des Körpers
und Gattinnen für die Fortpflanzung und die
verläßliche Fürsorge für unser häusliches Wohlergehen.«[15]

Nackte Hetäre tanzt zum Flötenspiel.
Trinkgefäß von Epiktet, 6. Jh. v. Chr.,
Paris: Louvre

Da Stellung und Bildung der Ehefrauen denen der Männer so sehr unterlegen waren, daß letztere die ersteren nicht als ebenbürtig ansahen, lag der Reiz der Hetäre (»Gefährtin«) nicht nur in ihrer sexuellen Verfügbarkeit und in ihren erotischen Kunstfertigkeiten (die Hetäre Kyrene schrieb das Lehrbuch der Erotik »Dodekamechanon« [»Zwölf Mittel«], eine Methodik, den Beischlaf auf zwölffache Weise zu praktizieren), sondern vor allem – im Gegensatz zu den ungebildeten Ehefrauen – in ihrer Problemkenntnis: Handel, Kunst, Literatur, Musik, Philosophie, Politik. Zu den berühmtesten Hetären zählen Aspasia und Phryne. Aspasia war die Hetäre und spätere zweite Frau des Staatsmannes Perikles (ca. 495–429 v. Chr.).

Die Hetäre Mnesarete mit dem Beinamen Phryne (»Kröte«) hat ihrem Geliebten, dem Bildhauer Praxiteles († 330 v. Chr.), für seine Aphrodite von Knidos, die erste repräsentative Darstellung der nackten Liebesgöttin, Modell gestanden. Ihren Reizen konnten offenbar selbst die Richter nicht widerstehen. Als sie, der Gottlosigkeit angeklagt, zwischen 350 und 340 v. Chr. vor Gericht stand und sie ihr Verteidiger, der Redner Hypereides, auf dem Höhepunkt seiner Verteidigungsrede veranlaßte, ihr Kleid zu zerreißen und ihre Brüste zu entblößen, sprachen sie die Richter, geblendet von ihrer Schönheit, frei.

Das Wort Symposion (»Gastmahl, Trinkgelage«), mit dem Platon einen seiner Dialoge betitelt und in dem er seine Lehre vom (männlichen) Eros (»Liebe«) entwickelt hat, bezeichnet im Griechischen ein gemeinsames Gastmahl mit anschließendem Trinkgelage, bei dem von den Teilnehmern auch Reden (Dialoge) gehalten wurden. Das mit einem Trankopfer eröffnete Symposion, an dem auch Hetären teilnahmen, endete oft unter wohlhabenden Athenern im kollektiven Geschlechtsverkehr (unter den drei Arten der Kugelmenschen): zwischen Männern und Männern, zwischen Männern und Frauen (Hetären) und manchmal auch zwischen Frauen und Frauen in ein und demselben Raum. Von solchen Symposien vermitteln die antiken Vasenbilder detaillierte Vorstellungen.

Priestertum, Sehertum und kultische Keuschheit

Den Kultus- und Tempeldienst versahen der hiereus (»Priester«) und die hiereia (»Priesterin«), deren *Priestertum* entweder erblich war oder die vom Volk gewählt bzw. durch Los bestimmt wurden. Die Priester trugen eine eigene rote und weiße Kleidung mit Kranz oder Kopfbinde und Stab. Es gab keinen geschlossenen Priesterstand, sondern nur einzelne für das Heiligtum einer Gottheit bestimmte Priester. In der Regel galt der Grundsatz, daß ein Gott Priester und eine Göttin Priesterinnen will. Nur in besonderen Fällen war man von dieser Regel abgewichen, z. B. wenn für einen Gott, Apollon oder Zeus, keusche Priesterinnen verlangt wurden, die mit ihm die Heilige Hochzeit (hieros gamos) feierten.

Eine Priesterin, die sich in der Liebesvereinigung aufs engste mit einem Gott verbindet und des geschlechtlichen Verkehrs mit dem Gott gewürdigt wird, muß sich der Liebe eines irdischen Mannes enthalten. Die kultische Keuschheit verlangte von Priestern und Priesterinnen Verzicht auf geschlechtlichen Verkehr entweder für eine gewisse Zeit vor Ausübung ihres priesterlichen Dienstes oder für ihre Amtszeit oder sogar auf Lebenszeit.

Keuschheit wurde nicht nur bei Priesterinnen jungfräulicher Göttinnen, wie Artemis, Athene und Hestia, gefordert, sondern auch bei Priesterinnen und Seherinnen von Göttern. So waren z. B. zu lebenslanger Keuschheit verpflichtet die Pythia des Apollon von Delphi, die Priesterin des Herakles zu Thespias und der Priester und die Priesterin der Artemis Hymnia in Orchomenos in Arkadien.

Zu den berühmtesten *Sehern* gehören u. a. Bakis aus Heleon in Böotien, der über die Perserkriege prophezeite sowie Kalchas aus Mykene, der die Opferung der Iphigenie in Aulis veranlaßte und die Dauer des Trojanischen Krieges voraussagte. Teiresias war ein blinder Seher aus Theben. Nach Hesiod war er zuerst ein Mann und wurde, da er zweimal von einem sich begattenden Schlangenpaar je ein Tier getötet hatte, in eine Frau und schließlich wieder in einen Mann verwandelt. Als einmal zwischen Zeus und Hera ein Streit darüber ausbrach, ob der Mann oder die Frau beim Beischlaf größeren Genuß fände, wurde er, der sowohl Mann als auch Frau gewesen

Sappho, die Lyrikerin auf Lesbos (um 600 v. Chr.) und Verfasserin von Hochzeits- und Liebesliedern sowie Götterhymnen, spielt einem Liebespaar auf. Nach ihr ist die sapphische (= lesbische) Liebe benannt. Holzschnitt, 15. Jh.

war, als kompetenter Schiedsrichter in dieser Streitfrage angerufen. Da er aussagte, daß die Frau neunmal mehr dabei empfinde als der Mann, blendete ihn die darüber erzürnte Hera, während Zeus ihm das innere Gesicht, die Sehergabe, verlieh, dazu die Gabe, auch nach dem Tod in der Unterwelt seinen Verstand zu behalten.

Bekannte *Prophetinnen* sind die des Zeus in Dodona sowie die des Apollon in Delphi und Troja. Die Pythia des Apollon in Delphi bestimmte durch ihre Prophezeiungen den Kurs der griechischen Politik mit. Auf einem Dreifuß über einer Erdspalte sitzend, aus der Dämpfe aufstiegen, erteilte sie in Ekstase und von Apollon inspiriert Orakel, die von Priestern in Verse übersetzt wurden. Eine andere berühmte Prophetin des Apollon ist Kassandra aus Troja, in die sich der Gott verliebte, der ihr versprach, ihr die Gabe der Weissagungen zu geben, wenn sie ihm ihre Gegenliebe schenke. Da sie jedoch die Liebe des Gottes nicht erwiderte, erhielt sie die Gabe der Weissagung aller kommenden Schrecken nur mit dem Zusatz, daß ihrer Rede niemand Glauben schenken werde (Kassandrarufe). So prophezeite sie den Untergang Trojas, ohne daß man ihr glaubte. Bei der Einnahme der Stadt wurde sie im Tempel der Athene, deren Priesterin sie geworden war, von Aias vergewaltigt. Nach der abgeschlossenen Eroberung der Stadt machte Agamemnon sie zu seiner Sklavin, zeugte mit ihr Zwillingssöhne und nahm sie mit nach Mykene, wo sie zusammen mit ihren beiden Söhnen von dessen Ehefrau Klytämnestra getötet wurde.

Themis, Göttin der Gerechtigkeit, als Priesterin auf dem delphischen Dreifuß sitzend und ein Orakel sprechend

Bekannte *Priester* sind Plutarch (ca. 45–ca. 125 n. Chr.), ein Priester des delphischen Apollon, und Laokoon, ein Priester des Apollon von Troja. Letzterer warnte die Trojaner davor, das hölzerne Pferd in die Stadt zu ziehen. Als er mit seinen beiden Söhnen, stellvertretend für den verstorbenen Priester des Poseidon, ein Opfer am Meeresstrand darbrachte, wurde er zusammen mit seinen Söhnen von zwei Schlangen erwürgt, die Artemis geschickt hatte, die auf seiten der Griechen stand. Die Trojaner sahen darin ein göttliches Omen, den Warnungen des Laokoon keinen Glauben zu schenken. So zogen sie das Pferd zu ihrem eigenen Verderben in die Stadt hinein.

Zu den bekannten *Priesterinnen* gehören Iphigenie, Diotima und Heró. Iphigenie (»die herrlich Geborene«) war Priesterin der Artemis auf Tauris. Da ihr Vater einst eine der Artemis heilige Hirschkuh erlegt hatte, sollte Iphigenie zur Sühne dafür der Göttin in Aulis geopfert werden. Aber die Göttin entrückte sie nach Tauris, wo sie als ihre Priesterin alle ankommenden fremden Männer der Göttin opfern mußte. Als sich eines Tages unter den Fremden ihr Bruder Orest befand, entfloh sie mit ihm nach Griechenland.

Aias vergewaltigt die Prophetin Kassandra am Altar, obgleich sie nach dem Fall Trojas im Tempel der Athene Schutz suchte. Vasenbild

Dieser Mythos spiegelt den Kult einer Muttergöttin wider, der Männer zum Opfer gebracht wurden.

Diotima (»die Gottesfürchtige«) war eine Priesterin aus Mantineia, die beim Pestausbruch 429 v.Chr. die Athener entsühnt hat. Plato hat ihr in seinem »Symposion« seine Gedanken über den Eros in den Mund gelegt.

Die schöne junge Heró (»Frau«) war eine Priesterin der Aphrodite in Sestos. Bei einem Fest zu Ehren der Göttin hatte sie den schönen Jüngling Leandros kennengelernt, und seitdem war dieser aus Abydos vom gegenüberliegenden Ufer des Hellespont aus allnächtlich zu der geliebten Priesterin nach Sestos übers Meer geschwommen. Als einmal die von Heró als Wegweiser auf dem Turm aufgestellte Fackel im Sturm erlosch und Leandros in den Wellen ertrank, stürzte sich Heró, als am nächsten Morgen seine Leiche angetrieben wurde, aus Verzweiflung vom Turm.

Die zur *Keuschheit* verpflichteten Priesterinnen einer Göttin erfahren eine harte Bestrafung, wenn das Keuschheitsgebot von ihnen freiwillig oder auch unfreiwillig insbesondere innerhalb des Tempelbezirkes ihrer Göttin übertreten wird. Die Erzählung über die Bestrafung einer Priesterin ist oft die vordergründige Rechtfertigung für die im Hintergrund stehende, im Laufe der Zeit erfolgte Unterordnung einer (der Priesterin) gleichnamigen Göttin unter eine Hauptgöttin, z.B. die Athene. Oder die Erzählung begründet die Abschaffung des Rituals der »Heiligen Hochzeit« (hieros gamos) im Tempel der Athene, für das der mit einem Gott eingegangene Verkehr (synusia) der Priesterin einmal das Vorbild war. Dies ist z.B. der Fall bei den Athene-Priesterinnen Aithra, Auge und Medusa. So sollen der Priesterin Aithra (»die Helle«) in einer einzigen Nacht sowohl ihr Gatte, der König Aigeos von Athen, als auch der Gott Poseidon beigewohnt haben, und zwar im Tempel der Athene. Die Königstochter Auge (»Licht«), Priesterin der Athene Alea zu Tegea, wurde von der Göttin nicht beschützt, als sie vom göttlichen Herakles vergewaltigt und als Schwangere zurückgelassen wurde, so daß sie den neugeborenen Knaben Telephos (»Weithinleuchtender«) im Hain der Athene aussetzte. Auge, jetzt Priesterin der Athene von Tegea, war vorher als Geburtsgöttin in Tegea verehrt worden, deren Kultbild sie kniend darstellte, in einer Stellung, in der die Frauen ihre Kinder gebaren.

Auch die Erd- und Muttergöttin Medusa (»die Herrschende«) erlebte ein ähnliches Schicksal der Unterordnung unter die Göttin Athene, da sie später nur als deren Priesterin galt, die wegen ihres Beischlafs mit dem Gott Poseidon innerhalb des Tempels der Athene von der Göttin bestraft und in die Reihe der Dämoninnen eingereiht wurde. Als die Priesterin Medusa von

Poseidon mit dem Pegasos schwanger war, hieb ihr Perseus das Haupt ab und übergab es der Athene, die es als ihr Attribut auf ihren Schild bzw. ihren Brustpanzer setzte.

Zum Personal der in einem Tempelbezirk Dienst Tuenden gehörten manchmal auch männliche wie weibliche Hierodulen (»heilige Sklaven«) einer Göttin. Sie waren für die Reinigung und Ausschmückung der Tempelräume, die Bekränzung der Altäre u. ä. zuständig. Zur Beschaffung des dafür erforderlichen Einkommens betrieben die in den Heiligtümern der Liebesgöttin Aphrodite dienenden weiblichen Hierodulen Tempelprostitution. So bildete um 425 v. Chr. der Tempel der Aphrodite in Korinth neben dem auf dem Eryx das Zentrum eines Sexualkultes. Nach dem Geschichtsschreiber Strabon (64 v.–20 n. Chr.) gab es in älterer Zeit 1000 Hierodulen, die dem Tempeldienst der Aphrodite Hetaira auf Akrokorinth geweiht waren.[16]

Die drei Geschlechter in der Buchstabenschrift sowie der Akt bei den Götterbildern

Die griechische *Sprache,* die drei Geschlechter für die Hauptwörter, so auch für die Namen der Gottheiten, nämlich das männliche (arsenikon), das weibliche (thelykon) und das neutrale (udeteron) Geschlecht kennt, findet ihre sichtbare Darstellung in einer Buchstabenschrift, deren Alphabet aus 24 Buchstaben besteht. Im Griechischen erkennt man das Geschlecht (genos) eines Wortes im allgemeinen an der Wortendung, eindeutig jedoch an dem Artikel, dem Geschlechtswort: der (ho), die (he) und das (to)[17]. So wird z. B. das allgemeine Wort für Gottheit, göttliches Wesen *(theos)* durch die Vorwegsetzung des bestimmten Geschlechtswortes *(ho theos)* als »der Gott« bzw. *(he theos)* als »die Göttin« gekennzeichnet.

Die zur *a-Deklination* gehörenden Wörter mit dem Stammlaut -a bzw. -e sind *weiblichen Geschlechts,* wie z. B. die Erde (gaia, ge) und die gleichnamige Erdgöttin Gaia bzw. Ge, oder der Mond (selene) und die gleichnamige Mondgöttin Selene, die zugleich – wegen der Beziehung zwischen dem Rhythmus der Mondphasen und des Menstruationszyklus im Frauenleben – eine Göttin der Frauen ist. Eileithyia ist eine Geburtshilfegöttin und Göttin der im Kindbett sterbenden Frauen sowie der Beiname vieler Geburtsgöttinnen. Nach Platons Anweisung sollte jede Frau täglich den dritten Teil einer Stunde im Heiligtum der Göttin Eileithyia verbringen.

Nach der jugendlichen Göttin Nymphe (»junge Frau, Braut«), die sexuelle Abenteuer mit Göttern und Menschen im Leben der freien Natur sucht, sind die kleinen Schamlippen (labia minora) des weiblichen Geschlechtsorgans benannt. Die Wörter mit dem Stammauslaut -as und -es sind *männlichen Geschlechts* wie z. B. der Götterbote Hermes.

Aus der *o-Deklination* gehören die Wörter mit der Endung -os meist zu den *Maskulina*, so z. B. das Wort für das den Mann kennzeichnende Geschlechtsmerkmal des phallos (»Holzpfahl, Pfeiler, männliches Glied«; von *phleo* = »strotzen, schwellen«), ferner der Himmel (uranos) und der gleichnamige Himmelsgott Uranos sowie die Sonne (helios) und der gleichnamige Sonnengott Helios, die Wörter auf -on zu den *Neutra*, so die Gottheit und als niedere Gottheit der Daimon (daimonion).

Die Wörter der *konsonantischen Deklination*, die meist auf -s, zuweilen auf -n oder -r enden, sind je nach dem Geschlechtswort männlich, weiblich oder sächlich. Hierzu gehören: die Frau (he gyne) und der Mann (ho aner), aber auch der Gott (ho daimon) und die Göttin (he daimon), der Priester (ho hiereus), und der Göttervater Zeus (ho Zeus). Zu diesen Wörtern zählt auch Kleitoris, der Name einer Tochter der Myrmidonen. Da sie von sehr kleinem Wuchs war, mußte sich der Göttervater Zeus, um mit ihr geschlechtlich zu verkehren, in eine Ameise verwandeln, nach der das kleine fleischige Organ am weiblichen Scheideneingang als Klitoris (»Kitzler«) bezeichnet wird.

Ferner gehört hierher der Hochzeitsgott Hymen (»Häutchen«) – eine Personifikation des Hochzeitsliedes Hymenaios, das von den Brautjungfern auf dem Weg der Braut in das Haus des Bräutigams gesungen wurde, – nach dem die Schleimhautfalte am inneren Eingang der Vagina benannt ist, die als Zeichen der Jungfräulichkeit auch Jungfernhäutchen heißt, da sie meist beim ersten Geschlechtsverkehr einreißt. Diesem Hochzeitsgott Hymen war das gleichnamige (Jungfern-)Häutchen geweiht, und ihm wurde es beim ersten Beischlaf geopfert.

In der *Bildkunst* werden die männlichen Gottheiten oft als in den Maßverhältnissen idealisierte Männergestalten völlig nackt dargestellt, so z. B. der Meeresgott Poseidon, der Gott des Lichtes und der Gesetzmäßigkeit Apollon und der Götterbote Hermes. Hingegen erscheinen die weiblichen Gottheiten meist als bekleidete Frauengestalten, deren eng anliegendes Obergewand (peplos) jedoch die Formen des weiblichen Körpers erkennen läßt, so bei der Muttergöttin Hera und der Götterbotin Nike. Ja, die Erzählungen über die jungfräulichen Frauengöttinnen Artemis und Athene unterstreichen, daß kein Sterblicher die Göttinnen ungestraft nackt sehen darf. Als zufällig einmal Aktaion, ein sterblicher Jäger, die jungfräuliche Jagdgöttin Artemis nackt beim Baden sah und, gefesselt von ihrer Schönheit, stehenblieb, wurde er von der erzürn-

Poseidon als nackte Göttergestalt.
Bronzestatue vom Artemision, 460 v. Chr.
Athen: Nationalmuseum

Die nackte Göttin Diana im Bad von Aktaion beobachtet und zur Strafe dafür von ihr in einen Hirsch verwandelt. Kupferstich nach Theodor Barendsen von Jacob de Gheyn

ten Göttin, die jeden Fehltritt gegen die Keuschheit mit ihren treffsicheren Todespfeilen ahndete, zur Strafe in einen Hirsch verwandelt, der davoneilte und auf der Flucht von seinen eigenen Jagdhunden zerrissen wurde. Nach dem »Theologen« Pherekydes (6. Jh. v. Chr.) hatte einmal der sterbliche Teiresias die Göttin Athene, die Jungfrau (parthenos) nackt im Bade gesehen und war dafür von ihr geblendet worden. Eine Ausnahme von der »Bekleidungsvorschrift« für Göttinnen macht Aphrodite als die Göttin der geschlechtlichen Liebe und Schönheit, die meist völlig unbekleidet abgebildet wird. Für sie als die Schönste der Göttinnen, noch vor Athene und Hera, hatte sich einst auch der sterbliche Paris entschieden. Von dem Bildhauer Praxiteles (4. Jh. v. Chr.) stammt die erste Darstellung einer völlig nackten Göttin, der »Aphrodite von Knidos«. Nackt erscheinen auch die Nymphen, die ihre verführerischen Reize zwar zeigen, aber das geweckte Verlangen nicht stillen.

Die unterschiedliche Darstellungsweise von meist nackten Göttern und bekleideten Göttinnen muß in Verbindung mit dem griechischen Vorbild des Mannes als dem idealisierten Menschenbild schlechthin gesehen werden.

Eine Position zwischen männlichen und weiblichen Götterbildern nimmt die Figur der beide Geschlechter vereinenden Zwittergottheit Hermaphroditos ein, eines doppelgeschlechtigen Kindes von Hermes und Aphrodite, das nackt mit männlichem Geschlechtsorgan und weiblichen Brüsten dargestellt wird.

Die männlichen oder weiblichen äußeren Geschlechtsmerkmale erscheinen auch als besonderes Kennzeichen der Fruchtbarkeitsgottheiten. So ist z. B. der Phallus insbesondere als ithyphallos (»aufgerichtetes, erigiertes männliches Glied«) ein Attribut für den Gott der Fruchtbarkeit Hermes, der in den sogenannten Hermen abgebildet wurde, vierkantigen Pfeilern mit menschlichem Kopf und Phallus, die als Wegweiser dienten. Ebenso ist der Phallus Attribut für Priapos, den Gott der Zeugungskraft, und seine Begleiter Konisalos (»Staubwolke«) und Orthanes sowie für Bakchos (»Schaller, Geschrei«), den Gott der Fruchtbarkeit und Ekstase, des Weins und des Weinanbaus, und dessen Begleiter, die Satyrn und den Silenos. Der Phallus wurde in der Form eines langen Holzstückes als Symbol der Zeugungskraft bei Priapos- und Bakchos-Festen in Prozessionen, den sogenannten Phallophorien, zum Zweck der Förderung der Fruchtbarkeit durch die Felder getragen.

Als Symbole der Fruchtbarkeit erscheinen insbesondere Tiere, wie der (Ziegen-)Bock für den Vegetationsgott Pan und die Satyrn, sowie die Taube, ein besonders fruchtbares Tier, für Aphrodite.

Herme, vierkantig, mit bärtigem Kopf eines Mannes, Armstümpfen und erigiertem Penis. Stein aus Siphnos, 490 v. Chr. Athen: Nationalmuseum

Römische Religion

Die auf die Einwohner der Stadt Rom und später auf die Angehörigen des Römischen Reiches (753 v. Chr.–476 n. Chr.) bezogene Religion weist eine mehr als tausendjährige Geschichte auf.[1] Die von dem römischen Volk neugeschaffene Göttin Roma (Dea Roma) als weibliche Personifikation der Hauptstadt Rom am Tiberufer gibt Zeugnis von ihrem Selbst- und Sendungsbewußtsein. Die sagenhafte Gründung der Stadt (ca. 753 v. Chr.) wurde auf die Gottmenschen Romulus und Remus, Zwillingssöhne des Gottes Mars und der irdischen Vestalin Rhea Silvia, zurückgeführt. Die religiösen Vorstellungen der Römer, insbesondere ihre Götterbilder, sind aus dem Zusammenfluß etruskischer Elemente mit denen der Italiker und der in Süditalien ansässigen Griechen entstanden.

Die Göttin Roma reicht dem Kaiser Commodus (180-192) die Weltkugel

Das grammatische Genus und der natürliche Sexus bei den Übernatürlichen

Im Lateinischen, das zu den indogermanischen Sprachen gehört, haben die Namen der Gottheiten wie alle Hauptwörter eines von drei Geschlechtern, entweder ein männliches (masculinum) oder weibliches (femininum) oder keines von beiden (neutrum). Das Geschlecht der Hauptwörter erkennt man entweder an ihrer Endung (das grammatische Geschlecht oder Genus) und/oder an ihrer Bedeutung (das natürliche Geschlecht oder der Sexus).[2] Die Hauptwörter der *a-Deklination* sind normalerweise *weiblichen Geschlechts.* Zu ihnen gehören nicht nur das Wort femina (»Frau«), wovon das Eigenschaftswort femininus (»weiblich«) abgeleitet ist, sondern auch die Wörter für die eine Frau kennzeichnenden Geschlechtsmerkmale der vagina (»Scheide«) und der vulva (»weibliche Scham, Gebärmutter«). Zu den Hauptwörtern dieser Deklination gehören auch der Gattungsname für Göttin (dea) sowie die Eigennamen der meisten Göttinnen, die als Frauen-, Fruchtbarkeits- und Muttergöttinnen verehrt werden. Als weiblich gelten die Erde (*terra* = »die Trockene«) und die diese personifizierende Göttin Terra, sowie der Mond (*luna*; griechisch Selene) und die Göttin Luna (griechisch Selene) als dessen Personifikation.

Eine Reihe von Göttinnen führen den Ehrentitel Mutter (mater), so die Mater Matuta, eine Frauen- und Geburtsgöttin sowie Göttin des Frühlichts, deren Tempeldienst Priesterinnen versahen und der zu Ehren Frauen am 11. Juni

Eine Wölfin säugt die (zwischen 1471 und 1510 hinzugefügten) Zwillinge Romulus und Remus. Bronzegruppe, ca. 470 v. Chr. Rom: Capitolinisches Museum

das Fest der Matralia feierten. Eine Mutter ist auch Flora, die Göttin des Frühlings, der Blumen und Blüten sowie der Jugend, der zu Ehren das Fest der Floralia vom 28. April bis 3. Mai, zur Zeit der Getreideblüte, gefeiert wurde. Die Göttin hatte eigene Priesterinnen, und bei Aufführungen an ihren Festtagen traten als Schauspielerinnen die Dirnen nackt auf, denn ursprünglich war Flora eine Göttin der Prostituierten, da sie selbst einmal ein Freudenmädchen gewesen war, das ihr durch Liebesdienste erworbenes Vermögen dem römischen Volk vermacht hatte, wofür ihr dieses Fest geschenkt wurde.

Geburtsgöttinnen führen oft den Beinamen Lucina (»die [die Kinder] ans Licht Bringende«), so die Diana (aus: Diviana = »die göttliche Ana«; griechisch Artemis). Diese Beschützerin der Frauen wurde für die Geburt und die Gesundheit der Kinder angerufen. Andere Beinamen für sie sind Genitalis (»die Erzeugende«) aber auch virgo dea (»Jungfrau Göttin«). Ihr Tempel in Rom durfte von keinem Mann betreten werden.

Zu den Hochzeitsgöttinnen zählen insbesondere drei Göttinnen des ehelichen Beischlafs. Prema ist diejenige Göttin, die der jungen Frau bei den Geheimnissen des Ehebetts die Ruhe gibt und sie während des Beischlafs auf dem Lager festhält, so daß sie sich den Umarmungen des Mannes nicht entzieht. Pertunda (von: *pertundo* = »durchstoßen, durchlöchern«) ist eine Göttin, die dem neuvermählten jungen Mann hilft, den noch jungfräulichen Schoß der Braut zu durchstoßen, Perfica (»die Vollenderin«) ist als Göttin zuständig für das Herbeiführen des Samenergusses, damit der Koitus zur Vollendung geführt wird.

Zu den Geburtsgöttinnen, die den gebärenden Frauen und den neugeborenen Kindern beistehen, zählen vor allem vier Göttinnen. Alemona sorgt für die Ernährung des Kindes im Mutterleib, Numeria (von: *numerus* = »Zahl«) läßt die Geburt mit der richtigen Zahl der Tage eintreten, Ilithyia (griechisch Eileithyia) sendet zwar den herben Pfeil der Geburtsschmerzen, hilft aber doch den schwer Gebärenden. Der Levana (von: *levare* = »aufheben«) schreibt man es zu, daß der Hausvater (pater familias) das auf dem Erdboden vor ihm niedergelegte neugeborene Kind aufhebt und damit als das seinige anerkennt, so daß er alle damit verbundenen Rechte und Pflichten übernimmt.

Von den Hauptwörtern der *o-Deklination* sind im allgemeinen die auf -us *männlichen Geschlechts* und die auf -um *Neutra*. Zu ihnen gehören nicht nur das Wort masculus (»Mannsperson«), wovon das Eigenschaftswort masculinus (»männlich«) abgeleitet ist, und das Wort vir (»Mann«), sondern auch der

Gattungsname für Gott und Gottheit (deus) sowie die Eigennamen vieler Götter. Als männlich gelten der Himmelsgott Caelus, der Vater der Planetengötter Saturnus und Mercurius, wohingegen der Himmel (coelum), die Gesamtheit der Himmlischen und der Wohnsitz der Götter, ein Neutrum darstellt.

Saturnus (von: *sero* = »säen, pflanzen«), ein Gott der Saaten und des Ackerbaus, gilt als Gatte der Erdgöttin Ops. Ihm zu Ehren wurde das Fest der Saturnalien vom 17. Dezember an mehrere Tage hindurch gefeiert, ein Andenken an die glückliche Zeit der Menschen während des Goldenen Zeitalters, als Saturnus noch die Welt regierte. Nach ihm war einst der Wochentag Samstag und ist noch heute ein Planet benannt.

römische Planetengottheiten	Ge-schl.	WOCHENTAGS-NAMEN			
			romanische Sprachen		
		Lateinisch	Italienisch	Franz.	Spanisch
1. Sol (Sonne)	M	dies Solis	—	—	—
2. Luna (Mond)	W	dies Lunae	lunedi	lundi	lunes
3. Mars	M	dies Martis	martedi	mardi	martes
4. Mercurius	M	dies Mercurii	mercoledi	mercredi	miércoles
5. Iupiter	M	dies Iovis	giovedi	jeudi	jueves
6. Venus	W	dies Veneris	venerdi	vendredi	viernes
7. Saturnus	M	dies Saturni	—	—	—

Die sieben Wochentags-Namen in den romanischen Sprachen, nach römischen Planetengottheiten benannt, von denen fünf männlichen und zwei weiblichen Geschlechts sind

Ein Hochzeitsgott, Gott der Begattung und der ehelichen Fruchtbarkeit, war Mutunus Tutunus (? von: *mut* = »mit riesigem Glied ausgestattet«), dessen ithyphallische Plastiken in römischen Häusern aufgestellt waren und auf dessen erigiertes Glied sich die Braut setzte, um dem Hochzeitsgott ihre Jungfräulichkeit zu opfern. Dieses Ritual der symbolischen Begattung durch den Hochzeitsgott mußte der durch den Bräutigam vorausgehen.

Der männliche Planetengott Mercurius (von: *merx* = »Ware«; griechisch Hermes) weist auch weibliche Züge auf. Sein astrologisches Zeichen aus Sonnenscheibe und Mondsichel (Vereinigung der männlich-weiblichen Gegensätze) bringt dies zum Ausdruck.

Die Hauptwörter der *konsonantischen und der i-Deklination* sind weiblichen oder männlichen Geschlechts oder Neutra. Zu den *Maskulina* gehört das Wort für das einen Mann kennzeichnende Geschlechtsorgan des Penis (»Schwanz, [übertragen] männliches Glied«). Als männlich gilt die Sonne (sol; griechisch helios) und der sie personifizierende Sonnengott Sol, ein Bruder der Mondgöttin Luna. Kaiser Aurelianus (reg. 270–275) hat im Jahr 274 den Kult des Deus Sol invictus (»der unbesiegte Sonnengott«) in Rom eingeführt. Dessen Stiftungstag, der 25. Dezember, wurde später zum Tag des Weihnachtsfestes im lateinischen Christentum.

Das Wort amor bedeutet Liebe, Begierde und Verlangen, als dessen Personifikation der Gott Amor (griechisch Eros) gilt. Dieser ist ein Gott der heterosexuellen wie auch der homosexuellen Liebe zwischen Männern, wohingegen für die weiblichen Homosexuellen die Göttin Bona Dea zuständig ist. Gegen die Liebe des Amor sind auch die Gottheiten machtlos. Als kosmisches Urprinzip hat er selbst keinen Erzeuger; deshalb beschützt er auch nicht die Zeugung, sondern die Liebe. Er ist Repräsentant der geschlechtlichen Liebe, nicht der Fortpflanzung. Erst in späterer Zeit wird die Liebesgöttin Venus zu seiner Mutter gemacht, und er bekommt den Cupido (»Begierde«) zum Bruder. Die Liebesgeschichte von Amor und Psyche (griechisch: »Seele, Schmetterling«) hat der Schriftsteller Apuleius[3] (ca. 125–180) überliefert. Sie ist eine Allegorie von der menschlichen Seele, die durch Leiden geläutert und so auf den Genuß reiner und wahrer Freude vorbereitet wird. Als allmächtiger Liebesgott ist Amor mit Pfeil, Bogen und Köcher ausgerüstet, d. h. mit den männlichen Attributen Hoden, Penis und Sperma.

Eine Reihe von Göttern führten den Beinamen Vater (pater), so der Iupiter (»Himmelsvater«; griechisch Zeus). Er ist Gott des leuchtenden Himmels, und als Iupiter Optimus Maximus (»der beste und größte Jupiter«) ist er oberster Nationalgott. Ein anderer Beiname ist König (rex). Dem Iupiter Dapalis wurde vor der Aussaat geopfert, und beim Weinfest der Vinalia am 22. April wurde ihm zu Ehren der neue Wein ausgeschenkt. Ein Planet ist nach ihm benannt.

Als *weiblich* gelten die Erde (tellus; griechisch Gaia oder Ge) und die sie personifizierende Erd- und Muttergöttin Tellus, die bei Aussaat und Ernte angerufen wurde und der man trächtige Kühe opferte.

Unter den Göttinnen rangiert Iuno (griechisch Hera) als höchste Göttin der Frauen und Schutzgöttin der Ehe. Als Iuno Regina (»Juno Königin«) gehörte sie mit Iupiter, ihrem Gatten, und der Göttin Minerva zur göttlichen Dreiheit auf dem Kapitol, als Iuno Lucina stand sie den Gebärenden und als Iuno

Tellus, Erd- und Vegetationsgöttin, mit
Kindern und einer trächtigen Kuh.
Marmor-Relief vom Friedensaltar in
Rom. Florenz: Uffizien

Fluonia den Menstruierenden bei. Als Iuno Lanuvia wachte sie über die Keuschheit der Jungfrauen und Frauen. Sie entschied die »Jungfrauenprobe«, wobei in ihrem Auftrag eine Schlange, je nachdem ob diese die dargebotene Speise fraß oder verschmähte, die Keuschheit eines Mädchens bestätigte oder verneinte. Der Iuno zu Ehren wurde das große Fest der Mütter und Matronen, die Matronalia, am 1. März gefeiert, und nach ihr ist der Monat Juni benannt.

Die Venus (»Anmut, Liebe«) war zunächst eine Göttin des Frühlings und der Gärten, später wurde sie zur Göttin der Liebe und Schönheit (griechisch Aphrodite). Als Mutter des Aeneas und Großmutter des Iulius ist sie die Stammmutter des julischen Kaiserhauses, der als Venus Genetrix (»die Stammmutter Venus«) Caesar im Jahr 46 v. Chr. auf dem Forum einen Tempel errichtete. Nach der Venus war der Wochentag Freitag benannt. Ihr zu Ehren wurde das Fest der Veneralia am 1. April gefeiert. An die Pervigilia (»Wachbleiben bei Nacht«), die später verbotenen nächtlichen Feste zu Ehren der Venus, erinnert der aus dem 3. Jh. stammende Hymnus »Pervigilium Veneris«. Libentina ist ihr Beiname als Göttin der Sinnenlust, und figurae Veneris

*Ehebrecherischer Seitensprung
der mit Volcanus verehelichten Göttin
Venus, die ihren Gatten mit dem Kriegs-
gott Mars betrügt. Beider Kind ist Amor.
Kupferstich von Caraglio nach Pietro
Buonacorsi. Wien: Albertina*

(»Stellungen der Venus«) werden die verschiedenen Positionen beim Geschlechtsverkehr zwischen zwei oder auch mehreren Personen bezeichnet, z. B. als Venus observa (»betrachtete Venus«), eine Koitusposition, bei der der Mann der Frau in die Augen sehen kann, und als Venus aversa (»Venus von hinten«), bei der der Mann hinter der Frau sitzt, kniet, liegt oder steht. Die verschiedenen Begattungsstellungen von mehr als zwei Personen in Ketten und Gruppen, zwischen Hetero- und Homosexuellen beiderlei Geschlechts ausgeführt, wurden zur römischen Kaiserzeit in den Spintrien (*spintria* = »Mann in Reih und Glied«) bildlich dargestellt.

Ein Planet trägt den Namen der Venus, dessen Zeichen ♀ in der Biologie für weiblich schlechthin steht. Mons Veneris (»Schamberg«) heißt in der Medizin der unterste, etwas erhabene und behaarte Teil der Bauchwand über dem Schambein der Frau, der die Klitoris gegen die Stöße des männlichen Schambeins beim Koitus schützt und den Kontakt von Klitoris und Penis verhindert. Venusmuschel (Veneridae) heißt eine farbenprächtige Muschelart, deren Gestalt einer Vulva sehr ähnlich ist.

Zu den *Neutra* gehört das numen (»Wille, Gebot«). Da es von dem Wort *nuo* abgeleitet ist, meint numen den durch Nicken mit dem Kopf angedeuteten Willen. Es bedeutet sowohl Gott und Gottheit, wie auch Orakelspruch und Hoheit. So meint das numen Iovis (»das Gebot des Jupiter«) Wirken und Einfluß des Gottes auf das menschliche Geschick.

Männliche und weibliche Priesterkollegien sowie Feste der Fruchtbarkeit

Ursprünglich übte der pater familias (»Vater der Familie«) allein das Priestertum aus. Als Oberhaupt der Familie vertrat er diese nach außen und pflegte die kultische Beziehung zu den für seine Familie bedeutenden Hausgöttern der Penaten und Laren. Während die privaten Kulte der Familie vom Hausvater vollzogen wurden, oblagen die öffentlichen und staatlichen einem beamteten Priesterstand. Das Wort sacerdos (aus: *sacer* = »heilig« und *do* = »ich gebe«) bedeutet sowohl Priester wie auch Priesterin, die heiligen Dienst an den Gottheiten versehen und die Rituale ausführen. Es gab Priester, die für den gesamten Staatskult zuständig waren, wie auch Priester und Priesterrinnen, die einzeln oder als Priestergesellschaft einzelnen Gottheiten dienten. Jede Priesterschaft hatte ihr eigenes Gewand und ihre besonderen Symbole.

Die pontifices (»Brückenbauer«) waren ein Kollegium aus Oberpriestern, das seit Numa Pompilius, dem zweiten römischen König, zunächst aus vier, seit 300 v. Chr. aus 8 und seit Sulla (138–78 v. Chr.) aus 15 Mitgliedern bestand, die das gesamte Religionswesen beaufsichtigten. Sie hießen Brückenbauer, weil sie die Brücke pons sublicius erbaut hatten, um auf beiden Ufern des Tiber sowie auf der Brücke selbst opfern zu können. Ihr Vorsteher war der pontifex maximus (»der größte Brückenbauer«), der seine Amtswohnung in der »Regia« am Forum hatte. Den Titel pontifex maximus nahm Caesar an, ebenso wie nach ihm Kaiser Augustus im Jahr 12 v. Chr., und die darauffolgenden Kaiser behielten ihn bei bis zum weströmischen Kaiser Gratian (reg. 375–383), der 378 Amt und Titel niederlegte. Seit dem 5. Jh. übernahmen christliche Bischöfe und vor allem Papst Leo I. (440–461) diesen Titel, und seit der Renaissance ist dieser Ehrentitel pontifex maximus neben dem des Vicarius Christi (»Stellvertreter Christi«) allgemeines Vorrecht des Papstes. Dem Kollegium der pontifices im weiteren Sinn gehört der rex sacrorum, auch rex sacrificulus (»Kult-, Opferkönig«) an, der seit republikanischer Zeit die kultischen Aufgaben des früheren Königs (rex) wahrzunehmen hatte, er war insbesondere der Priester des Gottes Ianus. Die Ehefrau dieses Priesters hatte als regina sacrorum (»Opferkönigin«) die sakralen Funktionen der früheren Königin übernommen. Die 15 Eigenpriester der Flamen (flamines = »Anbläser«) waren für bestimmte Gottheiten zuständig. Von ihnen waren drei die großen Flamen, einer war für den Iupiter, ein anderer für den Mars und der dritte für den Quirinus zuständig.

Die Ehefrauen dieser Sonderpriester (flamines) fungierten als Sonderpriesterinnen (flaminicae) ebenbürtig neben ihren Gatten. So war die Gattin des Iupiter-Priesters die Priesterin der Iuno. Sie mußte stets als Braut gekleidet auftreten, und an bestimmten Festtagen war ihr der geschlechtliche Verkehr mit ihrem Gatten untersagt. Da das Priesterpaar das Götterpaar repräsentierte, war die Ehe der Iuno-Priesterin mit dem Iupiter-Priester Vorbild für alle Ehen.

Zu den meist *männlichen Priestergesellschaften* gehörten die aus 20 Mitgliedern bestehenden Fetialen (fetiales) und die 15 Mitglieder zählenden Auguren (augures), die früher einmal für die Fruchtbarkeitsriten zuständig waren, später dann durch Beobachtung und Deutung von Zeichen, wie Vogelflug und Freßverhalten der heiligen Hühner, den Willen der Götter deuteten. Das hochangesehene Priesterkollegium der Quindecimviri (»15 Männer«) beaufsichtigte und befragte die Bücher der Prophetin Sibylla.

Das bedeutendste *weibliche Priesterkollegium* bildeten die Vestalinnen (vestales; virgines Vestalis = »Jungfrauen der Vesta«), sechs Priesterinnen für den Kult der Göttin Vesta. Sie mußten sich zu einem dreißigjährigen Dienst verpflichten. Die zur Vestalin bestimmte Jungfrau mußte 10 Jahre alt sein und 10 Jahre lang den Priesterdienst der Vesta erlernen, bevor sie ihn 10 Jahre lang ausübte. Danach lehrte sie andere den Vesta-Dienst während weiterer 10 Jahre. In dem neben dem Rundtempel der Vesta gelegenen atrium Vestae führten die Vestalinnen unter Leitung der virgo Vestalis maxima (»Oberste Vestalische Jungfrau«) ein klösterliches Leben.

Sie waren mit einem langen weißen Gewand bekleidet und trugen um das Haupt die priesterliche Stirnbinde, dazu während der Opferhandlung einen dichten Schleier. Zu den Aufgaben der Vestalinnen gehörte es, vom Quell der

Nymphe Carmenen im Hain der Egeria das Wasser für die Kulthandlung zu holen, für die Stadt Rom, für Staat und Volk zu beten und an bestimmten Tagen am Staatsherd Speiseopfer darzubringen. Als Dienerinnen der Vesta, der Göttin des Feuers, war es vor allem ihre Aufgabe, das ewige Feuer, das Staatsfeuer, im Tempel der Vesta zu hüten.

Die Vestalinnen waren beim Volk hoch angesehen und genossen besondere Ehrenrechte, die erst von Kaiser Gratian (reg. 375–383) aufgehoben wurden.

Vier Vestalinnen vor dem Tempel der Göttin Vesta, die links auf einem Thron sitzt. Palermo: Nationalmuseum

Die den Ehrentitel »heilige Jungfrauen« (virgines sanctae) führenden Vestalinnen waren zum Verzicht auf jeden Geschlechtsverkehr verpflichtet. Bei Verletzungen des Keuschheitsgelübdes wurden sie zur Strafe bei lebendigem Leib eingemauert, um den unterirdischen Ahngöttern die Vollstreckung der Strafe zu überlassen, und ihr Verführer wurde zu Tode gegeißelt. Trotzdem hat Kaiser Nero (reg. 54–68) die Vestalin Rubria und Kaiser Heliogabalus (reg. 218–222) die Vestalin Aquila Severa vergewaltigt, ohne daß dafür die Geißelungsstrafe über ihn verhängt wurde. Erst nach dreißigjähriger Amtszeit war den Vestalinnen der Austritt aus dem Priesterinnendienst oder aber der Eintritt in eine Ehe erlaubt.

Die Vestalia, das Fest zu Ehren der Göttin Vesta am 9. Juni, war ein Reinigungsfest, an dem die römischen Matronen barfuß zum Vesta-Tempel kamen, der nur zu dieser Zeit für sie offenstand und von Männern niemals betreten werden durfte, um ihre Gaben der Göttin zu bringen. Am Festtag der Vesta wurden die Mühlen und die die Mühlen drehenden Esel, ihre heiligen Tiere, bekränzt.

Die Luperci waren ein Priesterkollegium im Dienst des gleichnamigen Gottes Lupercus (»Wolfsabwehrer«), der die Herden vor dem Wolf schützt. An dem nach ihm benannten Fest Lupercalia, einem Reinigungs- und Fruchtbarkeitsfest am 15. Februar (februare = »reinigen«), dem Reinigungsmonat, nahmen die Luperci-Priester im Anschluß an ein Ziegenbockopfer nackt, mit dem Blut des Bockes beschmiert und nur mit dem Fell des geopferten Tieres am Unterleib bekleidet, an einem lärmenden Umlauf um den Palatin-Hügel teil – Ausgangsort war das Lupercal, die heilige Grotte des Gottes Faunus Lupercus. Sie schlugen mit Riemen aus dem Fell des frisch geschlachteten und geopferten Ziegenbocks den sich ihnen in den Weg stellenden verheirateten Frauen auf deren entblößtes Gesäß, damit sie an dem neuerweckten Leben der Natur Anteil hatten und auch in ihrer Ehe Fruchtbarkeit und eine leichte Entbindung erhielten. Die mit Blut beschmierten Priester reinigten sich später mit der Milch von Ziegen.

Ein aus 24 (2 × 12) Priestern bestehendes Kollegium im Dienst des Gottes Mars waren die Salii (»Tänzer, Springer«). Mars war ursprünglich ein Vegetationsgott und Beschützer der Fluren und Herden, der erst später zum Kriegsgott und Stammvater des römischen Volkes wurde, da er die jungfräuliche Vestalin Rhea Silvia schwängerte und aus dieser Affäre Romulus und Remus, die Gründer Roms, hervorgingen. Nach Mars ist der Frühlingsmonat März benannt, in dem er erstmals erschien und den Kampf gegen die Schrecken des Winters aufnahm. Im April und Mai wächst seine Kraft, die im Juni auf dem Höhepunkt steht und bis zum Oktober andauert. Bei den Fruchtbarkeitsfesten im Frühjahrsmonat März und im Herbstmonat Oktober haben Tanz und Gesang der Salii-Priester die Funktion, das Heer und die Waffen zu reinigen. Bei der Feier zu Ehren des Mars am 1., 15. und 19. März führen sie mit Schilden Waffentänze auf und singen das kultische Salierlied (carmen saliare). Der Hengst mit seinem großen Geschlechtsteil ist dem Mars heilig. Nach Mars war der dritte Wochentag benannt, Mars heißt einer der Planeten, und dessen Zeichen ♂ steht in der Biologie für männlich schlechthin.

Die Arvales fratres (»Flurbrüder, Saatfeldbrüder«) waren eine Kultgenossenschaft mit 12 Priestern im Dienst der Dea Dia (»himmlische Göttin«), einer

Ceres, Erd- und Muttergöttin, Göttin der Feldfrüchte und des Landlebens. Kupferstich von Hubert Goltzius, 1596. Paris: Bibliothèque Nationale

Göttin des Feldsegens. Sie leiteten die Ambarvalia (»Feldumgang«), ein Fest der Ackerweihe im Mai mit dreimaligem Flurumgang und verbunden mit Gesang und Tanz, um die Felder zu entsühnen und eine Mißernte abzuwenden. Sie sangen dabei das Kultlied Carmen arvale (»Arvallied«) und brachten dem Mars als Vegetationsgott das Opfer Suovetaurilia dar, das aus einem Schwein (sus), einem Schaf (ovis) und einem Stier (taurus) bestand. Zu der Kultfeier der Arvalbrüder, die Ährenkränze mit weißen Wollbinden trugen, waren nur Männer zugelassen.

Weitere *Feste* zu Ehren von Göttern oder Göttinnen der Fruchtbarkeit, die nur von Frauen oder nur von Männern gefeiert wurden und bei denen keines der Priesterkollegien ausschließlich amtierte, waren u. a. die Carmentalia, ein von Frauen gefeiertes Fest am 11. und 15. Januar zu Ehren der Göttin Carmenta (»Weissagerin«), einer weissagenden Quellgöttin und Erfinderin des ältesten lateinischen Alphabets mit 15 Buchstaben sowie späteren Geburtsgöttin mit einem Tempel am Fuße des Capitol. Bei diesem Fest wurde die Geburtsgöttin entweder als Antevorta angerufen, die die Vergangenheit gut kennt und als Geburtshilfegöttin dem Kind zur normalen Lage bei der Geburt, d. h. mit dem Kopf nach vorn, verhilft, oder als Postvorta, die die Zukunft vorausweiß und als Geburtshilfegöttin für eine Geburt des Kindes mit den Füßen voraus sorgt.

Frauenraub: »Raub der Sabinerinnen«.
Federzeichnung (1495) von Albrecht
Dürer nach A. Pollainolo. Bayonne:
Musée Bonnat

Das Frühlingsfest der Liberalia wurde am 17. März zu Ehren von drei Gottheiten der Befruchtung gefeiert: dem Götterpaar Liber und Libera sowie ihrer Mutter, der Göttin Ceres. An diesem Tag erhielten die Jungmänner die Mannestoga (toga virilis).

Die Cerealia am 19. April galten der Ceres (von: *creo* = »erzeugen, gebären«; griechisch Demeter), einer Göttin der Feldfrüchte und des Getreidesegens, der Geburt, der Ehe und insbesondere der Ehefrauen, die Teile ihres Kultes unter Ausschluß von Männern verrichteten. Die Göttin wird mit Früchten oder Kindern in den Armen dargestellt.

Am 21. April, dem Gründungstag Roms, wurden die Parilia bzw. Palilila zu Ehren der Pales gefeiert, einer Feldgöttin, die für das Futter der Herden sorgt und die Hirten beschützt. Bei diesem Reinigungsfest besprengten sich die Hirten mit Weihwasser und sprangen durch loderndes Strohfeuer, um sich von ihren Sünden zu reinigen, und die Vestalinnen verteilten die Asche von verbrannten Kälbern, die aus trächtigen Kühen herausgenommen waren, als Mittel der Reinigung zur Erlangung von Fruchtbarkeit.

Ein nur von Frauen gefeiertes Fest waren die Nonae Caprotinae am 7. Juli zu Ehren der Göttin Iuno mit dem Beinamen Caprotina, der die Ziege (capra) geweiht war. Dieses Fest wurde unter dem heiligen Bocksfeigenbaum (Caprificus) gefeiert, dessen Frucht, die Feige, das weibliche Genital symbolisiert.

Der aus dem Bocksfeigenbaum ausfließende Milchsaft wurde von den Frauen, freien wie Sklavinnen, der Göttin geopfert, und mit den Zweigen des

Feigenbaumes wurden sie geschlagen zum Zweck ihrer Reinigung und Fruchtbarmachung.

Die Consualia waren ein am 21. August und 15. Dezember in Rom begangenes Fest zu Ehren des Consus (von: *condo* = »bergen, verbergen« bzw. *consulo* = »raten«), eines Gottes des nach der Ernte geborgenen Getreides und der guten Ratschläge, der am Palatin einen unterirdischen Altar besaß, da in alter Zeit das Getreide in unterirdischen Gruben aufbewahrt wurde. Mit diesem Fest war die Erzählung vom Raub der Sabinerinnen aus der Zeit der Gründung Roms verbunden. Als Romulus zu Ehren des unter der Erde verborgenen Gottes Consus einmal feierliche Spiele veranstaltete, zu der er die benachbarten Völker Roms eingeladen hatte, wurde ihm von diesem Gott der Rat gegeben, die mannbaren Töchter der Sabiner zu rauben, da der junge römische Staat wegen Frauenmangels unterzugehen drohte. Seitdem feierte man zum Andenken an den glücklichen Ausgang dieses Geschehens die Consualia und grub alljährlich den stets in der Erde verborgenen Altar des Gottes aus.

Der Göttin Ops (»Macht, Kraft, Hilfe, Beistand«) galten die Feste Opiconsivia am 25. August und Opalia am 19. Dezember. Sie war die Göttin der fruchtbaren Erde und des Erntereichtums und galt als die Gattin des Gottes Saturnus. Vor ihrem Tempel auf dem Capitol, den nur die jungfräulichen Vestalinnen und der pontifex maximus betreten durften, lag der Versammlungsplatz der römischen Matronen.

Die Larentalia am 23. Dezember waren ein Fruchtbarkeitsfest zu Ehren der Laren, der Schutzgeister der Familie, des Hauses und der Feldmark, und insbesondere ein Fest zu Ehren der Göttin Acca Larentia (»Larenmutter«), an dem u. a. auch Dirnen nackt teilnahmen. Die Göttin selbst war die schönste und berühmteste Dirne Roms gewesen, die ihr großes Vermögen dem römischen Volk vermacht hatte. Als Frau des Hirten Faustulus war sie die Amme des Romulus und Remus und selbst Mutter von zwölf Söhnen, den ersten »Arvalbrüdern«.

Bona dea (»die gute Göttin«) war eine Göttin der Frauen und der weiblichen Fruchtbarkeit, die als sitzende Frau mit Zepter und Füllhorn dargestellt ist. Ihr geheimer Beiname war Damia. Ihren wirklichen Namen zu nennen, war verboten. Sie gilt als Schwester, Gattin oder Tochter des Gottes der freien Natur Faunus, der sie einst betrunken gemacht und dann in Schlangengestalt begattet hat. In ihrem Tempel, den kein Mann betreten durfte, unterhielt das Kollegium der Priesterinnen-Ärztinnen eine große Kräuterapotheke. Ihre Priesterinnen wurden damiatrix (nach ihrem Geheimnamen Damia) genannt.

Alljährlich wurde in der Nacht vom 3. zum 4. Dezember zu Ehren der Göttin eine geheime Kultfeier von den römischen Matronen der vornehmen Kreise unter Teilnahme der vestalischen Jungfrauen gefeiert. Bei diesem Fest Damium, vor dessen Beginn die Ehefrauen einige Tage geschlechtliche Enthaltsamkeit üben mußten, tranken alle Frauen aus phallischen Pokalen. Diese Kultfeier fand jedesmal im Hause desjenigen höchsten Beamten statt, eines Konsuls oder Prätors, der die Zeichen der Regierungsgewalt, die fasces, besaß. Von diesem Fest waren Männer strengstens ausgeschlossen. Der Hausherr und jedes männliche Lebewesen mußten das Haus vorher verlassen, und sogar männliche Bildnisse wurden verhängt.

Jedoch im Jahr 62 v. Chr., als das nächtliche Fest im Hause des damaligen pontifex maximus Julius Caesar stattfand, hatte sich Publius Claudius Pulcher (ca. 92–52 v. Chr.), dessen Schwester Caesar vergewaltigt hatte, aus Rache dafür als Harfenspielerin verkleidet, in die nächtliche Festfeier zu Ehren der Bona dea eingeschlichen und dabei die anwesende Pompeia, die zweite Gattin Caesars, ebenfalls vergewaltigt. Wegen Religionsfrevels für diese Tat angeklagt, wurde Claudius jedoch freigesprochen, weil Caesar im Prozeß nichts aussagte, was die beiden belastet hätte. Seiner Frau hatte Caesar jedoch den Scheidebrief geschickt.

Mysterienkulte

Die Mysterienkulte umfassen verschiedene Kulte der griechischen, hellenistischen und römischen Antike, deren entscheidende Vorgänge als Mysterium (lateinisch von griechisch: *myein* = »die Augen bzw. die Lippen schließen«) geheimzuhalten und nur Mysten (»Eingeweihten«) zugänglich waren. Ihre Blütezeit – vor allem in den unteren Bevölkerungsschichten – war das 3. und 4. Jh.[1]

Man kann zwei Klassen dieser Kulte unterscheiden: 1. diejenigen *griechischen Ursprungs,* wie z. B. der eleusinische Demeter- und Persephone-Kult und der Dionysische und Orphische Kult sowie 2. die Kulte *orientalischen Ursprungs,* wie z. B. der der phrygischen Kybele und des Attis, der ägyptischen Isis und des Osiris sowie der syrisch-griechischen Aphrodite und des Adonis.

Im Zentrum dieser Kulte standen die Schicksale göttlicher Partner verschiedenen, aber auch gleichen Geschlechts, wie Mutter und Tochter (die Vegetationsgöttin Demeter und die Unterwelts- und Auferstehungsgöttin Persephone), Gattin und Gatte (die Muttergöttin Kybele und der Vegetations- und Auferstehungsgott Attis), Schwester und Bruder (die Muttergöttin Isis und der Toten- und Auferstehungsgott Osiris), Geliebte und Geliebter (die Muttergöttin Aphrodite und der Vegetations- und Auferstehungsgott Adonis). Von diesen Partnern wurde jeweils der zweite dem ersten durch den Tod entrissen, später aber wieder infolge der Wiedergeburt zurückgegeben.

Die Gottheiten dieser Kulte waren ursprünglich Vegetations- und Fruchtbarkeitsgottheiten, in deren Sterben und Wiederaufleben sich die alljährlich absterbende und wieder erneuernde Pflanzen- und Tierwelt widerspiegeln. Zwischen dem alljährlichen Absterben der Vegetation und dem Tod der Menschen sah man eine Analogie, ähnlich wie in dem alljährlichen Wiederaufleben der Vegetation die Bestätigung der menschlichen Sehnsucht nach einem Leben über den Tod hinaus.

Der Unterschied zwischen dem einmaligen geschichtlichen Leben der Menschen und dem periodischen, außergeschichtlichen Naturgeschehen wurde durch Personifikationen der Vorgänge in der Natur überbrückt, so daß die Lebenskraft der Natur als allgebärende Mutter und die Frucht der Vegetation als deren auferstehende Angehörige oder Partner wie Tochter oder Sohn, Geliebter oder Gatte erschien.

Aus der Verbindung einer großen Muttergöttin mit einer Mädchengöttin bzw. mit einem Jünglingsgott als Typen der Wiedergeburt und Auferstehung

Demeter, Muttergöttin und Göttin der Erdfruchtbarkeit. Terrakotta, 5. Jh. v. Chr. Boston: Museum of Fine Arts

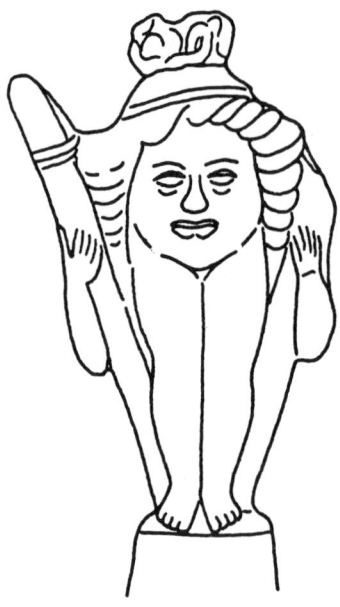

Baubo, Göttin der weiblichen
Fruchtbarkeit, deren Bauch zugleich ihr
Kopf ist. Tonfigur

entspringt alles Leben auf der Erde. Wenn aber der geliebte Jünglingsgott bzw. die Mädchengöttin stirbt, stirbt auch die Vegetation, und jedwede Fortpflanzung hört auf. So stehen im Mittelpunkt der Mysterienfeiern symbolische Veranschaulichung und Begehung einer geschlechtlichen Vereinigung, aus der das Geheimnis einer Wiedergeburt und eines Lebens über den Tod hinaus offenbar werden.

Demeter und Dionysos als Gottheiten der Fruchtbarkeit

Als »Erdmutter« ist die griechisch-eleusinische Göttin *Demeter* (von: *meter* = »Mutter«) zuständig für die fruchttragende Erde und Schutzgöttin der Ehefrauen. Zusammen mit ihrer Tochter Persephone, einer Personifikation des Pflanzenlebens, das im Frühling aus der Erde hervorsprießt und im Herbst erstirbt, werden Mutter und Tochter als die »großen Göttinnen« (megalai theai) bzw. als die »Herrinnen« (despoinai) in Olympia verehrt. Der Beiname Brimo (»die Schnaubende, Zürnende«) kennzeichnet sie in Eleusis als Gebärerin des göttlichen Kindes, wenn sie angerufen wird: »Die große Göttin hat ein heiliges Kind geboren, die Brimo den Brimos!« Als einmal ihre Tochter Persephone noch als Kore (»Mädchen, Tochter, Braut«) im Einvernehmen mit Zeus von Hades in die Unterwelt entführt und dort zu seiner Braut gemacht worden war, suchte die Mutter 9 Tage lang verzweifelt nach ihrer Tochter. Trauernd zog sie sich von der Welt zurück und ließ keine Saaten mehr wachsen. Um die umherirrende und in Trübsinn verfallene Muttergöttin ihren Schmerz um die geraubte Tochter vergessen zu lassen, entblößte Baubo (»Bauch«), ihre Priesterin, mit einem derben Scherz ihr Schamteil vor ihr. Schließlich schickte Zeus den Hermes in die Unterwelt und befahl dem Hades, Persephone, die inzwischen seine Gattin geworden war, wieder aus der Unterwelt zu entlassen. Da Hades ihr aber einen Granatapfelkern (= Liebesgenuß) zu essen gegeben hatte, mußte Kore jährlich für ein Drittel des Jahres in die Unterwelt zurückkehren und durfte die anderen zwei Drittel des Jahres bei ihrer Mutter in der Oberwelt sein. Nach altgriechischem Brauch erhielt die Braut beim Betreten des Hauses ihres Bräutigams einen Granatapfel, nach dessen Genuß bei der Hochzeit sie nicht mehr in die Jungfrauenschaft zurückkehren konnte (Hochzeit = Tod).

Diese Geschichte von Verschwinden und Wiederkehr der Kore Persephone wurde alljährlich in den Eleusinischen Mysterien gefeiert. Ein dreitägiges Hauptfest zu Ehren der Demeter waren die Thesmophorien, im Oktober zur Zeit der Herbstsaat, die von den Frauen unter Ausschluß der Männer mit

Nächtliche Dionysosfeier mit vier ausgelassenen Mänaden. Vasenbild

Geheimriten zur Förderung der Fruchtbarkeit der Saaten wie auch der weiblichen Fruchtbarkeit gefeiert wurden.

Am ersten Tag wurde die Erde fruchtbar gemacht, indem man lebendige Ferkel und Phalli aus Brotteig in eine Erdspalte, Symbol des Eingangs zum Hades und zugleich Symbol der Vagina, hinabwarf. Am zweiten Tag, einem Fastentag, lagerten sich die Frauen auf der Erde, auf der Weidenzweige, die den anderen Zweigen im Grünen und Blühen zeitlich voraus sind, als Symbole der Fruchtbarkeit ausgebreitet waren, um von der tags zuvor befruchteten Erde selbst fruchtbar gemacht zu werden. Am dritten Tag betete man um schöne Kinder und veranstaltete einen Festschmaus.

Der Kult in Eleusis lag in den Händen zweier Familien, innerhalb derer sich die höchsten Priesterämter vererbten. Sie stellten den Hierophanten (»Zeiger des Heiligen«) und die Hierophantin (»Zeigerin des Heiligen«), die auf dem Höhepunkt der Feierlichkeiten den Kultteilnehmern die heiligen Gegenstände zeigten, nachdem sie unter die Oberfläche der Erde, dem Symbol des mütterlichen Schoßes, gestiegen waren und dort in der Dunkelheit die symbolische »Heilige Hochzeit« (hieros gamos) vollzogen hatten, wobei die Priesterin die Rolle der Demeter und der Priester die des Sohnes bzw. des Geliebten der Göttin spielte. Danach verkündeten beide Hierophanten: »Ein Kind ist geboren«, und sie zeigten allen Festteilnehmern eine Weizenähre als Symbol.

Die eleusinischen Weihen hat auch der römische Kaiser Gallienus (reg. 253 bis 268) empfangen und von da an sich mit der weiblichen Form seines Namens bezeichnet.

Demeter (links), mit ihrer Tochter Persephone (rechts), schenkt dem Triptolemos (Mitte), das erste Weizenkorn.
Marmor-Kultrelief aus Eleusis, ca. 440 v. Chr. Athen: Nationalmuseum

Während die Demeter eine Vegetationsgöttin u. a. der Kornähre war, stand *Dionysos* als griechisch-römischer Vegetationsgott u. a. für den Weinstock. In dem Gott, dessen Beiname Bakchos (»Schaller«) ist, nehmen die zeugenden Kräfte der Natur Gestalt an. Seine zyklischen Feste, die sein periodisches Verschwinden und Wiederkommen feiern, wurden vor allem von Frauen, oft unter Ausschluß der Männer, begangen.

Die ländlichen oder auch »kleinen« Dionysien im November/Dezember haben als Abschluß das Fest Haloa, ein Erntefest – zu Ehren der Dreiheit von Dionysos, Demeter und Kore –, das hauptsächlich von Hetären gefeiert wurde und von dem Männer ausgeschlossen blieben. Bei dem Festmahl hatten Brot und Kuchen die Form von Geschlechtsteilen.

Während im Winter Trauer und Schmerz über die in Todesschlummer versunkene Kraft des Vegetationsgottes den Festcharakter bestimmten, wurde im Frühjahr der Hoffnung auf die Wiederbelebung der fruchtbaren Kräfte gedacht. Dafür stehen z. B. die Anthesterien (von: *anthos* = »Blume, Blüte«), ein Blumen- und Blütenfest, im gleichnamigen Frühlingsmonat Februar/März. Während dieses dreitägigen Dankfestes für den im Faß ausgegorenen Wein fand am 2. Tag die symbolische Vermählung des Gottes Dionysos mit der Gattin des archon hiereus (»Regent, König«), des obersten Kultbeamten Athens, statt. Letzterer vertrat dabei als Stadtoberhaupt den die Stadt beschützenden Gott Dionysos. Die Heilige Hochzeit (hieros gamos), der Geschlechtsverkehr (Synusia bzw. Symmixis) des archon basileus mit seiner Gattin, der basilissa (»Königin«), um Fruchtbarkeit und Segen für die ganze Stadt Athen zu erwirken, wurde im geheimen Tempelgemach vollzogen, während die übrigen Festteilnehmer in der Stadt umherschwärmten, die Männer als Satyrn und die Frauen als Horen und Nymphen verkleidet bzw. als Mänaden mit entblößten Brüsten.

Die »großen« Dionysien Ende März, die 6 Tage dauerten, wurden mit Phallusprozessionen (Phallophorien) begangen, wobei das Bild des Gottes Dionysos, mit einem großen Phallus (Zeichen seiner unerschöpflichen Potenz) versehen, durch die Stadt Athen getragen wurde. Symbol seiner Zeugungskraft, der Fruchtbarkeit und des Lebens, in das man durch den Tod eingeht, war ein mit Früchten gefüllter Korb (liknon), der u. a. einen in Tuch gehüllten Phallus enthielt.

Außerhalb Attikas wurden die Trieteriden nur von den Frauen und unter Ausschluß der Männer um die Zeit der kürzesten Tage im Jahr gefeiert. Es waren nächtliche »Mänadenfeste« auf Bergeshöhen, bei denen die Mänaden (»die Rasenden«) z. T. mit Schlangen in den Händen oder mit Jungwild an

Eurydike (Mitte), die verstorbene Baumnymphe, zwischen ihrem lebenden Gatten Orpheus (rechts) und dem Götterboten Hermes. Neapel: National-museum

den entblößten Brüsten zum Klang aufreizender Musik enthusiastisch tanz-
ten und, in Ekstase vom Gott Dionysos besessen, sich mit ihm vereinigten.
Sie zerrissen dabei männliche Tiere, einen Bock oder einen Stier, mit ihren
Zähnen und verzehrten sein blutiges, rohes Fleisch.
Ein Opfer von in dionysischer Raserei handelnden Frauen aus Thrakien
wurde *Orpheus*, ein ebenfalls aus Thrakien stammender Sänger und Leier-
spieler. Er ist die Verkörperung der den Tod überdauernden Gattenliebe, ein
Sohn des Gottes Apollon und der Muse Kalliope. Als seine Gattin Eurydike
(»die weithin Richtende«) schon bald nach der Hochzeit an einem Schlangenbiß starb, stieg ihr untröstlicher Gatte Orpheus in die Totenwelt hinab und
bewegte mit seinem bezaubernden Klagegesang und Kitharaspiel sogar den
unbeweglichen Herrscher der Unterwelt, so daß dieser seine Gattin in die
Oberwelt wieder entließ, jedoch nur unter der Bedingung, daß Orpheus sich
nicht nach ihr umdrehen dürfe, bevor beide die Oberwelt erreicht hätten. Als
kurz vor dem Ziel aus dem Ausgang des Hades die Sehnsucht nach seiner
geliebten Gattin übermächtig wurde und Orpheus sich – entgegen dem
göttlichen Gebot – nach der ihm folgenden Eurydike umsah, ergriff der
Totengeleiter Hermes ihre Hand, um sie unwiderruflich ins Totenreich zurückzuführen. Der später zum Frauenfeind gewordene Orpheus wurde im
Auftrag des Gottes Dionysos, der im Gegensatz zum Gott Apollon und
dessen Sohn Orpheus stand, von thrakischen Mänaden zerrissen. Im Unterschied zu den Muttergottheiten, die ihre Kinder, Ehegatten oder Geliebten,
wenn auch nur zeitweilig und periodisch, aus dem Totenreich in die Welt der

Lebenden zurückholen konnten, endete ein solcher Versuch für einen männlichen Vertreter wie Orpheus tragisch.

Die Muttergöttinnen und ihre Jünglingsgötter

Eine phrygisch-griechisch-römische Muttergöttin, die Leben und Fruchtbarkeit spendet, ist *Kybele* mit dem Beinamen »Große Mutter« (magna mater). Ihre ältesten Namen sind Lall-Laute für Mutter, wie Ma und Nanna. Ihr Vater, der phrygische König Meon, hat sie als neugeborenes Kind ausgesetzt, weil sie kein Junge war. Unter dem Beinamen Agdistis wird sie zusammen mit Attis (phrygisches Lallwort für »Vater«) verehrt. Attis ist Sohn der Nana, die, geschwängert durch das Essen der Früchte eines Mandelbaums, ihn gebar und dann aussetzte. Von Hirten aufgefunden und erzogen, wurde Attis unter der Bedingung immerwährender Keuschheit zum Priester der Göttin Kybele geweiht. Als er dieses Gebot verletzte, wurde er von der gekränkten Göttin in Wahnsinn versetzt, und daraufhin entmannte er sich selbst unter einer Pinie. Als er sich auch noch entleiben wollte, verwandelte Kybele ihn in eine Pinie, einen immergrünen Baum. Am Fest zu Ehren von Kybele und Attis am Frühlingsanfang wurde an dessen erstem Tag, einem Trauertag, eine Pinie, die das Bild des Jünglingsgottes trug, abgeholzt und in den Tempel der Kybele gebracht. Am dritten Tag suchten die Priester den Attis, in Raserei gebracht und in den Wäldern umherirrend, sich selbst Wunden beibringend, bis er am Abend im Licht der Fackeln gefunden wurde. Wilde Tänze der bewaffneten Priester, der Korybanten, beendeten das Fest. Die Galli, genannt nach dem Fluß Gallos, dessen Wasser die Begeisterung weckt, waren eine Klasse der Kybele-Priester, die, um der Göttin rein dienen zu können, sich in Ekstase selbst entmannten und die abgetrennten Glieder der Kultstatue zuwarfen. Um sich auch äußerlich an die Göttin anzugleichen, zogen sie Frauenkleidung an. Ihr Oberpriester hieß Archigallus.

Ovid[2] erzählt die Geschichte von einer Entweihung des Tempels der Muttergöttin. Als einmal das verliebte Paar Atalante und Hippomenes plötzlich eine durch die Liebesgöttin Aphrodite geschickte unwiderstehliche Sehnsucht überkam und sie sogleich miteinander im Hain der Kybele geschlechtlich verkehrten, war die Muttergöttin über die Entweihung ihres Heiligtums derart erzürnt, daß sie das frevelnde Paar augenblicklich zur Strafe in ein Löwenpaar verwandelte und vor ihren Wagen spannte.

Seit dem 4. Jh. v. Chr. wird die ägyptische Göttin *Isis* (ägyptisch: »Sitz, Thron«) zum Mittelpunkt eines Mysterienkultes. Als Muttergöttin ist sie die Personi-

M·D·M·I· ET· ATTINIS

·L CORNELIVS·SCIPIO OREITVS
·V·C·AVGVR· TAVROBOLIVM
SIVE·CRIOBOLIVM·FECIT·
DIE · IIII· KAL·MART
·T·VSCO·E TANVLLINO·COSS·

Muttergöttin Kybele auf einem von zwei Löwen gezogenen Wagen vor dem an einen Baum gelehnten Attis. Altar aus Rom, 295 n. Chr.

fikation der fruchtbaren Erde, während ihr Brudergatte Osiris die der Erde durch Vermittlung des Nils einverleibte Zeugungskraft der Sonne darstellt. Das Verhältnis der Göttin zu ihrem Gatten tritt später zurück gegenüber dem mütterlichen Aspekt ihrer Fürsorge für das gemeinsame Kind Horus, das sie – wie oft dargestellt – auf dem Schoße haltend säugt. In dem Jünglingsgott Horus erlebt der getötete Vater Osiris seine Auferstehung. Im Jahr 70 v. Chr. kam der Mysterienkult nach Rom, wo er als Mutter-Sohn-Mythos eine große Resonanz fand. Die Muttergöttin Isis, die nach langer Irrfahrt die Leiche des getöteten Gatten Osiris fand und sich in großem Liebesschmerz über dessen Leiche warf, wurde von dem toten Gatten schwanger und gebar später den Horus.

Im Isis-Kult, in dem alle Kultteilnehmer die Gebote der Keuschheit beachten mußten, gab es besondere Enthaltungsvorschriften für die hierarchisch gegliederten Priester und Priesterinnen. Der römische Schriftsteller Lucius Apuleius (ca. 125–180), der in seinen »Metamorphosen« die Initiation in die Isis-Mysterien beschreibt,[3] war selbst in Rom in den Mysterienkult eingeweiht worden und amtierte als Hohepriester der Isis in der Provinz Afrika. Der Held der Erzählung »Metamorphosen« (»Der goldene Esel«) wird in einen Esel verwandelt, ein brünstiges Tier, das im Isis-Kult verfemt war. Auch die Kaiser Domitianus (reg. 81–96), Commodus (reg. 180–192) und Caracalla (reg. 211–217) waren Isis-Priester. Die Isis-Priesterinnen trugen das typische, vor der Brust verknotete Gewand wie die Göttin selbst. Am Isis-Heiligtum zu Delphi war Klea die Hohepriesterin, an die Plutarch (46–126) einen religionsphilosophisch bedeutsamen Brief schrieb.[4]

Der aus Syrien stammende griechisch-römische Vegetationsgott Adonis (phönikisch: *adon* = »Herr«) ist im Mysterienkult der Sohn des Kinyras, eines Aphrodite-Priesters auf Zypern, und dessen schöner Tochter Myrrha. Letztere war in ihren eigenen Vater verliebt und konnte mit Hilfe ihrer Amme Hippolyte dem getäuschten Vater zwölf Nächte lang beiwohnen. Als der Vater diese inzestuöse Verbindung erkannte, verfolgte er seine in die Wälder fliehende Tochter, um sie zu töten. Doch die Liebesgöttin *Aphrodite* verwandelte Myrrha zum Schutz vor ihrem Vater in einen seitdem nach ihr benannten Baum. Als nach 10 Monaten der Myrrhenbaum barst, wurde Adonis daraus geboren.[5] Den Neugeborenen barg die Göttin Aphrodite und übergab ihn der Göttin Persephone zur Pflege. Als letztere später die Rückgabe an Aphrodite verweigerte, entschied der Göttervater Zeus den Streit, wonach fortan beide Göttinnen sich den Jünglingsgott Adonis teilen mußten: So verweilte Adonis zwei Drittel des Jahres (8 Monate) bei Aphrodite und ein

Drittel (4 Monate) bei Persephone in der Unterwelt. Doch die jungfräuliche Göttin Artemis schickte dem jugendlichen und leidenschaftlichen Jäger Adonis einen wilden Eber, der ihn tödlich verletzte. Die darüber tieftraurige Aphrodite pilgerte in die Unterwelt, um ihren Geliebten zu suchen, und auf ihre Bitte hin erlaubte Zeus, daß Adonis nach seinem Tod jetzt die Hälfte des Jahres bei ihr im Olymp zubringen durfte, und sie begründete die Adonia als Feste der Frauen. Beim Fest im Frühling, zu der Zeit, als Adonis in der Unterwelt weilen mußte, wird das Adonis-Bild unter großer Trauer bestattet. Danach feiert man unter großem Freudenjubel seine Auferstehung. Beim Fest im August wird zu Beginn der lebende Adonis gefeiert und zum Abschluß seine Bestattung vollzogen. Im Trauerzug mit lauten Wehklagen um den toten Adonis werden sogenannte Adonisgärtchen, Töpfe mit Tonscherben mitgeführt, in die schnellwachsender und schnellvergehender Lattich und Fenchel gesät sind, die dann ins Wasser geworfen werden. Die Adonisgärtchen symbolisieren das Schicksal des Jünglings- und Vegetationsgottes Adonis vom aufblühenden Werden und verwelkenden Vergehen, während die immergrüne Myrte eine bräutliche Pflanze ist, die der Liebesgöttin Venus Murta (griechisch Aphrodite) heilig war.[6] In Paphos, einem Kultort der Aphrodite, gab es einen Myrtenhain, und aus Myrtenholz wurden vorzugsweise die Statuen der Aphrodite geschnitzt. Da die Myrte die Zeugungskraft zu wecken vermochte, wurden aus ihr Brautsträuße geflochten. Sie war der keuschen Artemis verhaßt. Bei dem Fest der Myrrha, der Mutter des Adonis, traten Frauen mit Myrtenkränzen auf.

Religionen der Germanen und Kelten, der Slawen und Balten

In der Regel untergliedert man die germanische Völkergruppe[1] in die Nordgermanen mit ihren skandinavischen Sprachen, die Ostgermanen mit dem Gotischen sowie die Westgermanen mit den heutigen Sprachen Deutsch, Englisch und Niederländisch. Die frühesten schriftlichen Zeugnisse der Germanen sind skandinavische Runeninschriften des 3. Jh., und als eine Hauptquelle ihrer Religion gilt die »Edda«. Bei den Kelten[2] unterscheidet man die Festlandkelten von den Inselkelten, die im heutigen Island, in Schottland, England und Wales lebten.

Die über weite Gebiete verbreiteten Slawenstämme gliedern sich in die Ostslawen u. a. mit den Russen, die Westslawen mit den Polen, Tschechen, Slowaken und Serben sowie die Südslawen mit den Bulgaren, Makedoniern, Serbokroaten und Slowenen.[3] Der slawischen Völkergruppe nahestehend sind die Balten,[4] zu denen die Altpreußen,[5] Litauer[6] und Letten[7] gehören.

Weiblich dominierte Vanen gegenüber männlich dominierten Asen bei den Germanen

In der germanischen Religion wurde eine ältere Bauernreligion mit dem Kult der Vanen und eine jüngere Kriegerreligion mit dem Asenkult vereinigt, so daß man die Gottheiten in ein älteres Geschlecht der Vanen und ein jüngeres der Asen einteilen kann.

Die friedfertigen *Vanen* bzw. Wanen (die »Glänzenden«) sind Gottheiten der Fruchtbarkeit, der Schiffahrt, des Handels und Wohlstandes mit Wohnsitz in Vanaheim. Ihre Verehrung ist gekennzeichnet durch Vegetationsriten, Kulttänze und Versenkungsopfer.

Da die Vanen-Gottheiten die Geschwisterehe praktizieren, bei ihnen das Geschlechtsleben eine große Bedeutung hat und überhaupt das Weibliche überwiegt, bricht schließlich ein Krieg zwischen Vanen- und Asen-Gottheiten aus, von denen letztere die Geschwisterehe als Blutschande verurteilen und sich über ein gesteigertes magisches »Weiberwesen« auf seiten der Vanen empören. Dieser Krieg zwischen Vanen und Asen spiegelt den Gegensatz zwischen den seßhaften Bauern und den Krieger-Hirten wider.

Nach dem Ende dieses Götterkrieges wird rückblickend festgestellt: »Als

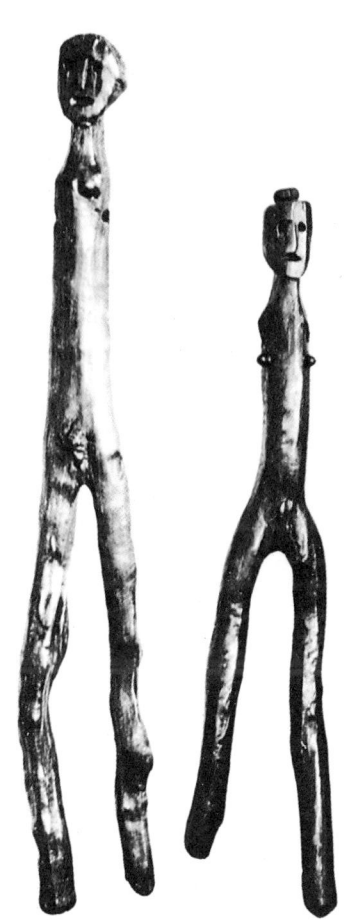

Männliche und weibliche Gottheiten. Holzfiguren aus dem Aukamper Moor von Braak/Eutin (Deutschland), vorrömische Eisenzeit (8.-1. Jh. v. Chr.)

Njörd noch bei den Vanen weilte, hatte er seine Schwester zur Ehe, denn das war dort gesetzlich erlaubt; ihre Kinder waren Freyr und Freyja.

Aber unter den Asen war es verboten, daß so nahe Verwandte einander heirateten.«[8]

Bei einem Gastmahl der Asen, einschließlich der ehemaligen Vanen, kam es zu einem Streitgespräch zwischen diesen und dem göttlich-dämonischen Trickster Loki, wobei sie einander ihre sexuellen Verfehlungen vorhielten. So bezichtigte z.B. Loki die ehemalige Vanin Freyja des Beischlafs mit allen Göttern und der unter Asen verworfenen, aber bei den Vanen erlaubten Geschwisterehe mit ihrem Bruder Freyr, und ihrem Vater Njörd wirft Loki gleichfalls die Geschwisterehe mit seiner Schwester Nerthus vor.

»Loki: Schweig Freyja! dich kenn' ich ganz genau:
        auch dir fehlt es nicht an Lastern:
        Jeder der anwesenden Asen und Alben
        ist dein Buhle gewesen.

Freyja: Falsch ist deine Zunge, ich glaube,
        du wirst dir noch Schlimmes ersingen;
        zornig sind auf dich die Asen und Asinnen,
        betrübt wirst du heimziehen!

Loki: Schweig, Freyja, du bist eine Hexe
        und stark mit Bösem gemischt,
        da dich die freundlichen Götter bei deinem Bruder überraschten,
        und du hast da furzen müssen, Freyja!

Njörd: Das hat wenig zu sagen, wenn sich Frauen
        einen Gatten oder Buhlen oder beides nehmen;
        aber das ist unerhört, daß der weibische Ase [= Loki]
        hier hereingekommen ist, und der hat Kinder geboren.

Loki: Schweig, Njörd! Du bist einmal von hier nach Osten
        als Geisel zu den Göttern gesandt worden;
        Hymirs Töchter benutzten dich als Nachttopf
        und pißten dir in den Mund.

Njörd: Das ist mir ein Trost, der ich weit von hier
        als Geisel zu den Göttern gesandt war:
        Damals hatte ich [schon] einen Sohn [Freyr] gezeugt,
        den niemand haßt, und er dünkt mich der Asen Schutz.

Loki: Hör auf, Njörd! Mäßige dich!
        Ich werd' es nicht länger verhehlen:

Mit deiner Schwester [Nerthus] hast du solchen Knaben gezeugt,
und nichts anderes war von dir zu erwarten.«[9]

Bei den Vanen lebten also in Geschwisterehe der Meer- und Windgott Njörd und die gleichnamige Erd- und Muttergöttin, die Tacitus († ca. 120) »Mutter Erde« Nerthus nennt, und über deren Kult er berichtet: »Auf einer Insel (= Fünen) im Ozean (= Ostsee) befindet sich ein unberührter Hain, und in diesem steht ein geweihter (Kult-)Wagen, der mit einer Decke verhüllt ist. Nur der Priester darf ihn berühren. Er merkt es, wenn die Göttin in dem Heiligtum anwesend ist; und wenn sie auf ihrem Wagen, der von Kühen gezogen wird, umherfährt, begleitet er sie in tiefer Ehrfurcht. Dann herrschen frohe Tage, und es werden Feste an den Orten gefeiert, wo sie einzukehren und zu verweilen geruht. Man zieht in keinen Krieg und nimmt keine Waffen zur Hand. Alles Eisen ist hinter Schloß und Riegel verborgen. Frieden und Ruhe kennen und lieben sie nur zu dieser Zeit, bis die Göttin von dem Verkehr mit den Menschen genug hat und der Priester sie deshalb wieder zu dem heiligen Bezirk zurückbringt. Darauf werden Wagen und Decken und, wenn man es glauben will, die Gottheit selbst in einem verborgenen See gewaschen, Sklaven verrichten den Dienst, die derselbe See sogleich (durch Ertränken) verschlingt. Daher rührt die heimliche Furcht und die heilige Unwissenheit über das, was das sein mag, das nur die Todgeweihten schauen.«[10]

Die Analogie anderer Kultgebräuche läßt vermuten, daß ein Sklave als Stellvertreter des männlichen Fruchtbarkeitsgottes mit dem Symbol der Göttin – etwa einem Baumstumpf mit Andeutung der weiblichen Geschlechtsteile – eine »heilige Hochzeit« vornehmen mußte, um die Göttin und durch sie das Land zu befruchten. Danach wurde der Sklave ertränkt, und eine Reinigungszeremonie beschloß das ganze Ritual.

Die Fruchtbarkeitsgöttin Nerthus ist später in die Gestalt ihres Gatten Njörd eingegangen, dessen Kinder aus seiner zweiten Ehe mit der Berggöttin Skadi ebenfalls in einer Geschwisterehe leben. Es handelt sich um den Fruchtbarkeits- und Vegetationsgott Freyr (»Herr«), über den der Geschichtsschreiber Adam von Bremen († um 1081) berichtet, daß er den Sterblichen »Frieden und (Wol-)Lust« schenke und daß sein Bild im Tempel zu Uppsala »mit einem gewaltigen Geschlechtsteil« (cum ingenti priapo) dargestellt sei,[11] und um die Göttin der Fruchtbarkeit, des Frühlings, des Glücks und der Liebe Freyja (»Frau, Herrin«). Ihr besonderes Attribut ist ein kostbarer goldener »Halsschmuck« (Brisingamen), den vier Zwerge geschmiedet hatten und für deren Erwerb die Göttin mit jedem der Zwerge eine Liebesnacht verbringen mußte

Fruchtbarkeitsgott Freyr mit Phallus. Bronzefigur aus Röllinge/Lunda (Schweden), Stockholm: Museum

bzw. mit dem Odin ihre Gunst erkaufte. Die wegen ihrer Schönheit berühmte Göttin war groß in ihren Verführungs- und Zauberkünsten. So lehrte sie die Asengötter, zu denen sie nach dem Asen-Vanen-Krieg als Geisel kam, das Zauberverfahren des Seidr (»Zauber«).

Die Asen (von: *ass* = »Pfahl, Balken«) mit Wohnsitz in Asgard bilden das jüngere und größere Göttergeschlecht, das meist aus kriegerischen Gottheiten besteht, mit Speer, Hammer und Beil ausgerüstet und patriarchalisch ausgerichtet ist. Bei ihnen treten weibliche Gottheiten hinter den männlichen stark zurück. Ihr Hochgott und Himmelsgott war ursprünglich Týr (»der Leuchtende, Glänzende«), bzw. Tiuz, Tiwaz oder Ziu, ein Kriegsgott und Schutzgott der Rechte des Things. Sein Speer ist sowohl Waffe als auch Rechtssymbol. Nach ihm ist der Dienstag als ziostag (»Tag des Ziu«) benannt. An Tiuz erinnert auch das Wort »deutsch« (althochdeutsch: diutisc). Eine nach Týr benannte Rune wurde in Waffen eingekerbt, um den Sieg zu sichern.

Sechs Wochentags-Namen in den germanischen Sprachen, nach germanischen Gottheiten benannt, von denen vier männlichen und zwei weiblichen Geschlechts sind

germanische Gottheiten	Ge-schl.	WOCHENTAGS-NAMEN				
		germanische Sprachen				
		Englisch	Niederländisch	Deutsch	Dänisch	Schwedisch
1. Sunna	W	Sunday	Zondag	Sonntag	Søndag	söndag
2. Mano	M	Monday	Maandag	Montag	Mandag	måndag
3. Tiuz/Ziu	M	Tuesday	Dinsdag	Dienstag	Tirsdag	tisdag
4. Wodan/Odin	M	Wednesday	Woensdag	—	Onsdag	onsdag
5. Thor/Donar	M	Thursday	Donderdag	Donnerstag	Torsdag	torsdag
6. Frija/Frigg	W	Friday	Vrijdag	Freitag	Fridag	fredag
7. —	—	—	—	—	—	—

Den Týr aus seiner Stellung als Hochgott hat später Odin bzw. Wuotan (»der Wütende«) verdrängt und auch dessen Gattin Frigg übernommen. Dieser Himmelsgott, Reitergott der kriegerischen Reitergefolgschaft und Totengott, Gott der Runen, die er erfunden hat, und der Skalden ist als »Allvater« auch der Göttervater. Durch seine Hauptgattin Frigg ist er Vater von Baldr, Hödr und Hermod. Mit der Göttin Rind hat er den Sohn Vali, mit der Göttin Jörd den Thor, mit der Göttin Gridr den Vidar. Odin führt 170 Beinamen, die seine vielfältigen Aspekte erhellen. Zusammen mit seinen zwei Brüdern schuf er das erste Menschenpaar und gab ihnen als Windgott den Atem, die Seele und das Leben. Der Mittwoch ist als Odinsdagr (»Tag des Odin«) bzw. als Wodanesdag nach ihm benannt.

Der Himmelsgott Odin, dessen Sohn, der Frühlings- und Lichtgott Baldr (»Herr«), auf Anstiften Lokis von seinem eigenen ahnungslosen und blinden Bruder Hödr getötet wird, zeugt mit der Erdgöttin Rind den Sohn Vali, der den Tod Baldrs dereinst an Hödr rächen soll. Der Däne Saxo Grammaticus († nach 1216) schildert in seinem dritten Buch der dänischen Geschichte ausführlich, wie es Odin erst nach mehreren vergeblichen Versuchen gelingt, als heilkundige Frau verkleidet zur Königstochter Rind (Rinda) vorzudringen und mit ihr einen Sohn, Bous (= Vali), zu zeugen.[12] Rind, die Göttin der winterlichen Erde, zeichnet sich durch äußerste weibliche Spröde aus. Selbst der um sie werbende Odin wird dreimal von ihr abgewiesen, bis sie dieser Himmelsgott schließlich in Gestalt der heilkundigen Wecha bannt und »übermannt« und so gewaltsam mit ihr den Sohn Vali zeugt. Dieser Mythos erklärt, wie die winterliche Erde (Rind) in ihrer Erstarrung sich dagegen wehrt, den sie befruchten wollenden Himmelsgott und Vater des Sonnen- und Frühlingsgottes aufzunehmen. Sie empfängt und gebiert aber schließlich den sommerlichen Vali, den Gott Bous (=? »Bauer«), der pflügt und sät und dadurch den Lichtgott Baldr an seinem winterlichen, blinden Mörder rächt.

Freyja, Göttin der Liebe, mit weitgespreizten Beinen. Gehänge aus der Wikingerzeit

Als Sohn des Odin gilt auch Thor bzw. Donar (»Donner«), ein Donner- und Gewittergott, der Fruchtbarkeit für Pflanzen, Tiere und Menschen bringt. Seine Donnerwaffe ist der Hammer oder die Axt. Mit Hammerschlag segnet er auch die Ehen ein. Nach Donar ist der Donnerstag als donarestag (»Tag des Donar«) benannt. Nach Adam von Bremen hatte das Standbild des Thor seinen Platz mitten im Saal des Tempels von Uppsala, während zur Rechten und zur Linken von ihm Odin und Freyr sitzen.[13]

Die einzige gemeingermanische Göttin ist Frigg (»Frau, Gattin, Geliebte«) bzw. Frija oder Fria. Sie ist von Anfang an »die Frau«, »die Gemahlin« und »die Geliebte« schlechthin – im Gegensatz zu den spezifisch »männlichen« Gottheiten Týr und Odin. Ihre primären Wirkungskreise als Frauengöttin sind Liebe und Ehe unter Einschluß der ehelichen Fruchtbarkeit. In ihren sekundären Funktionen ist sie als Gattin des höchsten Gottes Odin zwar die »trefflichste der Göttinnen«, aber überall einen Schritt hinter ihm. Nach einem alten Mythos ist sie zugleich mit drei Göttern ehelich verbunden: mit der Trias der Brüder Odin, Vili und Vé. »Einmal, als Odin weit fortgewandert war und

Gott Odin, reitend, mit Helm, Speer und Schild. Die Schlange symbolisiert ihn als Totengott. Helmbeschlag aus Vendel in Uppland (Schweden), nachrömische Eisenzeit (900 n. Chr.)

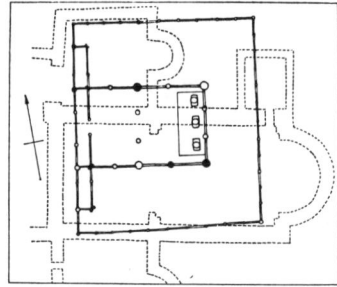

Grundriß und Rekonstruktion des Tempels in Uppsala, in dessen Zentral- bau die phallischen Statuen Odins, Thors und Freyrs aufgestellt waren

lange ausblieb, glaubten die Asen, er käme gar nicht wieder. Da teilten sich seine Brüder in sein Erbe, und seine Frau, Frigg, heirateten sie beide. Aber kurz darauf kam Odin heim; da nahm er dann auch seine Frau wieder.«[14] Diese Erzählung führte zu den Vorwürfen über ihre eheliche Untreue. So kommt es in »Lokis Zankreden« der »Edda« u.a. zu einem Disput zwischen dem wandlungsfähigen dämonischen Trickstergott Loki, der sich selbst in eine Stute verwandeln konnte, um den Hengst Sleipnir zu gebären, und der weisen und lebenserfahrenen Frigg. Nachdem Loki und Odin sich schon gegenseitig Vorwürfe gemacht hatten, greift Frigg in diesen Disput ein und sagt:

»Frigg: Eure Erlebnisse solltet ihr niemals
den Männern erzählen,
was ihr beiden Asen in den Tagen der Vorzeit getrieben habt;
alte Geschichten soll man nicht wieder aufrühren!

Loki: Schweig, Frigg! Du bist Fjörgyns Tochter
und bist immer männertoll gewesen,
da du, Vidrirs [= Odins] Gattin, von Vé und Vili
dich in die Arme schließest ließest.«[15]

Aber nicht nur Loki wirft der Frigg Buhlerei vor, sondern auch der dänische Geschichtsschreiber und erzbischöfliche Sekretär Saxo Grammaticus († nach 1216) bringt die Novelle von ihrem Ehebruch mit einem Diener, um die weibliche Gier nach Schmuck selbst unter Preisgabe ihrer ehelichen Treue zu illustrieren, ohne zugleich die sexuellen Abenteuer des ansonsten polygamen (vierfachen) Ehegatten Odins auch nur anzudeuten: »Frigg legte mehr Wert auf einen glänzenden Schmuck als auf die göttlichen Ehren ihres Gemahls [Odin], gab sich einem Diener preis … Es machte ihr keine Gewissensbisse, sich der Unkeuschheit zu ergeben, wenn sie nur damit eher ihre Habgier befriedigen konnte; die Frau verdiente es nicht, einen Gott zum Mann zu haben.« Odin, traurig über die Schändung »seines Ehebettes«, ging, »von dem quälenden Bewußtsein einer doppelten Schmach gepeinigt, … freiwillig in die [erste] Verbannung, edle Scham bekundend«, und er kehrte erst zurück, als Frigg gestorben war, »denn durch den Tod seiner Gemahlin, so schien es, hatte er seinen früheren Ruhm fleckenlos wiedererlangt und war die Schmach von seiner göttlichen Natur genommen«.[16]

Frigg, die durch Odin die Mutter des Licht- und Frühlingsgottes Baldr, des blinden Hödr sowie des Götterboten Hermod wurde, ist als Muttergöttin zugleich Schutzgöttin des Lebens und der Ehe. Nach ihr als der Liebesgöttin, die der römischen Venus gleichgesetzt war, ist der Freitag als frijetag bzw. friatag (»Tag der Fria«) benannt.

Vielleicht eine Emanation der Frigg ist Gefjon (»Geberin«), eine Göttin des Glücks und der Fruchtbarkeit. Dieser Göttin der Jungfräulichkeit, die alle verstorbenen Jungfrauen zu sich nimmt und die sich in gleicher Weise wie Frigg in die Zankreden Lokis einschaltet, um den Streit der Götter zu schlichten, wirft Loki Unzucht vor, wenn er sagt:

»Schweig, Gefjon! das werd' ich jetzt verraten,
wer dich zur Liebe verlockte:
der blonde Bursche, der dir das Kleinod gab,
und du umschlangst ihn mit den Schenkeln!«[17]

Auch Idun (»Erneuernde, Verjüngende«), die Fruchtbarkeitsgöttin und Gattin des Dichtergottes Bragi, die schlichtend in den Streit der männlichen Gottheiten eingreifen will, wird von Loki der Buhlschaft mit dem Mörder ihres Bruders gescholten, wenn er sagt:

»Schweig, Idun! Von allen Frauen
nenne ich dich die Männertollste,
da du adlig Gewaschene deine Arme schlangst
um den Mörder deines Bruders!«[18]

Loki (von: *logi* = »Lohe«) ist ein dämonischer Trickster, halb Gott, halb dämonischer Riese, der sich in verschiedene Gestalten verwandeln kann. Er ist sowohl ein listenreicher, verschlagener Helfer der Götter als auch ihr Gegner. Loki ist der Gatte der Göttin Sigyn, und durch die Riesin Angrboda (»Angstmacherin«) ist er Vater des Wolfs Fenrir, der Schlange Midgardsomr und der Todesgöttin Hel. In eine Stute verwandelt, hat er den achtfüßigen Hengst Sleipnir, das Reitpferd Odins, geboren. Loki wird von Odin ein »weibischer Mann« geschimpft, weil er Kinder geboren hat.[19] Auch Njörd nennt ihn deswegen einen »weibischen Asen«.[20] In den »Zankreden Lokis« wirft Loki den Göttinnen Idun, Gefjon und Freyja nicht nur sexuelle Vergehen vor, sondern er selbst rühmt sich auch verschiedener Affären mit den Göttinnen, so mit der Frau des Gottes Týr, wenn er zu dem Gott sagt: »Schweig Týr, das widerfuhr deiner Frau, daß sie einen Sohn von mir bekam; weder Elle noch Pfennig bekamst du für diese Beleidigung, du Armer!«[21] Auch die

Göttin Skadi, Njörds Gattin, gehört zu diesem Kreis der Ehebrecherinnen, wenn er ihr ein lasterhaftes Verhalten vorhält:

»Umgänglicher warst du [Skadi] mit dem Sohn der Laufey,
als du mich zu dir ins Bett einladen ließest;
Wir müssen auch dies erwähnen, wenn wir noch weiter
von unseren lasterhaften Handlungen sprechen sollen.«[22]

Und auch die Göttin Sif, Thors Frau, geht nicht ungeschoren aus diesem Rededuell heraus, obwohl sie dem Loki ein »Heil« zuruft, damit er sie als einzige unter den Asen makelfrei ließe. Doch auch ihr gilt Lokis Schmährede, da er sich des Ehebruchs mit ihr rühmt:

»Du [Sif] wärst es allein, wenn du [immer] so scheu
und spröde gegen die Männer gewesen wärst;
doch von einem weiß ich, und zwar glaube ich es wissen zu können,
daß er auch Hlorridis [= Thors] Buhle war,
und das war der unheilkundige Loki.«[23]

Weiblich dominierte Gottheiten bei den Inselkelten gegenüber männlich dominierten bei den Festlandkelten

Da die *Inselkelten*, besonders die in Irland, eine im Kern mutterrechtliche Kultur besaßen, in der die vorkeltischen Überlieferungen stärker weiterlebten, überwogen in ihrem Pantheon die weiblichen Gottheiten.

Das keltische Göttergeschlecht der Tuatha Dê Danann (»Volk der Göttin Dan«) stammt von der »Göttermutter« Dan bzw. Danu oder Ana ab, einer Erd- und Fruchtbarkeitsgöttin. Das Bild dieser urkeltischen Stromgöttin Danu (= Danubius = »Donau«), die als Hüterin des altirischen Mutterrechts galt, wurde auf einem Wagen durch die Felder gefahren, um Fruchtsegen zu spenden. Zwei Hügel bei Killarney in Munster (Irland) werden nach ihr die »zwei Brüste der Ana« (Da Chich Anann) genannt. Ihr Sohn ist der Erdgott Dagda (»guter Gott«), der den Beinamen Ollathair (»Allvater«) führt und dessen Attribute eine Keule, eine Harfe und ein Kessel sind. Als seine Tochter gilt die Muttergöttin Brigit (»Erhabene, Strahlende, Mächtige«), die später in der christlichen heiligen Brigitta von Kildare aufgegangen ist.

Zu den bekanntesten Fruchtbarkeitsgöttinnen zählt auch Sheila-na-gig, die um die Mächte des Todes abzuwehren, mit ihren Händen ihre Schamlippen auseinanderzieht, um ihre Scheide zu zeigen als Symbol des Lebens. Seit der Christianisierung wurde diese Göttin zur Dämonin degradiert, und ihre Abbilder sind an den Außenwänden der Kirchen zur Abwehr des Bösen angebracht.

Zu einer Triade von Schicksals- und Rachegöttinnen gehören die Dämonin Morrigan (»Nachtmahr-Königin«), die als leichenfressende Dämonin des Schlachtfeldes den Männermord liebt, ferner Badb catha (»Grindkrähe«) und Macha (»Blutsaugerin«). Letzterer sind die abgeschnittenen Köpfe der im Kampf Erschlagenen zur »Mästung« geweiht.

Inselkeltisch ist auch die Vorstellung von einem Jenseits, wo Elfen und Feen (irisch: Side) in ewiger Freude und Harmonie leben. Auch auserwählte Sterbliche gelangen dorthin. Eine dieser Inseln der Seligen ist das Feenland Emain, wo Licht und Farben, Musik und Reigentanz, Mahlgenuß und Geschlechterliebe die Verstorbenen erwarten. »Die Reise Brahns« dorthin beschreibt es:

»Vielgestaltiges Emain am Ozean,
bald nah, bald fern,
bewohnt von vielen tausend buntgekleideten Frauen,
umflossen von der schimmernden Flut.
Wenn er die Töne der Musik vernommen hat,
den Chor der Vöglein von Imchiuin [›Land der großen Milde‹],
dann naht der Reigen der Frauen von der Höhe
zu dem Spielplatz, wo er sich befindet.«[24]

Eine andere elysische Insel im Ozean heißt Mag Mell (»Ebene der Lieblichkeit«), wo

»Ein liebliches, reizendes Spiel
treiben beim feurigen Wein
Männer und zarte Frauen unter Büschen,
ohne Sünde, ohne Schuld.«[25]

Eine besonders begehrenswerte Insel für männliche Verstorbene ist das »Land der Frauen«. »Das ist das Land der Freude im Herzen eines jeden (Mannes) … Kein anderes Geschlecht gibt es dort als nur Frauen und Mädchen.«[26]

Im Unterschied zu den mutterrechtlichen Inselkelten hatten die *Festlandkelten* eine vaterrechtliche Kultur, weshalb bei ihnen die männlichen Gottheiten

Sheila-na-Gig (»Julie, die Unkeusche«), keltische Fruchtbarkeitsgöttin, dargestellt als nackte Frau, die ihre weitgeöffnete Scham demonstrativ aufreißt, um die Mächte des Todes abzuwehren. Dublin: Museum

Gott Cernunnos mit Hirschgeweih.
Detail vom Silberkessel aus Gundestrup
(1. Jh. v. – 3. Jh. n. Chr.). Kopenhagen:
Nationalmuseum

Keltische Matronen – eine Trinität von
Vegetations- und Muttergöttinnen – mit
Fruchtkörben. Relief aus Rödingen

überwiegen. Als Himmels- und Gewittergott gilt Taranis (kymrisch von: *taran* = »Donner«), dem zu Ehren Menschen in Holzkübeln verbrannt wurden und dessen Attribut Rad und Blitzstrahl sind. Kriegs- und Stammesgott der Gallier ist Teutates (gallisch: »Vater des Stammes«) mit dem Beinamen »König der Welt« (Albiorix), »König des Kampfes« (Caturix) und »König des Stammes« (Toutiorix). Als Himmels- und Handelsgott fungiert Esus (»Herr, Meister«), und als Fruchtbarkeitsgott und Herr der Tiere gilt der mit einem Hirschgeweih auf dem Kopf dargestellte Cernunnos (? »der Gehörnte«).

An weiblichen Gottheiten sind vor allem die drei Matronen zu nennen, eine Gruppe von meist drei mütterlichen Göttinnen, matres (»Mütter«) genannt, als lokale Schutzgöttinnen von Familien, Sippen und Dorfgemeinschaften verehrt und um Segen, Wohlstand und Fruchtbarkeit der Äcker angerufen. Dargestellt sind sie in langen, faltigen Gewändern, nebeneinander in einer Nische sitzend, mit flachen Körben voll Früchten auf den Knien, mit turbanartiger Kopfbedeckung (Mondscheibe?) für die beiden äußeren, wohingegen die mittlere lockig herabhängendes Haar hat.

Männlich dominierte Gottheiten bei den Slawen und Gleichheit der Geschlechter bei den Balten-Gottheiten

Das gemeinslawische Wort für »Gott« ist bog bzw. bogo (slawisch: »Spende, Reichtum, Habe«), das mit dem awestischen bago (»Herr, König«), dem altpersischen baga und dem altindischen bhaga (»Geber, Verteiler«) verwandt ist.

Mit diesem einsilbigen Gattungsnamen bog (»Gott«) sind zahlreiche Götternamen bei den *Ostslawen* gebildet, so der des russischen Sonnen- und Feuergottes Dazbog (»Spende, Habe«), der das »himmlische Feuer« spendet. Im »Igorlied« wird das russische Volk als »Dazbogs Enkel« bezeichnet. Auch der Name des ostslawischen Wind- und Sturmgottes Stribog ist aus dieser »Gottes«-Silbe gebildet.

Ein anderer bedeutender Gott der Ostslawen ist der Donner- und Gewittergott Perun (»Schläger, Donnerer«), dem die Eiche heilig war. Diesem Fruchtbarkeitsgott weihte Fürst Vladimir noch im Jahr 985 in Kiew eine hölzerne Statue »mit goldenem Schnurrbart«, die er bald darauf, nach seiner christlichen Taufe, im Jahr 988 in den Dnjepr werfen ließ.

Von den *westslawischen* Göttern ist der Kriegsgott und zugleich Hochgott der Polen Triglav (»Dreikopf«) zu nennen. Dieser Gott der Dreiwelt des Himmels, der Erde und der Unterwelt wurde dreiköpfig dargestellt, und man pflegte seine drei Gesichter zu verschleiern, damit er nicht die bösen Taten der Menschen sehen mußte.

Die Statue des Stettiner Triglav wurde von Bischof Otto von Bamberg gefällt, und Papst Calixt II. (1124) erhielt die drei abgehackten Köpfe als Beweis für den Erfolg der christlichen Slawenmission.

Der Hochgott der Inselbewohner von Rügen hieß Svantevit. Er war ein Gott des Krieges und des Friedens, des Orakels und des Feldbaus zugleich. Auf seinen vier Hälsen saßen ebenso viele Köpfe. In seiner rechten Hand hielt er ein Füllhorn und in seiner linken einen Bogen, ein Schwert hing an seiner Seite.

Ein anderer Kriegsgott war Rugievit (»Herr auf Rügen«) mit sieben Köpfen auf einem einzigen Hals, mit sieben Schwestern an seinem Gürtel und einem achten in der Hand.

Infolge der bei den Slawen weithin vorherrschenden vaterrechtlichen Gesellschaftsordnung spielen in den örtlich beschränkten Kulten männliche Gottheiten die Hauptrolle, wohingegen Göttinnen von untergeordneter Bedeutung sind oder sogar als unheimliche Geistwesen zu fürchten sind. So sind die Krankheitsgeister, die Fieber, Pest, Epilepsie u. a. bringen, bei slawischen Völkern fast ausschließlich weiblichen Geschlechts.

Im Unterschied zu den Religionen der Slawen stehen in den *baltischen Religionen* die weiblichen Gottheiten neben den männlichen in fast gleicher Anzahl und Bedeutung. Neben dem Himmelsgott steht die Erdgöttin, neben der

Svantevit, slawische Kriegs- und Feldgottheit, viergestaltig; die zweite Gestalt von links hat Brüste und trägt in der Hand ein Füllhorn

Sonnengöttin der Mondgott, und für Fruchtbarkeit sind Götter und Göttinnen zuständig.

Der Himmel und der gleichnamige lettische Himmelsgott heißt Dievs bzw. Dievas (litauisch) und Deivas (altpreußisch). Als Gott der Fruchtbarkeit kümmert er sich wie ein himmlischer Großbauer um seine Äcker und Wälder. Zur Zeit der Aussaat und der Ernte reitet er zur Erde nieder, um dort die Fruchtbarkeit der Felder und des Viehs zu steigern.

Seit der Christianisierung im 13. Jh. ist sein Name zugleich der des christlichen und einzigen Gottes.

Zemes māte (»Erd-Mutter«) heißt die lettische Erd- und Muttergöttin. Als Fruchtbarkeitsgöttin bestimmt sie das Wohlergehen der Menschen sowie die Fruchtbarkeit der Äcker, und sie ist zugleich die Herrscherin über das Totenreich. Zemes māte gleicht der litauischen Žemýna, der Personifikation des Erdbodens, der Schutzgöttin der Felder und der Mutter aller Pflanzen. Als Fruchtbarkeitsgöttin ernährt sie Menschen und Tiere. Das ihr zu Ehren verrichtete tägliche Abendgebet schließt mit dem Küssen des Erdbodens. Žemýna gilt als Tochter der Sonnengöttin und des Mondgottes.

Die Sonne und die lettische Sonnengöttin heißen Saule bzw. Sáule (litauisch). Als Göttin der Fruchtbarkeit ist sie zugleich Schutzgöttin der Waisenkinder. Der Mond und der lettische Mondgott heißen Méness, bzw. Menùlis und Menuo (litauisch) sowie Menins (altpreußisch), und er ist meist der Gatte der Sonnengöttin.

Zu den Gottheiten der Fruchtbarkeit zählt vor allem der Donner- und Gewittergott Pērkons (lettisch: »Donner«), bzw. Perkúnas (litauisch) und Percunis (altpreußisch). Als Regenspender bringt er Fruchtbarkeit und bestimmt die Gesetze des Lebens. Er ist Hüter der Moral und Schutzgott der Ehe.

Eine lettische Bezeichnung für ca. 60 Muttergöttinnen ist Māte (»Mutter«). Sie sind für verschiedene Ereignisse und Funktionen im menschlichen Leben zuständig. Neben segenbringenden Göttinnen gibt es auch solche, die Gefahr und Tod bedeuten.

Zu den Muttergöttinnen zählen u. a. die Meeresgöttin Jūras māte (»Meer-Mutter«), die Feldgöttin Lauku māte (»Acker-Mutter«), die Waldgöttin Meža māte (»Wald-Mutter«), die Windgöttin Veja māte (»Wind-Mutter«), die Totengöttin Velu māte (»Toten-Mutter«) und die bereits genannte Erdgöttin Zemes māte (»Erd-Mutter«).

Als Laima māte (»Glücks-Mutter«) wird die Schicksalsgöttin und Personifikation des Glücks und des Unglücks bezeichnet. Sie ist Schöpferin der Menschen sowie Schutzgöttin der Schwangeren und Wöchnerinnen. In alle schicksalhaften Ereignisse, bei Geburt, Heirat und Tod, greift sie entscheidend ein. Solange sie im Hause weilt, steht alles zum besten.

Weibliches Priester- und Sehertum bei Germanen und männliches Druidentum bei Kelten

Bei den Germanen findet man sehr früh neben Priestern auch Priesterinnen, deren Hauptaufgaben der Zauber und die Weissagung sind. Opferpriester und Opferpriesterinnen gab es nicht nur bei den Germanen selbst, sondern auch unter ihren Gottheiten. So geschah es, daß im Anschluß an den Krieg zwischen den Göttergeschlechtern der Asen und Vanen der Friedensschluß einen Austausch von Göttergeiseln vorsah, bei dem u.a. die Vanen Njörd, Freyr und Freyja zu den Asen kamen. Der selbst zauberkundige Ase Odin machte Njörd und Freyr zu Opferpriestern, so daß sie zu den »Diar«, d.h. den obersten zwölf Tempelpriestern der Asen gehörten, die die Opfer leiteten und die Entscheidung bei Gericht fällten. Hingegen war die Göttin und Vanin Freyja bereits Opferpriesterin. »Sie lehrte die Asen zuerst den Zauber [seidr], wie er bei den Vanen üblich war.«[27]

So wie der Gott Odin der Zauberkünste mächtig ist, so sollen es auch seine Priester sein. Da aber Odins Zauberei »mit soviel Ärgernis« verbunden war, »daß Männer sie nicht ohne Schande glaubten ausüben zu können«, wurden deswegen »die Priesterinnen in dieser Kunst unterwiesen«.[28]

Auf Zauber verstand sich auch die Kriegerin Idisi (»Frau«), die im Kampf zugegen ist. Sie bereitet Fesseln für Gefangene und löst Gefangene aus Fesseln. Auf sie bezieht sich der erste Merseburger Zauberspruch, wo auf einen einleitenden Bericht über den Anlaß – hier bei der Idisi – der eigentliche Spruch des Heilzaubers über einen Menschen folgt.

Keltische Priesterin als Kesselträgerin mit Hirschopfern. Bronze-Kultwagen aus einem Urnengrab bei Strettweg/Steiermark (Österreich), 7. Jh. v. Chr. Graz: Steiermärkisches Landesmuseum

»Einst setzten sich weise Frauen,
setzten sich [hierhin und dorthin].
Die einen legten Fesseln [den Gefangenen] an,
andere hemmten das Heer [der Feinde],
andere nestelten die [mächtigen Fesseln] ihrer Freunde auf.
Entspring den Fesseln!
Entflieh den Feinden!«[29]

Mit derartigen Zauberliedern heilte man Krankheiten, rief man Regen herab, machte man Äcker, Tiere und Menschen fruchtbar usw.

Die Seherin der Zukunft heißt Völva (altnordisch: *völr* = »Stab«), weil der
Zauberstab das Hauptattribut der Wahrsagerinnen ist. Um Baldrs bange
Träume zu deuten, reitet sein Vater Odin, der selbst der »Herr des Zaubers«
ist, zu der Seherin an der Pforte der Unterwelt Hel und stellt ihr die Frage:
»Wer wird die Tat des Hasses an Hödr rächen und Baldrs Mörder auf den
Scheiterhaufen bringen?« Worauf die Seherin weissagt: »Rind gebiert den
Vali im westlichen Gehöft: Dieser Sohn Odins wird eine Nacht alt kämpfen,
seine Hand wäscht er nicht, noch kämmt er sich das Haupt, bevor er auf den
Scheiterhaufen Baldrs Widersacher bringt.«[30]

Die Seherin der Völuspa sieht und weissagt das Geschick der Götter von der
Urzeit bis in die ferne Zukunft, Weltschöpfung, Baldrs Tod, Götteruntergang
und neue Erde. Vor Odin als ihrem Meister hat sie sich bewährt, und in seinem
Auftrag spricht sie zu den Menschen. So weiß sie auch von den drei vieles
wissenden Nornen,[31] den Erdmüttern und Schicksalsgöttinnen, denen selbst
die Götter unterstellt sind. Auch Odin hört auf ihren Rat. Sie hausen unter
den Wurzeln der Weltesche Yggdrasil und spinnen die Schicksalsfäden für
Götter und Menschen. Diese drei Schwestern Urd, Verdandi und Skuld
personifizieren die Unerbittlichkeit der Dreigliederung allen Geschehens von
Anfang, Mitte und Ende, von Geburt, Leben und Tod, von Vergangenheit,
Gegenwart und Zukunft.

Von den Seherinnen sagt der römische Historiker Tacitus († ca. 120), daß nach
dem Glauben der Germanen diesen Frauen »etwas Heiliges und Seherisches
innewohne, und verschmähen weder ihre Ratschläge noch mißachten sie ihre
Weisungen«.[32] Und er nennt als Beispiel Veleda aus dem Stamm der Brukte-
rer, die in einem Turm an der Lippe wohnte und die zur Zeit des Vespasian
von vielen geradezu als Göttin angesehen wurde. Gleichen Ruhm genossen
auch Albruna und Thiota, ferner Walburga vom Stamm der Semnonen.

Der Kultus der *Inselkelten* und später auch der gallischen *Festlandkelten* wurde
vom männlichen Druidentum völlig beherrscht, wie antike Autoren berichten. Druiden (irisch: *drui* = »intensiv sehen«), so hießen die Priester der
Kelten, d. h. die »stark Erkennenden oder Weisen«. Ohne die Druiden, die
eine der drei gesellschaftlichen Kasten neben dem Rittertum und dem Volk
der Ackerbauern bildeten, war kein Opfer vollgültig. Sie vermittelten aber
auch Weisheit jeder Art, vornehmlich Magie und Zauberkunde. Druidecht
heißt das gewöhnliche Wort für »Zauberei«.

Der römische Schriftsteller Plinius († 79) stellt Druiden, Propheten und Medizinmänner in eine Reihe, und er berichtet von ihren Riten, u.a. beim
Sammeln von Misteln. »Glauben sie doch, daß durch einen Trunk davon

jedwedem unfruchtbaren Wesen Fruchtbarkeit verliehen werde.«[33] Laut des römischen Feldherrn und Schriftstellers Caesar wurden viele Jünglinge durch Druiden unterwiesen, vermutlich um selber Druiden zu werden. Die Lehrzeit dauerte bis zu zwanzig Jahre.[34]

Erst im 3. Jh. wird von Frauen berichtet, die dryades (»Druidinnen«) hießen. Auch ihre Aufgaben waren Wahrsagung und Prophetie.

Germanische Gottheiten in Runenschrift, Sprache und Felsbild

Das Wort »Rune«, das mit dem altnordischen »rún« zusammenhängt, soviel wie »Geheimnis« bedeutet und in dem Wort Geraune fortlebt, bezeichnet die Schriftzeichen der Germanen. Die *Runenschrift* ist eine Lautschrift, d. h. jedes Runenzeichen bezeichnet einen bestimmten Laut, der mit dem Anfangsbuchstaben seines Namens benannt wurde. Die insgesamt 24 Runen des älteren, zuerst im 2. Jh. im Norden und später bei allen Germanen vorkommenden Alphabets werden in drei Gruppen oder »Geschlechter« zu ursprünglich je

Runen-Zeichen und -Namen für Mensch und männliche Kraft, für Gott und Sonne

	RUNEN					
	Nordisch			**Altgermanisch**		
Nr.	Name	Zeichen	Um-schrift	Zeichen	Um-schrift	
1	Fê	ᚠ	f	ᚠ	f	f *fehu »Vieh, Fahrhabe«
2	Ûr	ᚢ	u, v	ᚢ	u	u *uruz »Ur, Auerochs (männliche Kraft?)«
3	Thurs	ᚦ ᚦ	p, d	ᚦ ᚦ	th	th *purisaz »Thurse, Riese (unheimliche, schadenbringende Macht)«
4	Ôs	ᚨ	o	ᚨ	a	a *ansuz »Anse, Ase«
5	Reiđ	ᚱ	r	ᚱ ᚱ	r	r *raidō »Fahrt, Ritt, Wagen«
6	Kaun	ᚲ	k, g	ᚲ	k	k *kaunan ? »Geschwür, Krankheit«
16	Sôl	ᛋ	s	ᛋ ᛋ	s	s *sōwilō »Sonne«
17	Týr	ᛏ ᛏ	t, d	ᛏ	t	t *tiwaz »Týr«, vgl. abd. Ziu (früher der Himmelsgott)
18	Bjarkan	ᛒ	b, p	ᛒ	b	b *berkanan »Birkenreis«
19				ᛖ	e	e *ehwaz »Pferd«
20	Mađr	ᛘ	m	ᛗ	m	m *mannaz »Mensch«
21	Lögr	ᛚ	l	ᛚ	l	l *laukaz »Lauch (Gedeihen)«, vielleicht auch *laguz »Wasser«
22	Ŷr	ᛦ	r	ᛜ ᛜ	ng	ng *ingwaz »Gott des fruchtbaren Jahres«

acht Zeichen eingeteilt, und nach den ersten sechs Runen (f, u, th, a, r, k) wird das Alphabet »Futhark« genannt.[34a]

Die Namen der einzelnen 24 Runen sind in Runengedichten überliefert. Die Anlaute der Namen bedeuten den Lautwert der Zeichen. So hat z. B. das vierte Zeichen den Runennamen Ôs (»Ase«) den Lautwert »o« bzw. »a«, und das 17. Zeichen Týr (»[Himmelsgott] Týr«) hat den Lautwert »t«. Runen dienten nicht nur als Buchstabenzeichen, sondern auch als magische Sinnbilder für Kräfte und Mächte.

So war z. B. in der 17. »Týr«-Rune die ganze Macht des Kriegsgottes Týr immanent. Die in Gegenstände, wie z. B. Zauberstäbe eingeritzten Runen begleiteten die gesprochenen Zaubersprüche.

Da ein alter Name für ein Runenzeichen »Stab« war, was eigentlich den senkrechten Grundstrich der Rune meint, nannte man später die lateinischen Schriftzeichen, die für Bücher bestimmt waren, »Buch*staben*«.

Das mittelhochdeutsche Wort »Gott« mit heute maskulinem Geschlecht – altniederdeutsch und englisch: god; althochdeutsch: got; gotisch: guth; schwedisch: gud – geht auf das germanische Wort guda mit dem Geschlecht des Neutrums zurück, das sowohl männliche wie auch weibliche Gottheiten meinte.

Wenn dieses gemeingermanische Wort guda (guthaz, gutham) zur indogermanischen Wurzel gheu (»rufen«) gehört, dann ist »Gott« (guda) also dasjenige Geistwesen, das durch die Macht des Zauberspruchs der Priester und Priesterinnen »herbeigerufen« wird, damit es in den Priester und die Priesterin fährt und ihn bzw. sie zu übernatürlichem Handeln, wie Zauberheilungen und Weissagungen, befähigt. Der gotische Name des Priesters (gudja) bedeutet ursprünglich soviel wie »Berufer«. Man kann damit auch den altindischen Priestertyp des hotar (»Rufer«) vergleichen.

Die Götterwelt der Germanen ist hierarchisch aufgebaut. Entsprechend der späteren vaterrechtlichen Struktur der Gesellschaft steht an der Spitze aller Gottheiten ein Vater- und Himmelsgott, so zunächst der Týr (nordisch »der Leuchtende, Glänzende«) bzw. Tiuz, Tiwaz, Ziu, der später von Odin bzw. Wuotan, Wodan, Wotan abgelöst wird.

Mit dem Himmelsvater verbunden, wenn auch stark untergeordnet und relativiert, sind die weiblichen Gottheiten der Erde, so die Göttin Jörd (»Erde«), auch »Mutter Erde« genannt, und eine der vier Gattinnen des Himmelsgottes Odin. Die Mutter des Donner- und Fruchtbarkeitsgottes Thor wird als Folde (»Erde«) in einem altenglischen Flursegen, dem ältesten Stück angelsächsischer Poesie, angerufen:

Germanischer Speergott mit Phallus.
Felszeichnung, Bronzezeit

»Heil dir, Folde [Erde], Mutter der Menschen,
sei du fruchtbar in des [Himmels-]Gottes Umarmung,
fülle mit Frucht dich, den Menschen zum Nutzen.«[35]

Die Vorstellung von einem aus der geschlechtlichen Vereinigung von Himmelsgott und Erdgöttin hervorgegangenen fruchtbaren Abkömmling findet auch bei Tacitus ihre Erwähnung, wenn er sagt, daß die Germanen in alten Liedern den Tuisco (= Tuisto Tiwisco [abgeleitet von Tiwaz = Ziu]) verherrlichen, den von der Erde geborenen Abkömmling des Tiwaz.[36]

Ein Geschwisterpaar bilden Sonne und Mond. Die Sonne (nordisch Sól; althochdeutsch: Sunna) ist weiblichen Geschlechts wie auch die diese personifizierende Gottheit des Lichts und der Wärme. Der Sonnenwagen von Trundholm bezeugt die Verehrung der Sonne in der Bronzezeit, auch Caesar berichtet, daß die Germanen die Sonne anbeten.[37] Der Sonntag ist als sunnuntag (althochdeutsch »Sonnentag«) nach ihr benannt. Die im zweiten Merseburger Zauberspruch genannte Sonnengöttin ist Tochter des Mundilfari und Schwester des Mondgottes Mani (nordisch; althochdeutsch: Mano), der ebenfalls eine Personifikation des Himmelskörpers darstellt und nach dem der Montag als manatac (althochdeutsch: »Mondtag«) benannt ist.

Als Gottheiten der Fruchtbarkeit für Pflanzen, Tiere und Menschen fungieren sowohl Götter als auch Göttinnen. Insbesondere ist hier das Göttergeschlecht der Vanen zu nennen, deren Namen z. T. mit den Hauptwörtern für Mann und Frau identisch sind, so beim Fruchtbarkeits- und Vegetationsgott Freyr (nordisch: »Herr«) und bei seiner Schwestergattin, der Fruchtbarkeits- und Liebesgöttin Freyja (nordisch: »Frau, Herrin«). Auch das Göttergeschlecht der Asen hat zahlreiche Fruchtbarkeitsgottheiten, darunter die Liebes- und Muttergöttin Frigg (nordisch: »Frau, Gattin, Geliebte«) sowie die Muttergöttin Nanna (nordisch: »Mutter«).

Der bedeutendste Gott der Fruchtbarkeit ist der Donner- und Gewittergott Thor bzw. Donar (»Donner«).

Auf Fruchtbarkeitsvorstellungen lassen auch die *Felsbilder* aus der Bronzezeit in Skandinavien schließen, die Ackerbau treibenden Stämmen zuzuordnen sind, da die dargestellten Menschen zumeist als ithyphallische Pflüger erscheinen. Hinzu kommen Adoranten und Ritualtänzer, die in betonter Männlichkeit abgebildet sind mit einem großen, erigierten Geschlechtsglied, mit Hörnern auf dem Kopf und mit einem Hammer, dem (thorischen) Symbol der Fruchtbarkeit, in den Händen. Sie sind Symbolgestalten der Zeugungskraft und der Fruchtbarkeit überhaupt.

Germanischer Axtgott mit Phallus, Felszeichnung. Bronzezeit

Religionen der Maya, Azteken und Inka

Diese drei altamerikanischen Indianerreligionen gehören zu den bedeutendsten Stadtkulturen Mittel- und Südamerikas. Die größte von allen Indianerkulturen ist die Priesterkultur der *Maya*[1] zwischen 317 und 1441 n.Chr. Das heilige Buch der Quiché-Maya in Guatemala, das erst zwischen 1554 und 1558 schriftlich aufgezeichnet wurde, ist das »Popol Vuh« (»Buch des Rats«). Es enthält in vier Teilen die Zeit der Schöpfung, die Zeit der Dämonen und Heroen, die Zeit der Urväter und die Zeit der Könige.

Die Religion des mittelamerikanischen Indianervolkes der *Azteken*[2] endete mit ihrer Unterwerfung durch die spanischen Eroberer im Jahr 1525. Als der Spanier Cortés im Jahr 1519 die Eroberung Mexikos begann, sahen die Azteken in ihm zunächst die Wiederkehr ihres einstigen Priesterfürsten Quetzalcoatl. Den Glauben an letzteren hatten die Azteken von den Tolteken übernommen und ihn als Gott und Kulturheros verehrt. Die Sprache des Tolteken- und Aztekenreiches war Nahuatl.

Die Religion der *Inka*,[3] eines südamerikanischen Indianervolkes der Quechua, bestand von 1100 bis 1533 und war seit 1438 Reichsreligion mit der Hauptstadt Cuzco (»Nabel«) als dem Mittelpunkt der Erde. Im Inkareich, das den bedeutendsten religiös begründeten »Kommunismus« der Geschichte verwirklicht hatte, war der gesamte Grundbesitz in drei Teile aufgeteilt, von denen das »Inkaland« dem Herrscher gehörte, das »Sonnen-« bzw. »Tempelland« dem Sonnengott und seiner Priesterschaft und das »Volks-« bzw. »Gemeindeland« dem Volk der Inka, das aber die ersten beiden Besitztümer mitbearbeiten mußte.

Die Theokratie des Inkareiches gründete in der Göttlichkeit der Inkaherrscher, deren 13. und letzter, Atahualpa, 1533 von den spanischen Eroberern hingerichtet wurde.

Die alte Göttin 0 (= Chac Chel), Fruchtbarkeits- und Wassergöttin, mit einer großen herabhängenden Brust. Codex Dresdensis

Keine Unzucht zwischen Maya-Göttern und Menschenfrauen

Als Begründer der Kultur der Maya gilt Itzamná (»Tau des Himmels, Haus des Herabtropfens«). Er ist höchster Gott, Himmels- und Sonnengott zugleich, Herrscher über Tag und Nacht, über Osten und Westen. Der sogenannte »Gott D« führt den Beinamen Yaxcocahmut (»Herr des Wissens, grüner Leuchtkäfer«). Er machte die Menschen auf Mais und Kakao aufmerksam und lehrte sie die Medizin und den Kalender.

Seine Gattin ist die Erd- und Mondgöttin Ixchel (»ausgestreckt liegende Frau«). Sie ist die Schutzgöttin der Schwangeren; ihr Bild wurde unter das Ruhelager der Gebärenden gestellt, um eine leichte Entbindung zu erwirken. Sie vereinigt in sich zugleich den guten und den bösen Aspekt, da sie als Wassergöttin sowohl für die Fruchtbarkeit des Wassers steht, aber auch die Saaten durch ebendieses Wasser zerstören kann, weshalb sie manchmal als tigerklauige, böse alte Frau dargestellt wird.

Ein anderer Himmelsgott sowie Schöpfergott ist Kukulkan (»grüne Federschlange«) bzw. Kukumatz, der sogenannte »Gott B«. Da er zugleich Erd-, Wasser-, Feuer- und Windgott ist, sind seine vier Attribute: Mais (Erde), Fisch (Wasser), Eidechse (Feuer) und Geier (Luft).

Die Dresdener Mayahandschrift zeigt eine Reihe von Abbildungen mit Kopulationsszenen zwischen Gottheiten, durch die ihr Fruchtbarkeitsaspekt ausgedrückt wird. So sieht man z. B. den alten kahlköpfigen Mondgott, wie er sich gerade in Kopulation mit einer jungen, hübschen Göttin befindet.

Die Gottheiten der Fruchtbarkeit sind vorwiegend männlichen Geschlechts. Zu ihnen gehören vor allem der Regen- und Gewittergott Chac (»Donner«), ein Gott der Fruchtbarkeit und des Ackerbaus, sowie der Sturmgott Huracan (»Einbein«), eine Personifikation der großen und ungezügelten, entfesselten Kräfte der Natur, der dem Orkan und Hurrikan seinen Namen gegeben hat. Aus der »Zeit der Könige« ist ein Gebet an Huracan überliefert, das die Herrscher für ihre Untertanen sprachen:

»O Huld des Schicksals, Du Huracan, Du ›Herz des Himmels‹ und ›Herz der Erde‹, der Du Fülle und Überfluß spendest, der Du Töchter und Söhne schenkst! Setz in Bewegung und laß ausströmen Deinen Überfluß und Deine Fülle! Gib bitte Leben und Gedeihen meinen Untertanen, daß sie fruchtbar seien, daß sie sich vermehren mögen, die Deine Heger, Deine Pfleger sind! Die Dich auf Straßen und Wegordnungen, an Wasserläufen und in Schluchten, unter Bäumen und unter Schlingpflanzen anrufen: Schenke ihnen Töchter und Söhne! … Daß doch kein Unhold von hinten oder von vorn an sie herandringe! … Daß sie nicht Unzucht trieben, nicht verurteilt würden! … Gut sei Tun und Treiben derer, die Deine Heger und Pfleger sind vor Deinem Mund, vor Deinem Angesicht, Du ›Herz des Himmels‹, Du ›Herz der Erde‹, Du [Verschnürte Kraft] und Du Tohil, Avilix und Hacavitz im Himmel und im Innern der Erde.«[4]

Der alte (Mond-)Gott der Maya in Kopulationsstellung mit einer jungen Göttin. Die geschlechtliche Vereinigung eines Gottes mit einer Göttin bewirkt die Wiedergeburt der Wesen

Als spezieller Gott des Maisbaus gilt Yum Kaax (»Herr des Waldlandes«), der sogenannte »Gott E«. Er ist zugleich die Personifikation des Ideals männlicher Schönheit. Ek Chuah (»schwarzer Gott«) heißt der Schutzgott der Kakaopflanzen, der sogenannte »Gott M«.

Ein anderer Fruchtbarkeitsgott ist Hun-Hunapú, der, wie das »Popul Vuh« aus der »Zeit der Heroen« erzählt, durch die Jungfrau Ixquic Vater von Zwillingssöhnen wurde. Bei einem Ballspiel im Totenreich Xibalbá hatte er seinen Kopf verloren. Nachdem dieser an einem bisher unfruchtbaren Kalebassenbaum aufgehängt war, trug letzterer erstmals Früchte. Als dann die Jungfrau Ixquic nach den Früchten griff, bespie der Schädel des Hun-Hunapú ihre Handfläche. Von dem Speichel wurde die Jungfrau schwanger und gebar die Zwillingssöhne Hunapú (»Eins-Blume«) und Ixbalanqué (»kleiner Jaguar«), die später den Tod ihres Vaters in Xibalbá rächen sollten.[5]

Aus der »Zeit der Urväter« erzählt das »Popol Vuh« eine Geschichte, die berichtet, wie die Einrichtung des blutigen Götterdienstes eine Schwächung der Stämme zur Folge hatte und wie deshalb die Stammväter daraus einen Ausweg suchten.[6] Da die drei Götter Tohil, Avilix und Hacavitz in Gestalt von drei Jungmännern in einem Fluß zu baden pflegten, überlegten die Quiché-Stämme, womit sie die drei Götter in ihre Gewalt bringen könnten. Und sie kamen auf einen sexuellen Einfall: »Um ihrer Herr zu werden, dazu sei dies unser Mittel: Da es Jungmänner sind, in deren Gestalt sie auftreten, und sie leibhaftig im Wasser gesehen werden, so mögen sich doch zwei Jungfrauen aufmachen! Aber das müssen wirklich ausgesuchte schöne, das müssen über Alles begehrenswerte Jungfrauen sein. Die sollen das Verlangen nach sich wecken!« Daraufhin suchten sie zwei der schönsten Jungfrauen unter ihren Töchtern aus und gaben ihnen den Auftrag: »Macht Euch auf, Ihr unsere Töchter! Hurtig, wascht die Kleider im Fluß! Wenn Ihr dann die drei Jungmänner erblickt, zieht Euch Beide vor ihren Augen nackend aus! Wenn dann ihr Herz nach Euch begehrt, so nehmt Besitz von ihnen: Wenn sie also euch zu Euch sagen: ›Könnten wir Euch doch näher nachgehen!‹ dann sagt Ihr: ›Es sei so!‹ ... Wenn sie Euch dann irgend Etwas schenken sollten, wenn sie Eure Gesichter zu liebkosen wünschen, dann gebt Euch ihnen ganz hin! Falls ihr Euch aber nicht hingeben wolltet, dann töten wir Euch!« Nach diesem eindeutigen Auftrag wurden die beiden Jungfrauen Xtah und Xpuch zum Fluß geschickt, zum Badeplatz der drei Götter.

Und als die beiden Jungfrauen zum Fluß kamen, begannen sie zu waschen, und sie zogen sich beide nackt aus, als die drei göttlichen Jungmänner zusammen ankamen. Da die erwartete Reaktion von seiten der Götter ausblieb und nur wenig der Anblick der zwei nackten Schönen sie erregte, schämten sich die Mädchen sehr.

Der Versuch der Stämme, ihre Töchter und jungfräulichen Mädchen als Buhlerinnen und Verführerinnen zu den Göttern zu schicken und diese ihrer Macht über die Menschen durch Unzucht zu berauben, war mißlungen.

Aztekische Gottheiten für vegetative und menschliche Fruchtbarkeit

Das Wort teotl (»steinig, dauerhaft, mächtig«), bei dem teo den Wortstamm bildet und -tl das substantivbildende Suffix ist, bezeichnet im allgemeinen eine Gottheit. In der Verehrung der Gottheiten stehen die der Sonne, des Regens und des Windes an erster Stelle. Von den ca. 60 Gottheiten der Azteken sind $^2/_3$ Götter und $^1/_3$ Göttinnen. Auch die drei Hochgottheiten sind männlichen Geschlechts.

Der bedeutendste Gott der Azteken ist Huitzilopochtli (»Kolibri zur Linken [des Südens]«). Er ist als Stammesgott ihr Hochgott, Kriegs- und Sonnengott zugleich sowie Personifikation der jungen Sonne, des Taghimmels, des Sommers und des Südens. Jeden Morgen tritt er aus dem Schoß seiner Mutter, der Erdgöttin Coatlicue hervor, um jeden Abend wieder zu sterben, wenn er in den Leib seiner Mutter zurückkehrt.

Als Gegenspieler dieses lichten Gottes fungiert der dunkle Stammes- und Kriegsgott Tezcatlipoca (»rauchender Spiegel«), der den Nachthimmel mit den Sternen, den Winter und den Norden, das Böse, den Tod und die Zerstörung personifiziert. Tezcatlipoca bietet das Beispiel eines Frauenraubs im Götterhimmel, da er dem Regengott Tlaloc (»er, der sprießen macht«) dessen Gattin, die Erd- und Mondgöttin Xochiquetzal, raubte und sie zur Liebesgöttin machte.

Er ist nicht nur der Gegenspieler des Huitzilopochtli, sondern auch der größte Widersacher des bedeutenden Wind- und Schöpfergottes Quetzalcoatl (»grüne Feder-Schlange«). Wie schon aus seinem Namen hervorgeht, ist er ein Gott sowohl des Himmels (Feder) wie auch der Erde (Schlange). Er gilt als Sohn der erdgeborenen Jungfrau Chimalman (»die auf dem Rundschilde«), die durch das Verschlucken eines grünen Edelsteins schwanger mit ihm wurde. Der grüne Edelstein ist Sinnbild des Herzens und des organischen Lebens. Wegen seines dunklen Gegenspielers hat Quetzalcoatl sich später nach Osten ans Meer begeben und auf einem Scheiterhaufen selbst verbrannt, wobei sich sein Herz als Morgenstern an den Himmel versetzte. Sein Erscheinen und

Verschwinden, sein Tod und seine erwartete Wiederkehr sind Symbol des Mondlaufs.

Die ca. 20 Gottheiten der Fruchtbarkeit sind meist weiblichen Geschlechts. So herrscht über den obersten, den 13. Himmel, in dem sich die noch nicht gezeugten Menschenkinder aufhalten, die Fruchtbarkeits- und Korngöttin Tonacacihuatl (»Herrn unseres Fleisches«). Sie ist nicht nur die Herrin der Lebensmittel, die den Leib (das Fleisch) des Menschen aufbauen und erhalten, sondern sie schickt auch als Herrin der Zeugung und Geburt aus ihrem Himmel die Kinder auf die Erde herab, die in den Schoß der Mütter eingehen und dann von diesen geboren werden. Tonacacihuatl ist identisch mit der Göttin Omecihuatl (»Zwei-Frau, Herrin der Zweiheit [der Zeugung]«), die die weibliche Zeugungskraft personifiziert. Die ehelichen göttlichen Partner dieser Göttinnen heißen entsprechend Tonacatecutli (»Herr unseres Fleisches«) bzw. Ometeotl (»Zwei-Herr, Herr der Zweiheit [der Zeugung]«).

Eine Erd- und Mondgöttin sowie Göttin der Liebe und der Fruchtbarkeit, aber auch des verbotenen Geschlechtsverkehrs ist Tlazolteotl (»Göttin des Unrats«) mit dem Beinamen Tlaelquani (»Dreckfressende«). Die Wörter »Dreck, Unrat, Kehricht« sind hier Metaphern für den Schmutz der Sünden, insbesondere der geschlechtlichen Vergehen, der Unzucht und des Ehebruchs. Wenn ein Ehebruch öffentlich bekannt war, so wurden die »öffentlichen Sünder« zur Strafe öffentlich zu Tode gesteinigt, blieb der Ehebruch hingegen geheim, so konnten die Sünder einem Priester der Göttin (einmal im Leben) beichten, ihre Übeltat galt als gesühnt, und die »geheimen Sünder« gingen straflos aus, da ihre Sünden in der reuigen Beichte gleichsam auf die Göttin selbst, die sie zu tilgen vermochte, übergegangen waren. Ein bekanntes Bild aus dem »Codex Borbonicus« zeigt die Göttin Tlazolteotl in Empfängnis und Geburt, d. h., man sieht, wie vom Himmel ein Kind zur Göttin herabkommt, in die Göttin eingeht und dann aus ihrer Scheide wieder austrit. Als Kind der Göttin gilt der Maisgott Cinteotl (»Maisgott«), dem zu Ehren die beiden Monatsfeste »das kleine Erwachen« und »das große Erwachen« gefeiert wurden, bei denen die männliche und weibliche Jugend in ausgelassenem Treiben die Fruchtbarkeit der Natur symbolisch darstellten. In einem Gesang des Maisgottes heißt es:

Geburtsszene: Tlazolteotl, die Mond- und Erdgöttin, gebiert den Maisgott Cinteotl. Grüngrauer Nephrit, 1325 bis 1521 n. Chr. Washington: National Gallery, Sammlung Bliss

»Geboren ist der Maisgott
In dem Hause des Herabkommens [dem Hause der Geburt],
An dem Orte, wo die Blumen stehen [dem Garten, dem Paradies],
[der Gott] ›eins Blume‹.

Geboren ist der Maisgott
An dem Orte des Regens und Nebels,
Wo die Kinder der Menschen gemacht werden,
An dem Orte, wo man die Edelsteinfische fischt.«[7]

Eine andere Erd- und Fruchtbarkeitsgöttin ist Teteo innan (»Mutter der
Götter«). Frauen gilt sie als Geburtsgöttin und Männern als Kriegsgöttin.
Darüber hinaus waltet sie als Schutzgöttin der Medizinmänner und Hebam-
men. Ihr Beiname ist Toci (»unsere Großmutter«), und ihr Attribut ist der
Besen. Ein Bild aus dem »Codex Vaticanus B.« zeigt die Erdgöttin Teteo innan
in Kopulation mit dem Maisgott Macuilxochitl (»Fünf-Blume«). Beide sitzen
auf der Matte und sind durch das Kopulationsband gebunden. Unter ihnen
liegen zwei enthauptete Menschen, aus deren Hälsen das Blut zu dem Götterpaar hinaufströmt – ein Symbol dafür, daß die Erde durch das herabströ-
mende Blut eines geopferten Menschen befruchtet, d. h. »die Erde begattet
wird«.

Xochiquetzal (»aufrechtstehende Blume«) ist zugleich Mond- und Erdgöttin,
eine Göttin der Tänze und der Spiele, der Blumen und der Liebe, ja des
Sexuallebens überhaupt, eine Schutzgöttin der Schwangeren und Gebären-
den sowie der weiblichen Sinnlichkeit und des von Frauen betriebenen
Kunsthandwerks. Ihr männliches Pendant ist ihr Zwillingsbruder, der ju-
gendliche Maisgott, der Gott der Blumen und des Ballspiels, des Tanzes und
Gesanges Xochipilli (»Blumenprinz«), der die männliche Sinnlichkeit und das
Vergnügen personifiziert.

*Der geschlechtskranke (syphilitische)
Gott Xolotl-Nana(h)u(a)tzin mit Ge-
schwüren an den verkrümmten Händen
und Füßen, Codex Borgia, Blatt 10*

Aztekische Bilderzählung von einer Götterhochzeit in einem Faltbuch; in der Mitte das Brautbad

Eine männliche Vegetationsgottheit ist auch Xipe Totec (»unser Herr, der Geschundene«), ein Gott des Frühlings und der aufkeimenden Saat sowie Personifikation des notwendigen Kampfes und Leidens in der Natur. Das ihm zu Ehren im Frühjahr gefeierte Fruchtbarkeitsfest war mit Menschenopfern verbunden, wobei die Opferung eines den Gott darstellenden Menschen, dem man die Haut abzog, mit der sich dann der Opferpriester bekleidete, die neuerwachte Natur im Kreislauf von Leben und Sterben symbolisierte.

Für die Fruchtbarkeit der Menschen, der Erde und der Vegetation, insbesondere der Maisfrucht als Hauptnahrungspflanze Mittelamerikas, stehen die vorgenannten Gottheiten. Eine Besonderheit stellt aber auch die Fruchtbarkeit der Agavepflanze dar. Für letztere steht die Agavengöttin Mayahuel, die den aus der Agave gewonnenen Rauschtrank Pulque personifiziert. Die

Entdeckerin der Pulque-Bereitung wird als Frau mit 400 Brüsten dargestellt, die wegen ihrer Fruchtbarkeit von den Göttern im Himmel in Agavepflanzen verwandelt wurden. Dies ist eine mythische Erklärung der monatelangen, fast unerschöpflichen Ausscheidung des milchigen Saftes aus dem angezapften Stamm der Agavepflanze. Die Göttin der natürlichen Fruchtbarkeit ist auch die Herrin des 8. von 20 Tageszeichen, dessen Name »Kaninchen« (tochtli) ein Symbol der Fruchtbarkeit ist.

Die relativ zahlreichen Göttinnen sorgen für die natürliche Fruchtbarkeit und Vegetation, für Nahrungs- und Genußmittel, vor allem für Mais, den roten Pfeffer und die Agavepflanze, aber auch für die menschliche Fruchtbarkeit und Sexualität, für Liebe, Zeugung und Geburt.

Tonatiuh (»der aufgeht, um zu leuchten; Sonne«), ist der Hauptname des Sonnengottes, dem theoretisch sämtliche Opfer galten, sowie Personifikation der aufsteigenden Sonne. Er herrscht über den höchsten von drei Himmeln, den Tonatiuhican (»Land des Tonatiuh«), in den alle Geopferten gelangen, sowohl die im Kriege gefallenen Männer wie auch die diesen gleichgestellten, im Kindbett verstorbenen Mütter. Es bestehen gewisse Ähnlichkeiten zwischen diesem Sonnengott und dem Huitzilopochtli, dem Hauptgott von Tenochtitlan, so wie zuweilen zwischen der Mondgöttin Metzli (»Mond«) und dem Tezcatlipoca, dem Hauptgott von Texcoco.

Götterhochzeit: Macuilxochitls und die Erdgöttin Teteoinnan in Kopulation. Beide sitzen auf einer Matte und sind durch das Kopulationsband gebunden. Unter ihnen liegen zwei enthauptete Menschen (= Menschenopfer), aus deren Hälsen das Blut zum Götterpaar hinaufströmt

Der Sonnengott der Inka und die Fruchtbarkeitsgöttinnen

Für die Inka steht am Anfang der Welt der Schöpfergott Viracocha (»Schaum des Meeres«), der auch die ersten Menschen erschuf. Der 8. Inka (1340–1400) trug seinen Namen. Der Schöpfergott verschwand auf geheimnisvolle Weise, nachdem er versprochen hatte, wiederzukommen. Als der Spanier Hernando de Soto nach Peru kam, wurde er von dem letzten Inka als der zurückgekehrte Viracocha angesehen.

Als Kinder des Schöpfergottes galten das Geschwisterpaar mit dem Sonnengott und der Mondgöttin. Der Sonnengott Inti (»Sonne«) war seit dem 9. Inka Pachacutec (15. Jh.) oberster Reichsgott und Stammvater aller Inka. Zu Ehren des Sonnengottes wird im Juni zur Zeit der Wintersonnenwende das Sonnenfest Intip Raymi (»Tanz der Sonne«) gefeiert. Dieses bedeutendste von insgesamt 4 Hauptfesten wird neun Tage gefeiert. Dabei wird mit einem Brennspiegel oder durch Reiben von Hölzern das Feuer neu entzündet, dessen Flamme bis zum folgenden Jahr von sogenannten »Sonnenjungfrauen« gehütet werden mußte. Des Sonnengottes irdischer Repräsentant war der jeweils

Weltvatergott Viracochz, über dem Kopf die strahlende Sonnenscheibe, in den Händen Donnerkeile, aus den Augen fließen Tränen. Plakette aus Andalgalà/Catamarca (Argentinien)

regierende »alleinige Inka« (Sapa Inka), ähnlich wie die Mondgöttin Mama Quilla (»Mutter Mond«) ihre Repräsentantin in der Hauptfrau Coya (»Stern«) des Inka hatte. Das in Geschwisterehe lebende Paar von Sonnengott und Mondgöttin zeugte den ersten Inka Manco Capac (ca. 1080 n. Chr.) und dessen Schwester und Hauptfrau Mama Oello. Schon aus diesem Grunde waren die in Geschwisterehe lebenden Inka-Herrscher von ihren göttlichen Ahnen her legitimiert.

Götterhochzeit zwischen einem Gott mit Schlangengürtel und einer Erdgöttin. Das kohabitierende Götterpaar wird von einem anthropomorphen Kolibri mit Chicha, dem Symbol für die erwartete Fruchtbarkeit, begossen. Vasenbild aus Peru. Berlin: Museum für Völkerkunde

Der regierende Inka war zu strengster mutterrechtlicher Endogamie verpflichtet, d. h., er mußte seine älteste Schwester von der gleichen Mutter als Hauptgattin heiraten. Sobald aber diese ihm einen Sohn und eine Tochter geboren hatte, die sich wiederum später in gleicher Weise zu ehelichen hatten, brach der Inka jeden weiteren näheren Verkehr mit seiner Schwester sofort ab.

Wenn die Ehe mit der ältesten Schwester kinderlos blieb, so heiratete der Inka die zweitälteste, während die älteste Schwester so lange weiter den Titel Coya führte, bis die zweitälteste einen Sohn geboren hatte. Über diese verpflichtende Geschwisterehe hinaus lebte der Inka in Polygynie, d. h., er besaß neben seiner ältesten Schwester in der Regel vier bis fünf gesetzmäßig angetraute Ehefrauen (Palla) und darüber hinaus weitere Frauen als Konkubinen (Mamacuna), ca. 300 an der Zahl. So ist es nicht verwunderlich, daß der 9. Inka Pachacútec Yupanqui (1438–1471) bei seinem Tode ca. 300 Kinder hinterließ.

Alle Fruchtbarkeitsgottheiten sind fast ausschließlich weiblichen Geschlechts, und sie haben in ihrem Eigennamen wie die Mondgöttin den Gattungsnamen Mama (»Mutter«) als Wortbestandteil, so die Erd- und Erntegöttin Mama Allpa, die Meeresgöttin Mama Cocha (»Mutter Meer«), die Maisgöttin Mama Cora, die Stammutter aller Inka, Mama Oello (»ehrwürdige

Mutter Ei«), sowie die Erd- und Allmutter Pachamama (»Weltmutter«), deren Feste auf den Anfang und das Ende des landwirtschaftlichen Jahres fielen.

Männliches Priestertum bei Maya und Azteken sowie »Sonnenjungfrauen« bei den Inka

An der Spitze der sozialen Ordnung steht bei den *Maya* die Priesterschaft Ah kin (»der von der Sonne«) mit dem Ahaucan (»Schlangenfürst«) als Oberhaupt. Als ranghöchste Priester gelten die auf dem Gebiet der Schriftkunde und Himmelsbeobachtung, der sakralen Baukunst und der Medizin Arbeitenden. Ihnen folgen die Opferpriester. Das Priestertum ist bei den Maya eine reine »Männersache«, ähnlich wie bei den *Azteken*.

Sakralen Charakter hat das Ballspiel, das den Kreislauf der Sonne auf ihrer täglichen Bahn gewährleisten soll. Prototyp dieses Spiels ist das im »Popol Vuh« erzählte kultische Ballspiel, das das Heroenbrüderpaar Hun Hunahpu (»Eins-Blume«) und Vucub Hanahpu (»Sieben-Blume«) in der Unterwelt gegen die Todesgötter Hun Came (»Eins-Tod«) und Vucub Came (»Sieben-Tod«) spielen und verlieren.[8] Erstere werden in Stücke zerrissen und somit der Erde als Opfer übergeben.

In der gesellschaftlichen *Inka*-Hierarchie von Adel, Freien und Sklaven nahmen die Priester und Priesterinnen eine Sonderstellung ein, an deren Spitze der Villak Umu oder Huakapuillak (»der mit Gott Redende«) stand.

Unter den Priesterinnen und Dienerinnen des Sonnengottes gab es zwei Klassen. Die höhere Klasse diente als »Sonnenjungfrauen« (Akllja) dem Sonnengott. Sie hatten das heilige Feuer zu hüten und für die Zubereitung des Opfergetränks und des Opferkuchens für den Sonnengott und seine Priester zu sorgen. Diese »Töchter der Sonne«, ca. 1500 an der Zahl, waren nach Schönheit ausgewählte und noch jungfräuliche Mädchen, die während der Dauer ihres Tempeldienstes in klosterähnlichen Gemeinschaften in der Hauptstadt des Reiches lebten und zu strengster Keuschheit verpflichtet waren. Ein Bruch des Keuschheitsgelübdes hatte für die Verführte zur Folge, daß sie bei lebendigem Leibe begraben wurde, und für den Verführer den Tod durch Erhängen. Auch dessen ganze Familie und alle Einwohner der Stadt, der er angehörte, wurden hingerichtet, und selbst die Stadt wurde völlig zerstört. Jedoch ist in der gesamten Geschichte des Inka-Reiches kein einziger derartiger Fall bekannt.

Die zweite Klasse der Dienerinnen des Sonnengottes kam aus allen Ständen und aus allen Provinzen des Reiches. Sie waren ebenfalls nach Schönheit

Der Inka und seine Hauptfrau in einer von vier Männern getragenen Sänfte

Männliche und weibliche Maya-Gotthei-
ten aus dem Codex Dresdensis:
Gott B, Regengott (links oben),
Gott D, Himmelsgott Itzamná (Mitte),
Göttin I, junge Mondgöttin Ixchel mit
großer, herabhängender Brust (unten),
Gott E, junger Maisgott Yam-Kaax
(rechts oben),
Gott G, alter Sonnengott Kinich Ahau
(Mitte),
Göttin Ixtab (die » des Seils«), junge Göt-
tin mit großer Brust und einem Seil um
den Hals (unten)

ausgewählte jungfräuliche Mädchen, die »Sonnenbräute«, aus deren Kreis
der Inka und Repräsentant des Sonnengottes seinen Harem ergänzte oder
aber seinen Adligen zu Frauen gab.

Die Gottheiten in den Hieroglyphen der Maya-Priesterkultur

Die auf Steinmonumenten und in Bilderhandschriften erhaltene Hierogly-
phenschrift, die aus ca. 450 Hauptzeichen besteht, ist erst in Ansätzen entzif-
fert. Bekannt sind bis heute die Zeichen für Tage, Wochen, Monate und
Zahlen sowie für einige Tier- und Götternamen.

Die Schrift der Maya ist eine ideographisch-piktographische, d. h., jede Idee ist durch ein graphisches Zeichen (Ideogramm), ein Symbol oder Bild (Piktogramm) dargestellt. Die Hieroglyphen, die heiligen Schriftzeichen, sind in ihrer einfachsten Gestalt die Wiedergabe des Kopfes einer menschlichen oder tierischen Figur.[9] Aus diesem Grund bezeichnet man sie als »nominale Glyphe«, d. h. als Namensglyphe der Gottheiten und der mythischen Tiere. Zu jeder dargestellten Figur gehören aber vier, selten sechs Schriftzeichen, wobei an erster Stelle in der Regel die nominale Glyphe steht und an dritter und vierter Stelle die »attributiven Glyphen« folgen, die die positiven und / oder negativen Auswirkungen der jeweiligen Gottheiten im Rahmen der angesprochenen Thematik widerspiegeln. Die dritte Gruppe bilden die »thematischen Glyphen«, die am Anfang bestimmter Texte stehen und oft paarig gezeichnet sind. Den vierten Komplex stellen die »Glyphen der Opfer und Gaben« dar, d. h. symbolische Zeichen für die den Gottheiten dargebrachten Opfer oder für die von ihnen erhofften Gaben.

In den Handschriften erscheinen die Gottheiten als selbständig stehende Bildgestalten – im Gegensatz zu den Plastiken und Wandmalereien, wo sie meist nur als Randfiguren von Priester- oder Priesterfürstdarstellungen erscheinen, ja selbständige Götterplastiken sind uns bisher ganz unbekannt.

Da uns die Gottheiten der klassischen Maya-Periode weder ihrem Namen noch ihrer Funktion nach bekannt sind, hat Paul Schellhas[10] die Figuren der Gottheiten in den Bilderhandschriften mit den großen Buchstaben unseres Alphabets (A, B, C, D usw.) versehen. Um welche Gottheiten es sich bei den einzelnen Darstellungen handelt, erkennt man an den diesen zugeordneten Schriftzeichen für »Himmel« (kaan) oder »Erde« (caban), für »Sonne« (kin) oder »Mond« (u), für »Fruchtbarkeit« (imix) und »Mais« (kan). So ist z. B. für den Himmelsgott Itzamná (Gott D) das Zeichen ahau (»Herrscher, Edler«) das Hauptelement seiner Glyphe, und der Sonnengott (Gott G) hat das Kin-Zeichen als Hauptbestandteil seiner Glyphe.

Charakteristisch ist auch die Zuordnung der Gottheiten zu Himmelsrichtungen – weshalb ihnen oft die Glyphen für den Norden, Westen, Süden oder Osten beigegeben sind – und auch zu Farben, z. B. rot(er Gott) und schwarz(er Gott). Ferner ist ihr dualistischer Aspekt von »positiv und negativ«, von »alt und jung« typisch, z. B. der »alte« Gott und die »junge« Göttin.

Volks-, Reichs- und Weltreligionen in Mittel- und Hinterasien

Diejenigen Religionen, die sich im Hinblick auf den universellen Geltungsanspruch ihrer Lehre und vor allem auf die überregionale Verbreitung in den Ländern der Erde und/oder auf ihren hohen prozentualen Anteil an der Weltbevölkerung von anderen Religionen unterscheiden, die sich nur auf bestimmte Religionen und/oder einzelne Stämme oder Völker beziehen, nennt man *Weltreligionen*,[1] wie z. B. Hinduismus und Jainismus, Buddhismus und Sikhismus, aber auch der Universismus Chinas. Gemeinsames Kennzeichen aller Weltreligionen sind ihre »heiligen Schriften« als Urkunden ihres Glaubens und Lebens.

Vedisch-brahmanisch-hinduistische Religion

Mit Hinduismus bezeichnet man im Abendland die dritte und letzte geschichtliche Entwicklungsphase in der indischen Religionsgeschichte nach Vedismus[2] (1500–900 v. Chr.) und Brahmanismus[3] (900–400 v. Chr.), die deren Traditionen fortführt und deren Beginn um 400 v. Chr. anzusetzen ist.

Diese drei Phasen der indischen Religionsgeschichte zeigen für das Phänomen der Sexualität (des Männlich-Weiblichen) eine unterschiedliche Wertung. Für den Hinduismus,[4] der die vielfältigen Glaubens- und Lebensformen der heutigen Inder umfaßt, gehören zu den heiligen Quellenschriften die älteren Shruti (»das Hören, Gehörte«) mit den vier Samhitas der Veden und mit den Brāhmanas, Aranyakas und Upanishaden des Brahmanismus und die jüngeren Smriti (»Erinnerung«) u. a. mit dem »Rāmāyana« und »Mahābhārata« sowie dem Gesetzbuch des Manu. Die Hindus selbst bezeichnen ihre Religion als Sanatana-Dharma (»ewiges Gesetz, unvergängliche Religion«). Die Zahl der Hindus beträgt heute ca. 719 Millionen. Sie bilden die drittgrößte Weltreligion, die in Nepal zugleich Staatsreligion ist.

Götterfamilien

Die *vedische* Götterwelt besteht vorwiegend aus Verkörperungen von Naturkräften und Personifikationen ethisch-sozialer Begriffe. Im Rigveda[5] gibt es 33 Gottheiten, und zwar je 11 in den drei Bereichen des Universums, wobei sich die Gottheiten des Himmels, des Luftraums und der Erde wiederum in 2 Götterklassen aufteilen, die der Devas und der Asuras.

Die *Devas* (*deva:* »Gott«) sind z. T. reine Naturgottheiten unter der Leitung Indras. Ursprünglich herrschte ein Urgötterpaar, der Himmelsgott Dyaus Pitar (»Himmel-Vater«) mit seiner Gattin, der Erdgöttin Prthivī Mātar (»Erde-Mutter«). Mit Stier und Kuh identifiziert, wurden sie als Gottheiten der Fruchtbarkeit verehrt und galten als die Eltern vieler Gottheiten.

Eine sehr frühe männliche Göttertrinität – entsprechend den drei Bereichen des Universums – bilden: für den Himmel der Sonnengott Surya (»Sonne«), für die Erde der Feuergott Agni (»Feuer«) und für den Luftraum der Gewittergott Indra, der später an die Spitze aller Devas rückt, nachdem er seinen Vater Dyaus entmachtet und getötet hat.

Götterpaar: Brahma, vierköpfiger und vierarmiger Schöpfergott, mit seiner Gattin Sarasvati

Indra ist die Personifikation der Virilität. Er gab den Frauen die Fruchtbarkeit, schuf die Kühe und gab ihnen die Milch. Quelle seiner Kraft ist der rituelle Rauschtrank des Soma. Als seine Gattin gilt Indrāni, die im Rigveda als glücklichste Frau genannt wird, weil ihr Gatte den Alterstod sterben werde. Agni repräsentiert das Feuer in dreifacher Form, als glühende Sonne, als gleißender Blitz und als Opferflamme. Wenn er aus dem Reibholz entsteht, »gehen mit ihm gleichzeitig die Bäume und Gewächse schwanger und gebären ihn allezeit«.[6]

Als »Bulle der Wasser« ist er das männliche Feuer, das in das (weibliche) Wasser eingeht. »Melkt die glänzende Flüssigkeit des samenreichen Stiers« singt ein Hymnus an den Himmel und die Erde des Feuergottes Agni.[7] Er ist »der Buhle der Mädchen, der Gatte der Weiber«.[8] Ungefähr 200 Hymnen des Rigveda sind an ihn gerichtet, dessen beide Köpfe das häusliche und das allgemeine, erotische Opferfeuer symbolisieren.

Innerhalb des vedischen, männlich beherrschten Götterhimmels gilt als bedeutendste weibliche Gottheit die Göttin Ushas (»Morgenröte«), eine Gattin des Agni. In ca. 20 Hymnen des Rigveda wird sie als Bringerin des täglichen Lichts und liebliche Tänzerin mit bloßen Brüsten gepriesen. Dargestellt wird sie als junge Frau, die ihre Brüste entblößt, um sie vom Mann bewundern zu lassen.[9]

»Sie ist wie eine Schöne sich ihres Körpers bewußt;

sie steht aufrecht wie eine Badende da,

damit wir sie beschauen.

Die Anfechtung, die Finsternis vertreibt sie;

mit ihrem Lichte ist Ushas, die Himmelstochter, gekommen.

Sie, die Himmelstochter, kommt den Männern entgegen;

wie eine schöne Frau entblößt sie ihre Brust.

Indem sie ihre begehrenswerten [Reize] dem Opferer enthüllt,

hat die junge Frau wiederum wie früher Licht gemacht.«

Die Asuras (»Gott, Herr«) mit ihren ethisch-sozialen Funktionen bilden neben den naturalistischen Devas die andere Götterklasse. Da sie im Besitz einer von der Opfergabe und vom Ritual unabhängigen Macht (māyā) sind, werden sie im späteren Brahmanismus von den Priester-Brahmanen zu Gottheiten von geringerer Bedeutung.

Zu den Asuras zählen vor allem die 12 Ādityas, eine Gruppe von Gottheiten, deren Mutter die Göttin Aditi (»Freiheit, Ungebundenheit«) ist, die als »Mutter der Götter« und »Mutter der Welt« verehrt wurde. Sie ist die Personifikation der Freiheit von Schuld und Vergehen. Sie, deren Schoß als Nabel der Welt gilt, ist Göttin des endlosen Raums und Erhalterin der Erde, die unter dem Symbol der Kuh verehrt wird. Als ihre Kinder gelten u.a. Varuna (»Wahrheitswort«), Mitra (»Vertrag«) und Aryaman (»Gastvertrag«), der Gott der Ehestiftung und des Gastrechts. Sie bilden die älteste vedische Götter-Triade.

Das Rigveda erzählt, daß die beiden Ādityas Mitra, der Herr des Tages, und Varuna, der Herr der Nacht, beim Anblick der Schönheit von Urvashi (»die Dämmerung«) ihre Samen verloren, aus dem später die Weisen Agastya und Vasishta entstanden. Die über den Verlust ihres Spermas erbosten beiden Götter verdammten daraufhin Urvashi, eine Apsara aus dem Himmel Indras, zu einem künftigen Leben auf der Erde.

Die *brahmanische* Götterwelt erfuhr gegenüber der vedischen insgesamt eine Abwertung zugunsten der Priester-Brahmanen. Die Abhängigkeit der vedischen Devas vom Opfer und damit von der männlichen Priesterklasse wird im Brahmanismus weitergeführt, so daß die Götter jetzt ohne Hilfe des Rituals machtlos bleiben. Andererseits wurden die vedischen (Asura-)Götter, die vom Opferritual der Priester bisher unabhängig waren, zu Gottheiten von geringerer Bedeutung, ja im nachfolgenden Hinduismus sogar zu Dämonen

Mohini: Gott Vishnu in Frauengestalt, um bei der Quirlung des Milchmeeres die dämonischen Asuras zu verführen

*Gott Vishnus zehn (männliche)
Inkarnationen, darunter die (3.) in der Ge-
stalt eines Ebers, die (4.) in der eines
Mann-Löwen und die (6. und 7.) in der
des Helden Rama und die (8.) in der des
Krishna; Jaipur, 18. Jh. London: Victoria
& Albert Museum*

*Gott Krishna raubt den Kuhhirtinnen die
Kleider: Kangra-Schule, 18. Jh.
Neu-Delhi: National-Museum*

deklassiert, die von der Hölle aus fortwährend Krieg gegen die (Deva-)Götter
führen.

Unter den Deva-Gottheiten, denen die Rolle gehorsamer Werkzeuge der
Priesterklasse zukommt, nimmt Prajāpati (»Herr der Geschöpfe«) als Personifikation des Priestertums eine Ehrenstellung ein. Er ist höchster Priester und
Schöpfer des Rituals. Als Universal- und Schöpfergottheit entläßt er aus sich
das weibliche Prinzip Vāc (»Rede, Wort«), paart sich als männliches Prinzip
mit dem weiblichen und ruft so die empirische Welt ins Leben. Prajāpati ist
Vater der Gottheiten und Dämonen sowie Mehrer der arischen Menschenras-
se und aller Geschöpfe.

Der *Hinduismus* hat das vedische Pantheon übernommen und verändert.

Während bedeutende vedische Götter, wie Indra, Agni und Varuna, zu Hütern der Himmelsrichtungen abstiegen, stiegen ursprünglich weniger wichtige Gottheiten, wie Vishnu und Rudra-Shiva zu Hochgöttern auf, und weibliche Gottheiten, die im Vedismus und erst recht im Brahmanismus und Hinduismus männlichen Gottheiten untergeordnet und als deren Partnerinnen beigegeben waren, erfuhren vor allem im Shaktismus eine Aufwertung. So sind in Reliefs an den Tempeln die weiblichen Gottheiten wesentlich kleiner dargestellt als ihre männlichen Partner.

Der hinduistische Götterhimmel, der nach dem »Mahābhārata« 33330 Gottheiten zählt, wird vor allem von drei großen männlichen Gottheiten beherrscht: Brahmā als Schöpfer, Vishnu als Erhalter und Shiva als Zerstörer und Erneuerer, einer männlichen Götterdreiheit (trimūrti = »dreiförmig«).

An der Spitze der *Brahmā-Götterfamilie* steht Brahmā, die maskuline Personifizierung des neutralen Begriffs brahman (»absolutes Selbst, Weltseele«), der Schöpfergott, der aus dem goldenen Ur-Ei entstand bzw. Sohn der Māyā ist.

Seine erste Gemahlin heißt Sāvitrī bzw. Gāyatri, und seine Tochter bzw. zweite Gattin ist die Göttin Sarasvati. Sarasvati gilt als Mutter der Veden und Erfinderin des Sanskrit. Im Vedismus ist Sarasvati noch eine Flußgöttin, die im Brahmanismus mit Vāc (»Rede, Wort«), dem weiblichen Prinzip des Schöpfergottes Prajāpati identifiziert wurde. Im Hinduismus wird sie eine der Gattinnen Vishnus, neben Lakshmi und Gangā. Als Vishnu das Gezänk seiner drei Frauen nicht mehr ertragen konnte, trat er Gangā an Shiva ab und Sarasvati an Brahmā als dessen zweite Gemahlin.

Dem Gott Brahmā waren ursprünglich fünf Köpfe gewachsen, als er sein weibliches Gegenstück Sarasvati bei einer Umschreitung in sinnlichem Entzücken betrachtete. Das fünfte Haupt des heute nur noch vierköpfigen Brahmā ist ihm von Shiva (Bhairava) abgeschlagen worden, und zwar zur Strafe dafür, daß Brahmā mit seiner eigenen Tochter (inzestuösen) Geschlechtsverkehr hatte.

Gott Krishna und seine Hauptgeliebte, die Kuhhirtin Radha. Nurpur-Gemälde, 18. Jh. London: Victoria & Albert Museum

Krishna und seine 16008 Frauen

Für die Vishnuiten ist Vishnu das Haupt der *Vishnu-Götterfamilie* sowie oberster Gott und Erhalter der Welt, nachdem er im Vedismus nur eine untergeordnete Rolle gespielt hatte. Ihm wurden erst mit der Zeit die Funktionen Indras und Prajāpatis übertragen. Er ist ein überwiegend freundlicher und gütiger, milder und wohlwollender Gott, ein Gott der Liebe, der für die

Der Tanz Krishnas mit Radha im Mittelpunkt eines Kreises von Kuhhirtinnen, von denen jede den Gott Krishna für ihren Partner hält. Jaipur, 18. Jh. Jaipur: Museum

Liebesakt des hinduistischen Götterpaares
Vishnu und Lakshmi am Jagadambi-
Tempel in Khajuraho/Madhya Pradesh
(Indien), 11. Jh.

Ein vom Liebesgott Kama – mit Pfeil und
Bogen – gerittener Elefant der aus neun
Mädchenleibern gebildet ist Papiermalerei
aus Bhubaveshvar, 19. Jh.

nach Erlösung strebenden Vishnuiten Hauptgegenstand in der bhakti (»Liebe«)-Verehrung ist. Vishnu hat »tausend Namen« (sahasranāma), deren tägliche Wiederholung ein verdienstvolles Werk ist. Zur Vishnu-Götterfamilie gehören seine zahlreichen männlichen Inkarnationen, deren Abfolge in einer Art Evolutionsreihe erfolgt – vom Tier (u. a. als Eber) über den Tiermenschen (Mannlöwe) zum Menschen (u. a. als Rāma). Jedesmal, wenn auf der Erde das Böse übermächtig wird, nimmt der Gott Vishnu eine irdische Gestalt in einem Herabstieg (avatāra) an, um in dieser Welt Ordnung und Moral wiederherzustellen.

So z. B. erfolgte die siebte Inkarnation Vishnus in der Gestalt des Helden Rāma, wie er im Nationalepos »Rāmāyana« (»der Lebenslauf des Rāmā«) beschrieben wird, der 14 Jahre seines Lebens zusammen mit seiner Gattin Sitā (»die Ackerfurche«) in der Verbannung verbringt. Später verstößt Rāmā seine Gattin Sitā, weil er glaubt, daß sie ihm untreu geworden ist. Sie beweist jedoch ihre Unschuld durch eine Feuerprobe. Später mißtraut Rāmā ihr wiederum und verbannt sie. Sitā, zurückgerufen, beschwört abermals ihre Treue und bittet dann die Mutter Erde, sie aufzunehmen und von der Qual des (Gatten-) Lebens zu befreien. So kehrt sie zur Erde zurück, woher sie gekommen war. Der Rāmā-Kult ist nach dem Krishna-Kult der bedeutendste im Hinduismus. Für viele Hindus verkörpert Rāmā das Ideal des Mannes, und Sitā ist die ideale Ehefrau.

Krishna (»der Dunkle, Schwarze«) ist die 8. Avatāra Vishnus in Gestalt eines dunkelhäutigen Hirten, um u. a. als Wagenlenker Arjuna die »Bhagavadgītā« zu verkünden. Krishnas Vater Vāsudeva hatte sieben Schwestern geheiratet, darunter die beiden Frauen Rohini und Devaki. Letztere bekam von ihm acht Söhne, deren jüngster Krishna war. Da dem König Kamsa von Mathurā, einem Vetter der Devaki, geweissagt worden war, daß er durch einen ihrer acht Söhne einmal getötet werde, ließ Kamsa die ersten sechs inzwischen geborenen Söhne Devakis töten. Als Gott Vishnu sich zwei Haare ausriß, ein weißes und ein schwarzes, und diese beiden Haare in den Schoß von Rohini und Devaki gerieten, wurde aus dem weißen Haar Balarāma und aus dem schwarzen Haar Krishna.

Um Balārama, das 7. Kind Devakis, zu retten, hat ihn die Schlafgöttin Nidrā schon als Embryo aus dem Mutterschoß der Devaki in den der Rohini übertragen. Als dann Krishna, das 8. Kind der Devaki, geboren wurde, flüchtete sein Vater mit den beiden Söhnen Balarāma und Krishna zu Hirten, um diese von ihnen heimlich aufziehen zu lassen. – Auch hier noch hatte die dämonische Riesin Pūtanā versucht, den Säugling Krishna mit ihren vergifteten Brüsten zu stillen und zu töten. Sie, ein Symbol für das »Ich«, das das Göttliche aufsaugen will, wurde jedoch später selbst von diesem aufgesaugt. – So wuchs Krishna als Gopāla (»Kuhhirt«) unter den Kuhhirten auf, wo er mit den schönen Gopis (»Hirtinnen«), den Frauen und Töchtern der Kuhhirten, seine tausend erotischen Spiele trieb; insbesondere mit seiner Hauptgeliebten Rādhā.

Das zarte Liebesspiel (Rasalila) der beiden symbolisiert das ewige Spiel zwischen Gott und der individuellen Seele. Beim erotischen Reigen Mandala-nrita werden Krishna und Rādhā als Mittelpunkt von den anderen Gopis umtanzt.

Als Stadtfürst von Dvarka machte Krishna Rukmini zu seiner Hauptfrau, die er als bereits Verlobte des Königs Shishupāla an ihrem Hochzeitstag entführte und mit der er 10 Söhne und 1 Tochter zeugte, darunter den Bradyumna, den wiedergeborenen Liebesgott Kāma. Krishna heiratete insgesamt 8 Prinzessinnen und befreite aus der Gefangenschaft weitere 16 000 Prinzessinnen, die er ebenfalls zu seinen Gemahlinnen machte. Mit allen lebte er so glücklich, daß jede meinte, sie sei die einzige, und jede seiner Gattinnen gebar ihm 10 Söhne, so daß er insgesamt 160 080 Söhne bekam.

In den späten Mannesjahren wurde Krishna der Wagenlenker und Berater des Pandava-Prinzen Arjuna sowie Schöpfer der »Bhagavadgītā«, in der er bhaktimarga, die Gottesliebe als Erlösungsweg, verkündete. Bei Krishnas Tod starb auch Rukmini zusammen mit sieben anderen seiner Ehefrauen freiwillig als Sati (»treue Gattin«) den Flammentod auf dem Scheiterhaufen.

Lakshmi (»Glück«), auch Shri genannt, die Göttin der Schönheit und der Liebe, ist die Shakti und Gattin Vishnus, dem sie in seinen verschiedenen Wiedergeburten jeweils als seine Gemahlin beisteht, so z. B. in der 6. Inkarnation als Dhārani (»die Erde«), in der 7. Inkarnation als Sitā und in der 8. als Rādhā bzw. Rukmini.

Der Liebesgott Kāma (»Begehren, Verlangen«) gilt als Sohn des Vishnu und der Lakshmi bzw. des Krishna und der Rukmini, und seine Gattin ist Rati (»Wollust, Liebesleidenschaft, weibliche Scham«). Letztere ist Göttin der körperlichen Liebe und der Liebesfreuden. Sie symbolisiert die initiatorische Kraft der Frauen beim Liebesspiel.

Vollbrüstige Rati (»Wollust«), die Gemahlin des Liebesgottes Kama (»Begehren«), auf einer Gans reitend

Der Shiva und die Shakti

Für die Shivaiten ist Shiva (»der Freundliche, Wohlwollende«) das Haupt der *Shiva-Götterfamilie* sowie der Hauptgott, der im Vedismus noch Rudra (»der

Rote«) hieß und nach dem Rigveda der Furchterregende, in den Bergen wohnende, aber auch hilfreiche Gott war.

Die 1008 Namen Shivas zur Benennung seiner Erscheinungen lassen sich in vier Gruppen einteilen. Die 1. Gruppe umfaßt den schöpferischen und wohlwollenden Aspekt u. a. mit den Namen Mahādeva (»großer Gott«) oder Maheshvara (»großer Herr«). Eine andere Gruppe ist die des nackten Asketen und vorbildlichen Yogi mit den Namen Mahāyogi (»großer Yogi«) oder Yogeshvara (»Herr der Yogis«). Zur Gruppe des zerstörerischen und schrecklichen Aspekts gehören die Namen Bhairava (»der Entsetzliche«) und Hara (»der Wegraffende«). Shiva als Hara wird manchmal zusammen mit Vishnu als Hari in der einen Gestalt des Hari-Hara dargestellt. Den zerstörerischen Aspekt Shivas unterstreicht auch die Zeugung seines Sohnes, des Kriegsgottes Kārttikeya. Die 4. Gruppe der Namen charakterisiert ihn als kosmischen Tänzer.

In Shiva-Tempeln wird die schöpferische und zeugende Kraft des Gottes durch sein Reit- und Begleittier Nandi dargestellt oder durch seine Verehrung unter dem phallischen Symbol des lingam. Das Standbild des Nandi (»der Erfreuende«), eines weißen Stiers, ist ein Symbol der Fruchtbarkeit in allen Shiva-Tempeln. Das lingam (»Merkmal, Zeichen«) ist mehr als nur Zeichen des männlichen Zeugungsgliedes. Zusammen mit der yoni (»Mutterschoß«) zeugen beide in ihrer schöpferischen Vereinigung das Leben. Das lingam in der yoni symbolisiert den Urzeugungs- und Schöpfungsakt, die Aufhebung der Polarität der Geschlechter, die Rückführung des Geteilten in den Urzustand des ungeteilten Absoluten (brahman). Seitdem Shiva sich bei seinem Liebesakt mit Parvati nicht einmal durch den Besuch des Weisen Bhrigu stören ließ, wird Shiva unter dem phallischen Zeichen des lingam verehrt.

Lingodbhava-Murti (»Bild der Entstehung des lingam«) meint die Erscheinung Shivas in Form einer (Phallus-)Feuersäule, in der er erstmals zwischen die Götter Brahma und Vishnu trat, um ihnen seine Überlegenheit zu zeigen und sie zu zwingen, ihn zu verehren. Diese flammende Lichtsäule wiederholte sich, als Shiva im Himalaja lebte, wo ihm als nacktem Asketen manchmal die Ehefrauen der Rishis begegneten. Da der Anblick des nackten Shiva in den Frauen große sexuelle Begierde weckte, schlugen die darüber erzürnten Rishis, dem Shiva fluchend, das Geschlechtsglied ab, das aber sogleich eine solche kosmische Größe annahm, daß es die Welt zu spalten drohte. Die drohende Vernichtung der Welt wurde aber abgewendet, als die Rishis gelobten, in Zukunft das Glied Shivas zu verehren. Nach dem lingam des Shiva ist auch das »Linga-Purāna« benannt, eine Schrift, die sein lingam als

Hari-Hara, Götterzweiheit aus (links) Hari (= Vishnu) und (rechts) Hara (= Shiva). Die linke Körperseite mit dem Rad repräsentiert die (weibliche) Hari und die rechte mit dem Dreizack den (männlichen) Hara.
Sandsteinplastik, 6. Jh.

ein mystisches Symbol des in Shiva verkörperten zeugenden und schaffenden Prinzips der Weltschöpfung beschreibt. Shiva selbst sagt von sich: »Ich bin allgegenwärtig, aber ganz besonders in zwölf Formen (des lingam) an zwölf heiligen Orten". Damit sind die zwölf großen lingams gemeint, u. a. Somanātha (»Herr des Mondes«) in Gujarat und Rameshvara (»der Herr Rama«) an der Südspitze Indiens – dieses lingam in einem der größten Tempel Indiens, ist von Rama selbst aufgestellt worden – sowie Kedārnatha in der Grotte Amarnath – hoch im Himalaja. Dieses lingam hat die Gestalt eines Eisstalagmiten von 3 m Höhe. Die Pilger, die beim Anblick des lingam in Ekstase geraten, rufen nicht den Namen des Gottes Shiva an, sondern den seiner göttlichen Gattin, die sein lingam in ihrem Schoß umfing: »Parvati! Parvati!«

Bekannte Darstellungen des Shiva sind die als liebender Gatte mit Uma oder Parvati oder auch in geschlechtlicher Vereinigung mit seiner Gattin Uma als Umamaheshvara oder auch bei der Hochzeit beider als Kalyanasundara. Eine bekannte Darstellung ist auch Shiva als Ardhanarishvara (»der Herr, der zur Hälfte weiblich ist«) in zweigeschlechtlicher Gestalt, wobei die rechte Seite männlich und Shiva mit Asketenknoten, Mondsichel und Dreizack dargestellt wird, während die linke Seite weiblich ist: Parvati mit Scheitel, Stirnmal, weiblicher Brust, sowie Spiegel und Lotos.

Nach dem Kūrma-Purāna, gemäß dem sich Shiva in zwei Hälften, eine rechte männliche und eine linke weibliche geteilt hat, entstanden aus den letzteren die weiblichen Shaktis (»Energien, Kräfte«), d. h. die dem männlichen Shiva entsprechenden weiblichen Gottheiten. Seitdem unterscheidet man die »Rechtsverehrer«, d. h. die Verehrer der männlichen Gottheit, insbesondere des Shiva und seines lingam, von den »Linksverehrern«, d. h. den Shaktas, den Verehrern der weiblichen Gottheiten, insbesondere der Shakti, Devi, Parvati, Durga, Kali und ihrer yoni. Dieser *Shaktismus* ist heute eine der drei großen Richtungen im Hinduismus neben Vishnuismus und Shivaismus. Die weiblich gedachte göttliche »Energie« und Kraft manifestiert sich in den weiblichen Prinzipien und Göttinnen. So sind männliche Gottheiten Shaktis zugeordnet. In der Symbolik der Kunst wird die innige Verbindung der Shakti mit ihrem göttlichen Gatten als sexuelle Vereinigung dargestellt. Für die Shivaiten ist Shakti (»Energie, Kraft, Macht«) die Gattin des Shiva, die hauptsächlich als Devi (»die Göttin«) bezeichnet wird. Shivas Gattin ist die einzige Göttin im Hinduismus, die ihrem Gatten an Rang gleichkommt und ihn z. T. sogar überragt. Ihre zahlreichen Namen zur Benennung ihrer vielfältigen Erscheinungen kann man in vier Gruppen einteilen:

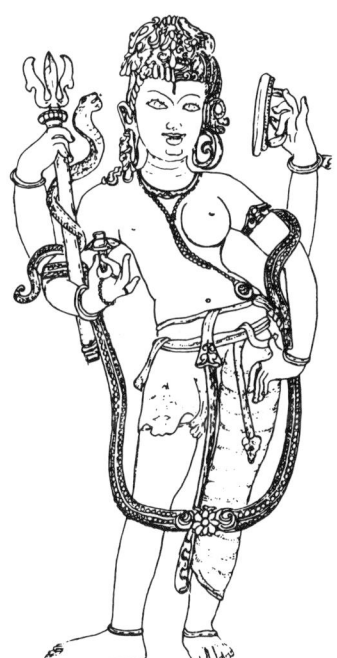

Ardhanarishvara, der androgyne Shiva: rechte Körperhälfte männlich und linke weiblich

Götterfamilie: Mutter Parvati hält Sohn Karttikeya im Schoß und sieht zu, wie Sohn Ganesha mit Vater Shiva Totenschädel zusammenbindet. Kangra-Gemälde, 1790. London: Victoria & Albert Museum

Muttergöttin Kali steht auf dem kopulierenden Götterpaar der Liebe, Rati (oben) und Kama (unten). Gouache auf Papier, Kangra/Himachal Pradesh, 18. Jh.

Die erste Gruppe betont den gütigen und *fruchtbar-mütterlichen Aspekt* unter den Namen Mahādevi (»die große Göttin«) und Maheshvari (»die große Herrin«). Ein anderer Name ist Parvati (»Bergtochter«), der sie als Tochter des Bergkönigs Himavat (Himalaja) charakterisiert. Als Shiva einmal, Asket geworden, kein Interesse mehr für das Liebesleben mit Parvati bzw. Uma zeigte,

mußte erst der Liebesgott Kāma nachhelfen, so daß Shiva wieder in Leidenschaft für Parvati entbrannte und Mutter von Ganesha und Kārttikeya wurde.
Die Gattin Shivas wird Sati genannt (»hingebende, treue Gattin«), weil sie
sich aus Kummer über den Streit ihres Vaters, des Rishi Daksha, mit ihrem
Gatten zur Verteidigung der Ehre des letzteren in den Flammentod stürzte
und so zum Vorbild für Gattentreue und zugleich zur Begründung für eine
Witwenverbrennung wurde. Danach wurde sie als Gattin Shivas u.a. als

*Muttergöttin Durga als Chinnamasta –
flankiert von zwei Yoginis, Dakini und
Varnini – sitzt auf dem kopulierenden
Götterpaar der Liebe, Rati (oben) und
Kama (unten), Gouache auf Papier,
Rajasthan, 18. Jh.*

Parvati wiedergeboren. Andere Namen sind: Kumari (»Jungfrau«), Ambikā
(»Mütterchen«), Amba (»Mutter«) und Jagadmata (»Mutter der Welt«).
Der *asketische Aspekt* sieht die Göttin als Yogeshvari (»große Yogini«) oder
auch Vajrayogini. Letzterer Name meint die Göttin im Yogasitz auf dem
kopulierenden Paar Kāma und Rati, das die Leidenschaft verkörpert.

Den Übergang vom gütigen zum *grimmigen Aspekt* kennzeichnet die Göttin als Durgā (»die Schwer- bzw. Unzugängliche«), die bei den Shaktas als höchste Gottheit überhaupt verehrt wird. Eine besondere Form der Durgā ist die Chinnamastā (»die Geköpfte«), die den eigenen Kopf – gleichsam das »Ich« – abgeschnitten hat, ihn in der Hand hält und dabei auf einem kopulierenden Liebespaar (Rati auf dem Kāma) steht oder tanzt.

Ihren zerstörerischen und *schrecklichen Aspekt* kennzeichnen die Namen Bhairavi (»Schreckliche«) und vor allem Kali (»die Schwarze, die Zeit«) als Herrin der Zeit und Göttin des Todes, die alles Leben verschlingt. Kali ist nach Durgā der Hauptname der Göttin und Gattin Shivas. Weitere Beinamen der Göttin sind Mahākali (»große Schwarze«) und Kalikamata (»schwarze Erdenmutter«). Die zahlreichen Namen dieser Göttin kennzeichnen den Versuch, die ursprünglich selbständig verehrten, älteren weiblichen Gottheiten mit der einen, nun komplexen Shakti und Gattin Shivas zu verbinden.

Shivas und Parvatis ältester Sohn ist Ganesha, die beliebteste Gottheit, und ihr jüngerer Sohn heißt Skanda oder Kārttikeya. Ganesha, der elefantenköpfige Sohn, hat den Beinamen Pulear (? von: *Pulei-ar* = »wessen Sohn?«). Als Paravati ihn gebar, glaubte Shiva zunächst, daß ein anderer der Vater des Kindes sei, und so schlug er ihm den Kopf ab und warf ihn in den Ganges. Als er dann seine Tat bereute, ließ Shiva ihm den Kopf desjenigen Tieres aufsetzen, das ihm zuerst begegnete. Und dies war ein Elefant.

Der Mensch und seine Wiedergeburt als Mann oder Frau

Gemäß dem Weltschöpfungslied im Rigveda[10] steht am Anfang der Welt weder Sein noch Nichtsein, sondern nur das »Eine« (ekam), ungeteilte Ganze und Absolute, das auch als Goldembryo, Gold- oder Urkeim bezeichnet wird. Dieses am Anfang stehende »Eine« stellt man sich zunächst als Ur-Androgyn (Mann/Frau),[11] d. h. zweigeschlechtlich vor, das sich später in ein männliches und ein weibliches Prinzip aufspaltet und den Sohn Purusha (»Mensch«) zeugt. An diesem Urmenschen sind zwar drei Viertel himmlisch und unsterblich, aber ein Viertel ist irdisch. Aus dem letzteren entließ Purusha seine Frau Virāj, und aus ihr wurde der sterbliche Purusha geboren, den die Deva-Götter zum Opfer darbrachten und aus dessen rituell zerlegten Gliedern die einzelnen Teile der Welt hervorgingen: aus seinem Kopf der Himmel, aus seinen Füßen die Erde, aus dem Auge die Sonne, aus dem Atem der Wind.

Für den *Brahmanismus* steht am Anfang das brahman als Urgrund allen Seins, aus dem alles hervorgegangen ist. Dieses brahman ist formlos und namenlos, eigenschaftslos und geschlechtslos, ein Neutrum. Am Anfang war diese Welt allein der atman.

»Da begehrte er nach einem Zweiten. Nämlich er war so groß wie ein Weib und ein Mann, wenn sie sich umschlungen halten. Dieses, sein Selbst zerfällte er in zwei Teile; daraus entstanden Gatte (pati) und Gattin (patni). Darum ist dieser Leib an dem Selbst gleichsam eine Halbheit; ... Darum wird dieser leere Raum hier durch das Weib ausgefüllt. – Mit ihr begattete er sich; daraus entstanden die Menschen.«[12]

Die Einheitslehre der Upanishaden gipfelt in der Erkenntnis, daß das kosmische Prinzip brahman und atman (»Odem, Hauch«), das psychische Prinzip, im Menschen völlig wesensgleich sind. Das Wissen um die Identität von atman und brahman ist die Erlösung. Doch der Weg dorthin führt über zahllose irdische Existenzen, die der Mensch in einem ruhelosen Kreislauf der Wiedergeburten durchlaufen muß. »Wie Schöpfeimer am Wasserrad umlaufen, so kommt der Mensch stets wieder im Mutterschoß zur Geburt.« Die »Wiedergeburt« (punarājāti) ist notwendig, da die erlösende Erkenntnis und Vollkommenheit des Menschen nicht in einem einzigen Leben erreicht werden können, und der Kreislauf von Geburt und Tod, diese Kette von Wiedergeburten, dauert so lange, bis das einzelne Lebewesen die Erlösung (moksha) erlangt hat.

Die Lehre von der Seelenwanderung (samsāra) ist in der Fünffeuerlehre (panchagnividya) eingeschlossen. Nach dieser Lehre steigt das Unsterbliche des Menschen nach seinem Tod und der Verbrennung seiner Leiche »in lichtfarbener Gestalt« als Glaube zum Himmel, und es wird von den Göttern fünfmal hintereinander in den Opferfeuern des Himmels, der Luft, der Erde, des Mannes und der Frau geopfert. Das Unsterbliche des Menschen wird so der Reihe nach aus Glaube zu Soma, aus Soma zu Regen, aus Regen zu Nahrung, aus Nahrung zu Sperma und aus Sperma zum Embryo und so zu einem neuen Menschen auf der Erde.

Der große Guru Yājñavalkya (630–583 v.Chr.) lehrt, daß sich der Mensch bei seinem Tod zwar auflöst, aber sich die noch nicht vergoltenen Taten sammeln und sich aufs neue inkarnieren in einem Lebewesen. Auf diese Weise wird die Vorstellung von der Seelenwanderung mit dem karman (»Tat, Werk«), dem Gesetz der wirkenden Tat, verbunden. Dieses karman bewirkt nicht nur die Wiedergeburt nach dem Tod, sondern es bestimmt auch die Art der Wiedergeburt, z.B. ob als Mensch oder Tier, ob als Mann oder Frau. Das Gesetz des karman bindet den Menschen so lange an die Kette von Geburt und Tod (saṃsāra), bis alle seine Taten vergolten sind und ein neues karman nicht mehr entstehen kann.

Nach der endgültigen Erlösung, d. h. der Befreiung aus der Kette der Wiedergeburten, werden alle Gegensätze von Göttern und Menschen, von Mann und Frau im brahman aufgelöst. Die Upanishaden verkünden von diesem brahman:

> »Du bist die Frau. Du bist der Mann …
> Du hast den Blitz zum Kinde …
> Alles, was ist, wurde aus dir geboren.«[13]

Im *Hinduismus* gilt Manu (»Mensch«) als Stammvater des Menschengeschlechts, auf den als Gesetzgeber das »Gesetzbuch des Manu« (Manu-Samhitā) zurückgeht, das die Grundlage des gesellschaftlichen Lebens der Hindus bildet. Manu, der Urahn und Retter der Menschen, war von einem großen Fisch, der 1. Inkarnation des Gottes Vishnu, vor der Sintflut gewarnt und zugleich gebeten worden, ein Boot zu bauen, darin ein Paar aller Lebewesen und die Samen aller Pflanzen zu versammeln, damit das Leben fortbestehe.

Ein Jammer die Tochter, ein Himmelslicht der Sohn

Seit dem Bestehen des *Brahmanismus* ist der Mann der Herrscher über die Frau,[14] die sich in ihrer Kindheit ihrem Vater unterordnen muß, in ihrer Jugend dem Ehemann und, wenn ihr Herr gestorben ist, ihrem Sohn, da eine Frau nie unabhängig sein darf.[15]

Jeder Mann steht, nur weil er ein Mann ist, weit über jeder noch so tugendhaften Frau. Dies gilt erst recht für den Ehemann gegenüber seiner Ehefrau. »Selbst wenn ein Gatte aller Tugenden bar ist, nur den Lüsten frönt und keinerlei gute Eigenschaften besitzt, muß er von einer tugendhaften Frau stets wie ein Gott verehrt werden.«[16]

Ein Beispiel für eine solche Mannesverehrung durch eine Frau gibt Anasūyā (»die Nichteifersüchtige«). Sie ist die treue Gattin eines rohen und vom Aussatz befallenen Brahmanen. Gemäß dem brahmanischen Grundsatz: »Der Gatte ist des Weibes Gottheit« betreut sie ihn mit größter Liebe und erträgt seine Roheiten geduldig. Als eines Tages der männliche Wüstling noch die Absicht äußert, eine Dirne aufzusuchen, nimmt seine treue Ehefrau ihren Mann, da er selbst zu schwach ist, ins Bordell zu Fuß zu gehen, auf den Rücken, um ihn dorthinzutragen.[17]

Für die Treue einer Gattin erhält (nur) der Gatte den Lohn. Als einmal der Götterkönig Indra und der Liebesgott Kāma vergeblich versucht hatten, die gattentreue Sukalā während der Abwesenheit ihres wallfahrenden Gatten sexuell zu verführen, empfing ihr Gatte, als er von der Wallfahrt zurückkehrte, himmlischen Lohn wegen der Tugend seiner Gattin.[18]

Als Vorbild der Gattentreue gilt nach dem »Rāmāyana« Sitā, die Gattin des Rāma, dem sie in einer Rede über die Pflichten einer Ehefrau antwortet:

»Denn nicht dem Vater, nicht dem Sohn,
der Mutter nicht und nicht sich selbst,
nur dem Gemahl soll das Weib
im Leben folgen und im Tod …
Im Himmel vermöcht' ich nicht zu leben,
Rāma, fern von dir;
und ohne dich kenn' ich kein Glück
und keinen Himmel ohne dich.«[19]

Die Treue einer Gattin zu ihrem Ehemann begründet das Gesetz des Arya: »Treue und gute Ehefrauen sind nach dem Tod mit ihrem Ehegatten vereint, untreue werden als Schakale wiedergeboren.«[20] Die Treue einer Ehegattin zu ihrem Gemahl selbst über seinen Tod hinaus findet ihre Fortsetzung im Brauch der Selbstverbrennung einer Witwe (Sati).

Selbst von den Kindern gilt ein Junge mehr als ein Mädchen, da der Mann nur durch den Sohn Unsterblichkeit erlangt. Indem er die Frau begattet, wird er selbst zum Embryo in ihrem Schoß und als neuer Mensch wiedergeboren, wobei die Ehefrau gleichsam nur das »Ackerfeld« darstellt, in das er seinen Samen gibt. So sagt der Rishi Nārada, der oftmals als Bote der Götter fungiert, zu dem kinderlosen König Harishcandra:

»Der Vater, der das Antlitz schaut des Sohnes, der lebend ihm geboren,
bezahlet seine Schuld in ihm, erlangt Unsterblichkeit durch ihn …
ein Freund ist die Gattin, ein Jammer (Kripanam) die Tochter,
Licht in der höchsten Himmelswelt ist der Sohn für den Vater.
Der Mann geht ein in seine Frau und wird zum Embryo in ihrem Schoß;
von ihr wird er als neuer Mensch im zehnten Mond zur Welt gebracht.«[21]

Auch für Manu ist »die Tochter das größte Unglück« (duhitā kripanam param).[22]

Die Zeugung einer gelehrten Tochter, insbesondere die eines gelehrten Sohnes geschieht im Namen der Götter, denen am Morgen vor dem ehelichen
Beischlaf ein Trankopfer dargebracht wird. Nachdem beide Ehegatten gegessen haben und der Mann die Hände gewaschen hat, besprengt er seine Frau
dreimal mit Wasser und spricht:

»Ich bin Er und du bist Sie …
ich bin der Himmel, und du bist die Erde:
So laß uns denn zum Werke schreiten,
Die Samen ineinander leiten,
Ein Kind, ein männliches bereiten!«

Dann tut er ihre Schenkel auseinander und spricht: »Spreizt euch auseinander, Himmel und Erde!" Nachdem er sodann sein Glied in sie eingeführt und
seinen Mund auf ihren Mund gelegt hat, streichelt er dreimal ihr Haar von
oben nach unten und spricht:

»Vishnu soll deinen Schoß erbauen,
Tvashtar die Formen wohl behauen,
Prajapati soll dich benetzen,
Dhatar in dich den Fruchtkeim setzen! …
Wie die Erde den Fruchtkeim enthält,
das Himmelsweib mit dem Blitzgott schwanger geht,
und wie der Pole Frucht der Wind,
so lege ich in dich, – N. N. –, das Kind.«[23]

Die Entwicklung des Embryos im Mutterleib stellt sich die Garbha-Upanishad (»Geheimlehre über den Embryo«) folgendermaßen vor: »Aus der Verbindung des Samens und des Blutes entwickelt sich der Embryo … Aus der
Paarung zur Zeit der Periode entsteht nach einer Nacht ein Knötchen, nach
sieben Nächten eine Blase, innerhalb eines halben Monats ein Klumpen,
innerhalb eines Monats wird er fest, nach zwei Monaten entsteht der Kopf,
nach drei Monaten entstehen die Fußteile, im vierten Monat Fußknöchel,
Bauch und Hüften … im siebten Monat wird der Embryo mit der Seele [jiva]
ausgestattet, im achten ist er in allen Stücken vollständig.
Beim Überwiegen des männlichen Samens entsteht ein Mann, beim Überwiegen des weiblichen Samens ein Weib; beim Gleichgewicht des Samens beider
ein Zwitter; bei Benommenheit des Gemüts entstehen Blinde, Lahme, Buck-

*Mithuna: Verschiedene Koitusstellungen
am Kandariya-Mahadeva-Tempel von
Khajuraho (Indien), 12. Jh.*

lige und Zwerge. Geht der durch die beiderseitigen Winde eingepreßte Samen
entzwei, so wird auch der Körper zweifach, und es entstehen Zwillinge. Der
»aus den fünf (Elementen) bestehende« (Fötus) ist (im achten Monat nämlich)
lebensfähig,… Im neunten Monat endlich ist er [der Fötus] in allen Stücken
und auch in der Erkenntnis vollständig; dann erinnert er sich [solange er noch
im Mutterleib weilt] an seine früheren Geburten und hat Erkenntnis seiner
guten und bösen Werke:

»Nachdem schon tausendfach vormals
In Mutterschößen ich geweilt,
Genoß ich mancherlei Nahrung
Und trank schon manche Mutterbrust,
Geboren ward ich, starb wieder
Und wurde stets geboren neu.«[24]

Gemäß dieser Vorstellung ist der Fötus schon im Mutterleib im Besitz des Wissens der eigenen früheren Geburten, vergißt jedoch bei seinem Austritt aus dem Mutterschoß dies alles.

Im *Brahmanismus* wird die sexuelle Vereinigung als liturgischer Gesang (saman) interpretiert, insbesondere als die Melodie, die das Auspressen der Früchte für das Somaopfer am Mittag begleitet. Die sechs Phasen des Begattungsaktes, die zu je einem Teil des Rituals in allegorische Beziehung gesetzt wurden, sind: wenn man eine (Frau) anspricht, den Antrag macht, mit der Frau liegt, aufliegend mit ihr liegt, zum Ziel kommt, darüber hinauskommt, »dies ist das Vamadevyan als verwoben in die Begattung. Wer also dieses Vamadevyan als in die Begattung verwoben weiß ... (dessen) Maxime ist, daß er sich keiner (Frau) entzieht«.[25] An anderer Stelle wird der metaphorische Vergleich gezogen: »Fürwahr, das Weib, o Gautama, ist ein Opferfeuer: der Schoß ist sein Brennholz, daß man sie anspricht, der Rauch, die Scham die Flamme, die Einfügung (des Gliedes) die Kohlen, das Lustgefühl die Funken. In diesem Feuer opfern die Götter den Samen. Aus dieser Opferspende entsteht die Leibesfrucht.«[26]

An einer weiteren Stelle wird die sexuelle Vereinigung mit dem Opferritual verglichen, da der Schöpfer Prajāpati die von ihm geschaffene und geschwängerte Frau in den geheiligten Ort verwandelt hat, an dem geopfert wird: »Ihr Schoß ist das Opferbett, ihre [Scham-]Haare die Opferstreu, ihre [Vaginal-]Haut die Somapresse, ihre Schamteile das Feuer in der Mitte.«[27]

Die Liebe (kāma) und das Buch von der Liebe (kāmasūtra)

Was die Beziehungen der Liebe zwischen Frauen und Männern betrifft, so gibt es vor allem seit dem Hinduismus unterschiedliche, ja gegensätzliche Aussagen dazu. Schon das Satapatha-Brāhmana sagt, daß »die Frau, der Shudra (4. Kaste), der Hund und die Krähe nur Untreue, Sünde und Finsternis sind«.[28] Und Manu ergänzt: »Es ist die Natur der Frau, den Mann in dieser Welt zu verführen ... und zu einem Sklaven der Lust zu machen.«[29] Auch im

Mithuna: Anal-Koitus; Steinplastik aus Khajuraho (Indien), 12. Jh.

»Mahābhārata« wird die Frau als Verkörperung der Sinnlichkeit gescholten, da sie den leidvollen Kreislauf der Geburten in Gang hält.[30] Im Gegensatz dazu sagt dasselbe »Mahābhārata« – selbstverständlich aus der Sicht des Mannes –: »Die Gattin ist des Mannes Hälfte, die Gattin ist der beste Freund, die Gattin ist die Wurzel der drei Lebensziele, die Gattin ist die Wurzel des höchsten Heils.«[31] Nach hinduistischer Ethik sind die drei Menschenziele (purusharta): 1. Rechtschaffenheit und Pflicht (dharma), 2. Reichtum und

Vorteil (artha) sowie Liebe und Liebesgenuß (kama), wobei als Endziel allen Strebens die Erlösung (moksha) gilt, zu dem die verschiedenen Richtungen und Schulen unterschiedliche Wege aufzeigen. Kama (»Liebe, Begierde, Lust«), die Sexualität und Erotik umfaßt, ist also eines der drei bzw. vier Lebensziele.

Diese drei/vier erstrebenswerten Lebensziele beschreibt das »Kāma-Sūtra« (»Leitfaden der Liebe«), das von dem weisen Vātsyāyana verfaßte älteste

Apsara, himmlische Tänzerin und »Freudentochter«, die die irdischen Asketen verführt. Steinplastik aus Khajuraho (Indien), 10. Jh.

(3. Jh. n. Chr.) und berühmteste Lehrbuch der Liebeskunst. In Kindheit, Jugend und Mannesalter soll der Mensch lernen, artha und kama zu erlangen, im Alter suche er dharma, auf daß er moksha, die Befreiung aus dem Kreislauf der Wiedergeburten, erlange.

Das »Kāma-Sūtra« unterscheidet sieben Arten von Geschlechtsliebe, und gemäß der Größe ihres Penis werden die Männer in drei Klassen eingeteilt: 1. Hase, 2. Stier, 3. Hengst, und gemäß der Größe ihrer Vagina werden die

Frauentyp Padmini (Lotosfrau):
Sie duftet wie Lotos, hat ein Mondgesicht,
ihre Haare sind seidig, ihre Stimme ist
harmonisch wie eine Laute.
Fresko von Ajanta

Yogini-Chakra: Rituelles Liebesspiel eines Maharaja mit fünf Frauen gleichzeitig, von denen jede ein Musikinstrument spielt. Miniaturmalerei aus Jodhpur, ca. 1830

Frauen klassifiziert als: 1. Gazelle, 2. Stute, 3. Elefantenkuh. Unter den 9 Kombinationsmöglichkeiten erreichen den höchsten Liebesgenuß: Hengst mit Gazelle, hingegen den niedrigsten Liebesgenuß: Hase mit Elefantenkuh. Es folgen die Darstellungen über die Varianten des Koitus – liegend, sitzend, stehend, kniend, hockend – als Vaginal-, Anal- oder Oralkoitus (Fellatio bzw. Cunnilingus), zwischen einem Mann und entweder einer Frau oder zwei bis fünf Frauen.

Alles geschieht selbstverständlich aus der Sicht des Mannes. So lauten auch die Überschriften der Abschnitte, z. B. Über den Verkehr mit Mädchen (§§ 23 bis 31), mit der eigenen Ehefrau (§§ 32–38), mit den Frauen anderer Männer (§§ 39–49), mit Kurtisanen (§§ 50–58).

Die Themen des »Kāma-Sūtra« über die verschiedenen Positionen beim Geschlechtsverkehr sind in zahlreichen Skulpturen an und in südindischen Tempeln, in Konārak, Pataliputra, Khajuraho, Bhuvaneshvar und Puri dargestellt, wobei es sich bei den dargestellten Personen um Götter und Menschen handelt. Der Oralkoitus (Auparishtaka) mit Fellatio und Cunnilingus ist zu sehen auf den Tiefreliefs von Elephanta und Konarak, auf dem heiligen Wagen von Mazulipotam.

Kopulation zwischen einem Hengst und einer Frau. Miniatur aus der Mogulzeit (16./18. Jh.). Leipzig: Museum für Völkerkunde

Für Ehebrecher die Hölle, für Keusche der Himmel

Vorgänge des Geschlechtslebens bei Frauen und Männern sind besonderen Regelungen unterworfen. Zwar sagt schon das Satapatha Brāhmana,[32] daß der Körperteil einer Frau unterhalb des Nabels generell als unrein zu betrachten sei, aber erst seit der Zeit des *Hinduismus* werden verschiedene Vorschriften der Reinigung nach einer erfolgten Unreinheit erlassen. Danach verursacht der Geschlechtsverkehr Unreinheit,[33] auch ist eine Frau unrein während ihrer Menstruation,[34] bei der Geburt eines Kindes[35] und nach dem Wochenbett.[36] Mit einer menstruierenden Frau ist der Geschlechtsverkehr verboten.[37] Es gibt Regeln für die Reinigung einer Frau und für die Shudras.[38] Auch die *Pollution* beim Mann verursacht Unreinheit, für die eine Buße zu leisten ist[39] und die eine Reinigung erforderlich macht.[40]

Für den ehelichen Beischlaf, der eine Pflicht ist, stellt Manu besondere Regeln auf.[41] Das »Rāmāyana« beginnt mit einer Verwünschung des Jägers, der zwei Vögel in der Ekstase ihrer geschlechtlichen Vereinigung voneinander trennte. Zum Karman (»Tat«), dem Gesetz des Handelns, das alle Lebewesen an Ursache und Wirkung im Rahmen der Kette der Wiedergeburten bindet, gehören eben auch die Taten, die das sexuelle Handeln beinhalten. *Inzest* ist ausdrücklich verboten im Gesetz des Manu und in den Purānas, und auch das »Rāmāyana« verbietet Inzest mit der eigenen Schwester und Tochter,[42] obgleich das Rigveda solche inzestuösen Vorgänge am Anfang der Menschheitsgeschichte erwähnt. Zwischen dem ersten Menschen- und Geschwisterpaar Yama (»der Zwilling«) und Yami, Zwillingskinder der Sonne, findet ein Zwiegespräch statt, bei dem Yami ihren Bruder zur »Blutschande« verleiten will, damit das Menschengeschlecht nicht ausstirbt. Dabei lockt die Schwester mit leidenschaftlichen Worten ihren Bruder zu geschlechtlicher Liebe, wohingegen der Bruder in gelassener Rede und unter Hinweis auf die diesbezüglichen göttlichen Inzestverbote die Schwester immer wieder abweist. Schließlich spricht Yami immer leidenschaftlicher:

»Die Liebe treibt zu Yama mich, die Yami,
Mit ihm zu ruhn auf gleicher Lagerstätte,
Als Weib dem Gatten geb' ich ganz mich hin dir,
Laß mich verbunden sein wie Rad und Wagen.«[43]

Da der ganze Text ein Torso ist, wissen wir nicht, wie das Zwiegespräch zwischen Yama und Yami geendet hat. Jedoch aus der Tatsache, daß das Menschengeschlecht bis heute fortbesteht, ist der Rückschluß auf den Ausgang der Liebeswerbung beim Urelternpaar der Menschheit vorauszusetzen. In gleicher Weise erwähnt das Rigveda eine inzestuöse Verbindung zwischen dem Prajāpati (»Herr der Geschöpfe«) und seiner Tochter Ushas.[44]

Für den seit *hinduistischer Zeit* verbotenen Inzest sind besondere Strafen vorgesehen. Inzest hat nicht nur den Verlust der Kaste zur Folge,[45] sondern auch derjenige, der Inzest mit der Schwester oder Mutter beging, kommt in die 5. bzw. 7. Hölle Taptakumbha, und derjenige, der inzestuösen Verkehr mit der eigenen Tochter oder der Schwiegertochter hatte, kommt in die 6. Hölle Mahājvāla.[46]

Der *Ehebruch* wird im Gesetzbuch des Manu,[47] aber auch im »Mahābhārata« und im »Rāmāyana« ausdrücklich verurteilt. Manu sagt: »Niemand soll auf eines Fremden Grunde säen.«[48] Eine besonders große Sünde ist es, das Bett eines Gurus zu entehren.[49] Bei Ehebruch drohen Strafen, z. B. verliert ein Mann durch Ehebruch seine Kastenzugehörigkeit.[50] Für einen begangenen Ehebruch müssen nicht nur Bußen geleistet werden – jedoch gibt es nur eine geringere Buße für das Verbrechen der Tötung einer ehebrecherischen Frau –,[51] sondern es stehen auch im zukünftigen Leben Strafen bevor. So kommen Ehebrecher in die Höllen Mahājvāla und Krakacha,[52] und der Ehebruch mit der Frau des Gurus endet in der 4. Hölle Tāla.[53]

Frauen, die eine *Abtreibung* vorgenommen haben, werden verurteilt.[54] Sie zählt nicht nur als Sünde,[55] sondern als ein abscheuliches Verbrechen,[56] bildet Grund für eine Ehescheidung[57] und hat den Verlust der Kaste zur Folge.[58]. Frauen, die einen Embryo getötet haben, wird bei ihrem eigenen Tod die Wasserspende verweigert,[59] und sie enden in der 2. Hölle Rodha.[60]

Enthaltsamkeit vom Geschlechtsverkehr und *Keuschheit* (brahmacharya) ist nicht nur eine der fünf Tugenden der ersten Stufe (yama) des Raja-Yoga, sondern auch ein Gebot für die Brahmachari und Studierenden der Veden.[61] Ein Brahmachari ist ein religiös Strebender, der sich spirituellen Übungen unterzieht und die ersten Mönchsgelübde abgelegt hat sowie einer auf der ersten der vier Lebensstufen. Das Gebot gilt auch für Asketen und Einsiedler,[62] für Jungmänner nach der ersten Rasur,[63] aber auch für Trauernde während der Zeit ihrer Unreinheit[64] und am Tage des Totenmahls (shraddha).[65] Diejenigen, die das Gelübde der Keuschheit halten, erreichen Unsterblichkeit,[66] und die Keuschen aus der Kaste der Brahmanen kommen in den Himmel.[67]

Initiationsfeier für die »zweimal geborenen« Männer und Eheschließungsfeier für die Frauen

Die Hindu-Gesellschaft weist eine religiös begründete klare Struktur auf. Die auf der Grundlage der vier Stände (varna = »Farbe«), wie Priesterstand (brāhmana), Krieger- und Adelsstand (kshatriya), Bauern- und Handwerkerstand (vaishya) und Dienerstand (shūdra), entstandenen ca. 3000 Kasten (*jati* = »Geburt«), in die Menschen hineingeboren werden, haben sich infolge der weiteren Spezialisierung der Berufe gebildet.

Nach den Brāhmanas[68] ließ der Schöpfer Prajāpati aus seinem Munde den Brahmanen und den Gott Agni, aus seiner Brust und den beiden Armen den Krieger und den Gott Indra, aus der Mitte seines Leibes den Bauern und die anderen Götter sowie aus seinen Füßen nur den Diener und keine Gottheit hervorgehen, weshalb letzterer auch zum Opfer unfähig ist. Die Bauern werden nie untergehen, sosehr sie auch von den Priestern und Kriegern ausgenutzt werden, da sie aus der Mitte des Körpers, wo die Zeugungskraft ruht, entstanden sind.

Männliche Angehörige der oberen drei Hindu-Stände werden aufgrund einer Initiationsfeier (upanayana = »Weihe, Aufnahme«) – durch Umlegen der hei-

ligen Schnur und Einführung in das Studium der Veden – zu Dvija (»zweimal
Geborene«), da diese Feier einer geistigen Neugeburt gleichkommt. Wenn der
Initiand die Gelübde der Reinheit, Wahrhaftigkeit und Selbstbeherrschung
abgelegt hat, darf er die Puja (Gottesanbetung) ausüben. Die Bezeichnung der
initiierten Mitglieder der drei oberen Stände als »zweimal Geborene" liegt
darin begründet: »Von der Mutter ist die erste Geburt, die zweite vom
Umlegen mit der heiligen Schnur. In der letzteren Geburt ist der Savitri-Hym-
nus seine Mutter und der Guru sein Vater.«[69]

Noch in der vedischen Zeit vollzogen auch Mädchen den Upanayana-Ritus,
und sie erhielten die heilige Schnur, studierten die Veden und rezitierten die
heiligen Gesänge.[70] In den *brahmanischen* Upanishaden treten sie nur noch als
wißbegierige Fragestellerinnen auf, wie z. B. Gārgi und Maitreyi, die Gattin
des Priestersehers Yājñavalkya, um aus dem Munde der wissenden männlichen Seher die geheime Weisheit zu erfahren.[71] Seit *hinduistischer* Zeit ist den
Frauen das Studium der heiligen Schriften der Veden überhaupt verboten.
Gestattet bleiben ihnen – wie auch den Shūdras – nur noch die Beschäftigung
mit den Schriften der Tradition, den smrti, und die Übungen des Yoga.[72]

Seit der Zeit des Hinduismus gilt für Frauen und für Shūdras die Hochzeits-
zeremonie gleichsam als Ersatz für die Initiationsfeier Upanayana.[73] Ja, die
Eheschließung ist nach dem »Mahābhārata« für Frauen eine Pflicht – vermutlich eine Reaktion auf das Ideal der Ehelosigkeit im Jainismus und Buddhismus. Für eine religiöse Eheschließung müssen beide Partner Hindus sein –
dürfen also keine Mischehe eingehen – und der gleichen Kaste angehören
(Endogamie). Zur Gültigkeit der religiösen Eheschließung sind zwei Zeremonien wesentlich: das dreimalige Umschreiten des Heiligen Feuers (pānigra-
hana) mit Gebet und das Saptapadi, die 7 Schritte des Brautpaares vor dem
Heiligen Feuer. Wenn der 7. Schritt getan ist, ist die Ehe geschlossen. Zweck
der Ehe ist u. a. die Bezahlung der Schuld an die Vorfahren durch Erzeugung
von insbesondere männlicher Nachkommenschaft,[74] da von diesen nicht nur
der materiell-wirtschaftliche Fortbestand der Familie, sondern die Verehrung
der Ahnen und Anrufung der Gottheiten im Familienkreis abhängt. Noch
drei Tage danach sollen die Eheleute in getrennten Betten im selben Raum
schlafen und strikte geschlechtliche Enthaltsamkeit als Ausdruck der Selbstbeherrschung in der Ehe üben. »Ein Jahr lang (nach dem Hochzeitstag) sollen
sie keinen Verkehr haben – oder zwölf oder sechs Nächte, mindestens aber
drei Nächte lang.«[75]

In den Purānas wie auch im »Mahābhārata«[76] werden 8 Formen der Ehe
beschrieben, u. a. die Antrags- und die Kaufehe, die Liebes- und die Raubehe.

Die 6. oder Gandharva-Form ist eine Liebesehe, die gegenseitige Liebe und das Einverständnis beider Ehepartner voraussetzt. Nach dem »Kāma-Sūtra« ist dies die ideale Eheform.[77] Ein Beispiel dafür ist die Ehe Shākuntalās und Dushyantas. Shākuntalā ist die Tochter der Apsara Menakā und des weisen Heiligen Vishvāmitra, die ausgesetzt wurde und die der Einsiedler Kanwa fand und als Tochter aufzog. Bei einer Jagd im Walde entdeckte sie der König Dushyanta, schloß mit ihr eine Gandharva-Ehe mit Treueschwur vor den Göttern und schenkte ihr einen Siegelring. Aus dieser Verbindung ging ihr Sohn Bharata hervor.

Die 7. oder Rakshasa-Form ist eine Raubehe, bei der die Frau als Kriegsbeute unter Anwendung physischer Gewalt – manchmal auch mit Einverständnis der Braut – vom Sieger entführt und geheiratet wird. Diese in der Gegenwart im Hinduismus abgelehnte Eheform wurde vom Gott Krishna und auch von seinem Begleiter Arjuna praktiziert.

So raubte Krishna die Rukmini. Als der König Bhismaka von Vidarbha seine Tochter Rukmini dem König Shishupāla zur Ehe versprochen hatte und die Hochzeit beider gefeiert wurde, raubte Krishna auf der Hochzeitsfeier die Braut, die er später selbst heiratete und mit der er zehn Söhne zeugte, darunter den Pradyumma. Danach heiratete Krishna noch sieben andere Königstöchter sowie sechzehntausend weitere Frauen, mit denen er Tausende von Söhnen zeugte.

Das Beispiel einer anderen Raubehe liefert Arjuna, der sich in Subhadra, die Schwester des Krishna, verliebt hatte und diesen fragte, wie er sie zur Frau bekommen könne. Daraufhin riet ihm der diesbezüglich schon erfahrene Krishna, sie nach Kriegerart gewaltsam zu entführen, denn eine Gattenselbstwahl sei immer eine unsichere Sache. Mit Einverständnis seines älteren Bruders Yudishtira entführte Arjuna dann die Subhadra, fuhr mit ihr auf seinem Wagen davon und ehelichte sie. Die mit seinen vier Brüdern gemeinsame Gattin Draupadi machte dem Arjuna zunächst schwere Vorwürfe wegen dieser Bigamie, aber sie gab schließlich nach, als Subhadra sich als Magd unterwarf. Subhadra gebar dem Arjuna den Sohn Abhimanyu, während Draupadi jedem der fünf Panadavas je einen Sohn gebar.

Was die Anzahl der Partner einer Ehe betrifft, so ist die lebenslange Einehe (Monogamie) zwar das Ideal, wie es auch die Gottheiten Shiva und Parvati, Rama und Sita vorleben, aber es gibt auch die Vielehe (Polygamie) in Form der Polyandrie und der Polygynie.

Das Apastamba-Sutra sagt, daß in einigen Gemeinden eine einzelne Frau einer ganzen Familie angetraut wird.[78] Diese Eheform war Brauch unter den

Kshatriya-Stämmen und ist heute noch üblich in Malabar-Gemeinden. Ein Musterbeispiel der Polyandrie (»Vielmännerei«) ist die Ehe der Draupadi mit den fünf Söhnen des Königs Pandu, den Panadava-Brüdern.[79] Draupadi, eine Tochter des Königs Drupada, war von dunkler Hautfarbe und großer Schönheit. Nachdem im Wettkampf der Freier Arjuna (»weiß«) gesiegt hatte, wurde Draupadi auf Wunsch seiner Mutter Kunti, die den fünf Brüdern riet, den gewonnenen Preis zu teilen, ihre gemeinsame Gattin mit dem Beinamen Panchami (»fünf Männer habend«). Die fünf Brüder waren Yudishthira, Bhima und Arjuna als Söhne der Kunti sowie Nakula und Sahadeva als Söhne der Madri. Draupadi wurde zuerst dem Yudishthira als dem Ältesten, dann der Reihenfolge des Alters nach den vier anderen Brüdern vor dem Heiligen Feuer als gemeinsame Gattin vermählt. Draupadi verbrachte je zwei Tage abwechselnd bei einem ihrer Gatten. Sie bekam fünf Söhne, einen von jedem Gatten. Damit keine Eifersucht zwischen den Ehemännern der Draupadi aufkomme, hatten sie auf den Rat des Weisen Nārada hin vereinbart, daß, wenn einer der Brüder einen anderen beim Liebesakt mit der Gattin beobachte, dieser auf 12 Jahre in der Verbannung ein Leben der Keuschheit führen müsse. Aufgrund dieser Übereinkunft lebten sie stets in Frieden miteinander.

Was die Polygynie (»Vielweiberei«) betrifft, so kann ein Hindu auch noch nach heutiger indischer staatlicher Ehegesetzgebung mehrere Frauen haben, allerdings ist ihre Anzahl begrenzt. Im Gegensatz zum Gott Krishna, der gemäß den Purānas über 16000 Königstöchter zu Frauen hatte,[80] bestehen auch nach religiöser Ehegesetzgebung – je nach Kastenzugehörigkeit – unterschiedliche Vorschriften hinsichtlich der Anzahl der Ehefrauen. Da ein Mann aus der gleichen Kaste, der er angehört, eine Frau und je eine aus den Kasten darunter ehelichen darf, kann ein Brāhmana vier, ein Kshatriya drei und ein Vaishya zwei Ehefrauen haben. Wohingegen ein Mann aus der 4. und letzten Kaste (shūdra) nur eine Ehefrau haben darf, so daß von der Mehrzahl der Bevölkerung die Monogamie verlangt wird.

Witwenheirat oder Witwenverbrennung

Zur Zeit des Rigveda gab es noch die Wiederverheiratung der Witwe, insbesondere war bis ca. 300 v. Chr. die Sitte Niyoga verbreitet, nach der eine Witwe den Bruder des verstorbenen Gatten heiratete.[81] Wenn der Leichnam des verstorbenen Gatten den Flammen des Scheiterhaufens übergeben war, ergriff ein Bruder des Toten die Hand der Witwe und sprach: »Erheb dich, Weib, du liegst bei einem, dessen Leben dahingegangen ist; kehre von deinem Gatten in die Welt der Lebendigen zurück und werde die Frau dessen, der deine Hand erfaßt und um dich als Liebhaber wirbt.« Ein Beispiel für diesen Niyoga-Brauch bietet noch das »Mahābhārata«, da Pāndu, Dhritarashthra und die fünf Pandavas nach dem Niyoga-Brauch geboren waren. In der Zeit von 300 v. bis 200 n. Chr. setzte sich dann das Verbot der Wiederverheiratung einer Witwe durch. Āpastamba verordnete: »Wenn ein Mann mit einem Weib lebt, das schon einmal verheiratet gewesen ist oder einer anderen Kaste angehört, so sündigen beide«,[82] und Manu verwarf den Niyoga-Brauch sogar als »tierisch«.[83] Für viele bleibt dieser Brauch im gegenwärtigen Kali-Zeitalter verboten.

Witwenselbstverbrennung. Eine Witwe springt ergeben in die Flammen des Scheiterhaufens, auf dem der Leichnam ihres Gatten verbrannt wird. Stich, 16. Jh.

Das Lebensschicksal einer Witwe war oft schlimmer als der Tod. Ihre Anwesenheit bei Hochzeit, Geburt oder sonstigen Familienfeiern war verboten. Von ihren Anverwandten wurde sie nur geduldet, so daß viele von ihnen den freiwilligen Tod der Selbstverbrennung als Sati (»tugendhafte Frau«) vorzogen, um sogleich mit ihrem verstorbenen Gatten im Jenseits wieder vereint zu sein. In *vedischer Zeit* bestieg die Witwe den Scheiterhaufen, auf dem die Leiche ihres Ehemanns verbrannt werden sollte, nur symbolisch, um ihn sogleich wieder zu verlassen. Erst in *hinduistischer Zeit*, seit 316 v. Chr., kam die Sitte der Witwenselbstverbrennung zunächst in Kreisen der Kriegerkaste auf und blieb bis 400 n. Chr. auf diese beschränkt. Seit 700 n. Chr. fand sie dann größere Verbreitung, ja auch literarische Verherrlichung. Der Brauch der Witwenverbrennung wird auch im »Mahābhārata« erzählt. So opferte sich auf dem flammenden Scheiterhaufen des verstorbenen Königs Pāndu seine zweite Gattin Mādri als Sati.[84] Und als der Fürst Vasudeva, der Ehegatte von 7 Schwestern, starb, verbrannten sich mit seiner Leiche vier seiner Ehefrauen, darunter Devaki, die Mutter des Krishna, und Rohini, die Mutter des Balarāma.[85] Auch beim Tod des Gottes Krishna bestiegen acht seiner Ehefrauen, angeführt von Rukmini, den Scheiterhaufen, umarmten den Leichnam ihres gemeinsamen Gatten und wurden zusammen mit der Leiche verbrannt.[86]

Als Vorbild der Selbstverbrennung einer Sati (»treue Gattin«) galt die gleichnamige Göttin Sati und Gattin Rudras, die sich wegen eines Streits zwischen ihrem Gatten und ihrem Vater Daksha auf einem Scheiterhaufen verbrannte, später als Uma, Tochter des Himavat wiedergeboren und dann die Gattin des Gottes Shiva wurde. Seitdem gilt Sati als Typus der idealen und treuen Gattin, die durch ihren freiwilligen Flammentod dem verstorbenen Gatten die eheliche Treue bis in den Tod bewahrt und beweist.

Als Mira Bai (1498–1546), die bedeutende nordindische Dichterin der erotischen Krishna-Mystik, nach dem Tod ihres Gatten von ihrem Schwiegervater aufgefordert wurde, durch freiwilligen Flammentod eine Sati zu werden, hat sie dies abgelehnt, da sie sich nicht als Witwe ihres verstorbenen Gatten, sondern als bleibende Braut des Gottes Krishna verstehe.

Obwohl die Witwenverbrennung seit 1829 in Indien durch Gesetz verboten ist, wird diese Sitte von Zeit zu Zeit vereinzelt noch praktiziert. Zuletzt im September 1987, als sich eine achtzehnjährige Witwe als Sati in der Stadt Deorala in Rajasthan in Anwesenheit von 5000 Schaulustigen selbst verbrannte.[87]

Asketenmoral und Priestertum

Für die männlichen Angehörigen der oberen drei Hindu-Stände, für die »Zweimalgeborenen«, gibt es vier Lebensstufen (āshramas): das Leben als Schüler (brahmacārin), als Hausvater (grihastya), als Waldeinsiedler (vānaprastha) und als Wanderasket (sannyāsin), für die jeweils verschiedene Regeln verpflichtend sind. Die zweite Lebensstufe des Hausvaters, auf der geheiratet und eine Familie gegründet werden soll, bildet die Grundlage der hinduistischen Gesellschaft und die unbedingte Voraussetzung für die folgenden beiden Lebensstufen des Einsiedlers und des Wanderasketen, die, wenn ihnen das Stadium des Hausvaters und Familiengründers nicht vorausgegangen ist, eine »Sünde« (pāakrita) begehen.

In früheren Zeiten standen auch weiblichen Angehörigen diese Lebensstufen offen. Auch sie gingen den Weg der Askese und zogen, ihren Gatten begleitend, »aus der Welt in den Wald«[88] oder gingen auch allein den Weg in die Heimatlosigkeit als Wanderasketin, so z. B. die Hetäre Pingalā,[89] die, von ihrem Geliebten verlassen, ihren Schmerz überwindet und jene tiefe Seelenruhe erwirbt, die das höchste Ziel der Asketenweisheit ist, da Wunschlosigkeit an die Stelle der Wünsche und Hoffnungen getreten ist. Nachdem sie den Freuden der Welt entsagt hat, singt sie:

»Einen liebte ich, der mich nicht liebte,
Lange war er mein Glück und mein Licht,
Lange trug ich ihn liebend im Herzen,
Aber sein Inneres kannte ich nicht.
Mein einsäuliges und neuntoriges
Haus[90] verschlossen halt' ich es nun.
Könnte wohl je eine Frau einem Liebsten,
Der sie nicht liebt, eine Liebe tun?«

Wenn der Ehemann als Asket in die Waldeinsamkeit gegangen ist, soll eine Brahmanenfrau acht Jahre auf ihren Mann warten; wenn sie keine Kinder hat, braucht sie nur vier Jahre zu warten. Nach dieser Zeit darf sie einen anderen heiraten. Eine Kshatriya-Frau soll sechs Jahre, wenn sie Kinder hat, und drei Jahre, wenn sie kinderlos ist, warten. Die Vaishya-Frau mit Kindern soll vier Jahre und ohne Kinder zwei Jahre bis zu ihrer Wiederheirat warten.[91]

Renukā, die Tochter des Königs Renu und Gattin des Brahmanen Jamadagni und durch ihn Mutter von fünf Söhnen, war, als sie ihrem Gatten in die Waldeinsamkeit folgte, das Idealbild aller Tugenden, bis sie eines Tages ein Liebespaar beim Baden im Fluß belauschte und seitdem wieder andere Gedanken hegte. Der über den Sinneswandel seiner Gattin empörte Brahmane befahl daraufhin seinen Söhnen, die Mutter zu töten. Als Parashu-Rama, der 4. Sohn, ihr den Kopf abschlug und der Vater ihm die Erfüllung aller Wünsche versprach, wollte der Sohn seine Mutter wieder lebendig haben.

Obgleich Asketen dem strengen Gelübde der Keuschheit verpflichtet sind, zeigen doch manche von ihnen ein gegenteiliges Verhalten. Als Mādhavi, die Tochter Yayātis, unter der Vormundschaft des Asketen Gālava stand, übergab dieser sie nacheinander vier Königen mit der Auflage, das Mädchen erst dann wieder ziehen zu lassen, wenn sie ihnen einen Sohn geboren hätte. Auf diese Weise wurde sie Mutter von vier Söhnen durch vier verschiedene Väter. Als dann der Asket selbst sie heiraten wollte, gab sie ihm einen Korb, indem Mādhavi ihre Girlande an einen Baum hängte zum Zeichen, daß sie jetzt eine Waldeinsiedlerin werden wollte. Der Asket Parāshara schwängerte ein unverheiratetes Mädchen nichtbrahmanischer Abstammung und zeugte mit ihr Vyāsa.

Als Pandu auf der Jagd ein Antilopenpärchen beim Begattungsakt getötet hatte und sich herausstellte, daß es in Wirklichkeit ein Rishi (»Seher, Weiser«) in Antilopengestalt war, der die Liebe pflegte, wurde Pandu von den Rishi dazu verflucht, daß er einmal beim Liebesgenuß sterben solle. Daraufhin beschloß Pandu, ein sexuell enthaltsamer Asket zu werden.

Oftmals führen die Götter selbst die Asketen, wenn diese ihnen aufgrund ihrer asketischen Übungen zu mächtig und für sie bedrohlich werden, in sexuelle Versuchung. So war der berühmte Heilige Vishmamitra zwar als Kshatriya geboren, aber durch intensive Askese in die Brahmanenkaste aufgestiegen und zu einem der sieben großen Rishis geworden. Da der Gott Indra über Vishmamitras strenge Askese äußerst bestürzt war, beauftragte er die Apsara Menaka, den Asketen sexuell zu verführen. Das Unternehmen gelang, und aus dieser Verbindung wurde Shakuntala geboren. Aus Scham über seinen »Fehltritt« zog sich der Asket jetzt in die Bergeinsamkeit zurück und übte seitdem eine noch härtere Askese.

Noch in *vedischer Zeit* nehmen Frauen und Männer gemeinsam am Opfer teil. Sie führen alle wichtigen häuslichen Zeremonien durch, wie z. B. den Feuerkult zu Ehren des Feuergottes Agni.[92] Im Rigveda heißt es vom Ehepaar (dampati = »Hausherr und Hausfrau«) –, daß es »einträchtigen Sinnes den Soma preßt, abspült und mit Milch mischt« und den Göttern als Speiseopfer darbringt.[93] Das Hauspriestertum der Ehegatten ist die älteste Form des männlichen und auch weiblichen Priestertums. Wie im Hause die Eheleute gemeinsam für ihre Familie die Opfer darbringen, so im Reich der König und die Königin für das ganze Volk. Auf dem Opferplatz sind für beide – neben den Feuerpriestern – besondere Plätze eingerichtet, von denen aus das Königspaar aktiv an der Opferhandlung teilnimmt.

Jedoch in *brahmanischer Zeit* ändert sich die Situation für die beiden Geschlechter. Das Satapatha-Brāhmana[94] erklärt ausdrücklich, daß die in ältester vedischer Zeit noch von den Frauen dargebrachten Opfer jetzt auf die (männlichen, verheirateten) Priester-Brahmanen übergegangen sind. Ein unverheirateter Mann kann nicht für Opferriten bestimmt werden,[95] da nur ein verheirateter Mann ein »ganzer« Mensch ist. So wird beim Vājapaya-Opfer eine Leiter an den Opferkasten gelehnt, auf die der (männliche, verheiratete) Opferer zusammen mit seiner Ehefrau hinaufsteigt, weil er als ein ganzer Mensch diesen Weg zum Himmel gehen muß. »Sie, die Frau, – das ist ja fürwahr seine eigene Hälfte; solange er daher keine Frau hat, solange pflanzt er sich nicht fort, solange ist er kein ganzer Mensch; wenn er aber eine Frau hat, dann pflanzt er sich fort, dann ist er ganz.«[96]

Insbesondere seit *hinduistischer Zeit* werden Frauen von Opferhandlungen ausgeschlossen. So erklärt Manu, daß es den Göttern unangenehm ist, wenn Frauen opfern,[97] ja, daß, wenn Frauen das Feueropfer (agnihotra) darbringen, sie in die Hölle hinabsinken.[98] Eine Frau ist weder zur Vollziehung von religiösen Riten und Opfern, noch zur Übernahme von Fasten- und anderen Gelübden berechtigt.[99] Ja, die Götter nehmen nicht einmal das Opfer eines Mannes an, wenn dieser in Unterordnung zu seiner Gattin lebt.[100]

Vom weiblichen Opferbett zur Schoßkammer

In *brahmanischer Zeit* erfordert das öffentliche Opfer mit seinen drei Feuern auf einem Grasteppich und unter Beachtung eines Rituals eine hierarchisch gegliederte männliche Priesterklasse, die als Opferpriester, Sänger und Rezitatoren die Götter einladen, zum Opfermahl Platz zu nehmen. Der Opferkult unter freiem Himmel wird auf einem abgesteckten Rasenstück vollzogen, wobei kreisförmige und halbkreisförmige Feueraltäre Sonne und Mond sym-

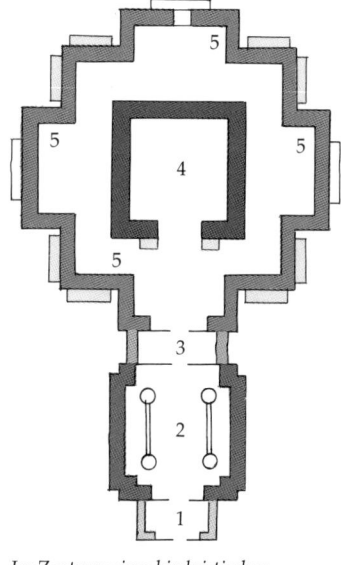

Im Zentrum eines hinduistischen Tempels liegt die »Schoßkammer« (4) – unterhalb des Tempelturms (5) – , der drei Hallen: Vorhalle (1), große Halle (2) und Zwischenhalle (3) vorgelagert sind

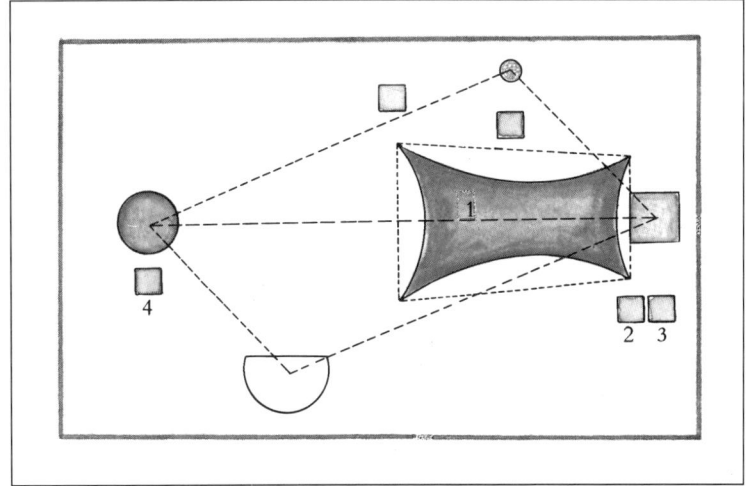

Vedisch-brahmanisches Opferbett (1) in Form einer weiblichen Taille. Der Sitz des Opferherrn (2) ist neben dem Opferpriester (3), wohingegen die Frau des Opferers (4) von diesem getrennt ihren Platz hat.

Gesichts-Lingam des Gottes Shiva mit
dessen drei Aspekten

bolisieren. Während die Feueraltäre die Beziehung zum männlichen Himmel herstellen sollen, symbolisiert die zur Niederlegung des Opfers dienende Opfergrube (vedi = »Opferbett«), die mit Opferstreu (barhis) bestreut wird, die weibliche Erde. Hinsichtlich der Herstellung einer Opfergrube, die einem Frauenleib nachgestaltet ist, lautet die Vorschrift:

»Sie soll gegen Westen sehr breit sein, eingebogen in der Mitte und wiederum breit im Osten. So nämlich lobt man ein Weib: ›Breit um die Hüften, ein wenig schmäler zwischen den Schultern und in der Mitte zu umfassen.‹ Auf diese Weise eben macht er sie [die Opferstätte] den Göttern angenehm.«[101]

Das prachtvollste aller Opfer ist das Pferdeopfer (ashvamedha = »Roßvermischung«) eines Herrschers, ein Fruchtbarkeitsritual, das ein ganzes Jahr der Vorbereitung erfordert. Erste Hinweise für ein solches Pferdeopfer an die Himmelsgötter Varuna und an Dyaus finden sich in zwei Hymnen des Rigveda.[102] In brahmanischer Zeit erhält dieses Fruchtbarkeitsopfer eine kosmische Bedeutung: »Die Morgenröte, wahrlich, ist des Opferrosses Haupt, die Sonne sein Auge, der Wind sein Odem, sein Rachen das allverbreitete Feuer, das Jahr ist der Leib des Opferrosses. Der Himmel ist sein Rücken, der Luftraum seine Bauchhöhle, die Erde seines Bauches Wölbung … die Jahreszeiten seine Glieder … die aufgehende Sonne ist sein Vorderteil, die niedergehende sein Hinterteil. Was es bleckt, das ist der Blitz, was es schauert, ist Donner, was es wässert, Regen; seine Stimme ist Rede.«[103] Das Ritual des Pferdeopfers bestand in seiner Vollform aus zwei Teilen, dem vorbereitenden Teil und dem Hauptteil. Der für ein solches Opfer ausgewählte Hengst wurde zunächst an 9 männliche Gottheiten geweiht, unter denen der erste Agni und der letzte Varuna war, und dann ließ man ihn ein Jahr lang frei herumlaufen. Nach der Rückkehr begann der Hauptteil des Opfers mit einem Bad des Pferdes im Fluß zum Zeichen der Überwindung von Winterzeit und Sterben. Dann salbte des Königs Hauptfrau das Vorderteil des Hengstes, seine Lieblingsfrau das Mittelteil und eine unfruchtbare Frau das Hinterteil. Schließlich wurde ein goldfarbenes Tuch auf dem Erdboden ausgebreitet und das Pferd mit einem goldenen Schlachtmesser getötet. Dann wurden vier Frauen des Königs und ein Mädchen (= 5. Frau) zusammen mit 400 weiblichen Begleiterinnen zu dem getöteten Hengst geführt. Jetzt legte sich die Hauptfrau des Königs zu dem Pferd nieder, eine Decke wurde über beide gezogen, und die Königin vollzog auf Anweisung des Priesters mit dem Hengst eine Scheinpaarung, indem sie den Penis des Opferpferdes in ihren Schoß legte. Dabei sprach die Königin: »Möge das starke Männliche, der Ableger des Samens, Samen legen.« Nachdem dann die Königin unter der

Decke hervorgekommen war, wurde der Pferdekörper in Teile zerlegt und gebraten. Ein Teil erhielt der Schöpfergott Prajāpati als Opfer, der andere Teil wurde unter die Anwesenden für ein Opfermahl verteilt. Das Ritual schloß mit einem Reinigungsbad.[104]

Nach dem »Mahābhārata« aus *hinduistischer Zeit* ließ der König Yudhishthira vor seiner Thronbesteigung für das Opfer ashvamedha ein Pferd zunächst frei herumlaufen, und bei der abschließenden Opferhandlung selbst lag seine Gattin Draupadi, die Frau der 5 Pandubrüder, bei dem Pferd.

Auch Rāmā, der Held des »Rāmāyana« veranstaltete ein großes Pferdeopfer, bei dessen Gelegenheit er in den Zwillingen Kusha und Lava seine beiden mit Sita, seiner von ihm verstoßenen Gattin, gezeugten Söhne erkannte.

Hauptmerkmal hinduistischer Tempel ist der Tempelturm, der als Abbild des mythischen Götterberges Meru, des Mittelpunkts des Universums, gilt. Dieser Turm erhebt sich über dem allerheiligsten Hauptraum (garbha-griha = »Mutterleib-, Schoßraum«). Diese »Schoßkammer« unter dem Stufenberg Meru ist ein Abbild des mütterlichen Schoßes, aus dem die gesamte Erscheinungswelt hervorgeht. Dieser schlichte, unbeleuchtete »Schoßraum«, dessen Grundriß in der Regel ein Quadrat ist, enthält als »Kammer des Samens« das Bild der Hauptgottheit, in Shiva-Tempeln ist dies oft das Mūlalinga (»Wurzellingam«), das niemals von dem Gebäude wegbewegt wird. Ein Umgang um die Kammer ermöglicht den Gläubigen den Vollzug des wichtigsten Rituals (pradakshinā), bei dem das Kultbild von Ost nach West – gemäß dem Lauf der Sonne – umwandelt wird.

Ein Symbol ist der lingam (»Phallus«), die Darstellung des männlichen Gliedes. Als Steinmal errichtet, befindet er sich in Tempeln des Shiva-Kultes und wird als Symbol der Zeugungskraft und Fruchtbarkeit insbesondere von Frauen und Mädchen verehrt und mit Blumen bekränzt. Mukhalinga (»Gesichtslingam«) meint das Erscheinungsbild Shivas als lingam, das häufig mit Köpfen verziert ist, die meist Shiva darstellen. Die Lingāyats (»Lingamträger«), eine südindische shivaitische Richtung, auch Virashaivas genannt, verehren Shiva unter dem Symbol des lingam, von dem jeder Lingāyat eine Nachbildung in einer kleinen Büchse als Amulett um den Hals trägt.

Neben dem lingam darf an keinem Shiva-Tempel die yoni (»Mutterschoß«) fehlen. Diese symbolische Darstellung des weiblichen Schoßes, als Quelle allen Werdens, wird als Kultbild vor allem in Kreisen der Shiva-Verehrer und im bengalischen Durgā-Kult von den Shaktas verehrt.

Skulpturen von Liebespaaren (mithuna) und erotischen Gruppen zieren die Außenwände der Tempel, auf denen von der Sockelzone aufsteigend und

Shri Yantra, Diagramm aus miteinander verflochtenen Dreiecken. Die nach oben zeigenden Spitzen symbolisieren die (männlichen) Shiva-Prinzipien, und die nach unten zeigenden Spitzen stehen für die (weiblichen) Shakti-Prinzipien. Malerei aus Rajasthan, ca. 1800

Tanzende Yogini mit traditionellem
tantrischen Symbol-Schmuck.
Erotisches Visualisieren ist eine wichtige
Hilfe zu bewußter Vergeistigung

gemäß der Rangordnung der Lebewesen die Welt der Menschen, Tiere, Fabelwesen, Dämonen, Weisen, Halbgottheiten und Hochgottheiten in großartiger Dramatik und Dynamik dargestellt ist.

In Nordindien sind sie mit ausgeprägter Stilisierung der Körper, z.B. in Bhuvaneshvar (11.Jh.), Khajurāho (11.Jh.), Konārak (13.Jh.), und in Südindien in verhaltenem, aber elegantem Stil, z.B. in Thanjāvur (11.Jh.), Gangaikondacolapuram (11.Jh.), dargestellt. Wie ein und derselbe Satz je nach der Abteilung der Wörter eine asketische oder eine erotische Bedeutung haben kann, so sind die Mithuna-Gruppen mit ihren Darstellungen von Frauen und Männern in allen Stadien des erotischen Liebesspiels und der sexuellen Vereinigung Symbole für Askese und Liebesdrang zugleich.

Tempeltänzerinnen und tantrische Beischlafrituale

Am Eingang der Tempelanlage befinden sich, der Cella vorgelagert, in der Regel offene Hallen (mandapa), die sich vom Eingang hin zur Cella verjüngen. Sie dienen der Sammlung und Vorbereitung auf den Kultakt in der Cella. In der Nātyamandapa (»Tanzhalle«) werden die rituellen Tänze aufgeführt. Der Tempeltanz ist ein wesentlicher Bestandteil der Gottesverehrung, in dem Geist und Körper, Hände und Füße, Kopf und Augen perfekt mit der musikalischen Begleitung koordiniert sind. Besonders bekannt ist der Tempeltanz Kathakali im südindischen Kerala, aber vor allem der Tempeltanz der Devadasi. Frauen, die seit ihrer Mädchenzeit dem Tempeldienst geweiht sind, gelten als Gattinnen des Gottes, in dessen Tempel sie Dienst tun, daher ihr Name devadasi (»Gottesdienerin«). Jeder Tempel hat entsprechend seiner Größe acht oder mehr Tempeltänzerinnen. Das Shiva-Purāna bestimmt, daß ein Shiva-Tempel Tausende von auserlesenen Mädchen haben soll, die in den Künsten des Singens und Tanzens erfahren sind, dazu zahlreiche Musiker des Saitenspiels. Sie kommen aus allen Kasten, und ihre Vorbereitung für diese Aufgabe beginnt in der Kindheit. Sie lernen lesen und schreiben, singen und tanzen und auch ein oder zwei Musikinstrumente spielen. Die Devadasi aus höheren Kasten dienen in Shiva- und Vishnu-Tempeln, die aus niederen Kasten dienen niederen Göttern. Je nach ihrer Kastenzugehörigkeit tragen sie unterschiedliche Kostüme. Die Tempeltänzerinnen führen rituelle Tänze auf, in denen sie symbolisch die Liebe und Sehnsucht zwischen Gott und Mensch darstellen und wie diese sich gegenseitig suchen und voll Entzücken ineinander aufgehen. Wenn der Tempelgott in seinen ehelichen Rechten von Priestern oder von männlichen Tempelbesuchern vertreten wird, vollziehen die beiden Partner einen Opferakt, der zum Heil führt, da die sakral-rituelle Paarung zum Verlust des Ich (Opfer) und zum gleichzeitigen Aufgehen in der Einheit göttlicher Wonnen führt. Devadasi sind z.T. großartige Yoginis, die ihre Körperfunktionen präzise kontrollieren können.

Allen V. Ross schildert in seinem Buch »Das Laster in Bombay« eine phantastische Begegnung mit einer indischen Tempeltänzerin. »Das Mädchen trat leise auf nackten Füßen ein. Sie kniete vor mir nieder und küßte meine Füße. Es sah sehr gut aus, war etwa dreißig Jahre alt und hatte ein Gesicht, das welterfahren und kindlich zugleich wirkte. Der Körper war vollkommen in einen transparenten Sari aus goldener Seide eingehüllt. Hände, Füße und Kopf waren bloß, mit Ausnahme von einigem Schmuck, der bei jeder ihrer Bewegungen leise klirrte. Sie begann ohne jegliche musikalische Begleitung zu tanzen. Diese Devadasi übermittelte mit jedem kleinen Zucken ihrer rot geschminkten Lippen unverhüllte Sexualität; desgleichen mit den Gesten ihrer Hände, mit den Bewegungen ihres Kopfes, mit dem Stampfen ihrer Füße, mit dem Rollen ihrer Augen. Das Beben, Öffnen und Schließen ihrer Nasenflügel, das geschmeidige Wenden und Drehen ihres festen und doch so nachgiebigen Körpers … dies alles war schon eine wahrhaft erstaunliche Vorstellung! Ich konnte die elektrische Ausstrahlung des erotischen Zaubers des Mädchens spüren, und dabei kam es mir vor, als benutzte sie nur einen Bruchteil ihrer tatsächlichen Fähigkeiten und Geschicklichkeiten. Ihr Tanz, langsam und ekstatisch, war höchst symbolisch und ließ verschiedene sexuelle Stimmungen erkennen, angefangen von Verlockung über Reiz bis zur Verführung und schließlich bis zur Verzückung.

Der Tanz mußte etwa eine Stunde gedauert haben, und ich war vollkommen davon hingerissen.

Danach ergriff sie Besitz von mir. Sie schlüpfte zierlich aus ihrer Bekleidung und stellte dabei einen Körper von wilder, zimtbrauner Farbe zur Schau. Sie forderte mich auf, mich auf die Matte zu legen. Danach gab es nur noch mein Lingam und ihre Yoni in kosmischer Vereinigung. Ihre Intimitäten ergriffen und packten mich. Ich wurde verschlungen. Sie war das, was die Hindus saraotastryan (»Nußknacker-Frau«) nennen, und zwar wegen der erstaunlichen Macht ihrer Schließmuskeln. Ich verlor beinahe den Verstand. Die ganze Zeit über gab sie murmelnde, summende Laute von sich und versetzte mich dadurch in einen Zustand der Trance. Plötzlich gab es eine Explosion in meinem Gehirn, und ich fühlte mich in einer anderen Dimension. Es gab erstaunliche Lichter und fantastische Farben. Die Wände schienen zu schmelzen, und ich verspürte Ekstase in jeder Zelle meines Körpers.«[105]

Devadasi, Tempeltänzerin, von Yoginis ausgebildet, die die sexuellen Geheimnisse gemeistert haben und die erotischen Körperbewegungen beherrschen

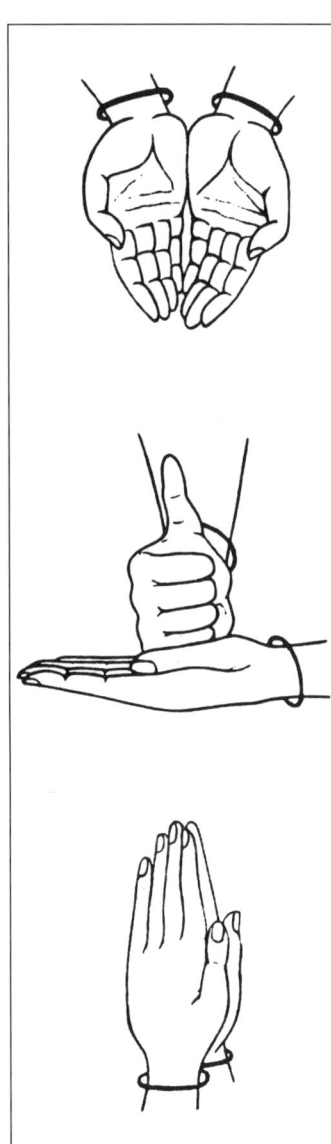

Drei Handgesten (von oben nach unten):
Yoni ([»Mutter-]Schoß«), Lingam
([»Phallus-]Merkmal«) und Gehorsam
beim Odissi-Tempeltanz der Devadasi

Unter der Moslemherrschaft in Indien wurden viele Tempeltänzerinnen ergriffen und in die Harems der neuen Herren gesteckt. Im Jahr 1987 wurde in Andhra Pradesh die 1000jährige Praxis der Devadasi-Weihe verboten. Obwohl der Devadasi-Tempeltanz wegen Tempelprostitution seit 1948 durch staatliches Gesetz verboten, gab es im März 1989 während des Festes Marg Purnima über 3000 minderjährige Mädchen, die der Göttin Yellama als Devadasi in einer Zeremonie in dem Belgaum-Distrikt von Karnataka geweiht wurden.[106]

Dient der Geschlechtsverkehr in den strengen asketischen Richtungen des Hinduismus hauptsächlich der Fortpflanzung des menschlichen Lebens im Sinne einer Gewährleistung des Generationenstroms, wobei die Frau eine dem Mann gegenüber mehr untergeordnete Rolle zu spielen hat, so wird er in den erotischen Richtungen des Tantrismus zum Abglanz höchster göttlicher Wonne und führt beide Geschlechtspartner, Mann und Frau, in der Erfahrung sexueller Einheit mit dem Absoluten zur Befreiung.

Ein von den Kaulas aus den Shaktis praktiziertes tantrisches Sexualritual ist das der »Fünf Hauptsachen«, von denen jede im Sanskrit mit dem Buchstaben »m« beginnt: Getreidekörner (mudra), Fisch (matsya), Wein (madya), Fleisch (mamsa) und sexuelle Vereinigung (maithuna). Die Dreiheit von Getreidekörnern, Fisch und Fleisch steht für die Daseinsbereiche von Pflanzen-, Wasser- und Tierwelt, wohingegen Wein und sexuelle Vereinigung die Sinne erheben und die mystische Loslösung fördern. Während dieses Rituals, das üblicherweise um Mitternacht stattfindet, und zwar während der dunklen Mondphase, sitzt ein Paar beisammen, die Frau links vom Mann. Zuerst wird der Wein getrunken und als nächstes das Fleisch verzehrt. Danach kommen der Fisch und die Getreidekörner an die Reihe. Nachdem auf diese Weise die Elemente Feuer, Luft, Wasser und Erde rituell anerkannt sind, vollziehen Mann und Frau die sexuelle Vereinigung (maithuna = »Paar«) im »Element« Raum, wobei diese Liebesvereinigung in Anlehnung an die Vereinigung des Gottes Shiva, des männlichen Prinzips, mit seiner Shakti, dem weiblichen Prinzip, geschieht.

Das Ritual der fünf Hauptsachen, das quasi sakramental vollzogen wird, soll yogische Aktivitäten freisetzen. So symbolisieren die Getreidekörner das Element Erde und die Loslösung von Weltlichkeit, der Fisch steht für das Element Wasser und die Atemkontrolle, der Wein symbolisiert das Element Feuer und die Reinigung der Sinne sowie des Geistes, das Fleisch steht für das Element Luft und die Kontrolle der Sprachlaute, und schließlich symbolisiert die sexuelle Vereinigung das Element Raum und die befreiende Wirkung der Sexualenergie. Ritualisierte Geschlechtsakte, die von mehr als einem Paar vorgenommen werden und bei denen die Teilnehmer einen Kreis (chakra) bilden und einem Führungspaar oder auch Guru folgen, sind Chakra Puja, Bhairavā Chakra und Yogini Chakra.

Chakra Puja (»kreisförmige Verehrung«) ist ein tantrisch-shaktisches Sexualritual von mehreren Paaren mit Wein- und Fleischgenuß sowie sakralem Beischlaf, wobei die freigesetzte sexuelle Energie bewußt kanalisiert und unter den Teilnehmern ausgetauscht wird. Wenn sich das erste Paar dem Höhepunkt des Orgasmus genähert hat, wird es angewiesen, sich zurückzuhalten, während das nächste Paar den Aufstieg zur Ekstase beginnt. Auf diese Weise soll eine neue Dimension spiritueller Ekstase vermittelt werden, die über die gewöhnliche Erfahrungswelt hinausgeht.

Im Bhairavā Chakra, das immer mit der Verehrung des weiblichen Prinzips, der Göttin Shakti bzw. Kali oder Durgā beginnt und auch endet, vereinen sich drei, fünf, sieben oder neun Teilnehmer zu einem Kreis sexuell aktiver Paare, unter denen ein junges Mädchen nackt im Zentrum des Kreises sitzt, sich selbst nicht am Ritual beteiligt, aber dabei die Verehrungsopfer für die Göttin, wie Blumen, Weihrauch, Obst, Seidenstoffe u. ä., erhält. Auf dem Höhepunkt des Rituals kommt es zur geschlechtlichen Vereinigung der männlichen Teilnehmer mit den weiblichen schmuckbehangenen Teilnehmerinnen als den Repräsentantinnen der Göttin.

Das Yogini Chakra ist ein Sexualritual, bei dem ein einzelner Mann, Yogi oder Guru drei, fünf, sieben oder neun Frauen, die in sexuelles Yoga eingeweiht sind, liebt. Der Mann ist mit seiner unmittelbaren Yogini-Partnerin in der Mitte, umgeben von einem Kreis der anderen Yoginis, die sich alle am sexuellen Spiel beteiligen. Während dieses Rituals schenken sich alle acht Yoginis abwechselnd dem Yogi, während seine hauptsächliche Yogini-Partnerin, die neunte, mithilft, die anderen acht zum Höhepunkt zu führen, wobei der Yogi seinen Orgasmus beherrscht, bis er alle Energien der acht Yoginis absorbiert hat, erst dann schenkt er seinen »potenzierten« Samen der neunten Yogini.

Im Dienst des tantrischen Rituals stehen auch die Objekte der tantrischen Kunst. So veranschaulichen die Yantra (»Stütze, Instrument«) als Diagramme den Tantristen die mystischen Zusammenhänge des Weltganzen. Das bekannteste aller Yantra ist das Shri-Yantra (»Yantra des Erhabenen«). Es besteht aus 9 einander überlagernden Dreiecken – fünf aufwärts und vier abwärts gerichtet –, die um einen Punkt (bindu) konzentriert sind, wobei die fünf mit der Spitze nach unten gerichteten Dreiecke Shakti-Prinzipien dar-

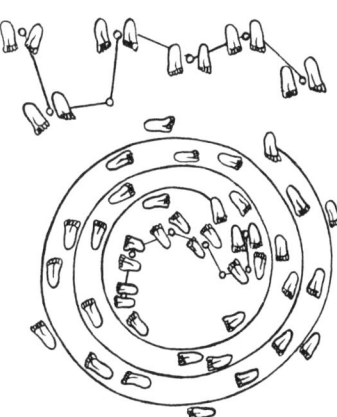

Fußabdrücke illustrieren die Schritte eines Paares im rituellen Sexual-Tanz. Die weibliche Erde symbolisiert eine dreieinhalbfache Spirale (unten), und für den männlichen Himmel steht das Sternbild des Großen Bären (oben). Chinesisches Diagramm, 13. Jh.

Symbolisches Diagramm vom Ritual der »Fünf Hauptsachen«: In der Mitte die Göttin Shakti. In den fünf Lotosblättern zeigt das untere die sexuelle Vereinigung

stellen und die vier nach oben gerichteten Shiva-Prinzipien. Dieses Diagramm symbolisiert die Einheit von Shakti und Shiva und stellt dadurch, daß durch das Überlagern der 9 großen Dreiecke jetzt 43 kleine Dreiecke neu entstanden sind, den Prozeß der aus dem bindu ausfließenden Schöpfung dar, wie er sich über verschiedenen Stufen bis zur Entstehung der bipolaren, geschlechtlichen Welt fortsetzt. Der bindu als Mittelpunkt des Diagramms symbolisiert den Samen des Mannes, aus dem neues Leben entsteht.

Drei Geschlechter für die Göttlichen im Sanskrit

Das *Sanskrit,* das ein grammatisches Geschlecht kennt, unterscheidet für alle Hauptwörter, auch bei den Gattungsnamen für die Göttlichen, drei Genera.[107] So lautet das Gattungswort für den Gott: deva, für die Göttin: devi und für Gottheit allgemein: devata. Nach ihrer Bedeutung sind – unter Beachtung vieler Ausnahmen – *männlichen Geschlechts:* die Gattungs- und Eigennamen der Himmel wie auch für die diese repräsentierenden Götter, wie die vedischen Dyaus und Varuna, ferner die Sonne (surya) und der gleichnamige vedische Sonnengott Surya als auch die anderen Sonnengötter, so der vedische Pūshan, der vedisch-brahmanische Mitra, der brahmanische Savitar und der brahmanisch-hinduistische Aryaman, auch der Mond (candra) und der gleichnamige hinduistische Mondgott Chandra bzw. Candra. *Weiblich* sind die Gattungs- und Eigennamen der Erde (prithivī) und der gleichnamigen vedischen Erdgöttin Prithivī wie die anderen Erdgöttinnen, so die vedische Diti und die hinduistische Bhūdevi und Dhārani. Weiblichen Geschlechts sind auch die Flüsse und die diesen entsprechenden Flußgöttinnen, wie die vedische Sarasvati und die hinduistische Gangā und Yamunā.

Als »Vater« (pitr) erscheint der vedische Himmelsgott Dyaus Pitar (»Himmel-Vater«), wohingegen viele hinduistische Göttinnen sich den Beinamen »Mutter« (ambā, matr, matrika) teilen müssen. So gibt es z.B. eine Gruppe von »sieben Müttern« (saptāmatrikā) als Personifikationen negativer Eigenschaften, die durch Tugenden überwunden werden sollen und zugleich als Gattinnen der ihnen übergeordneten männlichen Gottheiten, wie Brahmā, Shiva, Skanda, Vishnu und Indra. Zu ihnen gehören: Brāhmi, Māheshvari, Kaumāri, Vaishnavi, Vārāhi Chāmundā und Indrāni, deren Tragtier das ihres jeweiligen Gatten ist. Dargestellt werden sie mit einem Kind im Arm.

Jainismus

Der Jainismus/Jinismus ist die auf Vardhamāna (ca. 539–467 v.Chr.) als Stifter bzw. Neubegründer zurückgeführte und nach dessen Ehrentitel Jina (»der Sieger«) benannte Weltreligion, deren Anhänger in ihrer Gesamtheit Jinas bzw. Jainas genannt werden. Der Jainismus zählt heute 3,7 Millionen Anhänger, die vorwiegend in Gujarat (Indien) leben.[1]

Austausch der Föten im Mutterschoß

Der Stifter und Neubegründer Vardhamāna (»Wachsender«), der spätere Mahāvira (»großer Held«), entstammte einer Familie des Kriegeradels, der Jnāta, in Nordostindien, wo er um 539 v.Chr. in Kundagrāma, einem Vorort des berühmten Vaishali (40 km nördlich vom heutigen Patna in Bihar) geboren wurde. Sein Vater hieß Siddhārtha, und seine Mutter Trishalā hatte vor seiner Geburt vierzehn glückverheißende Traumbilder, die als Vorzeichen dafür gedeutet wurden, daß sie einen Weltherrscher oder einen Jina zur Welt bringen werde. Mahāviras älterer Bruder hieß Nandivaran.

Die Shvetāmbara-Jainas glauben, daß Mahāvira zunächst als Embryo in den Mutterschoß einer Brahmanin eingegangen war und dann im Entwicklungsstand des Fötus in den Schoß einer Frau aus dem Kriegeradel übertragen worden ist, die ihn dann zur Welt brachte. Im Kreislauf seiner Wiedergeburten trat Mahāvira aus dem Himmel Pupphuttara in den Mutterschoß der brahmanischen Devānandā, der Gattin des Brahmanen Usabhadatta ein. Da aber für einen künftigen Tirthankara die Geburt in einem brahmanischen Hause der in einem adligen unterlegen ist, bedauerte dies der Götterfürst Shakra (»der Kräftige«), und er ließ, als 82 Tage seit der Empfängnis vergangen waren, am 83. Tag durch seinen Boten, den antilopenköpfigen Harinaigamaishin, den Fötus des Mahāvira aus dem südlichen brahmanischen Teil des Ortes Kundapura nach dessen nördlichem, adligen Teil in den Schoß der adligen Trishalā, der Gattin des adligen Siddhārtha, übertragen, »indem er die unreinen Teilchen entfernte und reine Teilchen (dafür) einschob. Und die Leibesfrucht im Schoße der adligen Frau Trishalā nahm er fort in den Schoß der Brahmanin Devānandā«.[2] Die Translozisierung der Föten im Mutterleib offenbart ein antibrahmanisches Ressentiment des Kriegeradels, für den ein künftiger Tirthankara (»Furtbereiter«) nur ihren Reihen entstammen kann. Mahāvira wuchs in luxuriöser Umgebung auf und wurde von fünf Frauen

Der Götterbote Harinaigamaishi
überträgt den Fötus des künftigen
Religionsstifters Vardhamana Mahavira
in den Schoß der (Leihmutter) Trishala

zugleich versorgt, einer Amme, einem Kindermädchen, das ihn sauberhielt, einem, das ihn kleidete, einem, das mit ihm spielte, und einem, das ihn von dem Schoß der einen zu dem der anderen trug.[3]

Nach der Shvetāmbara-Tradition heiratete Vardhamāna in jungen Jahren die Tochter des Königs von Samarabir, deren Name Yashodā war. Ihrer beider Tochter hieß Anavidya; sie ist auch unter dem Namen Priyadarshanā bekannt. Als dann Mahāviras Eltern infolge Sterbefastens aus dem Leben geschieden waren, gelobte er: »Ich werde für 12 Jahre meinen Körper vernachlässigen«,[4] legte seine vornehme Kleidung ab, riß mit fünf Handgriffen sein Haar aus, verließ als Dreißigjähriger sein Haus und seine Familie und wurde ein Bettler. Noch ein Jahr und einen Monat trug er Kleidung, aber dann legte er alles ab und wanderte als nackter Asket umher; er erfuhr Verletzungen durch Menschen und Tiere und unterzog sich selbst strengsten Kasteiungen. Mit 42 Jahren erlangte er nach strengem Fasten die völlige Selbstkontrolle über seinen Körper. Liebe und Haß schwanden in ihm, Angenehmes und Unangenehmes wurden ihm gleichgültig, und er erkannte die Beseeltheit aller Dinge der Natur. Unter einem Shāla-Baum nahe dem Dorf Jrmbhikagrāma erlangte er die Allwissenheit, das kevalajnāna. Seitdem war er ein Jina. Dann folgte eine dreißigjährige Lehrtätigkeit als Heilskünder. Er verkündete seine neue Lehre von der Erlösung und wurde zum Führer und Lehrer von 14 000 Mönchen und 36 000 Nonnen sowie vieler Laienanhänger. Beim Rezitieren der letzten von den 55 Lektionen starb er im zweiundsiebzigsten Lebensjahr in Pāvā(puri) im Jahr 467 v. Chr. und ging ins Nirvāna ein.

Mahāvira ist der 24. und letzte Tirthankara des heutigen Weltzeitalters. Alle bisherigen 24 Tirthankaras waren nach den Digambara-Jainas männlichen Geschlechts, nur für die Shvetāmbaras war Malli, der 19., ein weiblicher Heilskünder. Sie, die Tochter des Königs Kumbha von Mithilā und der Rakshitā, wurde 55 000 Jahre alt. Alle bisherigen 24 männlichen Tirthankaras werden entweder im Lotossitz (padmāsana) oder stehend und nackt dargestellt.

Als um das Jahr 310 v. Chr. die Religionsgemeinschaft der Jainas unter einer großen Hungersnot in Nordindien litt, emigrierte eine Gruppe von ca. 12 000 unter der Führung des Bhadrabahn nach Mysore in Südindien. Hier in dieser wärmeren Region des Südens, wo Bekleidung weniger notwendig war, wurde eine strengere Askese beachtet als im Norden. Die beiden Richtungen des Nordens und Südens spalteten sich endgültig um das Jahr 82 n. Chr. über dem Streit in der Bekleidungsfrage. Seitdem gibt es die Shvetāmbaras (»Weißgekleidete«), die mindestens ein Kleidungsstück tragen, und die konservativen und unbekleideten Digambaras (»Luftgekleidete«), die in der Kleiderfrage dem Vorbild ihres Stifters strikt folgen und nackt leben, so daß die Luft ihre einzige Bekleidung ist. Die islamischen Eroberer haben die *Digambaras* jedoch gezwungen, in der Öffentlichkeit wenigstens ein Lendentuch zu tragen, weshalb man nur noch in der Einöde nackt lebende Digambaras antrifft.

Frauen als Verführerinnen der Mönche

Nach jainistischer Lehre ist die Welt ewig, und nur strenge Askese vermag das Wiedervergeltungsgesetz (karman) aufzuheben und die ewigen Seelen aus dem Wiedergeburtenkreislauf zu befreien. Sinnbild dieses ewigen Kreislaufs ist das Hakenkreuz des Swastika, dessen vier Balken die vier Daseins-

Kolossalstatue des nackten Gommata, eines Heiligen der Digambara-Jainas. Gneis-Monolith (21 m hoch) in Sravana Belgola (Indien)

Die (Leih-)Mutter Trishala mit dem
Religionsstifter Vardhamana Mahavira
als Kind. Jaina-Handschrift aus Gujarat,
15. Jh. Berlin: Staatl. Museen Preuß.
Kulturbesitz

stufen symbolisieren, in denen Menschen wiedergeboren werden können: als
Gottheiten (der Balken oben), als Höllenwesen (unten), als Tiere (in der Mitte
links) und als Menschen (rechts). Das gesamte Weltgebäude wird – nach den
Shvetāmbaras – mit der spindelartigen Frauengestalt »Welt-Mensch« (Loka-
Purusha) verglichen, deren mit einem weiten Gewand bekleideter Unterkör-
per die Unterwelt, deren Hüftgegend die Mittelwelt und deren Oberkörper
die Oberwelt umschließt. In der Unterwelt befinden sich die Höllenwesen,
und in der Mittelwelt gibt es Tiere und Menschen. Die Oberwelt besteht aus
8 übereinanderliegenden, von Gottheiten bewohnten Himmelsregionen: In
der 1. Region (Saudharma und Aishāna) findet körperliche Begattung statt,

in der 2. (Sanatkumāra und Māhendra) dieselbe durch Berührung (Umarmung, Küssen, Drücken der Brüste usw.), in der 3. (Brahmaloka) und 4. (Lāntaka) durch bloßes Sehen, in der 5. (Shukra) und 6. (Sahasrāra) durch Hören und in der 7. (Ānanta) bis zur 8. (Acyuta) durch Vorstellung. Die sinnlich-sexuelle Betätigung der Götter wird also nach oben hin immer schwächer.[5] Ganz oben im Scheitelpunkt des Weltgebäudes liegt als Erlösungsziel die Wohnstätte der Vollendeten, die aus dem Kreislauf der Wiedergeburten ausgeschieden sind.

Da der Jainismus gemäß dem Vorbild seines Stifters im Kern eine Ordensreligion ist, werden die Orden sehr geschätzt, für die fünf Gelübde bzw. Gebote (vatra) verbindlich sind. Den vier von Pārshva, dem 23. Tirthankara, erlassenen Regeln hat Mahāvira noch eine 5. angefügt. Die fünf Gelübde (mahāvratas) sind: 1. nicht verletzen (ahimsā), 2. Wahrhaftigkeit (satya), 3. nicht stehlen (asteya), 4. Besitzlosigkeit (aparigraha) und 5. Keuschheit (brahmacharya).

In einen Orden dürfen dreierlei Personen nicht aufgenommen werden: ein Impotenter, ein Entmannter und ein Geschlechtskranker.[6] Der Päderast stellt einen von drei Fällen der Ausstoßung aus dem Orden dar.[7] Bei den Shvetāmbara-Jainas können auch Frauen – im Gegensatz zu den Digambara-Jainas – als Nonnen in einen Nonnenorden eintreten. Im Anschluß an ein Noviziat von 6 Monaten bis zu 2 Jahren erhält die angehende Nonne genauso wie der Mönch die Ordensweihe (dikshā). Dabei werden ihr die Haare bis auf fünf Haarbüschel, die ausgerissen werden, geschoren. Danach wird Asche auf ihr Haupt gestreut. Nun erhält sie die Ordensausrüstung: einen Wanderstab, eine Schale und einen Napf zum Einsammeln von Speise und Trank sowie – im Sinne von ahimsā – zwei Tücher, eins zum Seihen der Getränke und das andere zum Verdecken des Mundes, um keine noch so kleinen Insekten zu verschlucken, dazu einen Besen, um während des Ausgangs den Weg vor sich zu kehren und kleine Lebewesen zur Seite zu fegen. Darauf legt sie die fünf Ordensgelübde ab und erhält einen neuen Namen. Die Nonnen wohnen unter Leitung einer Oberin in Asketenherbergen (upāshraya) und führen ein streng geregeltes geistliches Leben, das im Studium und in der Meditation besteht sowie in der Unterweisung von Laienschwestern, den »Hörerinnen« (shrāvikā), die auch zur Gemeinschaft des Ordens gehören, aber nur zu den kleinen Geboten (anuvrata) verpflichtet sind. Ein besonderes Kennzeichen des Ordenslebens ist die häufige, fast tägliche Beichte der Sünden.

Zu den Sünden zählt insbesondere die der Unkeuschheit, die oft durch mehrmonatige Buße gesühnt werden muß. So sündigt eine Nonne durch Unkeuschheit: »Wenn einer Nonne, während sie zur Nachtzeit oder Dämme-

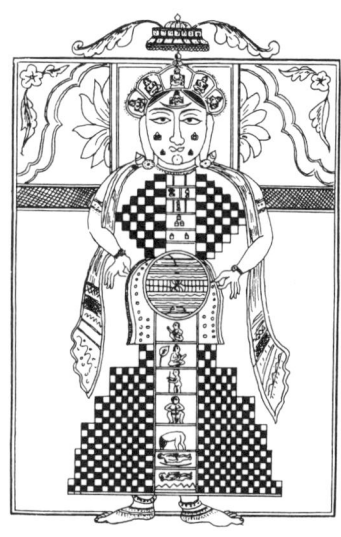

Loka-Purusha: Weltbild in Gestalt einer spindelartigen Frau, deren Unterleib die sieben Unterwelten, deren Hüftgegend die Erdenwelt und deren Oberkörper die zehn Himmelswelten umschließt

rung Exkremente oder Harn ausscheidet oder entfernt, irgendein vierfüßiges Tier oder ein Vogel ein Organ der Empfindung berührt (oder ihr an einer Leibesöffnung eindringt) und sie das zuläßt, so erwirkt sie, der unerlaubten Berührung schuldig (der Unkeuschheit schuldig), viermonatige unverkürzte Buße.«[8]

Unbeschadet dessen, daß Frauen sich einer weiblichen Ordensgemeinschaft anschließen können, die gleichsam gleichberechtigt neben den Mönchsorden besteht, finden sich in der kanonischen und nichtkanonischen Jainaliteratur zahlreiche abwertende männliche Äußerungen und Urteile über Frauen. Diese dienen hauptsächlich dem Zweck, die zu einem keuschen Leben verpflichteten Mönche vor den Gefahren beim Umgang mit Frauen zu warnen. Durch Frauen, die die Ursachen für alle sündigen Akte sind, ist die Welt sehr geplagt.[9] Da Frauen die größte Versuchung in der Welt sind, soll der Mönch von Frauen nicht sprechen, noch nach ihnen sehen, noch sich mit ihnen unterhalten, noch sie als sein Eigentum in Anspruch nehmen, noch ihre Arbeit tun.[10] Eindringlich wird der Mönch gemahnt:

»Begehre nicht [Frauen], solch weibliche Dämonen,
auf deren Brüsten zwei Klumpen Fleisch wachsen,
die ständig ihre Meinung ändern, die Männer verführen
und dann ein Spiel mit ihnen treiben wie mit Sklaven.
Ein hausloser [Mönch] soll nicht Frauen begehren.
Er soll sich abwenden vom Weiblichen.«[11]

Und eine andere Warnung vor Täuschung durch Frauen lautet:

»Einen Mann haben [die Frauen] in ihrem Herzen,
einen anderen in ihren Worten,
und noch einen anderen in ihrem Handeln.
Deshalb soll ein Mönch nicht trauen den Frauen,
wohl wissend, daß sie sind voller Betrug.«[12]

Männer und Mönche, die sich von Frauen nicht verführen lassen, schätzen die Erlösung vor allem,[13] hingegen werden Männer, die durch ihre Sinne und durch Frauen verführt werden, wieder und wieder geboren.[14]

Insbesondere sind es Digambara-Mönche, die in den nichtkanonischen Jainaschriften die Schlechtigkeit der Frauen beschreiben. So bezeichnet der Mönch Amitagati[15] (ca. 1000 n. Chr.) den Leib der Frau als Inbegriff aller Unreinheit

und die Frau selbst als die »Schatzkammer allen Leidens«, als den »Riegel vor
der Himmelsstadt«, als den »Pfad zur Höllenwohnung«, als die »Axt für den
Lusthain der Frömmigkeit«, als den »Reif für den Lotos der Tugenden«, als
die »Wurzel des Sündenbaumes« und als das »Erdreich für das Schlingge-
wächs Betrug«. Der Mönch Hemacandra[16] (*1089) bezeichnet Frauen als »die
Fackel auf dem Weg zum Höllentor, aller Kümmernisse Wurzel und der
Zwietracht Urgrund«. Und Municandrasuri (†1122) textet:

»Hölle und Himmel, den Luftraum und den ganzen Erdkreis
Kennen die Weisen, – das Tun der Weiber kennen sie nicht.«
„Fisches Pfad im Wasser, Vogels Flug durch die Luft
Kennen die Weisen, – das Herz des Weibes kennen sie nicht.«[17]

Ja, Digambara-Mönche sehen für Frauen keine Möglichkeit der Erlösung als
Frau, erst *nach* einem guten Frauenleben, wenn die Frau als Mann wiedergeboren wird, kann sie Erlösung aus dem Kreislauf der Wiedergeburten erlangen.

Buddhismus

Der Buddhismus ist die auf Siddhārta Gautama (ca. 563–483 v. Chr.) als Stifter zurückgeführte und nach dessen Ehrentitel Buddha (»Erleuchteter«) benannte Weltreligion.[1] Die Zahl der Buddhisten beträgt insgesamt ca. 309 Millionen. In Thailand, Kambodscha und Bhutan ist der Buddhismus Staatsreligion.

Im Buddhismus kann man drei Hauptrichtungen »Fahrzeuge« (yāna) unterscheiden: Hinayāna, Mahāyāna und Vajrayāna. Das Hinayāna wird auch »kleines Fahrzeug« genannt, weil nach dessen Lehre nur wenige (Mönche und Nonnen) gleichsam wie in einem kleinen Fahrzeug den Ozean des Kreislaufs der Wiedergeburten (samsāra) überqueren und ans jenseitige Ufer (nirvāna) gelangen können. Diese streng mönchische und ältere Form des Buddhismus ist heute in Thailand, Burma, Sri Lanka und Kambodscha verbreitet.

Das Mahāyāna wird auch »großes Fahrzeug« genannt, weil alle (Mönche und Nonnen sowie Laienanhänger/innen), die dem Buddha vertrauen, gleichsam wie in einem großen Fahrzeug zum Nirvāna gelangen können. Ihr religiöses Ideal ist das Erbarmen, das in vorbildlicher Weise ein Bodhisattva verwirklicht, der ausdrücklich auf die eigene, endgültige Erlösung so lange verzichtet, bis durch ihn alle Wesen den Heilsweg gefunden haben. Das Mahāyāna ist heute vor allem in Japan, Vietnam und Korea verbreitet.

Nach dem Vajrayāna, auch »diamantenes Fahrzeug« genannt, kann man vor allem mit Hilfe von Riten (tantras), heiligen Sprüchen und Formeln (mantras) und durch Betrachten von Mandalas Erlösung erlangen. Diese Richtung ist heute in Tibet und in der Mongolei verbreitet. Die Zweige der in Tibet entwickelten Formen des Vajrayāna werden als Lamaismus bezeichnet.

Der Mann Buddha, von der Jungfrau Māyā geboren

Siddhārta Gautama wurde um das Jahr 563 v. Chr. in Kapilavastu am Fuße des Himalaja, unweit des heutigen Dorfes Paderia in Nepal, geboren. Zu seinem Familiennamen Gautama erhält er den Geburtsnamen Siddhārta (»einer, der sein Ziel erreicht hat«).

Sein Vater Suddhodana (»reinen Reis habend«) war ein reicher Großgrundbesitzer und Vorsitzender des Gemeinwesens der Shākyas (»Gewaltigen«), einer Sippe der arischen Kriegerkaste (kshatriya). Nach diesem Adelsgeschlecht wurde Siddhārta auch als Shākyamuni (»der Weise« [aus der]

Shākya [Sippe] bezeichnet. Siddhārtas Mutter, die sieben Tage nach seiner Geburt starb, hieß Māyā (»Illusion«) bzw. Mahā-Māyā (»große Māyā«) oder Māyā-Devi (»Māyā-Königin«).

Die zwölf Lebensphasen eines jeden Buddha beginnen mit dem *Herabstieg* (1) als Bodhisattva aus dem Tushita-Himmel. Der dort Weilende wählt zuvor Zeit, Ort, Kaste und vor allem seine Mutter aus, aus deren Schoß er zum letzten Mal (wieder)geboren werden will. Buddhas zukünftige Mutter Māyā war noch Jungfrau und hatte für die kommenden Monate sogar das Gelübde der Keuschheit abgelegt und ihren Gatten gebeten, während dieser Zeit kein Liebesverlangen auf sie zu richten.[2]

Die jungfräuliche *Empfängnis* (2) des Bodhisattva fand in einer Vollmond-nacht des Monats Visākhā (Mai) statt, als der künftige Buddha in Gestalt eines jungen, weißen Elefanten mit sechs Stoßzähnen zur rechten Seite in den Mutterleib eindrang, was die Mutter Māyā als Traum erlebte. Damit der Bodhisattva im Mutterschoß von keiner Art Unreinheit befleckt werde, ruhte der künftige Buddha mit bereits völlig entwickelten Gliedmaßen im Sitz der Yoga-Meditation in einem viereckigen, jedoch weichen Edelsteingehäuse, wobei die ebenfalls in Meditation versunkene Mutter den in ihrem Schoß ruhenden Bodhisattva sehen konnte.

Wie die Empfängnis, so war auch die *Geburt* (3) des Bodhisattva eine jung-fräuliche. Als er 10 Monate im Leib der Māyā verweilt hatte und diese beim Betreten des Lumbini-Haines mit dem rechten Arm den Zweig eines Baumes ergriff, trat der Bodhisattva unbefleckt von irdischer Unreinheit zur rechten Seite aus dem Mutterleib heraus, übrigens zur gleichen Zeit wie seine künf-tige Gemahlin. Der Leib der Māyā blieb durch den Geburtsvorgang völlig unverletzt und zeigte auch keinerlei Anzeichen einer Geburt. Schon als Neugeborener wies Siddhārta die 32 großen Merkmale (lakkhana) der Voll-kommenheit auf, darunter das 10. Merkmal (»in der Vorhaut verborgen ist das Schamglied«),[3] was als Anzeichen ungewöhnlicher geistiger oder leibli-cher Schaffenskraft gilt, die ihn als Idealperson und geistlichen Weltherrscher auszeichnen.

Nach dem Tod seiner Mutter Māyā-Devi, die 7 Tage nach seiner Geburt starb, wurde Siddhārta von Prajāpati bzw. Mahāprajāpati, einer Schwester seiner Mutter und zugleich einer Frau seines Vaters, aufgezogen, und er erhielt in seiner *Jugend* (4) eine seinem Stand gemäße Ausbildung und Erziehung.

Mit sechzehn Jahren wurde der Prinz standesgemäß mit der Shākya-Prinzes-sin Yashodharā (»die Ruhmträgerin«), einer Tochter seines Onkels Suppa-buddha mütterlicherseits, *vermählt* (5). Außerdem standen für ihn stets 84 000

Jungfräuliche Geburt des Religionsstifters Buddha, aus der Seite seiner Mutter hervorgehend. Gemälde aus einem Zyklus an der Außenwand eines Tempels in Seoul (Korea)

Versuchung des Mannes Buddha durch die Töchter Maras (unten), die ihre Kleider abgelegt haben und ihre Geschlechtsmerkmale (Brüste und Schamspalte) dem Buddha präsentieren

schöne, im Saitenspiel, in Gesang und Tanz ausgebildete Frauen zu seiner »Ergötzung« im Frauengemach bereit.

Als Buddha 29 Jahre alt war und bei vier Ausfahrten aus den vier Stadttoren einen Greis, einen Schwerkranken, einen Toten und schließlich einen Bettelmönch sah, erkannte er in den ersten drei das ganze Leiden der Welt symbolisiert und in letzterem seine eigene Bestimmung, um dieses Leiden zu überwinden. So beschloß er, sein Haus und seine Familie, sein Sohn Rāhula (»Hindernis«) war gerade geboren, heimlich zu verlassen und in die »Hauslosigkeit« der Wanderasketen zu ziehen. Bei seinem großen *Scheiden* (6) zeigte sich das Frauengemach den Blicken des Bodhisattva in widerlicher Entstellung. Er sah die »schönen« Frauen, wie sie im tiefen Schlaf in den verschiedensten Stellungen alle möglichen Blößen und Gebrechen ihres Körpers zeigten. Einige lagen mit gespreizten Beinen und gepreßten Brüsten, ihre Kleider waren heruntergeglitten, wieder anderen lief der Speichel aus dem Mund, die Haare hingen wirr durcheinander, ihre körperlichen Reize waren alle aufs häßlichste entstellt. Bei solchem Anblick erfaßte ihn Ekel und Überdruß an den (sexuellen) Freuden der Welt.[4]

Für den Wanderasketen Buddha begann jetzt eine sechsjährige Periode strengster *Askese* (7). Er wurde Schüler verschiedener Yoga-Lehrer, und obgleich er schließlich den Weg radikaler asketischer Selbstkasteiung ging, führten alle seine asketischen Bemühungen nicht zum Ziel der Befreiung. So entschloß er sich, einen grundsätzlich anderen Weg zu gehen, den der Versenkung, der inneren Betrachtung und Lösung von der Welt.

Māra *versuchte* (8), den Bodhisattva durch seine Verführungskünste vom Erreichen des Ziels abzubringen. Māra ist nicht nur die Personifikation des Todes, sondern auch die Verkörperung der die Menschen überkommenden Leidenschaften und der Objekte ihres Begehrens, d. h. alles dessen, was das Fortschreiten auf dem Weg zur Erleuchtung be- oder verhindert. Buddha widerstand allen Versuchungen des Māra, der zuletzt seine schönsten Töchter entsandte, um den Bodhisattva zu verführen. So rief er seine Töchter und sagte ihnen: »Mädchen, ihr seid jung und schön, geht und versucht, ob der Bodhisattva für eure Reize empfänglich ist.« Sie gingen hin und versuchten, ihn zu verführen, indem sie die Schönheit ihres Körpers aufs vorteilhafteste darboten und alle 64 Künste der Liebe anboten. Es war alles vergebens.

Am Ufer des Flusses Nēranjarā, nahe der Stadt Uruvelā, dem heutigen Buddha-Gayā, setzte sich der Bodhisattva unter einen Pipal-Baum und meditierte. Nach 49 Tagen intensiver Meditation – Siddhārta war im Alter von 35 Jahren – stieg der Bodhisattva die vier Stufen der Versenkung hinab, erinnerte sich an seine eigenen vorausgegangenen Wiedergeburten und erkannte das sittliche Gesetz von der Wiedervergeltung (Karma). Die »Geburtsgeschichten« (jātaka) erzählen von den früheren 547 Leben des Bodhisattva, und sie zeigen auf, wie das Verhalten während der früheren Existenzen die Umstände der nachfolgenden Existenz, dem Karma-Gesetz gemäß, beeinflußt hat. Zuletzt erkennt der Bodhisattva auch die vier edlen Wahrheiten, die den Weg von der Erkenntnis des Leidens bis zu dessen Überwindung beschreiben. Von diesem Augenblick der Erkenntnis an war aus dem Bodhisattva Siddhārta ein *Buddha* (»Erleuchteter/Erwachter«) geworden (9), für den es jetzt keine Wiedergeburt mehr gab. Diesem Buddha (»der Erleuchtete«) Shākyamuni gebührte zugleich der höchste Ehrentitel Sammāsambuddha (»der vollkommen Erleuchtete«), da er ein Mensch war, »der die zur Erlösung führende Lehre, nachdem diese der Welt verlorengegangen ist, aus sich selbst heraus aufs neue entdeckt, selber verwirklicht und der Welt verkündet".[5] Ein Sammāsambuddha kann in jedem Weltzeitalter nur einmal erscheinen, »und dieser ist stets ein Mann, niemals eine Frau«,[6] wie bereits das Kennzeichen des »männlichen Geschlechtsgliedes« für den Bodhisattva Siddhārta gezeigt hat.

An dieser Wegmarkierung des Buddha, an der sich die Frage stellte, ob er als Mystiker die erkannte Heilswahrheit für sich behalten oder aber den Weg der Mitteilung an andere beschreiten sollte, trat der *Versucher* (10) Māra (»Mörder, Zerstörer«) wieder auf, wie vorher schon einmal vor Erreichen der letzten Erleuchtung, und seine Töchter versuchten noch einmal, den Buddha zu verführen. Dieser sah sie aber nicht einmal an, sondern verwandelte sofort die jungen, schönen Mädchen in häßliche, alte Weiber, und er gab ihnen erst, als sie um Verzeihung gebeten hatten, ihre jungfräuliche Schönheit zurück.

Danach brach der Buddha auf, um seine auf dem Erlebnis der Erleuchtung basierenden Einsichten seinen Zeitgenossen *darzulegen* (11). Er zeigte ihnen den Weg auf, der zur Erfahrung des Erwachens und damit zur Befreiung führt, und er formulierte seine Lehre von den vier edlen Wahrheiten und vom Gesetz der bedingten Entstehung. So durchwanderte er 45 Jahre lang Nordindien, zog lehrend von Ort zu Ort und sammelte viele Jünger und Jüngerinnen um sich. Sāvāka (»Hörer, Jünger«) heißt der Anhänger des Buddha, und »achtzig große Jünger« (asiti mahāsavaka) sandte Buddha zur Predigt aus. Einer seiner bekanntesten Hauptjünger war Ānanda, sein Vetter und ständiger Begleiter.

Zu den bedeutenden Laienanhängern des Buddha zählten die beiden Brüder Tapusso und Bhalliko. Sie waren reiche Kaufleute, die dem zur Erleuchtung gelangten Buddha die erste Devotion darbrachten und sich als die ersten seiner Laienjünger bekannten. Ferner sind zu nennen: Sudatto der »Almosenspender« (Anāthapindiko), Uggo und Uggato sowie Jivako, der Leibarzt des Königs Bimbisāro, aber auch des Buddha und seiner Jünger.

Zu den berühmten weiblichen Laienanhängern des Buddha gehörten Sujātā, die dem Bodhisattva Siddhārta nach seiner Zeit des Fastens und kurz vor seiner Erleuchtung Speise reichte, und Visākhā, die die bekannte Obsthain-Einsiedelei (pubbārāmo) zu Sāvatthi erbaute und sie dem Orden des Buddha schenkte, sowie Nakulamātā (»Mutter des Nakula«), die Frau des Laienanhängers Nakulapitā (»Vater des Nakula«).

Nachdem der Buddha 45 Jahre lang den Menschen aller Stände, Klassen und Kasten, Fürsten und Dienenden, Reichen und Armen, Ungebildeten und

Frauen in Verehrung vor den Fußabdrücken Buddhas. Marmorrelief, 2. Jh. Madras: Regierungs-Museum

Gelehrten, Männern wie Frauen gepredigt hatte, wollte er als 80jähriger nach seinem Geburtsort Kapilavastu zurückkehren, erkrankte aber unterwegs an einer verdorbenen Speise. So kam er gegen Abend nach Kusinārā, einer Stadt, die ca. 120 Meilen von Benares entfernt liegt. Dort ließ er sich im Sāla-Hain des Malla-Volksstammes zwischen zwei Sāla-Bäumen – unter einem Sāla-Baum war er geboren – sein Sterbelager bereiten, das Kopfende gegen Norden, gab seinen Jüngern die letzten Anweisungen, nahm Abschied von ihnen, und bei Tagesanbruch, auf der rechten Seite liegend, nach Westen gewandt, starb er und gelangte über die Stufen der Versenkung in das vollkommene Nirvāna, das Parinirvāna. Nach der Pali-Überlieferung war es am Vollmondtag des Monats Visākhā (Mai), nach den Sanskrit-Texten am Vollmondtag im November. Mit dem Eingehen ins Parinirvāna war die 12. und letzte Lebensphase eines jeden Buddha erreicht, die mit der 1. Phase, dem Herabstieg des Bodhisattva aus dem Tushita-Himmel, begonnen hatte. Die Bestattung des Buddha geschah durch Verbrennung seines Körpers, über dessen (Aschen-) Reliquien Stupas errichtet wurden, d. h. Reliquienschreine, die in ihrem Hauptteil aus dem halbkugelförmigen Massivbau anda (»Ei«) bestehen, in dem der Reliquienraum liegt.

Die Buddha-Lehre (dharma), aus Sexualvorstellungen formuliert

Die Buddha-Lehre (dharma) ist wesentlich aus Vorstellungen und mit Begriffen vor allem der weiblichen Sexualwelt konzipiert. So ist die Rede von Geburt (jāti) und Wiedergeburt (patisandhi), von Mutterschoß (yoni) u. ä. Bei allen Lebewesen – gleich ob irdisch, unter- oder überirdisch – herrscht ein dauerndes Geborenwerden und Sterbenmüssen, bei dem sie ihre Existenzweisen ständig ändern. Samsāra (»vorüberfließen, weiterfahren«) heißt dieser anfanglose und verhängnisvolle Geburtenkreislauf, in den alle Lebewesen verstrickt sind. Begründet wird diese Kreislaufkette mit dem zwölfgliedrigen Kausalgesetz nidānam (»Bedingung, Verkettung [von Ursache und Wirkung]«), welches besagt, daß das jeweils nächste Glied als Wirkung aus dem vorausgehenden Glied wie aus seiner Ursache entsteht. Zwischen dem ersten Glied »Unwissenheit« und dem zwölften und letzten Glied »Alter und Tod« heißt z. B. das 8. Glied trishnā (»Gier, Begehren, Verlangen, Lebensdurst«), die zum individuellen Dasein treibende Kraft und Hauptwurzel des sich immer wieder fortsetzenden Kreislaufs der Wiedergeburten. Im Individuum zeigt sie sich u. a. in der geschlechtlichen, sinnlichen Lust (kāma-trishnā), sie ist eine der zehn »Fesseln« (samyojana), die ein Lebewesen an den Geburtskreis-

Bhava-Chakra: Weltbild in Gestalt eines Rades mit sechs Speichen und 12 Bildern am Außenrand, u.a. das 6. Bild (unten rechts) ein kopulierendes Paar als Sinnbild für »Berührung«, das 10. Bild (Mitte links) eine Frau, die mit ihrer Linken zur Liebe lockt und mit der rechten auf ihren Schoß zeigt als Sinnbild für »Werden«, das 11. Bild (darüber) eine Gebärende als Sinnbild für Geburt in eine neue Daseinsform

lauf ketten. Durch trishnā ist als 9. Glied sinnliche »Anhaftung [an den Mutterschoß]« (upādāna) bedingt, die Bindungen schafft, die Lebewesen ans Dasein fesselt und von Wiedergeburt zu Wiedergeburt führt. Die Anhaftung führt zum 10. Glied »Werden [des Embryo]« (bhava), und dieses führt zum 11. Glied »Geburt« (jāti). Letzteres meint den gesamten embryonalen Prozeß vom Augenblick der Empfängnis (okkanti) ab bis zum Austritt des Kindes aus dem Mutterschoß. Buddha antwortet auf die von ihm selbst gestellte

Frage: »Was ist nun, ihr Mönche, die Geburt? Der jeweiligen Wesen in jeweilig wesender Gattung Geburt, Gebärung, Bildung, Keimung, Empfängnis, das Erscheinen der Teile, das Ergreifen der Gebiete: das nennt man, ihr Mönche, Geburt.«[7] Der Beginn des Geburtsprozesses (jāti) wird als »Abstieg« (okkanti) des Embryos in den Mutterleib bezeichnet, der unter drei Umständen erfolgt: »Wenn Drei sich vereinen, ihr Mönche, bildet sich eine Leibesfrucht. Da sind Vater und Mutter vereint, aber die Mutter hat nicht ihre Zeit, aber der Keimling ist nicht bereit, und so bildet sich keine Leibesfrucht. Da sind Vater und Mutter vereint und die Mutter hat ihre Zeit, aber der Keimling ist nicht bereit, und so bildet sich keine Leibesfrucht. Sind aber, ihr Mönche, Vater und Mutter vereint, und die Mutter hat ihre Zeit, und der Keimling ist bereit, so bildet sich durch der Drei Vereinigung eine Leibesfrucht.

Eine solche Frucht, ihr Mönche, hegt die Mutter neun bis zehn Monate im Leibe, mit großer Angst, eine schwere Last. Eine solche Frucht, ihr Mönche, gebiert die Mutter nach Verlauf von neun bis zehn Monaten, in großen Ängsten, die schwere Last. Und wenn dieser Sprößling geboren ist, ernährt sie ihn mit ihrem eigenen Blute. Blut sagt man, ihr Mönche, im Orden des Heiligen für Muttermilch.«[8] Durch das 11. Kettenglied der Geburt (jāti) ist als 12. Glied »Altern und Tod« (jarā) bedingt, das schließlich wieder zum 1. Glied der Unwissenheit zurückführt.

Der 12gliedrige Ursachenzusammenhang im Kreislauf der Wiedergeburten ist auf tibetischen Bildern anschaulich im »Rad des Werdens« (bhavachakra) dargestellt. Ein Riesenungeheuer als Symbol des allbeherrschenden Gesetzes der Wiedervergeltung hält in seinen Krallen ein Rad, dessen äußerer Rand in zwölf Feldern die Glieder des Kausalnexus als Stationen des konditionalen Entstehens symbolisch darstellt, so z. B. für (1.) »Unwissenheit« (avidyā) eine alte, blinde Frau, für (6.) »Berührung« (sparsha) ein kopulierendes Liebespaar, für (10.) »Werden« (bhava) eine schwangere Frau, für (11.) »Geburt« (jāti) eine Gebärende und für (12.) »Alter und Tod« (jarmarana) einen Mann, der eine Leiche zur Bestattung trägt.

In bezug auf die irdischen, unter- und überirdischen Lebewesen heißt das eherne Kausalgesetz karman (»Handlung, Tat«), nach dem alle unsere eigenen Handlungen und Taten in der Welt der Gegenwart, ob gut oder böse, in der zukünftigen Welt vergolten werden. Je nach den Taten ist eine Wiedergeburt in fünf verschiedenen Lebensformen (gati: »Gang, Schoß, Weg«) gegeben. Buddha sagt: »Fünf Daseinsfährten gibt es, ihr Mönche: Hölle, Tierschoß, Gespensterreich, Menschenwelt und die Himmelswelten.«[9] Die ersten drei zählen zu den Leidensfährten, die letzten beiden zu den Glücksfährten.

Die Lebewesen dieser fünf Existenzweisen (gati) können in vielerlei Schößen (chatur-yoni) wiedergeboren werden: 1. Im Schoß des Leibes (jarāyuga) die Lebendgeborenen, wie Menschen und Säugetiere, 2. im Schoß des Eies (andaja) die Eigeborenen, wie Vögel und Reptilien, 3. im Schoß der Gärung (samsvedaja) die Feuchtigkeits- oder Wassergeborenen, wie Fische und Würmer sowie 4. im Schoß der Erscheinung (aupapaduka) die zufällig Geborenen, d. h. ohne Mutter Geborenen, wie die Bewohner der Hölle, die Pretas in der Geisterwelt und die (Deva- und Asura-)Götter in der Himmelswelt. Wenn die Himmelswelt der Götter zweigeteilt – in Deva-Gottheiten und Asura-Gottheiten – erscheint, spricht man nicht von fünf, sondern von sechs Existenzweisen.

Der Kreislauf der Existenzen aller Lebewesen durch die 5 bzw. 6 Daseinsweisen (gati) findet innerhalb einer »Dreiwelt« (triloka) statt. In der Welt der Begierden (kāmaloka), der Welt der fünf Sinne, herrschen sexuelle und andere Formen der Begierde, und sie umfaßt alle Menschen und Tiere, die Bewohner der Höllen, sechs Klassen der Götter (devas) und die Asura-Gottheiten. In der Welt der feinkörperlichen und begierdelosen Körperlichkeit (rūpaloka) gibt es zwar noch den Seh- und Hörsinn, aber keine Begierde mehr nach Sexualität und Nahrung. Sie umfaßt die Götter in den Dhyana-Himmeln. Die dritte ist die unkörperliche Welt (arūpaloka) mit ihrer Raum- und Bewußtseinsunendlichkeit.

Höchstes und letztes Endziel allen menschlichen Strebens ist im Leben die Befreiung aus dem Kreislauf der Wiedergeburten und schließlich im Sterben das Erreichen des Nirvāna (»das Verlöschen, Verwehen«).

Es gibt keine Wiedergeburt mehr, weder als Embryo in der Menschenwelt noch als Höllenwesen und auch nicht als Himmelswesen, wenn die Leidenschaften und der Lebensdrang, insbesondere die drei Triebkräfte, die das Lebensrad in Bewegung halten: Gier, Haß und Verblendung, restlos erloschen sind.

»Versiegung der Begierde, Versiegung des Hasses und Versiegung der Verblendung: das nennt man das Nirvāna.« Das Nirvāna tritt ein bei Erreichung der »Heiligkeit«.

»Wer einem rechtgesinnten Manne Unrecht tut …
Als Embryo kehrt der zurück,
Zur Hölle der Verworfene,
Zum Himmel steigt der Gute auf.
Total erlischt der Heilige.«[10]

Derjenige, der das Erlösungsziel erreicht hat, ist im Hinayāna der Arhat und im Mahāyāna der Bodhisattva. Der Arhat (»der Würdige, der Meister«) ist ein heiliger Mensch, der bereits zu Lebzeiten die Gewißheit von der Befreiung aus dem Samsāra erlangt hat und nur noch sein altes Karma austrägt, aber kein neues mehr schafft. Frucht des Daseins als Arhat ist das bereits erlangte Nirvāna, dem beim Tode eines Arhat das Parinirvāna (»vollständiges Verlöschen«) folgt. Im Unterschied zu einem Buddha, der den Erlösungsweg selbst gefunden hat, verdankt ein Arhat seine Erlösung der Belehrung durch andere. Der Hinayāna-Buddhismus führt im Pāli-Kanon über zweihundert Arhats zur Zeit Buddhas auf, darunter Mönche und Nonnen, Laienanhänger und Laienanhängerinnen, wohingegen das Mahāyāna ihre Zahl auf sechzehn Mönche und Zeitgenossen Buddhas beschränkt.

Das Arhat-Ideal im Hinayāna hat das Mahāyāna durch das Ideal des Bodhisattva abgelöst. Ein Bodhisattva (»der, dessen Wesen Erleuchtung ist«), ist jemand, der sich in 10 Stufen um Erleuchtung und Erlösung bemüht und dabei sich – aufgrund eines Gelübdes – auch für die Erlösung aller anderen Wesen einsetzt. Mit Erreichen der 7. Stufe wird der Bodhisattva ein »transzendenter Bodhisattva« bzw. ein Mahāsattva (»Großwesen«), das die Erlösung vom Samsāra erlangt hat, aber zugleich auf das Parinirvāna vorerst verzichtet, um in der Welt weiterzuwirken, bis alle Wesen erlöst sind. So ist sein Handeln bestimmt von Erbarmen (karuna) und Weisheit (prajna). Zu den bekanntesten Bodhisattvas zählt Avalokiteshvara.

Der Mann Buddha (daibutsu).
Bronzestatue, 1252. Kamakura, Kotoku-in

Ein Buddha (»der Erwachte, der Erleuchtete«) ist ein Wesen, das vor seiner letzten Wiedergeburt bereits als Bodhisattva im Tushita-Himmel geweilt und dann während seines letzten Erdenlebens bodhi (»Erleuchtung«) und Erlösung erlangt hat. Wenn der Buddha die zur Erlösung führende Erkenntnis aus sich selbst heraus neu entdeckt und der Welt verkündet hat, ist er ein Sammāsambuddha (»der vollkommen Erleuchtete«), von dem es in jedem Weltzeitalter immer nur einen einzigen gibt. Von dieser Art Buddhas gab es bisher überhaupt nur 6 bzw. 24 an der Zahl, deren erster der »Vorzeitbuddha« Dipamkara und deren bisher letzter der »Gegenwartsbuddha« Shākyamuni war. Der »Zukunftsbuddha« wird Maitreya sein, der bereits als Bodhisattva im Tushita-Himmel weilt. Alle irdischen bzw. menschlichen Buddhas (Manushi-Buddhas) sind, ja müssen männlichen Geschlechts sein, wie es insbesondere ihr zehntes Hauptkennzeichen, das des männlichen Geschlechtsteils, verlangt.

Männlichen Geschlechts ist im Mahāyāna-Buddhismus ursprünglich auch der Bodhisattva (»der, dessen Wesen [sattam] die Erleuchtung [bodhi] ist«).

Eine feminine Form des Wortes Bodhisattva, eines Wortes männlichen Geschlechts, gibt es nicht. Relativ spät zogen weibliche transzendente Bodhisattvas in das mahāyānische Pantheon ein, deren prominenteste, Tārā (»Stern«), erst seit dem 6. Jh. n. Chr. nachweisbar ist. Auch der (weibliche) transzendente Bodhisattva Prajnāpāramitā (»transzendente Weisheit«) ist eine erst spätere Personifizierung des gleichnamigen Literaturwerkes aus dem 1. Jh. v. Chr. Auch der transzendente Bodhisattva (Avalokiteshvara (»der Herr der [mit-

»Grüne Tara«, transzendentes weibliches Erleuchtungswesen (bodhisattva) mit prallen Brüsten. Tibetanischer Blockdruck

Prajnaparamita, transzendentes weibliches Erleuchtungswesen (bodhisattva) mit prallen Brüsten, im Lotossitz mit dem Schönheitsmerkmal auf der Stirn

leidvoll] herabgesehen hat«), dessen Gestaltenvielfalt, in der er Hilfe leistet, unermeßlich ist, hat im Grunde ein männliches Geschlecht. So nimmt er die Gestalt von Gottheiten selbst anderer Religionen an, um auch Nichtbuddhisten Erlösungshilfe zu leisten. Die meisten Abbilder zeigen ihn mit gering ausgebildeter Maskulinität, ja, zuweilen erscheint er mit fast weiblichen Zügen. Dies hat zur Folge, daß er in der Kunst Chinas unter dem Namen Guanyin und in der Japans unter dem Namen Kannon oft als eine Art

Vairochana, transzendenter Buddha, dessen Hände die »Mudra höchster Erleuchtung« (bodhyagri) bildet, wobei der Zeigefinger der rechten (männlichen) Hand von den Fingern der linken (weiblichen) Hand umschlossen wird

Muttergöttin aufgefaßt wird. Ja, »er kann zur Hetäre werden, um Männer mit dem Haken der Begierde anzulocken und auf den Erkenntnisweg zu bringen«.[11]

Im tibetischen Buddhismus kann der Dalai Lama, der als lebender Bodhisattva gilt, nur ein Mann sein. Der buddhistisch-tibetische Ehrentitel Dalai Lama wurde 1578 erstmals vom Mongolenfürsten Altan Khan an das dritte Oberhaupt der Gelugpa-Schule verliehen, und seit dem fünften Dalai Lama (1617 bis 1682) wird jedes Oberhaupt dieser Schule als Inkarnation des tibetischen Bodhisattva Chenresi (= indischer Avalokiteshvara) angesehen. Jeder Dalai Lama gilt als Wiedergeburt (Tulku) des jeweils vorausgegangenen. Der 1935 geborene Tensing Gyatso gilt als der gegenwärtige und 14. Dalai Lama. In Tibet gibt es noch zahlreiche solcher Wiedergeburten (tulkus). Den Ehrentitel Pantschen Lama hat im 17. Jh. der fünfte Dalai Lama erstmals seinem Lehrer, dem Abt des Klosters Tashi Lhümpo, verliehen, der sogar als Inkarnation des Buddha Amitabha angesehen wird. Jeder Pantschen Lama gilt als Wiedergeburt (tulku) des jeweils vorausgegangenen. Die Suche nach dem 11. Pantschen Lama, dessen Vorgänger im Januar 1989 in Tibet gestorben war, ist bis heute noch nicht abgeschlossen, wohingegen der achtjährige O'Kying Chilai, Sohn eines tibetischen Hirten aus der Region Qinghai, als 17. »Lebender Buddha« in der Garma-Kagyudpa-Gemeinschaft im September 1992 inthronisiert worden ist.[12]

Für Männer sind Frauen die Falle des Versuchers Māra

In der Buddha-Lehre stehen gleichwertige Beurteilungen der beiden Geschlechter von Frauen und Männern neben solchen der unterschiedlichen, ja gegensätzlichen Wertung. Insbesondere stechen eine Reihe von überaus abfälligen Urteilen über Frauen und das gesamte weibliche Geschlecht hervor. Es ist unwahrscheinlich, daß Buddha selbst spezielle frauenfeindliche Äußerungen getan hat, denn sie passen absolut nicht in sein Lehrkonzept, ja widersprechen diesem sogar. Buddha geht es letztlich um die Befreiung *aller* Wesen, insbesondere der aus der Menschenwelt, aus dem Kreislauf ihrer Wiedergeburten, wobei eine Unterscheidung nach Kaste, ob Brahmane oder Nichtbrahmane, nach Stand, ob arm oder reich, nach Moralität, ob Asket oder Hetäre, sowie nach Geschlecht, ob Frau oder Mann, absolut unbedeutend ist. Seine Lehre vom Entstehen in Abhängigkeit, seine vier edlen Wahrheiten und sein achtfacher Pfad gelten für alle Menschenwesen ohne Differenzierung nach Geschlechtern. Erst nach dem Tod des Stifters Buddha hat die auf sich selbst gestellte Mönchsgemeinde (sangha) aus Selbsterhaltungs- und Abgrenzungsgründen sowie zur Untermauerung ihrer (männlichen) Autorität dem Buddha frauenfeindliche Reden in den Mund gelegt und diese als Worte Buddhas mündlich und später schriftlich überliefert.

Die Lehrreden des Buddha aus der »Angereihten Sammlung« beginnen mit einer absoluten Gleichsetzung von Frauen und Männern bis hinein in die Wahl der Worte. »So habe ich gehört. Einst weilte der Erhabene im Jetahaine bei Sāvatthi, im Kloster des Anāthapindika. Dort wandte sich der Erhabene an die Mönche... Und der Erhabene sprach:

›Keine andere Gestalt, ihr Mönche, kenne ich,
die den Geist des Mannes so fesselt wie
die Gestalt des Weibes. Die Gestalt des Weibes,
ihr Mönche, fesselt den Geist des Mannes.
Keine andere Gestalt, ihr Mönche, kenne ich,
die den Geist des Weibes so fesselt wie
die Gestalt des Mannes. Die Gestalt des Mannes,
ihr Mönche, fesselt den Geist des Weibes‹.«[13]

Dasselbe, was von der gegenseitigen Fesselung der beiden Geschlechter durch ihre Gestalt gesagt wird, gilt in gleicher Weise in bezug auf ihre Stimme, ihren Duft und Geschmack sowie ihre Berührung. Noch einmal wird dieser Gedanke von der Fesselung des Mannes durch die Frau und umgekehrt im »Achter-Buch« wiederholt, und die fünf Bezugspunkte werden auf acht erhöht. »Durch acht Dinge, ihr Mönche, fesselt das Weib den Mann: durch Weinen, Lachen, Sprechen, durch ihre Kleidung, durch einen aus Waldblumen gebundenen Strauß, durch ihren Duft, ihren Geschmack und ihre Berührung. Jene Wesen, ihr Mönche, sind gar fest gebunden, die durch Körperberührung gebunden sind. Und durch eben diese acht Dinge, ihr Mönche, fesselt der Mann das Weib. Jene Wesen, ihr Mönche, sind gar fest gebunden, die durch Körperberührung gebunden sind.«[14]

Diese absolute Gleichsetzung von Frauen und Männern hinsichtlich ihrer »Fesselung« durch das andere Geschlecht findet ihre Weiterführung in der Lehre von der »Verbindung und Lösung« beider Geschlechter.

»Das Weib, ihr Mönche, hat bei sich den Sinn auf Weiblichkeit gerichtet... Daran Genuß und Gefallen findend, richtet sie nach außen hin den Sinn auf Männlichkeit. ... Daran aber Genuß und Gefallen findend, sucht sie nach außen hin Verbindung. ... Die an ihrer Weiblichkeit entzückten Wesen, ihr

Mönche, sind an die Männer gefesselt. Auf diese Weise kommt das Weib über seine Weiblichkeit nicht hinweg.

Der Mann, ihr Mönche, hat bei sich den Sinn auf Männlichkeit gerichtet… Daran Genuß und Gefallen findend, richtet er nach außen den Sinn auf Weiblichkeit… Daran aber Genuß und Gefallen findend, sucht er nach außen hin Verbindung. … Die an ihrer Männlichkeit entzückten Wesen, ihr Mönche, sind an die Weiber gefesselt. Auf diese Weise kommt der Mann nicht über seine Männlichkeit hinweg.

So, ihr Mönche, kommt es zur *Verbindung.* Wie aber, ihr Mönche, kommt es zur Lösung?

Da, ihr Mönche, hat das Weib bei sich den Sinn nicht auf Weiblichkeit gerichtet… Daran keinen Genuß und Gefallen findend, richtet es nach außen hin seinen Sinn nicht auf Männlichkeit… Daran keinen Genuß und Gefallen findend, sucht es nach außen hin keine Verbindung…

Die an ihrer Weiblichkeit nicht entzückten Wesen haben sich von den Männern gelöst. Auf diese Weise, ihr Mönche, kommt das Weib über seine Weiblichkeit hinweg.

Da, ihr Mönche, hat der Mann bei sich den Sinn nicht auf Männlichkeit gerichtet… Daran keinen Genuß und Gefallen findend, richtet er nach außen hin seinen Sinn nicht auf Weiblichkeit… Daran keinen Genuß und Gefallen findend, sucht er nach außen hin keine Verbindung… Die an ihrer Männlichkeit nicht entzückten Wesen haben sich von den Weibern gelöst. Auf diese Weise, ihr Mönche, kommt der Mann über seine Männlichkeit hinweg.

So, ihr Mönche, kommt es zur *Lösung.* Das, ihr Mönche, ist die Lehre von der Verbindung und Lösung.«[15]

Im Gegensatz, ja Widerspruch zu diesen grundsätzlichen Aussagen des Buddha, wonach Frauen wie Männer dieselben, auch schlechten, Voraussetzungen für eine Erlösung aus dem Kreislauf der Wiedergeburten bieten, stehen häufig scharfe Urteile über das menschliche Geschlecht, bei denen das Geschlecht der Männer ausgeblendet und nur das Geschlecht der Frauen übrigbleibt, so daß die Frauen allein als die schlechten Menschen erscheinen.

»In zwei Dingen unersättlich, ihr Mönche,
ohne Widerwillen davor zu haben,
stirbt das Weib.
Welches sind diese beiden Dinge?
Der Geschlechtsakt und das Gebären.
In diesen beiden Dingen unersättlich,

ohne davor Widerwillen zu haben,
stirbt das Weib.«[16]

Im »Fünfer-Buch« wird die Frau zweimal mit der schwarzen Schlange verglichen, deren fünf Nachteile sie teile. Die Frau »ist boshaft, jähzornig, besitzt
ein gefährliches Gift, ist doppelzüngig und treulos gegen ihre Freunde. Daß
da nämlich, ihr Mönche, das Weib häufig von heftiger Begierde erfüllt ist, das
ist sein gefährliches Gift. ... Daß es sich häufig geschlechtlich vergeht, das ist
seine Treulosigkeit gegen Freunde.«[17]
Auch die Erzählungen über die früheren Existenzen (Wiedergeburten) des
Buddha in den Jatakas bieten einige Tierfabeln mit stark frauenfeindlichen
Pointen.[18] Da gibt es einen ganzen Zyklus über die Schlechtigkeit der Frauen,
der u. a. die Behauptung enthält: »Jede Frau ist zum Ehebruch geneigt, wenn
sich nur ein entsprechender Verführer findet.«
Wenn von den Menschen (nur) Frauen solche Schlechtigkeit zeigen, dann
bleibt für Männer, insbesondere als Mönche, nur die Konsequenz, weiblichen
Wesen aus dem Weg zu gehen und sie zu meiden wie die Pest. Die Gefähr-
lichkeit des Umgangs mit Frauen bringt ein Dialog des Hauptjüngers Ānanda
mit Buddha zum Ausdruck:

[Ānanda:] »Wie sollen wir, o Herr, mit den Weibern uns verhalten?«
[Buddha:] »Nicht sehen, Ānanda.«
[Ānanda:] »Und wenn, Erhabener, geseh'n, soll man sich wie verhalten?«
[Buddha:] »Nicht ansprechen, Ānanda.«
[Ānanda:] »Wenn aber eins anspricht, o Herr, soll man sich wie verhalten?«
[Buddha:] »Einsicht, Ānanda, bewahren.«[19]

Der zu Eingang gebrachte Vergleichtext von der Gleichwertigkeit beider
Geschlechter hinsichtlich ihrer gegenseitigen Fesselung durch ihrer beider
Gestalt und Stimme, durch ihrer beider Duft und Geschmack sowie durch
ihrer beider Berührung, wird an späterer Stelle als Warnung für den Umgang
beider Geschlechter um den männlichen Teil verkürzt und im ausschließlich
frauenfeindlichen Sinn erweitert. So spricht Buddha zu den Mönchen:
»Keine andere Gestalt kenne ich, ihr Mönche, die so lusterregend, so begier-
dereizend, so berauschend, so bestrickend, so betörend und so hinderlich
wäre, die unvergleichliche Sicherheit zu erringen, als wie gerade die Gestalt
[Stimme, Duft, Geschmack, Berührung] des Weibes.
Wegen der Gestalt des Weibes, ihr Mönche, sind die Wesen in Lust und

Begierde entbrannt, gefesselt und betört; und lange klagen sie im Banne der weiblichen Gestalt…

Ob, ihr Mönche, das Weib geht oder steht, sitzt oder liegt, ob es lacht oder spricht, singt oder weint; selbst durch Krankheit entstellt, ihr Mönche, selbst als Leiche fesselt das Weib des Mannes Herz. Wollte man also, ihr Mönche, etwas mit Recht als die vollständige Falle Māras bezeichnen, so könnte man mit Recht das Weib als vollständige Falle Māras bezeichnen.

Man plaudere eher mit Dämonen und Mördern mit gezücktem Schwert, berühre eher giftige Schlangen, selbst wenn ihr Biß den Tod bewirkt, als daß man jemals plaudere mit einem Weibe ganz allein!

Den Unachtsamen nämlich fesselt durch Blick und Lächeln stets das Weib sowie durch ihre dünne Kleidung als auch durch ihrer Stimme Reiz.

Selbst wenn entstellt sein Körper und wenn als Leiche man es sieht, nicht gut ist's, daß man solchen Wesen sich nahe zugesellen soll.«[20]

Da das Trachten der Frauen auf rein irdische Dinge gerichtet ist, liegt für sie die Erlösung in weiter Ferne. Auf eine entsprechende Frage des Brahmanen Jānussoni antwortet Buddha: »Auf den Mann, Brahmane, ist der Sinn des Weibes gerichtet, nach Schmuck trachtet es, die Kinder sind seine Stütze; sein Verlangen geht danach, ohne Nebenweib zu bleiben; das Herrschen ist sein Ziel.«[21]

Selbst die Benachteiligungen im irdischen (Berufs-)Leben haben ihren Grund in der Frau selbst, in ihren vier schlechten Eigenschaften. Auf eine entsprechende Frage des Jüngers Ānanda antwortet Buddha: »Leicht reizbar, Ānanda, ist das Weib; eifersüchtig, Ānanda, ist das Weib; geizig, Ānanda, ist das Weib; unverständig, Ānanda, ist das Weib. Das, Ānanda, ist die Ursache, das ist der Grund, daß das Weib weder zu Gericht sitzt noch einem Berufe nachgeht, noch in die Fremde zieht.«[22]

Wenn Frauen hingegen fünf bzw. acht gute Eigenschaften, d. h. Pflichten gegenüber ihren Ehegatten erfüllen, dann können sie damit rechnen, im Himmel der Götter wiedergeboren zu werden. So ermahnt Buddha die Töchter des Uggaha zu den 5 Pflichten einer Gattin und verheißt ihnen: »Die mit diesen fünf Eigenschaften ausgestattete Gattin aber, ihr Mädchen, erscheint beim Zerfall des Körpers, nach dem Tode, unter der Schar der Anmutigen Gottheiten wieder.«[23]

Denselben Gedanken der Wiedergeburt wiederholt Buddha gegenüber seinem Jünger Anuruddha, wobei er jedoch die erforderlichen Eigenschaften als Pflichten einer Ehefrau und Laienanhängerin auf acht erhöht. »Dies, Anuruddha, sind die acht Eigenschaften, in deren Besitz das Weib beim Zerfall des Körpers, nach dem Tode, in der Gemeinschaft der Anmutigen Gottheiten wiedererscheint.«[24]

Selbst die mögliche Wiedergeburt einer Frau im Himmel (der Götter) kann (nur) unter Preisgabe ihres weiblichen Geschlechts und durch Umwandlung in ein männliches Geschlecht geschehen. So sagt die aus Kapilavastu stam-

Buddha Amitabha im Paradies Sukhavati, das von allen erdenklichen Wonnen mit Ausnahme der Freuden der Geschlechtsliebe erfüllt ist, da niemand als Frau dort wiedergeboren wird. Tibetischer Blockdruck

mende Shākya-Frau Gopikā (weibliche Namensform), die sich bei ihrer himmlischen Wiedergeburt in den Göttersohn Gopako (männliche Namensform) verwandelte, von sich selbst: »Denn ich, obzwar nur ein Weib gewesen, war dem Erwachten ergeben, der Lehre ergeben, der Jüngerschaft ergeben und bin den Pflichten durchaus nachgekommen; mir war der weibliche Sinn widerwärtig geworden, ich hatte männlichen Sinn in mir ausgebildet: bei der Auflösung des Körpers, nach dem Tode, bin ich auf gute Fährte, himmelwärts emporgeraten, zur Gemeinschaft mit den Göttern der Dreiunddreißig, habe bei Sakko, dem König der Götter, Kindschaft erlangt. Hier heißt es nun von mir: ›Gopako der Göttersohn, Gopako der Göttersohn‹.«[25]

Diese mögliche Wiedergeburt einer Frau im Himmel (der Götter) bedeutet noch nicht das Erreichen des Nirvāna. Im Gegenteil, eine Frau als Frau kann weder ein Heiliger (Arhat) noch ein Erwachter (Buddha), noch ein Weltherrscher (Chakravartin) werden. So sagt Buddha selbst in einem Gespräch mit seinem Jünger Ānanda, daß ein Mönch das Unmögliche vom Möglichen zu unterscheiden weiß.

»Er weiß: ›Unmöglich ist es und kann nicht sein,
daß das Weib einen Heiligen, vollkommen Erwachten
oder einen König Erderoberer darstellen mag:
ein solcher Fall kommt nicht vor‹;
er weiß: ›Möglich aber ist es wohl,
daß der Mann einen Heiligen, vollkommen Erwachten
oder einen König Erderoberer darstellen mag:
ein solcher Fall kommt vor‹.«[26]

Dharmapala Yama stehend – im Seitenschritt nach rechts – auf seinem Begleittier, dem Stier, der mit einer unter ihm liegenden Frau kopuliert

Haben die bisher zitierten heiligen Schriften des Hinayāna-Buddhismus die Frauen als Frauen von der Erreichung der Arhat- und Buddhaschaft ausgeschlossen, so tun dies in ähnlicher Weise die heiligen Texte des Mahāyāna-Buddhismus. Demgemäß ist das Buddha-Paradies Sukhāvati (»das Glückvolle«) von allen erdenklichen Wonnen erfüllt, nur fehlen die Freuden der Liebe, da niemand als Frau dort wiedergeboren wird.[27] Frauen können nicht als Frauen den Rang eines Bodhisattva[28] oder die Buddhaschaft erlangen, aber sie können ihr Geschlecht wechseln, um ein Buddha zu werden, wie z. B. die Tochter des Sagara.[29] Eine Frau, die das Bhaishagyaraga-Kapitel des Sūtra »Saddharma-Pundarika« hört, wird niemals mehr als Frau wiedergeboren, sondern als ein Bodhisattva im Sukhāvati-Paradies.[30] Über dieses westliche Paradies »reines Land«, das eine Vorstufe zum Nirvāna darstellt, herrscht der transzendente Buddha Amitābha, dessen Werdegang das Sūtra »Sukhāvati-vyūha« (»Land der Glückseligkeit«) beschreibt. Demnach hat dieser Buddha u. a. die beiden Gelübde abgelegt:[31] 1. »Im Reinen Land gibt es keine Frauen; alle Frauen, die dort wiedergeboren werden wollen, verwandeln sich im Moment des Todes in Männer.« 2. »Es soll dort keine Unterscheidungen im Aussehen geben; jedes Wesen soll einen goldenen Körper, der die 32 Merk-male der Vollkommenheit aufweist, besitzen«, d. h. u. a. als 10. Merkmal das des männlichen Geschlechtsgliedes.

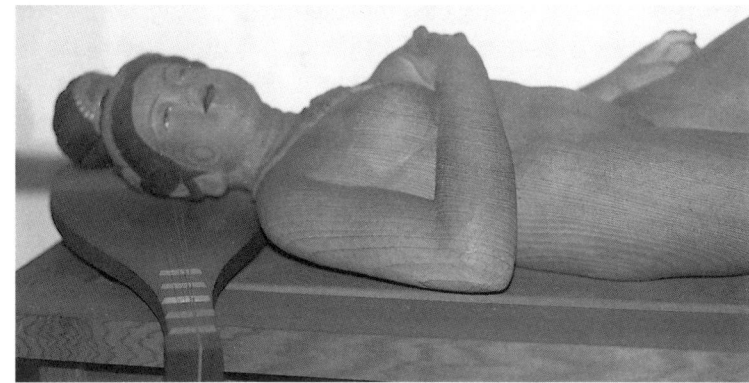

Nackte Göttin, mit dem Kopf auf einer Biwa (= Kurzhals-Laute) ruhend. Wahrscheinlich die japanische, buddhistisch-shintoistische Benten bzw. Benzaiten, die Göttin der Schönheit und der Liebe, der weiblichen Fruchtbarkeit und der Musik, Patronin der Geishas. Skulptur. Kamakura: Hachiman-Schrein

Diese frauenfeindlichen Wertungen des weiblichen Geschlechts sind im Grunde genommen eine konsequente Weiterführung der bereits die Erlö-sungslehre bestimmenden Schlüsselbegriffe aus der weiblichen Sexualwelt, wie Geburt, Wiedergeburt, Mutterschoß u. a., die dort eine negative Wertung erfahren haben. Denn die »Geburt ist Leiden«, wie schon der erste Lehrsatz der »vier edlen Wahrheiten« erklärt, und das Ziel des Erlösungsweges ist das Entkommen aus dem Kreislauf der Wiedergeburten in den verschiedenen Mutterschößen der zahlreichen Existenzen. So ist es nur konsequent, wenn auch das Subjekt dieser Sexualwelt, das weibliche Geschlecht selbst, die Frau, die einen Mutterschoß hat und die gebären kann, in diese negative Wertung einbezogen wird.

Die Frauen sind nicht nur diejenigen, die durch ihre Existenz als Frau und Mutter den Kreislauf der Wiedergeburten in Gang halten, sondern dazu auch diejenigen, die das andere, das nichtweibliche Geschlecht, die Männer, daran hindern, Nirvāna zu erreichen. Wenn Geburt, Wiedergeburt und Mutter-schoß – Schlüsselbegriffe, die im Gegensatz, ja Widerspruch zum Erlösungs-ziel Nirvāna stehen – zum Wesen der Frau gehören, dann ist es nur konsequent, wenn Frauen als Frauen auch vom Erreichen der Bodhisattva- und Buddhaschaft und des Nirvāna ausgeschlossen bleiben.

Geschlechtsdurst und Geschlechtsverkehr

In den »vier edlen Wahrheiten«, die Buddha in der dritten Nachtwache unter dem Bodhi-Baum erkannt hat, empfiehlt er den mittleren, dritten Weg, der zwischen einem Leben in Lust und sinnlichem Vergnügen einerseits sowie dem in strengster leiblicher Abtötung und Selbstquälerei andererseits verläuft. Nur dieser mittlere Weg führt zur Erlösung.

Aus seinem ersten Lehrsatz »Alles ist Leiden, Geburt ist Leiden« folgert Buddha den zweiten Lehrsatz von der »Entstehung des Leidens«: Es ist der die Wiedergeburt erzeugende dreifache Durst, u. a. der Durst nach Lust; »Es ist dieser Durst, der Wiederdasein säende, gierverbundene, bald da, bald dort sich ergötzende, ist der Geschlechtsdurst, der Daseinsdurst, der Wohlseinsdurst.«[32]

Über die Entstehung der Paarungslust beim (ersten) Menschenpaar am Anfang der Welt sagt Buddha: »Am Weibe ist da das Geschlecht des Weibes offenbar geworden, am Manne das Geschlecht des Mannes. Das Weib hat nun unziemlich nach dem Manne hingeblickt, und der Mann nach dem Weibe. Wenn sie einander unziemlich angeblickt haben, ist der Anreiz entstanden und brennende Sucht hat den Körper ergriffen. Aus brennender Sucht haben sie der Paarung gepflegt.«[33] Seitdem zählt die Lust nach dem Geschlechtsakt zu den drei (unersättlichen) Dingen, an deren Genuß man sich nicht leicht sättigen kann: »Den Genuß des Geschlechtsaktes kann man nicht leicht satt bekommen«.[34]

Über den dritten Lehrsatz von der »Aufhebung des Leidens« kommt Buddha folgerichtig zum vierten Lehrsatz von dem zur Leidensaufhebung führenden »achtfachen Pfad«, dessen viertes Teilstück das rechte, dreifache Handeln meint, wozu er das Vermeiden von Töten, Stehlen und Ausschweifung (Unkeuschheit, Ehebruch) zählt. »Lebendiges umzubringen vermeiden, Nichtgegebenes zu nehmen vermeiden, Ausschweifung zu begehen vermeiden: das nennt man, ihr Mönche, rechtes Handeln.«[35]

Zur Sittlichkeit (silā) des achtfachen Pfades gehören konkret die für jeden Buddhisten bindenden fünf Sittenregeln, auch »Fünf-Gebot« (pancasila) genannt, deren drittes lautet: »Ich beobachte das Gebot, mich zu enthalten ungesetzlichen Geschlechtsverkehrs mit Frauen.« Der »unrechte Wandel in Sinneslüsten« (kāmesu micchācāra) verbietet Geschlechtsverkehr des Mannes mit irgendeiner Person des anderen Geschlechts ohne Einverständnis der für die Frau Verantwortung Tragenden. So sagt Buddha zum Schmied Cunda, man »vergeht sich nicht gegen Mädchen, die unter der Obhut von Vater, Mutter, Bruder, Schwester oder Verwandten stehen; oder gegen Mädchen, die unter dem Schutze der Religionsgemeinschaft stehen, die einem Gatten versprochen wurden, die öffentlich Anverlobten bis zu den durch Überwurf eines Blumenkranzes Anverlobten«.[36]

Für Mönche und Nonnen gelten 10 Sittenregeln, auch »*Zehn-Gebot*« (dasasila) genannt, die die fünf Gebote der Laien einschließen, jedoch unter Auslassung des Adjektivs »ungesetzlich« beim dritten Gebot. Hier lautet das entsprechende Gebot: »Abstehen von jederart Geschlechtsverkehr«. Der Geschlechtsakt soll für Mönche und Nonnen etwas Verabscheuungswürdiges sein. So gehört die Vorstellung von der Unreinheit des Körpers zu einer von sieben Vorstellungen, die, wenn sie häufig geübt werden, hohen Lohn bringen und im todlosen Nirvāna enden. Buddha sagt: »Wer sich da unter den Mönchen häufig mit der Vorstellung der Unreinheit seines Körpers befaßt, dessen Geist schreckt zurück vor dem Geschlechtsverkehr... Gleichwie, ihr Mönche, eine Hahnenfeder oder ein Stück Bogensehne, ins Feuer geworfen, zusammenschrumpft, sich krümmt, zusammenrollt und sich nicht mehr ausstreckt, ebenso auch, ihr Mönche, schreckt der Geist eines solchen Mönches zurück vor dem Geschlechtsverkehr, wendet sich weg, kehrt sich ab, fühlt sich nicht hingezogen: und Gleichmut oder Abscheu stellen sich ein.«[37]

Auch die männlichen und weiblichen Laienanhänger sollen nicht nur den ungesetzlichen Geschlechtsverkehr vermeiden, sondern auch an bestimmten Tagen, wie an Vollmond- und Neumondtagen sowie beim ersten und letzten Mondviertel, auf jedweden Geschlechtsverkehr freiwillig verzichten. An diesen Tagen, die zugleich Fasttage sind, sollen die Laien leben wie die Mönche und Nonnen, die für immer auf Begattung verzichtet haben. So zitiert Buddha im Gespräch mit der berühmten Laienanhängerin Visākhā einen edlen Jünger bezüglich dessen acht Entschlüsse an Fasttagen: »Zeitlebens meiden Heilige den unkeuschen Wandel. Keusch und abseits lebend, halten sie sich fern von der Begattung, der gemeinen. Und auch ich meide heute, diesen Tag und diese Nacht, den unkeuschen Wandel. Keusch und abseits lebend, halte ich mich fern von der Begattung, der gemeinen. In dieser Eigenschaft folge ich den Heiligen nach, und den Fasttag werde ich befolgt haben.« Buddha fügt zu dieser Selbstaussage des Jüngers eine Belehrung hinzu: »Solcherart, Visākhā, ist der Heiligen Fasttag. Und ein so verbrachter Fasttag der Heiligen bringt hohen Lohn, hohen Segen, ist mächtig an Würde und Größe.«[38]

Wenn schon ein Verzicht auf den Geschlechtsverkehr hohen Lohn und Segen sowie Förderung auf dem Weg ins Nirvāna bringt, so ist es erst recht verständlich, wenn im Buddha-Paradies Sukhāvati der Geschlechtsverkehr völlig unbekannt ist.[39]

Ein Weggeleiter ins Paradies und zugleich Schutzpatron der Schwangeren und der Kinder ist der transzendente Bodhisattva Kshitigarbha (sanskritisch »dessen Mutterschoß die Erde ist«). Seine Attribute sind der Rasselstab mit sechs klingenden Ringen, da er allen Lebewesen in den sechs Existenzweisen (gati) beisteht, und das Juwel Cintāmani, dessen Strahlen die Hölle erleuchten und die Qualen der Höllenbewohner lindern. In Japan heißt dieser Bodhisattva Jizō und Mizuko (»Wasserkind«). Jizō heißen die kahlköpfigen Steinfigürchen, hellblau gefärbt, mit blauen Lätzchen und Babymützchen, die in dichten Reihen in einer besonderen Ecke für die »Wasserkinder« auf den meisten Tempelfriedhöfen Japans stehen. Diese Steinfigürchen sind Gedenksteine für die Seelen von noch nicht Geborenen (Embryos und Föten), deren beginnendes Leben u. a. durch einen Schwangerschaftsabbruch vorzeitig beendet wurde (nach japanischem Recht kann eine Abtreibung des Embryos und auch des Fötus innerhalb von 22 Wochen nach der Empfängnis legal vorgenommen werden). Da nach buddhistischem Glauben das Ungeborene wie jedes Geborene seit unvorstellbarer Zeit im Kreislauf der Wiedergeburten umherirrt, immer auf der Suche nach dem Entrinnen aus dem Leiden, ist seine gegenwärtige Existenz als Embryo/Fötus im Mutterschoß die Frucht des eigenen, aus vergangenen Existenzen noch vorhandenen Karmas, und eine vorzeitige Schwangerschaftsunterbrechung erspart ihm nicht den zukünftigen Leidensweg, sondern unterbricht diesen nur, ja schiebt ihn zeitlich hinaus.

Jizo, transzendenter Bodhisattva und Schutzpatron der Kinder und Schwangeren, inmitten von zahlreichen kahlköpfigen Kinderfigürchen mit Lätzchen und Babymützen als Gedenksteine für »abgetriebene Kinder«, Tempelfriedhof in Kamakura, Hase-dera

Mönche und Nonnen im Orden (sangha)

Der von Buddha gestiftete Orden (sangha) ist eine Gemeinschaft aus Bettelmönchen (bhikshu) und Bettelnonnen (bhikshunī), zu der im weiteren Sinne auch die Laienanhänger (upāsaka) und Laienanhängerinnen (upāsikā) zählen. Diese Ordensgemeinschaft ist die dritte von »drei Kostbarkeiten« (triratna) nach der ersten, der Gestalt des Buddha selbst, und nach der zweiten, der Buddha-Lehre (dharma).

Das Leben der Mönche und Nonnen ist im »Korb der Ordensdisziplin« (Vinaya-pitaka), dem ersten von drei Teilen des Pali-Kanons, in allen Einzelheiten geregelt. So besteht die »Erklärung der Mönchsregeln« (bhikshuvibhanga) aus 8 Kapiteln mit 250 Disziplinregeln für die Mönche, darunter der endgültige Ausschluß von Mönchen, die sich u.a. durch Unzucht schuldig gemacht haben, und der vorübergehende Ausschluß von Mönchen, die einen der 13 Hauptfehler, wie z.B. die Berührung einer Frau, begangen haben. Hingegen umfaßt die »Erklärung der Nonnenregeln« (bhikshunivibhanga) 8 Kapitel mit 348 Disziplinregeln für die Nonnen. Eventuelle Verstöße gegen diese 250 bzw. 348 Regeln müssen von jedem Mönch bzw. von jeder Nonne allmonatlich mindestens einmal bei der öffentlichen Beichtfeier (uposatha) am Abend des Vollmondtages bzw. des Neumondtages vor der versammelten Ordensgemeinde gebeichtet werden.

Zu den vier Hilfsmitteln des Ordenslebens gehören: erbettelte Nahrung, Lumpen als Gewand, eine Wohnstatt am Fuße eines Baumes (bzw. im Kloster [vihara]) und sich zersetzender Tierurin als Medizin.[40]

Bei der »niederen« Aufnahme in den Orden der Mönche erscheint der angehende Novize (shramanera) vor fünf bzw. zehn Mönchen als Zeugen, wohingegen bei der gleichen Aufnahme in den Orden der Nonnen die angehende Novizin (shramanerika) vor Nonnen und Mönchen erscheinen muß, da sonst diese Ordination ungültig ist. Das Mindestalter für diese Ordination beträgt 7 Jahre, das gleiche Alter, das Rahula, der Sohn des Buddha, hatte, als er in den Orden seines Vaters eintrat. Seitdem gilt Rahula als Patron der Novizen. Bei Erreichen des erforderlichen Alters und nach einer Mindestprobezeit von vier Monaten können die Novizen und Novizinnen die höhere Weihe (upasampada) erhalten.

Koreanischer Mönch bei der Andacht. Klosteranlage T'ongdosa in Kyongsangnam-do (Korea)

Bei der Aufnahme der Kandidaten und Kandidatinnen ins Noviziat und auch bei der höheren Ordination verpflichten diese sich u.a. zur Beachtung der 10 Gebote (shila), zu denen auch das 3. Gebot zählt, ein Leben in Keuschheit zu führen und sich jedweden Geschlechtsverkehrs zu enthalten.[41] Auch ist es Mönchen nicht erlaubt, sich selbst zu kastrieren,[42] ja, Eunuchen dürfen nicht in den Orden aufgenommen werden.[43] Umgekehrt führen zur Ausstoßung aus der Ordensgemeinschaft 4 »Hauptsünden« (akaraniyam = »etwas, das nicht getan werden darf«). Dazu zählen die Tötung eines Lebewesens, der Diebstahl, das Prahlen mit magischen Kräften und der Geschlechtsverkehr. Auch ein Novize, der Geschlechtsverkehr mit einer Nonne hat, soll ausgeschlossen werden.[44]

Im Gegensatz zu den in Ehelosigkeit lebenden Mönchen gibt es bestimmte Schulen des tibetischen, koreanischen und japanischen Buddhismus, die es erlauben, zu heiraten und eine Familie zu haben. Aus geschichtlicher Zeit ist der indische Mönch Padmasambhava (8. Jh.) zu nennen, ein buddhistisch-tantrischer Gelehrter und Begründer der Nyingma-Schule, der 777 den tan-

Mönch und Polygamist Padmasambhava mit zwei seiner Schülerinnen, Tibetanischer Blockdruck

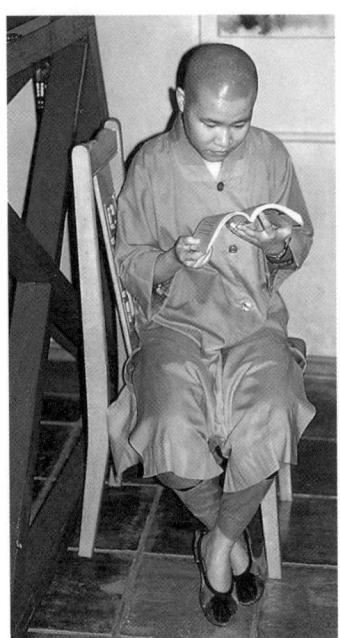

Chinesische Nonne bei der meditativen Lesung. Klosteranlage Hsuan Chuang auf Taiwan

trischen Buddhismus in Tibet einführte und vom tibetischen König Trhisong Detsen dafür (zusätzlich zu seiner Gattin aus der Zeit als weltlicher Herrscher) fünf Ehefrauen zum Geschenk erhielt. Es waren außer Mandāravā eine Exgemahlin des tibetischen Königs namens Yeshe Tsogyal, zwei Nepalesinnen und eine Frau aus dem Stamm der Mon in Osttibet.[45] Padmasambhava, der die All-Einheit, die Aufhebung der Gegensätze im Absoluten, erlebnishaft erkannt und sie mit seinen Frauen in geschlechtlicher Vereinigung kultisch nachvollzogen hat, wird häufig in der Vereinigungspose (tibetisch: yab-yum) mit seiner Frau Mandāravā, der tantrisch begabtesten Yogini, dargestellt.

Aus der Gegenwart ist der Won-Buddhismus (koreanisch: »kreisrunder Buddhismus«) zu nennen, eine von Soe-Tae San (1891–1943) in Südkorea begründete Bewegung, die den Mönchen die Heirat gestattet.[46]

Neben gleichwertigen Beurteilungen der beiden Ordensgemeinschaften von Mönchen und Nonnen stehen auch abfällige Äußerungen über letztere. Ja, Buddha selbst soll erst nach langem Widerstreben auf Bitten seiner Pflegemutter Mahāprajāpati Gautami und auf die Fürsprache seines Lieblingsjüngers Ānanda hin bereit gewesen sein, der Gründung des weiblichen Ordenszweiges zuzustimmen. Für diese Parteinahme mußte Ānanda noch auf dem ersten Konzil von Rājagriha Rechenschaft ablegen.[47]

Da Buddha für die Moral des Männerordens fürchtete, soll er gesagt haben, daß mit seiner Einwilligung zur Gründung des Nonnenordens die Lebensdauer des Buddhismus von 1000 auf 500 Jahre verkürzt werde. Buddhas fast widerstrebende Zustimmung sollen seine Worte nach der Ordination seiner Stiefmutter widerspiegeln: »Wenn, Ānanda, in der Lehre und im Orden, den der Vollendete gegründet hat, es Weibern nicht gewährt worden wäre, aus der Heimat in die Heimatlosigkeit zu gehen, so würde heiliges Leben, Ānanda, lange Zeit bewahrt bleiben; tausend Jahre würde die reine Lehre bestehen. Dieweil aber, Ānanda, in der Lehre und im Orden, den der Vollendete gegründet hat, Weiber der Welt entsagen und in die Heimatlosigkeit gehen, so wird nunmehr, Ānanda, heiliges Leben nicht lange Zeit bewahrt bleiben; nur fünf Jahrhunderte wird jetzt die Lehre der Wahrheit bestehen...

Gleichwie, Ānanda, auf einem Reisfeld, das in vollem Gedeihen steht, die Krankheit ausbricht, die da Mehltau genannt wird – dann dauert das Gedeihen des Reisfeldes nicht lange –, so gedeiht auch, Ānanda, wenn in einer Lehre und in einem Orden Weiber zugelassen werden, der Welt entsagen und in die Heimatlosigkeit gehen, heiliges Leben dort nicht lange Zeit.«[48]

Diese Prophezeiung, die sich bezüglich der 500 Jahre bis heute, nach 2500 Jahren, nicht erfüllt hat, ist ebenso wie die allgemeinen und abschätzigen Äußerungen über Frauen von späteren frauenfeindlichen, um ihr eigenes, männliches Selbstbewußtsein fürchtenden Mönchen dem Buddha nachträglich in den Mund gelegt worden. Sie sollten die Begründungen dafür abgeben, daß man den Nonnen wesentlich strengere Regeln auferlegte, sie in ihrem Nonnenleben von Mönchen abhängig machte, so daß z. B. die Ordination einer Nonne zur Erlangung der Gültigkeit vor dem Mönchsorden wiederholt werden mußte – und daß die älteste der Nonnen sich selbst vor dem jüngsten der Mönche verneigen sollte. Bereits der erste Satz der »acht Ordnungen« bestimmt, daß »eine Nonne, wenn sie auch seit 100 Jahren ordiniert ist, vor jedem Mönch, wenn er auch erst an diesem Tag ordiniert ist, die ehrfurchtsvolle Begrüßung vollziehe, vor ihm aufstehe, die gefalteten Hände erhebe und ihn gebührend ehre«.[49]

Wenn auch das geistliche Leben der Nonnengemeinschaft und auch die Ordenskleidung gleich sind wie bei den Mönchen, so gebührt doch den Mönchen der Ehrenvorrang, und ihnen bleiben die Leitung, die Predigt und die »Seelsorge« vorbehalten. Es gibt acht Hauptregeln für das Verhalten der Nonnen gegenüber den Mönchen.[50] Nonnen erhalten Ermahnung von Mönchen, können aber selbst nicht diese ermahnen.[51] Nonnen sollen von Mönchen nicht gegrüßt werden.[52] Nonnen können keine offiziellen Akte an einem Mönch vornehmen, aber ein Mönch kann dies Nonnen gegenüber tun.[53] Nonnen müssen sich von Mönchen die Anweisung zur Beichtfeier und die Predigt erbitten, jedoch darf ein Mönch nicht die Lehre predigen in mehr als 5 oder 6 Worten für eine Frau, es sei denn, daß ein anderer Mann anwesend ist. In den »Liedern der Mönche« (Theragāthā), die Selbsterlebnisse und Selbsterkenntnisse schildern, sind die Ausfälle gegen Frauen zahlreich. Frauen sind die Ursache allen Leidens. Und nur der Mönch, der sich standhaft von ihnen fernhält, wird zum wahren Helden. So sagt der Mönch Pārāpariyo:

»Wer Weiber gern sieht, Weiber küßt,
Wer Weiber tastet, Weiber fühlt,
Von Weiberdüften bald berauscht,
Erleidet mannigfaches Leid.«[54]

Gebrandmarkt werden Frauen als die großen Versucherinnen – verglichen mit Schlingen, Fesseln und Schlangen –, die Mönche von ihrem »heiligen Wandel« abzulenken versuchen. So beschimpft der Mönch Moggallāno eine namenlose Frau, und diese Frau gibt ihm (wunschgemäß) recht:

»Moggallāno:

›Du Beingerippe, Beingerüst,

Mit Fleisch und Muskeln aufgemutzt:

O Schande, wer sich gatten will

Der Gliederpuppe voller Stank!

Du Kotsack in der Kotzenhaut,

Du Hexe mit der Hängebrust:

Neun Höhlen hast im Leibe du,

Neun Tröpfelquellen träufeln stets!

Dem Körper mit den neun Kloaken

Voll Stink und Stank, dem dreckbedrängten,

Dem weicht ein Mönch von weitem aus,

Gleichwie der Reine meidet Unrat.‹

Das Weib:

›Du hast gesagt es, hoher Held,

Dein Wort ist wahrhaft, heiler Herr!

Doch mancher sinkt ohnmächtig ein

Im Sumpfe, altem Stiere gleich.‹«[55]

Von den »Liedern der Mönche« unterscheiden sich die »Lieder der Nonnen« (Therigāthā) in Sprache, Gefühl und Ton. In den Nonnenliedern, die von Frauen gedichtet sind und »zu den Perlen der religiösen Weltliteratur« gehören,[56] überwiegen Lebensbilder im Gegensatz zu Naturschilderungen der Mönchslieder.

In den Nonnenliedern findet sich nicht die Spur einer Feindschaft gegenüber dem anderen Geschlecht, wie dies in den Mönchsliedern der Fall ist. Eine Antwort darauf, ob eine Nonne oder ein Mönch, eine Frau oder ein Mann eher das Nirvāna erreicht, gibt treffend das Zwiegespräch zwischen dem Versucher Māra und der Nonne Somā Auskunft. Einst nahte sich Māra, der Versucher, der Nonne Somā, um sie von der geistigen Sammlung abzubringen, und sprach zu ihr:

»Die da von den Weisen erreicht werden kann,

die schwer zu erlangende Stätte [Nirvāna],

sie kann nimmer von einem Weib

mit seinem Zweifingerverstand erreicht werden.«

Die Nonne aber weist ihn zurück und spricht:

»Was sollte das Weibsein bedeuten,
wenn das Denken gut gesammelt ist,
wenn das Wissen vorhanden ist bei einem,
der die höchste Wahrheit schaut?
Wer daran denkt: bin ich eine Frau
oder bin ich ein Mann,
oder bin ich überhaupt etwas?
zu dem darf Māra sprechen.«[57]

Da merkte Māra, der Böse: Es kennt mich die Nonne Somā, und er verschwand auf der Stelle betrübt.

Drei grammatische Geschlechter im Sanskrit und Pali

Die kanonischen Schriften des Hinayāna- und des Mahāyāna-Buddhismus sind in den Sprachen des Pali und des Sanskrit abgefaßt, die beide für ihre Hauptwörter die drei grammatischen Geschlechter des Männlichen, des Weiblichen und des Neutrums kennen.[58] Interessant ist in diesem Zusammenhang die Frage, welches Geschlecht die Hauptbegriffe der buddhistischen Erlösungslehre aufweisen, die erstens von einem (negativen) gegebenen Zustand mit den Vorstellungen von Leid und von den Ursachen des Leides ausgeht, und dann zweitens den Weg zur Überwindung dieses Zustandes aufzeigt, der drittens zum (positiven) Ziel der Befreiung führen soll. Die meisten – nicht alle – Hauptwörter für den vorgefundenen negativen Zustand und dessen Ursachen sind die Grundübel, wie z. B. »Durst« (Sanskrit: trishnā; Pali: tanhā) und »Unwissenheit« (Sanskrit: avidyā; Pali: avijjā), die weibliches Geschlecht haben, ebenso die »Geburt« (Pali: jati) in den fünf verschiedenen »Mutterschößen« (Pali: gati) und die Wiedergeburt als »Wiederverbindung« (patisandhi).

Transzendenter (männlicher) Buddha Amoghasiddhi mit seiner (weiblichen) Prajna, der Göttin Tara, in sitzender Koitus-Position

Hingegen sind die Hauptwörter zur Bezeichnung der Hilfen auf dem Weg aus diesem (negativen) Zustand nur männlichen Geschlechts. So die drei »Juwelen«, durch deren Aussprechen der Übertritt zum Buddhismus vollzogen wird: Zum »Erleuchteten« (Sanskrit: Buddha; Pali: Buddho) nehme ich Zuflucht, zu dem »Gesetz« (Sanskrit: dharma; Pali: dhammo) nehme ich Zuflucht, zu dem »Orden« (Sanskrit: sangha; Pali: sangho) nehme ich Zuflucht.

Auch das Erlösungsideal des Hinayāna, des »Heiligen« (Sanskrit: arhat, Pali: arahā), sowie das des Mahāyāna, »dessen Wesen die Erleuchtung ist« (Sanskrit: bodhisattva, Pali: bodhisatto), sind männlichen Geschlechts. Lediglich für die Ordens- und Laienmitglieder gibt es verschiedene, wenn auch nur von Stammworten abgeleitete Bezeichnungen, so für den »Bettelmönch« (Sanskrit: bhikshu; Pali: bhikkhu) und für die »Bettelnonne« (Sanskrit: bhikshuni; Pali: bhikkhuni), sowie für den »Laienanhänger« (Pali: upāsako) und die »Laienanhängerin« (Pali: upāsikā).

Das Erlösungsziel »Verlöschen, Verwehen« (Sanskrit: nirvāna; Pali: nibbānam), wo alle Leidenschaften, insbesondere die drei: Begierde, Haß und Unwissenheit, erloschen sind und wo es auch keine Geschlechtsunterschiede mehr gibt, hat als grammatisches Geschlecht das Neutrum, wenn auch der Begriff für die Erlösung selbst im Sanskrit (moksha) männlichen und im Pali (mutti) weiblichen Geschlechts ist.

Insgesamt, kann man sagen, geht der Weg vom negativen und mehr weiblich gesehenen Erlösungsnotstand über die ausschließlich männlichen Erlösungshilfen auf dem Weg zu dem weder männlich noch weiblich, sondern neutral verstandenen Erlösungsziel.

Die Überwindung und Aufhebung der im Diesseits erfahrbaren Gegensätze zwischen dem männlichen und weiblichen Geschlecht in dem »absoluten« Neutrum des Jenseits (der Todesgrenze) wird im tibetischen Vajrayāna plastisch zum Ausdruck gebracht. Die alle Lebensbereiche bestimmende Dualität besteht einerseits aus dem männlichen Prinzip, dessen Symbol der vajra (sanskritisch: »Diamant, Donnerkeil«; tibetisch: do-rje) ist, der dem tantrischen Buddhismus seinen Namen gegeben hat, und er bezeichnet das Wesen alles Seienden, die »Leerheit« (shunyata), die wie der Diamant unzerstörbar, d. h. unvergänglich ist.

Dieses männliche Symbol des Weges zur Erleuchtung steht im Gegensatz zur Ritualglocke, die die weibliche prajnā (sanskritisch »Weisheit, Einsicht«) symbolisiert und den anderen Pol der Dualität bildet.

Wenn sich beide Prinzipien im yab-yum (tibetisch »Vater [und] Mutter«) befinden, ist die Polarität von männlich und weiblich geschlossen und die Einheit hergestellt. Yab-Yum meint buddhistisch-tibetische Darstellungen einer männlichen mit einer weiblichen Gottheit in sexueller Vereinigung, bei der die kleinere Göttin rittlings auf dem Schoß des größeren, stehenden Gottes sitzt und ihn mit ihren Armen und Beinen umklammert. Diese Vereinigungspose symbolisiert die Vereinigung der Polaritäten der Erscheinungswelt und die »große Wonne« der Erkenntnis von der All-Einheit und damit

(Männlicher) Adi-Buddha
Samantabhadra mit seiner (weiblichen)
Prajna Samantabhadri in nackter
Koitus-Pose. Tibetanischer Blockdruck

Vajravarahi (»Vajra-Sau«), tanzende
nackte Dakini und Yogini, deren linker
Fuß auf einer ebenfalls nackten Frau steht

Hayagriva, (männliche) Schutzgottheit
der Lehre, in Umarmung mit einer
(weiblichen) Yogini

die Erlöstheit. So wird z. B. der Urbuddha Samantabhadra (»der allumfassende Gute«) nackt und fast immer in symbolischer sexueller Vereinigung mit
seiner ebenfalls unbekleideten Prajñā Samantabhadri, die über seinem Schoß
sitzt und ihn mit ihren Armen und Beinen umklammert, abgebildet.[59] Der
Dualismus des Männlichen und Weiblichen in der phänomenalen Wirklichkeit wird in der Meditation zur Einheit, wobei die Yab-Yum-Abbilder eine
Hilfestellung bieten sollen.

Sikhismus

Die Anhänger dieser von Guru (»Lehrer, Meister«) Nānak (1469–1538) um das Jahr 1500 in Punjāb begründeten Weltreligion werden Sikhs (von Sanskrit: sishya = »Schüler, Jünger«) genannt. Sie leben vor allem in Nordindien, und ihre Zahl beträgt ca. 18,5 Millionen.[1] Die in Punjāb die Mehrheit (53 %) bildenden Sikhs kämpfen für einen eigenen Sikh-Staat.

Nur Männer, selbst Kinder, aber keine Frauen als Gurus

Ihr Stifter und erster Guru Nānak wurde 1469 in Talwandi im Rawi (Lahore-)Distrikt geboren, das später in Nānakara (»Nānaks Ort«) umbenannt wurde. Nānak, dessen hinduistischer Vater Kālū ein einfacher Landmann aus der Kshatriya-Kaste war, der im Dienst eines zum Islam übergetretenen Großgrundbesitzers stand, soll während seiner ersten 36 Lebensjahre kränkelnd und unglücklich sowie für körperliche Arbeiten untauglich gewesen sein, jedoch immer auf der Suche nach der religiösen Wahrheit. Als er einmal in einem Kanal badete, erhielt er seine Berufung zum Propheten, da ihm Engel einen Becher Nektar reichten und er beauftragt wurde, den Namen Gottes auf Erden zu verkünden. »Mein Name ist Gott, der erste Brahma, und du bist

Der Religionsstifter Nānak mit Bart, dem männlichen Geschlechtsmerkmal, umgeben von zwei ebenfalls bärtigen Anhängern. Gemälde. Berlin: Museum für Völkerkunde

der göttliche Guru«, so lautete die Offenbarung an ihn. Daraufhin verließ Nānak seine Frau und seine zwei Kinder und wurde Wanderprediger. Er unternahm weite Missionsreisen, die ihn bis nach Mekka führten, und verkündete die Botschaft von der Jüngerschaft des einen wahren Gottes aller Völker.

Einst wurde er in der Wildnis vom Satan Kaljug versucht, der ihm alle Reichtümer dieser Welt versprach, wenn er nur seine Missionstätigkeit aufgäbe:

»Ich will dir bringen schöne Frauen,
und dir geben die Macht, Wunder zu wirken,
und dir die Herrschaft über den Osten und den Westen geben.«

Doch als Nānak den Versucher darüber aufklärte, daß er bereits auf alle Reichtümer verzichtet habe, fiel Kaljug anbetungsvoll dem Guru zu Füßen und verschwand dann für immer.

Als der 69jährige Nānak im Jahr 1538 in Kartapur im Kreise seiner Familie, mit der er sich inzwischen wieder ausgesöhnt hatte, starb, bestimmte er noch vor seinem Tode einen Seiler namens Lahina, dessen Namen er zu Angad geändert hatte, zu seinem Nachfolger, da Nānak seinen eigenen Sohn – aus welchen Gründen auch immer – dafür nicht geeignet hielt.

Die männlich orientierte Religionsgemeinschaft der Sikhs kennt insgesamt – den Stifter eingeschlossen – zehn historische (nur männliche) Gurus, von denen einige mehrere Haupt- und Nebenfrauen hatten. Der 1504 geborene zweite Guru Angad (1538–52) bestimmte bei seinem Tod zu seinem Nachfolger den 1479 geborenen dritten Guru Amar Dās (1552–74), der die Zeremonien bei Geburt und Eheschließung reformierte. Der 1534 geborene vierte Guru Rām Dās (1574–81) gründete 1577 die nach ihm benannte Stadt Rāmdāspur, die heute Amritsar (»See der Unsterblichkeit«) heißt. Er selbst, der ein Schwiegersohn seines Vorgängers Amar Dās war, führte das Prinzip der Erbfolge ein, indem er seinen eigenen Sohn als den nächsten Guru bestimmte. Der 1563 geborene fünfte Guru Arjan (1581–1606) stellte 1604 den ersten Schriftkanon des (Ādi-)Granth u. a. aus den literarischen Nachlässen seiner vier Vorgänger und aus seinen eigenen Schriften zusammen, und er erbaute den Har-mandir (»Tempel Gottes«), den »Goldenen Tempel« von Amritsar. Der 1595 geborene sechste Guru Hargobind (1606–38) war erst 11 Jahre alt, als er seinem Vorgänger im Guru-Amt folgte. Auch der 1630 geborene 7. Guru Har(i) Rai (1638–60) übernahm schon mit acht Jahren dieses

Amt. Der 1656 geborene achte Guru Har(i) Krishan (1660–64) war erst fünf
Jahre alt und starb bereits mit 8 Jahren. Sein Nachfolger wurde der 1621
geborene 9. Guru Tegh Bahādur (1664–75), der hingegen bei seiner Guru-
Amtsübernahme schon 43 Jahre alt war. Einige seiner Schriften wurden
später in den Ādi Granth eingefügt. Der zehnte und letzte Guru war der 1666
geborene Govind Singh (1675–1708), der, da alle seine Söhne vor ihm gestor-

Genealogisches Diagramm der zehn (nur
männlichen) Gurus mit ihren Amtsjahren

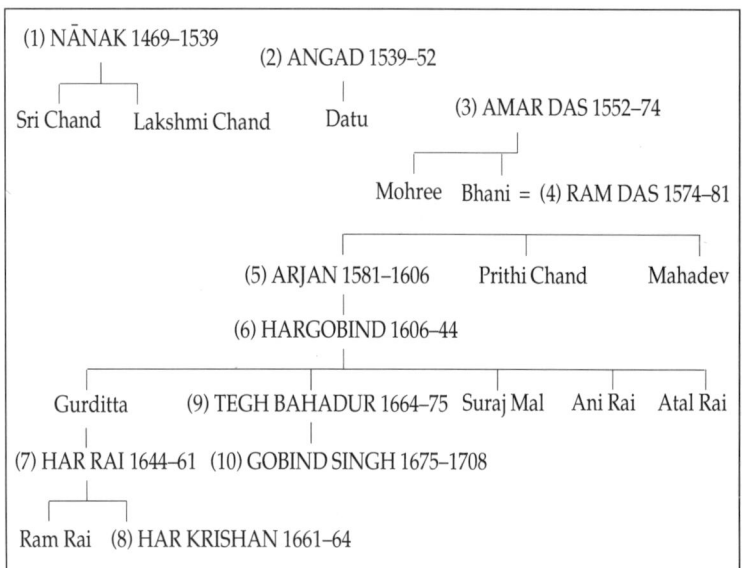

ben waren und somit die seit dem 5. Guru bestehende erbliche Nachfolge im
Guru-Amt beendet war, den Granth Sāhib (»Herr Buch«) zu seinem Nachfolger bestimmte: »Nach meinem Tod sollen alle das Buch des Granth Sāhib als
ihren Guru ansehen.« So wurde die höchste Treue der Sikhs von der Person
des Gurus auf das Buch des Granth Sāhib übertragen. Govind Singh hat auch
den »Granth des 10. Gurus« geschrieben und ihn 1705 zu seiner den
Ādi Granth ergänzenden Autorität erklärt. Unter diesem letzten Guru schlossen sich die Sikhs im Jahr 1699 zu einer Bruderschaft (khālsā) zusammen.
Damals wurden auch die »fünf K« (panj kakke) als Zeichen der Zugehörigkeit
zu den Sikhs eingeführt. Dieser 10. Guru hat für sich den Nachnamen Singh
angenommen und dies in gleicher Weise von allen männlichen Sikhs verlangt. So führt seit der Zeit des letzten Gurus Govind Singh jedes männliche
Mitglied der Sikh-Bruderschaft als Zeichen der aufgehobenen Kastengliede-
rung den Nachnamen Singh (»Löwe«) und wird mit Sadār (»Prinz«) angere-

det. Frauen haben den Nachnamen Kaur (»Prinzessin«), und ihre Anrede ist Sārdani (»Prinzessin«).

Äußere Kennzeichen der Zugehörigkeit zur Khālsā (»die Reine«) sind die »fünf K«: 1. Kesh, das unter einem Turban getragene, niemals geschorene lange Haupthaar der Männer (im Gegensatz zum Abrasieren oder Ausreißen der Haare bei hinduistischen, jainistischen und buddhistischen Asketen), 2. kanghā, ein Kamm im Haar, 3. kirpān, ein Dolch als Symbol des Widerstandes gegen das Böse, 4. karā, ein stählerner Armreif am Handgelenk als Symbol der Einheit und Allgegenwart Gottes und 5. kachha, ein kurzes, nicht über das Knie reichendes enges Beinkleid, im Gegensatz zu den langen Gewändern der Hindus und Moslems.

Obgleich viele Sikhs schon früh gegen die Sitte der Witwenverbrennung angegangen sind, wurden noch im Jahr 1839 zusammen mit dem Leichnam des polygam lebenden Ranjit Singh (1780–1839), des sikhistischen Königs von Punjāb, seine elf Frauen – vier Ehefrauen und sieben Konkubinen – verbrannt, deren Symbole am Grab des Königs in Lahore angebracht sind.

Die höchste Wertschätzung des Gurus (? von: *gu* = »Finsternis« und: *ru* = »Licht«) kommt in dieser volksetymologischen Erklärung des Wortes Guru zum Ausdruck: Er kann aus der Finsternis zum Licht führen. »Ohne den wahren Guru wirst du den Weg nicht finden«,[2] und »ohne den Guru kommt keiner zu Gott«.[3] Gurdwara (»das Tor des Guru«) ist auch der Name der Sikh-Tempel, in denen der Ādi-Granth, die heiligen Schriften des Gurus, aufbewahrt und gelesen werden.

Seit dem Tod des 10. und letzten Gurus wird die religiöse Autorität im Granth (Sanskrit: *grantha* = »Buch«) gesehen, dem aus großer Wertschätzung das arabische Wort Sāhib (»Herrr«) hinzugefügt und – nach dem Tod aller zehn Gurus – als der bleibende Guru (»Lehrer«) als Gurū Granth Sāhib (»Guru Herr Buch«), angeredet wird. Der erste Teil dieser heiligen Schrift der Sikhs, der hauptsächlich vom 5. Guru Arjan im Jahr 1604 kompiliert wurde, wird Ādi Granth (»erstes, ursprüngliches Buch«) genannt, wohingegen der zweite Teil, der vom 10. Guru stammt, als Dasam Granth (»des zehnten Guru-Buch«) bezeichnet, jedoch nicht von allen Sikhs wie der erste Teil anerkannt wird. Der umfangreiche Ādi Granth Sāhib enthält 3384 Lobeshymnen auf den alleinigen Gott mit 15575 Versen, die abwechselnd in sechs verschiedenen Sprachen geschrieben sind. Die meisten Verse sind in Alt-Hindi, die übrigen in Alt-Punjābi, Multāni, Persisch, Prakrit und Marathi, so daß es nur wenige Menschen gibt, die, diese 6 Sprachen beherrschend, den gesamten Granth lesen können. Die in sechs Sprachen geschriebenen Texte sind jedoch in einer einzigen Schrift, der Gur(u)mukhi-Schrift geschrieben, die vom 2. Guru erfunden worden sein soll, damit die Sikhs nicht die heiligen Schriften der Hindus oder Moslems läsen.

Gott, der genauso zu verehren ist wie seine Repräsentanten, die 10 Gurus, wird als »heiliges Schwert« und »Allstahl« angeredet. Als Gottesnamen hatte Guru Nānak verschiedene hinduistische und islamische Namen benutzt, wie Rāma, Shiva und Allāh. Vaheguru (»wunderbarer Guru«) ist eine traditionelle Formel, die aus den Anfangsbuchstaben V (= Vishnu), A (= Allāh) und H (= Hari) gebildet ist – jedoch ist der Hauptname für Gott Sat Nām (»wahrer Name«), dessen zwei Worte am Anfang der heiligen Schriften und am Anfang eines jeden Hymnus im ĀdiGranth stehen und der der häufig darin gebrauchte Gottesname ist. Von Gott, der alles in allem ist, sagt der ĀdiGranth:

»Er selbst gewährt das Vergnügen,
   er ist selbst das Vergnügen…
Er ist selbst der Unterrock [= die Frau],
   er selbst ist der Gatte des Bettes.
Mein Herr ist dem Vergnügen ergeben,
   überall ist er voll enthalten.
Er ist selber der Fischer und der Fisch,
   er selbst ist das Wasser und das Netz.
Er selbst ist die Beize des Netzes,
   er selbst ist innerhalb [des Fisches] die Gier.«[4]

Zoroastrisch-parsische Religion

Der Zoroastrismus im weiteren Sinne ist die auf die Verkündigung des altiranischen Propheten Zarathushtra (ca. 630–553 v. Chr.) – von den Parsen Zardusht genannt – zurückgehende Religion. Mit Parsismus im engeren Sinne bezeichnet man die zweite geschichtliche Entwicklungsphase in der zoroastrisch-parsischen Religionsgeschichte nach dem Zoroastrismus, die mit dem 7. Jh. n. Chr. beginnt und literarisch außer vom »Avesta« von den Pahlavi- (auch: Pehlevi-)Schriften geprägt wird.[1]

Der Parsismus ist die Religion der Parsen, die nach der Islamisierung des Iran (642 n. Chr.) von dort nach Indien ausgewandert sind und nach ihrem Ursprungsland, der altpersischen Landschaft Parsa (heute Fars), benannt werden. Sowohl die im 8. Jh. n. Chr. aus dem Iran in den Nordwesten Indiens eingewanderten wie auch die im Iran bis heute verbliebenen Anhänger des Zarathushtra haben die Traditionen des Zoroastrismus fortgeführt und weiterentwickelt. Der weitaus größte Teil der Parsen lebt gegenwärtig in Gujarāt und Bombay (Indien), während im eigentlichen Ursprungsland Iran nur noch wenige in Yazd und Kirman wohnen.

Von Zarathushtra posthum gezeugte Söhne als Retter (Saoshyant)

Zarathushtra (»Kamele haltend«), dessen geschichtliche Wirksamkeit in den Gathas noch erkennbar ist, erscheint in späterer Zeit als mythische Gestalt. Demgemäß ging der Keim seiner menschlichen Körpergestalt durch Regen in die Pflanzen ein, von den Pflanzen in die Kühe, die sein Vater Pourushaspa[2] (»der viele Pferde hat«) auf die Weide getrieben hatte. Dughdhōvā (»die eine gemolkene Kuh hat«), seine Mutter, molk eine der Kühe, die noch nicht gekalbt hatte, und sammelte die Milch in einem Gefäß. Dann vermischte sein Vater diese Milch mit dem Saft des heiligen Haoma-Zweiges, und beide Eltern tranken davon. So gelangten das geistige Urwesen (fravashi) des Zarathushtra und der körperliche Wirkungskeim gemeinsam in die Körper der Eltern. Als Pourushaspa und Dughdhōvā miteinander geschlechtlich verkehrten, wurde Zarathushtra als Menschengestalt gezeugt. Auch die Geburt des Zarathushtra war von wunderbaren Ereignissen umrahmt. So umstrahlte helles Licht das Geburtshaus, als das Kind lachend, nicht weinend, zur Welt kam.[3]

Zarathushtra, der dem Geschlecht der Spitamiden entstammte, war einer von fünf Brüdern. Die beiden älteren hießen Ratūshtar und Rangūshtar, und die beiden jüngeren hatten die Namen Notariga und Nivetish. Da der zum Priester (zaotar)[4] ausgebildete Zarathushtra schon bald dem altiranischen Mithra-Kult mit seinen blutigen Stieropfern kritisch gegenüberstand, verließ er als Zwanzigjähriger ohne Zustimmung seiner Angehörigen das Eltern-haus.[5]

Nach einer längeren Zeit des Einsiedlerdaseins erhielt er 30jährig in Vision und Audition durch den Engel Vohu Manah (»gutes Denken«) die prophetische Sendung des Ahura Mazdā, damit er die Wahrheit verkünde.[6] Während der folgenden 10 Jahre nach seiner Berufung zum Propheten hatte er sieben weitere »Konferenzen« mit Ahura Mazdā und sah sich in seiner Erwählung und Berufung durch den Gott bestärkt: »Ich ward dazu von Dir zu Anfang auserlesen; alle anderen beobachte ich mit Feindseligkeit des Geistes.«[7] Diese Besprechungen des Ahura Mazdā mit Zarathushtra sind im »Awesta«, der heiligen Schrift des Zoroastrismus und Parsismus, aufgezeichnet.[8] Nun verkündete er als Prophet und Reformator die Botschaft des höchsten Gottes Ahura Mazdā und wandte sich dabei gegen die kultischen Massenopfer von Rindern. Jedoch nach 10jähriger, fast vergeblicher Predigt und erfolglosem Wirken in seiner Heimat Baktrien[9] und angefeindet von der alten Priester-schaft, blieb ihm nur die Auswanderung in den Osten des Iran, wo er später den Stammesfürsten Vishtāspa[10] und dessen zwei Vertraute, die Brüder Frashaoshtra[11] und Djāmāspa[12] aus dem Hause Hvoga,[13] für seine Lehre gewinnen und von der Wahrheit seiner prophetischen Sendung überzeugen konnte.

Hier im Grenzgebiet von Iran und Afghanistan gewann Zarathushtra den Vishtāspa, den Stammesfürsten eines damals noch halbnomadischen Volkes, für seinen Glauben an den höchsten Gott und für seine wirtschaftlichen Reformen. Die Reformation des aus dem kulturell höherentwickelten West-Iran stammenden Propheten war die – außer einer religiösen – auch einer wirtschaftlichen Art, mit dem Ziel, die nomadisierenden Stämme Ost-Irans an Seßhaftigkeit und im Zusammenhang damit an rationellen Betrieb des Ackerbaus und der Viehzucht, darin eingeschlossen den Schutz des Rindes, zu gewöhnen.

Das Rind war der wichtigste Besitz des iranischen Stammes, dem der Prophet predigte und dessen schonende Behandlung einen seiner Hauptlehrpunkte darstellte.[14] Wegen dieser Zielsetzungen hat Vishtāspa dem Propheten seine besondere Gunst und Unterstützung zugewendet. Eine der Töchter des Frashaostra heiratete Zarathushtra; es war Hvōvi, seine 3. Frau, und Porutshista, die jüngste Tochter Zarathushtras aus seiner 1. Ehe, gab er Djāmāspa zur Ehefrau. Ein namentlich nicht genannter Sohn unterstützte den Propheten bei seinem Wirken.[15]

Im Alter von 77 Jahren starb Zarathushtra den Märtyrertod, da er bei der Erstürmung der Stadt Baktra (Afghanistan) von angreifenden Turaniern, einem iranischen Volksstamm, erschlagen wurde, während er sein Gebet am Altar vor dem heiligen Feuer verrichtete. Seitdem gilt er als Ahū (»[Gerichts-]

Stammbaum des Religionsstifters Zarathustra bis zu seinem dritten, posthum gezeugten, zukünftigen Sohn

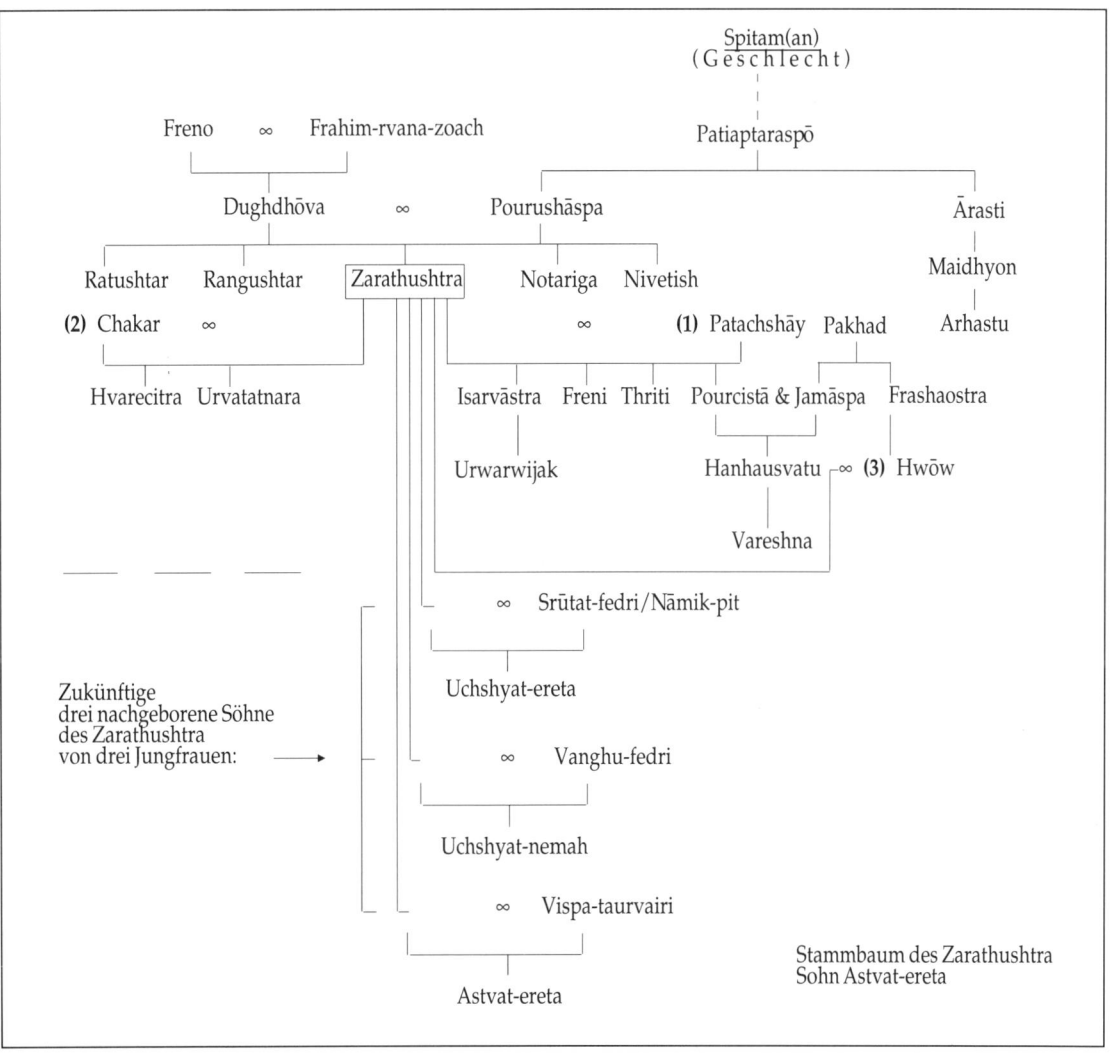

Stammbaum des Zarathushtra
Sohn Astvat-ereta

Herr«) und Ratav (»Richter«) der stofflichen Welt[16] und Richter der Letzten Dinge.[17]

Die drei Frauen, mit denen Zarathushtra nacheinander verheiratet war und mit denen er mehrere Söhne und Töchter hatte, haben ihn seinerzeit überlebt.[18] Mit der ersten Frau Patachshāy hatte er den Sohn Isatvāstra,[19] der das Haupt der Priesterklasse wurde, und die drei Töchter Freni,[20] Thriti[21] und Pourucistā. Die letztere, seine jüngste Tochter, war mit Djāmāspa verheiratet. Ihr Brautlied wird in den Gathas erwähnt.[22] Mit der zweiten Frau Chakar hatte er die beiden Söhne Urvatatnara[23] und Hvarecitra,[24] die zu Häuptern der Bauern- und Kriegerklasse wurden. Mit Hvōvi,[25] seiner dritten Frau, hatte er keine irdischen Kinder. Sie ist vielmehr die edle Gemahlin, von der letztlich die drei nachgeborenen Söhne des Zarathushtra, die noch nicht geborenen tausendjährigen männlichen Messias-Gestalten, abstammen und die durch eine außernatürliche Empfängnis gezeugt und geboren wurden.[26] Beim ehelichen Verkehr mit seiner dritten Gattin hatte der Prophet drei Samenkeime verloren, die jetzt im See Kasaoya ruhen und von 99 999 Fravashis bewacht werden.[27] Dreimal – zu Beginn des zehnten und elften sowie am Ende des letzten Milleniums – wird je eine Jungfrau im See baden und von einem der drei Keime schwanger werden. Dann werden drei eschatologische Heilbringer (Saoshyants) geboren werden, deren letzter das Ende der Welt heraufführen wird. Die erste im See badende Jungfrau Srūtat-fedri wird den Messias Uchshyat-ereta[28] gebären. Die zweite Jungfrau heißt Vanghu-fedri und hat den Uchshyat-nemah zum Sohn,[29] und die dritte Jungfrau Eredat-fredi mit dem Beinamen Vispa-taurvairi (»Allüberwinderin«) gebiert schließlich als Retter den Astvat-ereta,[30] der alle Anfeindungen überwinden wird.

Ein männlich dominierter Götterhimmel

Von der Zeit des Zarathushtra bis zur Achämenidenzeit heißt der Hochgott Ahura (»Herr«) Mazdā(h) (»Allweiser«). Dieser »Herr« (Ahura) Mazdā ist der Schöpfer des Himmels und der Erde, der Welt der Wahrheit und des Lichts sowie der Geister und der Menschen, und als Vater des göttlichen Rechts wacht er über die männlich orientierte sittliche Ordnung. So sind »Vater« und »Schöpfer« seine hauptsächlichen Namensattribute. Sein Beiname »Schöpfer« ist zugleich Name des 10. Monats sowie des 8., 15. und 23. Monatstages.

Die Wassergöttin Ahurāni (»die zu Ahura Gehörende«) gilt als die Tochter bzw. Gattin des Ahura Mazdā, und seine Zwillingssöhne sind das gegensätzliche Paar Spenta Mainyu (»heilwirkender Geist«) und Angra Mainyu (»arger

Geflügelter, bärtiger (= männlicher) Gott Ahura Mazdā schwebt über dem thronenden, ebenfalls bärtigen König Artaxerxes. Relief aus Persepolis, 5. Jh. v. Chr.

Aus der zweigeschlechtigen Gestalt der Gottheit Zervan (= Zeit) werden der Lichtgott Ohrmazd (rechts) und der Unterweltsdämon Ahriman (links) geboren. Daneben die guten Amesha Spentas (rechts) und bösen Daevas (links). Silberplatte aus Luristan (Persien), 8. Jh.v.Chr. Cincinnati: Kunstmuseum

Geist«). Später wurde Ahura Mazdā mit ersterem identifiziert, und seit der mittelpersischen Pahlavi-Literatur (3.–7. Jh.) zu der Gestalt des Ohrmazd weiterentwickelt, dessen Gegenpart nun sein Widersacher Ahriman darstellte. Seit der Heraushebung des »Herrn« Mazdā über alle anderen ahurischen Götter und Göttinnen durch Zarathushtra wurden diese mit der Zeit gleichsam zu Ministern und Dienern des höchsten Gottes und sogar zu seinen Geschöpfen. Aus ihnen ragt besonders hervor eine Gruppe von sechs Geistwesen, Amesha Spentas (»unsterbliche Heilige«), und Verkörperungen von Eigenschaften, die den Hochgott gleichsam als seinen Boten und »Erzengel« umgeben, zu seiner Linken die drei männlichen: Vohu Manō (»gutes Den-

Der bärtige Gott Ohrmazd (Mitte) übergibt dem bärtigen König Ardaschir (rechts) den Kranz des Königtums, während der bärtige Zarathustra als Feuerpriester mit dem Barsom-Zweig in der Hand (links) assistiert

Aredvi Sura Anahita, Göttin des Wassers
und der Fruchtbarkeit mit prallen
Brüsten. Relief aus Persepolis

ken«) – zugleich Name des 2. Monatstages –, Asha Vahishta (»beste Wahrheit«) – zugleich Name des 2. Monats und des 3. Monatstages – und Chshathra Vairya (»erwünschte Herrschaft«) – zugleich Name des 6. Monats und des 4. Monatstages – sowie zu seiner Rechten die drei weiblichen: Armaiti (»rechtes Denken«) – zugleich Name des 12. Monats und des 5. Monatstages –, Ha(u)rvatāt (»Wohlfahrt«) – zugleich Name des 6. Monatstages – und Amer(e)tāt (»Unsterblichkeit«), deren Name auch für den 7. Monatstag steht.

Unter den 30 ahurischen Tagesgottheiten eines jeden Monats stehen 21 Göttern, angeführt von dem »Herrn« Ahura Mazdā (»Herr Weisheit«), nur 9 Göttinnen gegenüber. Es sind männlichen Geschlechts die Gottheiten für Sonne (Hvarexshaēta) und Mond (Māh), Feuer (Ātar), Wind (Vāta) und Himmel (Asan), wohingegen die Gottheiten für Erde (Zam) und Wasser (Āp) weiblichen Geschlechts sind. Hier ist insbesondere zu nennen die Göttin des Wassers und der Fruchtbarkeit Aredvi, die mit allen anderen Gottheiten dem männlichen Hochgott unterstellt ist. Diese Göttin »schnürt sich ihre Taille, damit (ihre) Brüste schön gestaltet und damit sie gefällig seien«.[31] Sie legt in die Männer den Samen und in den Schoß der Frauen den Keim des Lebens und läßt reichlich und rechtzeitig Milch in ihre Brüste fließen. Ahura Mazdā selbst empfiehlt dem Zarathushtra die Verehrung dieser Göttin:

»Du mögest mir diese, o Spitama Zarathushtra, verehren…
die aller Männer Samenflüssigkeit vollkommen macht,
die aller Weiber Mutterleiber für die Geburt vollkommen macht,
die alle Weiber leicht gebären macht,
die allen Weibern die den Umständen [und] der Zeit entsprechende
Milch verschafft…
Sie [die Aredvi] macht mir die Wasser vollkommen,
sie die Samenflüssigkeit der Männer,
sie der Weiber Mutterleiber, sie der Weiber Milch:
die Ich, der Ahura Mazdāh… hervorgebracht habe.«

Und es sprach die Aredvi zu Zarathushtra:

»Wahrlich, o ashagläubiger Spitama,
dich setzte Ahura Mazdāh als Ratav der stofflichen Welt ein,
mich setzte Ahura Mazdāh als Schützerin der gesamten Schöpfung
des Ashaehrwürdigen ein.«[32]

Dem (männlichen) guten Geist steht entgegen der (männliche) »böse Geist«, Angrā Mainyu, auch Ako Mainyu. Als Prinzip des Bösen ist er die Ursache alles Schlechten und Unreinen, ein Mörder und Schädiger. Er ist von einem Heer böser Geister umgeben. Das sind die Daēvas, von denen es gleichsam sechs Erzdämonen gibt: Aka Manah (»böses Denken), Saurva, Indra, Zārich (Zairik), Taurvi und Nanghaithya.

Es gibt männliche und weibliche böse Geister. Die Anhänger des weiblichen Dämons Druds oder Drug (»Lüge, Trug«) heißen Drugvan. Eine Drug ist z. B. die Leichenhexe Nasu, Nasav (»Leichnam«), die sogleich nach dem Tod eines Menschen in Gestalt einer Fliege zum Leichnam geflogen kommt und die Nachbarn mit Krankheit ansteckt.

Beim Träger der Leiche dringt diese Dämonin der Befleckung durch eine seiner neun Körperöffnungen (Nasenlöcher, Augen, Mund, Ohren, Geschlechtsteil, After) ein und macht ihn unrein.

Zur Wiederherstellung der Reinheit ist ein ausführliches Reinigungsritual an einem besonderen, mit neun Erdlöchern versehenen Reinigungsort vorgeschrieben.

Der Erzdämon der Begierde und des Zorns ist Aēshma (»Raserei«). Andere böse, weibliche Geister sind die Pairikās.

Vom »Herrn« Mazdā selbst angeordnete Sexualgebote und-verbote

Das Vendidad, richtiger Vidēvdāt (= vidaeva data = »[Gesetz] gegen die daēvas gegeben«) bildet den 4. Teil des »Avesta« und ist der einzige heute noch vollständig erhaltene Textteil des »Avesta«. Dieses priesterliche Gesetzbuch mit rituellen Vorschriften über Reinigungen und Bußübungen sowie Sündenkodex ist in seinen 22 Kapiteln in Form eines Frage-und-Antwort-Katechismus aufgebaut, wobei Zarathushtra die Fragen stellt und der Gott Mazdā antwortet.

So sind die Vorgänge des Sexuallebens, wie Empfängnis, Schwangerschaft und Geburt, mit Opfern und Riten umgeben,[33] und bei bestimmten Gelegenheiten werden Gebete vorgeschrieben, u.a. vor dem Beischlaf[34] und nach unfreiwilligem Samenerguß.[35]

Da das Sexualleben der Menschen ganz im Dienst der Erzeugung von Nachkommenschaft steht, ist die Erzeugung von Kindern (Söhnen) eine religiöse Pflicht und ein Verdienst zugleich. Ehe und Kindersegen gelten mehr als Ehelosigkeit und Kinderlosigkeit. Unfruchtbarkeit ist deshalb einer der Ehescheidungsgründe.

»Und also sage ich [Ahura Mazdāh]:
›Dir dem Beweibten spreche ich den Vorrang zu, o Spitama Zarathushtra,
vor dem, daß einer unverheiratet altern sollte;
dem, [der] ein Hauswesen hat [spreche ich einen höheren Wert zu]
als dem, [der] kein Hauswesen hat;
dem mit Kindern [einen höheren]
als dem kinderlosen‹.«[36]

Die Zeugung von Nachkommen ist nach den Pahlavi-Texten für den Mann
sogar heilswirksam. So wird ein Mann, dessen Ehefrau von ihm schwanger
ist, befreit von einer Todsünde.[37]
Da die Zeugung von Nachkommenschaft nur innerhalb einer Ehe erfolgen
soll, wird die voreheliche sexuelle Verführung der Mädchen verurteilt. So
fragt klagend Ashay (»das [gute] Los«), eine ahurische Göttin des Wohlstandes, den Hochgott Ahura Mazdā: »Das [ist] die gröbste Tat, [die] mir grausa-
me Menschen antun, wenn sie Mädchen [mit Gewalt] entführen [und sie] zum
Gebären bringen, ohne [daß sie] verheiratet [sind]. Was soll ich mit ihnen
machen?«[38]
Wenn das *Sexualleben des Mannes* ausschließlich auf die Zeugung von Kindern
ausgerichtet bleibt, dann ist selbst der unfreiwillige Verlust des Samens im
Schlaf nicht nur eine Vergeudung des Samens, sondern auch gleichsam eine
»Schwängerung« der Teufelin Drug und somit eine Sünde. So sagt die daēvi-
sche Drug über eine solche Pollution: »Wenn jemand im Schlaf Samen ergießt,
der schwängert mich ebenso, wie wenn sonst Männer den Samen in (ihren)
Weibern bergen.«[39] Wiedergutzumachen ist diese Sünde nur dadurch, daß
der betreffende Sünder aus dem Schlaf aufwacht und mehrmals die verschie-
denen Hauptgebete spricht. »Der so betet«, sagt wiederum die Teufelin
Daēva, »zerstört meine Leibesfrucht ebenso, als ob ein vierfüßiger Wolf das
Kind aus dem Mutterleib herausrisse«.[40]
Damit nicht genug, muß jetzt noch der bei der nächtlichen Pollution verlorene
Samen der Erdgöttin Ārmatay, einer Tochter des Ahura Mazdā, geweiht
werden und auch einen Namen erhalten. So soll der Sünder zur heiligen
Armaiti (Ārmatay) sprechen: »O heilige Ārmatay, diesen Mann [= Samen]
überantworte ich dir, diesen Mann [= Samen] sollst du mir [wieder] ausant-
worten bei der gewaltigen Neugestaltung [der Menschheit] … Und als Namen sollst du ihm [dem Mann aus dem Samen] beilegen Ātere.dāta … oder
[sonst] irgendein mit Ātar [›Feuer‹] in Beziehung gesetztes (Wort) als Namen.«[41]

Eine ähnliche Vorstellung von der Vergeudung des Samens gilt auch für den homosexuellen Geschlechtsverkehr zwischen Männern.
So fragt Zarathushtra den Ahura Mazdā:

»O Schöpfer [der stofflichen Welt] ashaehrwürdiger!
Wenn einer gegen seinen Willen Päderastie duldet und Päderastie treibt,
was ist die Strafe dafür?«

Da sagte Ahura Mazdā:

»Man bestimme 800 Hiebe mit der Pferdepeitsche,
800 mit dem Zuchtriemen.«

Zarathushtra fragt weiter:

»O Schöpfer [der stofflichen Welt] ashaehrwürdiger!
Wenn einer mit seinem Willen Päderastie duldet und Päderastie treibt,
wie kann man das durch [Vermögens]strafe,
wie durch [Leibes]strafe sühnen,
wie kann man sich davon entsündigen?«

Da sagte Ahura Mazdā:

»Es gibt dafür keinesfalls eine [Sühne durch Vermögens]strafe,
es gibt dafür keinesfalls eine [Sühne durch Leibes]strafe,
es gibt dafür überhaupt keine Sühne:
[weil] die Tat [auch durch Leibesstrafen] unsühnbar ist
für immer und ewig.«[42]

Die den homosexuellen Geschlechtsverkehr ausführenden Männer werden von Ahura Mazdā sogar als Dämonen (Daēvas) durch und durch bezeichnet. Auf eine weitere Frage des Zarathushtra: »O Schöpfer! Wer gehört zu den Daēvas?« antwortete der Schöpfergott Ahura Mazdā:

»Ein Mann [der] der Päderastie dient und ein Mann, [der] der Päderastie frönt, o Spitama Zarathushtra: der gehört zu den Daēvas, der [ist] ein Daēvaanbeter, der [ist] ein aktiver Päderast der Daēvas, der ein passiver Päderast der Daēvas, der ein Hure der Daēvas, der [ist] ein [den wirklichen] gleichwertiger Daēva, der [ist] ganz [und gar] ein

Daēva, der [ist] vor dem Sterben ein Daēva, der verwandelt sich nach dem Sterben in [einen] geistigen Daēva:
wenn ein Mann in einen [anderen] Mann Samenflüssigkeit ergießt oder wenn ein Mann Samenflüssigkeit [anderer] Männer in sich aufnimmt.«[43]

Aus der Sicht der unrechtmäßigen Samenabgabe beim Geschlechtsverkehr ist auch die religiöse Mischehe verboten, weil dabei der Samen der reinen Mazdā-Gläubigen mit unreinen Ungläubigen in Verbindung kommt, und geboten ist deshalb die Verwandtenheirat, d. h. die Eheschließung zwischen Sippenangehörigen gleichen Glaubens. So lautet das Glaubensgelübde: »Als Mazdāhanbeter, als Zarathushtraanhänger will ich das Glaubensgelübde ablegen … Ich schwöre mich ein auf die mazdayasnische Religion … durch [die] die Sippenehe geboten [ist]; die ashaheilige [Religion], die unter allen, [die es] gibt und geben wird, die größte und beste und schönste [ist]: sie, die ahurische zarathushtrische.«[44]

Von den *Achämeniden* (559–331 v.Chr.), die den Zoroastrismus förderten und seit Kyros II. (559–529) zur Staatsreligion erklärten, hatte der Perserkönig Kambyses II. (529–522 v.Chr.) unter seinen vier Ehefrauen auch seine beiden Halbschwestern Atossa und Meroë. Dareios II. (423–404 v.Chr.) hatte seine Schwester Parysatis zur Ehefrau, mit der er seinen Nachfolger Artaxerxes II. (404–359 v.Chr.) zeugte. Letzterer nahm seine beiden Töchter Amestris und Atossa zu seiner 2. und 3. von vier Ehefrauen. Auch der von seiner 1. Ehefrau Stateira stammende Sohn und Nachfolger Artaxerxes III. (359–338 v.Chr.) heiratete seine eigene Schwester Ocha und zeugte mit ihr eine Tochter, die er ebenfalls zu seiner Ehefrau nahm. Auch Dareios III. (336–331 v.Chr.) nahm seine Schwester Stateira zu seiner 1. von insgesamt drei Ehefrauen. Zur Zeit Alexanders des Großen (336–323 v.Chr.) ehelichte der baktrische Dynast Sisimithres sogar seine eigene Mutter. Zur Zeit der Dynastie der *Sassaniden* (227–642 n.Chr.), unter denen der Zoroastrismus in der Form des Zervanismus Staatsreligion war, ehelichte Kawad I. (488–531) seine Tochter Sambyke, und von Ardaviraf, dem Wiederhersteller der Mazdā-Religion, heißt es, daß er seine sieben Schwestern geehelicht hat.

Das *Sexualleben der Frau* wird vor allem unter dem Gesichtspunkt ihrer durch *Menstruation* und Geburt hervorgerufenen religiösen »Unreinheit« gesehen. Das gesamte 16. Kapitel des »Videvdad« handelt von der Unreinheit der Frauen zur Zeit ihrer monatlichen Regelblutung. Dabei werden Regeln über die Absonderung der menstruierenden Frauen, ihre Ernährung, die Dauer der Unreinheit sowie das Verbot des Beischlafs während dieser Zeit gegeben, da die Menstruation als etwas Schädliches und von dem bösen Angrā Mainyu Hervorgebrachtes gilt.

Zunächst muß die Menstruierende an einen besonderen, für sie hergerichteten Platz gebracht werden, wo sie von den anderen (reinen) Menschen abgesondert leben kann. Das Essen, das ihr gereicht wird, gibt man am besten in metallenen Gefäßen, weil diese der Verunreinigung am wenigsten ausgesetzt sind. Während der Dauer der Menstruation, die bis zu 9 Nächten angesetzt sein kann,[45] darf die Menstruierende mit niemandem, vor allem nicht mit (reinen) Männern in Berührung kommen. Mit einer menstruierenden Frau Geschlechtsverkehr zu pflegen, ist eine große Sünde.[46]

So fragt Zarathushtra: »O Schöpfer ... Wenn sich hier im Hause eines Mazdāhanbeters eine Frau befindet, [die] die Regel hat, menstruiert, ihre Blutung hat, wie sollen sie da, die Mazdāhanbeter, verfahren?« Darauf entgegnet der Gott, daß man sie an einem besonderen Platz absondern soll, so daß sie nicht ins heilige Feuer sehen kann: »Fünfzehn Schritt vom Feuer, fünfzehn Schritt vom Wasser ... drei Schritt von den [reinen] ashagläubigen Männern.«[47] Und bis auf drei Schritte darf derjenige sich der Frau nähern, der ihre Speise bringt. »Wenn die Frau [noch] Blutspuren [von der Menstruation] sieht, nachdem ihr drei Nächte [darüber] vergangen sind, soll sie still an ihrem Ort sitzen bleiben, so lange, bis ihr vier Nächte vergangen sind.«[48] Ein Verbrechen, das eigentlich mit dem Tod bestraft werden müßte, ist es, die »Unreinigkeit« der Menstruierenden ins Feuer oder ins Wasser zu geben.

Unrein ist eine Frau auch nach einer *Fehlgeburt*,[49] also wenn sie mit einem Leichnam in Berührung gekommen ist. Über das Verhalten zu ihr werden ausführliche Vorschriften gegeben. Auf die Frage nach der Distanz zu einer Wöchnerin, die ein totes Kind geboren hat, antwortet Ahura Mazdā: »Dreißig Schritt vom Feuer, dreißig Schritt vom Wasser ... drei Schritt von den ashagläubigen [reinen] Männern ... Dann nach Verlauf von drei Tagen soll sie sich den Leib auswaschen, die Kleider aus[waschen] mit Rindsurin und Wasser bei den neun Löchern [des Reinigungsraumes]: auf diese Weise [sind sie] wieder zu läutern.«[50]

Der Ort in ihrem Schoß, wo das tote Kind lag, wird als Dakhma betrachtet, und alle lebendigen Kinder, die später von dieser Frau geboren würden, wären durch die Berührung mit diesem Dakhma von vornherein unrein. Darum wird durch Asche und Kuhurin, wovon die Wöchnerin essen soll,[51] dieses Dakhma wieder gereinigt. Dann hat sich diese Frau selbst noch wegen ihrer persönlichen Unreinheit 9 Tage lang vom Umgang mit den anderen (reinen) Menschen fernzuhalten.

Der *Geschlechtsverkehr* mit einer menstruierenden Frau und mit einer Wöchnerin ist streng verboten und zählt zu den zwei von fünf großen Vergehen, durch die Menschen zu Sündern werden.[52] Ja, wenn eine Frau die Zeit ihrer Menstruation ihrem Ehemann verheimlicht und er sich deshalb nichtsahnend beim Beischlaf mit ihr verunreinigt, so ist dies für den Mann ein Grund zur Ehescheidung.

Derjenige Mann, der Geschlechtsverkehr vorsätzlich mit einer Frau zur Zeit ihrer Menstruation hat, verunreinigt nicht nur seinen eigenen Leib, sondern vergeudet, ja tötet auch seinen Samen, da die Frau in diesen Tagen unfruchtbar ist. Ahura Mazdā sagt: »Wer in eine Frau, [die] die Regel hat, menstruiert, ihre Blutung hat, Samen ergießt, [der] begeht keine bessere Tat, als ob er seines selbsterzeugten Sohnes Leichnams zu Brei verkocht [und] das Fett dem Feuer darbrächte.«[53] Wer vorsätzlich mit einer menstruierenden Frau schläft, erhält dafür ein je nach Häufigkeit des Beischlafs sich steigerndes Strafmaß. So bestimmte Ahura Mazdā:

»Für die erstmalige Begattung, für die erstmalige Beschlafung bestimme man 30 Hiebe mit der Pferdepeitsche, 30 mit dem Zuchtriemen; für die zweite Begattung gibt es 50 Hiebe mit der Pferdepeitsche und 50 mit dem Zuchtriemen. Die dritte Begattung wird bestraft durch 70 Hiebe mit der Pferdepeitsche und 70 mit dem Zuchtriemen.«

Und jetzt stellt Zarathushtra die Frage nach dem nächstfolgenden Strafmaß:

»Für die vierte Begattung, für die vierte Beschlafung, wenn er unter [ihr] Gewand hineinkommt, wenn er zwischen [ihre] befleckten Schenkel hineinkommt, ohne [daß] Samenerguß erfolgt, was ist die Strafe dafür?« Darauf antwortet Ahura Mazdā: »90 Hiebe mit der Pferdepeitsche bestimme man, 90 mit dem Zuchtriemen.«[54]

Die Sühne und das Strafmaß bei Übertretung des Beischlafverbots zur Zeit der Menstruation erfährt eine mehr als zehnfache Steigerung, wenn beide Beteiligten wissentlich und überlegt miteinander schlafen. Auf eine diesbezügliche Frage des Zarathushtra antwortet der Gott Mazdā: »Wenn einer, [der es] wahrnimmt, weiß [und] überlegt, in eine die Regel habende, menstruierende, ihre Blutung habende Frau [die es ebenfalls] wahrnimmt, weiß [und] überlegt, [seinen] Samen ergießt, so soll er tausend Schafe schlachten und … darbringen … tausend auf dem Bauch kriechende Schlangen soll er niederschlagen, zweitausend auch von den anderen … tausend Hiebe bestimme man mit der Pferdepeitsche, zweitausend mit dem Zuchtriemen.«[55]

Keine Sünde für den Mann ist es, wenn er ein unverheiratetes Mädchen, sei es verlobt oder nicht verlobt, verführt und schwängert. Dieses geschwängerte Mädchen jedoch »begeht eine Sünde«, wenn es den abgesonderten Ort, an den es deshalb gebracht wurde und der für unreine Frauen bestimmt ist, verläßt, und wenn es eine *Abtreibung* vornimmt, so begehen das betroffene Mädchen, aber auch die erwachsenen Angehörigen sowie der zu einer Abtreibung ratende »Schwängerer« und die eine solche ausführende »Engelmacherin« eine Sünde. »Wenn einer zu einem Mädchen geht … und es schwanger macht … Und wenn sie – das Mädchen – aus Scham vor den Menschen heimlich sich die Regel [wieder] verschafft, heimlich sich Wasser und Kraut, [so ist sie] für die begangenen Taten verantwortlich. …

Und wenn sie – das Mädchen – aus Scham vor den Menschen aus sich [ihre] Leibesfrucht beschädigt, [so] fällt auf die erwachsenen Familienangehörigen die Sünde, die sie tut, und der Schaden, den sie zufügt [der Familie]; an den erwachsenen Familienangehörigen soll man die Schädigungen der Geschädigten strafen mit der Strafe für vorsätzliche [Körperverletzung] … und wenn sie – das Mädchen – sagt: ›Der Mann hier [ist] der Erzeuger des Kindes‹, und wenn der Mann sagt: ›Such eine Alte für diese [Dinge] ausfindig zu machen, frag [sie, die Alte] …‹ [und] diese Alte bringt Banha herzu und Shaēta oder Gnāna oder Fraspāt [= Namen von Pflanzen und deren Saft, die zur Abtreibung benutzt wurden] oder sonst eine von den abtreibenden Pflanzen [und diese Alte sagt]: ›Damit such [dein] Kind [im Mutterleib] zu töten!‹ – dann versucht sie – das Mädchen – [ihr] Kind damit zu töten:

so wirken gleichgroßen [Anteil] an solchem Tun der Mann und das Mädchen und die Alte.«[56]

Die größte Kränkung und Beleidigung für den »Herrn« (Mazdā) ist die Hure, weil sie durch ihren Geschlechtsverkehr mit wechselnden Freiern »den Samen durcheinandermengt der Gemeinder und der Nichtgemeinder, der Daēvaverehrer und der Nichtdaēvaverehrer, derer [die] ihren Leib verwirkt haben und derer [die] ihren Leib nicht verwirkt haben.«[57] Da Huren durch ihr »vermengendes« Handeln selbst die gute Schöpfung mindern und »einem Drittel der ashagläubigen Männer, [bei denen] die guten Gedanken, die guten Worte, die guten Taten überwiegen, nimmt sie Kraft und Sieg und den Besitz des [höchsten] Anrechts dadurch, daß sie [ihnen] in den Weg« treten, erklärt der »Herr« Mazdā sie für todeswürdigere [Wesen] als Schlangen und Wölfe und Froschweibchen.[58]

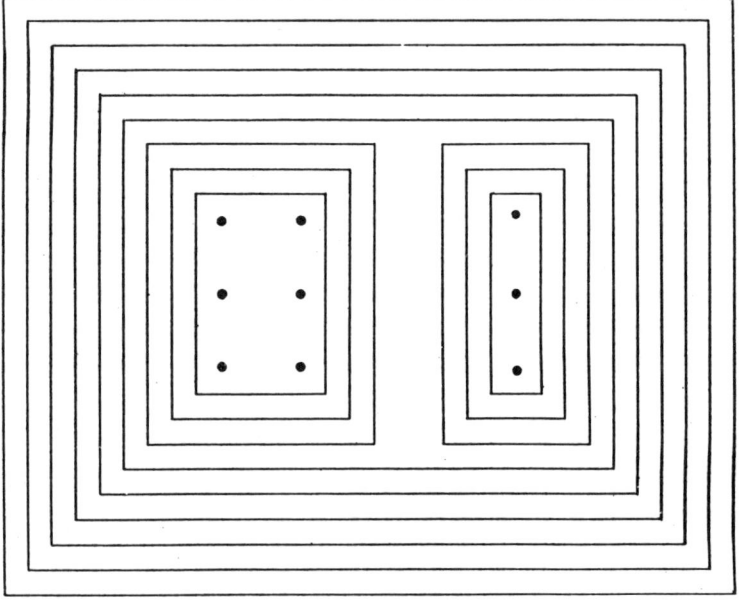

Grundriß des Reinigungsortes mit
neun Löchern, die den neun Öffnungen
des menschlichen Leibes: den zwei Au-
gen, zwei Ohren und zwei Nasenlöchern
einerseits und dem Mund, After und
Geschlechtsorgan andererseits,
entsprechen sollen

Reinigungsrituale in einem »Raum mit neun Löchern«

Für die Reinigung eines Verunreinigten ist ein bis in alle Einzelheiten festge-
legtes Reinigungsritual an einem dafür vorgeschriebenen, mit neun Erdlöchern – den neun Löchern des menschlichen Leibes entsprechend – versehenen Reinigungsort vorgesehen.

Darüber hatte Zarathushtra den Ahura Mazdā befragt, wohin sich die Menschen wenden sollen, die einen von der Leichenhexe Nasu (Nasav) befleckten
und daher verunreinigten Körper läutern wollen. Und der »Herr« Mazdā hat
dann alle Einzelheiten erläutert.

Die Reinigung der einzelnen Körperpartien habe vom Kopf abwärts über die
beiden Hinterbacken und Oberschenkel bis hinab zu den beiden Fußsohlen
in 33 Schritten zu erfolgen. Von der speziellen Reinigung der linken Hinterbacke und der beiden Oberschenkel – d.h. da, wo sich die Oberschenkel
gegenseitig berühren – lautet das Gebot des Gottes also: »Du sollst seine linke
Hinterbacke begießen, dann kommt jene Drug, die Nasav, auf die Innenseiten
der Oberschenkel herzugeflogen; du sollst die Innenseiten seiner Oberschenkel begießen:

wenn es ein Mann ist, [so] sollst du ihn erst hinten, dann vorn angießen, wenn es ein Weib ist, [so] sollst du sie erst vorn, dann hinten angießen: dann kommt jene Drug, die Nasav, auf den rechten Oberschenkel herzugeflogen.«[59]

Die Opferpreise für eine solche Reinigung sind bei Männern und Frauen unterschiedlich. »Eines Hauses Hausherrn soll man läutern um eine trächtige Kuh. Die Frau des Hausherrn des Hauses soll man läutern um eine Kuh, [die] weder säugt noch trägt.«[60]

Wichtig ist, daß auch der Mann, der die Läuterung des Verunreinigten vollzieht, nicht gekränkt oder unbefriedigt fortgeht, sonst »kommt, o Spitama Zarathushtra, diese Drug, die Nasav, wieder zum Vorschein [von den neun Löchern her] von der Nase her, von den Augen her, vom Munde her, durch die Ohren, vom Geschlechtsteil her, vom After her. ... Seine Pflicht erfüllt ja [nur], o Spitama Zarathushtra, der Mann, [der] die Läuterung vollzieht, wenn er ihn, den Verunreinigten, von der Nasav frei macht: er erfüllt seine Pflicht gegen das Feuer, gegen das Wasser, die Erde, das Rind, die Pflanzen, den ashagläubigen Mann, die ashagläubige Frau.«[61]

Der Reinigungsort für die Reinigungsrituale ist ein »Raum der neun Löcher«, die den neun Öffnungen des menschlichen Leibes entsprechen, darunter auch die des Geschlechtsteils bei Frauen oder Männern. Im »Videvdat« wird die Anlage eines solchen Reinigungsraumes mit sechs Löchern auf der einen und mit drei auf der anderen Seite bis in alle Einzelheiten von Ahura Mazdā beschrieben.

So »sollen die Mazdāhanbeter zum erstenmal in die Erde drei Löcher graben; darauf soll man sich den eigenen Leib ringsum mit Rindsharn, nicht mit Wasser, reinigen ... Zum zweiten Male sollen die Mazdāhanbeter dann drei Löcher in die Erde graben; drauf soll man sich den eigenen Leib ringsum mit Rindsharn, nicht mit Wasser, reinigen ... Zum drittenmal sollen die Mazdāhanbeter dann drei Löcher in die Erde graben, drei Schritt weit von den beiden ersteren; drauf soll man sich den eigenen Leib mit Wasser, nicht mit Harn, ringsum reinigen.«[62]

Für die Ausübung des Kultes gibt es einen eigenen Priesterstand, der als erster von vier Ständen vor dem Krieger–, Bauern- und Handwerkerstand rangiert. Aufgrund ihrer regelmäßigen Unreinheit infolge der monatlichen Regelblutung bleiben Frauen vom Priesteramt ausgeschlossen, das dauernde Reinheit verlangt. Āthravan ist die allgemeine Bezeichnung des Priesterstandes, der zur Zeit der Sassaniden in drei erbliche Rangstufen gegliedert war: Oberpriester (destūr), Priester, die das »Avesta« kennen (mōbeds), und Lehrlinge oder Altardiener (herbeds). Der Oberpriester, auch zaotar (»[Opfer-]gießer und

Rufer [der Götter])« genannt, versieht entweder allein oder mit 7 Unterpriestern den Gottesdienst.

Die drei Geschlechter im Awestischen

Das Altpersische bildet zusammen mit dem Awestischen die älteste uns erhaltene Vorstufe des Mittel- und Neupersischen. Das Altpersische ist in Keilinschriften der achämenidischen Großkönige (ab ca. 500 v.Chr.) überliefert, wobei die einzelnen Keilschriftzeichen aus verschiedenartig zusammengesetzten Keilen und Winkelhaken bestehen.

Das Awestische ist die Sprache und Schrift des »Avesta«, der heiligen Schriftensammlung der Anhänger des Zarathushtra, die in ihren ältesten Teilen, den Gathas (»Hymnen«), auf den Stifter selbst zurückgeführt werden.[62a] Das Mittelpersische, das uns in zwei aus dem Aramäischen entwickelten Schriften, dem Pahlavi (= Pehlevi) und dem Manichäischen, überliefert ist, war die Sprache und Schrift in der Zeit von 250 v. bis 642 n.Chr., insbesondere der Sassaniden.

Das Altpersische und das Awestische kennen für die Hauptwörter drei Genera: Maskulinum, Femininum und Neutrum. Feminina sind die Wörter der ā-Stämme, z.B. daēnā (awestisch: »Religion«) und die gleichnamige Göttin der Religion. Vorwiegend Maskulina sind dagegen die Wörter der a- bzw. ō-Stämme, z.B. ahura (awestisch: »Herr«) und mashya (awestisch: »Mensch, Mann«), aber auch Aēshma (awestisch: »Raserei«), der Erzdämon. Die Konsonantenstämme weisen alle drei Geschlechter auf. So sind männlichen Geschlechts: pitar (altpersisch: »Vater«) und pitár (awestisch: »Vater«), und asman (altpersisch: »Himmel«), hvar (»Sonne«) und māh (awestisch: »Mond«), wohingegen weiblichen Geschlechts zam (awestisch: »Erde«) und ap (altpersisch und awestisch: »Wasser«) sind. Ein Neutrum der Konsonantenstämme ist manah (altpersisch und awestisch: »Sinn, Geist«). Wenn substantivische Begriffe als Neutra personifiziert werden, wechselt ihr Geschlecht wie z.B. bei den personifizierten Eigenschaften des Ahura Mazdā. Seine Eigenschaften Vohu Manō (»gutes Denken«), Asha Vahishta (»beste Wahrheit«) und Chshathra Vairya (»erwünschte Herrschaft«), die Neutra sind, werden bei ihrer Personifizierung zu den drei ersten Amesha Spentas, d.h. zu Maskulina. Gleiches gilt auch für den Begriff Aka Manah (»böses Denken«), der sich bei seiner Personifizierung zum »bösen Geist«, d.h. vom Neutrum zum Maskulinum wandelt.

Die i-Stämme sind Maskulina oder Feminina, wie z.B. Fravashi (altpersisch:

»Bekenntnis«) ein Maskulinum, während aši (awestisch: »Los«) und die gleichnamige Glücksgottheit Feminina sind. Auch die u- und ū-Stämme können männlichen oder weiblichen Geschlechts sein. Das altpersische Wort *baga* (»Gott, Herr«) ist männlichen Geschlechts und der (einzige) Gattungsname für Gott. Sein Keilschriftzeichen (eines von nur fünf Ideogrammen) besteht aus zwei waagerechten Keilen und zwei senkrechten Winkelhaken. Im Awestischen ist das Wort baga ein Neutrum und bedeutet »Anteil, Los«. In dem Sinn von »Zuteiler« wird es einige Male als Beiname für Ahura Mazdā, für Mithra und den Mondgott Māh gebraucht.

Zeichen	Lautwert	Bedeutung	Zeichen	Lautwert	Bedeutung
			⟨⟨⟨	BU =	*būmi* »Erde«
⊨⟨	AM₁ =		⟨⟨⟩	DH₁ =	
⊨⟨⟨⟨⟩	AM₂ =	A^huramazdāh »Ormazd«	⟨⟨⟩⟩	DH₂ =	*dahyu* »Land«
⊢⊢⟨⟨	BG =	*baga* »Gott«	⊨⟨⟨⟨	XŠ =	χšāyaθiya »König«

Altpersische Keilschriftzeichen für Gott und Erde

Das awestische Wort *ahura* (»[Gerichts-] Herr«) ist ebenfalls männlichen Geschlechts und bezeichnet eine der zwei großen Klassen von Göttern, mehr oder weniger Herrschergöttern, die den altindischen Asuras entsprechen. Wohingegen die altindischen Devas ihre Entsprechung in den awestischen Daēvas haben, den meist kriegerischen Göttern. Die Gegensätzlichkeit beider Götterklassen wurde in Indien und im Iran in unterschiedliche, ja gegensätzliche Richtungen weiterentwickelt. Während man in Indien mit der Abwertung der Eigenschaften der Asuras diese selbst zu Dämonen degradierte, wobei die Devas als die einzigen guten Götter übrigblieben, verlief die Entwicklung im Iran in umgekehrter Richtung, da die Daēvas zu Dämonen und Teufeln abgewertet wurden, während die Ahuras als die einzigen guten Götter übrig blieben.

Zarathushtra hatte aus den zahlreichen Ahuras den Namen des Mazdā (»Weisheit«) hervorgehoben, der in den Gathas noch als ein Ahura neben anderen erscheint.[63] In den Gathas wird für den obersten Gott Ahura Mazdā (»Herr Weisheit«) nur das Wort Mazdā (116mal), oder Ahura (64mal) oder

Mazdā Ahura (28mal) gebraucht. Mazdā (»Weisheit«) ist die männliche Umbildung eines alten Femininums. Erst im jüngeren Awesta werden die Ahuras, die jetzt Amesha-Spentas (»unsterbliche Heilige«) heißen, zu sechs personifizierten Eigenschaften des Ahura Mazdā, des größten der Götter.[64] Die Ahuras sind die »wahren Götter«, deren Herrschaftsgebiet das himmlische Paradies ist. Zu ihnen zählen z. B. Asha, der nach Mazdā höchste Ahura und dessen oberster Berater, gefolgt von Vohu Manō als dem obersten Minister des Hochgottes.

Das awestische Wort daēva (altpersisch: daiva; mittel- und neupersisch: dew) ist männlichen Geschlechts und bezeichnet die andere der beiden großen Götterklassen. In den Gathas kommen die Daēvas, wenn auch nur im Plural, im Sinne von »die alten, aber ›falschen Götter‹« vor,[65] d. h. als die Götter der vor Zarathushtra in Persien geltenden Religion der Krieger und derer, die keine Herden hielten.[66]

Im jüngeren Awesta werden die Daēvas dann zu Dämonen und Leichenfressern, zu Unholden und Teufeln degradiert, die vor der Zeit des Zarathushtra noch ihr Unwesen auf der Erde trieben. »Sichtbarlich trieben sich vor ihm [= Zarathushtra] die Daēvas umher, sichtbarlich geschahen [ihre] Begattungen, sichtbarlich schleppten sie den Menschen die Weiber weg, und ihnen, den schreienden, jammernden, taten die Daēvas Gewalt an.«[67] Seit aber Zarathushtra auftrat, insbesondere seitdem er das vornehmste Gebet, das Ahuna Vairya, rezitierte, verseuchte er die Daēvas, so daß sie sich in die Erde verkrochen. Von diesem ihrem unterirdischen Herrschaftsbereich aus bekämpften sie von nun an auch die wahren Götter, die Amesha Spentas, und die Yazatas.

Das zoroastrische Glaubensbekenntnis beginnt mit der Zurückweisung der Daēvas, der falschen Götter: »Ich verwünsche die Daēva's ... Auf sage ich der Gemeinschaft mit den schlimmen schädlichen gesetzlosen Böses schaffenden Daēva's, den lügnerischsten der Seienden, den stinkendsten der Seienden, den schädlichsten der Seienden.«[68]

Geistwesen niederer Ordnung stellen die Yazatas (awestisch: »Verehrungswürdige«) dar, die im Mittelpersischen Yazad und im Neupersischen Izad heißen. Diese den Engeln vergleichbaren Wesen erscheinen noch nicht in den Gathas, sondern erst in dem jüngeren »Avesta«.[69] Dieses neue Gattungswort Yazata hat mit der Zeit das altpersische Gattungswort baga (»Gott«) zurückgedrängt. Die Yazatas, die den Willen des »Herrn« Mazdā ausführen, sind göttliche Geistwesen der Natur und relevanter Begriffe. Zu ihnen gehören die 21 Tagesgottheiten eines jeden Monats, von denen männlichen Geschlechts die Gottheiten der Sonne (Hvarexshaēta), des Mondes (Māh) und des Himmels (Asan) sind, während die Gottheit der Erde (Zam) weiblichen Geschlechts ist. An die Yazatas sind die metrischen Hymnen des Yasht, des 3. Teils des »Avesta«, gerichtet.

Die dritte Klasse der Geister bilden die weiblich gedachten Fravashi (awestisch: »Bekennerin, Bekenntnis«). Sie sind das einem jeden Wesen – auch den Gottheiten und sogar den Fravashis selbst – eigene unsterbliche Element, eine Art persönlicher Schutzgeist eines jeden Wesens, der nach dem Tod eines Menschen sein Seelengeleiter ist. Allen Fravashis sind der 1. Monat und der 19. Monatstag geweiht. Fünf der Fravashis von bestimmten männlichen Nachkommen, u. a. des Frashaostra, des Schwiegervaters von Zarathushtra, und des Jamāspa, des Schwiegersohnes des Stifters, sollen verehrt werden, »um zu widerstehen bösen Träumen und bösen Zeichen und bösen Päderasten und bösen Hexen«.[70] 99999 Fravashis bewachen die Samenflüssigkeit des Zarathushtra im See Kasaoya, aus der die messianischen Retter (Saoshyants) einst hervorgehen werden.

Universistische Religionen Chinas

In Chinas viertausendjähriger Geschichte haben von den autochthonen, d. h. von den im Lande selbst entstandenen Religionen drei eine beherrschende Rolle gespielt. Es handelt sich um die alte Reichsreligion, um den religiösen Taoismus und den Konfuzianismus.

In der ältesten, halb legendären Zeit herrschte die Shang-(Yin-)Dynastie (1766–1122 v. Chr.), deren Herrschernamen auf Orakelknochen eingeschrieben wurden. Diese Dynastie wurde abgelöst von der Chou-Dynastie (1122 bis 249 v. Chr.), in deren Zeit der Taoismus und der Konfuzianismus entstanden sind. Da für diese drei Religionen eine am Universum (lateinisch: »Weltall«) orientierte Denk- und Lebensweise, durch die das menschliche Leben mit dem das Universum bestimmenden Weltgesetz in Übereinstimmung gebracht werden soll, charakteristisch ist, werden ihre Anhänger im allgemeinen auch als Universisten bezeichnet.

Die Gesamtzahl dieser Universisten, für die Himmel, Erde und Menschen die drei Komponenten des zu einer Einheit zusammengefaßten Weltganzen bilden und deren erstrebtes Ziel die Übereinstimmung (Harmonie) aller Erscheinungen im Makrokosmos und Mikrokosmos sowie in den Bereichen des Kosmischen, des Ethischen und des Rituellen ist, beträgt heute ca. 184 Millionen. Verbreitet ist die »universistische« Religion in 56 Ländern. Die meisten Universisten leben in der Volksrepublik China und auf Taiwan, in Hongkong, Malaysia und Singapur, und in Macao bilden sie die Mehrheit (54 %) der Bevölkerung.[1]

Der *Taoismus* ist die auf den chinesischen Philosophen Li (ca. 604–517 v. Chr.) mit dem Ehrennamen Lao-tse (»alter Meister«) zurückgeführte philosophische Schule und auch religiöse Richtung, in denen das tao (»Weg«) als Schlüsselbegriff im Zentrum steht.[2] Von den Chinesen selbst wird die taoistische Religion – im Unterschied zu der philosophischen Schule Tao-chia (»Schule des Tao«) als Tao-chiao (»Lehre des Tao«) bezeichnet. Der philosophische Taoismus beruft sich auf die Werke des Lao-tse mit dem diesem zugeschriebenen »Tao-tē-king« und des Chuang-tse (ca. 335–275 v. Chr.), die als seine Begründer gelten, sowie auf die des Lieh-tse (ca. 440–370 v. Chr.) und des Yang Chu als deren Erben.

Ziel der Vertreter des Tao-chia ist eine mystische Vereinigung mit dem Tao durch Meditation und das Nachahmen des Tao-Wesens im Denken und Handeln, wohingegen die Anhänger des Tao-chiao die Erlangung der Un-

Lao-tse, Begründer des Taoismus mit Bart. Aus dem japanischen Bilderwerk Miao Tsi T'u Lu

sterblichkeit zum Ziel haben. Ihre dabei angewendeten Methoden reichen von der Meditation über Gymnastikübungen bis zu sexuellen Praktiken. Im 7. Jh. wurde der Taoismus während der T'ang-Dynastie (618–907) unter Kaiser T'ang Wu-tsung de facto zur Staatsreligion. Jeder Bezirk mußte über einen taoistischen Tempel verfügen.

Der *Konfuzianismus* ist die auf den chinesischen Philosophen und Staatsmann

K'ung-tse (551–479 v.Chr.) zurückgehende sozialethische Lehre und religionsphilosophische Schule, die nach dessen latinisierter Namensform (Konfuzius) benannt ist. Die Chinesen selbst bezeichnen die konfuzianische Religion als Ru-chiao (»Lehre der Gelehrten«) im Unterschied zur Staatsdoktrin Ru-chia (»Schule der Gelehrten«).[3]

Ausgangspunkt und Grundlage des Konfuzianismus bilden die dem K'ungtse als Redaktor und Autor zugeschriebenen »fünf« Klassiker Wu-king (»Fünf Bücher«) u. a. mit dem »Buch der Lieder« (»Shi-king«), dem »Buch der Wandlungen« (»I-king«) und den »Aufzeichnungen über Sitten« (»Li-ki«) sowie die »vier« klassischen Bücher (»Ssu-shu«), die »Gespräche« (»Lun-yü«) des K'ung-tse sowie die beiden, möglicherweise von Tsze-Tsze bzw. K'ung Gi[4] (5. Jh. v. Chr.), einem Enkel des K'ung-tse, verfaßten Traktate »Ta-hsio« (»große Lehre«) und »Chung yung« (»Maß und Mitte«), die beide in das »Li-ki« aufgenommen wurden, sowie als 4. klassisches Buch die »Sieben Schriften« des Mēng-tse bzw. Mong Dsi (ca. 372–289 v.Chr.), eines Schülers von Tsze-Tsze.

Unter Kaiser Han Wu-ti (140–87 v.Chr.) wurde der Konfuzianismus im Jahr 130 v.Chr. zur orthodoxen Staatsdoktrin (Staatsreligion) erklärt. Auch vom 12. Jh. an bis zum Jahr 1911 war der Konfuzianismus in China Staatsreligion. In Südkorea, wo der Konfuzianismus als Yu-kyo bezeichnet wird, leben heute ca. 4,9 Millionen nichtchinesische Konfuzianer, die ca. 13 % der Bevölkerung des Landes ausmachen.

Lao-tses jungfräuliche Empfängnis und Geburt

Da Lao-tse (ca. 604–517 v.Chr.) die Verborgenheit liebte, ist von den äußeren Ereignissen seines Lebens so gut wie nichts bekannt. Er scheint während der Chou-Dynastie um das Jahr 604 v.Chr. geboren zu sein, und zwar in der Provinz Honan, im Dorfe Ch'ü-jen des Bezirkes Li im Kreis K'u, in der Nähe der heutigen Kreisstadt Lu-i. Sein Familienname war Li (»Pflaume«), sein Vorname Erl (»Ohr«), sein Ehren- und Mannesname Po-Yang (»Graf Sonne«) und sein posthumer Name Tan (»Ohrläppchen«). Erst im 4. Jh. n. Chr. entstand die Lehre von seiner übernatürlichen Empfängnis und Geburt, nach der er auf vaterlose, also jungfräuliche Weise von einem Sonnenstrahl gezeugt und – nachdem seine Mutter Yü-niu 72 Jahre bzw. 81 (9 × 9) Jahre mit ihm schwanger war – aus der linken Achselhöhle ebenso jungfräulich geboren wurde.[5] Mit weißen Haaren, also als »alter« weiser Knabe, sei er bereits auf die Welt gekommen und habe auch schon sprechen können. Da er keinen menschlichen Vater hatte, habe er auf den Pflaumenbaum, unter dem er zur Welt gekommen war, gedeutet und gesprochen: »Dies soll mein Name sein!« Lao-tse stammte, wie man aus der Art seiner Bilder und Gleichnisse schließen kann, vermutlich aus einer Bauernfamilie.

Lao-tse war verheiratet und hatte einen Sohn namens Tsong, der später das Amt eines Heeresgenerals im Reich der Wei bekleidet. Lao-tse selbst hatte am kaiserlichen Staatsarchiv die Stelle eines Geschichtsschreibers und priesterlichen Archivars im Ahnentempel der Chou-Kaiser in deren Residenz, der Reichshauptstadt Lo-Yang.

Besuch des Stifters K'ung-tse beim Stifter Lao-tse. Nach einem Steinrelief aus Kiahsiang, aus der Zeit der Han-Dynastie

Wegen dieser offiziellen Stellung und wegen seiner großen Kenntnisse und Weisheit wurde der 87 jährige Lao-tse von K'ung-tse, der damals 34 Jahre alt war, im Jahr 517 v.Chr. aufgesucht. Von Chuang-tse, einem der größten Nachfolger des Lao-tse, hören wir, daß Lao-tse und K'ung-tse bei ihrer Begegnung über »Liebe und Pflicht«, die beiden zentralen Werte der konfuzianischen Ethik, gesprochen haben sollen. Lao-tse soll den historisch engagierten jungen Reformer K'ung-tse, der die alte Geschichte Chinas erforschen und deren vergangene Herrlichkeiten durch ein Schema von sozialen Schicklichkeiten wiederherstellen wollte, gescholten und ihm gesagt haben: »Die Menschen, von denen du sprichst, sind tot und ihre Gebeine sind zu Staub verfallen. Laß fahren deine stolzen Luftzüge und vielen Wünsche.«[6] Lao-tse soll dem K'ung-tse empfohlen haben, vielmehr nach dem Tao zu suchen. Nach diesem Zusammentreffen mit Lao-tse soll K'ung-tse zu seinen Schülern gesagt haben: »Ich weiß, daß die Vögel fliegen, daß die Fische schwimmen, daß die Vierfüßler laufen. Die, welche laufen, kann man mit dem Seil fangen; die, welche schwimmen, mit der Angel; die, welche fliegen, mit dem Pfeil.

Bärtiger Lao-tse auf einem Wasserbüffel reitend, der Geistesstärke symbolisiert. Hänge-Schriftrolle, Tinte auf Papier, von Ch'ao Pu-Chih, (1052-1110), Sung-Dynastie. Taipei (Taiwan): National-Palast-Museum

Aber der Drache, der sich zum Himmel erhebt, von Winden und Wolken getragen, wie der zu fassen sei, weiß ich nicht. Heute habe ich Meister Lao gesehen: Er ist wie der Drache.«[7] Die beiden einflußreichsten Männer Chinas waren tatsächlich Gegensätze in ihren Interessen, Zielen, Methoden und Systemen. Lao-tse, der inmitten der Großstadtmenschen in tiefer Einsamkeit lebte und nur wenige Schüler, darunter den Gen Sang Dsi und den Yin Wen Dsi hatte,[8] blieb von der Mehrheit in seinem letzten Anliegen unverstanden. Über sich selbst sagt Lao-tse: »Ich allein bin anders als die Menschen, aber ich ehre die nährende Mutter [das kosmische Tao].«[9]

Lao-tse lebte in einer Zeit ständiger kriegerischer Auseinandersetzungen, großer Nöte und politischen und moralischen Verfalls, was seine heftige Kulturkritik hervorgerufen hat und ihn ein zurückgezogenes Leben führen ließ. Da er den Verfall von Chou vorhersah, gab er seine Stellung als Staatsarchivar auf und verließ die Hauptstadt in westlicher Richtung. Auf einem schwarzen Wasserbüffel (shui niu) reitend, kam er an den Grenzpaß Han Gu Guan. Hier hat er den Grenzwart Guan Yin Hsi (Yin Hsi) die Kunst des langen Lebens gelehrt. Und als dieser ihn aufforderte, seine Gedanken aufzuschreiben, hat er ihm ein Werk, das aus 5000 Zeichen bestand und in dem seine Lehre über Tao und Te (Tao-tē-king) stand, hinterlassen.[10]

Dann entfernte sich Lao-tse und entschwand von da an aus dem Gesichtskreis der Menschen. Niemand weiß, wo er geblieben ist. Da für viele Taoisten ihr Stifter Lao-tse nach Westen, dem »Reich der seligen Ruhe«, entschwunden ist und Unsterblichkeit erlangt hat, wird für ihn oft kein Todesjahr angegeben. Später soll der Grenzwächter Yin Hsi dem Lao-tse nach Westen gefolgt und ebenfalls ein Unsterblicher (Hsien) geworden sein. Als Sinnbild der Langlebigkeit und Unsterblichkeit wird Lao-tse als alter, bärtiger Mann dargestellt.

Wenn die Gestalt des Lao-tse für den Historiker keine festen Konturen gewinnen kann, so ist das für den Taoisten dennoch keineswegs bedauerlich, sondern im Gegenteil der Beweis für die genaue Übereinstimmung von Lehre und Leben. Denn Auslöschung der Spuren des Wandelns auf Erden stellt die Vollendung des heiligen und unsterblichen, des »wahren« Menschen im Taoismus dar – ganz im direkten Gegensatz zum Konfuzianismus mit dessen Sicherung der Spuren durch die Ahnenverehrung.

Seit dem 2. Jh. v. Chr. wurde Lao-tse vergöttlicht – so ordnete Kaiser Hwan im Jahr 156 v. Chr. erstmals Opfer für Lao-tse an – und als Lao-chün (»Herr Lao«) bzw. T'au-shang lao-chün (»höchster Herr Lao«) bezeichnet, eine Inkarnation des Himmelsgottes Tao-te t'ien-tsun (»himmlischer Ehrwürdiger des Tao und Te«), des Lehrers der Menschen und Offenbarers heiliger Schriften. Im Jahr 586, als man den Tempel an seinem Geburtsort erneuerte, wurde eine Inschrift mit der Lehre von der wiederholten Wiedergeburt des Lao-tse angebracht.[11] In den Jahren zwischen 650 und 684 wurde Lao-tse als ein früherer Kaiser proklamiert, und in der Zeit von 713–742 kanonisierte ihn Kaiser Yuen als den »großen weisen Ahnen«.

K'ung-tses männlicher Schülerkreis

K'ung-tse (»Meister Kung«), eigentlich K'ung Ch'iu mit dem Beinamen Chungni, wurde 551 v. Chr. als jüngstes Kind von 11 Geschwistern im Fürstentum Lu, im heutigen Chü-fou (K'üo-li) bei der Stadt Yen-chou in der Provinz Shantung geboren. Seine Familie gehörte zu den entfernten Nachkommen der alten Shang-(Yin-)Dynastie, die als verarmte Adelige und als Klasse der Ju (»Schwächlinge«) an den Höfen der Feudalherren meistens als Zeremonienmeister fungierten.

Da sein Vater Shu-Liang Ho aus seiner ersten Ehe nur Töchter und von einer Konkubine einen verkrüppelten Sohn namens Kung Meng Pi hatte,[12] der deshalb zum Ahnenopfer nicht befugt war, heiratete er mit siebzig Jahren, nachdem er sich von der ersten Frau hatte scheiden lassen, seine zweite Frau, die noch sehr junge Ching-tsai, mit der er den Sohn Ch'iu, den späteren K'ung-tse, zeugte. Um dessen Geburt ranken sich wunderbare Begebenheiten. Noch vor seiner Geburt erschien seiner Mutter ein Kilin (ein Mischwesen mit Hirschkörper und Fischschuppen, mit Ochsenschweif und Pferdehufen von androgyner Natur, von dessen Namen »Ki« den männlichen und »lin« den weiblichen Aspekt bezeichnet). Er hielt in seinem Maul einen Nephritstein, auf dem die schwangere Mutter die folgenden Worte über das Schicksal des verheißenen Weisen deutlich lesen konnte: »Der Sohn des wasserklaren Kristalls wird der verfallenen Dynastie der Chou nachfolgen und als König ohne Thron herrschen.« Und während der Geburt erschienen über dem Haus zwei Drachen, Sinnbilder der männlichen, zeugenden Natur, am Himmel und schwebten um das Geburtshaus, und fünf Elementargeister, die »fünf Alten« und Herrscher der fünf Wandelkräfte, nahten sich der Halle. Man hörte im Gemach seiner Mutter himmlische Musik in den Lüften. Das Kind aber hatte an seinem Leib 49 Malzeichen, die es als Ordner der Welt auswiesen.

Als K'ung-tse drei Jahre alt war, es war das Jahr 548, starb sein Vater. Über seine schweren, »vaterlosen« Jugendjahre sagte K'ung-tse später: »Ich hatte

Bärtiger K'ung-tse, Begründer des Konfuzianismus, Porträt von Wu Tao Tsi, 8. Jh.

Vor der Geburt des K'ung-tse überbringt ein androgynes Ki-lin (K'i = weiblich; lin = männlich) seiner Mutter einen Nephrit, auf dem das Schicksal des verheißenen Weisen geschrieben stand, Holzschnitt, 16. Jh.

eine harte Jugend durchzumachen, deshalb erwarb ich mir mancherlei Talente.«[13] Da er der einzige körperlich leistungsfähige Sohn war, mußte er in seiner Jugend die Familie unterstützen und körperlich hart arbeiten, obgleich sein Sinnen dem Geistigen zugeneigt war. »Ich war fünfzehn, und mein Wille stand aufs Lernen.«[14] So beschäftigte er sich schon in seiner Jugend mit dem Ordnen von Opfergefäßen und dem Einstudieren von religiösen Zeremonien, und er zeigte eine erstaunliche Kenntnis der alten Schriften. Seine in späteren Lebensjahren bewiesene Wertschätzung der Riten (li), also das rechte Verhalten, trat bei ihm schon in früher Jugend hervor.

Mit 19 Jahren wurde K'ung-tse verheiratet, und aus dieser unglücklichen Ehe, die nur von kurzer Dauer war und in der Scheidung endete, gingen ein Sohn und zwei Töchter hervor, von denen die eine jung starb. Die andere gab er später dem armen, aber ehrbaren Gung Ye Tschang zur Frau, der einmal wegen Mordverdachts 70 Tage unschuldig im Gefängnis verbringen mußte.[15] Gegenüber seinem einzigen Sohn Po Yü bzw. Be Yü (»weißer Fisch«) oder auch Li (»Karpfen«), der diesen Namen zu Ehren eines bei seiner Geburt seinem Vater vom Landesfürsten übersandten Karpfen zum Geschenk erhalten hat, war K'ung-tse sehr reserviert.[16]

Über die Ehefrau des K'ung-tse gibt es keinen einzigen Hinweis in den konfuzianischen Schriften, außer daß der Vater einmal seinen Sohn darauf verwies, den Tod seiner Mutter zu betrauern.[17] In den Jahren 530 bis 500 v. Chr. war K'ung-tse ein erfolgreicher Lehrer, dessen Lehren in den »Gesprächen« (»Lun-yü«) schriftlich überliefert sind. In seiner Privatschule hat er bis zu 3000 Schüler unterrichtet, die ihn »Meister« (K'ung) nannten; 72 von ihnen haben zu seinem engeren Schülerkreis gehört.

Bei der Geburt des K'ung-tse erscheinen über dessen Haus zwei Drachen und die fünf bärtigen Wu-ti, die Herrscher der fünf Wandelkräfte. Holzschnitt, 16. Jh.

Als K'ungs Mutter im Jahr 525 v. Chr. starb – sie hatte seinen Vater um mehr als zwei Jahrzehnte überlebt –, bestattete er sie im Grab seines frühverstorbenen Vaters und genau den Riten der Tradition entsprechend. Er hielt aus »Kindespietät« eine fast dreijährige Trauerzeit ein, weshalb er Abschied von seinem Amt nahm.[17a] Nach Abschluß der Trauerzeit und nach dem Schlußopfer nahm er seine Zither hervor und spielte. Er schätzte die Musik als wichtiges Ordnungs- und Ausdrucksmittel der Gefühle. Im Jahr 517 v. Chr. unternahm der 34 jährige K'ung-tse eine Reise in die Reichshauptstadt Loyang, wo er mit dem 87 jährigen Lao-tse zusammentraf. K'ung-tse hatte ein ausgeprägtes Bewußtsein von seiner Berufung durch den Himmel (t'ien), dessen Himmelsmandat (t'ien-ming) er sich verpflichtet fühlte. So sagte er: »Mit fünfzig war mir das Gesetz des Himmels kund«.[18] Aus einer Familie niederen Adels stammend, bemühte er sich zeit seines Lebens um Beamtenstellen bei verschiedenen Lehnsfürsten, und seit 500 v. Chr. war er für einige Jahre ein erfolgreicher hoher Beamter. Zunächst wurde er Gouverneur einer größeren Stadt, wo er sich erfolgreich um geordnete Verhältnisse bemühte, dann wurde er 498 v. Chr. Justizminister, mußte jedoch zwei Jahre später aufgrund von Intrigen das Amt aufgeben, zumal seine Auffassung von Ethik von der seiner Umgebung abwich. Auch hat er es nicht gescheut – trotz Einwänden seiner Schüler –, z. B. auf dem Wege über die übel beleumundete, aber einflußreiche Fürstin Nan-tse, die ein inzestuöses Verhältnis mit ihrem Halbbruder, dem Prinzen Dschao von Sung, hatte, Einfluß auf ihren Gatten, den Herzog von Ling, zu nehmen.[19] Der Name der Nan-tse wurde sprichwörtlich für die Erreichung edler Ziele mit unmoralischen Mitteln.

Nach dem endgültigen Ende seiner Beamtenlaufbahn führte K'ung-tse in den

Jahren 496–483 v. Chr. als Wanderprediger ein unstetes Wanderleben und zog dreizehn Jahre lang mit seinen Schülern durch verschiedene Staaten, als rechtschaffener Reformer, überzeugt von seiner himmlischen Mission und allen Anfeindungen zum Trotz. In dieser Zeit starb auch sein Lieblingsschüler Yen Hui (ein literarischer Name für Dsi Yüan bzw. Yen Yüan) mit 32 Jahren. Untröstlich über seinen Tod, sprach der Meister: »Wehe, Gott verläßt mich, Gott verläßt mich.«[20] Der Tod des Lieblingsschülers war für K'ung jetzt ein Zeichen, daß sich seine Lehre nicht nach der Art der alten »heiligen« Kaiser durchsetzen werde, da der Himmel ihn offensichtlich doch nicht zum »Herrscher« bestimmt habe. In den Tempeln des K'ung-tse nimmt Yens Ahnentafel die erste Stelle unter den Tafeln seiner Schüler ein.

Im Jahr 483 v. Chr. starb auch Kung Li, der einzige Sohn des K'ung-tse, dessen literarischer Name Be Yü bzw. Po Yü ist. Von ihm sagte sein Vater: »Jedem steht doch sein Sohn am nächsten. Als (mein Sohn) Li starb, hatte er einen Sarg, aber keinen Sarkophag; ich kann nicht zu Fuß gehen, um einen Sarkophag zu kaufen.«[21]

Seine letzten vier Lebensjahre widmete K'ung-tse literarischen Arbeiten, u. a. der Redaktion der alten Schriften, die später zu Klassikern des Konfuzianismus wurden. Schließlich starb er als enttäuschter, offensichtlich erfolgloser Greis 72 jährig im Jahr 479 v. Chr. und wurde auf dem Friedhof seiner Familie in Ch'ü-fu begraben.

Auch um seinen Tod rankt sich die Legende. Dasselbe Kilin, das bei seiner Geburt erschienen war und dem seine Mutter einen roten Faden um das Horn gebunden hatte, war kurz vor dem Tod des Meisters vom Fürsten von Lu auf der Jagd gefangen und getötet worden. Da ein Kilin sich nur zeigt, wenn ein großer Mann auf Erden ist, brach der Meister, als er davon hörte, in Tränen aus und sprach: »Meine Lehre hat keinen Erfolg! Was tust du da? Ich werde sterben müssen.« Und ihm träumte auch, er sitze in seinem Tempel zwischen zwei Mittelpfeilern. Da sagte er zu seinen Schülern: »Ich werde sterben müssen.« Dann legte er sich nieder, wurde krank und starb. Seine Schüler betrauerten ihren Meister drei Jahre lang, einer von ihnen blieb sogar sechs Jahre an seinem Grab.[22]

Der Traum, daß K'ung-tse sich selbst neben den Hauptpfeilern im Tempel sitzend sah, war die Vorausschau seiner kultischen Verehrung in den nachfolgenden Jahrhunderten. Obgleich noch 213 v. Chr. Kaiser Chin Shi Huang Ti alle konfuzianischen Bücher hatte verbrennen und den Taoismus etablieren lassen, wurde schon 174 v. Chr. im Auftrag des Kaisers von China am Grab des K'ung-tse ein Tieropfer dargebracht. Seit 57 v. Chr. waren regelmä-

Bärtiger Meister K'ung-tse mit seinen 72 (bärtigen) Jüngern. Altchinesische Steinabreibung

ßige Opfer für K'ung-tse an den kaiserlichen Provinzhochschulen angeordnet, und 267 n.Chr. wurden noch erlesenere Tieropfer viermal jährlich vorgeschrieben. 492 n.Chr. erfolgte die Heiligsprechung des »verehrungswürdi-
gen und vollkommenen Weisen«, 555 n.Chr. wurden eigene Tempel zu seiner
Verehrung für alle Hauptstädte einer jeden Präfektur in China gebaut, und
im Jahr 740 wurde sein Standbild von den Seiten ins Zentrum der kaiserlichen
Hochschulen gerückt, so daß es bei den historischen Kaisern Chinas stand.
1068–86 erfolgte seine Erhebung in den vollen Rang eines Kaisers. Seit 1530
wurden die Statuen in den Konfuziustempeln durch Tafeln, wie sie in den
Ahnentempeln üblich sind, ersetzt, und am 31. Dezember 1906 wurde K'ung-
tse durch kaiserlichen Erlaß in den Rang eines gleichwertigen Gottes neben
den beiden höchsten Gottheiten des Himmels und der Erde erhoben.
Die heutigen Nachkommen des K'ung-tse sind der auf Taiwan lebende K'ung
Tetscheng und dessen in China lebende Schwester K'ung Temao (*1917).
Beide stammen in der 77. Generation von K'ung-tse ab und haben den ältesten
dokumentarisch nachweisbaren Stammbaum der Erde.

Mütterliches Tao und männliche Himmelsgottheiten

Lao-tse bedient sich zur Darstellung seiner Lehre von Tao und Te der Vor-
stellungs- und Begriffswelt menschlicher Sexualität. So ist nicht nur die Rede
von der Paarung mit dem Himmel, von Zeugen und Gebären, sondern es
bilden auch Himmel und Erde, Yin und Yang, Mutter und Vater, Weiblichkeit
und Männlichkeit die polaren Vergleichspaare.
Tao (»Weg«) ist der zentrale Begriff des danach benannten Taoismus. Tao,
der Urquell des Seins, ist ein undefinierbares Absolutes. So beginnt das
»Tao-tē-king« mit dem Satz:

»Tao, kann es ausgesprochen werden,
ist nicht das ewige Tao.
Der Name, kann er genannt werden,
ist nicht der ewige Name.
Das Namenlose ist Urgrund
des Himmels und der Erde.«[23]

Das Tao ist das namenlose, allumfassende Prinzip, aus dem alles hervorgegangen ist, das noch »vor Himmel und Erde entstanden« ist, und »Man kann
es ansehen als der Welt Mutter«.[24]

Aus diesem Urprinzip gehen alle Wesen der Welt hervor:

»Tao erzeugt Eins,
Eins erzeugt Zwei,
Zwei erzeugt Drei,
Drei erzeugt alle Wesen.
Alle Wesen tragen das ruhende Yin
und umfassen das bewegende Yang.
Der vermittelnde Lebensodem
bewirkt die harmonische Vereinigung.«[25]

Diese Mutter der Welt verleiht demjenigen, der in ihr seine Mutter gefunden hat und beim Tode zu ihr zurückkehrt, ein zweites Leben:

»Die Welt hat einen Urgrund,
der wurde aller Wesen Mutter.
Hat man seine Mutter gefunden,
so erkennt man dadurch seine Kindschaft.
Hat man seine Kindschaft erkannt
und kehrt zu seiner Mutter zurück,
so ist man bei des Leibes Untergang ohne Gefahr.«[26]

Männlichkeit verbunden mit Weiblichkeit führt zurück zur Kindheit:

»Wer seine Mannheit kennt,
an seiner Weibheit hält.
Der ist das Strombett aller Welt.
Ist er das Strombett aller Welt,
Die stete Tugend nicht entfällt,
Und wieder kehrt er ein zur ersten Kindheit.«[27]

Andererseits verweist der Vergleich mit dem Kind auf die Vereinigung von Mann und Frau:

»Wer der Tugend Fülle in sich hat,
gleicht dem neugeborenen Kind …
Es kennt noch nicht die Vereinigung
von Weib und Mann,

und doch steigt seine Zeugungskraft
aus der Fülle des Samens.«[28]

Die Kleinheit des Weibes vermag die Größe des Mannes zu gewinnen.

»Ein großes Land, das sich herunterläßt,
ist des Reiches Band, des Reiches Weib.
Das Weib überwindet stets mit Ruhe den Mann,
mit Ruhe ist es untertan.
Darum ein großes Land,
ist es untertan dem kleinen Land,
dann gewinnt es das kleine Land.
Ein kleines Land,
ist es untertan dem großen Land,
dann gewinnt es das große Land.
Darum
einige sind untertan, um zu gewinnen,
einige untertan, um gewonnen zu werden.«[29]

Es gibt nichts, was dem Tao vorausgeht, es gibt nichts Älteres und Ursprüng-
licheres vor Tao. Es, der Grund von allem, hat nicht wieder einen Grund. Es
ist selbst der Vorfahr des HERRN, des älteren und höchsten Himmelsgottes
Shang-Ti (»höchster Herr«) bzw. des T'ien (»Himmels«):

Bärtiger Himmelsgott Shang-Ti.
Von ihm erhalten alle irdischen Herrscher
ihr Mandat

»Tao ist leer, und in seinem Wirken wird es nie gefüllt.
Ein Abgrund, oh!, gleicht es aller Wesen Urvater …
Ich weiß nicht, wessen Sohn es ist.
Es zeigt sich als Vorgänger des HERRN [Shang-ti].«[30]

Tao ist für Lao-tse gleichsam die göttliche Mutter aller Wesen, deren Lob er
im »Tao-tē-king« noch kündet, bevor in späterer Zeit der patriarchale Himmelsgott die beherrschende Stellung einnimmt.
Dem Tao nach- und untergeordnet ist also selbst der »Herr« (Ti), der spätere
Himmelsgott Shang-ti (»höchster Herr«), der schließlich durch den »Himmel« (T'ien) selbst verdrängt wird. Ti (»Herr«) hieß der Urahn des Volkes der
Shang-Dynastie (1766–1122 v. Chr.), ein Herrscher, der Regen und Dürre
beeinflussen sowie das menschliche Schicksal bestimmen konnte. Später
wurde Ti ein Ehrentitel nur für den Ahnherrn der Könige. Shang-Ti war ein

Gott des Ackerbaus, der Donner und Blitz, Regen und Wind kontrollierte, aber auch Titel für den höchsten Himmelsherrn K'u zur Zeit der Shang-Dynastie, in der es eine enge Verbindung der vergöttlichten Ahnen des Herrscherhauses mit dem Hochgott Shang-Ti gab.

Schließlich identifizierten die Herrscher der Chou-Dynastie (1222–249 v. Chr.) mit Ti (»Herr«) ihren eigenen Hochgott, den »Himmel« (T'ien) selbst, als dessen Söhne sie sich verstanden. Als »Himmelssohn« (T'ien-tzu) hatte jeder Kaiser das Mandat des Himmels (T'ien-ming), um die Ordnung auf der Erde zu garantieren. Erst in der späten Chou-Zeit entstand die Vorstellung von Himmel und Erde als »Vater und Mutter der zehntausend Dinge«, nach der die Erde Pendant und kultischer Partner des Himmels wurde.

Die Gottheiten waren ursprünglich menschliche Ahnen der Herrscher und Völker, die aufgrund ihrer kulturellen Leistungen den Weg in die Langlebigkeit und Unsterblichkeit gegangen sind und für die Nachwelt verehrungswürdige Vorbilder bleiben.

Urherrscherpaar: Fu-hsi (rechts) mit dem von ihm erfundenen Winkelmaß, ein Symbol des Himmels, und seine Schwester und Gattin Nü-Kua (links) mit dem Kompaß oder Zirkel, ein Symbol der Erde. Steinabreibung von Kia Hsiang

Die oft zu Dreier-, Fünfer- oder Achtergruppen zusammengefaßten Gottheiten sind meist männlichen Geschlechts, so die »drei Erhabenen« (San-huang).[31] Zu ihnen gehört u. a. der Souverän und Kultgott Fu-hsi, dessen Emblem das von ihm erfundene Winkelmaß, ein Symbol des Himmels, ist. Dessen Nachfolger im Amt des Souveräns war der Kultheros und Getreidegott Shen Nung (»Gott Bauer«), der den Pflug erfand und die Menschen den Ackerbau lehrte.

Auf diese drei Souveräne folgten die »fünf Herren« bzw. »fünf Herrscher« (Wu-ti), die als die fünf Urahnen gelten, und in der Zeit zwischen 2697 und 2205 bzw. 2674 und 2184 v. Chr. geherrscht haben und als die »fünf Himmelsgötter« verehrt werden.[32] Zu ihnen gehört u. a. der »gelbe Herr« (Huang-ti),

Bärtiger Jadekaiser mit bärtigem Hofstaat

auch »gelber Kaiser« genannt, der als Kulturheros die Töpferscheibe und das Rad, die Schrift und den Kompaß erfand. Als Sonnen- und Himmelsgott wird er unter der Chou-Dynastie zum Hochgott. Er gilt als Begründer des religiösen Taoismus.[33] Mit Hilfe eines bestimmten Sexualritus konnte er mit 1200 Konkubinen Sexualverkehr pflegen, ohne daß es zu einer Ejakulation

San-hsing, die drei (bärtigen)
Glücksgötter: Shou-hsing (links), dessen
Schädel einem Penis, dem Symbol der
Liebe ähnelt und der in der linken Hand
einen Pfirsich hält, das Sinnbild der
Vulva und der Langlebigkeit, Lu-hsing
(Mitte) und Fu-hsing (rechts)

kam. Zu den Wu-ti zählt auch der Himmelsgott Shun, der für K'ung-tse der ideale Herrscher des Goldenen Zeitalters und zugleich Ethikgott war.[34] Es folgen die »drei Könige« (San Wang), die Begründer der drei ersten Dynastien.[35] Zu ihnen gehört der Nachfolger des Shun, der Begründer der Hsia-Dynastie und Weltschöpfer Ta-yü (»großer Yü«). Als sich Yü eines Tages während seiner Schöpfertätigkeit in einen Bären verwandelt hatte und seine Frau, die ihm täglich das Essen herausbrachte, das Tier plötzlich erblickte, floh sie davon. Der Bär Yü verfolgte seine Frau, die schwanger war, bis sie erschöpft zusammenbrach und zu Stein erstarrte. Am Ende des 10. Monats öffnete Yü dann mit einem Steinbeil ihren Leib, und es wurde sein Sohn Ch'i (»der Öffner«) geboren.

Eine andere Dreiergruppe bilden die »drei Reinen« (San-ch'ing), d.h. drei Himmelsgötter, die verschiedene Himmelswelten bewohnen. Zu ihnen gehört u.a. der Himmelsgott Yü-huang (»Jade-Erhabener«) bzw. Yü-ti (»Jade-Herr«) oder auch Shang-ti (»höchster Herr«). Er ist der Vater von neun Töchtern, darunter der Göttin Hsi Wang Mu. Von seinem Palast im Himmel aus regelt er alle himmlischen und irdischen Angelegenheiten mit Hilfe einer großen Administration, die Vorbild für das chinesische Kaiserreich wurde. Einmal im Jahr, am Neujahrstag, erstatten ihm die Ressortgottheiten Bericht, woraufhin er sie befördert oder degradiert, eine Aufgabe, die von der irdischen Staatsregierung per Dekret oder auch von taoistischen Priestern wahrgenommen wurde. Diesem Himmelsgott, dem zweimal im Jahr vom irdischen Kaiser auf dem Himmelstempel in Peking Opfer dargebracht wurden, ist in kaiserlichem Gewand auf einem Thron sitzend und in der Hand die Zeremonientafel haltend dargestellt.

Ebenfalls zu einer männlichen Dreiergruppe zusammengefaßt sind die drei Stern- und Glücksgötter San-hsing (»drei Sterne«). Einer von ihnen, Shou-hsing (»Langlebigkeits-Stern«), ist ein Gott der Langlebigkeit und Unsterblichkeit. Dargestellt wird er kahlköpfig, wobei sein Schädel einem Penis, dem Symbol des Lebens, ähnelt. In der Hand hält er einen Pfirsich, das Zeichen des weiblichen Geschlechtsorgans und das Symbol der Langlebigkeit.

Eine bedeutende Gruppe bilden die »acht Unsterblichen« (Pa-hsien) im Taoismus, die zur Zeit der T'ang-Dynastie (618–907) und der Sung-Dynastie (960–1279) gelebt haben und aufgrund der Befolgung des Tao zur Unsterblichkeit entrückt wurden. Sie spielen in der chinesischen Literatur eine Hauptrolle, und sie verkörpern Glück und verschiedene Lebensbedingungen, wie Jugend und Alter, Armut und Reichtum, Adel und Volk, aber auch Männliches und Weibliches. Allerdings sind von den acht allein sieben männlichen

Geschlechts, und nur Ho Hsien-ku, die Schutzpatronin der Hausfrauen, ist weiblich. Während die männlichen Unsterblichen während ihrer Erdenzeit Beziehungen zu Frauen hatten und z. T. verheiratet waren, hat die einzige Frau unter ihnen während ihrer Erdenzeit das Gelübde abgelegt, niemals zu heiraten. Schließlich wußte ihre Stiefmutter nicht mehr, was sie mit ihr anfangen sollte, bis eines Tages, als die spätere Unsterbliche gerade Reis kochte, der bereits unsterbliche Großvater Lü Yen vorbeikam und sie erlöste. So ist sie noch mit dem Kochlöffel in der Hand in die Lüfte aufgefahren, deren Symbol der Lotos ist. Lan Ts'ai-ho, ein anderer Unsterblicher, der auf einem Kranich reitend in den Wolken verschwand, ist manchmal androgyn dargestellt.

Ho Hsien-Ku, die einzige weibliche der insgesamt acht Unsterblichen mit Lotosblume

Im Vergleich zu den männlichen Gottheiten sind die weiblichen in der Minderzahl, noch dazu von meist geringerer Bedeutung in Lehre und Kult. Von diesen »heiligen Frauen« bzw. »heiligen Töchtern« (hsian nü) ist vor allem Nü-kua (»Schneckenmädchen«),[36] die Schwester und Gattin des Schöpfergottes Fu-hsi, zu nennen, die die Beziehungen zwischen den Geschlechtern geordnet und die Ehe erfunden, die wilden Tiere gezähmt und die Menschen den Deichbau gelehrt hat.

Ihr Emblem ist der Kompaß oder Zirkel, ein Symbol der Erde. Die andere bekannte Göttin ist Hsi Wang Mu (»West-Königs-Mutter«),[37] die über das Paradies des Westens herrscht, in dem sie einen neunstöckigen Palast aus Jade bewohnt, in dessen rechtem Flügel sich die männlichen Unsterblichen und in dessen linkem sich die weiblichen befinden. Die Göttin, die aus der reinsten Luft des Westens entstanden ist, verkörpert das passive weibliche Prinzip Yin, während ihr männlicher Partner Tung Wang Fu (»Ost-Königs-Vater«), der aus dem Atem des Ostens geboren wurde, das aktive männliche Prinzip Yang repräsentiert. Das Symbol der Göttin, die das Tao und ihre Schönheit dadurch erlangt haben soll, daß sie mit irdischen Männern schlief, ist der Pfirsich.

Den Makrokosmos, das Universum, bewohnen 36000 shen (»Geist, Gottheit«), von denen jeder einen Namen hat. Lao-tse spricht im »Tao-tē-king« von einem ganz bestimmten unsterblichen Ku-shen (»Tal-Geist«), den er dem tiefen Weiblichen gleichsetzt:

Hsi-Wang-Mu, Göttin der Unsterblichkeit und Herrin des Paradieses, mit zwei weiblichen Hsien, von denen die rechte eine Schale mit Pfirsichen hält

»Der Tal-Geist ist unsterblich,
er heißt das tiefe Weibliche.
Des tiefen Weiblichen Pforte,
sie heißt des Himmels und der Erde Wurzel.«[38]

Das Tal ist ein Sinnbild des Tao, das die Leere symbolisiert und wo doch alle Gewässer zusammenfließen. Auf diese Textstelle berufen sich alle jene Anhänger des religiösen Taoismus, die damit ihre verschiedenen sexuellen Praktiken (Fan-chung) zur Erlangung der Einheit mit dem Tao und zur Erlangung der Unsterblichkeit rechtfertigen.

Das Wort »shen« umfaßt Geister und Gottheiten sowie die Seelen der toten männlichen Ahnen. Die Straße in Ch'ü-fu, die das Grab des K'ung-tse mit der Halle verbindet, heißt shen-tao (»Geister-Weg«). K'ung-tse und seine Schüler haben sich über die jenseitige Welt wenig geäußert. So antwortet der »Meister« auf die Frage seines Schülers Gi Lu nach dem Wesen des Dienstes der Geister (shen): »Wenn man noch nicht den Menschen dienen kann, wie sollte man den Geistern dienen können!«[39]

Der Begriff »shen« wird oft dem von »kuei« gegenübergestellt, und er bedeutet dann die himmlischen Yang-Geister, denen die bösen Kuei bzw. Kui (»Geister, Gespenster, Dämonen«) gegenüberstehen, d. h. Totengeister, zu denen die negativen Yin-Bestandteile der Menschenseele nach dem Tode werden. Zu ihnen gehören Seelen, für die keine Ahnentafel errichtet ist. Ihre Kleider haben keinen Saum. »Kui-Verkehr« bedeutet »Geschlechtsverkehr« haben.[40]

Unterordnung der Frau unter den Mann im Konfuzianismus

Aus dem Spiel der polaren Prinzipien des männlichen Yang und des weiblichen Yin sind die polaren Mächte des Himmels und der Erde hervorgegangen, an denen der Mensch als dritte Potenz Anteil hat. So sagt das vorkonfuzianische »Li-ki«: »Der Mensch vereint in sich die Geisteskräfte von Himmel und Erde, in ihm gleichen sich die Prinzipien des Lichten und Schattigen aus.«[41]

Jedoch dieser Mensch existiert nur als Mann oder Frau. Da der Mann (nan) das Yang und das Licht, das Befruchtende und die Herrschaft, verkörpert, hat er also von Natur aus ein Vorrecht gegenüber der Frau (nü), die das Yin und das Dunkel, das Empfangende und die Unterordnung repräsentiert und also dem Mann untergeordnet ist.

Dieser Unterschied der Geschlechter zeigt sich schon bei der Geburt eines Jungen, die höher bewertet wird als die eines Mädchens. So beschreibt ein Lied im »Shi-king« die unterschiedlichen Sitten, die bei einem neugeborenen Jungen oder Mädchen beachtet werden und die ihren zukünftigen unterschiedlichen Lebensstatus symbolisieren:

Die Mondgöttin Heng-O kehrt mit ihrem Geliebten durch die Luft nach dem Mondschloß zurück

»So werden Söhne ihm denn geboren,
    Für die zum Schlafen Betten standen,
    Die man bekleidet mit Gewanden,
    Die Szepterlein zum Spielen fanden,
    In deren Schrein Kraft vorhanden;
    Mit präch'gen Scharlachknieschutzbanden,
    Fürst oder König eines den Landen.
So werden Töchter ihm geboren,
    Die an der Erd' in Schlaf sich weinen,
    Die man bekleidet mit dem Leinen,
    Die spielen mit den Ziegelsteinen,
    Die weder bös noch gut erscheinen;
    Nur umgehen mit den Speisen und dem Weinen.
    Und Kummer machen sie den Eltern keinen.«[42]

Die Verschiedenheit der Geschlechter wird an der unterschiedlichen Zuord-
nung von Sonne und Mond verdeutlicht und damit die Abhängigkeit der
Frau vom Mann begründet, so wie der Mond sein Licht von der Sonne erhält.
Dieses Abhängigkeitsverhältnis lag schon beim Kaiser und seiner Gattin vor.
»Der Himmelssohn [= Kaiser] war für die Kaiserin, was für den Mond die
Sonne oder für die weiblichen Empfangenden die männlichen Energien sind.
Sie brauchen einander, und durch ihre wechselseitige Abhängigkeit erfüllen
sie ihre (unterschiedlichen) Funktionen.«[43]

Diesem Prinzip der Verschiedenheit sind auch die Bestimmungen über die
Pietät angepaßt. So ist das Verhältnis der Kinder zu den beiden Elternteilen,
zu Vater und Mutter, unterschiedlich. Wenn beide Elternteile noch leben, so
heißt es vom Vater: »Der Meister sprach: ›Es gibt nicht zwei Sonnen am
Himmel, auch nicht zwei Fürsten in einem Reich, auch nicht zwei Herren in
einer Familie.‹ «[44] Dieser unterschiedliche Rang der Elternteile wirkt für die
Mutter selbst über ihren Tod hinaus, denn solange der Vater noch lebt, dauert
für die verstorbene Mutter die Trauerzeit nur ein Jahr statt der sonst üblichen
drei Jahre.[45]

Die Verschiedenheit der Geschlechter hat ihre Absonderung voneinander zur
Folge, andernfalls die hierarchische Geschlechterordnung und die Harmonie
des gesamten Kosmos gestört würde. K'ung-tse begründet dies aus der Sicht
der Männer, wenn es heißt: »Der Meister sprach: Von allen Menschen sind
Frauen und Sklaven am schwierigsten zu behandeln. Wenn man freundlich
mit ihnen ist, verlieren sie den Gehorsam; wenn man sich von ihnen zurück-

hält, sind sie unzufrieden!«[46] So sollen Jungen und Mädchen bereits vom siebten Lebensjahr an nicht mehr auf derselben Matte sitzen,[47] und vom zehnten Lebensjahr an sollen Jungen aus den inneren Gemächern entfernt werden, wohingegen die Mädchen diese nie verlassen dürfen.[48] Was schon für Kinder gilt, hat erst recht Bedeutung für die Erwachsenen.

»Mann und Frau sitzen nicht zusammen, sie haben auch nicht denselben Kleiderständer oder Kleiderhaken für ihre Kleider, sie benutzen auch nicht dasselbe Handtuch und denselben Kamm, beim gegenseitigen Nehmen und Geben lassen sie sich ihre Hände nicht berühren … Vater und Tochter sitzen nicht zusammen auf derselben Matte.«[49]

Beim gegenseitigen Geben und Nehmen dürfen Mann und Frau den Gegenstand nicht einmal nacheinander an derselben Stelle berühren,[50] erst recht darf ein Mann nichts unmittelbar aus der Hand einer Frau entgegennehmen.[51] Was während der Zeit des Lebens gilt, behält selbst im Sterben noch seine Gültigkeit. So soll ein Mann nicht in den Händen einer Frau und eine Frau nicht in den Händen eines Mannes sterben.[52]

Die Konsequenz aus der Verschiedenheit der Geschlechter und ihrer Absonderung voneinander ist die Unterordnung der Frau unter den Mann. Mong Dsi zitiert frei das »Buch der Gebräuche« (»Li-ki«), wonach dem jungen Mann von seinem Vater durch die Hutübergabe Selbständigkeit empfohlen und er in die Gemeinschaft der Erwachsenen aufgenommen wird, wohingegen das Mädchen bei ihrer Heirat sich der neuen Familie fügen soll. Mong Dsi sprach: »Habt ihr noch nicht die Ordnungen [Li-ki] gelernt: wenn ein Jüngling zum Manne wird und seinen Hut erhält, redet zu ihm sein Vater. Wenn ein Mädchen sich verheiratet, so redet zu ihr ihre Mutter, begleitet sie bis an die Tür und spricht die mahnenden Worte: ›Wohin du jetzt gehst, das ist deine Familie; du mußt achthaben, du mußt dich hüten, daß du deinem Manne nicht widerstrebst.‹ Der Weiber Art ist es, daß Anpassung für sie das Rechte ist.«[53]

Die Anpassung des weiblichen Geschlechts an das männliche ist eine lebenslange. Sie gilt nicht nur für die Ehefrau, sondern schon für das Mädchen in der Kindheit und verpflichtet auch noch die Witwe über die Ehezeit hinaus. So ist die Unterordnung des Mädchens und der Frau eine dreifache:

Der tyrannische Kaiser Kie, auf zwei Frauen sitzend. Steinabreibung von Kia Hsiang

»Die Frau folgt [und gehorcht] dem Mann:
in ihrer Jugend
    folgt sie ihrem Vater und älteren Bruder;

wenn sie verheiratet ist,
   folgt sie ihrem Gatten;
wenn ihr Gatte tot ist,
   folgt sie ihrem Sohn.«[54]

Die Verschiedenheit der Geschlechter und ihre Absonderung voneinander kommt auch im Arbeitsleben zum Ausdruck. Schon seit ältester Zeit gab es eine strenge Arbeitsteilung der Geschlechter, wonach der Feldbau und die Großviehzucht zu den Aufgaben der Männer gehörten, während die Frauen für die hausfraulichen Tätigkeiten, die Hausarbeit, das Spinnen und Weben sowie für die kleineren Tiere, insbesondere die Seidenraupen, zuständig waren. Das um 2700 v. Chr. entstandene ideographische Zeichen für »Mann« (nam) besteht aus dem oberen Teil »Reisfeld« (t'ien) und dem unteren Teil »Kraft« (li), d. h. der Mann ist also derjenige, der draußen die Feldarbeit verrichtet, und das zur gleichen Zeit entstandene Ideogramm und Wortzeichen für »Ehefrau« (fu) besteht aus dem linken Teil »Frau« (nü) und dem rechten Teil »Besen« (chou), d. h. die Ehefrau ist also diejenige, die im Haus den Besen führt, diejenige, die die Hausarbeit tut und dort für Ordnung sorgt.

Ehe zum Zweck des Ahnenkults im Konfuzianismus

Das soziale Zusammenleben wird durch fünf auf Gegenseitigkeit, jedoch nicht auf Gleichwertigkeit basierende Grundverhältnisse bestimmt, die das sittliche Verhalten der Menschen untereinander regeln und jedem einzelnen seinen Platz in der Gesellschaftsordnung zuweisen. Von diesen »fünf Beziehungen« (wu-lun) sagt das »Li-ki«: »Das Tao für alle unter dem Himmel ist fünffach … und zwar: des Fürsten und Untertan, des Vaters und des Sohnes, des älteren und jüngeren Bruders, des Mannes und der Frau und des zwischen Freunden.«[55] Allein drei dieser fünf Beziehungsverhältnisse betreffen den Bereich der Familie, die dann in guter Verfassung ist, »wenn zwischen Vater und Sohn edle Liebe, zwischen Brüdern Eintracht und zwischen den Gatten eine glückliche Vereinigung besteht.«[56]

Hochzeitspaar vor einem Ahnenaltartisch. Zwischen Frau und Mann das Schriftzeichen »doppelte Freude« (oben Mitte). Das Phönixpaar (rechts und links oben) symbolisiert Harmonie. Holzschnitt, 20. Jh.

Welcher Art die Verpflichtungen in den drei familiären Beziehungsverhältnissen sind, erklärt auch Meng-tse am Beispiel des Unterrichtsministers Siä zur Zeit des Kaisers Shun, der das Volk in den Verpflichtungen der Menschen unterwies, »daß zwischen Vater und Sohn die Liebe ist … zwischen Mann und Frau der Unterschied der Gebiete der Tätigkeit, zwischen Alt und Jung der Abstand«.[57]

Wie das familiäre Beziehungsverhältnis zwischen den beiden Ehegatten aus-
zusehen hat, beantwortet das »Li-ki« auf die selbst gestellte Frage: »Welches
sind die Dinge, die die Menschheit als Recht ansieht? … Rechtschaffenheit
vom Mann und Unterwerfung von der Frau …«[58] Die untergeordnete Stellung der Mutter in der Familie wird mit den verschiedenen Aufgaben von
Kaiser und Kaiserin begründet: »Der Sohn des Himmels [= Kaiser] wacht
über den Unterricht der Männer – das ist die Funktion des Vaters; die Kaiserin
wacht über den Gehorsam der Frauen – das ist die Funktion der Mutter.«[59]
Was für das Universum die harmonische Vereinigung von Himmel und Erde
bedeutet, das ist für alle Menschen die eheliche Verbindung von Mann und
Frau, und nirgendwo kommen für die Menschen die Gegensätze und die
Harmonie der beiden kosmischen Dualhälften von Yang und Yin so stark
zum Ausdruck wie in der Ehe von Mann und Frau. K'ung-tse sprach: »Ohne
die Vereinigung von Himmel und Erde würde nichts entstehen. Mit Hilfe der
großen Heiratszeremonie werden die menschlichen Geschlechter durch
zehntausend Zeitalter fortgesetzt.«[60] Unverheiratet zu sein, ist daher eines
Menschen unwürdig.
Für Meng-tse »ist das Zusammenleben von Mann und Frau in der Ehe die
wichtigste aller menschlichen Beziehungen«.[61] So nehmen auch von den
»dreihundert wichtigen und dreitausend kleineren Regeln« des »Li-ki«[62]
diejenigen, die die Ehe betreffen, einen großen Raum ein, ja ein ganzes Buch
des »Li-ki« beschäftigt sich mit der ehelichen Vereinigung und Lebensführung.[63]
Die Ehe ist für jeden Mann und jede Frau eine Selbstverständlichkeit und
Pflicht zugleich. »Wenn jemand zehn Jahre alt ist, nennt man ihn einen
Knaben; er geht von Hause fort zur Schule. Wenn er zwanzig Jahre alt ist,
nennt man ihn Jüngling; er erhält die Mannbarkeitskappe. Wenn er dreißig
ist, sagen wir: ›Er hat die Reife‹; dann hat er eine Frau.«[64] Und von einem
Mädchen heißt es entsprechend: »Wenn eine Tochter verlobt wird, empfängt
sie eine Haarspange und erhält ihren Beinamen.«[65]
Die Ehe, die eine Einrichtung der Großfamilie ist, deren verschiedene Generationen alle in einem Hause unter der Leitung des ältesten Mannes leben,
hat auch den Zweck, für die Vergangenheit und Zukunft dieser Großfamilie
zu dienen. So sagt das »Li-ki«: »Durch die Heiratsriten erfolgt die freund-
schaftliche Vereinigung zweier Personen verschiedenen Familiennamens zu
dem Zweck, nach oben im Ahnentempel zu dienen und nach unten, um den
Stamm durch Nachkommen in der geraden Linie fortzusetzen«,[66] damit den
Ahnen auch von den nachfolgenden Generationen Opfer dargebracht werden

können. Die Ehe steht ganz im Dienst der (Groß-)Familie. Das klassische Buch der Lehre von der Familie im »Li-ki«[67] zeigt, daß von der Familie gesprochen werden kann, ohne daß die Ehe oder die Ehegatten auch nur erwähnt werden.

Hauptzweck der Ehe ist es, den vaterrechtlich ausgerichteten Ahnenkult über den Generationenwechsel hinweg zu gewährleisten, wobei diese Gewährleistung nur durch die Zeugung von Nachkommen garantiert bleibt. Eine Pietätlosigkeit ist es deshalb, ehelos zu bleiben und durch Kinderlosigkeit die Ahnenopfer zu beenden. Für Meng-tse gibt es »drei Dinge ... gegen die Pflicht der Kindesehrfurcht: Keine Nachkommen haben, ist das schlimmste davon«.[68] Meng-tse benutzt an dieser Stelle ausdrücklich das Wort »hou«, das weniger den (biologischen) Begriff »Kind« als vielmehr den (soziologischen) des »Nachkommen« bedeutet. Nachkommen und Kinder bedeuten immer nur Söhne, wenn nicht ausdrücklich etwas anderes dazu gesagt wird. Weil

Die männlichen Mitglieder einer Familie bringen ein Dankopfer vor dem Familienschrein dar, während Mutter und Tochter nur zuschauen dürfen. Miniatur

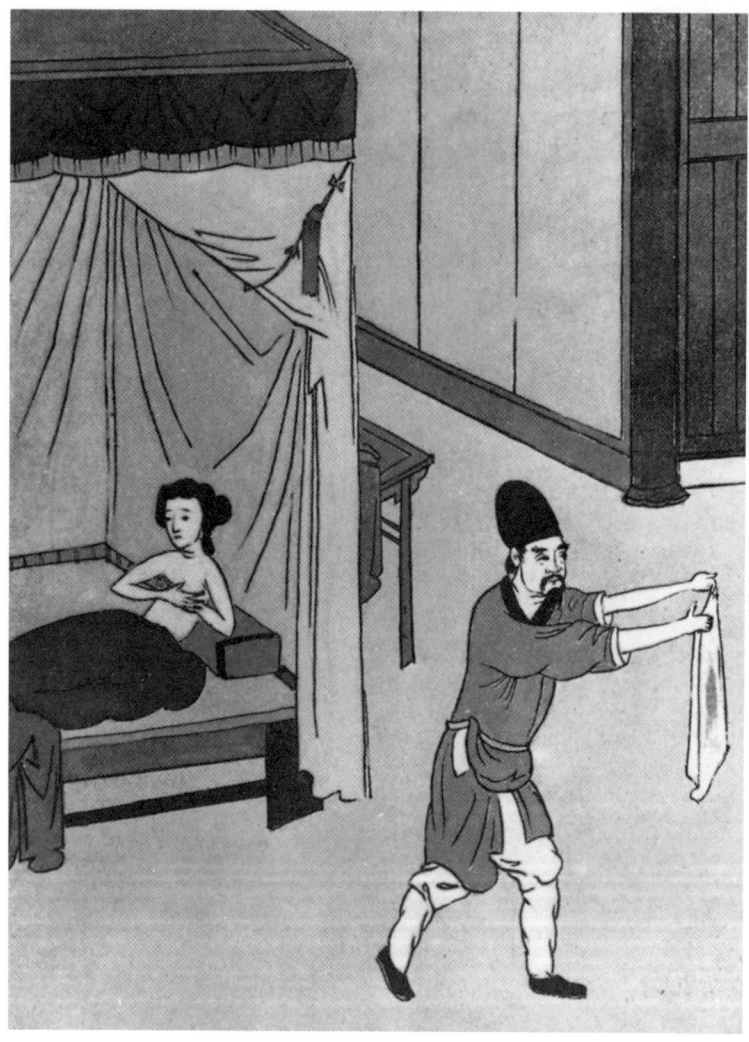

Hsi–H'ung: Keuschheitsbeweis:
Der Bräutigam zeigt ein weißes Tuch, auf
dem die Braut während der Hochzeits-
nacht lag, mit den Blutspuren der
Entjungferung. Seidenmalerei aus China

nur ein männlicher Nachkomme das Erbe des Vaters übernehmen und für alle seine Vorfahren das Ahnenopfer darbringen kann, werden Mädchen geringer geschätzt als Jungen.

Die Ehe als »Vereinigung zweier Personen verschiedenen Familiennamens« besagt, daß eine unbedingte Exogamie gefordert wird und daß die Ehe zwischen Blutsverwandten aller Grade (Inzucht) verboten ist, erst recht die zwischen Partnern desselben Namens. »Man soll nicht eine Frau mit gleichem Stammnamen heiraten.«[69] Welche Auswirkung dieses Prinzip, das bis 1911 galt, hatte, erkennt man allein daran, daß es in China nur ca. 440 verschiedene Familiennamen gibt.

Die Großfamilie fühlt sich verpflichtet, für die Eheschließung ihrer noch nicht verheirateten Mitglieder zu sorgen. So wird eine Ehe von seiten der Eltern der beiden Brautleute durch einen Heiratsvermittler bzw. eine Heiratsvermittlerin arrangiert. Und bevor nicht der Vermittler in Aktion getreten und solange nicht das Hochzeitsritual vollzogen ist, dürfen die beiden künftigen Brautleute einander nicht sehen und erst recht keinen Verkehr miteinander haben. So sagt das »Li-ki«: »Solange Mann und Mädchen keinen Ehevermittler haben, kennen sie gegenseitig nicht ihre Namen. Solange die Hochzeitsgeschenke noch nicht empfangen sind, haben sie keinen Verkehr miteinander, und es besteht keine Liebe zwischen ihnen.«[70] Auch K'ung-tse fordert diese beiden Bedingungen des Heiratsvermittlers und des Hochzeitsrituals, um »Exzesse« eines vorehelichen Verkehrs auszuschließen. »K'ung-tse hat gesagt: Ja! die Regeln für das Benehmen halten das Volk wie ein Damm fern von Exzessen ... Daher haben Mann und Mädchen keinen Umgang miteinander, solange sie keinen Vermittler haben, und solange noch keine Hochzeitsgeschenke ausgetauscht sind, haben sie einander noch nicht gesehen. Deshalb fürchtet man, daß Mann und Mädchen nicht die erforderliche Trennung bewahrt haben. ... Hiermit setzt man dem Volk einen Damm [gegen die Ausschreitungen], aber trotzdem gibt es unter dem Volk solche, die sich selbst [als Gattin] darbieten.«[71] Ohne dieses Hochzeitsritual würde »der Weg von Mann und Weib unerträglich, und dadurch wäre wiederum viel Anstoß zu sittlicher Ausschweifung und Verdorbenheit gegeben«.[72] Auch Meng-tse findet deutliche Worte der Ablehnung des Kennenlernens der beiden Geschlechter vor einer Eheschließung. »Wird ein Knabe geboren, so wünscht man ihm ein Weib, wird ein Mädchen geboren, so wünscht man ihr einen Mann: diese elterlichen Gefühle haben alle Menschen. Wenn nun aber die jungen Leute, ohne der Eltern Willen und der Vermittler Worte abzuwarten, Löcher in die Wände bohren, um einander zu erspähen oder über die Mauern klettern, um beieinander zu sein, so werden sie von den Eltern und Mitbürgern insgesamt verachtet.«[73]

Zum Erweis der vorehelichen Keuschheit der Braut wird eine Jungfernschaftsprobe durchgeführt. Zu diesem Zweck bereitet der Bräutigam ein weißes Tuch über das Lager, auf der die Braut während der Hochzeitsnacht zu liegen kommt. Dieses Tuch muß am nächsten Morgen die Blutspuren (hsi-h'ung = »glückbringendes Rot«) der Entjungferung aufweisen, und es wird zum Beweis der Jungfernschaft öffentlich ausgestellt. Wenn diese fehlen, so wird dies als Unglück und Schmach verstanden, und der Bräutigam hat das Recht, die bereits deflorierte Braut zu ihren Eltern zurückzuschicken oder sie als Konkubine zu behalten.

Obgleich grundsätzlich die Monogamie galt, waren dem Ehemann beliebig viele Nebenfrauen gemäß seinen Vermögensverhältnissen gestattet. Auf jeden Fall sollten, wenn die eigene Ehefrau keinen Sohn gebar, die Söhne der Konkubine(n) den männlichen Nachwuchs sichern.

Schon die alten Herrscher hatten einen Harem (hou-kung), der eine offizielle Einrichtung des Kaiserhauses war.[74] Die Kaiserin als Hauptfrau des Herrschers brachte neun ihr verwandte Mädchen mit in ihre Ehe, die die Nebenfrauen ersten Ranges des Kaisers wurden, der darüber hinaus zahlreiche, bis zu dreitausend Frauen niederen Ranges besaß. Von Kaiser Huang-Ti (ca. 2697–2597 v.Chr.) wird erzählt, daß er neben seiner Hauptfrau Leit-su eintausendzweihundert Konkubinen besaß. Der Kaiser Yao (2356–2256 v.Chr.) gab seinem Nachfolger Shun (2254–2204 v.Chr.) seine beiden Töchter zu Frauen.[75]

Eine der bekanntesten kaiserlichen Konkubinen war Wu-hou bzw. Wu Tset'tien (»die Himmelsgleiche«), die selbst niederer Herkunft war, zu einer der Konkubinen des Kaisers T'ai-tsung (627–649) der Tang-Dynastie aufstieg und nach dessen Tod als Nonne in ein Kloster ging, bis sie vom Kaiser Kao-tsung (650–683) wieder als Konkubine in dessen Harem geholt wurde. Nach dessen Tod riß sie nun die Herrschaft an sich, proklamierte sich 690 zur Kaiserin und herrschte mit erbarmungsloser Grausamkeit gegen alle ihre Rivalen, bis sie 705 starb.

Die Anzahl der Nebenfrauen verringert sich für alle Fürsten offiziell vom Kaiser abwärts stufenweise über die Großfürsten und Fürsten bis zu den Kleinfürsten.[76] Fast ein ganzes Buch des »Li-ki«[77] beschäftigt sich mit dem Konkubinat, um die bestehenden polygamen Verhältnisse zu ordnen, d.h. den Unterschied zwischen der Hauptfrau und den Nebenfrauen aufrechtzuerhalten. Wie es im Staat, der Ordnung halber, nur eine Fürstin geben soll, so auch nur eine Hauptfrau (ch'i bzw. fu-jen) in der Familie, wohingegen alle anderen – außer ihr – mit dem Ehemann verbundenen Frauen »Nebenfrauen« (chieh) heißen. Der Unterschied zwischen der Hauptfrau und den Nebenfrauen wird schon mit Beginn des ehelichen Lebens deutlich. »Finden die Hochzeitsriten statt, so wird das Mädchen Hauptfrau; wenn es ohne Feier (pen) Aufnahme findet, so wird es Nebenfrau.«[78] Auch bei der Niederkunft der Frauen wird ein Unterschied gemacht, so wenn z.B. der Gatte sich nach dem Befinden seiner Hauptfrau dreimal täglich erkundigt, nach dem einer Nebenfrau jedoch nur einmal.[79] »Wenn ein Sohn zwei Nebenfrauen hat, deren eine nur die Eltern lieben, während er selbst die andere liebt, dann soll er es nicht wagen, diese der ersteren, von seinen Eltern geliebten, gleichzustellen.«[80] Auch wenn Meng-tse als idealen Staat denjenigen ansah, in dem es »in den inneren Gemächern keine unbefriedigten Frauen und draußen keine ledigen Männer« gibt und deshalb dem König Süan von Tsi die Monogamie empfahl,[81] geht er doch häufig von polygamen Verhältnissen aus, ohne diese zu kritisieren, so wenn er fünf Gebote des Fürstenbundes von Malvenberg erwähnt, deren erstes u. a. lautet, daß »keine Nebenfrau die Hauptfrau verdrängen dürfe«.[82] Seit 1928 ist die Polygamie in China gesetzlich verboten.

So wie die Eltern des Ehemannes darüber entscheiden, welche Frau als seine Ehegattin/Hauptfrau durch die Heiratsriten in die Großfamilie aufgenommen werden darf, so verfügen die Eltern des Mannes auch darüber, ob und wie lange die Schwiegertochter in der Familie bleibt. »Wenn ein Sohn mit seiner Frau sehr zufrieden ist, aber sie gefällt den Eltern nicht, so entläßt er sie. Wenn der Sohn mit seiner Frau nicht zufrieden ist, aber die Eltern sagen: sie dient uns gut, so soll er sie mit aller Sorgfalt als sein Weib halten, ohne Unterlaß ganz bis zum Ende ihres Lebens.«[83] Die Kinder einer Ehefrau sollen nach deren Scheidung keine Beziehungen mehr zu ihrer Mutter unterhalten, um der Harmonie der Großfamilie wegen. Im »Li-ki«[84] wird dem Sohn sogar ausdrücklich verboten, für seine verstorbene Mutter, wenn diese vom Vater verstoßen worden war, die Totenzeremonie vorzunehmen, da sie auch schon zu Lebzeiten nicht mehr (weil geschieden) als Ehefrau des Vaters und auch nicht mehr als die Mutter (seines und) ihres Sohnes galt.

Die Beurteilung einer Wiederheirat nach dem Tod eines der beiden Ehegatten fällt für den Witwer oder die Witwe unterschiedlich aus. Wenn die Ehegattin stirbt, so ist der Witwer um der Familienordnung wegen zu einer neuen Heirat verpflichtet: »K'ung-tse sagte: ›Der älteste Sohn, selbst wenn er siebzig Jahre alt ist, sollte niemals ohne Frau sein, die an ihrem Teil den Beerdigungsriten vorstehen kann. (Nur) wenn kein ältester Sohn da ist, mögen die Zeremonien auch ohne leitende Frau vollzogen werden.‹«[85] Im Gegensatz zum Witwer soll eine Witwe nicht wieder heiraten, denn »Treue ist die Tugend eines Weibes. Wenn sie erst einmal mit ihrem Gatten vermählt ist, dann wird sie ihr Leben lang nicht wechseln, und daher wird sie, wenn der Mann stirbt, nicht [wieder] heiraten.«[86] Da bei einer Wiederheirat die verwitwete Frau – mit ihren Kindern – in die Großfamilie ihres neuen Mannes übersiedeln müßte, würde die »Harmonie« der Großfamilie ihres verstorbenen Ehemannes gestört und in »Unordnung« geraten. Ja, schon der Wunsch einer Witwe zur Wiederheirat wird als »Laster« und »Ausschweifung« gesehen.[87]

Die über den Tod ihres Ehemanns hinaus treue Gattin wird bei ihrem Tod von ihren Kindern im gemeinsamen elterlichen Grab beigesetzt, so wie auch K'ung-tse einst seine Mutter im Grab seines frühverstorbenen Vaters beerdigt hat.[88]

Geschlechtsverkehr zum Zweck der Lebensverlängerung im Volks-Taoismus

Lao-tse hatte noch die Abkehr von allem zweckgerichteten Tun gelehrt: »Ich [übe] das Nicht-Tun, und das Volk wandelt sich von selbst.«[89] Aber er sah auch voraus, daß »den Wert des Nicht-Tun [nur] wenige in der Welt erreichen«.[90] So blieb der alte Taoismus eine Religion der wenigen, der geistig-religiösen Elite. Erst der spätere Volks-Taoismus mit seinen Praktiken der Lebensverlängerung fand in China größere Verbreitung. Als Mittel, das Leben zu verlängern und Unsterblichkeit zu gewinnen, spielen u. a. die sexuellen Verhaltensweisen eine bedeutende Rolle. Im einzelnen geht es bei diesen sexuellen Praktiken darum, die beim Mann im Samen und die bei der Frau in den Sekretionen der Scheide und im Blut der Regel materialisierten Substanzen durch Vergeistigung zum Denkvermögen ins Gehirn zurückzuführen, wobei der coitus reservatus (Carezza) eine besondere Bedeutung hat. Während im Konfuzianismus die Notwendigkeit des Mannes, seine Ehefrau und alle seine Konkubinen sexuell zu befriedigen, zu einer Bevorzugung des coitus reservatus führte, bei dem der Mann eine Ejakulation des Samens vermeidet, hat diese Beischlafmethode im Volks-Taoismus eine religionsphilosophische Begründung erfahren.

Das Ideogramm für »ching« (»Samen, Sperma«) zeigt links das Zeichen für Reis, ein Hinweis auf die nährende Komponente des Spermas. Da für den Volks-Taoismus der Samen als eine der drei Lebenskräfte zur Erhaltung des Lebens wesentlich ist, sucht man den Verlust von ching durch verschiedene sexuelle Praktiken zu beschränken, ja im Gegenteil diese männliche Lebenskraft des Yang durch den Einfluß der damit korrespondierenden weiblichen Kraft des Yin zu stärken und zu vermehren.

»Künste der inneren Kammer« (Fang-chung shu), so heißen alle sexuellen Techniken zum Zweck der Verwirklichung der Einheit mit dem Tao und zur Erlangung der Unsterblichkeit. Sie alle zielen darauf, daß der Mann seinen Samen nähren und stärken kann, was jedoch nur in Verbindung mit der weiblichen Energie einer Partnerin geschehen kann, da nur unter dem Einfluß des weiblichen Yin das männliche Yang gestärkt wird.

Der gedankliche Hintergrund für diese sexuellen Techniken ist die taoistische Vorstellung von der Entstehung der Welt aus der Vermählung vom männlich verstandenen Himmel und der weiblichen Erde, von Yang und Yin. An diesem Vorgang, der sich in der Natur ständig wiederholt, psychophysisch teilzuhaben und dadurch das Tao zu erfahren, soll der menschliche Geschlechtsakt ermöglichen. Dazu gibt es hauptsächlich zwei Methoden. Eine davon ist, daß es beim heterosexuellen Geschlechtsverkehr der Mann während des Orgasmus der Partnerin nicht zum Samenerguß kommen läßt (coitus reservatus), so daß der Same (ching) zur Stärkung des Gehirns zurückkehren kann.

Die Sexualtechnik Huang-ching pu-nao (»den Samen zurückkehren lassen, um das Gehirn zu stärken«) wird nur an bestimmten Tagen und zu bestimmten Stunden im Zustand meditativer Versunkenheit praktiziert. Dabei umfaßt der Mann, kurz bevor es bei ihm zu einer Ejakulation kommen würde, fest mit zwei Fingern die Wurzel seines Penis und atmet tief durch den Mund aus. So kann sein Sperma bis zum Gehirn aufsteigen. Durch Vermeidung einer Ejakulation behält der Mann seine gesamte Yang-Energie im eigenen Körper, und er kann, wenn er seine Partnerin zu möglichst vielen Höhepunkten im Orgasmus bringt, die dadurch in ihrem Körper freigesetzten Yin-Energien zusätzlich in sich aufnehmen.

Durch die zweite Methode Huang-chin (»den Samen zurückkehren lassen«) wird die Wirkung dieser Technik noch dadurch verstärkt, daß der Mann nacheinander mit möglichst vielen, vor allem jungen und schönen Partnerinnen Geschlechtsverkehr hat, eine vorzeitige Ejakulation vermeidet und es erst bei der letzten Partnerin zum Samenerguß kommen läßt. Auf diese Weise soll der »Gelbe Kaiser« Huang-Ti mit 1200 Konkubinen nacheinander geschlafen und es verstanden haben, eine vorzeitige Ejakulation zu vermeiden.

Lung, der »Drache« (rechts), verkörpert das männliche Prinzip Yang und Feng, der Phönix (links), steht für das weibliche Prinzip Yin

»Ein wesentliches Element in den sexuellen Methoden ist der Austausch der Energien. Um sein Yang zu stärken, kann der Mann z.B. während des Liebesspiels ... aus den Brüsten der Frau besondere Yin-Essenzen trinken ... Die mächtigsten Essenzen werden aber durch den Orgasmus freigesetzt. Der Mann nimmt sie durch seinen Penis aus der Vagina der Frau auf, die Frau durch die Vagina aus dem Penis des Mannes. Dieser Austausch von Yin und Yang verleiht Gesundheit und führt zu hohem Alter.«[91]

Allen taoistischen Schulen gemeinsam ist das Ziel »lange leben, nicht sterben« (Ch'ang-sheng pu-ssu), d.h. eine spirituelle Unsterblichkeit, die Freiheit vom

Tod, von Zeit und Raum sowie von sexueller Identität – weshalb Unsterbliche manchmal männlich, manchmal weiblich dargestellt werden – einschließt wobei eine Vorstufe der Unsterblichkeit »langes Leben« (shou) bildet, dessen Schriftzeichen als Symbol des taoistischen Ideals in vielen künstlerischen Varianten erscheint. Jedoch nicht alle taoistischen Schulen und Richtungen praktizieren, um diese individuelle Lebensspanne zu verlängern, die Methoden der Sexualtechnik, sondern andere Methoden wie Meditation und Abstinenz in bezug auf bestimmte Speisen sowie Atem- und Gymnastikübungen.

Im Unterschied zu den Sexualpraktiken von einzelnen gab es die kollektive Sexualpraktik des Ho-ch'i (»Vereinigung des Atems«), die von der Zeit der Han-Dynastie bis zur Sung-Dynastie in den Schulen des »Weges des höchsten Friedens« (T'ai-p'ing tao) und des »Fünf Scheffel Reis« (Wu-tou-mi tao) praktiziert wurde. Das Ritual wurde am Neu- und Vollmondtag von einer gleich großen Anzahl von Männern wie Frauen zelebriert. Nach dem Tanz des Drachens, eines Symbols für Yang, und des Tigers, eines solchen für Yin, pflegte jeder männliche Teilnehmer mit möglichst vielen Partnerinnen sexuellen Verkehr. Da der männliche Samen (ching), eine Essenz des Yang, am besten durch den weiblichen Orgasmus (yin) genährt werden kann, ließen die Männer alle ihre Partnerinnen den Orgasmus erreichen, während sie selbst es erst bei der Vereinigung mit ihrer letzten Partnerin zu einer Ejakulation kommen ließen. Auf diese Weise produzierten sie ein Maximum an Yang, wovon sie nur einen geringen Teil an das Yin wieder abgaben, und sie erreichten dadurch eine längere Lebensdauer. Die in vielen Schulen zwischen dem 2. und 7. Jh. öffentlich ausgeführten Sexualtechniken wurden unter dem Druck der konfuzianischen Moral in den privaten Bereich abgedrängt.

Alle vorgenannten drei Sexualtechniken sind vorwiegend aus männlicher Sicht konzipiert und gehen oft auf Kosten der weiblichen Partnerin.

Im Gegensatz zum Volks-Taoismus kennt der religiöse Konfuzianismus keine berufsmäßigen Priester oder Mönche. Vielmehr wurde der Staatskult vor dem Kaiser und den Beamten ausgeführt. Den Konfuziuskult besorgten und besorgen weiterhin die Vertreter der Beamten und die Literaten, wohingegen für den Ahnenkult die Kultgemeinschaft (t'ung-tsung) der jeweiligen Familie zuständig ist. Die Großfamilie mit dem ältesten männlichen Angehörigen an der Spitze vollzieht alle Riten, die Geburts- und Hochzeitsriten, die Trauer- und Totenriten und alle Opferriten im Mittelpunkt der Familie, dem Ahnentempel. Im Ahnentempel findet auch der Hauptakt des Hochzeitsrituals statt, wenn beide Ehegatten gemeinsam das Ahnenopfer darbringen und wenn die neue Ehefrau den Eltern des Ehemanns oder deren Ahnentafeln vorgestellt wird. Erst durch dieses Aufnahmeritual im Ahnentempel gilt die Ehe als endgültig geschlossen. Die Ehefrau bleibt zwar aktiv an der Darbringung des Ahnenopfers beteiligt, ja dazu verpflichtet, und schon die zehnjährigen Mädchen sollen dabei zuschauen, behilflich sein und lernen, jedoch stellt die dreimonatige Vorbereitungszeit der Frau für die Ausübung des Ahnenopfers zugleich eine Schulung im weiblichen Gehorsam dar.[92]

Seit dem 4. Jh. sind die taoistischen Gelehrten und Priester (tao-shih), deren Amt erblich ist, die Oberhäupter der Gemeinden und Leiter der Rituale. Je nach der Schule und Richtung, der sie angehören, unterscheiden sie sich in ihrer Lebensweise. In der Schule des »Weges der rechten Einheit« (Cheng-i tao), einer von zwei großen Richtungen innerhalb des religiösen Volks-Taoismus, die heute vor allem auf Taiwan und in Hongkong verbreitet ist, können die Priester heiraten, im Gegensatz zu der anderen großen Richtung, der Schule des »Weges der Verwirklichung der Wahrheit« (Ch'üan-chen tao), die auch sexuelle Praktiken zum Zweck der Erlangung von Unsterblichkeit ablehnt. Die Priester dieser Schule leben streng zölibatär in einem Kloster unter Beachtung von fünf Geboten, u. a. nicht zu heiraten und auch keine anderweitigen sexuellen Beziehungen zu unterhalten. Das Hauptkloster dieser Schule ist zugleich Sitz der chinesischen taoistischen Gesellschaft. Es befindet sich seit 739 in Peking und heißt Paiyün Kuan (»Kloster der weißen Wolke«). In den taoistischen Klöstern (kuan = »schauen«) lebten noch in der Frühzeit je nach Richtung entweder zölibatäre Mönche oder Laienpriester mit ihren Familien. Seit dem 6. Jh. wurden dann unter dem Einfluß des Reformators Sung Wen-ming, der nach buddhistischem Vorbild den Zölibat für Mönche (ho-shang) einführte, die Klöster reine Mönchs- und Nonnenklöster, während die verheirateten Lehrer (shih-kung) und Priester mit ihren Familien außerhalb des Klosters leben müssen.

Die zwei natürlichen Geschlechter in der chinesischen Symbolsprache und Wortschrift

Ein Begriffspaar für die zwei polaren Grundkräfte im Makrokosmos und Mikrokosmos ist Yin-Yang. Einerseits bilden sie die beiden Manifestationen des übergeordneten Tao, andererseits sind Himmel und Erde ihre konkreten Erscheinungen. Aus der Vermischung von Yin und Yang entsteht das gesamte Universum mit seinen fünf Elementen. Ursprünglich bedeutete das Wort Yin die der Sonne abgewandte Nordseite eines Berges und das Wort Yang die

Yin-yang, Symbol für die bipolaren Grundkräfte im Makro- und Mikrokosmos, die nur zusammen ein Ganzes bilden

der Sonne zugewandte Südseite. Alle Dinge und Ereignisse werden den beiden Begriffen Yin und Yang zugeordnet, so die beiden menschlichen Geschlechter und die Eigenschaften, die Tiere und Landschaften, die Farben und Zahlen und der gesamte Kosmos.

Dem Yin entsprechen das Weibliche, das Passive und Empfangende, der Tiger und die Wolken, das Wasser und das Tal, das Dunkle, das Schwarze und die Nacht, der Mond und die Erde, der Tod und der Norden sowie alle geraden (teilbaren) Zahlen. Das Yang hingegen steht für das Männliche, das Aktive und Zeugende, den Drachen, das Feuer und die Berge, das Licht, das Rote, und den Tag, die Sonne und den Himmel, das Leben und den Süden sowie für alle ungeraden (nicht teilbaren) Zahlen.

Durch die Verbindung beider Grundkräfte bleibt die kosmische Harmonie erhalten, und nur zusammen bilden beide, Yin und Yang, ein sich ergänzendes Ganzes, dessen Symbol das T'ai-chi-t'u (»Diagramm des Höchsten Letzten«), ein Kreis, ist, der durch eine Kurve in eine dunkle (Yin-) und eine helle (Yang-)Hälfte geteilt ist, von denen jede einen Punkt in der Farbe der anderen Hälfte enthält, zum Zeichen dafür, daß jeder im anderen keimhaft vorhanden ist und das jeweils andere zu werden beginnt.

Für das »Buch der Wandlungen« (»I-king«), in dem sich alles um Gegensätze, die in Yin und Yang ihren Asudruck finden, dreht, bilden 64 Hexagramme (»Sechs-Schriften«), die letztlich auf 8(× 8) Trigramme (»Drei-Schriften«) zurückgehen, die Grundlage. Diese Hexagramme bestehen aus jeweils sechs übereinanderstehenden entweder durchgehenden Linien (für Yang) oder unterbrochenen Linien (für Yin).

Acht Trigramme: die drei übereinander stehenden, durchgehenden (= männlichen) Linien stehen für den Himmel, die unterbrochenen (= weiblichen) für die Erde

Bild		Name	Eigenschaft	Familie
☰	Himmel	Kiën, das Schöpferische	stark	Vater
☷	Erde	Kun, das Empfangende	hingebend	Mutter
☳	Donner	Dschen, das Erregende	bewegend	1. Sohn
☵	Wasser	Kan, das Abgründige	gefährlich	2. Sohn
☶	Berg	Gen, das Stillhalten	ruhend	3. Sohn
☴	Wind	Sun, das Sanfte	eindringend	1. Tochter
☲	Feuer	Li, das Haftende	leuchtend	2. Tochter
☱	Feuchte	Dui, das Heitere	fröhlich	3. Tochter

Die zwei ersten der insgesamt 64 Hexagramme heißen ch'ien und k'un. Ersteres ist gebildet aus sechs durchgehenden (Yang-)Linien und symbolisiert das Schöpferische und den Himmel. Letzteres, das aus sechs gebrochenen (Yin-)Linien besteht, symbolisiert das Empfangende und die Erde. Diese beiden Hexagramme, die für das reine Yang bzw. das reine Yin stehen, sind gleichsam die »Eltern« aller anderen Hexagramme, die demgegenüber nur Kombinationen der Yin- und Yang-Linien darstellen.

Die altchinesischen Volksgötter und die Götter des Volks-Taoismus werden in Beamtenkleidung dargestellt, in Hoftracht mit Mütze, Brust- und Leibgürtel sowie in zeremoniellen Schuhen. In ihren Händen halten sie oft eine Schriftrolle. Göttinnen tragen die Kleidung der Frau eines hohen Beamten. Bei Darstellungen von mehreren Gottheiten verschiedenen Geschlechts sind die männlichen auf der rechten Seite des Bildes und die weiblichen auf der linken dargestellt, d. h. jedoch, aus der Sicht der dargestellten Gottheiten sind die Götter links und die Göttinnen rechts. Mit diesem räumlichen Ordnungsbegriffspaar von links und rechts ist eine bestimmte Geschlechtssymbolik verbunden, da im Taoismus die linke Seite die männliche und helle Yang-Seite und die rechte, die weibliche und dunkle Yin-Seite ist. Ob diese Symbolik noch auf eine urgeschichtliche mutterrechtliche Vorstellung zurückgeht, in der eine Priorität der Nacht gegenüber dem Tag und des Weiblichen gegenüber dem Männlichen bestand, kann nicht mit Sicherheit gesagt werden.

In der bildenden Kunst sind zahlreiche Attribute der Gottheiten zugleich sexuelle Symbole. So stellt der Pfirsich mit seiner tiefen Kerbe die weibliche Vulva dar, andere weibliche Symbole sind Vase und Wolke, aber auch der weiße Tiger. Auch die rote Lotosblüte ist Symbol des weiblichen Geschlechtsteils, hingegen ist der Lotosstengel ein Symbol des männlichen. Männliche Symbole sind u. a. Jade (yü) und der grüne Drache. »Mit Jade spielen« (nung yü) bedeutet »Beischlaf«, »Jadestengel« ist der Penis und »Jadeflüssigkeit« heißt das Sperma. »Jadekaiser« (Yü-ti), auch großer Himmelsherr genannt, heißt der höchste Gott der Volksreligion.

Einige Zusammensetzungen mit Yang sind von spezieller sexueller Bedeutung, so bedeutet »Yang-Gegenstand« (yang-wu) Penis, während »Yin mo« der Name eines Unzuchtdämons ist.

Die chinesische Schrift, deren Ursprung bis in die erste Hälfte des dritten Jahrtausends vor unserer Zeitrechnung zurückreicht, ist eine Wortschrift, d. h., alle einsilbigen Stammwörter haben ihre besonderen Schriftzeichen. Diese ca. 24 000 Schriftzeichen, die sich aus Bildern und Symbolen entwickelt haben, werden heute unter Berücksichtigung der Art ihrer Bildung in sechs

CHINESISCH									
	Nr.	Zei-chen	Aus-sprache	Bedeutung	Nr.	Zei-chen	Aus-sprache	Bedeutung	
I. Zeichen mit 1 Strich					72	日	*jih*	Tag, Sonne	IV. Zeichen mit 4 Strichen
	1	一	*i*	eins	74	月	*yüeh*	Monat, Mond	
II. Zeichen mit 2 Strichen	9	人 亻	*jen*	Mensch	80	毋	*wu*	nicht, Verneinung	
	19	力	*li*	Kraft	88	父	*fu*	Vater	
III. Zeichen mit 3 Strichen	32	土	*t'u*	Erde, Boden	102	田	*t'ien*	Feld, Ackerland	V. Zeichen mit 5 Strichen
	37	大	*ta*	groß					VII. Zeichen mit 7 Strichen
	38	女	*nü*	Frau, Tochter	164	酉	*yu*	reif; Herbst	
	39	子	*tzu*	Sohn, Kind					X. Zeichen mit 10 Strichen
					194	鬼	*kui*	Dämon, Geist	

Chinesische Schriftzeichen für Mensch und Kraft, für Vater und Sohn, für Frau und Geistwesen

Klassen gruppiert, so u. a. in Bilder, die konkrete Dinge abbilden, in symbolische Bilder für Begriffe, in symbolische Zusammensetzungen sowie in Zeichen mit lautangebenden Bestandteilen.

Letztere 21 810 Zeichen, die 90 % aller Schriftzeichen bilden, bestehen aus der Zusammensetzung von 214 Deute- und Klassenzeichen und ca. 1500 phonetischen Elementen (Lautzeichen). Erstere werden Schlüssel oder Klassenhäupter genannt, und ihre Zeichen bestehen aus einem Strich oder aus zwei bis zu 17 Strichen.

Zu den ca. 600 *Schriftzeichen, die konkrete Dinge abbilden,* gehören z.B. das zweistrichige 9. Klassenzeichen eines laufenden Zweibeins für »Mensch« (jen) und das dreistrichige 39. Klassenzeichen für »Sohn« (tze), aber auch das vierstrichige 72. Klassenzeichen für »Sonne« (jih) und das 74. für »Mond« (yüeh). Das Chinesische kennt zwar grundsätzlich keine Bezeichnung des grammatischen Geschlechts für die Hauptwörter, jedoch wird, wenn das natürliche Geschlecht eigens hervorgehoben werden soll, ein entsprechendes (Haupt-)Wort als Apposition zum Hauptwort hinzugefügt: für Menschen (jen) die Hauptwörter »Mann« (nam) oder »Frau« (nü), so z.B. »Mann-(Mensch)« (nam-jen) oder »Frau-(Mensch)« (nü-jen).[93] Die beiden natürlichen Geschlechter des Männlichen und des Weiblichen werden auch mit den Naturerscheinungen in Verbindung gebracht. Da der Mond mit dem (weiblichen) Westen, wo der Neumond zuerst sichtbar wird, und mit dem weiblichen Element Yin verbunden wird, ist auch die göttliche Personifizierung des Mondes Ch'ang-o weiblichen Geschlechts. Im Gegensatz dazu ist die Sonne, die mit dem (männlichen) Osten, dem Sonnenaufgang, in Verbindung steht und dem männlichen Element Yang entspricht, ein Symbol des (männlichen) Kaisers.

Viele der ca. 100 abgeleiteten oder einfachen *symbolischen Bildzeichen* (Ideogramme), die konkrete, jedoch vorwiegend abstrakte Begriffe darstellen, betreffen den religiösen Bereich. So z.B. das dreistrichige 32. Klassenhauptzeichen für die »Erde« (t'u), das den heiligen Mast des Altars des Ackerbodens abbildet.[94] Das Zeichen für den »Himmel« (t'ien), das zur dreistrichigen Gruppe mit dem 37. Klassenhauptzeichen »groß« (ta) gehört, hat zusätzlich einen vierten, oberen waagerechten (Kopf-)Strich und ist ein Bildzeichen, das zusammen mit vorgegebenem unteren waagerechten (Arm-)Strich und den beiden in Kurven verlaufenden (Bein-)Strichen offensichtlich früher eine anthropomorphe Gottheit abbildete.[95] Männlichen Geschlechts sind mit dem Ehrentitel »ti« (»Kaiser, Herr«) alle Himmelsgottheiten, so die fünf Wu-ti (»Fünf Kaiser, fünf Herren«), der Huang-ti (»gelber Kaiser, gelber Herr«), der Shang-ti (»höchster Kaiser, höchster Herr«) und der Yü-ti (»Jade-Kaiser, Jade-Herr«), wohingegen Hou T'u (»Fürstin Erde«) eine Erdgöttin und Urmutter darstellt. Nach der Lehre des »I-king« entspricht der Himmel dem reinen Yang und symbolisiert das Männliche im Gegensatz zur Erde, die das Yin und das Weibliche verkörpert.

Einige Kaiser, die sich als »Himmels-Sohn« (t'ien-tze) verstanden und auf die Harmonie zwischen Himmel und Erde einzuwirken versuchten, bauten ein »Haus des Lichtes« (ming-t'ang) als Abbild des Kosmos und seiner Erscheinungen, ein Gebäude mit quadratischem Grundriß und kreisrundem Dach, das die Erde und den Himmel darstellen sollte.

Eine dritte Gruppe von 740 Bildzeichen entsteht, wenn *zwei oder mehrere einfache Bilder*, deren Bedeutung eine gedankliche Verbindung herstellen soll, zu einem *neuen symbolischen Bildzeichen zusammengefügt* werden, z. B. wenn das Zeichen »Sonne« links mit dem Zeichen »Mond« rechts zum neuen Bildzeichen mit der Bedeutung »hell, licht« (ming) zusammengesetzt wird. Wenn die Zeichen für »Sonne« und »Mond« übereinander zu stehen kommen, bekommt dieses neue Bildzeichen die Bedeutung »wechseln, tauschen« (yik). Die einfachen Bildzeichen können doppelt oder auch dreifach gesetzt werden.

Doppelt gesetzte, symbolische Bildzeichen für Zwillinge und (Frauen-) Zank

Nr.	Altes Zeichen	Modernes Zeichen	Laut-wert	Bedeutung	Erläuterung
9	竹竹	立立	*ping*	nebeneinander, zusammen	2 nebeneinander-stehende Menschen
38	奻奻	女女	*wan*	Zank	2 × Weib
39	孖孖	孖	*tsī*	Zwillinge	2 × Kind

Wenn das dreistrichige 38. Klassenzeichen für »Frau« (nü) zweimal gesetzt und nebeneinandergestellt wird, entsteht die neue Bedeutung »Zank, Streit« (wan), und wenn zusätzlich zu diesen beiden nebeneinandergestellten Bildzeichen noch ein drittes Zeichen »Frau« darübergesetzt wird, entsteht die Wortbedeutung »Ränke, Verrat, Falschheit, Unehrlichkeit, Ehebruch« (kien).

Das Wortzeichen für »Ehefrau« (fu) ist ebenfalls ein zusammengesetztes Bildzeichen, das links aus dem 38. Klassenzeichen »Frau« (nü) und dem rechts danebengestellten Zeichen »Besen« (chou) besteht,[96] ein Hinweis auf die Charakterisierung der Ehefrau als Hausfrau, die »drinnen« im Hause ihre Arbeit verrichtet und für Ordnung sorgt.

Im Gegensatz zu diesen heute weithin als diskriminierend empfundenen Bildzeichen für Frauen stehen die höherwertigen Bildzeichen für Männer. So besteht das Zeichen für »Mann« und »männlich« (nam) aus dem unteren zweistrichigen 19. Klassenhauptzeichen »Kraft« (li) und dem oberen fünfstrichigen 102. Klassenhauptzeichen »Feld, Ackerland« (t'ien), womit die dem

Mann zukommende Arbeit »draußen« auf dem Acker charakterisiert wird.
Die unterschiedliche Wertung der Geschlechter kommt sicherlich auch darin
zum Ausdruck, daß das vierstrichige 88. Klassenzeichen für »Vater« (fu) und
das dreistrichige für »Sohn« (tze) zugleich eigenständige Klassenhauptzeichen sind – letzteres kann, wenn es an einen Familiennamen angehängt wird,
»Meister«, wie bei Lao-tse und K'ung-tse, bedeuten. Dagegen stellt das Bildzeichen für »Mutter« (mu) nur eine Eingliederung und Unterordnung unter
das 80. Klassenzeichen, und dazu noch von einem vierstrichigen Wort für das
Prohibitivadverb »nicht; Verneinung« (wu), dar, ganz abgesehen davon, daß
das Wort für »Tochter« mit dem für »Frau« (nü) identisch ist.
Das Wort für »Mutter« und »Vater« führen zwei Gottheiten in ihrem Eigen-
namen, so die Göttin des im Westen gelegenen Paradieses Hsi Wang Mu
(»West-Königs-Mutter«), die das weibliche Yin verkörpert, und ihr Gatte
Tung Wang Fu (»Ost-Königs-Vater«), der für das männliche Yang steht.
Das zehnstrichige 194. Klassenhauptzeichen »Dämon, Geist« (kuei) wird,
wenn man das siebenstrichige 164. Klassenhauptzeichen »Flüssigkeit« (yeu)
links danebensetzt, zur neuen Wortbedeutung »böse, häßlich« (ch'ou).
Zu den 598 einfachen *entlehnten Bildzeichen* für Hilfswörter und Vertauschun-
gen gehören u.a. die Konjunktion ts'ie und die Schlußpartikel yè, die ursprünglich Bilder für die männlichen und weiblichen Geschlechtsteile waren,
sowie das Zeichen für »Frau« (nü), wenn es das Wort »du« (zu) vertritt.[97]
Wörter, die im Deutschen durch »und« bzw. »oder« koordiniert werden,
stehen im Chinesischen nebeneinander, meist in bestimmter Reihenfolge: das
Frühere, Wichtigere, Bessere zuerst, also: Mann und Frau (nam nü), sowie
Junge und Mädchen (tze nü), aber »weibliches Kind« (nü-tse = »Mädchen«)
und Weib-Mensch (nü-jen; = »Frau«).

Shintoismus

Das chinesisch-japanische Wort Shintō (*shin[shen]* = »Götter/Geister«; *to[tao]* = »Weg«) bezeichnet die ursprünglich namenlose autochthone Volks- und Reichsreligion der Japaner. Der rein japanische Name des Shintō, in dessen Zentrum die Verehrung der Kami, der Götter und der Geister der Ahnen, steht, ist Kami no michi (»Götter- bzw. Geister-Weg«).

Grundlage der religiösen Überlieferung des Shintō bilden die ältesten Werke der japanischen Literatur. Es sind die in chinesischer Schrift geschriebenen beiden Sammelwerke »Geschichte der Begebenheiten im Altertum« (»Kojiki«) und »Japanische Annalen« (»Nihongi«).

Begründer des japanischen Reiches (660 v.Chr.) und 1.Tennō (»Himmelsherrscher«) ist Jimmu-Tennō, der als Nachkomme der Sonnengöttin Amaterasu gilt. Die Epoche des Shintō als allein geltende Staatsreligion endet, als der 29.Kaiser, Kimmei-Tennō (539–571), im Jahre 552 den Buddhismus in Japan einführt. Erst im Jahr 1870 wird der reine Shintō vom 122.Kaiser, Meiji-Tennō (1868–1912), wieder zur alleinigen Staatsreligion erklärt. Die enge Verbindung von Shintō und staatlicher Macht endet nach der Kapitulation Japans (1945), als der 124.Kaiser, Hirohito-Tennō, am 1.Januar 1946 öffentlich widerruft, daß er ein »gegenwärtiger Kami« sei und daß seine Beziehung zum japanischen Volk aus der Kami-Mythologie abgeleitet werden müsse. Seitdem ist der Staats-Shintō als Staatsreligion offiziell abgeschafft, und an dessen Stelle ist heute der »Schrein-Shintō« getreten.[1] Der Shintoismus umfaßt die beiden Hauptrichtungen des Staats- bzw. Schrein-Shintō und des Volks- bzw. »Sekten-Shintō«. Die Kultstätten des ersteren haben sich unter Führung des Ise-Schreins zu einem eingetragenen Verein zusammengeschlossen und verfügen über 79 212 Schreine und 19 892 Priester und Priesterinnen. Der Volks-Shintō mit seinen 145 verschiedenen Richtungen zählt insgesamt 8500 Schreine. Heute gibt es ca. 3 Millionen Anhänger der Shintō. Wegen der Doppelzugehörigkeit der meisten Japaner zu Shintō und Buddhismus wird häufig eine höhere Anhängerzahl genannt.

Erster Geschlechtsverkehr eines Götterpaares und erster Striptease einer Göttin

Die Gottheiten, Kami (»oben, das Obere, Höherstehende«), von denen 1500 Myriaden in Sternen, Bergen und Seen, in Pflanzen, Tieren und Men-

schen leben, beseelen und beherrschen die gesamte Natur. Das »Kojiki«
beschreibt die Entstehung der ersten Kami zu der Zeit, als Himmel und Erde
begannen. So entstanden die ersten drei geschlechtslosen Gottheiten im
»hohen Himmelsgefilde« (takama-ga-hara) nacheinander, und sie starben so
allein, wie sie gekommen waren. Nach diesen drei Kami-Generationen entstanden, als die Erde dahintrieb, wiederum zwei geschlechtslose Kami-Generationen, die ebenfalls wieder starben, so allein, wie sie entstanden waren.[2]
Auf diese fünf Generationen von geschlechtslosen Ur- und Himmelsgottheiten folgen weitere sieben Göttergenerationen, von denen die beiden ersten
wiederum nacheinander entstehen, geschlechtslos sind und sterben. Erst mit

Urgötterpaar: Izanami (links) und Izana-
gi (rechts). Holzschnitt

der dritten Generation in dieser Reihe entstehen nacheinander fünf göttliche
Geschwisterpaare, bestehend aus einem älteren Bruder und einer jüngeren
Schwester. Sie sind zwar schon verschiedengeschlechtig, entstehen aber noch
nicht durch Zeugung, sondern von selbst, müssen aber auch nicht mehr
sterben wie alle ihre geschlechtslosen göttlichen Vorgänger. Erst mit dem
fünften göttlichen Geschwisterpaar beginnt die Zeugung aller Dinge und
Wesen.[3]
Dieses jüngste heterosexuelle Geschwisterpaar Izanagi (der »Umwerbende«)
und Izanami (die »Umworbene«) erhielt von den anderen vier göttlichen
Geschwisterpaaren den Auftrag, das dahintreibende Land zu konsolidieren,
und sie erhielten dazu einen juwelengeschmückten Speer, den sie von der

Himmelsbrücke (ama-no-uki-hashi) aus, die den Urschlamm überspannte, in die Salzflut tauchten. Als sie den Speer wieder herauszogen, tropfte von seiner Spitze Schlamm herab, aus dem die erste Insel, Onogoro, entstand.[4] Nun stiegen sie vom Himmel auf die Insel herab und errichteten dort einen himmlischen Pfeiler. Dann fragte Izanagi seine jüngere Schwester:

»Wie ist dein Körper geformt?« Izanami antwortete: »Mein Körper ist wohlgeformt, aber es gibt eine kleine Stelle, wo etwas fehlt.« Izanagi sagte: »Mein Körper ist auch wohlgeformt, aber es gibt eine kleine Stelle, wo etwas vorsteht. Ich habe den Wunsch, meinen vorstehenden Teil zu nehmen und ihn in die Stelle einzufügen, wo bei dir etwas fehlt, und so die Länder zu zeugen.« Die Schwester antwortete: »Es wird gut so sein«. Worauf er sagte: »Laß uns um diesen himmlischen Pfeiler herumgehen und uns ehelich vereinen. Du gehst nach rechts und ich gehe nach links und treffe dich.« Dies taten sie, als sie aber zusammentrafen, sprach Izanami zuerst: »Welch schöner Jüngling« und Izanagi erwiderte: »Welch schöne Jungfrau.« Darauf erhob er Einspruch und sagte: »Es geziemt sich nicht, daß zuerst die Frau spricht.« Nachdem sie sich zum ersten Mal geschlechtlich vereinigt hatten, wurden sie Mann und Frau, und aus dieser Kopulation entstand ein mißratener Sohn, der Blutegel.«[5]

Von den anderen Götterpaaren darüber belehrt, daß an dieser Mißgeburt die Frau wegen ihrer vorlauten Rede schuld sei, versuchte das Geschwisterpaar es noch einmal mit der ehelichen Vereinigung. Wiederum umkreisten sie den himmlischen Pfeiler, und als sie sich trafen, sprach diesmal Izanagi als erster: »Welch schöne Jungfrau«, und Izanami antwortete: »Welch schöner Jüngling.« So zeugten sie auf dieser Insel »alle Dinge insgesamt«. Izanami gebar die 8 großen und 6 kleinen Inseln, aus denen der Archipel Japan besteht.[6] Darüber hinaus gebar sie 35 Gottheiten,[7] bis beim Vorgang der Geburt des Feuergottes Kagutsuchi ihre Scheide verbrannte. Sie erkrankte und legte sich nieder. Aus dem von ihr Erbrochenen, aus ihren Exkrementen und ihrem Urin entstanden weitere Gottheiten. Schließlich starb sie und ging in die Totenwelt ein.

Untröstlich über den Tod seiner Schwestergattin folgte ihr Izanagi in die Unterwelt, um die Tote in die Welt der Lebenden zurückzuholen. Da Izanagi trotz des Verbots »Sieh nicht nach mir!« die tote Izanami anblickte und sah, daß ihr Körper bereits in Fäulnis übergegangen war, flüchtete er, erschrocken vor diesem Anblick, aus der Unterwelt, während die Totengeister ihn verfolgten. Den Ausgang der Unterwelt versperrte er mit einem riesigen Felsen und sprach dabei die Ehescheidungsformel. Worauf die tote Izanami erklärte,

Die Sonnengöttin Amaterasu, neugierig geworden wegen des schallenden Gelächters der Götter, tritt aus ihrer himmlischen Felsenhöhle hervor. Vorne (rechts) die inzwischen wieder bekleidete Göttin Ama-no-Uzume; neben ihr das Faß, auf dem sie ihren Striptease tanzte. Holzschnitt, 19. Jh.

daß sie von nun an täglich 1000 Menschen sterben lassen werde, und Izanagi erwiderte, daß er täglich 1500 Geburten stattfinden lasse, so daß auf jeden Fall die Menschheit nicht aussterbe, sondern täglich um 500 wachse.

Nach seiner Rückkehr aus der schrecklichen, schmutzigen Unterwelt zur Erdenwelt ging er an einen Fluß und reinigte seinen Körper. Während der Reinigung seines Körpers und seiner Kleider zeugte er weitere Kami. Aus seinem linken Auge entsprang die Sonnengöttin Amaterasu, aus dem rechten Auge der Mondgott Tsuki-yomi und aus seiner Nase der Meer- und Sturmgott Susa-no-o. Letzterer ärgerte seine Schwester Amaterasu, indem er die Dämme der von ihr angelegten Reisfelder zerstörte und die Wassergräben verstopfte, und der Sturmgott trieb es immer ärger, bis die Sonnengöttin schließlich die Tür ihrer himmlischen Felsenwohnung hinter sich verschloß. Da wurde der ganze Bereich des hohen Himmels dunkel, das gesamte Mittelfeld des Schilfgefildes war ebenfalls finster, und es herrschte ewige Nacht. Myriaden böser Geister lärmten herum, und eine Myriade großer Übel kam zum Vorschein. Trauer breitete sich unter den Göttern aus.

Da versammelten sich die 800 Myriaden Gottheiten und berieten, was zu tun sei. Mit verschiedenen Methoden versuchten sie, die Sonnengöttin aus ihrer Felsenhöhle herauszulocken. Als die Opfergabe dargebracht und die Ritualworte rezitiert wurden, trat schließlich Ama-no-uzume (»Himmel-Perlmutter-Frau«), die Göttin des Frohsinns und des Tanzes, hervor. Sie hängte sich ein Handstützband um, machte sich die Blätter des Spindelbaumes zum

Ama-no-Uzume, Göttin des Tanzes und erste Striptease-Tänzerin im Himmel mit entblößten Brüsten. Holzschnitt

Kopfschmuck und stellte ein umgedrehtes Faß vor den Eingang der Felsenwohnung der Sonnengöttin. Dann stellte sie sich darauf, schwang eine Lanze und begann rhythmisch zu tanzen. Während des Tanzes schlug sie mit der Lanze auf den Boden des Fasses und stampfte mit den Füßen, so daß es laut ertönte, bis sie dabei in den Zustand der Verzückung geriet und Worte der Inspiration ausstieß.

Schließlich begann sie, sich Stück für Stück zu entkleiden, enthüllte zuerst ihren Busen, zog die Warzen ihrer Brüste heraus und ließ den Saumbund ihres Gewandes bis an ihre Scham herabfallen. An dieser Stelle des erotischen Tanzes der Göttin brachen die 800 Myriaden zuschauenden Götter in ein schallendes Gelächter aus.

Neugierig geworden über dieses laute Gelächter der Götter, öffnete die Sonnengöttin die Tür ihrer Felsenwohnung einen Spaltbreit, und als die Götter ihr einen Spiegel vorhielten, so daß sie ihr Bild darin sehen konnte, trat sie etwas heraus. Sofort ergriff einer der Götter ihre Hand und zog die Göttin vollends heraus, während eine andere Gottheit ein Seil vor den Höhleneingang spannte, um ihr die Rückkehr zu versperren. Seitdem sind Erde und Himmel von der Sonnengöttin wieder hell erleuchtet.

Dieser Entkleidungstanz (Striptease) der Göttin Ama-no-uzume gilt als Ursprung des kultischen Tanzes der Gottesverehrung, aus dem auch die Kagura-Tänze in Ise entstanden sind.

Männliches und weibliches Kaiser- und Priestertum

Die Sonnengöttin Amaterasu sandte zum Herrscher über die acht Inseln Japans ihren Enkel Ninigi no Mikoto, der der Urgroßvater und Ahnherr des 1. irdischen Kaisers, Jimmu-Tennō, wurde. Mit der Thronbesteigung von Jimmu-Tennō (660–585 v. Chr.) endete das mythische Götterzeitalter, dem die ersten beiden Bücher des »Nihongi« gewidmet sind.[8]

Da Jimmu-Tennō der erste irdische Stammvater aller nachfolgenden Tennōs ist und dieser selbst als ein Nachkomme und Urururenkel der Sonnengöttin gilt, verstanden sich alle Mitglieder des japanischen Kaiserhauses als Nachkommen der Sonnengöttin und Ahngöttin Amaterasu. Dem Mythos von der göttlichen Abstammung des Kaisers als Nachkomme der Sonnengöttin entspricht auch der Titel des dynastischen Herrschers tennō (»himmlischer Herrscher«) bzw. auch tenshi (»himmlischer Sohn«) oder tenson (»himmlischer Enkel«). Eine andere ehrende Bezeichnung für den Kaiser war arahitogami (»sichtbarer Menschengott«).

Die Thronfolge ist erblich, und der seit 1989 amtierende gegenwärtige Kaiser Akihito gilt als der 125. Tennō. In der Geschichte Japans war der Kaiserthron achtmal von Frauen besetzt, den sogenannten Nyotei (»Frauen-Kaiser«), so vor allem in der Frühzeit zwischen 592 und 770 n. Chr.[9] Erst seit der Meiji-Verfassung von 1889 sind nur noch die männlichen Abkömmlinge eines Kaisers berechtigt, als Tennō zu amtieren.

Zwölf Kaiser und drei Kaiserinnen sind in 20 »Staatsschreinen« eingeschreint. Bekannt ist vor allem der friedvolle 15. Tennō Ojin (270–310), der zum Kriegsgott Hachiman aufstieg. Sein heiliges Tier ist die Taube.

Nach dem 2. Weltkrieg zwangen die Amerikaner den 124. Tennō Hirohito (1928–89) in seiner Neujahrsansprache an das japanische Volk am 1. Januar 1946, um der neuen demokratischen Verfassung willen auf die von seiner göttlichen Herkunft abgeleiteten Vorrechte zu verzichten. So verweist der Kaiser selbst seine göttliche Abstammung in das Reich der Mythen, wenn er sagt: »Die Bande zwischen Uns und Unserem Volk beruhten immer auf gegenseitigem Vertrauen und gegenseitiger Verehrung und sind keineswegs Produkte reiner Mythen und Legenden. Sie beruhen nicht auf dem Wahn, der Tennō sei ein gegenwärtiger Gott [Iki-gami = »lebender Kami«].«[10]

Ein Priester des Kotaijingu- bzw. Naiku-Schreins von Ise

Beim Kaiser, der sich bei verschiedenen Kulthandlungen durch Priester vertreten ließ, lag anfangs ausschließlich das Priesteramt. Das Priestertum mit dem Kult in Shintō-Schreinen und der Rezitation der alten Rituale wurde dann ein Privileg bestimmter Familien. Die Priester, die verheiratet sind und ihr Amt vererben, sind in verschiedene Rangklassen eingeteilt. Dem Oberpriester Kannushi (»Gottesherr«) eines Schreins unterstehen die Betpriester Negi und Betpriesterinnen Me-negi (»weibliches negi«) und denen hinwiederum die Hilfspriester Hafuri und Hilfspriesterinnen Me-hafuri.

Auch Frauen amtieren als Priesterinnen. In der Frühgeschichte (bis zum 7. Jh.) erfuhren Frauen bald als Göttinnen selbst, bald als Gemahlin bzw. Kind eines Gottes Verehrung. In der Zeit der schriftlichen Fixierung der Überlieferung traten sie mit ihrem Charisma als Medien zwischen Göttern und Menschen auf, und sie standen in wichtigen Schreinen an der Spitze der Priesterschaft. Andere gingen ohne die Bindung an einen bestimmten Schrein als Kulttänzerinnen auf ständige Wanderschaft. Mit der Meiji-Restauration des 122. Meiji-Tennō (1868–1912) wurden Frauen aus der offiziellen Priesterschaft ausgeschlossen, jedoch nach dem 2. Weltkrieg wieder als Priesterinnen im Schrein-Shintō zugelassen.[11] Die Priesterinnen führen die allgemeine Bezeichnung Miko (»erlauchtes Kind«) bzw. Mi-kanko (»erlauchtes Götterkind«). Am Kashima-Schrein und am Ise-Schrein fungiert eine Miko, die bestimmte Tabugesetze beachten muß und deshalb den Namen Monoimi (»Vermeiderin [unreiner] Dinge«) hat.

Die Schrein-Miko bzw. die Kannagi-kei no Miko sind diejenigen Priesterinnen, »die die Götter vergnügen«. Es sind die in Shintō-Schreinen Dienst tuenden jungfräulichen Mädchen und Frauen mit ihren unterschiedlichen Funktionen. Zu ihnen gehören die höchsten Priesterinnen, wie die Saiō, die Kultprinzessin im Ise-Schrein, und Saiin, die Kultprinzessin im Kamo-Schrein, auch andere hohe Priesterinnen, wie die Ō-Mikanko am kaiserlichen Hofschrein, aber auch alle Mikos als Kagura-Tänzerinnen. Für das Wort Miko wurde anfänglich das chinesische Schriftzeichen für »Gotteskind« gebraucht.

Erst seit dem 9. Jh. ist ein zusätzliches Schriftzeichen bezeugt, das eine Tanzende zwischen Himmel und Erde zeigt, d. h. das Medium zwischen Göttern und Menschen darstellt. Mikos im Alter zwischen 16 und 18 Jahren, gewöhnlich die Töchter von Priestern, führen an den größeren Shintō-Schreinen den kultischen Kagura-Tanz auf. Kagura (? von: *Kami-kura* = »Bühne der Kami«) ist der älteste japanische Ritualtanz, der seit 1002 als Zeremonie zu Ehren der Sonnengöttin Amaterasu, der Ahnherrin des Tennō, am kaiserlichen Hof aufgeführt wurde. Dieser stark stilisierte pantomimische Tanz wird auf den mythischen Tanz der Göttin Ama-no-Uzume vor der Felsenhöhle der Sonnengöttin zurückgeführt.

Miko, jungfräuliche Tempeltänzerin (für den Kagura-Tanz) des Kasuga Wakamiya Schreins von Nara

Religion – Sexus – Sprache

Die heutige japanische Schrift ist eine Mischung aus der chinesischen *Wortschrift* Kanji und zwei eigenständigen *Silbenschriften*, dem Hiragana, der früheren Frauenschaft, und dem einfacheren Katakana.[12] Die beiden Silbenschriften umfassen jeweils 46 Zeichen.[13]

In gleicher Weise wie im Chinesischen hat auch das japanische Hauptwort kein grammatisches Geschlecht.[14] Hingegen gibt es zur Unterscheidung der natürlichen Geschlechter heteronyme Wortbildungen, d. h. Wortbildungen mit verschiedenen Stämmen bei sachlich zusammengehörenden Wörtern. So hat das übergreifende Wort »Mensch« (hito) zwar kein grammatisches Geschlecht, aber die Wörter für »Mann« (otoko) und »Frau« (onna), für »Vater« (chichi) und »Mutter« (haha) sind Heteronyme. Wenn das natürliche Geschlecht bei Hauptwörtern eigens hervorgehoben werden soll, wird das Wort »Mann« bzw. »Frau« zu dem in Frage kommenden Hauptwort als Apposition hinzugesetzt, so z. B. beim Wort »Kind« (ko) das Hauptwort »Mann« (otoko), und es wird zu otokonoko (»Mann-Kind, Junge«) bzw. das Hauptwort »Frau« (onna) wird zu onnanoko (»Frau-Kind; Mädchen«).

Zur Bezeichnung des natürlichen Geschlechts bei Menschen und auch bei Gottheiten werden manchmal entsprechende Wortbildungselemente als Suffixe angefügt, und zwar das Suffix »-ko« für männlich und »-me« für weiblich. So heißt z. B. der Jungmann (oto-ko) und die Jungfrau (oto-me), der Sohn (musu-ko) und die Tochter (musu-me), der Prinz (hi-ko) und die Prinzessin (hi-me).[15]

Auf diese Weise werden eine Reihe von Gottheiten männlichen oder weiblichen Geschlechts unterschieden und ihre *Eigennamen* sind, ihrem Geschlecht entsprechend, gebildet. So lautet der Name eines Erdgottes Hani-ya-su-hiko und der einer Erdgöttin Hani-yasu-hime, der eines Windgottes Shi-na tsu-hiko und der einer Windgöttin Shi-na-tsu-hime. Zum Ahngott des japanischen Kaiserhauses gehört der Jägergott Yamasachi-hiko, der mit seinem jüngeren Bruder, dem Fischergott Umisachi-hiko, einmal die Rolle tauschen wollte.

Bekannte weibliche Gottheiten sind als solche charakterisiert schon durch ihre Eigennamen, wie z. B. die Göttin der Baumblüte Konohanna-sakuya-hi-me (»Blütenpracht-Prinzessin«) und die Reisgöttin Kushi-nada-hime, die zugleich die Gattin des Sturmgottes Susa-no-o ist. Ferner gehören dazu die See- und Ahngöttin des japanischen Kaiserhauses und Mutter des Jimmu (1.) Tennō, Tama-yori-hime, sowie deren Schwester, die Seegöttin Toyo-tama-hi-me (»Überfluß-Juwel-Prinzessin«). Das Suffix für »weiblich« (-me) führt die berühmte Tanzgöttin Ama-no-uzume (»Himmel-Perlmutter-Frau«) in ihrem Eigennamen.

Der *Gattungsname* für »Gottheit« und »Geistwesen« ist Kami (»oben, das Obere, Höherstehende«), eine außergewöhnliche und ehrfurchtheischende Macht und Kraft, die sowohl in der Natur, wie z. B. in Himmelskörpern, Bergen und Seen, in Pflanzen und Tieren, aber auch in Menschen präsent ist. Personifiziert erscheinen diese Kami als Geister und Gottheiten, von denen es 8 Millionen Wesenheiten gibt.

Zu den bedeutendsten Naturgottheiten gehören die des Himmels (ame bzw. ama) und der Erde (tsuchi). Dementsprechend weisen viele Eigennamen von Ur- und Himmelsgottheiten diesen Wortbestandteil auf, so z. B. die erste, noch geschlechtsneutrale Ur- und Himmelsgottheit Ama-no-minaka-nushi-no-kami (»Kami der erhabenen Mitte des Himmels«). Als erster bedeutender (männlicher) Himmelsgott gilt Izanagi, aus dessen beiden Augen als seine Kinder die Sonnengöttin Amaterasu-o-mi-kami (»am Himmel leuchtende, große, erhabene Kami«) und der Mondgott Tsuki-yomi-no-kami (»Mondzähler-Kami«) hervorgingen.

Die bedeutendste Urmutter der Erdgöttin ist Izanami, die Gattin des Himmelsvaters Izanagi, die später zur Unterwelt- und Totengöttin wird. Die meisten ihrer Kinder sind weiblichen Geschlechts und haben agrarisch-erdhaften Charakter, so die Fruchtbarkeits- und Nahrungsgöttin Ukeomochi-no-kami. Nachdem der Mondgott sie getötet hatte, fanden sich bei ihrer Leiche Reis und Bohnen, Seidenraupen und ein Rind. Die Tötung der Nahrungsgöttin durch den Mondgott verursacht die Trennung von Tag und Nacht.

Eine bedeutende Nahrungs- und Reisgottheit ist Inari, die weiblichen aber auch männlichen Geschlechts sein kann. Jedes Jahr steigt sie von ihrer Bergbehausung in die Reisfelder hinab, wobei ihre Boten die Füchse sind. Ihr Hauptschrein befindet sich in Fushimi (Kyoto), und die Anzahl ihrer offiziellen Zweigschreine beträgt heute über 40000.

Außer den vorgenannten Kami der Ahnen und der Natur gibt es die des Volksglaubens. Dazu gehören diejenigen, die eine leichte Geburt gewähren, wie z. B. Koyasugami oder Ubugami sowie die Shichi-Fukjin, eine Gruppe von sieben Kami des Glücks und der Freude, unter denen allerdings nur eine einzige Göttin, die Benten bzw. Benzai-ten, ist, eine Göttin der Liebe und der Schönheit, des Gesangs und der Musik, der Weisheit und des Reichtums. Besonders verehrt wird sie in den Tempeln von Enoshima, Chikubushima und Miyajima.

Das japanische Wort Kami wurde mit der Einführung der chinesischen Schrift mit dem chinesischen Wort shen (»Gottheit, Geistwesen«; japanisch: »shin«) verbunden, so im Shin-tō (»Götter-Weg«). Im Gegensatz dazu wurde das 194. Klassenhaupt Kuei (»Geist, Dämon«) im Chinesischen mit dem japanischen oni identifiziert. Es handelt sich dabei um die Seelen gewaltsam Verstorbener, die als böse Totengeister (oni) oder gar als Gespenster (yurei) die Menschen erschrecken sowie Krankheit und Unheil bringen. Beides sind Bezeichnungen für ältere Gottheiten, die jetzt zu Geistern und Gespenstern degradiert wurden.

Fuchsgott Inari (»Reismann«).
Der fuchsgestaltige Reis- und Nahrungs-
gott will ein junges Mädchen mit einem
Phallus ködern. Farbholzschnitt aus Japan

Monotheistische Weltreligionen

Die sich als Nachkommen des biblischen Patriarchen Abraham verstehenden Anhänger des Judentums, Christentums und Islams kennen für ihre jeweilige Religion eine männliche Stifterpersönlichkeit, die sich als Prophet des einzigen Gottes sieht. Diese Gottheit wird zwar in ihrem Wesen als geschlechtsneutral gesehen, jedoch meist mit betont männlichen Sprachformen benannt und im Christentum sogar in männlichen Abbildern dargestellt.

Nicht nur die Stifter sind männlichen Geschlechts, sondern auch ihre »mächtigen« Nachfolger und Interpreten, die Priester und Rabbinen, die Imāme und Mullahs, die Bischöfe und Pfarrer. Erst seit der zweiten Hälfte unseres Jahrhunderts beginnt allmählich diese männliche »Bastion« auch von Angehörigen des weiblichen Geschlechts »eingenommen« zu werden.

Wie alle anderen Weltreligionen haben auch diese drei monotheistischen Religionen »heilige«, (fast) ausschließlich von Männern verfaßte »Schriften« als Grundzeugnisse ihres Glaubens und Lebens, die in Vergangenheit und Gegenwart das öffentliche Leben – nicht nur in den Staaten, in denen diese Religionen »Staatsreligionen« waren und noch sind – insbesondere durch die jeweiligen »religiösen« Sexualvorstellungen geprägt.

Die Anhänger dieser drei monotheistischen Weltreligionen, die Menschen verschiedener Rassen, Kulturen und Sprachen umfassen und deren Anspruch auf den gesamten Erdkreis (= »Welt«) und auf die »Weltherrschaft« auch in der für alle anderen verbindlichen, jeweiligen (jüdischen, christlichen, islamischen) Zeitrechnung zum Ausdruck kommt, stellen heute insgesamt 51 % der Weltbevölkerung.

Israelitisch-jüdische Religion

Religionsgeschichtlich stellt das Judentum, das mit dem Ende des Reiches Juda (587 v. Chr.) am Anfang des babylonischen Exils beginnt, die zweite Entwicklungsphase der israelitisch-jüdischen Geschichte dar, in der die Traditionen der ersten Phase fortgeführt werden.[1]

Die auf Mose (ca. 1250 v. Chr.) zurückgeführte israelitische Religion ist die eines sakralen Stämmeverbandes, der in den 12 Söhnen eines Stammvaters Jakob mit dem Bei- und Ehrennamen Israel (»[Gott] El möge sich als Herrscher erweisen«) personifiziert und nach letzterem benannt ist. Der Tradition nach ist der Stifter Mose auch der Verfasser der 5 »Mosebücher«, des Pentateuch. Sprachgeschichtlich sind diese Bücher jedoch das Ergebnis einer Vereinigung von hauptsächlich vier Quellenschriften aus unterschiedlichen Zeiten. Die beiden älteren Schriften bilden die Erzählwerke des »Jahwisten« (9./8. Jh. v. Chr.) und des Elohisten (nach 900 v. Chr.), in denen die Gottesnamen Jahwe bzw. Elohim verwendet werden. Die dritte Quellenschrift ist das um die Mitte des 7. Jh. v. Chr. entstandene Gesetzbuch »Deuteronomium«, und die vierte Quellenschrift ist die »Priesterschrift«, aus der heute das dritte Buch »Levitikus« besteht und von der auch wesentliche Teile in das erste Buch »Genesis«, das zweite Buch »Exodus« und das vierte Buch »Numeri« eingefügt sind. Die »Priesterschrift«, die aus der Zeit des Babylonischen Exils (586–538 v. Chr.) stammt, will die gesetzliche und vor allem kultische Ordnung (nachträglich) auf Mose zurückführen.

Das religiöse Schrifttum der heutigen Juden umfaßt nicht nur die biblische Literatur (ca. 1000 v. Chr.–100 n. Chr.), sondern auch die Talmud-Midrasch-Literatur (bis 800 n. Chr.) und die rabbinische Literatur (bis 1800 n. Chr.). Zur letzteren gehören u. a. die Schriften der Kabbala und der Chassidim.

Die Gesamtzahl der Juden beträgt heute 17,6 Millionen, d. h. nur 0,3 % der Weltbevölkerung. Verbreitet ist das Judentum heute in 125 Ländern, darunter als Religion der Mehrheit nur in Israel, in allen übrigen Ländern als Religion der Minderheit. Das amerikanische Judentum mit seinen 6,8 Millionen Anhängern kennt drei offizielle Denominationen: 1. das orthodoxe Judentum, das in der Agudath-Israel (»Vereinigung Israel«) vereint ist und für das die Zeremonialgesetze als unabänderlich gelten. Es strebt die Durchsetzung religiöser Grundsätze im gesamten politischen Leben an. 2. Das liberal-reformierte Judentum, das die »World Union for Progressive Judaism« bildet, lehnt das Zeremonialgesetz ab. 3. Zwischen Orthodoxen und Reformierten

Der HERR Jahwe (Tetragramm, links oben) beruft den Religionsstifter Mose. Kupferstich von Matthäus Merian, 1630

steht das konservative Judentum, das durch die »United Synagogue of America« vertreten wird.

Der »Herr« Jahwe, sein Ehebund mit seiner Braut Israel sowie deren Ehebruch

Die Quellenschrift des *Jahwisten* verwendet bis zum Buch Exodus[2] den Gottesnamen *Jahwe* (»Ich bin da«) als Eigennamen des ewigen und einzigen Gottes, der im Himmel wohnt und das Firmament des Himmels (shamajim) sowie die Erde (erez) geschaffen hat. Er ist der Herr der (Heils-)Geschichte seines Volkes Israel, befreite es aus ägyptischer Knechtschaft, führte es während der vierzigtägigen Wüstenwanderung, offenbarte sich ihm am Sinai und schloß mit ihm einen Bund (berit). Als Anführer des israelitischen Heerbanns im heiligen Krieg führt er den Beinamen *Jahwe Zebaoth* (»Jahwe der Heere«). Der als Tetragramm (»vier Zeichen«) geschriebene Eigenname des Jahwe (JHWH) bleibt aus Ehrfurcht zwar unausgesprochen, ist aber Bestandteil zahlreicher, meist männlicher Personennamen von Königen und Propheten, so u. a. bei fünf Königen des Nordreiches Juda, wie z. B. bei Abija (»Jahwe ist Vater«), aber auch bei der Königin Atalja (»Jahwe ist erhaben«) sowie bei zwei Königen des Südreiches Israel, wie z. B. bei Jehu (»er ist es, Jahwe«). Auch acht Schriftpropheten sind nach Jahwe benannt, so von den Propheten des Nordreiches Israels Hosea (»Jahwe rettet«) und Amos (»Jahwe hat dich getragen«), und von denen des Südreiches Juda u. a. Jesaja (»Jahwe ist Rettung«), Jeremia (»Jahwe erhöht«) und Obadja (»Knecht Jahwes«). Jahwe beruft die großen und kleinen Schriftpropheten (Nābi') und sendet sie als seine Boten zu seinem Volk. Die griechische Septuaginta hat den hebräischen Eigennamen Jahwe mit dem allgemeinen (Gattungs-)Wort Kýrios (»der Herr«) mit dem grammatischen Geschlecht des Männlichen wiedergegeben, nachdem vorher die Redakteure des Pentateuch dem Eigennamen Jahwe den Appellativ Elōhim beigefügt hatten.

Der Jahwist läßt Gott, der dem Abraham Land und Nachkommenschaft verheißt, die Selbstprädikation sprechen: »Ich bin Jahwe, der ich dich herausgeführt habe aus Ur [der Stadt] der Chaldäer, um dir dieses Land zu geben, es in Besitz zu nehmen.«[3]

Und gemäß der Priesterschrift formuliert Gott selbst den Segensspruch, der über die Söhne Israel gesprochen werden soll:

»Jahwe segne dich und behüte dich!
Jahwe lasse sein Angesicht über dir leuchten
    und sei dir gnädig!
Jahwe erhebe sein Angesicht auf dich
    und gebe dir Frieden!«[4]

Der Eigenname Jahwe erscheint in allen drei Teilen der hebräischen Bibel, also außer im Pentateuch auch bei den Propheten und in den Schriftwerken. Nach dem Propheten Jesaja artikuliert Gott seine Einzigkeit mit den Worten »Ich bin Jahwe und sonst keiner. Außer mir gibt es keinen Elōhim [›Gott‹].«[5] Und der Psalmist betet »Jahwe ist mein Hirte, mir wird nichts mangeln«,[6] und er bekennt zugleich »Des Jahwe ist die Erde und ihre Fülle, die Welt und die darauf wohnen«.[7]

Die Quellenschrift des *Elohisten* verwendet bis zum Buch Exodus[8] den Gottesnamen *Elōhim* (»die Gewaltigen«) im Plural, dessen Einzahl das Wort *Ēl* (»Starker, Führer, Gebieter«) ist. Dieses Gattungswort für »Gott« wurde später der Eigenname des Gottes der Patriarchen Abrāhām, Jizhāk (Isaak) und Ja'akōb (Jakob), denen Ēl sich unter verschiedenen Formen, u. a. im Traum der Nacht offenbarte und ihnen Verheißungen gab. Dieser Ēl bzw. Elōhim bediente sich dabei oft seiner Engel (Mala'āk) als Boten. Er berief die ersten Propheten Ēlijjāhū (»Jahwe ist [Gott] El«) und Elishā (»[Gott] El hat geholfen«), die in seinem Namen Heil oder Unheil ankündigten.

Der Name Ēl ist meist mit Beinamen verbunden, wie Ēl'Eljōn (»Ēl, der Erhabene«), Ēl Shaddaj (»Ēl, der Mächtige«), Ēl Ōlām (»Ēl, der Ewige«), Ēl Bētēl (»Ēl von Bethel«).

Der Name Ēl ist auch Wortbestandteil einiger meist männlicher Personennamen vor allem bei Propheten und Engeln, so z. B. bei Samuel (»Name Ēls«), dem Propheten und Richter, und bei dem Propheten Elisha (»Ēl hat geholfen«) und bei den Propheten des babylonischen Exils, wie Hesekiel (»Ēl möge stärken«) wie auch Daniel (»Ēl ist Richter«). Letzterer erwähnt in seinem Prophetenbuch auch die Engel Gabriel (»Mann Ēls«) wie auch Michael (»wer ist wie Ēl«).

Der Plural Elōhim ist Ausdruck der Zusammenfassung göttlicher Macht und Stärke in einem einzigen Gott. Der in der Redaktion des Pentateuch als Appellativ dem Eigennamen Jahwe beigefügte hebräische Gattungsname Ēl bzw. Elōhim ist in der griechischen Septuaginta gewöhnlich mit dem griechischen Gattungswort für den (männlichen) Gott »ho theós« (»der Gott«) wiedergegeben worden.

Der Elohist läßt Gott, der dem Mose im brennenden Dornbusch erscheint, um ihn zu beauftragen, Israel aus Ägypten zu erretten, zur Beglaubigung die Selbstvorstellung aussprechen: »Ich bin der Elohim deines Vaters, der Elohim Abrahams, der Elohim Isaaks und der Elohim Jakobs.«[9] Auch spätere Schriften verwenden diesen Gattungsnamen für Gott. So trägt der priesterschriftliche Schöpfungsbericht die Überschrift: »Im Anfang schuf Elohim die Himmel und die Erde.«[10] Auch der Psalmist läßt seine Klage beginnen mit der Frage: »Mein El, mein El, warum hast du mich verlassen?«[11]

Nach der redaktionellen Vereinigung der beiden Quellenschriften des Jahwisten und Elohisten wurden die beiden Gottesnamen Jahwe und Elohim nebeneinandergesetzt oder auch miteinander ausgetauscht. Dies geschieht sowohl im Pentateuch wie auch bei den Propheten und in den Schriftwerken.

So beginnt im 1. Buch Mose der zweite (jahwistische) Schöpfungsbericht mit den Worten: »Als Jahwe Elohim Erde und Himmel machte ...«[12] Und die (elohistische) Mitteilung der »Zehn Gebote« im 2. Buch Mose lautet: »Und Elohim redete alle diese Worte und sprach:

›Ich bin Jahwe, dein Elohim, der ich dich aus dem Lande Ägypten,
    aus dem Knechtshause, herausgeführt habe.
Nicht sollst du andere Elohim haben neben mir.
Nicht sollst du dir machen ein Schnitzbild von irgendwelcher Gestalt

oben im Himmel oder unten auf der Erde oder im Wasser unter der Erde.

Nicht sollst du dich vor ihnen niederwerfen noch sie anbeten,

der ich, Jahwe, dein Elohim, bin ein eifersüchtiger El …

Nicht sollst du den Namen Jahwes, deines Elohim, unnütz aussprechen …

Gedenke an den Sabbattag, ihn zu heiligen …

der siebente Tag ist Sabbat für Jahwe, deinen Elohim.‹ «[13]

Und im Deuteronomium wird Israel zur Verehrung des einen Gottes aufgefordert: »Höre, Israel: Jahwe ist unser El, Jahwe allein. Und du sollst Jahwe, deinen El, lieben mit deinem ganzen Herzen und mit deiner ganzen Seele und mit deiner ganzen Kraft.«[14]

Auch die spätere priesterschriftliche Fassung der Erzählung, nach der Elōhim dem Mose seinen Namen Jahwe offenbart, verbindet beide Gottesnamen und identifiziert sie, wenn es heißt: »Und Elohim redete zu Mose und sprach zu ihm. Ich bin Jahwe. Ich bin Abraham, Isaak und Jakob erschienen als El-Schaddaj; aber mit meinem Namen Jahwe habe ich mich ihnen nicht zu erkennen gegeben.«[15]

In den prophetischen Büchern und in den Schriftwerken wird bei der Verknüpfung der beiden Gottesnamen Jahwe und Ēl letzterer meist mit der »El Israels« näher gekennzeichnet. So bekennt der König Salomo feierlich: »Jahwe, El Israels! Kein Elohim ist dir gleich im Himmel oben und auf der Erde unten.«[16]

Die zu einer Einheit verbundenen Gottesnamen Jahwe und Ēl sind auch Wortbestandteile der Eigennamen zweier Propheten, wie bei Elija (»mein Ēl ist Jahwe«), dem Propheten des Nordreiches Israel, und bei dem Jerusalemer Schriftpropheten Joel (»Jahwe ist Ēl«).

Nicht nur der dem Jahwe zugeordnete Gattungsname Ēl (»der Gott«), der das grammatische Geschlecht des Männlichen hat, läßt den Gott Israels als eine männliche Gottheit erscheinen, sondern auch viele der dem Jahwe zugewiesenen männlichen Beinamen.

So heißt es im Siegeslied des Mose »Jahwe ist ein Kriegsmann«, und es schließt mit dem Bekenntnis: »Jahwe ist König auf immer und ewig!«[17]

Die Kennzeichnung Jahwes und Ēls als König haben vor allem die Propheten und die Psalmen. Eine weitere männliche Berufsbezeichnung für den Gott Israels ist die des Hirten, derer sich die Psalmen bedienen: »Jahwe ist mein Hirte; mir wird nichts mangeln«,[18] und an anderer Stelle bittet der Psalmist: »Du Hirte Israels, der du Joseph leitest wie eine Herde, höre doch! … O Elohim! Stelle uns wieder her! … Jahwe, El Zebaoth [›Ēl der Heerscharen‹]!«[19]

Ein weiterer männlicher Beiname Gottes ist der »Herr« (Ba'al bzw. Adon). So bezeichnet sich Jahwe selbst als »Herrn«, wenn er bestimmt: »Dreimal im Jahr soll alles bei dir, was männlich ist, vor dem Angesicht des Herrn Jahwe, dem Elohim Israels, erscheinen.«[20]

Ein besonders starkes Bild von der Männlichkeit des Gottes Israel ist das vom Vater, der aus der Sicht seiner Kinder sie gezeugt hat. Schon das Deuteronomium bietet im »Lied des Mose«, das die einzigartige Macht des einzigen und wahren Gottes Israels rühmt, diese Metapher:

»Horcht auf, ihr Himmel, ich will reden,
    und die Erde höre die Worte meines Mundes! …
Wollt ihr so dem Jahwe vergelten,
    törichtes und unweises Volk?
Ist er nicht dein Vater, der dich geschaffen hat?
    Er hat dich gemacht und bereitet …
Den Felsen, der dich gezeugt, täuschtest du
    und vergaßest den El, der dich geboren.
Und Jahwe sah es und verwarf [sie]
    aus Unwillen über seine Söhne und seine Töchter.«[21]

Diese Vorstellung von Gott als dem Vater Israels haben später die Propheten und Schriftwerke immer wieder aufgegriffen und variiert. Gemäß dem Propheten Jeremia spricht Jahwe selber: »Denn ich bin Israel zum Vater geworden, und Ephraim ist mein Erstgeborener.«[22]

Gott ist aber nicht nur der Vater Israels, sondern auch in besonderer Weise der Vater des Königs. So gibt Jahwe für David und sein Königtum die Verheißung: »Und ich werde den Thron seines Königtums festigen für ewig. Ich will ihm Vater sein, und er soll mir Sohn sein.«[23] Und anläßlich der Thronbesteigung eines Königs wurde dieser Vater-Sohn-Gedanke psalmodiert, wenn es im 2. Psalm heißt: »Laßt mich die Anordnung des Jahwe bekanntgeben! Er hat zu mir gesprochen: ›Mein Sohn bist du, ich habe dich heute gezeugt.‹ «[24]

Diese aus dem Bereich menschlicher Sexualität genommenen Sprachformen wie Vater, Sohn und Zeugen finden eine weitere Steigerung bei den Propheten, wenn sie den Bund zwischen dem Gott Jahwe und seinem Volk Israel mit dem Ehebund zwischen zwei verschiedengeschlechtigen Partnern vergleichen, wobei die Rolle der Braut und Ehefrau dem Volk Israel und die des Bräutigams und des Ehegatten dem Jahwe zugewiesen wird. So verkündet

Jesaja die Wiederannahme Israels: »Juble, du Unfruchtbare, die nicht geboren, brich in Jubel aus und jauchze, die keine Wehen gehabt hat! ... Denn dein Gemahl ist dein Schöpfer, Jahwe Zebaot ist sein Name, und dein Erlöser ist der Heilige Israels: El der ganzen Erde wird er genannt.«[25]

Dieses Bild von der Brautzeit und Ehe bildet die Voraussetzung für das daraus abgeleitete Bild von der Treulosigkeit, ja von dem Ehebruch, die bzw. den Israel durch seinen Glaubensabfall gegenüber seinem Gott beging. Von diesem Ehebruch reden eindringlich die Propheten Jeremia, Hesekiel und Hosea.

So klagt Jahwe gegenüber Jeremia das Volk Israel und Juda wegen Ehebruchs an und ruft sie beide durch seinen Propheten zur Buße auf:

»Hast du gesehen, was Israel, die Abtrünnige getan hat? Sie ging auf jeden hohen Berg und unter jeden grünen Baum und hurte dort ... Und ihre treulose Schwester Juda sah es. Und sie sah [auch], daß ich Israel, die Abtrünnige, eben deshalb, weil sie die Ehe gebrochen, entließ und ihr den Scheidebrief gab. Doch ihre Schwester Juda, die Treulose, fürchtete sich nicht, sondern ging hin und trieb selbst auch Hurerei. Und es geschah, durch die Leichtfertigkeit ihrer Hurerei entweihte sie das Land; denn sie trieb Ehebruch mit Stein und mit Holz.«[26]

Dieses ehebrecherische Verhalten Judas und Jerusalems ist die Ursache für Jahwes strafendes Eingreifen, wenn er ankündigt:

»Deine Söhne haben mich verlassen und schwören bei Nicht-Elohim. Obwohl ich sie schwören ließ, haben sie Ehebruch getrieben und laufen scharenweise ins Hurenhaus. Feiste, geile Hengste sind sie; sie wiehern, jeder nach der Frau seines Nächsten. Sollte ich dies nicht heimsuchen? spricht Jahwe.«[27]

Und auch nach dem Propheten Hesekiel findet Jahwe harte Gerichtsworte für Jerusalem, seine trotz aller Liebesbeweise untreu gewordene Ehefrau.

»Und du, Jerusalem, wuchsest heran und wurdest groß, und du gelangtest zu höchster Anmut; die Brüste rundeten sich, und dein Haar wuchs reichlich; aber du warst nackt und bloß. Und ich [Jahwe] ging an dir vorüber und sah dich, und siehe, deine Zeit war da, die Zeit der Liebe; und ich breitete meinen Zipfel über dich aus und bedeckte deine Blöße. Und ich schwor dir und trat in einen Bund mit dir, spricht der Adonai [Herr] Jahwe, und du wurdest mein ...
Aber du vertrautest auf deine Schönheit, und du hurtest auf deinen Ruf hin und gossest

deine Hurereien aus über jeden, der vorbeikam … Und du nahmst deine Söhne und Töchter, die du mir geboren, und opfertest sie ihnen zum Fraß … Und du machtest deine Schönheit zu einem Greuel und spreiztest deine Beine für jeden, der vorbeikam und machtest deine Hurerei groß. Du hurtest mit den Söhnen Ägyptens … Und du hurtest mit den Söhnen Assurs, weil du [noch] nicht satt warst; und du hurtest mit ihnen und wurdest auch nicht satt .. Dabei warst du nicht [einmal] wie eine [gewöhnliche] Hure, [denn] du verschmähtest [sogar] den Lohn. Die ehebrecherische Frau nimmt statt ihres Mannes fremde [Männer]. Allen Huren gibt man Geschenke; du aber gabst deine Liebesgeschenke all deinen Liebhabern, und du beschenktest sie, damit sie von ringsumher zu dir kämen wegen deiner Hurereien: …

Darum, Hure, höre das Wort des Jahwe! So spricht der Adonai [Herr] Jahwe: Weil du deine Scham entblößt und deine Blöße aufgedeckt hast bei deinen Hurereien mit deinen Liebhabern und mit all deinen greulichen Götzen … darum, siehe, werde ich alle deine Liebhaber sammeln … Und ich richte dich nach den Rechtsbestimmungen für Ehebrecherinnen und Blutvergießerinnen und bringe [meinen] Zorn und Eifer über dich.«[28]

Und im Kapitel 23 stellt Hesekiel Israel und Juda unter dem Namen Ohola und Oholiba als zwei Töchter derselben Mutter und dieselben als die zwei ehebrecherischen Ehefrauen des Gottes Jahwe dar. Ohola trieb es mit den Ägyptern, schon »in ihrer Jugend hatten sie bei ihr gelegen und hatten ihren jungfräulichen Busen betastet und ihre Hurerei über sie ausgegossen«.[29] Und ihre Schwester Oholiba trieb es mit ihren Hurereien noch schlimmer.

Diesen symbolhaften Worten über das eheliche bzw. ehebrecherische Verhältnis Israels gegenüber seinem Gott fügt der Prophet Hosea (8. Jh. v. Chr.) noch eine weitere Steigerung hinzu, indem er die Untreue Israels als Zeichenhandlung in seinem privaten Leben vorlebt. So heiratet Hosea (»Jahwe rettet«) auf den Befehl Jahwes hin die Hure Gomer, vielleicht eine der zahlreichen sakralen Prostituierten aus dem Tempel einer Fruchtbarkeitsgottheit.

»Da sprach Jahwe zu Hosea: ›Geh, nimm dir eine hurerische Frau und [zeuge] hurerische Kinder! Denn das Land treibt ständig Hurerei, von Jahwe hinweg.‹«[30] Die drei von der Hure geborenen Kinder – von denen Hosea nicht sicher wissen konnte, ob sie seine eigenen waren – erhielten von Jahwe selbst ausgewählte Namen. So hatte der erstgeborene Sohn den Namen Jesreel (»Ēl sät«), die Tochter hieß Lo-Ruhama (»Nicht-Erbarmen«), und der jüngste Sohn wurde Lo-Ammi (»Nicht-mein-Volk«) genannt.

Die Namen der Kinder sollten den Protest Jahwes gegen Israels Treulosigkeit zum Ausdruck bringen. Als Hosea sich von seiner Frau Gomer weiterhin

*Die 72 (männlichen Bei-) Namen Jahwes
in der Figur einer Sonnenblume.
Diagramm nach der Kabbala, 1652*

betrogen sah, verkaufte er sie in die Sklaverei. Da er sie aber weiterhin liebte, merkte er, daß er selbst der Sklave ihrer Liebe war. So kaufte er sie von dem Sklavenhalter zurück.

Jahwe spricht nicht nur von der Bestrafung seiner treulosen Gattin Israel, sondern er verheißt auch für die eschatologische Zeit die Rückkehr seiner Braut. »Und es wird geschehen an jenem Tag, spricht Jahwe, da rufst du: Mein Mann [Isch]! Und du rufst mich nicht mehr: Mein Herr [Ba'al]! … Und ich will dich mir verloben in Ewigkeit, und ich will dich mir verloben in Gerechtigkeit und in Recht und in Gnade und in Erbarmen, ja in Treue will ich dich mir verloben; und du wirst den Jahwe erkennen.«[31]

Im Hinblick auf die vorgenannten, in allen drei Teilen der Bibel vorkommenden betont männlichen Sprachformen und Metaphern für das biblische Gottesbild, wie der Gott, Kriegsmann, König, Hirt, Herr, Vater, Gemahl, treten die beiden beim Propheten Jesaja nur sporadisch erscheinenden Vergleiche für die weiblichen Züge im Gottesbild stark in den Hintergrund. So vergleicht sich der Gott Jahwe mit einer Mutter: »Vergißt [etwa] eine Frau ihren Säugling, daß sie sich nicht erbarmt über den Sohn ihres Leibes? Sollten selbst diese vergessen, ich [Jahwe] werde dich [Israel] niemals vergessen«,[32] und an anderer Stelle spricht Jahwe: »Wie einen, den seine Mutter tröstet, so will ich euch trösten.«[33]

Die geschlechtsspezifische, vor allem männlich betonte Namengebung des israelitischen Gottes ist insofern von Bedeutung, als der Name im allgemeinen das Wesen und die Funktion des Benannten repräsentiert.

Erstes Menschenpaar: Adam und Eva

Nach dem *jahwistischen Schöpfungsbericht*[34] werden die beiden Geschlechter nacheinander geschaffen, zuerst der Mann und erst später die Frau. So »bildete Jahwe Elohim den Menschen [Adam] [aus] Staub vom Erdboden und

Erstes Menschenpaar: Erschaffung Evas aus der Seite des schlafenden Adam (= Mensch aus Erde) durch Jahwe. Aus der Tierwelt sind ebenfalls paarig vertreten: u.a. Bären, Edel- und Damhirsche. Kupferstich von Jost Amman, 1583

hauchte in seine Nase Atem des Lebens, so wurde der Mensch eine lebende Seele«. Dann pflanzte er einen Garten, setzte den Menschen dort hinein und gebot ihm, vom Baum der Erkenntnis des Guten und Bösen nicht zu essen. Erst nach diesem Verbot für Adam spricht der Gott: »Es ist nicht gut, daß der Mensch [Adam] allein sei, ich will ihm eine Hilfe machen, die ihm entspricht.« Dann ließ Jahwe Elōhim einen tiefen Schlaf über den Menschen [Adam] kommen, nahm eine von seinen Rippen, füllte ihre Lücke mit Fleisch und »baute die Rippe, die er von dem Menschen [Adam] genommen hatte, zu einer Frau [ischa]!« Da sagte der Mensch: »Diese soll Männin [ischa] heißen, denn vom Mann [isch] ist sie genommen. Darum wird der Mann seinen Vater und seine Mutter verlassen und seiner Frau anhängen, und sie werden zu einem Fleisch werden.« »Sie waren aber beide nackt, der Mensch [Adam] und seine Frau [ischa], und sie schämten sich nicht.«

Nach dem *priesterschriftlichen Schöpfungsbericht* [35] werden beide Geschlechter, Mann und Frau, gleichzeitig geschaffen. »Und Elohim sprach: ›Laßt uns Menschen [Adam] machen in unserem Bild, und ähnlich‹ … Und Elohim schuf den Menschen [Adam] nach seinem Bilde, nach dem Bild Elohims schuf er ihn, männlich und weiblich schuf er sie. Und Elohim segnete sie, und Elohim sprach zu ihnen: ›Seid fruchtbar und vermehret euch, füllt die Erde und macht sie [euch] untertan; und herrscht über die Fische des Meeres und über die Vögel des Himmels und über alle Tiere, die sich auf der Erde regen‹.«

Die Reaktion des Menschen auf das (nach dem Jahwisten) von Gott erlassene Verbot, nicht »vom Baum der Erkenntnis« mitten im Garten zu essen, wird in der nachfolgenden Erzählung [36] dargestellt. Demnach überredete die listige Schlange die Frau dazu, dieses Gebot Gottes nicht zu beachten, denn »sobald ihr davon eßt, daß dann … ihr sein werdet wie Elohim, die Erkenntnis habend. Als nun die Frau sah, daß der Baum gut zur Speise, und daß er eine Lust für die Augen und daß der Baum begehrenswert war, Einsicht zu geben, nahm sie von seiner Frucht und aß, und sie gab auch ihrem Mann bei ihr, und er aß. Da wurden ihrer beider Augen aufgetan, und sie erkannten, daß sie nackt waren.« Die Strafen Gottes für die Menschen folgten auf dem Fuß. So sprach Elōhim als Strafe für die Frau: »Ich werde sehr vermehren die Mühsal deiner Schwangerschaft, mit Schmerzen sollst du Kinder gebären! Nach dem Mann wird dein Verlangen sein, er aber wird über dich herrschen!« Und zu dem Menschen [Adam] sprach Elōhim, weil er auf die Stimme seiner Frau gehört und gegessen hatte von dem Baum, sollten die Strafen sein: einerseits die Verurteilung des Menschen zum Ackerbauern: »So sei der Erdboden ver-

»Sündenfall des menschlichen Geschlechts«: Eva reicht Adam die verbotene Paradiesesfrucht der Verführung, während letzterer ihr an die Brust greift. Holzschnitt von Hans Baldung Grien, 1511. Paris: Bibliothèque Nationale

flucht um deinetwillen; mühselig sollst du ihn bearbeiten, solange du lebst … und du mußt dich nähren vom Kraut des Feldes … bis du zurückkehrst zum Erdboden, denn von ihm bist du genommen«, andererseits die Verurteilung des Menschen zum Nomaden: »Im Schweiße deines Angesichts mußt du dir Nahrung suchen … Denn Staub bist du, und zum Staub wirst du zurückkehren.«

Erst nach diesen Strafbestimmungen Gottes erfolgte die Namengebung für die erste Frau durch den Menschen (= Mann): »Und der Mensch gab seiner Frau den Namen Eva, denn sie wurde die Mutter aller Lebenden.«

Die jahwistische Erzählung vom Sündenfall des ersten Menschenpaares ist später im Talmud und in der Kabbala erweitert und auf erotisch-mystische Weise glossiert worden, zumal in der biblischen Erzählung eine Reihe von Sexualsymbolen verwendet sind: die Schlange als Phallussymbol, das Wort »erkennen« als Umschreibung für begatten, Nacktheit und keine Scham vor dem Sündenfall sowie Nacktheit und Scham danach, ferner die Geburtsschmerzen als Strafe für die Frau.

Das Frauenbild der biblischen und auch der rabbinischen Literatur ist von Männern gezeichnet und formuliert worden. Es entstammt weithin der antiken, vaterrechtlich geprägten Gesellschaft. Aus diesem Grund erscheint eine ganze Reihe von Frauen – neben der Eva – in der Bibel als Verführerinnen der Männer und auch als Verleiterinnen zum Götzendienst. So weiß der Jahwist aus der Zeit vor der Sintflut zu berichten, wie die Söhne Elōhims den Reizen der Menschentöchter verfielen und so die Riesen entstanden, »als die Söhne Elohims zu den Töchtern der Menschen eingingen und sie ihnen [Kinder] gebaren.«[37] Da reute es Jahwe schon, daß er den Menschen auf der Erde geschaffen hatte.

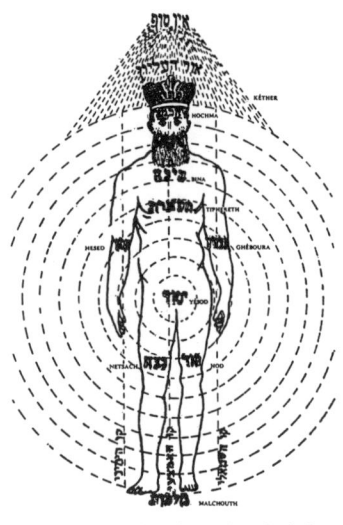

Das kabbalistische Schema der zehnfachen Sefirot-(»Sphären«)-Struktur ist als männlich-menschliche Gestalt des Adam qadmon (»Urmensch«) dargestellt. Jedem seiner Glieder entspricht eine der zehn Sphären. Die unterste (10.) Sefirah »Malkut« (›Herrschaft‹) ist der symbolische Träger für Frau, Mutter und Tochter und steht zur (9.) Sefirah »Jessod« (›Fundament‹), dem männlichen Geschlechtsteil, in einem sexuellen Verhältnis

Auch die Frau des Ägypters Potiphar ist nach dem Jahwisten[38] ein Typus der Verführerin des Mannes und ein Hauptbeispiel für die weibliche Initiative beim Sexualverhalten. Als Ehefrau des Potiphar, eines Beamten am ägyptischen Hof und des Herrn über den israelitischen Sklaven Josef, versuchte sie letzteren zu verführen. Als dieser jedoch standhaft blieb und sie zurückwies, drehte sie den Spieß um und klagte ihn wegen versuchter Notzucht an, woraufhin Josef eingekerkert wurde.

Auch die Erzählung von der Delila (»Verführerin«) und dem Samson im Buch der Richter[39] zeigt, wie der im Kampf mit den männlichen Philistern unüberwindbare Held schließlich wegen der für ihn verhängnisvollen Liebe zu Delila der weiblichen List unterliegt. Diese Erzählung ist ein Sinnbild für die Antinomie von männlicher Kraft und weiblicher List.

In dem zu den Schriftwerken gehörenden Buch der Sprüche steht eine ganze Reihe von Sentenzen, die ein positives wie auch negatives Frauenbild zeichnen. Da ist z. B. die Rede von der tüchtigen und auch weisen (Haus-)Frau, aber auch von der zänkischen Frau sowie von der schönen und zugleich keinen Verstand besitzenden Frau. Das Buch der Sprüche schließt mit dem Lobpreis auf die tüchtige Hausfrau, der die Form eines Akrostichons[40] hat (d. h., im Hebräischen folgen die Anfangsbuchstaben der einzelnen Verse der alphabetischen Ordnung); er wird auch heute noch zum Beginn der Sabbatfeier im jüdischen Haus gesungen. Dieser Preis beginnt mit dem Vers: »Eine tüchtige Frau – wer findet sie?« Diesem Akrostichon voraus gehen Zahlensprüche, die zugleich Züge des Sprichwortes, des Vergleichs und des Rätselspruchs tragen. Einer von ihnen lautet:

»Drei sind es, die mir zu wunderbar sind,
und vier, die ich nicht erkenne:
Der Weg des Adlers am Himmel,
der Weg einer Schlange auf dem Felsen,
der Weg eines Schiffes im Herzen des Meeres
und der Weg eines Mannes mit einem Mädchen. –
So ist der Weg einer ehebrecherischen Frau:
Sie ißt und wischt ihren Mund und sagt:
Ich habe nichts Unrechtes getan!«[41]

Samsons Schwächung seiner Manneskraft durch die »Verführerin« Delila, als letztere ihm das Haar abschneidet. Holzschnitt von Hans Burgkmair

Potiphars Ehefrau versucht Joseph in ihr Ehebett zu ziehen, um ihn zum Ehebruch zu verführen. Kupferstich von »GL«, 1685

Ebenfalls zu den Schriftwerken gehört das »Hohelied«, eine Sammlung von Liebes- und Hochzeitsliedern, die allegorische Deutungen auf die göttliche Liebe ermöglichen.

Es sind Wechselgesänge zwischen der Braut, einem Chor und dem Bräutigam.

(Bräutigam):
»Wie schön sind deine Schritte in den Sandalen,
> du Tochter eines Edlen!

Die Biegungen deiner Hüften sind wie Halsgeschmeide,
> ein Werk von Künstlerhand.

Dein Schoß ist eine runde Schale.
> Nie mangle es ihr an Mischwein!

Dein Leib ist ein Weizenhaufen,
> umzäunt mit Lilien.

Deine beiden Brüste sind wie zwei Kitze,
> Zwillinge der Gazelle …

Dies ist dein Wuchs: Er gleicht der Palme
> und deine Brüste den Trauben.

Ich sagte [mir]: Ersteigen will ich die Palme,
> will nach ihren Rispen greifen.

Deine Brüste sollen [mir] wie Trauben des Weinstocks sein
> und der Duft deines Atems wie Apfelduft

und dein Gaumen wie vom würzigen Wein,
> der einem Liebhaber [süß] eingeht,

der die Lippen der Schlafenden erregt.«

(Braut):
»Ich gehöre meinem Geliebten,
> und nach mir ist sein Verlangen.

Komm, mein Geliebter, laß uns aufs Feld hinausgehen!
> Wir wollen unter Hennasträuchern die Nacht verbringen.

Wir wollen uns früh aufmachen zu den Weinbergen,
> wollen sehen, ob der Weinstock treibt …

die Weinblüte aufgegangen ist,
> ob die Granatapfelbäume blühen!

Dort will ich dir meine Liebe schenken.«[42]

Dieses Lied der Lieder ist ganz erfüllt von verhaltener Erotik zwischen Junge und Mädchen, zwischen Mann und Frau, und es bedient sich dabei zahlreicher eindeutiger und zugleich verhüllender Vergleiche und Metaphern aus der Pflanzen- und Tierwelt. So sind die Brüste wie Gazellenzwillinge oder wie Weintrauben, und der Weinberg ist wie der ganze Leib.

Vom »Herrn« Jahwe erlassene 28 Sexualgebote und 66 Sexualverbote

Nach einer alten, bereits auf die tannaitische Zeit zurückgehenden Tradition wird die Anzahl der dem Mose von Jahwe geoffenbarten biblischen Gebote und Verbote mit 613 angegeben: 365 Verbote, gleich der Anzahl der Tage des Sonnenjahres, und 248 Gebote, gleich der Anzahl der Glieder des menschlichen Körpers.[43] Darunter betreffen das Sexualleben gemäß einer spezifizierten Aufstellung in der Liste des Philosophen und Gesetzeslehrers Maimonides (1135–1204) 28 Gebote und 66 Verbote.

Die Mischna des rabbinischen Judentums bestimmt:

»Zu allen von einer festgesetzten Zeit bedingten Geboten sind Männer verpflichtet und Frauen davon frei, und zu allen von einer festgesetzten Zeit nicht bedingten Geboten sind sowohl Männer als auch Frauen verpflichtet. Alle Verbote aber, einerlei ob von einer festgesetzten Zeit bedingt oder nicht von einer festgesetzten Zeit bedingt, gelten sowohl für Männer als auch für Frauen.«[44]

Weil Frauen nicht verpflichtet sind, alle Gebote der Thora zu halten, sagt Rabbi Meir (150 n. Chr.): »Der Mensch [= Mann] ist verpflichtet, täglich folgende drei Segenssprüche zu sprechen:

›Daß er [Jahwe] mich nicht zu einem Nichtjuden gemacht hat.‹
›Daß er [Jahwe] mich nicht zu einem Weibe gemacht hat.‹
›Daß er [Jahwe] mich nicht zu einem Unwissenden gemacht hat.‹«[45]

Dieser Text, der auch im täglichen Morgengebet (Schacharit) gesprochen wird, ist im Reformgebetbuch durch die Dankesformel, daß Jahwe sie »nach seinem Willen schuf«, ersetzt worden.

Jahwe hatte für den Sexualverkehr und für die Ehe bestimmte Verordnungen erlassen, in denen genau festgelegt ist, bis zu welchem Verwandtschaftsgrad sexuelle Beziehungen verboten sind. So hatte er zu Mose geredet: »Niemand von euch soll sich irgendeinem seiner Blutsverwandten nähern, um die Blöße aufzudecken. Ich bin Jahwe.«[46]

Verboten sind nach dem Heiligkeitsgesetz der Priesterschrift: der Beischlaf mit der eigenen Mutter (331. Verbot),[47] »die Blöße deiner Mutter sollst du nicht aufdecken; sie ist deine Mutter, du sollst ihre Blöße nicht aufdecken«, sowie mit der Frau des Vaters, der Stiefmutter (332. Verbot),[48] mit der Schwester (333. und 334. Verbot),[49] mit der Enkelin (335. und 336. Verbot),[50] mit der Stiefschwester(337. Verbot),[51] mit der Vater- und Mutterschwester, der Tante (338. und 339. Verbot),[52] mit der Frau des Vater-Bruders, der Tante (341. Verbot),[53] mit der Schwiegertochter (342. Verbot),[54] mit der Schwägerin (343. Verbot)[55] sowie der Beischlaf mit Mutter und Tochter zugleich bei Lebzeiten beider bzw. Großmutter und Enkelin (344. Verbot).[56]

Auch die Doppelehe mit zwei Schwestern fällt unter das *Inzestverbot* (345. Verbot):[57] »Und du sollst nicht eine Frau zu ihrer Schwester nehmen, [sie] eifersüchtig zu machen, indem du ihre Blöße neben ihr aufdeckst bei ihrem Leben.«

Das Heiligkeitsgesetz wiederholt zwei Kapitel später diese Inzestverbote und sanktioniert einige davon sogar mit der Todesstrafe. So steht die einfache Todesstrafe auf die Beziehungen zwischen Sohn und Stiefmutter: »Und wenn ein Mann bei der Frau seines Vaters liegt: er hat die Blöße seines Vaters aufgedeckt, beide müssen getötet werden, ihr Blut ist auf ihnen.« Das gleiche gilt für die Beziehungen zwischen Schwiegervater und Schwiegertochter: »Und wenn ein Mann bei seiner Schwiegertochter liegt, müssen beide getötet werden. Sie haben eine schändliche Befleckung verübt, ihr Blut ist auf ihnen.«[58]

Die Todesstrafe durch Verbrennen droht für die sexuellen Beziehungen eines Mannes mit zwei Frauen und eines Mannes mit Mutter und Tochter zugleich: »Und wenn ein Mann eine Frau nimmt und ihre Mutter, das ist eine Schandtat; man soll ihn und sie mit Feuer verbrennen, damit keine Schandtat in eurer Mitte sei.«[59]

Die Todesstrafe vor versammelter Gemeinde droht denen, die als Bruder und Schwester oder Halbschwester sexuell miteinander verkehren: »Und wenn ein Mann seine Schwester nimmt, die Tochter seines Vaters oder die Tochter seiner Mutter, und er sieht ihre Blöße, und sie sieht seine Blöße: das ist eine Schande, und sie sollen ausgerottet werden vor den Augen der Kinder ihres Volkes. Er hat die Blöße seiner Schwester aufgedeckt, er soll seine Schuld tragen.«[60]

Der sofortige Tod durch Hinrichtung galt auch für die Beischläfer mit der

Amnon vergewaltigt seine
Halbschwester Tamar. Kupferstich von
Matthäus Merian, 1630

Tante[61] und mit der Schwägerin,[62] was durch die Umschreibung »kinderlos sollen sie sterben« ausgedrückt wird.

Nach dem Deuteronomium hatte schon Mose den Fluch über den Beischläfer mit der Stiefmutter, den mit der Schwester und den mit der Schwiegermutter ausgesprochen: »Verflucht sei, wer bei der Frau seines Vaters liegt, denn er hat die Decke (›den Zipfel [des Obergewandes]‹) seines Vaters aufgedeckt! Und das ganze Volk sage: Amen! … Verflucht sei, wer bei seiner Schwester liegt, der Tochter seines Vaters oder der Tochter seiner Mutter! Und das ganze Volk sage: Amen! Verflucht sei, wer bei seiner Schwiegermutter liegt! Und das ganze Volk sage: Amen.«[63]

Beispiele für die Nichtbeachtung des *Inzesttabus* bietet die Bibel in einer Reihe von Erzählungen. So setzt der Jahwist den Geschlechtsverkehr zwischen Vollgeschwistern am Anfang der Menschheitsgeschichte voraus, wenn z.B. Kain und Set, die Söhne von Adam und Eva, mit ihren eigenen Schwestern Nachkommen zeugten.[64] Auch der Elohist nimmt keinen Anstoß an der Ehe des Abraham mit Sara, einer Tochter seines Vaters, also seiner Halbschwester väterlicherseits.[65] Nach der Priesterschrift konnte Esau anstandslos Mahalat, die Tochter Ismaels, des Halbbruders seines Vaters, zu seinen anderen Frauen als Ehefrau nehmen.[66]

Im Gegensatz zu diesen unbeanstandeten geschlechtlichen Beziehungen innerhalb bestimmter Verwandtschaftsgrade gibt es aber auch Erzählungen mit sanktionierten Übertretungen. Da Ruben, der Sohn des Patriarchen Jakob, die Bilha, eine Nebenfrau seines Vaters, beschlafen hatte,[67] hat sein Vater noch auf dem Sterbebett ihn als Erstgeborenen zurückgesetzt.[68]

Amnon, der älteste Sohn des Königs David, hatte sich in seine Halbschwester Tamar verliebt und sie eines Tages vergewaltigt. Der andere Halbbruder, Absalom, rächte diese Tat zwei Jahre später, indem er den Blutschänder und Vergewaltiger Amnon beim Fest der Schafschur töten ließ.[69]

Eine *Mischehe* zwischen Israeliten und Nichtisraeliten war wegen der Gefahr des Glaubensabfalls untersagt. So warnte Jahwe selbst nach dem Deuteronomisten: »Und du [Israel] sollst dich nicht mit ihnen [den Fremdvölkern] verschwägern. Deine Tochter darfst du nicht seinem Sohn geben, und seine Tochter darfst du nicht für deinen Sohn nehmen. Denn er würde deinen Sohn von mir abwenden, daß er andern Elohim [›Göttern‹] dient, und der Zorn des Jahwe würde gegen euch entbrennen und er würde dich schnell vernichten.«[70]

Und im 53. Verbot verbietet Jahwe den Israeliten die Mischehe mit Nichtisraeliten auf ewig. »Ein Bastard darf nicht in die Versammlung des Jahwe kommen ... für ewig.«[71]

Die Befürchtung des Glaubensabfalls hatte Jahwe schon nach dem Jahwisten ausgesprochen: »Daß du [ja] keinen Bund mit den Bewohnern des Landes schließt! ... Und du könntest von ihren Töchtern für deine Söhne [Frauen] nehmen, und [wenn dann] ihre Töchter ihren Elohim [›Göttern‹] nachhuren, könnten sie deine Söhne dazu verführen, ihren Elohim nachzuhuren.«[72]

Als trotz des Verbots Jahwes die Mischehen unter den Israeliten zunahmen, statuierte einmal der Priester Pinhas ein Exempel des Strafgerichts, »nahm einen Speer in seine Hand und ging dem israelitischen Mann nach in das Innere [des Zeltes] und durchbohrte die beiden, den israelitischen Mann und die [midianitische] Frau, durch ihren Unterleib. Da wurde die Plage von den Söhnen Israels zurückgehalten.«[73] Diese exemplarische Tat des Priesters Pinhas, für die er von Jahwe mit dem ewigen Priestertum belohnt wurde, besingt der Psalmist.[74]

Nach der Beendigung des babylonischen Exils wurden die Mischehengesetze für Juden verschärft, da sich das biblische Judentum jetzt in seinem Erhalt bedroht sah. So ließ der Priester und Reformator Esra, der Begründer des eigentlichen Judentums, die Auflösung sämtlicher Mischehen durch Gesetz beschließen und die volksfremden Frauen wegschicken.[75]

Wegen ihrer Mischehe werden der simeonitisch-israelitische Simri und seine midianitische Frau Kosbi (»die Üppige«) von Pinhas, einem Priester Jahwes, während des Beischlafes mit einem Schwert getötet, das ihren Unterleib durchbohrt. Stich von Wolf Köpfl, 1532

Das rabbinisch-talmudische Eherecht ist vor allem in der dritten Ordnung »Frauen« (Nashim) der Mischna mit den Traktaten »Schwägerinnen« (Jewamot), »Eheurkunden« (Ketubbot), »die des Ehebruchs Verdächtige« (Sota), Scheidungsurkunden (Gittin) und »Verlöbnis« (Kiddushin) fixiert.

Der Tatbestand des *Ehebruchs* war für einen Mann und für eine Frau unterschiedlich gegeben. Jeder geschlechtliche Verkehr einer verlobten oder verheirateten Frau mit einem anderen Mann, gleichgültig ob dieser verheiratet oder unverheiratet war, machte die Frau zur Ehebrecherin, da sie ihre eigene Ehe gebrochen hatte. Hingegen konnte jeder verheiratete oder verlobte Mann und auch der unverheiratete, der sich mit der Ehefrau oder Verlobten eines anderen Mannes einließ, nur dessen Ehe brechen. Wenn er als Ehemann eine nichtverheiratete oder nichtverlobte Frau (Jungfrau oder Witwe) beschlief, war seine eigene Ehe davon nicht berührt, er beging also keinen Ehebruch. Und letzteres sexuelle »Fremdgehen« war durch keine biblische oder talmudische Gesetzesbestimmung verboten oder gar sanktioniert.

Zwei der (zehn) »Gebote« des elohistischen Dekalogs und des Deuteronomiums sind aus der Sicht männlichen Sexualverhaltens formuliert:

»Du sollst nicht ehebrechen.«[76]

»Du sollst nicht das Haus deines Nächsten begehren.
Du sollst nicht begehren die Frau deines Nächsten,
    noch seinen Knecht, noch seine Magd,
    weder sein Rind noch seinen Esel,
    noch irgend etwas, was deinem Nächsten [gehört].«[77]

In diesem, dem letzteren (265.) Verbot erscheint die Frau als Besitztum des Mannes, das hier sogar – im Gegensatz zum Deuteronomium – erst nach dessen Haus, aber noch vor seinem übrigen Eigentum genannt wird.

Auch das priesterschriftliche Heiligkeitsgesetz kennt das (347.) Verbot des Sexualverkehrs mit der Ehefrau des Nächsten: »Und bei der Frau deines Nächsten sollst du nicht zur Begattung liegen, daß du durch sie unrein wirst.«[78] Und zwei Kapitel weiter wird für ein solches Verhalten die Todesstrafe angekündigt: »Und wenn ein Mann mit einer Frau Ehebruch treibt, wenn ein Mann Ehebruch treibt mit der Frau seines Nächsten, müssen der Ehebrecher und die Ehebrecherin getötet werden.«[79]

Die Todesstrafe für beide Beteiligten an einem Ehebruch hatte schon das Deuteronomium festgesetzt: »Wenn ein Mann bei einer Frau liegend angetroffen wird, die einem [Ehe-]Mann gehört, dann sollen sie alle beide sterben, der Mann, der bei der Frau lag, und die Frau. Und du sollst das Böse aus Israel wegschaffen«, sagte Jahwe zu Mose.[80]

Auch das weisheitliche Buch der Sprüche warnt in drei Kapiteln vor dem Ehebruch, vor der Verführung zum Ehebruch und den Folgen für den Verführten.[81]

Die Priesterschrift sieht schon bei dem Verdacht eines Ehebruchs durch die Frau – nicht durch den Mann – ein Verfahren (223. Gebot sowie 104. und 105. Verbot) vor, bei dem durch ein Trank-Ordal die Verdächtigte als schuldig oder unschuldig erkannt werden soll.[82]

Biblische Beispiele für die Standhaftigkeit bei der Verführung zum Ehebruch brachte der Jahwist in der Josefserzählung, da Josef im Haus des ägyptischen Potiphar gegenüber dessen Frau standhaft blieb, die ihn zum Ehebruch verführen wollte und dafür sogar eher die Gefängnishaft in Kauf nahm.[83] Ein in diesem Punkt negatives Beispiel gibt der König David, der mit Batseba, der Frau des hethitischen Soldaten Urias Ehebruch beging. Da er jedoch Buße tat, brauchte er nach dem Propheten Nathan nicht zu sterben.[84]

Das Deuteronomium formuliert die Aussagen über Verehelichung (213. Gebot), über *Ehescheidung* mit Ausstellung eines Scheidebriefes (222. Gebot) und Verbot einer Wiederverheiratung (356. Verbot) einzig und allein aus der Sicht des Ehemanns: »Wenn ein Mann eine Frau nimmt und sie heiratet und es geschieht, daß sie keine Gunst in seinen Augen findet, weil er etwas Anstößiges an ihr gefunden hat und er ihr einen Scheidebrief geschrieben, ihn in ihre Hand gegeben und sie aus seinem Haus entlassen hat, und sie ist ... [die Frau] eines anderen Mannes geworden, ... [dann] kann ihr erster Mann, der sie entlassen hat, sie nicht wieder nehmen, daß sie seine Frau sei, nachdem sie unrein gemacht worden ist.«[85]

Eine Ehescheidung war für den Mann nur dann verboten (358. Verbot), wenn er diese Frau wegen Notzüchtigung eines jungfräulichen Mädchens hatte heiraten müssen.[86]

Auf der vorgenannten deuteronomistischen Eheauflösungsbestimmung, der einzigen in der hebräischen Bibel, ist das nachbiblische und rabbinische Scheidungsrecht aufgebaut. Besonders bekannt ist der Mischna-Text über den Streit der Rabbinen-Schulen zur Zeit des Jesus von Nazaret über das Verständnis der Textstelle »etwas Anstößiges«:

»Die Schule *Schammajs* sagt, man dürfe sich von seiner Frau nur dann scheiden lassen, wenn man an ihr etwas Schändliches gefunden hat, denn es heißt: ›denn er fand an ihr etwas Schändliches‹; die Schule *Hillels* sagt, selbst wenn sie ihm die Suppe versalzen

Der des Ehebruchs verdächtigen Frau wird von einem Priester das verfluchte Wasser gereicht, um sie durch dieses Trank-Ordal als schuldig oder unschuldig zu erweisen. Stich von Wolf Köpfl, 1532

hat, denn es heißt: ›denn er fand an ihr etwas Schändliches‹; R[abbi] *Aquiba* sagt, selbst wenn er eine andere schöner als sie findet, denn es heißt: ›wenn sie keine Gunst in seinen Augen findet‹.«[87]

Eine Ehescheidung kann allein vom Mann ausgehen, er »verstößt« die Ehefrau. Einzige Bedingung ist die Ausstellung der Scheidungsurkunde, die das vertragliche Gegenstück zu der auch vom Bräutigam allein und nicht von der Braut unterschriebenen Eheschließungsurkunde (ketubba) bildet.

Während der Mann sich von seiner Frau auch gegen deren Willen scheiden lassen kann, ist dies der Frau nur mit Einwilligung ihres Mannes möglich. Weigert sich der Mann, ihr den Scheidebrief auszustellen, so ist diese Frau wie diejenige, deren Mann dazu nicht in der Lage ist, weil er z. B. verschollen ist, eine Aguna, und sie kann nicht wieder heiraten.

Im orthodoxen Judentum kann eine Aguna, deren Mann sich weigert, den Scheidebrief (get) auszustellen, nicht geschieden werden. Im konservativen Judentum ist es üblich, daß der Mann der Frau schon vor der Eheschließung zusichert, daß – falls er ihr keinen Scheidebrief ausstellt – die Ehe sechs Monate nach einer zivilrechtlichen Scheidung geschieden wird. Das Reformjudentum in den USA erkennt die zivile Ehescheidung sofort voll und ganz an.

Das Deuteronomium verbietet im (39. und 40.) Verbot auch den Kleidertausch *(Transvestismus)* zwischen Mann und Frau: »Männerzeug darf nicht auf einer Frau sein, und ein Mann darf nicht das Gewand einer Frau anziehen. Denn jeder, der dies tut, ist ein Greuel für Jahwe, deinen El.«[88]

Das priesterschriftliche Heiligkeitsgesetz verbietet den homosexuellen Geschlechtsverkehr zwischen Männern. So besagt das (350.) Verbot: »Und bei einem Mann sollst du nicht liegen, wie man bei einer Frau liegt: ein Greuel ist es.«[89] Und zwei Kapitel weiter werden homosexuelle Akte zu todeswürdigen Verbrechen gezählt. »Und wenn ein Mann bei einem Mann liegt, wie man bei einer Frau liegt, [dann] haben beide einen Greuel verübt. Sie müssen getötet werden, ihr Blut ist auf ihnen«, so sprach Jahwe zu Mose.[90]

Ein drastisches biblisches Beispiel für den gleichgeschlechtlichen Verkehr unter Männern, dessen Bestrafung als todeswürdiges Verbrechen Jahwe selbst vornahm, bietet die jahwistische Erzählung über das diesbezügliche Tun und Begehren der Sodomiter, die zwei Gäste des Lot gegen deren Willen zur *Homosexualität* zwingen wollten.[91] Als einmal zwei Boten (malachim) des Jahwe als zwei Herren (adonai) zu Gast im Hause des Lot in der Stadt Sodom waren, »da umringten die Männer der Stadt, die Männer von Sodom, das

Die verheiratete Batseba (vorne) im Bad, von König David auf dem Dach (links oben) beobachtet, der danach mit ihr Ehebruch beging. Kupferstich, 18. Jh.

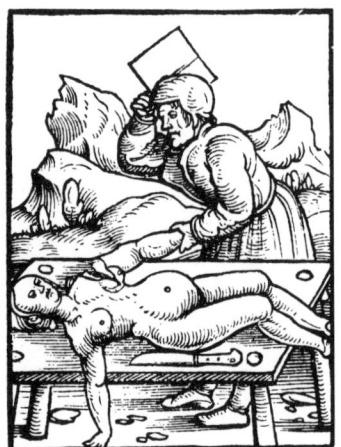

Massenvergewaltigung: Die von den Männern von Gibea während einer ganzen Nacht zu Tode vergewaltigte Nebenfrau eines Gastes, die letzterer schließlich mit einem Messer, Glied für Glied, in zwölf Stücke zerlegte. Stich von Wolf Köpfl, 1532

Haus, vom Knaben bis zum Greis, das ganze Volk von allen Enden [der Stadt]. Und sie riefen nach Lot und sagten zu ihm: Wo sind die Männer, die diese Nacht zu dir gekommen sind? Führe sie zu uns heraus, daß wir sie erkennen [= ›beschlafen‹].« Da trat Lot zu ihnen hinaus, machte ihnen ein alternatives Angebot mit seinen Töchtern und sagte »Tut doch nichts Böses, meine Brüder! Seht doch, ich habe zwei Töchter, die keinen Mann erkannt [= ›beschlafen‹] haben; die will ich zu euch herausbringen, tut ihnen, wie es gut ist in euren Augen! Nur diesen Männern tut nichts.« Die zudringlichen Männer von Sodom konnten ihr Begehren auch unter Anwendung von Gewalt nicht mehr verwirklichen, da sie von den mächtigeren beiden Boten Jahwes mit Blindheit geschlagen wurden. Und am folgenden Tag wurde die Stadt mitsamt ihren Einwohnern von Jahwe durch Schwefel und Feuer vernichtet.

Auch das Buch der Richter kennt eine ähnliche Erzählung,[92] wonach die Männer von Gibea, vom Stamme Benjamin, »ruchlose Männer«, einen Hausherrn, der einen Gast bei sich hatte, aufforderten: »Führe den Mann, der in dein Haus gekommen ist, heraus, wir wollen ihn erkennen [= ›beschlafen‹].« Und der Herr des Hauses antwortete ihnen: »Nicht doch, meine Brüder, tut doch nichts Übles! Nachdem dieser Mann in mein Haus gekommen ist, dürft ihr solch eine Schandtat nicht begehen!« Und auch dieser Hausherr macht wie Lot den zudringlichen Männern ein Alternativangebot. »Siehe, meine Tochter, die [noch] Jungfrau [ist] und seine [= des Gastes] Nebenfrau, sie will ich [euch] herausbringen. Ihnen tut Gewalt an und macht mit ihnen, was gut ist in euren Augen. Aber an diesem Mann dürft ihr so eine schwere Schandtat nicht begehen!« Die so Angeredeten gaben sich mit der Nebenfrau als Ersatz zufrieden. »Und sie erkannten sie und trieben ihren Mutwillen mit ihr die ganze Nacht hindurch bis an den Morgen.«

Diese Massenvergewaltigung hatte die völlige Erschöpfung der Frau und schließlich ihren Tod zur Folge. Ein vergleichbares Strafgericht Jahwes aber über die Männer von Gibea ähnlich dem über die Männer von Sodom wird nicht mehr erzählt. Lediglich die übrigen Stämme führen deshalb gegen Benjamin Krieg.

Im Gegensatz zu dem biblischen Verbot des homosexuellen Geschlechtsverkehrs wird gegenwärtig in amerikanischen jüdischen Zeitschriften diskutiert, ob Homosexuelle synagogale Ämter übernehmen und ob Homosexuelle eine Ehe nach jüdischem Ritus vor einem Rabbiner schließen können. In New York gibt es bereits eine Synagoge für jüdische Homosexuelle.

Das elohistische Bundesbuch verbietet den *Beischlaf* der Menschen *mit Tieren* unter Todesstrafe: »Jeder, der bei einem Tier liegt, muß getötet werden.«[93]

Und das Deuteronomium verflucht dieses Sexualverhalten: »Verflucht sei, wer bei irgendeinem Tier liegt! Und das ganze Volk sage: Amen!«[94] Auch das priesterschriftliche Heiligkeitsgesetz spricht zweimal davon. Das (351. und 352.) Verbot besagt: »Und bei keinem Vieh sollst du liegen, so daß du dich an ihm unrein machst. Und eine Frau soll sich nicht vor ein Vieh hinstellen, damit es sie begattet: es ist eine schändliche Befleckung.«[95] Und an anderer Stelle sagt Jahwe zu Mose: »Und wenn ein Mann bei einem Vieh liegt, so soll er unbedingt getötet werden, und das Vieh sollst ihr umbringen. Und wenn eine Frau sich irgendeinem Vieh nähert, damit es sie begatte, dann sollst du die Frau und das Vieh umbringen. Sie müssen getötet werden, ihr Blut ist auf ihnen.«[96]

Nicht nur die Kreuzung von Mensch und Tier ist verboten, sondern auch die zwischen Tieren verschiedener Art, wie das Heiligkeitsgesetz den Jahwe sagen läßt: »Ich bin Jahwe. Meine Ordnungen sollt ihr halten. Dein Vieh von zweierlei [Art] sollst du sich nicht begatten lassen; dein Feld sollst du nicht mit zweierlei [Samen] besäen.«[97]

Beschneidung – Ehepflicht – Empfängnisverhütung

Nach der Priesterschrift gebietet Elōhim die Beschneidung alles Männlichen am Tag nach der Geburt zum Zeichen des Bundes mit Abraham und seinen Nachkommen im 215. Gebot:

»Dies ist mein Bund, den ihr halten sollt, zwischen mir und euch und deinen Nachkommen nach dir: alles, was männlich ist, soll bei euch beschnitten werden; und zwar sollt ihr am Fleisch eurer Vorhaut beschnitten werden! Das wird das Zeichen des Bundes sein zwischen mir und euch. Im Alter von acht Tagen soll alles, was männlich ist, bei euch beschnitten werden ... Und mein Bund an eurem Fleisch soll ein ewiger Bund sein. Ein unbeschnittener Männlicher aber, der am Fleisch seiner Vorhaut nicht beschnitten ist, diese Seele soll ausgerottet werden aus ihrem Volk; meinen Bund hat er ungültig gemacht!«[98]

Wie ernst es Jahwe mit dieser Androhung der Ausrottung ist, hätte beinahe der noch unbeschnittene Mose am eigenen Leibe und Leben erfahren müssen, wenn nicht seine Frau Zippora die Beschneidung ihres Mannes dem drohenden Jahwe vorgetäuscht hätte, da sie das Geschlechtsglied des Mose mit der frisch beschnittenen und noch blutenden Vorhaut ihres Sohnes berührte. So erzählt der Jahwist: »Und es geschah auf dem Weg, in der Herberge, da trat

Abraham beschneidet seinen Sohn Ismael und alle männlichen Nachkommen seiner Sippe. Stich von G. van der Gouwen, 17. Jh.

Jahwe ihm [Mose] entgegen und wollte ihn töten. Da nahm Zippora einen scharfen Stein, schnitt ihrem Sohn die Vorhaut ab, berührte [damit] seine Füße [= das Geschlechtsteil des Mose] und sagte: Wahrhaftig, du bist mir ein Blutbräutigam! Da ließ er [Jahwe] von ihm ab. Damals sagte sie ›Blutbräutigam‹ wegen der Beschneidung.«[99]

Ein Grundgebot des Judentums ist bis heute die *Beschneidung* (mila), die am 8. Tag nach der Geburt eines Jungen vorgenommen wird und von der Mädchen ausgenommen bleiben. Die Beschneidung alles Männlichen ist bleibendes Symbol und Ritus der Aufnahme in den von Jahwe mit Abraham geschlossenen ewigen Bund.

Das zweite wichtige Ereignis im Leben eines Jungen ist die *Bar-mizwa* (»Sohn des Gebotes«). So wird der Junge genannt, der das 13. Lebensjahr vollendet und damit gebotspflichtig geworden ist, in die Gemeinde als vollgültiges Mitglied aufgenommen wird und religiöse Verantwortung übernimmt.

Im reformierten und auch im konservativen Judentum werden heute – analog zur Bar-mizwa – auch Mädchen mit 12 Jahren als *Bat-mizwa* (»Tochter des Gebots«) gebotspflichtig.

Voraussetzung für die Eheschließung eines Mädchens ist ihre noch vorhandene Jungfräulichkeit. Wenn sie jedoch bereits vorehelichen Geschlechtsverkehr hatte, so wird dies – im Gegensatz zu einem ähnlichen Verhalten bei einem Jungen – streng geahndet. So gibt Jahwe selbst im Deuteronomium dem Mose genaue Anweisung, wie in einem solchen Fall vorgegangen wird.[100]

Ausgehend vom Rechtsfall: »Wenn ein Mann eine Frau nimmt und zu ihr eingeht ... und sagt: Diese Frau habe ich genommen und mich ihr genaht und habe [die Zeichen der] Jungfrauschaft nicht an ihr gefunden!« folgt die Verfahrensweise bei unbegründetem Verdacht: »dann sollen der Vater der jungen Frau und ihre Mutter die [Zeichen der] Jungfrauschaft der jungen Frau nehmen und zu den Ältesten der Stadt ins Tor hinausbringen. Dann soll der Vater der jungen Frau zu den Ältesten sagen: ... Dies [hier] sind nun die [Zeichen der] Jungfrauschaft meiner Tochter. Und sie sollen das Tuch vor den Ältesten der Stadt ausbreiten. Und die Ältesten jener Stadt sollen den Mann nehmen und ihn züchtigen.« Dann folgt die Strafe in Form einer Geldbuße und das (359.) Verbot für den Verleumder: »Er kann sie [die fälschlich Beschuldigte] nicht entlassen alle seine Tage.«

Wenn jedoch der Verdacht der verlorenen Jungfräulichkeit bestätigt wird und »die [Zeichen der] Jungfrauschaft sind an der jungen Frau nicht gefunden worden, dann sollen sie die junge Frau hinausführen an den Eingang des

Hauses ihres Vaters, und die Männer ihrer Stadt sollen sie steinigen, daß sie stirbt, weil sie eine Schandtat in Israel verübt hat, zu huren im Haus ihres Vaters. Und du sollst das Böse aus deiner Mitte wegschaffen.«

Für eventuelle spätere Prozesse dieser Art wurde das Bettlaken der Hochzeitsnacht – mit den Blutspuren der Defloration als Indiz – aufbewahrt, was noch heute eine arabische Sitte ist.

Das elohistische Bundesbuch regelt (im 220. Gebot) die Entschädigung bei Verführung einer nichtverlobten Jungfrau (betūlah) durch einen Mann. »Wenn jemand eine Jungfrau betört, die nicht verlobt ist, und liegt bei ihr, muß er sie sich gegen das Heiratsgeld zur Frau erwerben. Falls sich ihr Vater hartnäckig weigert, sie ihm zu geben, soll er Geld abwiegen nach dem Heiratsgeld für Jungfrauen.«[101]

Bei dem Tatbestand der *Vergewaltigung* einer Jungfrau unterscheidet das Deuteronomium, ob das weibliche Opfer noch nicht verlobt oder bereits verlobt ist. Bei Vergewaltigung einer nichtverlobten Jungfrau (betūlah) verpflichtet das (218. und 219.) Gebot den Vergewaltiger zur Ehelichung der Vergewaltigten, wobei diese Ehe unauflöslich bleiben soll. »Wenn ein Mann ein Mädchen trifft, eine Jungfrau, die nicht verlobt ist, und ergreift sie und liegt bei ihr, und sie werden [dabei] angetroffen: dann soll der Mann, der bei ihr lag, dem Vater des Mädchens fünfzig [Schekel] Silber geben, und es soll seine Frau werden, weil er ihr Gewalt angetan hat; er kann sie nicht entlassen all seine Tage«, bestimmte Jahwe.[102]

Bei dem Geschlechtsverkehr zwischen einer bereits verlobten Jungfrau und einem Mann, der nicht zugleich ihr Verlobter ist, wird zusätzlich ermittelt, ob es sich um tatsächliche Vergewaltigung oder nur um *Verführung* gehandelt hat; maßgebend soll dabei der Ort des Geschehens sein, ob in einer belebten Stadt oder auf dem entfernten Land. »Wenn ein Mädchen, eine Jungfrau, einem Mann verlobt ist, und es trifft sie ein Mann in der Stadt und liegt bei ihr, dann sollt ihr sie beide zum Tor jener Stadt hinausführen und sie steinigen, daß sie sterben: das Mädchen deshalb, weil es in der Stadt nicht geschrieen hat, und den Mann deshalb, weil der der Frau seines Nächsten Gewalt angetan hat. Und du sollst das Böse aus deiner Mitte wegschaffen.[103]

Wenn aber der Mann das verlobte Mädchen auf dem Feld trifft und der Mann ergreift sie und liegt bei ihr, dann soll der Mann, der bei ihr gelegen hat, allein sterben. Aber dem Mädchen sollst du nichts tun [294. Verbot], das Mädchen hat keine Sünde [begangen zum] Tode. Diese Sache ist vielmehr so, wie wenn ein Mann sich erhebt gegen seinen Nächsten und ihn totschlägt. Denn er hat

Verführung und Vergewaltigung der Jungfrau Dina, der einzigen Tochter des Patriarchen Jakob und seiner Frau Lea, durch Sichem, den Sohn des Stadtfürsten Hamor von Sichem (Gen 34,1ff.). Stich nach Wolf Köpfl, 1532

Unter einem von vier Männern getragenen Baldachin wird die Ehe zwischen Braut und Bräutigam (rechts) vor dem Rabbiner (links) geschlossen. Holzschnitt von S. Proops, 1707. Amsterdam: Bibliotheca Rosenthaliana

sie auf dem Feld getroffen. Das verlobte Mädchen schrie, aber niemand war da, der es rettete.«[104] Ein Gebot des Verzichts auf den Geschlechtsverkehr bzw. ein *Verbot des Beischlafs* galt für verschiedene Anlässe und Zeiten. So erzählt der Jahwist, daß zur Vorbereitung auf die Gesetzgebung am Sinai Mose dem Volk (= den Männern) geboten habe: »Haltet euch für den dritten Tag bereit! Nähert euch keiner Frau!«[105]

Auch für das nachbiblische, rabbinische Judentum gibt es Beischlafverbote für bestimmte Fest- und Fasttage. So gebietet es der Talmud: »Am Versöh-

Ketuba, Heiratsvertrag von 1772. Jerusalem: Nationalbibliothek

nungstag ist … der Beischlaf verboten.«[106] Ähnliches gilt für bestimmte Fasttage, die mit einer Reihe von Kasteiungen verbunden sind, zu denen u. a. auch gehört, daß »der Beischlaf verboten« ist.[107]

Im rabbinischen Judentum gilt das Eingehen einer Ehe als ein göttliches Gebot für den Mann. Selbst wenn er im höheren Alter verwitwete, sollte er nicht ohne Frau bleiben. Diese *Ehepflicht* besteht wegen der Fortpflanzung für den Mann, aber nicht für die Frau.

Rabbi Eliézer (um 270) sagte: »Ein Mensch, der keine Frau hat, ist kein Mensch, denn es heißt (1 Mose 5,2): Mann und Weib erschuf er sie … und nannte ihren Namen Mensch!«[108]

Und da in der Bibel (1 Mose 9,6 f.) dem Gebot der Zeugung: »Seid fruchtbar und vermehret euch« das Verbot des Mordes: »Wer Menschenblut vergießt, dessen Blut soll durch Menschen vergossen werden« vorausgeht, schließt Rabbi Eliézer daraus: »Wenn jemand die Fortpflanzung nicht übt, so ist es ebenso, als würde er Blut vergießen«,[109] d. h., wer keine Kinder zeugt, gleicht einem Mörder. Danach wäre eine absolute *Empfängnisverhütung* verboten.

Als (212.) Gebot – gemäß der Priesterschrift – gilt der Auftrag des Elōhim an das erste Menschenpaar: »Und Elohim segnete sie und Elohim sprach zu ihnen: Seid fruchtbar und vermehret euch, und füllt die Erde.«[110] Dieses für alle Zeiten geltende Gebot hat Elōhim mit denselben Worten nach der Sintflut wiederholt und dem Noah und seinen Söhnen gegeben.[111]

Daß dieses Gebot zur Fortpflanzung vor allem bzw. ausschließlich für den

Lot wird von seinen beiden bisher unverheirateten Töchtern weintrunken gemacht, um durch einen inzestuösen Beischlaf von ihm Nachkommen zu erhalten.
Kupferstich von Joh. Martin Preisler

Chaliza-Zeremonie: Die kniende Witwe (Mitte) zieht – im Beisein der Ältesten – dem vor ihr sitzenden, unverheirateten Bruder ihres verstorbenen Mannes, der ihr die Schwagerehe verweigert, den Schuh von seinem Fuß, der ein Pfand für sie ist, einen anderen Mann zu heiraten. Holländischer Kupferstich, 17. Jh.

Mann gilt, zeigt der Jahwist mit dem negativen Beispiel der beiden Töchter des Lot, die ihren eigenen Vater ohne sein Wissen zum Stammvater und sich selbst zu Stammüttern der Ammoniter und Moabiter gemacht haben.[112] Als Lot die dem Untergang geweihte Stadt Sodom verlassen hatte, zog er mit seinen beiden Töchtern nach Zoar, wo er außerhalb des Ortes mit ihnen zusammen in einer Höhle lebte. Als die Töchter ohne Aussicht auf Verheiratung mit einem Mann blieben, berauschten sie ihren Vater, um von ihm Nachkommen zu erhalten. So machte die ältere der jüngeren den Vorschlag: »Es gibt keinen Mann im Land, der zu uns eingehen könnte nach der Weise aller Welt. Komm, laß uns unserem Vater Wein zu trinken geben und bei ihm liegen, damit wir von unserem Vater Nachkommenschaft am Leben erhalten.« So taten sie an zwei aufeinanderfolgenden Nächten, zuerst die ältere, dann auch die jüngere. »Und die beiden Töchter Lots wurden von ihrem Vater schwanger.« Das Kind der Erstgeborenen erhielt den Namen Moab, der ist der Vater der Moabiter, und die Jüngere gebar den Ben-Ammi, den Stammvater der Ammoniter.

Auch nach dem rabbinischen Judentum ist das biblische Gebot der Fortpflanzung »Seid fruchtbar und mehret euch« nur an die Männer gerichtet, nicht jedoch an die Frauen. So sagt die Mischna: »Der Mann ist zur Fortpflanzung verpflichtet, nicht aber die Frau.«[113]

Der Verpflichtung des Mannes zur Zeugung von männlicher Nachkommenschaft dient auch die *Schwagerehe* (Levirat). Die Pflicht zur Schwagerehe

Onan war zwar die Schwagerehe mit Tamar eingegangen, entzog sich aber der Pflicht der Kindererzeugung durch den Coitus interruptus.
Italienisches Gemälde, 17. Jh.

besteht als (216.) Gebot für den unverheirateten Bruder eines kinderlos, d. h. »sohnlos«, Verstorbenen, dessen Witwe zu ehelichen, um für den Verstorbenen posthum noch einen Sohn zu zeugen. Der Schwager der Witwe »soll zu ihr eingehen und sie sich zur Frau nehmen und mit ihr die Schwagerehe vollziehen, und es soll geschehen: der Erstgeborene, den sie [dann] gebiert, soll den Namen seines verstorbenen Bruders weiterführen, damit dessen Name aus Israel nicht ausgelöscht wird.«[114]

Für den Fall der Weigerung des Bruders, die Schwagerehe einzugehen, gilt das Ritual des (Schuh-)Ausziehens (chaliza) als (217.) Gebot: »... dann soll seine Schwägerin vor den Augen der Ältesten zu ihm hintreten und ihm den Schuh von seinem Fuß abziehen und ihm ins Gesicht spucken ... Und sein Name soll in Israel heißen ›Haus des Barfüßers‹.«[115] Der ausgezogene Schuh ist ein Pfand, ein Beleg für den Verzicht des Schwagers und die Erlaubnis der Witwe, einen anderen Mann zu heiraten. Diese beiden Gebote für den Schwager haben als Konsequenz auch das (357.) Verbot für die kinderlose Witwe, einen anderen als den Bruder des verstorbenen Gatten zu heiraten.[116]

Da die im Levirat gezeugten Kinder als Kinder des kinderlos Verstorbenen galten, hatte einst – gemäß dem Jahwisten – der biblische Onan die Witwe seines verstorbenen Bruders zwar geheiratet, entzog sich aber der Pflicht der Kinderzeugung durch den *Coitus interruptus*. Damals sagte der Vater Juda zu seinem Sohn Onan:[117] »Geh zu [Tamar] der Frau deines Bruders ein, und geh mit ihr die Schwagerehe ein, und laß deinem [verstorbenen] Bruder Nachkommen erstehen! Da aber Onan wußte, daß die Nachkommen nicht ihm gehören würden, geschah es, wenn er zu der Frau seines Bruders einging, daß er [den Samen] auf die Erde [fallen und] verderben ließ, um seinem Bruder keine Nachkommen zu geben. Und es war böse in den Augen Jahwes, was er tat; so ließ er auch ihn sterben.«

Diese von Jahwe mit dem Tod bestrafte Tat des Onan ist nicht die nach ihm fälschlicherweise benannte Selbstbefriedigung der *Onanie,* denn er »onanier-te« nicht, sondern machte sich des Coitus interruptus schuldig.

Im Gegensatz zum Verbot einer absoluten Empfängnisverhütung, wie sie z. B. von Onan praktiziert wurde, ist die relative Empfängnisverhütung im rabbinischen Judentum erlaubt. Wenn zwei Kinder bereits geboren sind, ist die Pflicht der Kinderzeugung erfüllt. So sagt die Mischna: »Niemand unterlasse die Fortpflanzung, es sei denn, daß er Kinder hat; die Schule Schammajs sagt, zwei männliche, und die Schule Hillels sagt, ein männliches und ein weibliches.« Und die babylonische Gemara fügt erklärend hinzu: »Wenn er aber Kinder hat, darf er die Fortpflanzung unterlassen, nicht aber [das Zusammenleben mit] einer Frau.«[118]

Wenn menschliche *Fruchtbarkeit,* insbesondere die an Söhnen, ein von Jahwe gewährtes Gut ist – »Siehe, ein Erbe von Jahwe sind Söhne, eine Belohnung die Leibesfrucht«[119] –, dann gelten *Unfruchtbarkeit* und Kinderlosigkeit als ein Mangel an Segen, als eine Prüfung, ja sogar als eine Strafe Jahwes.

Einer der Zahlensprüche bringt das Sich-nicht-abfinden-Wollen mit der Tatsache des verschlossenen Mutterschoßes bildhaft zum Ausdruck:

»Der Blutegel hat zwei Töchter:
Gib her, gib her!
Drei sind es, die nicht satt werden,
vier, die nicht sagen: Genug!
Die Scheol und der verschlossene Mutterleib,
die Erde, die an Wasser nie satt wird,
und das Feuer, das nie sagt: Genug!«[120]

Biblische Beispiele für die Kinderlosigkeit als Prüfung und die wunderbare Schwangerschaft als Belohnung Jahwes bieten die Erzählungen über Sara,[121] die Frau des Abrāhām, über Rebekka,[122] die Frau Isaaks, sowie über Lea und Rahel, die Frauen Jakobs. So erzählt der Jahwist »Als Jahwe sah, daß Lea ungeliebt war, da öffnete er ihren Mutterleib … und Lea wurde schwanger und gebar einen Sohn, und sie gab ihm den Namen Ruben, denn sie sagte: Ja,

Jahwe hat mein Elend angesehen. Denn jetzt wird mein Mann mich lieben.«[123] Und von Rahel weiß der Elohist ähnliches zu berichten: »Und Elohim hörte auf sie [Rahel] und öffnete ihren Mutterleib. Und sie wurde schwanger und gebar einen Sohn. Da sagte sie: Elohim hat meine Schmach weggenommen.«[124]

Da Elōhim gemäß dem priesterschriftlichen Schöpfungsbericht ein Gott der Fruchtbarkeit für Pflanzen, Tiere und Menschen ist, ist es auch begründet, wenn er im Heiligkeitsgesetz das (361.) Verbot erläßt, Tiere zu *kastrieren* und kastrierte Tiere ihm zu opfern. »Und dem die Hoden zerquetscht oder zerstoßen oder ausgerissen oder ausgeschnitten sind, dürft ihr dem Jahwe nicht darbringen; und in eurem Land sollt ihr [so etwas] nicht tun.«[125] Auch kann einer, »der zerdrückte Hoden hat«, kein Priester des Jahwe sein.[126] Schon das Deuteronomium hatte im (360.) Verbot bestimmt: »Einer, dem die Hoden zerstoßen sind, oder die Harnröhre abgeschnitten ist, darf nicht in die Versammlung des Jahwe kommen«,[127] d. h., er ist ausgeschlossen vom Kult.

Ganz im Gegensatz zu dieser Abwertung der Unfruchtbarkeit und des Eunuchentums in der Thora, den fünf Büchern des Mose, steht deren Aufwertung in den prophetischen Schriften: »Juble, du Unfruchtbare, die nicht geboren, brich in Jubel aus und jauchze, die keine Wehen gehabt hat! Denn die Söhne der Einsamen [= der von ihrem Mann Verstoßenen] sind zahlreicher als die Söhne der Verheirateten, spricht Jahwe.«[128] Und an anderer Stelle sagt er: »Und der Verschnittene [= Eunuch] sage nicht: Siehe, ich bin ein dürrer Baum! Denn so spricht Jahwe: Den Verschnittenen, die … festhalten an meinem Bund, denen gebe ich in meinem Haus und in meinen Mauern einen Platz und einen Namen, besser als Söhne und Töchter. Einen ewigen Namen werde ich ihnen geben, der nicht ausgelöscht werden soll.«[129]

Und wie einst der Prophet Hosea im Auftrag Jahwes eine Dirne heiraten mußte, um dem Nordreich Israel den Treubruch mit Jahwe vor Augen zu führen, so mußte der Prophet Jeremia auf Befehl des Jahwe zölibatär leben, durfte nicht heiraten und keine Kinder zeugen, um mit dieser Zeichenhandlung auf die angekündigte Gefangenschaft des Volkes hinzuweisen: »Und das Wort des Jahwe geschah zu mir: Du sollst dir keine Frau nehmen und weder Söhne noch Töchter haben an diesem Ort.«[130]

Vielweiberei

Die Bibel geht mit einer Selbstverständlichkeit von der Vielweiberei (*Polygynie*) aus; so gibt z. B. das Deuteronomium Anweisungen zum Erbrecht des

Abraham und seine Magd Hagar umarmen sich, während seine Hauptfrau Sara dies beobachtet. Stich von Georg Penez, 16. Jh. Dresden: Kupferstich-kabinett

Erstgeborenen: »Wenn ein Mann zwei Frauen hat, eine geliebte und eine gehaßte, und sie gebären ihm Söhne, die geliebte und die gehaßte, und der erstgeborene Sohn ist von der gehaßten.«[131]

Abrām (»Vater ist erhaben«), dessen Namen Jahwe selbst in Abrāhām (»Vater der Menge«) änderte, wurde der Stammvater des Volkes Israel und sein erster Patriarch. Er war Gatte der Sara und wurde durch deren ägyptische Magd Hagar Vater des Ismael. Als ihm seine bisher unfruchtbare Gattin neunzig-jährig den Sohn Isaak gebar, verstieß er Hagar und Ismael. Seit dem Bundes-schluß des Jahwe mit Abrāhām gilt die Beschneidung alles Männlichen als Zeichen dieses Bundes. Abrāhām, dem Jahwe eine zahlreiche Nachkom-menschaft verheißen hatte, ging nach Saras Tod eine neue Ehe mit Ketura ein,[132] mit der er sechs Söhne hatte, und mit seinen Nebenfrauen[133] hatte er weitere männliche Nachkommen.

Ein Enkel Abrāhāms ist Jakob, der der Stammvater des nach seinem Beinamen benannten Volkes Israel und dritter Patriarch ist. Er war Gatte der beiden Schwestern Lea und Rahel. Mit ersterer hatte er sechs Söhne und mit letzterer zwei, dazu von Bilha, einer Magd der Rahel, zwei Söhne und von Silpa, einer Magd der Lea, weitere zwei. Alle zwölf Söhne wurden »anstandslos« die Ahnherren der zwölf Stämme Israels.[134]

Auch der Stifter Mose hatte neben seiner midianitischen Frau Zippora, mit der er zwei Söhne zeugte, eine nicht näher bekannte Kuschiterin zur Frau.[135]

Obwohl nach dem Deuteronomium Jahwe dem Mose das (365.) Verbot gab, der künftige König über die Israeliten »soll sich nicht viele Frauen anschaffen, damit sein Herz sich nicht [von Jahwe] abwendet«,[136] lebten Richter und Könige Israels in *Polygamie*. So nahm David (ca. 1004–965 v. Chr.), der Begrün-der der davidischen Dynastie, aus deren Stamm auch der Messias erwartet wird, und traditioneller Dichter der Psalmen, neben seiner ersten Frau Mi-chal,[137] einer Tochter Sauls, nach seiner Königssalbung weitere sechs Frauen in Hebron,[138] so Ahinoam, Abigajil, Maacha, Haggit, Abital und Egla. Mit ihnen zeugte er je einen Sohn. »Und David nahm noch Nebenfrauen und Frauen aus Jerusalem, nachdem er von Hebron gekommen war; und es wurden David noch mehr Söhne und Töchter geboren.«[139] Schließlich beging er auch noch Ehebruch mit Batseba, deren Mann Urias im Krieg war.

»Und es geschah zur Abendzeit, daß David von seinem Lager aufstand und sich auf dem Dach des Königshauses erging. Da sah er vom Dach aus eine Frau baden. Die Frau aber war von sehr schönem Ansehen. Und David sandte hin und erkundigte sich nach der Frau. Und man sagte: Ist das nicht Batseba, die Tochter des Eliams, die Frau des Urias, des Hetiters? Da sandte David Boten hin und ließ sie holen. Und sie kam zu ihm, und er lag bei ihr. Sie hatte sich aber [gerade] gereinigt von ihrer Unreinheit [= Menstruation]. Und sie kehrte in ihr Haus zurück. Und die Frau wurde schwanger. Und sie sandte hin und berichtete es David und sagte: Ich bin schwanger.«[140]

Den alten, frierenden König David soll das jungfräuliche Mädchen Abischag als Bettgenossin aufwärmen. Holzschnitt (aus dem »Schatzhalter«, Nürnberg), 1491

Daraufhin befahl David, den Urias an vorderster Front umkommen zu lassen, und er bestellte das betreffende Schreiben, den »Uriasbrief«, an den Oberfeldherrn durch Urias selbst. Nach dem Tod des Urias wurde Batseba die Lieblingsfrau Davids, die den Salomo gebar[141] und weitere drei Söhne. Bei seiner vorübergehenden Flucht aus Jerusalem ließ der König »zehn Nebenfrauen zurück, das Haus zu hüten«.[142]

Trotz dieser Ehefrauen und Nebenfrauen bedurfte der König David, als er alt und hochbetagt war und es ihm trotz zahlreicher Decken nicht recht warm wurde, noch eines jungfräulichen Mädchens (betūlah) als Bettgenossin, um durch deren physische Nähe seine Lebenskraft neu zu beleben. So rieten ihm seine Diener. »Man suche meinem Herrn, dem König, ein Mädchen, eine Jungfrau, daß sie vor dem König [dienend] stehe und seine Pflegerin sei! Wenn sie [dann] in deinem Schoß liegt, wird meinem Herrn, dem König, warm werden.« David scheint diesen Vorschlag akzeptiert zu haben, denn »man suchte ein schönes Mädchen im ganzen Gebiet Israels; und man fand Abischag, die Schunemiterin, und brachte sie zum König. Das Mädchen aber war überaus schön, und sie wurde Pflegerin des Königs und bediente ihn; aber der König erkannte [= ›beschlief‹] sie nicht.«[143]

Auch Davids Sohn und Nachfolger Salomo (ca. 965–926 v. Chr.) stand seinem Vater bezüglich der Vielweiberei in nichts nach. »Der König Salomo aber liebte viele ausländische Frauen, und zwar neben der Tochter des Pharao moabitische, ammonitische, edomitische, sidonische, hetitische.« Es waren Mischehen mit Frauen »von Nationen, von denen Jahwe zu den Söhnen Israels gesagt hatte: Ihr sollt nicht zu ihnen eingehen, und sie sollen nicht zu euch eingehen ... An diesen hing Salomo mit Liebe. Und er hatte siebenhundert vornehme Frauen und dreihundert Nebenfrauen.«[144]

König Salomo (vorne) und seine 700 Hauptfrauen sowie 300 Nebenfrauen beim Mahl. Holzschnitt, 15. Jh.

Auch Rehabeam, Salomos Sohn und erster König des Rumpfreiches Juda (ca. 926–910 v. Chr.), hatte 18 Ehefrauen und 60 Nebenfrauen, und er zeugte mit ihnen 28 Söhne und 60 Töchter.[145] König Abija von Juda (ca. 910–908 v. Chr.) nahm 14 Frauen und zeugte 22 Söhne und 16 Töchter.[146]

Anstelle der Vielweiberei wurde die *Einehe* erst seit ca. 1450 n. Chr. als einzige Eheform für die aschkenasischen Juden des abendländischen Kulturkreises verbindlich, wohingegen bei sephardisch-orientalischen Juden in arabischen Ländern die Polygynie bis heute noch erlaubt ist.

Kultische Unreinheit bei Pollution und Menstruation, bei Beischlaf und Geburt

Nach den Reinheitsgesetzen der Priesterschrift erläßt Jahwe selbst das Gesetz bezüglich der Unreinheit bei Männern und Frauen. Männer werden durch den unwillkürlichen nächtlichen Samenerguß der *Pollution* kultisch unrein bis zum Abend. Und alles, was mit dem Sperma in Berührung kommt, ist unrein, so daß eine rituelle Reinigung erforderlich wird. So bestimmen das (105. und 109.) Gebot: »Und wenn einem Mann der Samenerguß entgeht, dann soll er sein ganzes Fleisch im Wasser baden, und er wird bis zum Abend unrein sein.«[147] Auch der *Geschlechtsverkehr*, bei dem es zum Samenerguß gekommen ist, macht beide, Mann und Frau, unrein: »Und eine Frau, bei der ein Mann liegt mit Samenerguß, – sie sollen sich im Wasser baden und werden bis zum Abend unrein sein.«[148]

Unrein wird auch eine Frau zur Zeit ihrer *Menstruation*. Während der Samenerguß des Mannes nur für einen Tag Unreinheit bewirkt, macht das Menstruationsblut die Frau für acht Tage unrein. So bestimmt das (99.) Gebot Jahwes: »Und wenn eine Frau an Fluß leidet [und] ihr Fluß an ihrem Fleisch Blut ist, soll sie sieben Tage in ihrer Absonderung sein. Und jeder, der sie anrührt, wird bis zum Abend unrein sein … Und wenn etwa ein Mann neben ihr liegt und ihre Unreinheit kommt auf ihn, dann wird [auch] er sieben Tage unrein sein.«[149]

Nach dem priesterschriftlichen Heiligkeitsgesetz ist der *Beischlaf* mit einer Frau zur Zeit ihrer *Menstruation* verboten. So besagt das (346.) Verbot: »Und einer Frau in der Absonderung [= ›Monatsregel‹] ihrer Unreinheit sollst du nicht nahen, um ihre Blöße aufzudecken.«[150] Dieses Verbot des Geschlechtsverkehrs mit einer Menstruierenden war sanktioniert durch die Todesstrafe für beide Teile. »Und wenn ein Mann bei einer kranken [= ›menstruierenden‹] Frau liegt und ihre Blöße aufdeckt, so hat er ihre Quelle enthüllt, und sie hat die Quelle ihres Blutes aufgedeckt. Sie sollen beide ausgerottet werden aus der Mitte ihres Volkes«, sprach Jahwe zu Mose.[151]

Auch eine *Wöchnerin* ist durch die Geburt eines Kindes unrein geworden. Bei der Geburt eines Mädchens ist sie doppelt so lange »unrein« wie bei der eines Jungen. So hatte Jahwe im (100.) Gebot bestimmt: Nach der Geburt eines Jungen bleibt die Frau sieben Tage »unrein« – wie bei der monatlichen

Menstruation – und weitere 33 Tage kultunfähig, also insgesamt 40 Tage im Kult beeinträchtigt. Nach der Geburt eines Mädchens bleibt sie sogar 14 Tage »unrein« und weitere 66 Tage kultunfähig, also insgesamt 80 Tage im Kultischen beeinträchtigt.[152] Erst nach diesen 40 bzw. 80 Tagen stellt ein Opfer ihre kultische Reinheit wieder her, wie das (77.) Gebot bestimmte.[153]

Der Grundsatz der Reinheit als Vorbedingung der Heiligung der Menschen führte in Israel wie auch im Judentum zu einer unterschiedlichen Wertung der beiden Geschlechter wie auch zu einer besonderen Haltung innerhalb der Beziehungen der Geschlechter. Die *Höherwertung des Männlichen* gegenüber dem Weiblichen kommt auch in den Geboten (79 bis 81) zum Ausdruck, nach denen jegliche männliche Erstgeburt bei Mensch und Tier Jahwe gehört und erst durch ein Opfer ausgelöst, d. h. losgekauft werden muß, wie sowohl der Jahwist, der Elohist, der Deuteronomist wie auch die Priesterschrift bezeugen. So bestimmte Jahwe z. B. nach dem Jahwisten: »Alles, was zuerst den Mutterschoß durchbricht, gehört mir; auch all dein männliches Vieh ... Alle Erstgeburt deiner Söhne sollst du auslösen.«[154]

Nach der Zerstörung des dritten Tempels (70 n. Chr.) blieb von den biblischen Reinheitsgeboten nur das in Kraft, was für das nachbiblische Judentum im Traktat »die Menstruierende« (Nidda) der 6. Ordnung »Reinheiten« (Teharot) des Talmud niedergelegt ist. Dieser Traktat behandelt die mit der Menstruation und dem Wochenbett verbundenen Reinheitsvorschriften. Danach ist die für die menstruierende Frau in der Bibel vorgeschriebene Zahl von 7 »unreinen« Tagen jetzt auf zwölf erhöht worden. So ist eine Frau während ihrer Menstruationszeit von mindestens 5 »unreinen« Tagen und den anschließenden 7 »reinen« Reinigungstagen, also an insgesamt 12 Tagen kultisch unrein und darf z. B. während dieser Zeit keinen sexuellen Verkehr haben. Da diese Unreinheit bis zu einem gewissen Grad übertragbar ist, wird während der 12 Tage eine »Absonderung« der Frau verlangt. Am Ende des 7. Reinigungstages muß die »Nidda« ein Tauchbad (tewila) in einem Ritualbad (mikwe) nehmen, wobei sie mit dem ganzen Körper untertauchen und einen Segensspruch sprechen muß. Erst durch dieses rituelle Bad erlangt die Frau wieder kultische Reinheit.

Nacktheit und sakrale Prostitution

Das Unbekleidetsein mit dem Sichtbarwerden der Schamteile von Mann und Frau sind ein Tabu. Die *Nacktheit* gilt als etwas Entehrendes, als eine Schande für den bzw. die Betreffende selbst, aber auch für die mitanwesenden Zu-

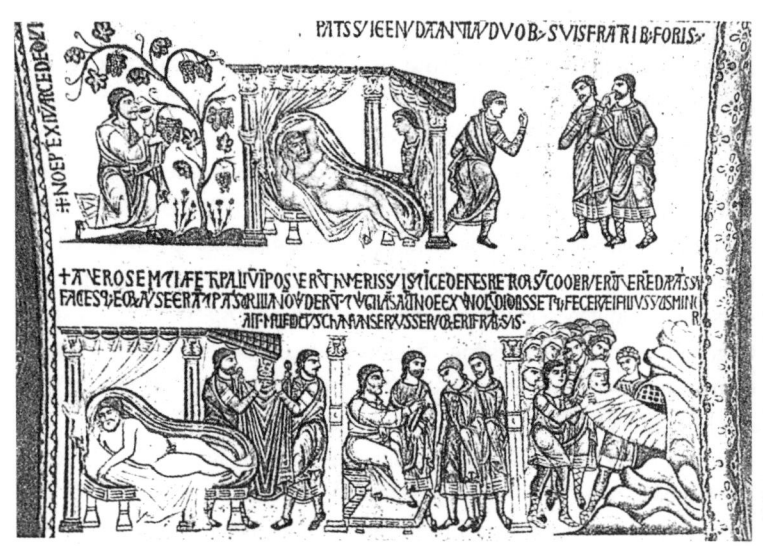

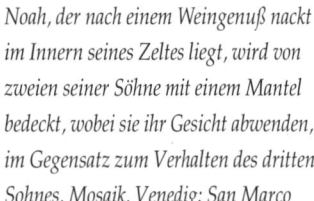

Noah, der nach einem Weingenuß nackt im Innern seines Zeltes liegt, wird von zweien seiner Söhne mit einem Mantel bedeckt, wobei sie ihr Gesicht abwenden, im Gegensatz zum Verhalten des dritten Sohnes. Mosaik. Venedig: San Marco

schauer. »Schamteil« und »Schande« sind im Hebräischen dasselbe Wort ('arwā). Nach dem Jahwisten schämt sich das sündige Menschenpaar seiner Nacktheit, so daß Jahwe selbst ihnen Kleidung gab, um ihre Blöße zu bedecken.[155] Und Noah, der nach einem Weingenuß entblößt im Innern seines Zeltes lag, wurde von seinen zwei Söhnen Sem und Jafet mit einem Mantel bedeckt, wobei sie ihre Gesichter abwandten, um nicht die Blöße ihres Vaters zu sehen, ganz im Gegensatz zum Verhalten des dritten Sohnes Ham.[156]

Und im elohistischen Bundesbuch schließen die Vorschriften über die Errichtung eines Altars mit dem (80.) Verbot des Jahwe: »Du sollst auch nicht auf Stufen zu meinem Altar hinaufsteigen, damit nicht deine Blöße an ihm aufgedeckt wird.«[157] Damit die Genitalien des Priesters auch auf den erhöhten Stufen des Altars bedeckt sind, lautet nach der Priesterschrift die entsprechende Kleidervorschrift des Jahwe für seine Priester: »leinene Beinkleider, um das Fleisch der Blöße zu bedecken«.[158]

Sauls Tochter Michal mokierte sich einst darüber, daß sich ihr Mann David beim Tanz vor der Bundeslade »vor den Augen der Mägde seiner Knechte entblößt hat, wie sich sonst nur einer der ehrlosen Leute entblößt«.[159]

Die Nacktheit als etwas Entehrendes und als eine Schande wird aber auch als eine prophetische Zeichenhandlung von Jahwe selbst angeordnet. So befahl Jahwe dem Propheten Jesaja: »Geh und löse das Sacktuch von deinen Hüften! … Und er tat es, ging nackt und barfuß … drei Jahre lang als Zeichen und Wahrzeichen«,[160] um den Niedergang Ägyptens zu veranschaulichen.

Nach der Priesterschrift verbietet Jahwe ausdrücklich jedem Menschen, die Blöße seiner Blutsverwandten und jedes Mädchens und jeder Frau in der Zeit ihrer Unreinheit aufzudecken.[161]

Nach dem Deuteronomisten soll ein diesbezüglich verbotswidriges Verhalten einer Frau geahndet werden. »Wenn Männer miteinander raufen, ein Mann und sein Bruder, und die Frau des einen eilt herbei, um ihren Mann aus der Hand dessen, der ihn schlägt, zu retten, und sie streckt ihre Hand aus und greift an seine Geschlechtsteile: dann sollst du ihr die Hand abhauen; du sollst nicht schonen«, sprach der Herr Jahwe.[162]

Gegen die *sakrale Prostitution* in Israel wandte sich mit aller Schärfe die auf dem Deuteronomium basierende Kultreform des Josia (641/40–609 v. Chr.), des Königs über das Südreich Juda, nachdem sich israelitische Frauen und Männer in den Dienst der syro-phönikischen Fruchtbarkeits-, Liebes- und Muttergöttin Ashera (= Astarte) gestellt hatten. Sie lebten in eigenen Häusern und standen regelmäßig für einen sexuellen Akt im Fruchtbarkeitsritual zur Verfügung. Andererseits brachten junge Mädchen in sexueller Hingabe ihre Jungfräulichkeit als Keuschheitsopfer der Göttin dar. So bestimmte das (355.) Verbot im Hinblick auf die weiblichen und männlichen Tempelprostituierten im Dienste der Fruchtbarkeitsgöttin Astarte, deren Lohn für die Kultprostitution für den Tempel der Göttin bestimmt war:

Kultdirne im Fenster; Elfenbeinrelief aus Nimrud. London: Britisches Museum

»Eine Geweihte soll es unter den Töchtern Israel nicht geben, und [auch] einen Geweihten soll es nicht unter den Söhnen Israels geben.«[163] Und das anschließende (100.) Verbot untersagte, für Hurenlohn erworbenes Vieh zu opfern: »Du sollst keinen Hurenlohn und [kein] Hundegeld in das Haus des Jahwe, deines Elohim, bringen für irgendein Gelübde; denn auch diese beiden sind ein Greuel für Jahwe, deinen Elohim.«[164]

Während das Deuteronomium mit religiöser Prostitution die von Frauen und Männern meinte, spricht das priesterschriftliche Heiligkeitsgesetz nur noch von der durch Frauen. »Du sollst deine Tochter nicht entweihen, sie zur Hurerei anzuhalten, daß das Land nicht Hurerei treibt und das Land voll Schandtaten wird.«[165]

Propheten und Prophetinnen, Priester, Rabbiner und Rabbinerinnen

Propheten (nebi'im = »Gerufene, Rufende«) sind die Boten des Jahwe-Elōhim, die, von ihm berufen, in seinem Namen zu Israel sprechen, Heil und/oder Unheil ankündigen und dies z. T. durch Wunder und Zeichenhandlungen (u.a. Hoseas Ehe mit der Hure Gomer) demonstrieren. Gottes Geist ist in ihnen, und sie erhalten göttliche Offenbarungen. Man unterscheidet Tat- und Schriftpropheten. Während zu letzteren nur Männer gehören wie Jesaja, Jeremia, Hesekiel und die zwölf »kleinen« Propheten, gibt es unter den Tatpropheten, die auch erste Propheten genannt werden, neben Männern ebenso Frauen im Prophetenamt. Die älteste bekannte Prophetin ist Mirjam, die zugleich mit ihren Brüdern Mose und Aaron Anführerin der Israeliten war. Nach dem Durchzug der Israeliten durchs Schilfmeer leitete sie die Frauen mit einer Pauke und sang das Siegeslied (»Mirjamlied«) vor.[166] Weil sie zusammen mit Aaron die herrschende prophetische Stellung ihres Bruders Mose in Frage stellte – beide sagten: »Hat Jahwe nur etwa durch Mose geredet? Hat er nicht auch durch uns geredet?«[167] – wurde nur Mirjam, nicht jedoch auch Aaron, von Jahwe mit Aussatz bestraft und erst auf die Fürbitte des Mose wieder davon befreit.

Eine andere bedeutende Prophetin und zugleich Richterin war Debora (ca. 1120 v.Chr.). Ihr Heldenmut führte zur Befreiung der nördlichen Stämme Israels, zu deren Triumph und Dank sie das »Deboralied« anstimmte, das heute älteste Textstück der Bibel:[168]

Obgleich die Prophetin Mirjam zusammen mit ihrem Bruder Aaron die herrschende prophetische Stellung des Bruders Mose in Frage stellte, wurde nur Mirjam vom Herrn Jahwe mit Aussatz bestraft, nicht jedoch auch Aaron. Stich von Wolf Köpfl, 1532

»Weil Führer führten in Israel, weil freiwillig sich stellte das Volk, dankt Jahwe! …
Es ruhten die Landbewohner; sie ruhten in Israel, bis ich, Debora, aufstand,
bis ich aufstand, eine Mutter in Israel …
Wach auf, wach auf, Debora! Wach auf, wach auf, sing ein Lied!«

Die dritte Prophetin des Jahwe-Elōhim war Hulda im Südreich Juda (ca. 639–609 v.Chr.). Als im Tempel von Jerusalem das Gesetzbuch aufgefunden wurde, erbat im Jahr 621 v.Chr. der König Josia ihr Urteil darüber. Und Hulda antwortete im Namen Jahwes und benutzte dabei die autoritative Prophetenformel: »So spricht Jahwe, der Elohim Israels.«[169]

Abgesehen von diesen drei großen Prophetinnen hat das weibliche Prophetentum nie die Bedeutung erlangt wie das männliche. Wie talmudische Lehrer festgestellt haben, gab es neben 48 Propheten in der Bibel nur 7 Prophetinnen.[169a]

In vorexilischer Zeit versahen neben Männern auch Frauen im Tempel noch kultische Dienste; so z.B. die »diensttuenden Frauen, die am Eingang des [Stifts-]Zeltes der Begegnung Dienst taten«,[170] aber schon in späterer Zeit wurde diese Schriftstelle der hebräischen Bibel in der griechischen Septuaginta-Übersetzung gestrichen: Der Dienst der Frauen wurde in späterer Zeit umgesetzt in Beten und Fasten. Erst recht hat dann die nachexilische Priesterschrift infolge ihrer rituellen Reinheitsvorschriften die Kultfähigkeit der jüdischen Frauen erheblich eingeschränkt und sie vor allem vom Priesteramt ausgeschlossen.

So lag das *Priestertum* ausschließlich in Männerhand. Die Priester (kohanim) in Israel waren ein besonderer Stand aus dem Stamm Levi und dem Geschlecht Aarons. Nur die männlichen Nachkommen Aarons gehörten dazu, nur sie durften vom Speiseopfer essen: »Alles Männliche unter den Söhnen Aarons soll es essen: Eine ewige Ordnung von den Feueropfern des Jahwe für eure Generationen [ist es].«[171] Nur die Priester (Männer) taten Dienst im Tempel zu Jerusalem, vollzogen die Opfer und waren mit allen Sühne- und Reinigungszeremonien betraut. Sie waren in Klassen eingeteilt, die sich gegenseitig ablösten.

Für die Priester enthielt das priesterschriftliche Heiligkeitsgesetz strenge Ehebestimmungen, wonach sie praktisch nur eine Jungfrau heiraten durften. So bestimmten drei (158.–160.) Verbote: »Eine Hure und eine Entehrte sollen sie nicht [zur Frau] nehmen, und eine von ihrem Mann verstoßene Frau sollen sie nicht nehmen; denn heilig ist er seinem Elohim.«[172]

Die Witwe wird an dieser Stelle nicht genannt, jedoch bei Hesekiel ausdrücklich mit einbezogen, denn nur die Witwe, »die eine Priesterwitwe ist, dürfen sie nehmen«.[173] Erst recht ist der oberste Priester, der Hohepriester, dazu verpflichtet, nur eine Jungfrau zur Ehefrau zu nehmen. So wird ihm in zwei (161. und 162.) Verboten untersagt, »eine Witwe und eine Verstoßene [= Geschiedene] und eine Entehrte, eine Hure«, zu nehmen.[174] Und das (38.) Gebot macht ihm ausdrücklich zur Pflicht, eine Jungfrau zur Ehefrau zu nehmen: »Und er soll eine Frau in ihrer Jungfrauschaft nehmen … eine Jungfrau aus seinen Volksgenossen soll er zur Frau nehmen. Und er soll seinen Samen nicht entweihen unter seinen Volksgenossen, denn ich bin Jahwe, der ihn heiligt.«[175]

Seit der Zerstörung des 3. Tempels in Jerusalem gibt es im nachbiblischen Judentum zwar kein Priestertum mehr, aber bestimmte Vorrechte sind für die Aaroniden, die Nachkommen der Priester, in Geltung geblieben: so die Erstaufrufung beim Verlesen der Thora und die Erteilung des Priestersegens an Festtagen, wenn Aaroniden beim Gottesdienst anwesend sind.

Die *Rabbiner* (»Lehrer«) waren Lehrer der Thora, und sie sind seit dem 3. Jh. n. Chr. auch Leiter des Synagogengottesdienstes und der Gemeinde. Sie üben auch eine richterliche Tätigkeit aus, z. B. im Eherecht. Der Schwerpunkt ihrer Tätigkeit liegt auf Predigt, Vornahme von Trauungen und Ehescheidungen,

Religionsgespräch unter Männern: Disputation zwischen (jüdischen) Rabbinern (rechts) und christlichen Geistlichen (links). Holzschnitt, 1483

Rabbinerin Sally Jane Priesand (geb. 1946), 1972 zum ersten weiblichen Rabbi im liberalen Judentum der USA ordiniert, ist die zweite Rabbinerin in der über zweitausendjährigen Geschichte des Judentums (nach Regina Jonas, die als erste ordinierte Rabbinerin seit 1934 in Berlin, später in Theresienstadt wirkte und schließlich in Auschwitz umkam)

Erteilung des Religionsunterrichts u. a. Ihre Anstellung erfolgt durch die Gemeinde, meist auf Lebenszeit.

Die traditionelle Rabbinerausbildung an einer Jeschiwa mit abschließender *Ordination* (semicha = »Handauflegung«) wurde im Verlauf des 19. Jh. zunehmend durch Rabbinerseminare abgelöst, wobei die einzelnen Richtungen des orthodoxen, des konservativen und des liberalen Judentums vor allem in den USA besondere Ausbildungsstätten gründeten.

Im orthodoxen Judentum werden unverheiratete Männer nicht zu rabbinischen oder synagogal-liturgischen Funktionen zugelassen. So sagt die Mischna: »Ein Lediger darf nicht Kinderlehrer sein, ebenso darf eine Frau nicht Kinderlehrerin sein.«[176] Demgemäß durfte die Frau keine öffentliche Lehrfunktion haben, obgleich sie im Familienbereich einen bedeutenden Anteil an der Weitergabe jüdischen Glaubens und Lebens leistet.

Unter den ca. 2800 Rabbinern des Talmud befindet sich nicht eine einzige Rabbinerin. Das Amt des Rabbiners war durch fast zweitausend Jahre eine reine Männerangelegenheit, bis erstmals im Jahr 1934 in Deutschland die

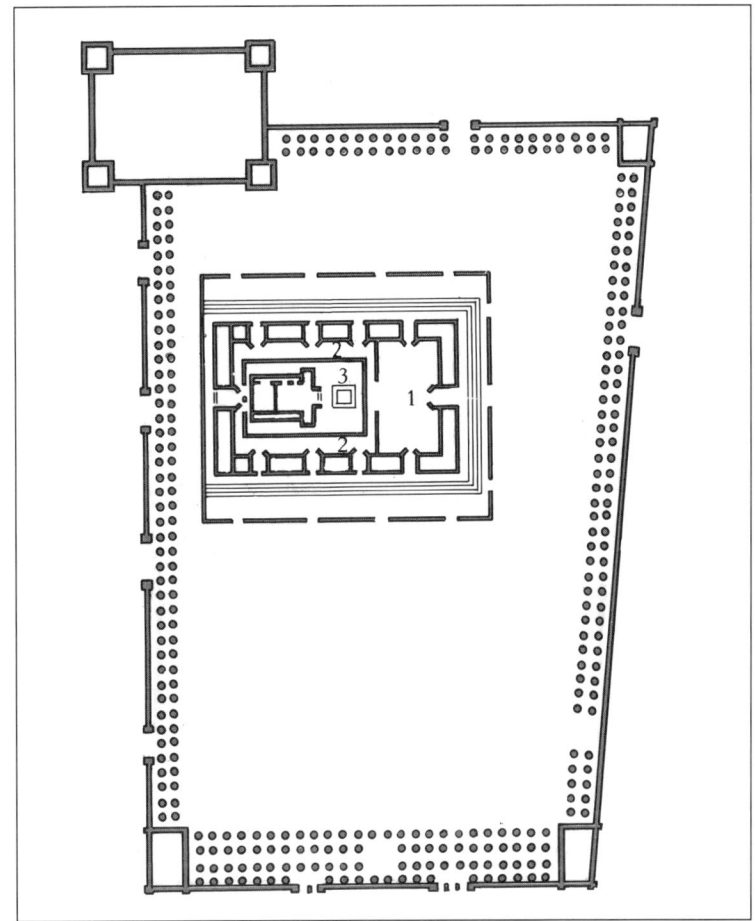

Trennung der Geschlechter im dritten (= herodianischen) Tempel zu Jerusalem: Vorhof der Frauen (1), Vorhof der Männer (2) sowie Vorhof der (nur männlichen) Priester (3)

Ordination einer *Rabbinerin* erfolgte. Es war Regina Jonas, die zunächst in Berlin und dann später in Theresienstadt wirkte, bis sie in Auschwitz starb. In den USA und in England erfolgt die Ordination von Rabbinerinnen, und zwar seit 1972 im Reformjudentum und bei den Liberalen und seit 1985 bei den konservativen Juden. Ob und wann auch die orthodoxen Juden auf diesem Weg folgen, kann niemand vorhersagen.

Die Trennung der Geschlechter in Tempel und Synagoge

Seit dem nachexilischen Judentum wurden Frauen bei der Mitwirkung im Gottesdienst immer mehr zurückgedrängt. Die Fernhaltung der Frauen vom

Kult findet u. a. ihren sichtbaren Ausdruck in einem besonderen *Frauenvorhof* des 3. *Tempels.* Während zu den beiden älteren Tempeln noch Männer und Frauen Zutritt hatten, durften im herodianischen Tempel die Frauen nur noch den äußeren Heiligkeitsbereich, den Frauenvorhof, betreten, während die Männer bis zum Männervorhof gelangen konnten.[177]

Die *Synagoge* (beth ha-knesseth = »Versammlung, Versammlungshaus, Bethaus«) ist das dem Gebets- und Lesegottesdienst dienende Gebäude. Nach der Zerstörung des 3. Tempels in Jerusalem (70 n. Chr.) wurden die Synagogen alleiniges Zentrum der jüdischen Gemeinden.

Wie im Tempel, so gab es auch in den Synagogen eine Trennung der beiden Geschlechter, wo oft ein abgesonderter Frauenteil eingerichtet ist. So erfolgt die Geschlechtertrennung entweder durch einen angebauten Raum für die Frauen, wie z. B. in der Synagoge von Delos (1. Jh. v. Chr.), oder durch eine Galerie, die für die Frauen nur von außen zugänglich war, wie z. B. in der Synagoge von Kapernaum, oder durch einen mit Gittern abgetrennten Frauenraum, wie z. B. in orthodoxen Synagogen üblich.

Hingegen sitzen im reformierten und konservativen Judentum die Frauen während des Synagogengottesdienstes nicht mehr von den Männern abgesondert.

Der Synagoge angegliedert ist seit der ältesten Zeit ein Badehaus für das rituelle Tauchbad (mikwe = »Sammlung des Wassers«), das nur »lebendes« (quellendes = Fluß-) oder in Gruben gesammeltes Regenwasser enthalten darf und mindestens 800 Liter umfassen muß. Es dient u. a. der Sexualhygiene. So sind Reinigungsbäder vorgesehen nach jedem Beischlaf, nach einer Pollution und Menstruation und nach Ende des Wochenbettes.[178] Erst durch ein Tauchbad in der mikwe wird die Zeit der Unreinheit und die damit verbundene geschlechtliche Abstinenz beendet. Die Frau soll bei dem Reinigungsbad mit ihrem ganzen nackten Körper untertauchen und einen Segensspruch sagen. Nach dem Bad ist sie wieder rein und darf wieder geschlechtlich verkehren. Bei orthodoxen Juden nimmt auch die Braut ein Bad in der mikwe.

Schon nach dem elohistischen Bundesbuch hatte der »Herr« Jahwe in dem (53.) Gebot nur die männlichen Geschlechtsgenossen, nicht auch die Frauen zum dreimaligen Erscheinen vor ihm verpflichtet: »Dreimal im Jahr soll alles unter euch, was männlich ist, vor dem Angesicht des Herrn Jahwe erscheinen.«[179]

Und nach der Priesterschrift beträgt der Schätzungswert von Personen bei Ablösung von Gelübden durch entsprechende Geldzahlungen für Frauen nur

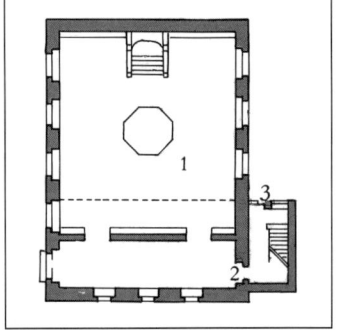

Trennung der Geschlechter in den Synagogen des orthodoxen Judentums: Hauptraum (1) nur für Männer, Aufgang zur Frauenempore (2) sowie Eingang zum rituellen Tauchbad (3), u.a. zur Reinigung von Verunreinigung durch Beischlaf und Pollution, durch Menstruation und Geburt

50 % bzw. 60 %, aber höchstens 66 % von dem der Männer.[180] Der Prozentsatz richtet sich nach dem Alter. Bei den Personen zwischen fünf und zwanzig Jahren haben Personen des weiblichen Geschlechts nur 50 % Schätzungswert von dem des männlichen Geschlechts, bei den über 60 jährigen steigt der Schätzungswert für die Frauen auf höchstens 66 % von dem der gleichaltrigen Männer.

Da nur Männer zur Erfüllung aller Gebote verpflichtet sind, ist für den Gemeindegottesdienst eine Mindestzahl (minjan = »Zahl«) von 10 Betern vorgeschrieben, wobei nur die Männer zählen, nicht aber die Frauen.

In der Synagoge werden Frauen auch nicht zur Thora-Lesung aufgerufen, was aus Rücksicht auf die Gemeinde geschehen soll. »Die Rabbanan lehrten: Jeder ist zu den sieben [die aus der Thora vorzulesen haben] zulässig, selbst ein Minderjähriger und selbst eine Frau; jedoch sagten die Weisen, eine Frau dürfe aus Achtung vor der Gemeinde aus der Thora nicht vorlesen.«[181] Diese »Rücksicht« wird begründet mit der unpassenden Zur-Schau-Stellung der Frau vor einem männlichen Hörerkreis. Auch das Anlegen des Gebetsmantels (tallit) mit den Schaufäden (zizit) ist nur männlichen Personen über 13 Jahre beim Morgengebet gestattet. In der Gegenwart können im reformierten und konservativen Judentum Frauen zum minjan gerechnet werden, sie können zur Thora-Lesung aufgerufen werden, und sie können den Gebetsmantel tragen.

Die zwei grammatischen Geschlechter im Hebräischen

Die hebräische Sprache unterscheidet wie die übrigen semitischen Sprachen zwei Geschlechter der Hauptwörter, ein männliches und ein weibliches. Das erstere als das vorherrschende und wichtigere wird im allgemeinen durch den reinen Stamm dargestellt, das letztere in der Regel durch Endungen davon unterschieden,[182] wie z. B. bei »Sohn« (bēn) und »Tochter« (bat). Das wichtigste Femininzeichen ist die Endung »-t«. Der Plural der Maskulina wird in der Regel durch die Endung »-im« bezeichnet, wie z. B. bei dem Wort »die Himmel« (shamajim), die aber bisweilen auch an Feminina angefügt wird, wie z. B. bei »Frauen« (nashim). Der Plural der Feminina wird in der Regel durch die Endung »-ot« bezeichnet, die aber auch an Maskulina angefügt wird, wie z. B. bei »Väter« (abot).

Die Bücher der hebräischen Bibel sind nicht nur fast ausnahmslos von Männern geschrieben worden, sondern in ihnen ist auch das Männliche gegenüber dem Weiblichen das dominierende Element. So ist nicht nur das Gattungswort »Mensch« (ādām) männlichen Geschlechts, sondern auch bei allen Verwandtschaftsbezeichnungen überwiegt bei weitem die Nennung männlicher Bezeichnungen. So ist das Wort »Sohn« (bēn) mit 4929 Belegen das weitaus häufigste Substantiv – nach dem Gottesnamen Jahwe – in der hebräischen Bibel, dessen feminine Entsprechung »Tochter« (bat) nur 579 mal erscheint. Auch das Wort »Mann« (ish) ist mit 2183 mal fast dreifach so häufig wie seine Entsprechung im Wort »Frau« (ishshā) mit nur 781 Belegen. Ebenso dominiert das Wort »Vater« (āb) mit 1211 Belegen gegenüber nur 220 Belegen für das Wort »Mutter« (ēm). Auch das Verwandtschaftswort »Bruder« (āch) ist mit 629 mal fast sechsfach mehr vertreten als das Wort »Schwester« (āchōt) mit 114 mal.

Diese männliche Dominanz in der Sprache erscheint auch bei den *Gottesnamen*. Selbst wenn der Gott Israels nicht abgebildet und letztlich sein Name nicht mit einem menschlichen Wort benannt und auch nicht ausgesprochen werden kann bzw. darf, so werden doch zur direkten Bezeichnung dieses Gottes, wenn er benannt wird, nur Worte des männlichen Geschlechts benutzt und niemals solche des weiblichen. Die wenigen vergleichenden und umschreibenden Worte (weiblichen Geschlechts) für diesen Gott, wie z. B. das Wort für »Wind, Geist« (rūach) fallen nicht ins Gewicht. Der Gottesname »Jahwe« (Jhwh) ist mit 6828 Belegen das am häufigsten verwendete Hauptwort in der hebräischen Bibel. Auch die plurale Bezeichnung »elōhim« für Gott hat männliches Geschlecht und ist mit 2600 Belegen das dritthäufigste Wort nach dem Wort »Sohn« (bēn).

Diese Bezeichnung für den Gott Israels wird manchmal auch für fremde Gottheiten gebraucht,[183] aber auch für die weibliche Gottheit Astarte,[184] da es im Hebräischen kein Wort für »Göttin« gibt, sondern nur das männliche Wort »ēl« (Gott), das 238 mal belegt ist. Eine weitere männliche Bezeichnung für den Gott Israels ist »Herr« (adōnāj) mit 439 Belegen und »Gewaltiger« (shaddaj) mit 48 Belegen.

Da Jahwe der einzige Gott Israels ist, fordert er im Deuteronomium zum Gehorsam auf, und er warnt vor anderen Gottheiten. »So hütet eure Seelen sehr ... daß ihr nicht ... euch ein Götterbild macht in Gestalt irgendeines Götzenbildes, das Abbild eines männlichen oder eines weiblichen [Wesens] ... und daß du deine Augen nicht zum Himmel erhebst und, wenn du die Sonne und den Mond ... siehst, dich verleiten läßt und dich vor ihnen niederwirfst und ihnen dienst, die doch Jahwe, dein Elohim, allen Völkern unter dem ganzen Himmel zugeteilt hat.«[185]

Die Wörter für »Himmel« (shāmajim; 420 mal) und »Mond« (jāreach) sind männlichen Geschlechts, die »Sonne« (shemesh; 134 mal) ist maskulinen oder femininen Geschlechts, wohingegen das Wort für »Erde, Land« (eres), das mit 2504 Belegen das sechsthäufigste Substantiv in der Bibel ist, noch durchgehend als Femininum konstruiert wird, worin sich eine Reminiszenz an die früheste Vorstellung von der »Mutter« Erde erhalten haben dürfte.

Christentum

Das Christentum ist die auf Jesus (ca. 7/4 v.Chr.–30 n.Chr.) aus Nazaret (Palästina) als Stifter zurückgeführte und nach dessen Ehrentitel Christus (der »Gesalbte [Gottes]«) benannte Religion, deren Anhänger in ihrer Gesamtheit als Christen bezeichnet werden.[1]

Die Christen sind in zahlreichen und unterschiedlichen Organisationsformen von Kirchen und Gemeinschaften zusammengeschlossen. Die größten organisierten Gemeinschaften bilden die Ostkirchen, die römisch-katholische Kirche, die anglikanische Kirche sowie die protestantischen Kirchen.

Unter den gegenwärtig neun Weltreligionen ist das Christentum nach Anhängerschaft und geographischer Verbreitung die größte Religionsgemeinschaft. Die Gesamtzahl der Christen beträgt heute 1783 Millionen, d.h. ca. 33 % der Weltbevölkerung.

Verbreitet ist das Christentum in 254 Ländern, darunter als Religion der Mehrheit in 145 Nationen sowie als Staatsreligion in 18 Staaten, und zwar in der Form des Anglikanismus in England, in der der Orthodoxie in Griechenland, in der des evangelisch-lutherischen Bekenntnisses in 6 Staaten wie in Schweden und Dänemark, sowie in der Form des römischen Katholizismus in 9 Staaten, darunter in Argentinien und Peru. In der Vatikanstadt ist der Papst gleichzeitig der Souverän.

Glaubensgrundlage für alle Christen bildet die Bibel des Alten und Neuen Testaments. Während für die reformatorischen Kirchen die Bibel allein die Norm und Quelle ist, aus der die Erkenntnis der göttlichen Offenbarungswahrheit geschöpft werden kann, wird für die katholischen Kirchen und die Ostkirchen die Erkenntnis der göttlichen Offenbarung aus der Bibel und aus der Überlieferung geschöpft, deren vornehmste Zeugen die Kirchenväter sind.

Die Bekenntnisschriften bzw. die symbolischen Bücher sind rechtsverbindliche Lehrschriften der evangelischen Kirchen. In den lutherischen Kirchen gehören dazu u.a. die von Martin Luther im Jahr 1529 veröffentlichten beiden Katechismen: Großer Katechismus und Kleiner Katechismus. Andererseits ist der auf Anordnung des Kurfürsten Friedrich III. von der Pfalz im Jahr 1563 erschienene Heidelberger Katechismus der bedeutendste der reformierten Kirchen.

Verbindlich in der römisch-katholischen Kirche sind die Dekrete der 21 ökumenischen Konzilien und die Lehrentscheidungen der Päpste. Als eine quasisymbolische Schrift könnte man den Catechismus Romanus (»Römischer Katechismus«) bezeichnen, das aufgrund eines Dekrets des Trienter Konzils (1545–63) verfaßte und 1566 auf Anordnung des Papstes Pius V. herausgegebene Handbuch mit einer zusammenfassenden Darstellung der katholischen Glaubens- und Sittenlehre.

Der Mann Jesus, von der Jungfrau Maria geboren

Jesus entstammt einer zu den Nachkommen des Königs David zählenden jüdischen Familie.[2] Er gilt als Sohn Josefs des Zimmermanns,[3] und seine Mutter heißt Maria.

Das bevorstehende Ereignis seiner *übernatürlichen Empfängnis*, die das göttliche Pneuma bewirkt, wird seiner jungfräulichen Mutter Maria von einem himmlischen Boten angekündigt.[4] So wird der Engel Gabriel von Gott in die galiläische Stadt Nazaret gesandt, wo das miteinander verlobte Paar Maria und Josef lebt. Maria erfährt vom Engel, daß der Heilige Geist über sie kommen und daß sie einen Sohn gebären wird, den sie Jesus nennen soll, da dieser als Sohn Gottes die Menschheit erlösen wird.

Die Ankündigung der Geburt Jesu erfolgte nach dem Evangelisten Lukas[5] dadurch, daß der Gott (theós) seinen Engel Gabriel sandte »zu einer Jungfrau,

Der verlobten Jungfrau Maria erscheint im Auftrag des Gottes Kyrios (»Herr«) der Engel Gabriel und kündigt ihr an, daß sie durch den Heiligen Geist (Taubengestalt, rechts oben) geschwängert und den Sohn Gottes gebären werde. Kupferstich von Matthäus Merian, 1630

die verlobt worden war mit einem Mann namens Josef aus dem Hause Davids; und der Name der Jungfrau war Maria«. Und der Engel sprach zu ihr: »Und siehe, du wirst schwanger werden und einen Sohn gebären, und du sollst seinen Namen Jesus nennen. Dieser wird groß sein und Sohn [des] Höchsten gerufen werden; und [der] Herr [Kýrios], der Gott [theós], wird ihm den Thron seines Vaters David geben.« Auf den Einwand der Maria, daß sie als verlobte Jungfrau noch nicht den ehelichen Geschlechtsverkehr mit ihrem verlobten Ehemann aufgenommen habe: »Wie wird dies sein, da einen Mann ich [noch] nicht erkenne [= beschlafe]?«, antwortete der Engel: »heiliger Geist wird kommen über dich und Kraft [des] Höchsten wird beschatten dich; darum wird auch das, was geboren wird, heilig genannt werden, Sohn Gottes [theós]«.

Das Wort »Jungfrau« (hebräisch: almāh; griechisch: parthénos) bedeutet im israelitisch-jüdischen Verständnis auch noch zur Zeit Jesu eine junge, geschlechtsreife weibliche Person im heiratsfähigen Alter – ist also eine Altersbezeichnung – ganz gleich, ob sie bereits geschlechtliche Erfahrungen hat oder nicht. In unserem Zusammenhang ist jedoch genau ausgesagt, daß das junge Mädchen Maria noch keinen Geschlechtsverkehr mit einem Mann gehabt hat, was mit der Begründung gemeint ist: »Da einen Mann ich [noch] nicht erkenne.« Das Verb »erkennen« (hebräisch: jada, griechisch: gi[g]nóskein) wird im Alten Testament häufig verwendet, um den Geschlechtsverkehr des Mannes mit der Frau, aber auch der Frau mit dem Mann zu bezeichnen.

Die anglikanische und die römisch-katholische Kirche feiern dieses Ereignis als Fest »Mariä Verkündigung« am 25. März, d. h. genau neun Monate vor dem Fest der Geburt Jesu, dem 25. Dezember.

Die außereheliche Schwangerschaft seiner Verlobten Maria konnte dem Josef nicht verborgen bleiben. Da eine Verlobung der vertraglichen Eheschließung gleichkam – nur waren die Verlobten bis zur eigentlichen Eheschließung noch nicht zusammengezogen und hatten auch in der Regel noch keinen Geschlechtsverkehr miteinander –, war die Braut zur »ehelichen« Treue gegenüber ihrem Verlobten verpflichtet. Eine Auflösung der Verlobung konnte wie die einer Ehe nur durch die Ausstellung der Scheidungsurkunde durch den Mann ausgesprochen werden. Bei Untreue der Braut hatte der Mann die Möglichkeit, die Scheidung auszusprechen oder aber sogar die untreu gewordene Braut der öffentlichen Verurteilung und Steinigung zum Tod preiszugeben.[6]

In diesem Zusammenhang erzählt der Evangelist Matthäus,[7] daß Josef sich in dieser Situation als ein »gerechter« Mann erwies: »Nachdem verlobt worden war seine [= Jesu] Mutter Maria mit dem Josef, und bevor sie zusammenzogen, fand es sich, daß sie im Schoße [empfangen] hatte vom Heiligen Geist. Josef aber, ihr Mann, der gerecht war und sie nicht [öffentlich] an den Pranger stellen wollte, beabsichtigte, sie heimlich [= durch Privatübereinkunft] zu entlassen.« Während er dieses überlegte, erschien ihm ein Bote des Herrn (Kýrios) im Traum und klärte ihn über die Hintergründe der Schwangerschaft auf, daß nämlich »das in seiner Frau Maria Gezeugte vom Heiligen Geist ist« und daß Josef sich nicht scheuen solle, seine Verlobte heimzuführen.

Daraufhin tat Josef, wie ihm der Bote des Herrn (Kýrios) befohlen hatte«, und er führte seine Frau heim, und er erkannte [= beschlief] sie nicht, bis sie geboren hatte einen Sohn; und er nannte seinen Namen Jesus«.

Die Geburt Jesu, die wegen der auf Jesus bezogenen Weissagung des Propheten Micha[8] in Betlehem, der Stadt Davids, sich ereignen soll, wird in der lukanischen Weihnachtsgeschichte erzählt.[9] Die Eltern Jesu, sein Vater Josef und dessen schwangere Verlobte Maria, ziehen wegen einer angesetzten Volkszählung von ihrem Wohnort Nazaret in Galiläa zu einem vorübergehenden Aufenthalt nach Betlehem in Judäa. Hier, in der Ärmlichkeit eines Stalles, kommt Maria nieder. »Sie gebar ihren erstgeborenen Sohn und wickelte ihn in Windeln und legte ihn in eine Krippe, da sie in der Herberge keinen Platz fanden.«[10]

Die römisch-katholische und die protestantischen Kirchen feiern den Gedenktag der »Geburt Jesu« am 25. Dezember, die Ostkirchen hingegen am 6. Januar und die armenischen Christen am 19. Januar.

Sowohl bei Lukas wie bei Matthäus ist die Absicht erkennbar, Jesus aus Nazaret nicht als einen von Josef gezeugten Sohn, sondern als den von Gott mit der Jungfrau Maria gezeugten »Sohn Gottes« erscheinen zu lassen. So schließt auch der Stammbaum Jesu nach Matthäus:[11] »Jakob aber zeugte den Josef, den Mann Marias, aus der gezeugt wurde Jesus, der da heißt ›Christus‹.« Hier ist das göttliche Passiv »aus der gezeugt wurde«, eine Umschreibung des aktivischen Handelns (= »Zeugens«) Gottes. Deshalb ist auch die »Jungfräulichkeit« Marias für die Evangelisten nur bis zum Zeitpunkt der Geburt Jesu von Bedeutung, nicht mehr für die Zeit danach. Es werden in der Bibel an keiner Stelle Aussagen darüber gemacht, ob Maria in der Geburt oder nach der Geburt Jesu jungfräulich geblieben ist. Im Gegenteil, die Aussagen über die »Unreinheit« der Wöchnerin Maria unterstreichen, daß die Mutter Jesu wie jede andere Mutter ihr Kind auf natürliche Weise geboren hat und auch nach der Geburt Jesu weiteren Kindern das Leben geschenkt hat, die in den Evangelien als die Brüder und Schwestern Jesu genannt werden.

Anläßlich einer späteren Predigt Jesu in der Synagoge seiner Vaterstadt Nazaret erinnerten sich deren Bewohner ihres früheren Mitbürgers Jesus und sagten: »Ist dieser nicht der Zimmermann, der Sohn der Maria und Bruder [des] Jakobus und [des] Joses und [des] Judas und Simons? Und sind nicht seine Schwestern hier bei uns?«[12] An dieser Stelle nennt der Evangelist Markus vier leibliche Brüder und dazu einige leibliche Schwestern Jesu. Die leiblichen Geschwister Jesu als »Stiefgeschwister« (aus einer ersten Ehe Josefs) oder als Vettern und Basen zu deuten, ist unbegründet. Nach einer apophthegmatischen Rahmenerzählung wünschten einmal seine Mutter, seine Brüder und Schwestern, Jesus zu sprechen, während er der Volksmenge predigte, woraufhin er den pointierten Ausspruch tat: »Jeder, der den Willen Gottes tut, der ist mein Bruder und [meine] Schwester und [meine] Mutter.«[13]

Nach acht Tagen erfolgte – gemäß dem israelitisch-jüdischen Gebot: »Und am achten Tag soll das Fleisch seiner [= des männlichen Kindes] Vorhaut beschnitten werden«[14] – die *Beschneidung* Jesu.

Noch heute feiern im Gedenken an dieses Ereignis die römisch-katholische und die anglikanische Kirche acht Tage nach Weihnachten, dem Geburtsfest Jesu, das Fest der »Beschneidung des Herrn« (In Circumcisione Domini) am 1. Januar. Die griechisch-orthodoxe Kirche hingegen begeht dieses Fest am 14. Januar, und die Armenier feiern es am 26. Januar. Bis ins Spätmittelalter wurde sogar die bei der Beschneidung abgetrennte Vorhaut Jesu (praeputium Jesu) als Reliquie in verschiedenen römisch-katholischen Ortskirchen Europas gezeigt und verehrt. Allein dreizehn Orte rühmten sich, die »echte« Vorhaut Jesu zu besitzen, darunter der Lateran, Charroux, Antwerpen und Calcata.[15]

Die Höherwertung des männlichen Kindes Jesus gegenüber einem weiblichen Kind kam darin zum Ausdruck, daß nach israelitisch-jüdischem Gebot nur alle männliche Erstgeburt dem Gott gehörte und erst durch ein Opfer ausgelöst, d. h. losgekauft werden mußte. Dies geschah auch bei dem männlichen Kind Jesus. So heißt es bei Lukas: Da Jesus für Maria ihr »erstgeborener Sohn«[16] war, »brachten sie ihn [= Jesus] nach Jerusalem, [ihn] darzustellen dem Herrn [Kýrios], wie geschrieben ist im Gesetz [des] Herrn [Kýrios]: wonach jedes männliche [Kind], das [den] Mutterschoß durchbricht, heilig dem Herrn [Kýrios] genannt werden soll.«[17]

Die Wöchnerin Maria war durch die Geburt eines Kindes für eine bestimmte

Die Beschneidung des (männlichen) Kindes Jesus, d.h. die Abtrennung der Vorhaut des männlichen Geschlechtsgliedes. Kupferstich von Hans Baldung Grien, 1594

Zeit kultisch unrein geworden. Gemäß dem israelitisch-jüdischen Gebot[18] war die Wöchnerin nach der Geburt eines Jungen sieben Tage lang »unrein« – wie bei der monatlichen Menstruation – und weitere 33 Tage kultunfähig, also insgesamt 40 Tage im Kult beeinträchtigt. Nach der Geburt eines Mädchens wurden die Tage der Unreinheit für die Wöchnerin verdoppelt.

So heißt es bei Lukas:[19] Als für Maria »erfüllt waren die (40) Tage ihrer *Reinigung* gemäß dem Gesetz [des] Mose [3 Mose 12,4.6]«, brachten sie im Tempel von Jerusalem ein Paar Turteltauben oder zwei Junge von Tauben

Bei der Taufe Jesu durch Johannes erschallt aus dem Himmel eine Stimme: »Du bist mein geliebter Sohn!« Mosaik, 5. Jh. Ravenna: Baptisterium der Orthodoxen

zum Sündopfer dar. Durch dieses Opfer war die kultische Reinheit der Wöchnerin Maria wiederhergestellt.

Noch heute feiern im Gedenken an dieses Ereignis der Reinigung Marias – verbunden mit dem der Darstellung Jesu im Tempel – die römisch-katholische und die anglikanische Kirche vierzig Tage nach Weihnachten, dem Geburtsfest Jesu, das Fest der »Reinigung Marias« oder auch »Lichtmeß« genannt (In Purificatione Beatae Mariae Virginis) am 2. Februar.

Bei der Taufe Jesu durch Johannes den Täufer erlebt Jesus in Vision und Audition seine Berufung: die Geisterfüllung und Gottes Bekenntnis zu ihm als seinem Sohn. »Als er aus dem Wasser emporstieg, sah er im selben Augenblick den Himmel sich spalten und den Geist wie eine Taube auf sich herabkommen. Und eine Stimme erscholl aus den Himmeln: ›Du bist mein geliebter Sohn‹.«

Das Ziel dieser Tauferzählung, die der Erwählung eines Propheten ähnelt, ist Gottes Stimme, die Jesus »Sohn« nennt, wobei die Einzigartigkeit dieser Sohnschaft durch das hinzugefügte Adjektiv »geliebter« Sohn unterstrichen wird. Markus[20] und Lukas[21] erklären Jesu Sohnschaft Gottes mit der in jener Zeit üblichen Adoptionsformel. Mit der Satzformel »Mein Sohn bist du« ruft Gott jeweils den neugewählten König Israels in sein Amt.[22] So kann man die Taufe Jesu, die am Anfang des (ältesten) Markusevangeliums steht, ähnlich wie die Thronbesteigung des israelitischen Königs als Einsetzung Jesu in das eschatologische Amt des *Sohnes Gottes* verstehen.

Die Überzeugung Jesu, Sohn Gottes und Sohn des himmlischen Vaters zu sein, bereitet Lukas in der Erzählung vom zwölfjährigen Jesus im Tempel vor, wo Jesus seinen Eltern die für sie unverständliche rhetorische Frage stellt: »Wußtet ihr nicht, daß ich im Eigentum meines Vaters sein muß?«[23] Dieses Erlebnis Jesu, daß Gott sein Vater und zugleich auch der Vater aller Menschen ist, wird die nachfolgende öffentliche Tätigkeit Jesu entscheidend prägen.

Im Anschluß an dieses Berufungserlebnis beginnt Jesus ein vierzigtägiges Fasten, an dessen Ende der Versucher an ihn herantritt. Unter zweimaligem Hinweis darauf: »Wenn du Gottes Sohn bist ...« läßt der Versucher die drei Möglichkeiten, Menschen durch Brot, Wunder und Besitz zu gewinnen, vor Jesu Seele treten. Doch Jesus als »Sohn Gottes« weist den Versucher ab.[24]

Im 30. Lebensjahr tritt Jesus mit seiner prophetischen Sendung in Galiläa an die Öffentlichkeit. Wie die jüdischen Rabbinen sammelt er einen Kreis von Jüngern und – im Gegensatz zu den Rabbinen – auch Jüngerinnen um sich, legt in den Synagogen die heiligen Schrifttexte aus und diskutiert in Lehr- und Streitgesprächen über den Geltungsbereich des mosaischen Gesetzes.

Jesus führt ein Lehrgespräch mit der Samariterin am Jakobsbrunnen, obgleich sich seine Jünger wundern, daß er überhaupt mit einer Frau redet. Mosaik, 6. Jh. Ravenna: S. Apollinare Nuovo

Jesus führt wie die jüdischen Rabbinen Schulgespräche mit Männern, insbesondere mit seinen Jüngern und Schülern, aber auch – im Gegensatz zu den Rabbinen – mit Frauen. So führt er z. B. mit der Mutter seiner beiden Jünger Jakobus und Johannes ein Schulgespräch über die wahre Größe im Reiche Gottes.[25] Nach dem Evangelisten Johannes führt Jesus ein Lehrgespräch nicht nur mit dem Pharisäer Nikodemus in Jerusalem,[26] sondern auch mit der Samariterin am Jakobsbrunnen, obgleich seine (männlichen) Jünger sich »wunderten, daß er mit einer Frau redete«.[27]

Lehrend und predigend zieht er, begleitet von seinen Anhängern und Anhängerinnen, durch Galiläa, insbesondere wirkt er in Kapernaum und in der Gegend um den See Gennesaret, woher auch die meisten seiner Jünger stammen. Den Mittelpunkt seiner prophetischen Verkündigung bildet die »frohe Botschaft« (Evangelium) von der anbrechenden »Königsherrschaft des Gottes« (basileia tu theu) und der damit verbundene Aufruf zum Umdenken.

Als frohe Botschaft vom Heil für die Menschen ist sie an alle gerichtet, an Juden und Nichtjuden, an Gerechte und Ungerechte, an Zöllner und Sünderinnen, an Erwachsene und Kinder, an Frauen und Männer, an Mütter und Väter, an Ehefrauen und Witwen, an Jungen und Mädchen, an Zeugungsfähige und Zeugungsunfähige (Eunuchen) sowie an kultisch Reine und kultisch Unreine, z. B. Menstruierende.

In Wort und Tat zeigt Jesus, daß mit ihm die »Königsherrschaft des Gottes«

angebrochen ist, und er läßt die Menschen durch seine eigene Person die Kräfte dieses Reiches verspüren. Was Gottesherrschaft für die Menschen bedeutet und von ihnen fordert, veranschaulichen seine Gleichniserzählungen.

Die Bilderwelt seiner Gleichnisse sind die Lebensbereiche der Männer wie der Frauen. Beispiele dafür bieten die Gleichnispaare vom verlorenen Schaf und der verlorenen Drachme,[28] von Senfkorn und Sauerteig,[29] ferner das Gleichnis vom königlichen Hochzeitsmahl[30] und das von den zehn Brautjungfrauen.[31]

Kennzeichnend ist auch nach Johannes sein Vergleich mit der gebärenden Frau, deren anfängliche Traurigkeit sich zur Freude wandelt:

>Die Frau hat Traurigkeit, wenn sie gebiert,

weil ihre Stunde gekommen ist;

wenn sie aber das Kind geboren hat,

gedenkt sie nicht mehr der Bedrängnis

um der Freude willen,

daß ein Mensch in die Welt geboren ist.«[32]

Das Lehren und Predigen Jesu vom Anbruch der »Königsherrschaft des Gottes« wird unterstrichen durch seine Wunder, die er an Frauen und Männern vollbringt. So heilt er die blutflüssige Frau und erweckt die Tochter des Jairus wieder zum Leben,[33] wie er den gelähmten Mann heilt[34] und den Jungmann von Nain ins Leben zurückruft,[35] wobei er selbst die Berührung mit »unreinen« Kranken und Verstorbenen nicht scheut.

Jesu Wirken findet zwar bei den ihm nachfolgenden Jüngern und Jüngerinnen Zustimmung, aber bei seinen Angehörigen[36] und vor allem bei seinen Gegnern[37] ruft es Ablehnung und Widerspruch hervor.

Die Gegner fühlen sich als Hüter des mosaischen Gesetzes durch Jesu souveräne Haltung gegenüber bestimmten Vorschriften des Gesetzes provoziert. Sie beanstanden u. a. seine Einstellung zu Reinheitsvorschriften und kritisieren seinen freien Umgang mit Leuten, die in ihren Augen notorische Sünder und Sünderinnen sind.[38] Die im Vergleich zu seinen Gegnern prinzipiell andersgeartete Grundhaltung Jesu führt schließlich zu seiner Verurteilung zum Tode am Kreuz.

Die Jünger und Jüngerinnen Jesu und auch seine späteren Anhänger (u. a. Paulus) sind der festen Überzeugung, daß Gott diesen Messias Jesus nach dessen Kreuzestod nicht im Grab gelassen, sondern vom Tod zum Leben auferweckt hat, was die Jünger und Anhänger Jesu in den Ostererscheinungen bestätigt sehen.

Die verschiedenen Hoheitstitel für Jesus, wie Rabbi, Prophet, Christus, Sohn Davids, Menschensohn, Sohn Gottes, Herr, Heiland und Logos – meist noch verbunden mit dem männlichen Artikel und Geschlechtswort »der« (ho) –

Der Gott Kyrios (»Herr«) mit Bart, dem männlichen Geschlechtsmerkmal, als Vater und Schöpfer des Himmels und der Erde. Titelholzschnitt von Lukas Cranach für die erste Vollbibel in deutscher Übersetzung (1534) von Martin Luther

sind Bezeichnungen, mit denen die verschiedenen palästinensischen und hellenistischen Gemeinden in der Sprache ihres Glaubens zum Ausdruck bringen, was Jesus, der »Mann« aus Nazaret, für sie in der Gegenwart und bei seiner Wiederkunft bedeutet.

Ein männliches, kein geschlechtsneutrales Gottesbild

Der sich als »Sohn Gottes« verstehende Jesus von Nazaret spricht von diesem Gott in den Vorstellungen der israelitisch-jüdischen Religion, d. h. fast ausschließlich in männlichen Sprachformen, wie »der Gott« (griechisch: ho theós; hebräisch: Ēl) oder »der Herr« (griechisch: ho Kýrios; hebräisch: Jahwe) oder »der Vater« (griechisch: ho patär), aber auch in der Umschreibung des Gottesnamens als »der Himmel« (ho uranós). Seltener erscheint eine weibliche Umschreibung, wie z. B. »die Kraft« (griechisch: he dýnamis).

Nach dem Evangelisten Markus redete Jesus zum erstenmal bei seinem öffentlichen Auftreten in Galiläa, indem er sprach:[39] »Erfüllt ist die Zeit und nahe gekommen ist das Königreich des Gottes [griechisch: ho theós; hebräisch: Ēl].« Wie das erste Wort Jesu seinem Gott galt, so auch sein letztes Wort als Sterbender am Kreuz: »Mein Gott (griechisch: ho theós; hebräisch: Ēl), mein Gott, warum hast du verlassen mich?«[40]

Nach dem Evangelisten Lukas gilt das erste Wort, das der gesetzespflichtig gewordene »Sohn des Gebotes« (Bar-mizwa), der zwölfjährige Jesus, spricht, seinem Vatergott. Auf die besorgte Frage seiner ihn drei Tage lang suchenden Eltern: »Kind, warum hast du uns das getan? Siehe, dein Vater und ich [= deine Mutter] haben dich mit Schmerzen gesucht«, gibt der Zwölfjährige die rhetorische Frage zur Antwort »Wußtet ihr nicht, daß ich in dem [= Tempel] sein muß, was meines Vaters ist«?[41] Wie das erste Wort des zwölfjährigen Jesus seinem Vater galt, so auch das letzte Wort des sterbenden Jesus am Kreuz: »Vater, in deine Hände übergebe ich meinen Geist!«[42]

Der himmlische Vater Jesu ist zugleich auch der himmlische Vater der Jünger und Jüngerinnen Jesu, wie es z. B. der mit dem jüdischen Gebet »Schmone esre« verwandte Gebetstext, den Jesus auf Bitten seiner Jünger hin gelehrt hat, zum Ausdruck bringt: »Vater unser im Himmel, geheiligt werde dein Name …«[43]

Dieses nach seinen Anfangsworten als »Vaterunser« bezeichnete Gebet ist ein regelmäßiger Bestandteil des heutigen Gottesdienstes. Da auch in diesem Hauptgebet der Christen Gott nur als »Vater«, also als männliches Wesen, benannt ist, fügen heutzutage im Anschluß an die ersten beiden Worte der

Dreifaltigkeitsgruppe der drei göttlichen Personen: Bärtiger Vatergott, mit dem ebenfalls bärtigen Gottessohn Jesus auf seinem Schoß, darüber schwebend der Heilige Geist in Taubengestalt. Holzschnitt von Albrecht Dürer, 1511

Anrede »Vater unser« viele Christen die Anrede »Mutter unsere« hinzu, um so nicht nur den männlichen, sondern auch den weiblichen Aspekt des christlichen Gottesbildes zum Ausdruck zu bringen. Von besonderer Bedeutung ist in diesem Zusammenhang die Äußerung des Papstes Johannes Paul I. (1978), der in einer öffentlichen Audienz am 10. September 1978 sagte: »Gott ist Vater, und mehr noch, er ist uns Mutter.«

Nach der für die beiden Evangelisten Matthäus und Lukas gemeinsamen

Spruchquelle nennt Jesus in seinem Lobpreis Gott seinen Vater (ho patär) und Herrn (Kýrios):

»Ich preise dich, Vater,
Herr des Himmels und der Erde,
daß du dies vor Weisen und Verständigen verborgen
und es Unmündigen geoffenbart hast.
Ja, Vater, denn so war es wohlgefällig vor dir.
Alles ist mir übergeben worden von meinem Vater;
und niemand erkennt den Sohn als nur der Vater,
noch erkennt jemand den Vater als nur der Sohn,
und der, dem der Sohn [ihn] offenbaren will.«[44]

In frühchristlicher Zeit ist die Lehre von dem einen Gott als einem dreifaltigen Gott weiterentwickelt und auf den ersten beiden ökumenischen Konzilien formuliert worden, wie dies im Nicaeno-Konstantinopolitanischen Glaubensbekenntnis ausgesprochen ist:

Das erste (Männer-)Konzil von Nizäa im Jahre 325 mit ca. 250 (bärtigen) Bischöfen unter Vorsitz des Kaisers Konstantin. Auf dem Tabernakel hinter dem Kaiserthron der göttliche Jesus Christus als Knabe. Am Boden liegt der die »ewige« Gottheit des Jesus Christus leugnende und vom Konzil verdammte (anathematizat) bärtige Häretiker Arius

»Wir glauben an den einen Gott,
den Vater, den Allmächtigen,
der alles geschaffen hat, Himmel und Erde,
die sichtbare und die unsichtbare Welt.
Und an den einen Herrn Jesus Christus,
Gottes eingeborenen Sohn,
aus dem Vater geboren vor aller Zeit:
Gott von Gott, Licht vom Licht,
wahrer Gott vom wahren Gott,
gezeugt, nicht geschaffen,
eines Wesens mit dem Vater …
Wir glauben an den Heiligen Geist,
der Herr ist und lebendig macht,
der aus dem Vater [und dem Sohn] hervorgeht,
der mit dem Vater und dem Sohn angebetet
und verherrlicht wird …«

Obwohl der christliche Gott in drei Personen seinem Wesen nach geistig und nicht geschlechtsbestimmt ist, wird er doch, wie das vorstehende Glaubensbekenntnis zeigt, nur mit männlichen und niemals mit weiblichen Sprachfor men benannt, ja sogar im orthodoxen und römisch-katholischen Christentum auch nur in männlichen Abbildern dargestellt.

Das Wort für »Geist«, das im Griechischen noch ein neutrales Geschlecht hat, wird im Lateinischen (spiritus) und im Deutschen, wie es bereits der Vater und der Sohn ist, ebenfalls männlich zu: »der« Geist.

Gleiches gilt vom Gloria, einem frühchristlichen Hymnus, der ein Teil der römisch-katholischen Messe und des lutherischen Hauptgottesdienstes ist:

»Ehre sei Gott in der Höhe

und Frieden auf Erden

den Menschen seiner Gnade …

wir rühmen dich und danken dir,

denn groß ist deine Herrlichkeit:

Herr und Gott, König des Himmels,

Gott und Vater, Herrscher über das All,

Herr, eingeborener Sohn, Jesus Christus.

Herr und Gott, Lamm Gottes, Sohn des Vaters, …

Denn du allein bist der Heilige,

du allein der Herr,

du allein der Höchste:

Jesus Christus,

mit dem Heiligen Geist,

zur Ehre Gottes des Vaters. Amen«

J[ESU]S CH[RISTU]S, der Pantokrator (»Allherrscher«) mit Bart. Kuppelmosaik, ca. 1100. Daphni/Athen: Klosterkirche

Die Unterordnung der Frau unter den Mann seit Paulus

Für den Apostel Paulus scheint das Männliche der Maßstab des Glaubens und Lebens gewesen zu sein. Obgleich die Gemeinde, an die er seine Briefe schrieb, aus Männern und Frauen bestand, redete er die Gemeindemitglieder meistens (nur) mit »Brüder« an. So ermahnt er z. B. die Gemeindemitglieder von Korinth: »Wachet, stehet im Glauben, seid mannhaft [andrízesthe], werdet stark! Alles bei euch geschehe in Liebe! Ich ermahne euch aber, Brüder.«[45]

Die in den Evangelien bezeugte Gleichwertung von Frauen und Männern durch Jesus wird vom Apostel Paulus aufgehoben und durch eine Unterordnung der Frau unter den Mann ersetzt. Die theologische Grundlage dazu legt er bereits in seinem ersten Korintherbrief aus dem Jahr 53/54 n. Chr. – also 20 Jahre nach Jesu Tod –, wo er zum rechten Verhalten beim Gebet mahnt:

Der bärtige Apostel Paulus, für den das Männliche der Maßstab des Glaubens und Lebens ist, ermahnt seine Adressaten: »Seid mannhaft!« Gemälde von El Greco. Toledo: Sakristei der Kathedrale

»Ich will aber, daß ihr wißt, daß der Christus das Haupt eines jeden Mannes ist, das Haupt der Frau aber der Mann, des Christus Haupt aber Gott ... Denn der Mann freilich soll sich das Haupt nicht verhüllen, da er Gottes Bild und Abglanz ist; die Frau aber ist des Mannes Abglanz.

Denn der Mann ist nicht von der Frau, sondern die Frau vom Mann; denn der Mann wurde auch nicht um der Frau willen geschaffen, sondern die Frau um des Mannes willen. Darum soll die Frau eine Macht [= Zeichen der Macht, unter der sie steht] auf dem Haupt haben um der Engel willen.«[46]

In dieser paulinisch eigenwilligen Auslegung des zweiten Schöpfungsberichtes (1 Mose 2,18–23) hat er die theologische Grundlage dafür gelegt, daß ein jeder Mann einer jeden Frau übergeordnet ist, so daß er in seinem späteren Kolosserbrief aus dem Jahr 60/64 n.Chr. die Frauen »expressis verbis« zur Unterordnung unter ihre Männer verpflichten kann: »Ihr Frauen ordnet euch euren Männern unter, wie es sich im Herrn ziemt!«[47]

Hingegen werden die Männer nur dazu ermahnt: »Liebet eure Frauen und seid nicht bitter gegen sie!«, eine Ermahnung, die sicherlich auch für die Frauen gegenüber ihren Männern gilt, ohne daß dies ausdrücklich gesagt wird.

Diese beiden Gedanken der theologischen Begründung der *Überordnung* des Mannes über die Frau im 1. Korintherbrief und der ethischen Ermahnung zur *Unterordnung* der Frau im Kolosserbrief werden in dem nachpaulinischen Epheserbrief aus dem Jahr 80–100 n.Chr. miteinander verbunden, wenn es heißt: »Ordnet euch einander unter in der Furcht Christi, die Frauen den eigenen Männern als dem Herrn! Denn der Mann ist das Haupt der Frau, wie auch der Christus das Haupt der Gemeinde ist, er als der Heiland des Leibes. Wie aber die Gemeinde sich dem Christus unterordnet, so auch die Frauen den Männern in allem.« Und für die Männer bleibt lediglich die Mahnung: »Ihr Männer, liebt eure Frauen!«[48]

Sicherlich wird auch hier stillschweigend vorausgesetzt, daß auch die Frauen ihre Männer lieben sollen. Abschließend erfolgt die erneute Mahnung: »jeder [Mann] von euch liebe seine Frau so wie sich selbst; die Frau aber, daß sie Ehrfurcht vor dem Mann habe!«

Diese Gedanken der Über- und Unterordnung des einen Geschlechts gegenüber dem anderen fanden eine solche Resonanz in nachapostolischer Zeit, daß sie verschiedentlich übernommen wurden. So mahnt der Verfasser des ersten Petrusbriefes aus dem Jahr 95 n.Chr. – Jesus war bereits 60 Jahre tot und auch Petrus weilte seit ca. 30 Jahren nicht mehr unter den Lebenden:

Martyrium der heiligen Jungfrau und Märtyrin Agatha (um 250 zu Catania auf Sizilien), wobei z. Zt. der Christenverfolgung die römischen Folterer ihre Brüste mit Zangen abkneifen. Anonymer Stich.
Paris: Bibliothèque Nationale

»Ebenso ihr Frauen, ordnet euch den eigenen Männern unter … Denn so … auch einst die heiligen Frauen … sich ihren Männern unterordneten: wie Sara dem Abraham gehorchte und ihn Herr nannte (1 Mose 18,12).«[49]

Während für die diesbezügliche Ermahnung des schwachen Geschlechts der Frauen allein sechs Verse benötigt werden, genügt für die Ermahnung der Männer ein einziger Vers: »Ihr Männer ebenso wohnt bei [ihnen] mit Einsicht als bei einem schwächeren Gefäß, dem weiblichen, und gebt [ihnen] Ehre als [solchen].«

Auch der Verfasser des Titusbriefes aus dem Jahr 100/110 n. Chr. gibt die Anweisung: »Du aber rede, was der gesunden Lehre ziemt: daß … die alten Frauen … die jungen Frauen unterweisen, ihre Männer zu lieben … mit häuslichen Arbeiten beschäftigt, gütig [zu sein] den eigenen Männern sich unterzuordnen, damit das Wort Gottes nicht verlästert werde!«[50]

Zahlreiche Kirchenschriftsteller des 2. bis 7. Jh., die sich durch theologische Gelehrsamkeit und Rechtgläubigkeit auszeichneten und kirchliche Anerkennung erfuhren, werden seit dem 4. Jh. mit dem Ehrentitel »Kirchenväter« bezeichnet. Ihre Autorität wurde – neben der Bibel – besonders im Mittelalter zur Untermauerung theologischer Thesen oder zum Erweis der Rechtgläubigkeit von Lehrinhalten herangezogen und bildet einen bedeutenden Pfeiler der römisch-katholischen Lehre von der Tradition. Unter diesen Kirchenvätern befindet sich keine einzige Frau, und ihre Aussagen über die Frauen und das weibliche Geschlecht insgesamt sind oft von abwertender Qualität, so bei Tertullian, Basilius, bei Johannes Chrysostomus, Gregor von Nazianz und Gregor von Nyssa. Aber auch Hieronymus ist davon überzeugt, daß Frauen die Männer nicht nur zur Unkeuschheit, sondern auch zum häretischen Hochmut verführen, da alle bedeutenden Häretiker mit Frauen liiert waren und von Frauen verführt wurden. Hieronymus, der vom östlichen Mönchtum geprägt war, führte »alles Böse in der Welt auf die Frauen zurück«.[51]

Selbst Augustinus, der jahrelang eine außereheliche Beziehung zu einer Frau hatte und mit der er einen Sohn zeugte, fand harte, abwertende Worte über Frauen.

Im Unterschied zu den auf altchristliche Zeit beschränkten Kirchenvätern werden einige ausgewählte normgebende Theologen und dogmatische Autoritäten aus allen Zeiten der römisch-katholischen Kirche, also auch bis zur Gegenwart, als *Kirchenlehrer* bezeichnet. Als Kriterien für die Kirchenlehrer werden rechtgläubige Lehre, herausragende wissenschaftliche Leistungen sowie persönliche Heiligkeit verlangt. Die vom Papsttum gesteuerte Reihe von Ernennungen zu Kirchenlehrern als Repräsentanten kirchlicher Lehre begann durch Papst Pius V. mit Thomas von Aquin im Jahre 1567. Bis zum Jahr 1970 gab es insgesamt 30 Kirchenlehrer, die ausschließlich dem männlichen Geschlecht zugehörten. Mit dem Jahr 1970 wurden dann mit Theresia von Avila und Katharina von Siena erstmals durch Papst Paul VI. auch Frauen zu »Kirchenlehrerinnen« erhoben.

Auch diese heiligen Männer und normgebenden Kirchenlehrer zeichnen sich z. T. durch sehr abwertende Äußerungen über das weibliche Geschlecht aus.

Kümmernis, die heilige Jungfrau mit Bart am Kreuz. Die Tochter eines heidnischen Königs, verlobt sich Christus. Um nicht einem heidnischen Prinzen vermählt zu werden, bittet sie Gott, ihr einen Bart wachsen zu lassen. Nach der Erfüllung ihrer Bitte wird sie vom erzürnten Vater gekreuzigt. Augsburger Flugblatt, 1650

So ist z. B. für den Heiligen und Kirchenlehrer Thomas von Aquin, den bedeutendsten Theologen des Hochmittelalters, die Minderwertigkeit der Frau offenkundig, wenn man die Entstehung der Mädchen bedenkt. Er übernimmt die aristotelische Bezeichnung für die Frau als »verstümmelter Mann« (griechisch: árren pepäroménon; lateinisch: mas occasionatus)[52] und folgert: »Hinsichtlich der Einzelnatur ist das Weib etwas Mangelhaftes und eine Zufallserscheinung; denn die im männlichen Samen sich vorfindende wirkende Kraft zielt darauf ab, ein dem männlichen Geschlechte nach ihr vollkommen Ähnliches hervorzubringen. Die Zeugung des Weibes aber geschieht auf Grund einer Schwäche der wirkenden Kraft wegen schlechter Verfassung des Stoffes oder auch wegen einer von außen bewirkten Veränderung, z. B. den feuchten Südwinden.«[53]

Die Jungfrau und Mutter Maria mit einer entblößten Brust hält ihr Kind Jesus (mit sichtbarem männlichen Geschlechtsglied) auf dem Schoß. Sie verkörpert die Ideale der Fruchtbarkeit (Mutter) und der Keuschheit (Jungfrau). Ölbild von Jean Fouquet, ca. 1450. Antwerpen: Königl. Museum der Schönen Künste

Eine dem ostkirchlichen Mönchtum entstammende Frauenangst und Frauenfeindschaft ist z. T. auf die römisch-katholische Kirche übergegangen. Im Heiligenkalender der östlichen wie der westlichen Kirche ist nicht nur die Zahl der männlichen Heiligen um ein vielfaches größer als die der weiblichen Heiligen, sondern letztere werden im römischen Heiligenkalender in die zwei Kategorien eingeteilt: Jungfrau (virgo) und Nichtjungfrau (non virgo). Zu letzteren zählen ausschließlich die Witwen, d. h. Frauen, deren Ehemann vor ihnen gestorben ist, so daß sie selbst in der Zeit ihrer Witwenschaft keinen Geschlechtsverkehr mit einem Mann mehr pflegten und so gleichsam vor ihrem Tod wenigstens eine Zeitlang »keusch« lebten. Im Gegensatz zu diesen heiligen Jungfrauen und »keusch« lebenden Witwen gibt es keine einzige heilige Ehefrau, die als Noch-Ehegattin vor ihrem Mann gestorben ist, also noch bis zu ihrem Tod Geschlechtsverkehr mit ihrem Mann hatte oder haben konnte. Es gibt keine heilige Frau, die im Kindbett gestorben ist. Wenn es jedoch wenige Ehefrauen als Heilige gibt, dann haben sie der Kirche gegenüber das Versprechen abgelegt, mit ihrem Mann eine geschlechtsverkehrfreie »Josefsehe« zu führen. In diesem Sinne sagt Hieronymus: »Unter den Ehefrauen gibt es heilige Frauen, aber nur, wenn sie aufgehört haben, Gattinnen zu sein, wenn sie … die Keuschheit der Jungfrauen nachahmen.«[54]

Maria, die Mutter Jesu, genießt in der römisch-katholischen Kirche als »Jungfrau« höchste Verehrung, da nicht nur ihre Jungfräulichkeit vor der Geburt Jesu, sondern sogar ihre lebenslange »unverletzte« Jungfrauenschaft im Glauben verlangt wird. Demgemäß ist Maria immer Jungfrau geblieben, nicht nur vor der Geburt Jesu, sondern selbst in der Geburt und auch noch nach der Geburt Jesu.

Der Römische Katechismus sagt bei der Erklärung des Glaubensartikels

»Geboren aus Maria der Jungfrau«: »Er [= Jesus] wird von der Mutter geboren, ohne die Jungfrauschaft der Mutter auch nur im geringsten zu verletzen. Wie er später aus dem verschlossenen und versiegelten Grab hervorging ... oder – um bei Dingen zu bleiben, die wir tagtäglich sich ereignen sehen, – wie die Sonnenstrahlen die feste Glasmasse durchdringen, ohne sie zu brechen oder irgendwie zu beschädigen: so und erhabener noch ging Jesus Christus aus dem Schoß der Mutter ohne jede Versehrung der mütterlichen Jungfräulichkeit hervor.«[55]

Jesuanisches allgemeines Prinzip der Liebe und nachjesuanische konkrete Warnungen vor Unzucht

Für Jesus ist das Prinzip des sittlichen Handelns die Liebe, wobei Gottes- und Nächstenliebe unlösbar miteinander verknüpft sind.

In der Aufforderung zur Feindesliebe »Liebet eure Feinde«[56] erfolgt eine Ausweitung der Liebe – in Entsprechung zum universalen Zuspruch des Reiches Gottes für alle ohne Ausnahme – zur *Universalität* (»Gesamtheit«), die absolute »Entschränkung des Nächsten« jetzt unter Einschließung der »Feinde«. Sind in der Nächstenliebe nicht nur die Volksgenossen, sondern auch die Volksfremden eingeschlossen, so umfaßt die Feindesliebe ebenfalls alle, selbst die »amoralischen« Feinde.

Bei den jesuanischen Geboten der Nächsten- und der Feindesliebe geht es nicht um eine Liebe nach dem Prinzip »ich gebe, damit du gibst« (do ut des), d. h. um eine Liebe mit der Erwartung von Gegenliebe im Sinne einer Gegenseitigkeit. Vielmehr verlangt diese Liebe ein initiatives Handeln, ohne Berechnung auf Wiedererhalt und vorbehaltlos, ja sogar mit dem Risiko, das Gegenteil zurückzuerhalten. Diese im Sittlichen geforderte *Priorität* (»Vorrangigkeit«) des eigenen Handelns entspricht genau dem vorbehaltlosen »Zuerst« des von Gott gewährten Geschenks seiner Liebe und seiner Königsherrschaft an die Menschen.

Im Gebot der Gottesliebe wird der ganze Mensch »aus ganzem Herzen, aus ganzer Seele, ganzer Verstandeskraft und ganzer Stärke« gefordert. Auch das »wie dich selber« der Nächstenliebe unterstreicht die völlige Uneingeschränktheit, die *Totalität* (»Ganzheit«) der Liebe. Die Antithesen der Bergpredigt[57] zeigen, daß Gott den Menschen nicht nur soweit beansprucht, als das Handeln durch formulierte Gesetze bestimmt, erfaßt und evtl. bestraft werden kann, wie im Recht z. B der Ehebruch.

Nach jesuanischem Verständnis ist z. B der Tatbestand eines Ehebruchs nicht erst mit der äußeren Tat, sondern schon mit dem Begehren noch im Innern des Menschen gegeben. So formuliert er antithetisch:

»Ihr habt gehört, daß gesagt ist:
> Du sollst nicht ehebrechen [2 Mose 20,14].
Ich aber sage euch,
> daß jeder, der eine Ehefrau ansieht, sie zu begehren,
> schon Ehebruch mit ihr begangen hat in seinem Herzen.«[58]

Jesu Liebesforderung überbietet jede Rechtsforderung, da sie weder Grenzen noch Beschränkungen kennt, sondern den ganzen Menschen meint.

Dieser jesuanische Gedanke, daß außen und innen zusammengehören, ja, daß letzteres sogar das Entscheidende ist, kommt auch in seinem Gespräch über »Rein und Unrein« zur Sprache, »daß alles, was in den Mund hineingeht, in den Bauch geht und in den Abort ausgeworfen wird. Was aber aus dem Mund herausgeht, kommt aus dem Herzen hervor, und das verunreinigt den Menschen. Denn aus dem Herzen kommen hervor böse Gedanken: ... Ehebrüche, Unzuchtgelüste [porneiai] ... diese Dinge sind es, die den Menschen verunreinigen, aber mit ungewaschenen Händen zu essen, verunreinigt den Menschen nicht.«[59]

Diese drei allgemeinen Kriterien der Universalität, der Priorität und der Totalität bestimmen die jesuanische »Ethik«, ohne konkret festzulegen, was im einzelnen verlangt wird. Jesus stellt keine neuen Gebote auf, sondern überläßt es jedem einzelnen, in seiner konkreten Situation zu bestimmen, was von ihm jeweils verlangt wird. Selbst bei Nichtbeachtung seiner Aufforderungen zum sittlich verantwortlichen Handeln läßt er große Milde walten.

Als nach dem Evangelisten Johannes[60] eines Morgens die jüdischen Schriftgelehrten und Pharisäer eine Frau zu Jesus bringen, die beim Ehebruch ergriffen worden war, sagten sie zu ihm: »Lehrer, diese Frau ist auf frischer Tat beim Ehebruch ergriffen worden [– der zu einem Ehebruch ebenfalls notwendige Ehebrecher wird hier nicht vorgestellt –]. In dem Gesetz aber hat uns Mose geboten, solche zu steinigen [3 Mose 20,10; 5 Mose 22,22]. Du nun, was sagst du?« Daraufhin gab Jesus ihnen zur Antwort: »Wer von euch ohne Sünde ist, werfe als erster einen Stein auf sie.« Als sie daraufhin einer nach dem anderen hinausgingen, blieb Jesus allein mit der Frau, und er sagte zu ihr: »Auch ich verurteile dich nicht.«

Im Gegensatz zu Jesus, für den auch im Bereich menschlicher Sexualität nur das allgemein gehaltene Gebot der Nächstenliebe gilt – der also keine besonderen Gesetze oder Verbote zur Sexualität aufstellt und diese mit Strafandrohungen verbindet –, warnt Paulus in seinen vier Hauptbriefen nicht nur speziell vor der Unzucht (porneia), sondern droht sogar göttliche Sanktionen an.

In seinem ersten Thessalonicherbrief aus dem Jahr 50/51 n. Chr. sagt er: »Ihr wißt ja, welche Anweisungen wir euch gegeben haben durch den Herrn Jesus. Denn dies ist [der] Wille des Gottes eure Heiligung, daß ihr euch fernhaltet von der Unzucht [porneia] und daß jeder von euch sein eigenes Gefäß [= seine Ehefrau] zu gewinnen weiß in Heiligkeit und Ehrbarkeit, nicht in Leidenschaft [der] Begierde … weil Rächer [ist der] Herr über all dieses … Denn der Gott hat uns nicht zur Unreinheit [akatharsia], sondern zur Heiligung berufen.«[61]

Auch in seinem Galaterbrief aus dem Jahr 52/53 n. Chr. warnt er u. a. vor Unzucht und Unreinheit und droht mit dem Ausschluß vom Reiche Gottes: »Offenbar aber sind die Werke des Fleisches, welche sind: Unzucht, Unreinheit … Von diesen sage ich euch im voraus … daß die, die so etwas tun, [das] Reich Gottes nicht ererben werden.«[62]

Ausführlicher beschäftigt sich Paulus mit der Unzucht in seinem ersten Korintherbrief aus dem Jahr 53/54 n. Chr. Jetzt begnügt er sich nicht mehr damit, den Unzüchtigen das zukünftige Gericht des Gottes anzukündigen, sondern er fordert die Gemeinde dazu auf, die Unzüchtigen schon jetzt aus der Gemeinschaft auszuschließen, zu exkommunizieren. »Überhaupt hört man bei euch von Unzucht, und zwar von solcher Unzucht, die nicht einmal bei den Heiden [vorkommt], daß jemand die Ehefrau seines Vaters [= Stiefmutter] hat. Und ihr seid aufgeblasen, und seid nicht etwa traurig geworden, damit der, der diese Tat begangen hat, aus eurer Mitte entfernt würde? Ich meinerseits allerdings … habe schon das Urteil über den, der dies so verübt hat, gefällt: im Namen unseres Herrn Jesus, [wenn] ihr versammelt seid, den so Beschaffenen zu übergeben dem Satan zum Verderben des Fleisches, damit der Geist errettet werde am Tag des Herrn.«[63]

Für diese Art der Exkommunikation eines Unzüchtigen »im Namen des Herrn Jesus« ist uns keine einzige Schriftstelle aus den Evangelien bekannt – im Gegenteil, Jesus hat demgegenüber eine entgegengesetzte Haltung eingenommen –, vielmehr greift hier der pharisäisch ausgebildete Paulus auf die israelitisch-jüdische Tradition zurück, wie sie in den Mosebüchern im Hinblick auf den inzestuösen Geschlechtsverkehr mit der Stiefmutter (3 Mose 18,8; 5 Mose 27,20) formuliert war.

Paulus fordert nicht nur den Ausschluß von Unzüchtigen aus der Gemeinde,

sondern er verbietet auch jeglichen weiteren Kontakt mit diesen. Dem Gebot
der Exkommunikation aus der Gemeinde folgt das Verbot der Kommunikation im Privatleben: »Ich habe euch in dem Brief geschrieben, nicht mit

Für die platern Malafrantzosa.

Herr hymels vñ
der rden der du
den gdultign iob
durch verheng-
nuß liesest slahen
Durch den veint
des mensc hen mit den haftign
platern So die kain mensch ni
gewan n, it so grosser leng. Der
glider vō fueß piß auf die schai-
tln verletzt ward. Soliche plag
widerumb vō Im auf gehabñ
Durch in grose gedult erman
ich dich sch er hymels vnd der ei n, des frids mit Noe.
Der verheissung Abrahe Des Jura entzs nach ordnung
Melchisedech Der erhebung Simong, den du allen des alten Testamentzs gelaist hast. Das du enen beyden heiligen
namen geschworen hast ain ewigkait. Heb auff disse plag der
platern Mala franczosa genant. Und laß mich armen sunder
darinnit nit vermakeln. Gedenck der iligen versonung mit
Noe zwischen dein vnd dem menschenbie sintkuß nymer zuge-
statten. Gedenck Abrahams pittung gegen Sodoma vnnd
Gemorra vnd erlöß mich vor solicher gemerlicher grusam-
licher p ag. Durch disse heilige ermanung vnd vnzuerbruch-
enliche Warmhertzigkait behuet vnd beschierm mich vnter
deim schierm vor den sch lachendñ engeln diser plag. Der du
pist g der Vatter vnd der Sun vnd mit dem heiligen Geist
herschest von welt zu welt. Amen.

Ditz gepet ist guet vnd bewert fur vie platern Malafrantzosa
genant Und ist nemlich gefunden worden In einem zuerstör-
ten Kloster in Franckreich Maliers genant In einer steinein
seyll Des datß gestanden ist .cii ij. iar. Do man nannt disse plag
die platern Job. Wer ditz Gepet vbi ym tregt oder petet der
ist sicher vor den platern. l.

Gebet gegen die Syphilis (»die platern Mala frantzosa«). Einblattdruck von Johann Winterburger, Wien, ca. 1497. München: Bayerische Staatsbibliothek

Unzüchtigen Umgang zu haben … Nun habe ich euch geschrieben, keinen Umgang zu haben, wenn jemand, der Bruder genannt wird, ein Unzüchtiger ist … mit einem solchen nicht einmal zusammen zu essen … schafft den Bösen aus euch selbst hinaus!«[64]

Den Unzüchtigen, u. a. den *Homosexuellen,* droht Paulus nicht nur den gegenwärtigen Ausschluß aus der christlichen Gemeinde an, sondern auch den künftigen Ausschluß aus dem Reich Gottes: »Irrt euch nicht! Weder Unzüchtige [pórnoi] … noch Ehebrecher [moichoí], noch Lustknaben [malakoí], noch mit Männern verkehrende Männer [arsenokoitai] … werden das Reich Gottes ererben. Und das sind einige von euch gewesen.«[65]

Und wiederum warnt Paulus die Gemeindemitglieder vor der Unzucht, besonders vor der *Prostitution,* diesmal nicht mit einer Drohung, sondern mit einer mystischen Begründung: »Der Leib aber ist nicht für die Unzucht, sondern für den Herrn, und der Herr für den Leib … Wißt ihr nicht, daß eure Leiber Glieder Christi sind? Soll ich denn die Glieder des Christus nehmen und [sie] zu Gliedern einer Hure machen? Das möge nicht geschehen! Oder wißt ihr nicht, daß, wer sich an die Hure hängt, [mit ihr] ein Leib ist? ›Denn [es] werden‹, heißt es, ›die zwei ein Fleisch sein‹ … Flieht die Unzucht! Jede [andere] Sünde, die ein Mensch begeht, ist außerhalb des Leibes; wer aber Unzucht treibt, sündigt gegen den eigenen Leib. Oder wißt ihr nicht, daß euer Leib ein Tempel des heiligen Geistes in euch ist?«[66]

Auch in seinem vierten Hauptbrief, dem Römerbrief aus dem Jahr 54/55 n.Chr., prangert Paulus die Unzucht, insbesondere die Homosexualität der Heiden an, die er auf deren Gottlosigkeit zurückführt: »Darum hat der Gott sie in den Begierden ihrer Herzen dahingegeben in [die] Unreinheit, ihre Leiber untereinander zu schänden … Deswegen hat Gott sie dahingegeben in Leidenschaften [der] Schande. Denn auch ihre Frauen haben den natürlichen [Geschlechts-]Verkehr mit dem widernatürlichen vertauscht, und ebenso haben auch die Männer den natürlichen [Geschlechts-]Verkehr mit der Frau verlassen, sind in ihrer Wollust zueinander entbrannt, indem Männer mit Männern die Schamlosigkeit treiben und den gebührenden Lohn für ihre Verirrung an sich selbst empfangen … Obwohl sie Gottes Rechtsforderung erkennen, daß die, die so etwas tun, des Todes würdig sind, üben sie es nicht allein aus, sondern haben auch Wohlgefallen an denen, die es tun.«[67]

Auch für diese Bewertung der Homosexualität als ein »todeswürdiges« Vergehen kann sich Paulus nicht auf ein Jesuswort berufen – im Gegenteil: Nach den Evangelien nennt Jesus nicht einmal weder Homosexualität noch Inzest, noch Prostitution, geschweige, daß er sie mit Strafen bedroht –, son-

Die Hure von Babylon (rechts) auf einem Tierungeheuer sitzend und mit einem Becher in der Hand. Sie beschwört den Untergang der Städte Sodom und Gomorra. Holzschnitt von Albrecht Dürer, 1497/1498

dern Paulus greift hier wieder zurück auf die israelitisch-jüdische Gesetzgebung, wie sie in den Mosebüchern formuliert war (3 Mose 18,22; 20,13). Und der nachpaulinische Epheserbrief aus den Jahren zwischen 80 und 100 n. Chr. geht noch einen Schritt weiter, wenn er dazu auffordert, die Wörter »Unzucht« und »Unreinheit« nicht einmal mehr zu nennen:
»Unzucht aber und alle Unreinheit ... sollen nicht einmal unter euch genannt werden, wie es Heiligen geziemt ... Denn dies sollt ihr wissen und erkennen, daß kein Unzüchtiger oder Unreiner ... – er ist ein Götzendiener – ein Erbteil hat in dem Reich Christi und Gottes.«[68]

Das diesbezüglich letzte Entwicklungsstadium im Neuen Testament bietet das um 95 n. Chr. entstandene Buch der Johannesapokalypse, das in der beginnenden Christenverfolgung unter Kaiser Domitian (81–96) die bedrängten Gläubigen durch Ausblick auf die Wiederkunft Christi trösten und zugleich auf die diesem Ereignis vorausgehenden Erscheinungen vorbereiten will; allerdings geschieht dies u. a. auf Kosten der menschlichen sexuellen Lebenswelt. So werden z. B. die 144 000 Versiegelten (= Erlösten) des Lammes, – offensichtlich nur Männer – charakterisiert: »Diese sind es, die sich mit Frauen nicht befleckt haben, denn sie sind jungfräulich.«[69] Demgegenüber wird das heidnische Rom bezeichnet als »die große Babylon, die von dem Wein ihrer leidenschaftlichen Unzucht alle Völker hat trinken lassen«.[70] Ein anderer der sieben Engel sagte dem Seher: »Ich will dir das Gericht über die große Hure zeigen ... mit der die Könige der Erde Unzucht getrieben haben; und die Bewohner der Erde sind trunken geworden von dem Wein ihrer Unzucht.«[71] Und der Seher »sah eine Frau (= die Hure) auf einem scharlachroten Tier sitzen ... sie hatte einen goldenen Becher in ihrer Hand voller Greuel und der Unreinheit ihrer Unzucht, und sie hatte an ihrer Stirn einen Namen geschrieben, ein Geheimnis: Babylon [= Rom], die Große, die Mutter der Huren und der Greuel der Erde.«[72] Die Vision vom Untergang Babylons (= Roms) endet in dem himmlischen Jubel: Unser Gott »hat die große Hure gerichtet, welche die Erde mit ihrer Unzucht verdarb.«[73] Und vom Neuen Jerusalem am Ende der Tage heißt es: Der auf dem Thron Sitzende droht den mit Greuel Befleckten und Unzüchtigen, »ihr Teil [ist] in dem See, der mit Feuer und Schwefel brennt, was der zweite Tod ist.«[74] Und nicht genug damit, verheißt zum Schluß noch einmal der wiederkehrende Jesus: Außerhalb des neuen himmlischen Jerusalem, »Draußen [sind] die Hunde [= Päderasten] und die Zauberer und die Unzüchtigen.«[75]

Diese Textstelle bildet den Abschluß einer interessanten Entwicklung zur Frage der Sexualität von der Zeit des historischen Jesus von Nazaret gemäß den Evangelisten bis zum wiederkehrenden Christus gemäß dem Apokalyptiker Johannes.

Ein geflügelter Teufel hat einen jungen Mann mit einer jungen Frau bereits zusammengeführt, wobei der Mann mit seiner Rechten der Frau an die Brüste greift. Holzschnitt [zum (6. bzw. 7.) Gebot »Du sollst nicht unkeusch sein«] aus »Der Seele Trost«, 1478.
Paris: Bibliothèque Nationale

Beischlaf und Geburtenregelung, Pollution und Homosexualität in Katechismus und Beichtspiegel

Der Text des alttestamentlichen Dekalogs (Ex 20,2–17; Dtn 5,6–21) bildet für viele Katechismen der christlichen Konfessionen die Textgrundlage bei der Darlegung der sittlichen Anforderung für die Christen. Zu diesen 10 Geboten gehören auch die beiden Gebote: »Du sollst nicht ehebrechen!« (Ex 20,14) und »Du sollst nicht das Haus deines Nächsten begehren. Du sollst nicht begehren die Frau deines Nächsten…!« (Ex 20,17 a b). Jedoch die Art der Einteilung und folglich die Numerierung des Dekalogs wird in den Konfessionen unterschiedlich gehandhabt. In den Katechismen der reformierten und orthodoxen Kirchen zählen – in Anlehnung an Philo von Alexandrien und Flavius Josephus – der Vers 14 als siebtes Gebot und der Vers 17 a b als zehntes Gebot. Dies gilt auch für die Katechismen der anglikanischen und presbyterianischen Kirchen. Hingegen zählen die römisch-katholischen Katechismen – in Anlehnung an den lateinischen Kirchenvater Augustinus – und die lutherischen Katechismen den Vers 14 als sechstes Gebot und den Vers 17 a als neuntes sowie den Vers 17 b als zehntes Gebot.

Calvin weitet in seinem Genfer Katechismus von 1542 das »siebte« Gebot: »Du sollst nicht ehebrechen!« aus, indem er formuliert: »Du sollst keine Unzucht treiben« (200. Frage). Auf die 108. Frage des Heidelberger Katechismus: »Was will das siebente Gebot?« wird die Antwort gegeben: »Daß alle unkeuschheyt von Gott vermaledeyet sey und daß wir darumb ir von hertzen feind sein und keusch und züchtig leben sollen, es sey im heiligen Ehestandt oder außerhalb desselben.«

Im sechsten Gebot wird zwar ausdrücklich nur der Ehebruch verboten, aber nach Auffassung anerkannter römisch-katholischer Moraltheologen und vieler katholischer Katechismen ist damit »zugleich auch alles verboten, was der menschenwürdigen Fortpflanzung des Menschengeschlechtes entgegengesetzt ist, also jede äußere Sünde gegen die Keuschheit. Im neunten Gebot aber werden auch die unkeuschen Gedanken verboten«.[76] Es wird unterschieden zwischen vollendeten und unvollendeten Sünden zur Unkeuschheit. Zu den vollendeten Sünden der Unkeuschheit »innerhalb der Natur« gehören die Unzucht (fornicatio), d. h. der freiwillige Geschlechtsverkehr zwischen ledigen Personen, zweitens der Ehebruch, d. h. der Geschlechtsverkehr mit dem Ehegatten einer dritten Person, ferner die Vergewaltigung (stuprum), d. h. der vollendete Geschlechtsverkehr mit einer Frau ohne deren Zustimmung, und viertens die Blutschande (Inzest), d. h. der Geschlechtsverkehr zwischen Blutsverwandten bestimmter Grade.

Ein geflügelter Teufel will einen Mann mit einer verheirateten Frau zusammenführen, wobei beide schon in Blickkontakt getreten sind. Holzschnitt [zum 9. bzw. 10.) Gebot »Du sollst nicht eines Fremden Weib begehren!«] aus »Der Seele Trost«, 1478. Paris: Bibliothèque Nationale

Zu den vollendeten Sünden der Unkeuschheit »gegen die Natur« zählen die *Pollution*, d. h. die volle geschlechtliche Befriedigung mit Samenerguß, aber ohne Geschlechtsverkehr, ferner die *Homosexualität* (sodomia), d. h. der Beischlaf mit einer Person desselben Geschlechts, sowie die *Bestialität* (bestialitas), d. h. der Beischlaf eines Menschen mit einem Tier.

Für den Römischen Katechismus ist die Ehe eine Verbindung von Mann und Frau unter berechtigten Personen mit der Verpflichtung zur dauernden Lebensgemeinschaft.[77] Das Wesen und die Wirkung der Ehe bestehen in der Verbindung und gegenseitigen Verpflichtung, und außer dem Ehekonsens ist »zum Bestehen einer wahren Ehe der Beischlaf (concubitus) nicht notwendig erforderlich«.[78] Ja, zu den Pflichten der Eheleute rechnet dieser Katechismus: »Die Eheleute sollen manchmal auf die eheliche Pflicht [= Beischlaf] verzichten, vor allem wenigstens drei Tage vor dem Empfang der heiligen Eucharistie, öfters aber, wenn die feierlichen vierzigtägigen Fasten gehalten werden. So werden sie erfahren, daß die Güter der Ehe von Tag zu Tag durch ein größeres Maß der göttlichen Gnade vermehrt werden.«[79]

Schon bei der Darlegung über das Sakrament der Eucharistie hatte der Römische Katechismus als Disposition für den Empfang der Eucharistie vom Empfänger außer einer Vorbereitung der Seele auch die des Leibes verlangt. Bezüglich der letzteren erwartet er von den Verheirateten, daß sie einige Tage auf den Beischlaf (concubitus) der Ehegatten nach dem Vorbild des (polygamen) Königs David (1 Kön 21.5) verzichten.[80]

Im Gegensatz zu den Katholiken und den Orthodoxen sehen die Reformatoren in der Ehe kein ausdrücklich von Jesus Christus eingesetztes Sakrament. Wohl erkennen sie in der Ehe einen »göttlichen Stand«, wofür Martin Luther seinem Kleinen Katechismus ein »Traubüchlein« angefügt hat.[81] Und auch in seinem Großen Katechismus spricht er innerhalb der Auslegung des sechsten Gebotes, daß Gott den Ehestand »auch von uns geehret, gehalten und geführet haben [will] als einen göttlichen, seligen Stand, weil er ihn erstlich vor allen andern eingesetzt hat«.[82]

Die *Geburtenregelung* als Regulierung der Zahl der Kinder durch gezielte *Empfängnisverhütung* ist vom Kirchenvater und Heiligen Augustinus kompromißlos abgelehnt worden. Dessen Lehre wurde in der nahezu identischen Fassung des Kirchenlehrers und Heiligen Thomas von Aquin auf dem Trienter Konzil (1545–63) zum Dogma erhoben und hat die Haltung der katholischen Kirche bis heute bestimmt.

Der Römische Katechismus sagt bei seiner Darlegung über das Ehesakrament im Zusammenhang mit dem zweiten Ehegrund, nämlich dem Verlangen nach Nachkommenschaft: »Das war auch der einzige Grund, warum Gott ursprünglich die Ehe eingesetzt hat. Daher ist es auch ein sehr schweres Verbrechen, wenn Eheleute künstlich die Empfängnis verhüten oder die Frucht abtreiben; das ist ebenso zu beurteilen wie die vereinte Meintat von Meuchelmördern.«[83]

Einsegnung des Ehebettes durch den Bischof während des »öffentlichen Beilagers« im Mittelalter. Deutscher Holzschnitt, 15. Jh.

Die »*Schwangerschaftsunterbrechung*« ist eine beabsichtigte, künstlich herbeigeführte, vorzeitige Beendigung einer normalen Schwangerschaft, die als erlaubt gilt bzw. straffrei bleibt. Hingegen versteht man unter »*Abtreibung*« jede illegale Schwangerschaftsunterbrechung, die meist mit Strafen geahndet wird.

In der römisch-katholischen Kirche werden die Empfängnisverhütung und die Abtreibung oft in einem Atemzug genannt, beurteilt und auch verurteilt. Nach der Enzyklika des Papstes Pius XI. »Casti connubii« von 1930 ist jede Schwangerschaftsunterbrechung moral- und pastoraltheologisch nicht erlaubt.

Das Abtreibungsverbot, als eine vom ordentlichen Lehramt vorgelegte Glaubenswahrheit (CIC c. 1323 § 1) angesehen, und das Kirchenrecht sehen in der beabsichtigten Tötung des Ungeborenen durch Herbeiführung des Abgangs der außerhalb des Mutterschoßes noch nicht lebensfähigen Leibesfrucht eine Straftat, die mit dem von selbst eintretenden Kirchenbann bedroht wird, dessen Lossprechung dem Ortsoberhirten vorbehalten ist (c. 2350 § 1); sie hat außerdem Irregularität zur Folge (c. 985 n. 4).

Für die Katholiken bezeichnete Papst Pius XI. mit der Enzyklika »Casti conubii« sogar jede Geburtenregelung als Sünde: »Jeder Gebrauch der Ehe, bei dessen Vollzug der Akt durch die Willkür des Menschen seiner natürlichen Kraft zur Weckung neuen Lebens beraubt wird, verstößt gegen das Gesetz Gottes und der Natur, und die solches tun, beflecken ihr Gewissen mit schwerer Schuld.«

Und auch Papst Paul VI. bekräftigte 1968 – entgegen dem Rat einer Kommission von Fachleuten, die er selbst berufen hatte, – mit der Enzyklika »Humanae vitae«, der »Pillenenzyklika«, das Verbot mechanischer und chemischer Verhütungsmittel und empfahl statt dessen die Beachtung der »Ausschlußzeit«. Der Geschlechtsakt sei Zeugungsakt, und in ihm werde nach göttlichem Willen neues Leben gesät.

Spermien sind aber kein Samen, sondern Zellen mit halbem Chromosomensatz, also kein potentielles Leben; Samen im biologisch korrekten Sinn entsteht erst Stunden nach dem Zeugungsakt durch die Vereinigung des männlichen Spermiums mit der weiblichen Eizelle. Insofern ist die Sprache der Moralisten »semen verum« für Sperma falsch und stimmt nicht mit der biologischen Realität überein.

Im Jahr 1988 hat dann Papst Johannes Paul II. aus Anlaß des zwanzigsten Jahrestages von »Humanae vitae« die Diskussion neu entfacht. Seitdem wurde die päpstliche Politik gegen »künstliche« Methoden der Empfängnis-

»*Increase multiply*« (»*Wachset und mehret euch!*«) als höchste Ehepflicht und einziges zulässiges Ziel sexueller Betätigung für englische und nordamerikanische Puritaner.

Nordamerikanischer Holzschnitt, 17. Jh.

verhütung forciert, und der Papst und seine Bischöfe lassen kaum eine Gelegenheit aus, die Geburtenregelung aufgrund »künstlicher« Empfängnisverhütung und/oder Schwangerschaftsunterbrechung als »Verhütungs-Imperialismus« zu verurteilen. Inzwischen stößt die katholische Familienplanung zunehmend auch auf den Widerstand internationaler Organisationen. So durften z. B. Abgesandte des Vatikans im Jahr 1988 nicht auf einer von der UNO und der WHO ausgerichteten Konferenz in Bangkok sprechen. Wie schon bei der Weltbevölkerungskonferenz in Mexiko 1984 versuchte auch in Rio de Janeiro 1992 bei der UNCED-Konferenz eine Delegation des Vatikans auf die Verhandlungen in ihrem Sinne Einfluß zu nehmen.

In den Fragen der Empfängnisverhütung stimmen viele Katholiken mit dem Papst und seinen Bischöfen nicht mehr überein. So fanden es z. B. im Jahr 1980 54 % der Männer und 58 % der Frauen in der Bundesrepublik gut, wenn ein junges Mädchen die Antibabypille nimmt, ja in den Altersgruppen von 18–29 Jahren sind es sogar 67 % der Männer und 79 % der Frauen. Auch in anderen Ländern, wie in den USA, oder in England und Wales, ist die Mehrheit der Katholiken (74 %) der Meinung, daß Eheleute die Zahl ihrer Kinder selbst bestimmen sollten, und zwar mit den Methoden der »künstlichen« Empfängnisverhütung.

Nach der jüngsten Meinungsforschung aus dem Jahr 1992 durch das Emnid-Institut über die Meinung der Katholiken zum Verbot der Antibabypille, das Papst Paul VI. erlassen hatte und das dessen Nachfolger Johannes Paul II. aufrechterhält und bekräftigt, bejahen nur 6 % aller Katholiken das Verbot des Papstes. Dagegen sind 56 % aller Katholiken der Meinung, daß die Kirche die Pille erlauben solle, und 36 % sind der Meinung, das gehe die Kirche nichts an.[84]

In direktem Gegensatz zur offiziellen Lehrmeinung der römisch-katholischen Kirche, die nach wie vor die Anwendung »künstlicher« Methoden zur Empfängnisverhütung ablehnt und nur den Verzicht auf den Geschlechtsverkehr und/oder die »Ausschlußzeit« als Maßnahme zu verantwortlicher Elternschaft zuläßt, stehen die evangelischen Kirchen.

Während Martin Luther sich noch gegen jede Empfängnisverhütung ausgesprochen hatte, nehmen die verschiedenen protestantischen Kirchen der Gegenwart unter dem Eindruck der gewandelten Verhältnisse zwar differenzierte Positionen ein, sind sich jedoch in einem einig: Geburtenkontrolle ist zulässig, wenn sie bei Abwägung aller konkreten Umstände als eine sittliche Verpflichtung empfunden wird.

Die anglikanische Lambeth-Konferenz sprach sich noch 1908 gegen jede

Empfängnisverhütung aus, und auch 1930 befand sie, daß Geburtenkontrolle ein Ausdruck persönlicher Genußsucht sei, und daß die Beachtung der empfängnisfreien Tage ethisch nicht höher bewertet werden dürfte als mechanische Verhütung. Erst 1958 erlaubte die Lambeth-Konferenz die Familienplanung »mit hygienisch, ästhetisch und medizinisch einwandfreien Mitteln«.

Sich für eine Geburtenkontrolle einzusetzen, hat der anglikanische Erzbischof von Canterbury, George Carey, alle christlichen Kirchen aufgefordert, um das Bevölkerungswachstum zu regulieren. Im Gegensatz zur römisch-katholischen Kirche – noch Ende Mai 1992 hatte der Vatikan vehement jegliche Verknüpfung von Bevölkerungswachstum und Umweltproblemen zurückgewiesen[85] – betonte Carey am 2. Juni 1992 in Genf, daß die Bevölkerungsexplosion ebenso wie andere Faktoren Ursache für die ökologische Katastrophe sei. Deshalb müßten Familienplanung und Geburtenkontrolle das Anliegen aller christlichen Kirchen sein.

Da die nächtliche *Pollution* bei Männern als etwas Schlechtes und zu Vermeidendes in der römisch-katholischen Kirche angesehen wird, beten und/oder singen seit Jahrhunderten Priester, Mönche und sogar auch Nonnen täglich in ihren Nachtgebeten (Stundengebet/Komplet) den dreistrophigen Hymnus »Bevor des Tages Licht vergeht« (Te lucis ante terminum) aus dem 5./6. Jh., in dessen zweiter Strophe der Schöpfergott u. a. darum gebeten wird:

»Und unseren Feind unterdrücke,
damit (unsere) Leiber nicht polluieren.«
»Hostémque nostrum cómprime,
Ne polluántur córpora.«[86]

Der paulinischen Ablehnung der *Homosexualität* haben sich mehrere Konzilien von Elvira (305/306) bis Nablus (1120) angeschlossen. Insbesondere hat der Kirchenlehrer und Heilige Thomas von Aquin (1225–74) das »sodomitische Laster der männlichen und weiblichen Homosexualität« als »Sünde gegen die Natur« verurteilt.

In der Gegenwart werden in vielen christlichen Konfessionen die homosexuellen Neigungen nicht mehr per se als amoralisch angesehen.

Nach dem alten römisch-katholischen kirchlichen Gesetzbuch (CIC) aus dem Jahr 1918 verfielen die Laien (c. 2357 § 1), wenn sie wegen Homosexualität rechtmäßig verurteilt waren, der Infamie (Ehrlosigkeit), und die Kleriker der höheren Weihen wurden suspendiert und sogar abgesetzt (c. 2359 § 2). Jedoch im Strafrecht des seit 1983 geltenden neuen Kirchenrechts wird die Homosexualität nicht mehr unter den Straftatbeständen aufgeführt.

Der katholische »Holländische Erwachsenen-Katechismus« (1966) sagt vom »homosexuellen Nächsten«: »Es gibt auch Menschen, deren Erotik sich nicht auf das andere Geschlecht richten kann, sondern nur – oder manchmal vorwiegend – auf das Geschlecht, zu dem sie selbst gehören ... Es steht nicht in der Macht der Menschen, ob er – oder sie – sich wohl oder nicht zum anderen Geschlecht hingezogen fühlt. Die Homosexualität ist unbekannten Ursprungs. Er – oder sie – sehnt sich in menschlicher Einsamkeit nach Freundschaft.«[87]

Der evangelische »Erwachsenenkatechismus« der Vereinigten Evangelisch-Lutherischen Kirche Deutschlands versteht Homosexualität als psychopathologisches »Grenzproblem«, wohingegen die »Denkschaft der Ev. Kirche im Rheinland« von 1970 feststellt, daß die Homosexualität nicht per se Perversion, Krankheit und Sünde sei, sondern nur, wenn sie nicht in sittlicher Verantwortung gemeistert werde.

In der niederländischen Reformierten Kirche dürfen homosexuelle Männer und Frauen nicht mehr als Bewerber für kirchliche Ämter abgewiesen oder vom Abendmahl ausgeschlossen werden, wie die Synode der größten protestantischen Kirche Hollands in Doorn Mitte Juni 1989 mit Mehrheit beschlossen hat.[88]

Auch die Pommersche Evangelische Kirche will als erste Landeskirche in Deutschland künftig homosexuelle Theologen nicht mehr vom Pfarramt ausschließen. Nach kontroverser Diskussion hatte die Kirchenleitung mit einer Stimme Mehrheit beschlossen, daß in ihrer Landeskirche »eine prinzipielle Offenheit für die Ordination von Homosexuellen besteht«.[89]

Die Kirche der US-amerikanischen Baptisten, der »Südliche Baptistenverband«, hat zum ersten Mal einen homosexuellen Pastorenanwärter zum Amt zugelassen. Obwohl die »Southern Baptist Convention«, eine der konservativsten protestantischen Kirchen der USA, die Homosexualität als sündhaft ablehnt, hat ihre Gemeinde in Chapel Hill für die Zulassung gestimmt – die einzelnen Gemeinden sind in ihrer Entscheidung vom Zentralverband unabhängig –, da Jesus alle »Schwachen und Belasteten« aufgenommen habe. Alle Christen, die »Jesus als ihren Herrn und Retter anerkennen«, akzeptiere sie als gleichberechtigte Mitglieder, unabhängig von deren sexueller Orientierung.[90]

Die nicht vollendeten Sünden der Unkeuschheit können entweder in sich unkeusch sein, wie z. B. die geschlechtlichen Regungen, oder sie können die

Zwei alte Herren beobachten die nackte Susanne im Bade und wollen sie zum Ehebruch verleiten. (Daniel 13, 1-65). Kupferstich von Matthäus Merian, 1630

Ursache der Unkeuschheit sein, wie die Unschamhaftigkeit.[91] Zu den äußeren Sünden gegen die Schamhaftigkeit gehören Blicke, Berührungen, Umarmungen, Küsse, Gespräche, Lieder und Lesungen.

»Wegen ihres verschiedenen Einflusses auf die Erregung der geschlechtlichen Lust werden die Körperteile eingeteilt in ehrbare (Gesicht, Hände, Füße), weniger ehrbare (Brust, Rücken, Arme, Schenkel), unehrbare (Geschlechtsteile und Partien, die ihnen sehr nahe sind).«[92]

Im einzelnen ist bezüglich der Sündhaftigkeit derartiger Akte folgendes zu beachten: So werden ehrbare und unehrbare Teile unterschieden nicht nur bei Berührungen am eigenen oder anderen Körper, sondern auch bei Blicken am eigenen oder an anderen Körpern. Im letzteren Falle heißt es z. B.: »Bei Personen desselben Geschlechts unehrbare Teile flüchtig oder aus Neugierde anzuschauen, ist eine läßliche Sünde ... Bei Personen des anderen Geschlechts unehrbare Teile anzuschauen, ist Todsünde, ausgenommen, wenn es fast unversehens und flüchtig oder kurz und von weitem geschieht, oder wenn es sich um ein kleines Kind handelt.«[93]

Ein ausgewiesener Meister der sexuellen Sündenkasusistik war der Jurist und spätere Bischof Alfons Maria von Liguori (1696–1787), der als katholischer Moraltheologe alle sexuellen Themen bis ins kleinste im Hinblick auf Buße und Beichte erörterte und der zum einflußreichsten katholischen Moraltheologen aufstieg. Dieser Alfons von Liguori wurde nicht nur 1839 heiliggespro-

Fragestellung de Sexto Praecepto in Confessionali.

I. Fragen an Jünglinge und Jungfrauen:

Der Pönitent klagt sich an, unkeusche Gedanken gehabt zu haben; weitere Sünden gegen das 6. Gebot gibt er nicht an.

Kennt der Beichtvater das Beichtkind nicht oder kann er es der Beichte nicht erschließen, so fragt er: „Sind Sie verheiratet?" Dann fragt er: „Haben Sie die Gedanken gleich bekämpft, als es Ihnen einfiel, daß es schlechte Gedanken waren?"

Bei besser unterrichteten Personen kann man gleich fragen: „Waren die Gedanken freiwillig?"

Folgt etwa die Antwort: „Einen Augenblick oder einige Augenblicke habe ich daran gedacht, so kann man nur auf eine läßliche Sünde schließen. Auf den Inhalt der Gedanken braucht man nicht näher einzugehen.

Je nach den Umständen wird man etwa fragen: „Haben Sie unkeusche Reden geführt oder etwa angehört?"

Erfolgt nun die Antwort: „Ja", so fragt man, wenn man es nicht schon aus den Umständen erschließen kann, was oft der Fall ist: „Waren es u n k e u s c h e Reden?"

Dann fragt man etwa noch: „Ist sonst noch etwas gegen das 6. Gebot vorgekommen?"

Erfolgt die Antwort: „Nein", so ist man mit dieser Materie fertig.

Klagt sich der Pönitent über unkeusche Begierden an, und waren diese Begierden freiwillig, so kann man präsumieren, daß die Begierden sich auf Personen des anderen Geschlechtes bezogen. Näheres braucht man nicht zu fragen.

Bei Verheirateten kann man fragen: „Waren es Begierden nach anderen verheirateten Personen?"

Klagt sich der Pönitent auch über unkeusche Werke an, etwa mit den Worten: „Ich habe Unkeusches getan", so fragt man erst nach den Werken, dann nach den inneren Sünden.

Die Anklage: „Ich habe Unkeusches getan", genügt nicht.

Man fragt daher: „Haben Sie mit sich selbst Unkeusches getan?" Auf die Antwort: „Ja", muß man weiter nach der species der Sünde fragen, nämlich, ob es einfache Berührungen oder mit Pollution waren. Man fragt daher: „Haben Sie Ihren Körper in unkeuscher Absicht angefaßt?"

Man fragt dann nach der Dauer der Berührungen, ferner ob es aus böser Lust geschah oder aus Leichtfertigkeit.

Dauerten die Berührungen minutenlang bei Jungen im Alter der Pubertät, so ist Pollution zu vermuten.

Da man bei erwachsenen Jungen voraussetzen kann, daß sie die Sünde kennen, so kann man bei ihnen sofort, ohne erst nach Berührungen zu fragen, die Frage stellen: „Haben Sie sich selbst befleckt?" Auf die Antwort: „Ja", fragt man nach der Zahl.

Bei Frauen und Mädchen fragt man nicht nach Selbstbefriedigung, sondern nur nach Berührungen, desgleichen nicht bei Knaben, die noch impuberes sind. Dies gilt auch unter Umständen von Jungen, die schon aus der Schule entlassen sind.

Um der eigentlichen Sünde auf die Spur zu kommen, kann man auch fragen, ob andere sie zu der Sünde angeleitet hatten.

Die Art und Weise, wie die Pollution zustande gekommen ist, ändert nicht die species.

Man leitet an, später die Sünde gleich mit ihrem Namen zu nennen.

Hat man die Werke des Pönitenten mit sich selbst erledigt, so fragt man: „Ist mit anderen Personen etwas vorgekommen?"

Erfolgt die Antwort: „Nein", so ist man fertig.

Erfolgt die Antwort: „Ja", so fragt man: „Mit einer Person des anderen Geschlechtes?"

Wenn „Ja", dann fragt man: „Ist das Schlimmste vorgekommen?" — „Hat es Folgen gehabt?" — „Haben Sie die Folgen zu verhindern gesucht?"

Ist die fornicatio abgetan, so fragt man: „Sind sonst noch leidenschaftliche Berührungen, Umarmungen, Küsse vorgekommen?"

Das ist besonders zu erfragen, wenn die betreffende Person eine Bekanntschaft hat.
Folgt auf die Frage: „Mit einer Person des anderen Geschlechtes?" die Antwort: „Nein" oder wenn „Ja" erfolgt ist, und wenn dann das ganze besprochene Frageverfahren erledigt ist, dann fragt man: „Mit einer Person desselben Geschlechtes?" Wenn: „Ja", dann folgt die Frage: „Waren es schlimme Berührungen mit der Hand? Gegenseitig? Mit Befleckung? Noch Schlimmeres? Wer machte den Anfang?"
Bei dem agens wird die Pollution vorausgesetzt: bei dem patiens muß man danach fragen. Wer der agens oder patiens ist, ist für die spezifische Beschaffenheit der Sünde indifferent, in Bezug auf das scandalum sieht die Sache anders aus.
Die weitere Frage: „Haben Sie sonst noch eine Sünde gegen das 6. Gebot auf dem Herzen?"
Wenn „Ja", dann eventuell: „Was denn?" Oder: „Mit einem Tiere?" Oder „Berührungen mit der Hand an Tieren aus böser Lust?"
Das Geschlecht des Tieres oder die Tierart spielt keine Rolle.
Hat man die Werke ins Klare gebracht, dann fragt man nach unkeuschen Reden: „Haben Sie auch unkeusche Reden geführt, Lieder gesungen? Hatten Sie Wohlgefallen daran? Hatten Sie böse Absichten dabei?" Weiter: „Haben Sie Ihren Körper in unkeuscher Absicht angesehn? Bei Personen des anderen Geschlechtes? Auf Bildern? Bei Tieren? Aus Neugierde oder aus böser Lust?"
Ferner frage: ob Gelegenheits- oder Gewohnheitssünder.

II. Fragen an Kinder:

Beichtet ein Kind Sünden gegen das 6. Gebot, so beginnt die Frage mit den gebeichteten Sünden. Befinden sich darunter auch Werke, so beginnt man mit diesen. Man fragt: „Allein?" („Es fiel Dir gewiß ein, daß man so etwas nicht denken darf? Dachtest Du da noch gern an solche Dinge?")
Wenn das Kind schon älter ist (12 - 13 Jahre), dann kann man auch fragen: „Hast Du freiwillig begehrt, etwas Unkeusches zu tun?" Weiter könnte man fragen: „Hast Du Unkeusches gesprochen, gern unkeusche Blicke getan?"

III. Fragen an große Kinder (Schulentlassene):

Man frage bei Kindern nicht nach Sünden, von denen man nicht mit ziemlicher Sicherheit annehmen kann, daß sie sie begangen haben. Man frage auch bei solchen Knaben nicht leicht: „Hast Du Dich selbst befleckt?" Desgleichen auch nicht: „Hast Du mit Mädchen Unkeusches getan?" Man fragt nur danach, wenn die Beichte dazu einen besonderen Anlaß gäbe.
Bei Kindern und Jungen oder Mädchen, wo es zweifelhaft ist, ob sie die Natur der Pollution kennen, frage man: „War es etwas Schlimmes?" Erfolgt die Antwort: „Nein", so braucht man nicht weiter zu fragen.

IV. Fragen an die Eheleute:

Bei Eheleuten muß man stets in dezenter Weise fragen, obschon man bei diesen nach der Sünde direkt fragen kann. Die materia necessaria in der Beichte (und damit auch die Fragepflicht) umfaßt in der Regel nur folgende drei Fälle:
1. „Hat ein Gatte die Leistung der Ehepflicht verweigert, obschon der andere Teil in ernster und vernünftiger Weise darauf bestand?"
2. „Ist außerhalb des ehelichen Verkehrs vom Einzelnen mit sich allein oder gegenseitig freiwillig etwas geschehen oder zugelassen mit der Absicht der nächsten Gefahr zur Pollution (per oscula, per tactus)? Wie oft?"
3. Ist im ehelichen Zusammenkommen etwas freiwillig und absichtlich geschehen gegen den Zweck der Ehe (Kindersegen)? Wie oft?"
Bei Verheirateten, die oft beichten, erfolgt oft die Anklage: „Ich habe unkeusche Gedanken gehabt, ohne daß etwas von Bedeutung vorliegt."
Die schwierige Anklage bei einer verheirateten Frau: „Ich habe allein Unkeusches getan", wenn sie die volle Befriedigung nach dem ehelichen Verkehr herbeigeführt hat.

Amtskirchliche Anweisungen für Priester als Beichtväter, welche Fragen über das »sechste Gebot im Beichtstuhl« an »Jünglinge und Jungfrauen«, an »Kinder«, an »große Kinder (Schulentlassene)« und an »die Eheleute« zu stellen und von ihnen zu beantworten sind, damit es eine gültige Beichte wird.
Doppelseitiger Einblattdruck, ohne Verlagsort- und ohne Jahresangabe (?1957)

chen – sein Festtag wird am 2. August in der gesamten Kirche begangen –,
sondern Papst Pius IX. erhob ihn auch aufgrund seiner moraltheologischen
Schriften im Jahr 1871 zum 18. »Kirchenlehrer«, und Papst Pius XII. erklärte
ihn noch 1950 sogar zum Patron der Beichtväter und Moralisten.

In seiner »Theologia moralis« (1753–1755), die mehr als 70 Auflagen erlebte
(6 Bände 1846/47), bewertet Alfons von Liguori das Betrachten der »unehr-
baren Körperteile« eines anderen je nach der Entfernung, ob aus der Nähe
oder aus größerer Entfernung, als unterschiedlich schwer sündhaft. Und er
überlegt auch, ob es eine Todsünde sei, nach dem dritten Beischlaf in derselben Nacht einen vierten zu verweigern oder ihn dem einmal abzuschlagen,
der ihn fünfmal im Monat verlangt.[94]

Alle schweren Sünden, auch die gegen das sechste und neunte Gebot, müssen
beim Sakrament der Beichte dem Beichtvater, der zum Beichtgeheimnis
verpflichtet bleibt, im Sündenbekenntnis vollständig genannt werden, und
ohne ein solches vollständiges Bekenntnis aller Todsünden erhält der Beichtende keine Lossprechung (Absolution) von seinen Sünden. Damit aber der
Beichtende sich aller seiner schweren Sünden und möglicherweise auch ihrer
Umstände und ihrer Anzahl erinnern und diese dem Beichtvater aufzählen
kann, gibt es für den Beichtenden einen Beichtspiegel, in dem alle möglichen
Sünden aufgezählt sind.

Aber auch für den Beichtvater gibt es von kirchenamtlicher Seite Anweisungen, wie er sich im Beichtstuhl zu verhalten hat und welche zusätzlichen
»inquisitorischen« Fragen er insbesondere beim sechsten Gebot (in puncto
sexto) dem Beichtkind stellen muß, damit es eine gültige Beichte wird.

Es gibt da einen doppelseitigen Einblattdruck »Fragestellung de Sexto Prae-
cepto in Confessionali« (»Fragestellung über das sechste Gebot im Beichtstuhl«), dessen Fragenkatalog für Beichtväter im Hinblick auf die Pönitenten
viergeteilt ist: I. Fragen an Jünglinge und Jungfrauen, II. Fragen an Kinder,
III. Fragen an große Kinder (Schulentlassene) und IV. Fragen an die Eheleute.
So heißt es z. B. im I. Teil:

»Die Anklage (des Pönitenten): ›Ich habe Unkeusches getan‹, genügt nicht.
Man [= der Beichtvater] fragt daher: ›Haben Sie mit sich selbst Unkeusches
getan?‹ Auf die Antwort: ›Ja‹ muß man weiter nach der species der Sünde
fragen, nämlich, ob es einfache Berührungen oder mit Pollution waren. Man
fragt daher: ›Haben Sie Ihren Körper in unkeuscher Absicht angefaßt?‹
Man fragt dann auch nach der Dauer der Berührungen, ferner ob es aus böser
Lust geschah, oder aus Leichtfertigkeit.

Dauerten die Berührungen minutenlang bei Jungen im Alter der Pubertät, so ist Pollution zu vermuten.

Da man bei erwachsenen Jungen voraussetzen kann, daß sie die Sünde kennen, so kann man bei ihnen sofort, ohne erst nach Berührungen zu fragen, die Frage stellen: ›Haben Sie sich selbst befleckt?‹ Auf die Antwort: ›Ja‹, fragt man nach der Zahl…

Hat man die Werke des Pönitenten mit sich selbst erledigt, so fragt man: ›Ist mit anderen Personen etwas vorgekommen?‹

Erfolgt die Antwort: ›Nein‹, so ist man fertig.

Erfolgt die Antwort: ›Ja‹, so fragt man: ›Mit einer Person des anderen Geschlechts?‹

Wenn ›Ja‹, dann fragt man: ›Ist das Schlimmste vorgekommen?‹ – ›Hat es Folgen gehabt?‹ – ›Haben Sie die Folgen zu verhindern gesucht?‹

Ist die fornicatio (Unzucht) abgetan, so fragt man: ›Sind sonst noch leidenschaftliche Berührungen, Umarmungen, Küsse vorgekommen?‹

Das ist besonders zu erfragen, wenn die betreffende Person eine Bekanntschaft hat.

Folgt auf die Frage: ›Mit einer Person des anderen Geschlechts?‹ die Antwort: ›Nein‹ oder wenn ›Ja‹ erfolgt ist, und wenn dann das ganze besprochene Frageverfahren erledigt ist, dann fragt man: ›Mit einer Person desselben Geschlechts?‹ Wenn: ›Ja‹, dann folgt die Frage: ›Waren es schlimme Berührungen mit der Hand? Gegenseitig? Mit Befleckung? Noch Schlimmeres? – Wer machte den Anfang?‹ …

Die weitere Frage: ›Haben Sie sonst noch eine Sünde gegen das 6. Gebot auf dem Herzen?‹

Wenn ›Ja‹, dann eventuell: ›Was denn?‹ Oder: ›Mit einem Tiere?‹ Oder: ›Berührungen mit der Hand an Tieren aus böser Lust?‹ Das Geschlecht des Tieres oder der Tierart spielt keine Rolle. Hat man die Werke ins klare gebracht, dann fragt man nach unkeuschen Reden: … Weiter: ›Haben Sie ihren Körper in unkeuscher Absicht angesehen? Bei Personen des anderen Geschlechtes?‹ … Ferner frage: ob Gelegenheits- oder Gewohnheitssünder.«[95]

Kein Widerspruch zwischen Sexualität im Himmel wie auf Erden

Ein oft mißverstandenes Jesuswort steht im Streitgespräch Jesu mit den Sadduzäern. Letztere, die fest in der israelisch-jüdischen Tradition, auch in der Frage der Ehepflicht für alle männlichen Juden, stehen, jedoch nicht wie z. B. die Pharisäer an die Auferstehung der Toten glauben, wollen in beiden

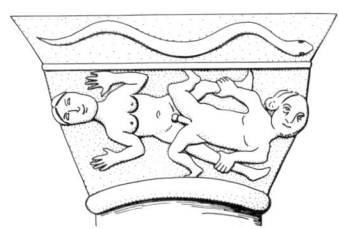

Die Ursünde des (koitierenden) Urelternpaares Adam und Eva als geschlechtliches Vergehen. Darüber die verführerische Schlange. Basrelief, 13. Jh., in Pairon/Charroux (Frankreich): Kirche

Glaubensinhalten einen Widerspruch sehen. In der literarischen Form eines Streitgesprächs ist uns diese Auseinandersetzung überliefert.[96]

Sadduzäer, die an die Auferstehung nicht glauben, stellen dem Jesus den konstruierten Fall einer Leviratsehe dar:

»Lehrer, Mose hat uns geschrieben: Wenn jemandes Bruder stirbt und läßt eine Frau zurück und hinterläßt kein Kind, daß sein Bruder die Frau nehme und seinem Bruder Nachkommenschaft erwecke [5 Mose 25,5 f.]. Es waren sieben Brüder: Und der erste nahm eine Frau; und als er starb, hinterließ er keine Nachkommenschaft; und der zweite nahm sie und starb und ließ keine Nachkommenschaft zurück; und der dritte ebenso. Und die sieben hinterließen keine Nachkommenschaft.

Zuletzt von allen starb auch die Frau. In der Auferstehung, wenn sie auferstehen werden, wessen Frau von allen wird sie sein? Denn die sieben haben sie als Frau gehabt.«

Die Pharisäer argumentieren, daß es eine Auferstehung der Toten nicht geben kann, weil das Gebot des Mose bezüglich der Leviratsehe den Glauben an eine Auferstehung der Toten ad absurdum führe, denn die Ehe zum Zweck der Erzeugung von (männlicher) Nachkommenschaft ist eine Pflicht für jeden sterblichen Israeliten zur Zeit seines Lebens, was die Leviratsehe beweist. Dabei wird die Praxis vorausgesetzt, daß jeder Mann in sukzessiver, aber auch in gleichzeitiger Polygynie leben kann. Jedoch ist eine Polyandrie der Frau sowohl zeit ihres Lebens und erst recht in einem Jenseits nach der Auferstehung für das Judentum zur Zeit Jesu unvorstellbar. Auch auf diesen von den Sadduzäern konstruierten Gegensatz, ja Widerspruch zwischen vorstellbarer, realer polygynischer Ehe zum Zweck der Erzeugung von Nachkommenschaft und unvorstellbarer polyandrischer Ehe in einem Jenseits der Auferstehung gibt Jesus wie immer seine entsprechende Antwort, indem er nicht auf die konstruierte alternative Fragestellung eingeht, die er nur mit Ja oder Nein beantworten könnte bzw. müßte, sondern diese Alternative als Alternative auflöst und somit den Fragestellern den Boden der Argumentation entzieht.

Dabei geht er von etwas aus, dem auch seine Fragesteller zustimmen müssen, nämlich daß der Zweck der Ehepflicht zur Erzeugung von Nachkommenschaft für die sterblichen Lebenden gilt, weil andernfalls das Volk aussterben würde. Die Erzeugung von Nachkommenschaft in der Ehe ist also eine zwingende Notwendigkeit für die sterblichen Menschen. Diese Notwendigkeit, so führt Jesus dann weiter aus, besteht für die Nicht-mehr-Sterblichen, die Menschen nach der Auferstehung von den Toten, nicht mehr. Also besteht auch kein Gegensatz oder Widerspruch zwischen Leviratsehe und Auferstehung. So antwortet Jesus zunächst mit einer rhetorischen Gegenfrage und gibt dann zur Antwort:

»Irrt ihr nicht deshalb, weil ihr die Schriften nicht kennt und nicht die Kraft Gottes? Denn wenn sie aus den Toten auferstehen, heiraten sie [= die Männer] nicht [zum Zweck der Erzeugung von Nachkommenschaft], noch werden sie [= die Frauen] verheiratet, sondern sie sind wie die [nichtsterblichen] Engel in den Himmeln [‚die sich nicht durch Zeugung von Nachkommenschaft erhalten].«

Gänzlich falsch wäre die Loslösung dieser Antwort Jesu aus dem jüdischen Kontext und die dann daraus gefolgerte Behauptung, nach Jesu Aussage gäbe es die Sexualität der Menschen nur auf der Erde, und im Himmel wäre nur die Jungfräulichkeit der Engel zu Hause.

Ehe, Ehescheidung, Ehelosigkeit

Nach jesuanischem Verständnis ist die *Ehe* zwischen Mann und Frau von Gott gewollt und nicht in die Entscheidungs- und Scheidungsbefugnis eines Mannes zu Lasten der Frau gestellt, denn eine *Ehescheidungsmöglichkeit* gab es zur Zeit Jesu praktisch nur für den Mann, niemals für die Frau. Aus Jesu Gleichwertung der beiden Geschlechter von Mann und Frau ist daher auch seine Ablehnung der Ehescheidung (nur durch den Mann) zu verstehen, in deren Praktizierung die Geringschätzung der Frau gipfelte, wie ein Streitgespräch zwischen den Pharisäern und Jesus uns überliefert.[97]
Unter Bezugnahme auf die verschiedenen Ehescheidungsgründe für den Mann zur Zeit Jesu fragen die Pharisäer den Jesus nach seiner Präferenz: »Ist es [einem Mann] erlaubt, aus jeder [beliebigen] Ursache seine Frau zu entlassen?«, wie es die Schule Hillels lehrt, oder nur aus einem gewichtigen Grunde, wie es die Schule Schammajs verlangt? Auch in diesem Streitgespräch geht Jesus nicht auf die alternativ gemeinte Entscheidungs-Fragestellung ein, die er nur mit Ja oder Nein beantworten könnte bzw. müßte, sondern er überspringt diese Alternative, die aus dem Boden der mosaischen Scheidebriefausstellung erwachsen ist, und geht zurück auf den vor dieser Scheidungspraxis liegenden ursprünglichen Schöpfungswillen Gottes, dem auch die Fragesteller zustimmen müssen, wenn die Schrift für sie die Weisung (Thora) Gottes ist.
Die Antwort Jesu ist dreigliederig, wie in vielen Streitgesprächen üblich, und

sie besteht aus einer Gegenfrage, einer Bezugnahme auf die Schrift und einer abschließenden Sentenz:

(1) »Habt ihr nicht gelesen, daß der, welcher sie schuf,
    sie von Anfang an [als] männlich und [als] weiblich gemacht hat
    [1 Mose 1, 27] und gesagt hat:
(2) Darum wird ein Mensch den Vater und die Mutter verlassen
    und seiner Frau anhängen,
    und es werden die zwei zu einem Fleisch werden [1 Mose 2,24],
    – so daß sie nicht mehr zwei sind, sondern ein Fleisch.
(3) Was nun der Gott zusammengefügt hat,
    soll [der] Mensch nicht scheiden!«

Der Evangelist Matthäus fügt an diese das Streitgespräch abschließende allgemeine Sentenz ein weiteres Jesuswort an, das in der neutestamentlichen Überlieferung wie kein anderes Jesuswort fünffach überliefert ist, jedoch in verschiedenen Varianten und Ergänzungen. Eingeleitet wird es bei Matthäus durch ein feierliches »Ichwort« Jesu: »Ich aber sage euch, daß, wer immer seine Frau entläßt, außer wegen Hurerei, und eine andere heiratet, Ehebruch begeht; und wer eine Entlassene heiratet, begeht Ehebruch.«[98] Matthäus hat hier – im Gegensatz zu den anderen Seitenreferenten Lukas, Markus und Paulus – das absolute *Ehescheidungsverbot* durch die »Unzuchtklausel«, wie sie auch die Schule Schammajs lehrte, aufgeweicht. Paulus und Markus fügen aus der Sicht der nichtjüdischen Leser auch ein Scheidungsverbot für die Frau an.[99]

Die gegensätzlichen Positionen im Streitgespräch über die Frage der Ehescheidung finden bei Matthäus eine weitere Variante in einer der Antithesen aus der Bergpredigt Jesu.

»Es ist aber gesagt worden [5 Mose 24,1]:
    Wer seine Frau entlassen will,
    soll ihr einen Scheidebrief geben!
Ich aber sage euch:
    Jeder, der seine Frau entläßt,
    außer aufgrund von Hurerei,
    macht, daß sie zum Ehebruch verführt wird,
    und wer eine Entlassene heiratet,
    begeht Ehebruch.«[100]

Gemäß dieser Antithese verbietet Jesus nicht nur die Ehescheidungspraxis mit Ausstellung des Scheidebriefes, sondern er erklärt denjenigen Mann, der seine Frau entläßt bzw. der eine entlassene Frau heiratet, zu einem Ehebrecher.

Im Anschluß an das Streitgespräch, in dem Jesus ein absolutes Ehescheidungsverbot für den Mann ausspricht und anschließend auch die Praxis der Scheidebriefausstellung durch den Mann ablehnt, fügt Matthäus noch einen Sonderguttext an, in dem die Jünger wiederum nur aus männlicher Sicht die Ehe überhaupt in Frage stellen: »Wenn das Verhältnis des Mannes zu der Frau so ist, so ist es nicht förderlich zu heiraten.« Darauf gibt Jesus nach Matthäus eine dreigliedrige Antwort:

(1) »[Es] sind nämlich Eunuchen,

welche aus [dem] Leib [der] Mutter geboren wurden so,

(2) und [es] sind Eunuchen,

welche zu Eunuchen gemacht worden sind von den Menschen,

(3) und [es] sind Eunuchen,

welche zu Eunuchen sich selbst gemacht haben

wegen des Königreiches der Himmel.«[101]

Auch in dieser Antwort geht Jesus nicht auf die Konsequenz der Jünger ein. Dann hätte er antworten müssen: Entweder es ist ratsam zu heiraten, oder es ist nicht ratsam zu heiraten, weil der Mann sich von der Frau nicht scheiden lassen darf. Vielmehr wird an dieser Stelle wiederum das »Sowohl-Als-auch« in der Lehre und Praxis Jesu deutlich, das jedem einzelnen die Freiheit der eigenen Entscheidung läßt. Galten nämlich im israelitisch-jüdischen Glauben nur Zeugungsfähigkeit und Fruchtbarkeit als von Jahwe gewährte Güter, und Unfruchtbarkeit und Zeugungsunfähigkeit waren ein Mangel und eine Schmach,[102] ja sogar eine Strafe Jahwes – kein Eunuch durfte ein Priester des Jahwe sein,[103] ja ein Eunuch war ausgeschlossen vom Kult[104] –, so gehören für Jesus sowohl die Zeugungsfähigen – Mann und Frau, die im Geschlechtsverkehr zu einem Fleisch werden – wie auch die Zeugungsunfähigen zum Königreich Gottes. Absolut abwegig wäre der Schluß aus diesem Jesuswort, er habe an dieser Stelle Jesus die Ehelosigkeit höher gewertet als die Ehe, oder gar damit die Jünger zum zölibatären Leben aufgefordert.

Auch die Fruchtbarkeit und Unfruchtbarkeit der Mütter werden sowohl seliggepriesen wie auch mit einem Wehespruch bedacht. So sagte einmal eine Frau zu Jesus: »Selig der Leib [deiner Mutter Maria], der dich getragen hat,

und [die] Brüste, die du gesogen hast!«[105] Für die apokalyptische Endzeit gilt
ein »Wehe aber den Schwangeren und den Stillenden in jenen Tagen!«[106]
Dieses prophetische Wort wird im Sondergut des Lukas noch einmal aufgegriffen, wenn er Jesus sagen läßt: »Siehe, [es] kommen Tage, an denen man
sagen wird: ›Selig die Unfruchtbaren und die Leiber, die nicht geboren haben,
und [die] Brüste, die nicht gestillt haben!‹«[107] Auch hier wäre es falsch, aus
der prophetischen Seligpreisung der Unfruchtbaren in einer apokalyptischen
Endzeit auf eine Aufforderung Jesu zur Ehelosigkeit und Jungfräulichkeit für
die Frauen schließen zu wollen.

Ganz anders liegen die Dinge bei dem ehelosen Paulus, der die Ehelosigkeit
propagiert und die Ehe nur im äußersten Falle als Heilmittel und Zugeständ-
nis angesichts der sonst unvermeidlichen Unzucht gelten läßt. In seinem
ersten Korintherbrief aus dem Jahr 53/54 n. Chr. – also schon 20 Jahre nach
Jesu Tod – empfiehlt er den Adressaten seines Briefes:

> »Es ist gut für einen Menschen [= Mann], keine Frau zu berühren. Aber um der Unzucht
> willen habe jeder seine eigene Frau, und jede [Frau] habe ihren eigenen Mann. Der Mann
> leiste der Frau die [eheliche Beischlaf-]Pflicht, ebenso aber auch die dem Mann. Die Frau
> verfügt nicht über ihren eigenen Leib, sondern der Mann; ebenso aber verfügt auch der
> Mann nicht über seinen eigenen Leib, sondern die Frau. Entzieht euch einander nicht,
> ... damit der Satan euch nicht versuche, weil ihr euch nicht enthalten könnt. Dies aber
> sage ich als Zugeständnis, nicht als Befehl. Ich wünsche aber, alle Menschen wären wie
> ich [ehelos].
>
> ,,,
> Ich sage aber den Unverheirateten und den Witwen: es ist gut für sie, wenn sie bleiben
> wie ich. Wenn sie sich aber nicht enthalten können, so sollen sie heiraten, denn es ist
> besser, zu heiraten als [vor Verlangen] zu brennen.«[108]

Der ehelose Paulus, der in diesem Brief expressis verbis die Ehelosigkeit und
Jungfräulichkeit über die Ehe stellt, muß ehrlicherweise zugeben, daß er sich
diesbezüglich nicht auf den historischen Jesus berufen kann: »Über die Jungfrauen aber habe ich kein Gebot des Herrn; ich gebe aber eine Meinung ... Ich
meine nun, daß dies um der gegenwärtigen Not willen gut ist, daß es für einen
Menschen gut ist, so zu sein.« Zwar ist die Heirat für Paulus keine Sünde,
aber, so argumentiert er: »Der Unverheiratete [Mann] ist für die [Sache] des
Herrn besorgt, wie er dem Herrn gefallen möge; der Verheiratete aber ist um
die [Dinge] der Welt besorgt, wie er der Frau gefallen möge, und [so] ist er
geteilt. Die unverheiratete Frau und die Jungfrau ist für die [Sache] des Herrn

besorgt, damit sie heilig sei an Leib und Geist; die Verheiratete aber ist für die [Sache] der Welt besorgt, wie sie dem Mann gefallen möge …

Also, wer seine Jungfrau heiratet, handelt gut, und wer [sie] nicht heiratet, wird besser handeln.«[109]

Dieses alternative paulinische Denken über Heirat oder Nichtheirat, über Herr oder Dinge der Welt, über gut oder besser handeln, also eine Teilung in ein »Entweder-Oder« steht in direktem Gegensatz zum jesuanischen »Sowohl-Als-auch.« In diesem Punkt kann sich Paulus nicht auf Jesus berufen, was er auch ausdrücklich zugestehen muß, ja er mißversteht bzw. verfälscht sogar in diesem Punkt Jesu Lehre.

Auch in der Frage der *Ehescheidung (von Mischehen)* geht Paulus eigene Wege. Er bezieht sich zwar grundsätzlich auf Jesu striktes Ehescheidungsverbot für den Mann und ergänzt es wie auch Lukas aus hellenistischer Sicht durch ein Scheidungsverbot für die Frau, hebt es aber auf für bestimmte Mischehen: »Den übrigen aber sage ich, nicht der Herr: … Wenn aber der Ungläubige sich scheidet, so scheide er sich. Der [gläubige] Bruder oder die [gläubige] Schwester ist in solchen [Fällen] nicht gebunden; zum Frieden hat uns Gott doch berufen. Denn was weißt du, Frau, ob du den Mann erretten wirst? Oder was weißt du, Mann, ob du die Frau erretten wirst?«[110]

Mischehe im römisch-katholischen Verständnis ist eine konfessionsverschiedene Ehe. Eine solche Ehe zwischen zwei Getauften, von denen ein Partner katholisch und der andere nichtkatholisch ist, ist ohne vorherige Dispens vom Ehehindernis der Konfessionsverschiedenheit nicht erlaubt. Voraussetzung für die Dispens ist, daß der katholische Partner sich bereit erklärt, in seiner Ehe »Gefahren des Abfalls vom Glauben zu beseitigen« und verspricht, »nach Kräften alles zu tun, daß alle seine Kinder in der katholischen Kirche getauft und erzogen werden« (can 1124). Daneben unterscheidet das katholische Kirchenrecht die Ehe zwischen einem Katholiken und einem Ungetauften, die nur bei Dispens vom zu behebenden Hindernis der Religionsverschiedenheit gestattet ist (can 1086.1127).

Die lutherischen und reformierten Kirchen kennen heute im allgemeinen keine Bedingungen mehr für die Mischehen. Lediglich die Ordination bzw. die dienstliche Verwendung von Geistlichen wird z. T. von der evangelischen Konfessionszugehörigkeit des Ehepartners abhängig gemacht. So schreibt z. B. das Pfarrerdienstgesetz der badischen Kirchen vor, daß der Ehepartner eines Pfarrers oder einer Pfarrerin in der Regel der evangelischen Kirche oder – in Ausnahmefällen – einer anderen christlichen Kirche angehören muß. Nach diesem Pfarrerdienstgesetz mußte das Dienstverhältnis des Heidelberger Pfarrvikars Klaus Müller zum 1. Juli 1990 beendet werden, weil er eine Jüdin geheiratet hatte.[111]

Die schon bei Paulus erkennbare Minderbewertung der Ehe und gleichzeitige Höherschätzung der Ehelosigkeit und Jungfräulichkeit findet ihre Fortsetzung bei den Kirchenvätern und Kirchenlehrern. Eine Reihe von bedeutenden griechischen wie auch lateinischen Kirchenvätern haben dem Jungfräulichkeitsideal unter gleichzeitiger Herabsetzung des Wertes der Ehe eigene Schriften gewidmet. So sagt z. B. der griechische Kirchenvater und Heilige Johannes Chrysostomus:

>Gut ist die Ehe; aber darum ist die Jungfräulichkeit bewundernswert, weil sie besser ist als das Gute, und zwar um so viel besser, als der Steuermann besser ist denn die Schiffsleute und der Feldherr besser ist, denn die Soldaten.

Die Jungfräulichkeit ist um so viel besser als die Ehe, als der Himmel besser ist denn die Erde, als die Engel besser sind als die Menschen.

… Zehntausende von Engeln dienen Gott, tausend über tausend Erzengel stehen vor ihm, und keiner von ihnen ist aus der Empfängnis hervorgegangen, keiner aus der Geburt, den Geburtswehen und der Schwangerschaft.«[112]

Origenes hombabifirt fich um des Himmelreichs willen.

Kirchenvater Origenes (185-254), der sich selbst aufgrund des von ihm buchstäblich verstandenen Bibelwortes (Matthäus 19,12) entmannt. Seine Tat hatte Nachahmer. Kupferstich, 1791

Auch der lateinische Kirchenvater und Heilige Augustinus weiß es genau: »Eine Mutter wird im Himmelreich einen geringeren Platz einnehmen, weil sie verheiratet ist, als ihre Tochter, weil sie unverheiratet ist … Aber beide werden dort sein, so wie ein leuchtender Stern und ein dunkler Stern, die dennoch beide am Himmel sind.«[113]

Bezüglich des ehelosen Lebens in Jungfräulichkeit sagen die sogenannten »Apostolischen Konstitutionen«, die umfangreichste rechtlich-liturgische Kirchenordnung des 4. Jh., die in Syrien zusammengestellt wurden: »Über die Jungfräulichkeit haben wir kein Gebot empfangen, sondern überlassen sie als Gegenstand des Gelübdes dem freien Willen derer, die sie erwählen.«[114] Und an anderer Stelle heißt es: »Bezüglich der Jungfrauen verordne ich: Eine Jungfrau wird nicht geweiht, denn wir haben darüber kein Gebot des Herrn.

Dem freien Entschluß gebührt der Kampfpreis. Nicht der Geringschätzung der Ehe, sondern der Betätigung der Frömmigkeit [dient dieser Entschluß].«[115]

Die von den Evangelien angeratenen Empfehlungen – Verzicht auf Besitz,[116] Verzicht auf Familie,[117] Verzicht auf Macht und Gewalt[118] – bilden in den Ostkirchen und in der katholischen Kirche als evangelische Räte den Inhalt

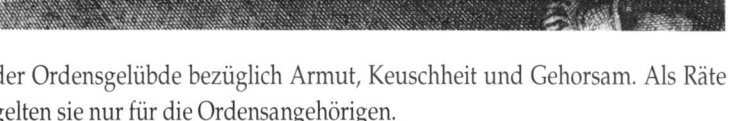

Der Pariser Kanonikus Fulbert läßt den Theologieprofessor Abaelard (1079-1142), den Geliebten und Schwängerer seiner Nichte Héloïse, nachts überfallen und entmannen.

Stich von Vincent M. Langlois

der Ordensgelübde bezüglich Armut, Keuschheit und Gehorsam. Als Räte gelten sie nur für die Ordensangehörigen.

In den Ostkirchen wie auch in der katholischen Kirche gibt es zahlreiche Orden für Männer und für Frauen, wobei z. B. für den Schutz des Gelübdes der Keuschheit eine durch die Abgeschlossenheit der Klausur strikte *Geschlechtertrennung* verlangt wird.

Eine solche Geschlechtertrennung führt z. B. in der Mönchsrepublik Athos in Griechenland so weit, daß die unter der Jurisdiktion des ökumenischen Patriarchen stehenden griechisch-orthodoxen Mönchsgemeinschaften es seit alters nicht zulassen, daß Frauen die Klöster und überhaupt die gesamte Halbinsel Athos betreten dürfen, ja, sie fordern, daß allen weiblichen Lebe-

Héloïse (1101-1164), die als Achtzehn-jährige von ihrem vierzigjährigen Lehrer und Geliebten Abaelard geschwängert wird und den Sohn Astrolabe gebiert, geht auf Verlangen ihres Onkels, des Kanonikus Fulbert, in ein Kloster, von wo aus sie mit ihrem Geliebten, der inzwischen Mönch geworden war, während vieler Jahre Briefe voller Leidenschaft wechselt

Begine und Begarde. Kupferstich von
Israel van Meckenem

wesen insgesamt, wie Kühen oder Eselinnen, Zibben oder Hennen, die Halbinsel Athos verboten bleibt, da in dieser Mönchsrepublik weder gezeugt noch
geboren, sondern nur gestorben werden soll.

Freilich hat es im Laufe der Kirchengeschichte auch Doppelklöster gegeben,
in denen Mönche und Nonnen unter einem Dach gelebt haben, und auch
andere Formen der Symbiose männlicher und weiblicher Religiosen, wie z. B.
die Syneisakten in altkirchlicher Zeit, die als Asketen und Asketinnen eine
»geistliche Ehe« schlossen, wobei das Zusammenleben ohne Verletzung der
Keuschheit als eine besonders hohe asketische Leistung, ja als ein Akt ständigen Martyriums galt.

Während die Männerorden bzw. *Mönchsorden* eine große Selbständigkeit
haben, bleiben die Orden für Frauen bzw. *Nonnen* in allen wichtigen Belangen
ihres klösterlichen Lebens von den Mönchen bzw. (männlichen) Priestern
abhängig. So kann nur ein zum Priester geweihter Mann die für Nonnen
täglich verpflichtende Eucharistiefeier mit den Nonnen abhalten, und auch
die meist wöchentliche Pflicht der Nonnen zur Beichte kann nur in Verbindung mit einem (männlichen) Beichtvater erfüllt werden.

Priesterehe und Zölibatspflicht

Selbst der die Ehelosigkeit hochschätzende Paulus stellt das Recht auf Ehe
der im Dienst der Gemeinde arbeitenden Funktionsträger einschließlich der
Apostel nicht in Frage, wenn er sagt: »Haben wir [Paulus und Barnabas] etwa
nicht das Recht, eine Schwester als Gattin mitzunehmen, wie auch die übrigen
Apostel und die Brüder des Herrn und Kephas [= Petrus, dessen Schwiegermutter Jesus einst geheilt hatte]?«[119]

Diese griechische Version »eine Schwester als Gattin« wurde in der lateinischen Vulgata ab 1592 umgestellt zu: »eine Frau als Schwester« (lateinisch
mulierem sororem), nachdem zuvor der Kirchenvater Hieronymus das griechische Wort für (Ehe-)Frau (gynä) noch im Jahr 383 mit dem lateinischen
Wort uxor (»Gattin«), aber schon ab dem Jahr 385 mit dem lateinischen Wort
mulier (»Frau«) wiedergegeben hatte.

Noch in der nachpaulinischen Zeit gibt es keine *Zölibatspflicht* für die Funktionsträger in den christlichen Gemeinden. Die Pastoralbriefe aus den Jahren
100/110 n. Chr. setzen für die verschiedenen Dienste in der Gemeinde die Ehe
als selbstverständlich voraus. So gilt als Voraussetzung für den Dienst eines
»Bischofs« (epískopos) nach dem 1. Timotheusbrief: »Es ist notwendig, daß
der Bischof [epískopos] untadelig ist, einer [Zahlwort] Frau Mann ... dem,

Massen-Weihe von 284 Männern zu Priestern durch den Papst auf dem Petersplatz in Rom

eigenen Haus gut vorsteht, und Kinder mit aller Ehrbarkeit in Unterordnung hat – wenn aber jemand dem eigenen Haus nicht vorzustehen weiß, wie wird er für die Gemeinde Gottes sorgen?«[120] Auch von den Diakonen gilt dasselbe: »Die Diakone [diákonoi] sollen einer [Zahlwort] Frau Männer sein, [den] Kindern und den eigenen Häusern gut vorstehen.«[121]

Nach dem Titusbrief gelten dieselben Voraussetzungen für die Presbyter (presbýteroi = »Älteste, Priester«), wenn der Briefschreiber den Adressaten beauftragt »damit du das Fehlende noch ordnest und in [jeder] Stadt Presbyter einsetzt, wie ich dir aufgetragen habe, wenn jemand untadelig ist, einer [Zahlwort] Frau Mann und gläubige Kinder hat.«[122]

Im Gegensatz zu diesen Bestimmungen der neutestamentlichen Pastoralbriefe ist der in den Ostkirchen nur für die Ordensangehörigen und Bischöfe verpflichtende gänzliche Verzicht auf Ehe und Familie in der römisch-katholischen Kirche seit 1074 von Papst Gregor VII. (1073–85) als Gebotspflicht zum *Zölibat* (»Ehelosigkeit«) auf alle Priester ausgedehnt worden. Dieses päpstliche Verbot der *Priesterehe* hat das 2. Laterankonzil (1139) sanktioniert und das Trienter Konzil (1545–63) bestätigt.

In der Frage der *Zölibatspflicht* für katholische Priester waren im Jahr 1971 62 % aller Katholiken in der Bundesrepublik der Auffassung, man solle die jetzige Zölibatsregelung ganz aufheben – bei den Altersgruppen zwischen 16 und 39 Jahren liegt der prozentuale Anteil sogar zwischen 83 und 70 Prozent. Und selbst 51 % aller befragten Welt- und Ordenspriester in der Bundesrepublik halten es für notwendig oder zumindest erwägenswert, daß die Zölibatsverpflichtung in Zukunft aufgehoben und dem einzelnen die Entscheidung überlassen wird. Hier liegt der prozentuale Anteil der seit 1956 geweihten Priester sogar zwischen 72 und 81 Prozent.[123]

Nach einer jüngsten Umfrage aus dem Jahr 1992 durch das Emnid-Institut über die Meinung der deutschen Katholiken zum Zölibat sind jetzt sogar 85 % »aller« Katholiken der Meinung, der Papst solle den Zölibat aufheben und den Priestern die Ehe erlauben, und sogar 72 % der »allsonntäglichen« katholischen Kirchgänger sind derselben Meinung. Nur 15 % aller Katholiken sind für die Beibehaltung der Ehelosigkeit der Priester.[124]

In den *orthodoxen Kirchen* dürfen – unter Bezugnahme auf das II. Trullanum (691/692), das siebte allgemeine und von Kaiser Justinian II. einberufene Konzil – verheiratete Männer zu Priestern geweiht werden und ihre Ehe im Priesteramt fortsetzen.

Da aber Bischöfe unverheiratet sein müssen, werden meist zölibatäre Mönche zu Bischöfen geweiht. Das Trullanum bestimmte in Canon 13: »In der römischen Kirche müssen die, welche das Diakonat oder Priestertum erhalten wollen, versprechen, mit ihren Frauen keinen Umgang mehr zu haben. Wir aber gestatten ihnen gemäß den Apostolischen Canones (Nr. 6) die Fortsetzung der Ehe. Wer solche Ehen trennen will, soll abgesetzt, und der Kleriker, der unter dem Vorwand der Frömmigkeit seine Frau entläßt, exkommuniziert werden. Beharrt er darauf, so wird er abgesetzt.«

Und der Canon 48 bestimmt: »Wird jemand zum Bischof geweiht, so soll seine Frau in ein ziemlich entferntes Kloster gehen. Aber der Bischof muß für sie sorgen. Ist sie würdig, so kann sie auch Diakonissin werden.«

Diese Canones des II. Trullanum sind vom Kaiser und von 211 Patriarchen und Bischöfen unterschrieben worden, jedoch nicht vom römischen Papst Sergius I.

Obwohl die ersten *Reformatoren* alle – außer Melanchthon – zum Zölibat verpflichtete Priester waren, ist von ihnen der Zölibat für die Kirche der Reformation von Anfang an aufgegeben worden.

Der Reformator Johannes Calvin (1509–64), der über die Beziehung von Mann und Frau sagte: »Von Anfang an gab Gott der Frau einen Mann bei, daß sie beide einen unversehrten Menschen ergeben; wer also eine Frau verschmäht hat gleichsam den halben Teil seines Selbst losgerissen ... der die Frau entbehrende Mann ist gleichsam ein halber Mann«,[125] war mit Idelette de Bure (†Genf 1549) verheiratet. Sie war in erster Ehe mit dem Lütticher Wiedertäufer Jean Stordeur verheiratet. Als sie mit ihm und zwei Kindern nach Straßburg kam, begegnete sie Calvin, der das Ehepaar zu seiner Schriftauslegung bekehrte. Nach dem Tode Stordeurs heiratete Calvin die Witwe im August 1540

Jesus beruft am See von Galiläa die Fischer und Brüder Simon und Andreas als seine ersten Jünger (Markus 4,18-22). Mosaik, ca 520; Ravenna: San Apollinare Nuovo

der in ihr »die ausgezeichnete Gefährtin seines Lebens, Hilfe in seinen mannigfältigen Arbeiten und dauernden Gebrechen« fand.[126]

Auch der Reformator Ulrich Zwingli (1484–1531) war verheiratet: mit Anna Zwingli, geborener Reinhard (*in Zürich um 1484, †ebd. um 1538). Die Witwe des Hans Meyer von Knonau wurde 1522 die Gattin des Ulrich Zwingli. Die ausgezeichnete Hausfrau, Wohltäterin der Armen und Kranken fand nach dem Tod ihres Gatten Zwingli in der Schlacht bei Kappel (11.10.1531) mit ihren Kindern Aufnahme in dem Haus seines Nachfolgers Heinrich Bullinger.[127]

Des Reformators Martin Luther (1483–1546) Ehefrau wurde Katharina von Bora (1499–1552). Die seit 1508 in einem Zisterzienserkloster Erzogene wurde 1515 als Nonne eingesegnet. Während der Reformation flüchtete sie mit acht anderen Nonnen nach Wittenberg, wo sie zunächst im Haus des Magisters Reichenbach Unterkunft fand. Im Jahr 1525 nahm Luther sie zur Ehefrau, und sie hatten miteinander drei Söhne und drei Töchter. In 21jähriger Ehe stand Katharina dem oft leidenden Reformator fürsorglich zur Seite.[128]

Frauen und Männer in der Nachfolge des Jesus von Nazaret

Zu Lebzeiten des lehrenden Jesus von Nazaret gehörten Männer und Frauen zu seiner Begleitung. Sie waren aus eigenem Entschluß, noch nicht durch einen eigenen Ruf ihm nachgefolgt und wurden während der Zeit ihrer

Nachfolge die kontinuierlichen Zeugen – nicht die gelegentlichen Zeugen, wie einzelne Gesprächspartner Jesu oder wie von Jesus Geheilte oder wie die Volksscharen – der meisten seiner Reden, Gespräche und Werke bis hin zu seinem Lebensschicksal im Leiden und Sterben, bei Grablegung und Erscheinung des Auferweckten, durch den sie schließlich als seine »kontinuierlichen« Zeugen, Frauen wie Männer, Jünger wie Jüngerinnen, die Beauftragung erhielten, ihre gesamte Erfahrung mit Jesus in Lehre und Leben der Nachwelt weiter zu bezeugen.

Erst in nachjesuanischer Zeit wurden die Erzählungen von Jesu besonderem Ruf in seine Nachfolge, von der Wahl und Aussendung der (nur männlichen) Jünger und Apostel, der (nur männlichen) Zwölf und der zwölf Apostel gebildet, in das Leben des historischen Jesus zurückdatiert und in die Evangelienüberlieferung von Tradenten und Redakteuren eingebaut. Diese Nachfolgegeschichten mit der Berufung von nur Männern in die Nachfolge Jesu ist oft verbunden mit einem Ichwort, in dessen Satzbau der redende Jesus als Subjekt oder Objekt erscheint. Diese Ichworte sind meist nachösterliche Um- und Neubildungen von Sätzen, die nachträglich dem historischen, vorösterlichen Jesus in den Mund gelegt werden. Im Gegensatz zu dem die Totalität (Ganzheit) umfassenden »Sowohl-Als-auch«-Konzept der historischen Jesus-Worte zeigen die nachösterlichen Christus-Worte eine »Entweder-Oder«-Entscheidungsqualität. So lautet z. B. bei Lukas als Bedingung der Nachfolge:[129]

»Wenn jemand [= Mann] zu mir kommt
    und haßt nicht seinen Vater und [seine] Mutter
    und [seine] Frau und [seine] Kinder
    und [seine] Brüder und [seine] Schwestern,
    außerdem auch noch sein eigenes Leben,
so kann er nicht mein Jünger sein.«

Vor diesem Hintergrund der Abänderung und/oder Neubildung von Jesus-Worten muß die Behauptung so mancher Christen überprüft und korrigiert werden, wenn unter Berufung auf die Bibel gesagt wird, Jesus habe nur Männer, aber keine Frauen in seine Nachfolge berufen und zu seinen Nachfolgern bestimmt. Nachfolgen ist ein terminus technicus für Jüngerschaft. Während Jesus auf seiner Wanderschaft von Stadt zu Stadt und von Dorf zu Dorf umherzog und predigte (kärýsson) und das Reich Gottes als Frohbotschaft verkündigte, waren in seiner Begleitung Jünger und Jüngerinnen.

Jesus predigt seinem (männlichen) Jüngerkreis. Perikopenbuch Heinrichs II.; ca. 1010. München: Bayerische Staatsbibliothek

Der »Engel des Herrn« in der leeren Grabkammer beauftragt die drei Frauen und Jüngerinnen Jesu, als Botinnen den (männlichen) Jüngern zu verkünden, daß Jesus von den Toten auferstanden sei. Perikopenbuch Heinrichs II., ca. 1010. München: Bayerische Staatsbibliothek

Lukas nennt einige Frauen mit Namen, u. a. Maria, genannt die Magdalenerin, und Johanna, die Frau des Chuza, und Susanna sowie viele andere.[130]
So waren Männer und Frauen nicht nur die Adressaten von Jesu Lehre und Wundertaten sowie Partner seiner Lehrgespräche, sondern sie wurden als Jünger und Jüngerinnen auch die kontinuierlichen Zeugen seiner Worte und Werke.

Und als alle männlichen Begleiter Jesu diesen während seines Leidensweges schon verlassen hatten und geflohen waren, sind einige weibliche Begleiter Jesu in seiner Nähe geblieben und wurden so die einzigen »kontinuierlichen« Zeugen von der Identität des lehrenden, des sterbenden und des auferstehenden Jesus, angefangen von seiner Lehrtätigkeit in Galiläa bis hin zu seiner Kreuzigung, seiner Grablegung und Auferstehung.

Gemäß allen drei synoptischen Evangelisten schauten viele Frauen – als bereits alle männlichen Jünger geflohen waren – von weitem bei der *Kreuzigung Jesu* zu, darunter Maria von Magdala, die Jesus von Galiläa her nachgefolgt waren, und viele andere Frauen, die mit ihm nach Jerusalem hinausgezogen waren.[131] Auch bei der *Beisetzung des Leichnams Jesu* waren wiederum nur Frauen, u. a. Maria von Magdala, zugegen. »Die Frauen aber, die mit ihm aus Galiläa gekommen waren, gingen mit, sahen sich das Grab an und wie sein Leichnam beigesetzt wurde.«[132]

Wiederum waren Frauen, darunter Maria von Magdala, die ersten Zeugen, die das *leere Grab* entdeckten und gemäß dem Evangelisten Matthäus vom

Der auferstandene Jesus erscheint der Maria von Magdala als der ersten Zeugin und beauftragt sie, als Botin seinen Brüdern die Botschaft von seiner Auferstehung zu verkünden. Ölbild von Correggio. Madrid: Prado

»Engel des Herrn« beauftragt wurden: »Sagt [eípate] seinen Jüngern: Er ist von den Toten auferstanden«, und sie liefen, es zu verkünden (apangeilai) seinen Jüngern.[133]

Doch noch bevor sie diesen Auftrag des Engels ausführen konnten, *erschien wiederum zuerst den Frauen, als seinen »Schwestern«, der auferstandene Jesus selbst:* »Und siehe, da begegnete ihnen [den Frauen] Jesus und sprach: ›Seid gegrüßt!‹ Sie [die Frauen] aber traten hinzu, umfaßten seine Füße und verehrten ihn fußfällig. Da sprach der Jesus zu ihnen: ›Fürchtet euch nicht! Geht hin und verkündigt [apangeílate] meinen Brüdern…‹«[134]

Auch das überarbeitete Markusevangelium berichtet in seinem »Markusschluß«: »…er [Jesus] erschien zuerst der Maria von Magdala … Jene ging hin und verkündigte [apängeilen] [es] denen, die mit ihm zusammen gewesen waren und die nun trauerten und weinten. Und als jene hörten, daß er lebe und von ihr gesehen worden sei, glaubten sie [es] nicht.«[135]

Selbst das Johannesevangelium aus dem Jahr 100 n. Chr. weiß noch von der ersten Zeugenschaft der Auferstehung Jesu durch Maria von Magdala. Hier sind jedoch männliche Korrekturen und Einfügungen am Überlieferungsgut erkennbar, wonach jetzt vor allem Petrus und dann auch Johannes zu den ersten gemacht werden, die das leere Grab in Augenschein nehmen. Zwar entdeckt Maria von Magdala als erste den weggenommenen Stein am Grab, aber sie muß zuerst zu Petrus und dem anderen Jünger laufen und ihnen dies mitteilen.[136]

Jedoch die erste Erscheinung des Auferstandenen gilt auch nach Johannes noch einer Frau, der Maria von Magdala. In einem dreigliedrigen Gesprächsgang sagte schließlich Jesus zu ihr: »Maria! Da wandte sie sich um und sprach zu ihm auf hebräisch: Rabbuni, was heißt: »Meister.« Jesus sprach zu ihr: … ›Gehe aber zu meinen Brüdern und sage ihnen‹ … Maria von Magdala ging und verkündigte (angéllusa) den Jüngern: ›Ich habe den Herrn gesehen, und dies habe er zu ihr gesagt‹.«[137]

Maria von Magdala steht in allen Frauenlisten der Evangelien an erster Stelle. Diese Hervorhebung der Maria von Magdala ist mit der Rolle des Petrus in den Jüngerlisten vergleichbar.

Auch der Evangelist Lukas berichtet, daß die Frauen vom leeren Grab heimkehrten und verkündigten (apängeilan) dies alles den Elfen und allen übrigen. »Es waren aber Maria von Magdala und Johanna und Maria, die [Mutter des] Jakobus und noch andere mit ihnen, die das den Aposteln mitteilten. Denen aber erschienen diese Worte gleichsam wie leeres [Weiber-]Geschwätz, und sie glaubten ihnen nicht.«[138] Hier wird erste Kritik der männlichen Jüngerschar an dem Verkündigungsauftrag der weiblichen Zeugenschar deutlich erhoben.

Lukas, der sonst oft Frauen als Adressaten der Taten Jesu erwähnt, ist der einzige Evangelist, der keine Erscheinung des auferstandenen Jesus vor Frauen, sondern nur vor Männern erzählt. Es ist in diesem Zusammenhang eine deutliche Tendenz in der nachösterlichen Jesus-Überlieferung erkennbar, wonach Frauen als Zeugen und Boten des Jesus von Nazaret mit der Zeit zurückgedrängt, dann verschwiegen und schließlich ausgeschlossen wurden. Brachten drei der vier Evangelisten noch die Erzählungen von den Frauen, allen voran Maria von Magdala, denen Jesus als Auferstandener zuerst erschienen ist, so wird dies von Lukas und von dem ihm nahestehenden Paulus verschwiegen, ja sogar durch andere Erscheinungen vor nur männlichen Zeugen ersetzt. So überliefert Paulus in seinem ersten Korintherbrief eine antiochenische Glaubensformel, wonach in der Reihenfolge der Erscheinungen des Auferstandenen als Zeugen zuerst Petrus, dann die Zwölf, danach mehr als 500 »Brüder« auf einmal, danach Jakobus, dann alle (männlichen) Apostel und zuletzt Paulus selbst genannt werden.

»Denn ich überlieferte euch an erster [Stelle],
    was ich auch übernahm,
daß Christus starb für unsere Sünden nach den Schriften
    und daß er begraben wurde
und daß er erweckt worden ist am dritten Tag nach den Schriften
    und daß er erschien Kephas [= Petrus], dann den Zwölf,
    danach erschien er über fünfhundert Brüdern auf einmal …
    danach erschien er Jakobus, dann den Aposteln allen;
    zuletzt aber von allen … erschien er auch mir [= Paulus].«[139]

Diese Liste enthält nur männliche Zeugen der Auferstehung Jesu. Sie ist eingerahmt von Petrus als erstem und von Paulus als letztem, dazwischen nur weitere männliche Zeugen. Diese Glaubensformel steht nicht nur im Widerspruch zu den Erzählungen von drei der vier Evangelien, sondern sie verschweigt auch, was kein einziger der hier genannten männlichen Zeugen der Erscheinungen des Auferstandenen auch bezeugen konnte und mußte, daß Jesus starb und begraben wurde. Keiner der hier genannten männlichen Zeugen war beim Tod und Begräbnis Jesu zugegen, alle waren aus Angst geflohen. Dafür standen nur Frauen als die »kontinuierlichen« Zeugen zur Verfügung, die die Identität des sterbenden, des begrabenen und des auferweckten Jesus bezeugen konnten. Ganz zu schweigen davon, daß sie als erste beauftragt wurden, ihr Zeugnis zu verkünden (angéllein).
Nach einer solchen Weichenstellung ist es dann nur noch konsequent, wenn Paulus, dessen Vorstellungen von der Unterordnung der Frauen unter die Männer uns bekannt sind, den Frauen das Lehren bei den Gemeindezusammenkünften verbietet. So verordnet er in seinem ersten Korintherbrief:

»Wie [es] in allen Gemeinden der Heiligen [ist],
sollen die Frauen in den Gemeinden [= Versammlungen] schweigen,
denn es wird ihnen nicht erlaubt, zu reden,

sondern sie sollen sich unterordnen,

wie auch das Gesetz sagt (1 Mose 3,16).

Wenn sie aber etwas lernen wollen,

so sollen sie daheim ihre eigenen Männer fragen;

denn es ist schändlich für eine Frau,

in der Gemeinde zu reden.«[140]

Diesen paulinischen Ausschluß der Frau von der Lehre und Bezeugung ihres Glaubens an Jesus, den Christus – was übrigens in direktem Gegensatz zur jesuanischen Beauftragung und nur im Rückgriff auf die israelitisch-jüdische Tradition jener Zeit geschieht – wiederholt expressis verbis auch der aus dem Jahr 100 n. Chr. stammende nachpaulinische erste Timotheusbrief, wenn er im Gegensatz zum Verhalten von Männern das der Frauen in den Gemeinden wie folgt festschreibt:

»Eine Frau lerne in der Stille in aller Unterordnung.

Ich erlaube aber einer Frau nicht zu lehren,

auch nicht über den Mann zu herrschen,

sondern [ich will], daß sie sich in der Stille halte,

denn Adam wurde zuerst gebildet, danach Eva.

Und Adam wurde nicht betrogen,

die Frau aber wurde betrogen und fiel in Übertretung.

Sie wird aber durch das Kindergebären [hindurch] gerettet werden.«[141]

Freilich werden eine Reihe von Frauen namentlich in den Paulusbriefen und anderen Schriften des Neuen Testamentes genannt, in deren Häusern die Gemeindeversammlungen stattfanden[142] und die meist in einem nicht näher genannten Dienst der Gemeinden standen.

So schreibt z. B. Paulus im Römerbrief: »Ich empfehle euch aber unsere Schwester Phöbe, die eine Diakonin [diakonon] der Gemeinde in Kenchreä ist«[143] oder »Grüßt Priska und Aquila, meine Mitarbeiter in Christus Jesus … und die Gemeinde in ihrem Hause«[144] oder »Grüßt Andronikus und Junia [weiblich; nicht Junias [männlich]], meine Landsleute und meine Mitgefangenen, die unter den Aposteln hervorragend sind und die schon vor mir in Christus waren!«[145] Seit dem hohen Mittelalter wurde durch einen »Übersetzungstrick« der Frauenname Junia in den Männernamen Junias umgedeutet. Noch Chrysostomus schreibt in seiner Römerbriefpredigt: »Was muß das für eine erleuchtete Tüchtigkeit dieser Frau gewesen sein, daß sie des Titels eines

Apostels würdig erachtet wurde, ja sogar unter den Aposteln hervorragend war.«[146]

Von den reinen Männerkirchen zu den ersten Bischöfinnen

Die bereits bei Paulus erkennbare Herausdrängung der Frauen aus der kirchlichen *Lehrbefugnis* wird von den Kirchenvätern weiterbetrieben und sogar – was unrichtig ist – mit der Praxis Jesu begründet. So formulieren die Apostolischen Konstitutionen des 4. Jh.:

»Wir erlauben nicht, daß Frauen in der Kirche lehren, sondern sie sollen nur beten und die Lehre anhören. Denn unser Lehrer und Herr Jesus Christus selbst hat nur uns Zwölf [Apostel] gesendet, das Volk [Israel] und die Heiden zu belehren. Frauen aber hat er nirgends abgesendet, um die Botschaft zu verkünden, obgleich an ihnen kein Mangel war. Denn mit uns zusammen war die Mutter des Herrn und seine Schwester, ferner Maria Magdalena und Maria, die Tochter des Jakobus, und Martha und Maria, die Schwestern des Lazarus, und Salome, und noch andere. Wenn es also für Frauen notwendig gewesen wäre zu lehren, dann hätte er selbst als erster auch diese aufgefordert, mit uns das Volk zu unterweisen. Wenn aber der Mann des Weibes Haupt ist, dann ist es nicht richtig, daß der übrige Leib das Haupt beherrsche.«[147]

Durch solche Begründungskonstruktionen wurden Frauen seit frühchristlicher Zeit nicht nur in ihrer Lehrtätigkeit behindert, sondern erst recht in ihren *priesterlichen Funktionen* der Spendung von Taufe und Abendmahl. So bestimmt die apostolische Konstitution:

»Über die Spendung der Taufe durch Frauen tun wir euch kund, daß die Gefahr nicht gering ist für diejenigen, die sich dies unternehmen; deshalb raten wir nicht dazu; denn es ist eine gefährliche Sache, vielmehr eine gesetzwidrige und gottlose. Denn wenn der Mann das Haupt des Weibes ist, und er zum Priestertum befördert wird, so widerstreitet es der Gerechtigkeit, die Schöpfungsordnung zu zerstören und die dem Mann zukommende Herrschaft an das unterste Glied abzutreten ... Der Mann hat die Herrschaft über das Weib, da er auch ihr Haupt ist.
Wenn wir aber im vorgehenden den Frauen nicht gestatten zu lehren, wie möchte jemand ihnen in naturwidriger Weise gar priesterliche Funktionen einräumen? Das ist nämlich ein Irrtum der hellenistischen Gottlosigkeit, weiblichen Gottheiten Priesterinnen zu ernennen, aber nicht eine Anordnung Christi. Denn wenn man von Frauen getauft werden dürfte, dann wäre fürwahr auch der Herr von seiner eigenen Mutter

getauft worden, und nicht von Johannes; und er hätte bei unserer Aussendung zum Taufen zugleich mit uns auch Frauen zu diesem Zweck ausgeschickt. Nun aber hat er nirgends eine solche Anordnung getroffen oder schriftlich hinterlassen, da ihm, als dem Schöpfer der Natur und dem Stifter der Ordnung, sowohl die natürlichen Gesetze als auch die der Schicklichkeit bekannt waren.«[148]

Noch in urchristlicher Zeit hatten Frauen wie Männer die christlichen Hausgemeinden geleitet, wie dies die neutestamentlichen Schriften bezeugen. Frauen waren als Prophetinnen und Apostelinnen, als Lehrerinnen und Predigerinnen, als Priesterinnen und Diakoninnen tätig. Erst mit der Herausbildung einer Ämterhierarchie wurden die Frauen allmählich aus allen offiziellen Ämtern der Großkirche verdrängt, so daß vom 3. Jh. an die Leitung der Christengemeinden und der Vollzug der Eucharistiefeier ausschließlich in den Händen einer Männerhierarchie lagen. Zu den Befürwortern einer patriarchalischen Amtskirche und zu den gleichzeitigen Gegnern eines weiblichen Priestertums gehören vor allem Kirchenväter und zugleich heilige Kirchenlehrer, u.a. der Mailänder Bischof Ambrosius (†397) und dessen Schüler, der Bischof Augustinus (†430), sowie der griechische Theologe Johannes von Damaskus (†754). Viele nachfolgende Bischofssynoden und auch Päpste bemühten sich nachhaltig, diese Praxis des Ausschlusses der Frauen von kirchlichen Ämtern zu wiederholen und strengste Strafen für den Fall der Übertretung anzudrohen.

Erst mit dem 20. Jh. haben einige christliche Kirchen sich zurückbesonnen auf die jesuanische Gleichwertung der beiden Geschlechter und auf Jesu Beauftragung an seine Nachfolger und Nachfolgerinnen, an seine Zeugen und Zeuginnen, ihr Zeugnis von seinen Taten, von seiner Lehre und Person zu »verkünden«. Und sie haben demzufolge nicht nur Männer, sondern auch Frauen zu kirchlichen Ämtern »ordiniert«.

In einer Reihe von christlichen Kirchen fungieren heute neben Pfarrern und Pastoren auch Pfarrerinnen und Pastorinnen, ja – was bis vor kurzem noch undenkbar war –, es amtieren bereits 14 *Bischöfinnen* weltweit.

Methodistische, anglikanische und lutherische Bischöfinnen gehören dazu. Freilich ist es noch ein langer Weg, bis Frauen zu allen Diensten und Ämtern, wie bisher nur die Männer, zugelassen und Frauen an Entscheidungen in allen Leitungsgremien – gleichberechtigt wie bisher nur die Männer – zugelassen sind.

US-amerikanische Methodisten wählten bereits 1980 Marjorie Matthews zur allerersten Bischöfin einer christlichen Kirche und vier Jahre später die schwarze Leontine T. Kelly. Ihr folgte in Indonesien die Protestantin Augustiona Lumen.[149]

In den evangelischen Kirchen hat die Frauenordination insbesondere nach dem 2. Weltkrieg Geltung erhalten. In der lutherischen (Staats-)Kirche *Dänemarks* hat im Mai 1947 das Parlament die Ordination von Frauen beschlossen, jedoch entscheidet über die Ausführung dieses Beschlusses der jeweilige Bischof. Am 28. April 1948 weihte der lutherische Bischof Ølgaard von Odense die ersten drei Frauen zu Pastorinnen. Für die lutherische (Staats-)Kirche *Schwedens* beschloß das Parlament 1958 durch Gesetz die Einführung des weiblichen Pfarramts, jedoch soll kein Bischof gezwungen werden, eine Frau zu ordinieren. 1959 wurde die erste Frau ordiniert, 1960 folgten drei weitere Ordinationen von Frauen.

In der *norwegischen* lutherischen (Staats-)Kirche gibt es seit 1961 weibliche Pfarrer; seitdem wurden ca. 150 Frauen ordiniert.[150]

Die Synode der lutherischen (Staats-)Kirche *Finnlands* hatte im Herbst 1986 beschlossen, Frauen zum Pfarramt zuzulassen,[151] und 1990 folgte dann der Beschluß der Synode in Turku mit Zweidrittelmehrheit, Frauen künftig auch für das Amt der Bischöfin zuzulassen, was noch der Zustimmung durch das Parlament und den Staatspräsidenten bedarf.[152]

Bischöfin Maria Jepsen (geb. 1945), seit dem 30. August 1992 Bischöfin von Hamburg und zugleich erste Bischöfin der evangelisch-lutherischen Kirche der Welt

Die protestantischen Kirchen in *Deutschland* ordinieren Frauen, ob verheiratet oder auch nicht, vor allem seit den sechziger Jahren zu Pfarrerinnen. In den westlichen Gliedkirchen der Evangelischen Kirche in Deutschland (EKD) amtieren neben ca. 16 000 Pfarrern bereits 2200 *Pfarrerinnen*.

Am 5. April 1992 wählte die Synode der Nordelbischen Evangelisch-Lutherischen Kirche erstmals in einer deutschen Landeskirche eine *Bischöfin*, die 47jährige Hamburger Pröpstin Maria Jepsen, an die Spitze der Kirchenleitung, die erste lutherische Bischöfin der Welt.

Nach einer neuesten Umfrage aus dem Jahr 1992 über die Meinung der deutschen Bundesbürger insgesamt sowie speziell der regelmäßigen evangelischen Kirchgänger dazu, »daß es in der evangelischen Kirche 2200 Pfarrerinnen gibt«, halten es 77 % aller Bundesbürger und sogar 90 % der regelmäßigen evangelischen Kirchgänger für richtig. 17 % bzw. 5 % ist es egal, und nur 6 % bzw. 5 % halten es für falsch.

»Daß es in der evangelischen Kirche eine erste Bischöfin gibt« finden 74 % aller Bundesbürger und 82 % der regelmäßigen evangelischen Kirchgänger richtig, 19 % bzw. 12 % ist es egal, und nur 6 % bzw. 5 % finden es falsch.[153]

Auch in den USA wurde jetzt erstmals eine Frau in ein lutherisches Bischofsamt gewählt, die 42jährige Pastorin April Ulring Larson bzw. Carson – die

Bischöfin Dr. Penelope Ann Bansall Jamieson (geb. 1942) in Amtskleidung mit Mitra und Hirtenstab in ihrer St.-Pauls-Kathedrale am Tage der Ordination. Als erste Frau in der Anglikanischen Kirche von Neuseeland wurde sie im Juni 1990 zur Diözesanbischöfin von Dunedin geweiht

zweite lutherische Bischöfin weltweit. Sie wird geistliches Oberhaupt der La-Crosse-Synode im Bundesstaat Wisconsin, die zur größten Evangelisch-Lutherischen Kirche in Amerika gehört.[154]

Auch in der *anglikanischen* Kirchengemeinschaft gibt es Diakoninnen, Pfarrerinnen und Bischöfinnen. Die zur anglikanischen Kirchengemeinschaft gehörende Episkopalkirche des US-Staates Massachusetts beschloß 1976 die Zulassung von Frauen zum Priesteramt und im September 1987 die Zulassung der Frauen zum Bischofsamt.

Bereits am 12. Februar 1989 wurde die 58jährige schwarze Pfarrerin Barbara Harris im Convention Center in Boston vor 8000 Gottesdienstteilnehmern und in Anwesenheit von 63 Bischofskollegen in einer dreistündigen Weihezeremonie zur ersten anglikanischen Bischöfin geweiht.[155] Ein Jahr später, im

Bischöfin Barbara Harris (geb. 1931), am 12. Februar 1989 zum ersten weiblichen Bischof der Diözese Massachusetts geweiht und zugleich erste Bischöfin der anglikanischen Kirchengemeinschaft, erhebt während des Gottesdienstes, assistiert von einer Priesterin (links) und einer Diakonin (rechts), die Schale mit Brot und den Kelch mit Wein

Jahr 1990, wurde in der anglikanischen Kirche von Neuseeland eine Frau zur (Diözesan-)Bischöfin für die Diözese Dunedin geweiht. Es ist die 47jährige Pfarrerin und Mutter von drei Töchtern, Penelope Jamieson. Auch die anglikanische Kirche von *Irland* weihte bereits 1990 zwei Frauen zu Priesterinnen.

Für die Zulassung von Frauen zur Priesterweihe hat sich die anglikanische Kirche des *südlichen Afrika* bei ihrer Synode im August 1992 mit großer Mehrheit ausgesprochen. Erzbischof Desmond Tutu, der Primas der anglikanischen Kirche Südafrikas, hatte dabei eindringlich darauf hingewiesen, daß »wer gegen die Ungerechtigkeit der Rassendiskriminierung kämpfe, nicht zugleich die andere große Ungerechtigkeit akzeptieren könne, die Menschen ihres Geschlechtes wegen benachteilige«.[156]

Nachdem es bereits in mehreren anglikanischen Kirchen, wie in den USA und in Kanada, in Irland und in Südafrika bereits Priesterinnen gibt, hat am 11. November 1992 die Generalsynode der anglikanischen Mutterkirche von *England* mit der erforderlichen Zweidrittelmehrheit beschlossen, künftig auch Frauen zum Priesteramt zuzulassen. Etwa 1400 weibliche Diakone warten darauf, für das Priesteramt ordiniert zu werden. Da nach der Kirchenverfassung die Abgeordneten des britischen Parlaments zustimmen müssen, fehlt noch die letzte Zustimmung des britischen Unterhauses für dieses Priesterinnengesetz.[157]

Eine Woche nach dem historischen Beschluß der englischen Mutterkirche faßte auch die Generalsynode der anglikanischen Kirche *Australiens* in der St.-Andrew-Kathedrale in Sydney mit der nötigen Zweidrittelmehrheit den

Päpstin Johanna, in Rom nach dem Tod Leos IV. (†855) als eine aus Athen kommende, gelehrte Frau unter Verheimlichung ihres (weiblichen) Geschlechts als (männlicher) Papst Johann VIII. auf den päpstlichen Thron erhoben, kommt nach einer zweijährigen Amtszeit während einer Prozession zum Lateran zur Überraschung aller Kardinäle und Bischöfe nieder. Sie starb, zusammen mit ihrem Neugeborenen, sogleich. Die jahrhundertealte Weigerung der römisch-katholischen Kirche, Frauen zum Priesteramt oder gar zum Bischofsamt zuzulassen, ist der Hintergrund für die im 13. Jh. entstandene, phantasievoll-legendarische Geschichte von einer Päpstin. Italienischer Holzschnitt, 16. Jh.

Beschluß, Frauen zur Priesterweihe zuzulassen. Mit vier Millionen Mitgliedern, 2400 Priestern und ca. 150 weiblichen Diakonen ist die australische nach der englischen die zweitgrößte anglikanische Kirche.

Auch die *Altkatholische Kirche* in der Bundesrepublik Deutschland hat am 3. Mai 1989 auf ihrer 49. ordentlichen Bistumssynode in Mainz beschlossen, Frauen künftig zum Priesteramt zuzulassen.[158]

Die *interorthodoxe Konferenz* auf Rhodos mit ihrem Beschluß »Stellung der Frau in der orthodoxen Kirche und die Frage der Ordination von Frauen« (von 1988) erklärt von den Kirchenväterlehren her die Frauenordination als ein zwar nicht unüberwindbares Hindernis, jedoch wohl als eine Häresie. In den orthodoxen Kirchen im Osten sind es vor allem die griechische und die russische Kirche, die eine Frauenordination ablehnen, obgleich noch bis ins 11. Jh. hinein in den orthodoxen Kirchen Frauen das Diakonissenamt übertragen wurde.

Aus Gründen einer jahrhundertelangen Tradition wird den Frauen – wie in den orthodoxen Ostkirchen – auch in den *katholischen Kirchen* die Ordination zur Diakonin, Priesterin oder Bischöfin weiterhin verwehrt. So lehnt die römisch-katholische Kirche die Frauenordination kategorisch ab: »Die heilige Weihe«, so heißt es im Kanon 1024 des römisch-katholischen Gesetzbuches (CIC) aus dem Jahr 1983, »empfängt gültig nur der getaufte Mann«.

Die Begründung dazu liefern weniger die paulinischen Brieftexte, sie findet sich vielmehr in der Tradition kirchlicher Praxis, die das Priesteramt in der Ähnlichkeit zur (männlichen) Person Christi und in seiner Beauftragung der (nur männlichen) Apostel verankert sehen will.

Die »Erklärung der Kongregation für die Glaubenslehre zur Frage der Zulassung der Frauen zum Priesteramt« vom 15.10.1976 stellt kurz und bündig fest: »Die Kirche hält sich aus Treue zum Vorbild ihres Herrn [Jesus] nicht dazu berechtigt, die Frauen zur Priesterweihe zuzulassen.«[159] Das »vorbildhafte« Verhalten Jesu in dieser Frage wird damit begründet: »Jesus Christus hat keine Frau unter die Zahl der Zwölf berufen.«[160]

Es dürfte auch den Verfassern dieser Erklärung bekannt sein, daß es in den Evangelien kein einziges Gebot Jesu gibt, zu seinen Zeugen und Boten nur Männer zu machen, so wie er z. B. ausdrücklich das Gebot der Nächstenliebe gegeben hat, und daß es in den Evangelien auch kein einziges Verbot Jesu gibt, auch Frauen als Verkündiger seiner Botschaft auszusenden, so wie er z. B. ein ausdrückliches Verbot des Schwörens gegeben hat. Es gibt auch in den Evangelien keinen einzigen Hinweis dafür, daß Jesus beim letzten Passahmahl seine männlichen Tischgenossen zu Priestern oder Bischöfen ordiniert hat.

Wie jedoch die nachjesuanische und nachösterliche Bestellung der männlichen Apostel, der Zwölf bzw. der zwölf Apostel, in Verbindung mit der jesuanischen Gleichwertung der beiden Geschlechter exegetisch zu bewerten ist, wurde bereits dargelegt.

Die vatikanische Glaubenskongregation bietet schließlich zur Rechtfertigung der reinen *Männerkirche* noch eine mystisch-symbolische Begründung an: »Wenn die Stellung und Funktion Christi in der Eucharistie sakramental dargestellt werden soll, so liegt diese ›natürliche Ähnlichkeit‹, die zwischen Christus und seinem Diener bestehen muß, nicht vor, wenn die Stelle Christi dabei nicht von einem Mann vertreten wird: andernfalls würde man in ihm schwerlich das Abbild Christi erblicken. Christus selbst war und bleibt nämlich ein Mann.«[161]

Nach einer jüngsten Umfrage aus dem Jahr 1992 durch das Emnid-Institut über die Meinung der deutschen Katholiken zu Priesterinnen in der katholischen Kirche finden dies 64 % aller Katholiken richtig, 17 % ist das egal und nur 18 % aller Katholiken finden das falsch. In der Altersgruppe der 18- bis 24jährigen sind es sogar 81 %, die es für richtig halten, wenn es in der katholischen Kirche Priesterinnen gäbe. Auf die Gesamtbevölkerung in der Bundesrepublik Deutschland bezogen, also unabhängig von den Konfessionen, befürworten 70 % die Ordination von Frauen zu Priesterinnen in der katholischen Kirche, und nach dem Geschlecht unterschieden sind es 68 % aller Männer und 72 % aller Frauen.[162]

Auch eine klare Mehrheit der US-amerikanischen Katholiken ist der Ansicht, daß es »gut für ihre Kirche« ist, Frauen zu Priesterinnen zu weihen, wie eine Umfrage des Meinungsforschungsinstituts Gallup und eine des Wochenmagazins »Time« dokumentieren, die Ende Juni 1992 auf einer Konferenz der römisch-katholischen Bischöfe in South-Bend (Indiana) vorgelegt wurden.[163]

Konzil unter Männern: Disputation aller stimmberechtigten Konzilsväter und Mitraträger über römisch-katholische Glaubenslehren und Reformen (Gegenreformation) während des Konzils von Trient (1545–1563). Kupferstich nach François de Vargas. Amsterdam 1699

Islam

Der Islam ist die von Muhammad (= Mohammed; ca. 570–632) zu Anfang des 7. Jh. in Mekka gestiftete Religion, deren Anhänger sich Muslime (»die sich [Allāh] Unterwerfenden«) nennen. Nach dem Tod des Propheten Muhammad kam es wegen unterschiedlicher Auffassung über dessen Nachfolge und über die Leitung der Glaubensgemeinde zur Spaltung der Muslime, von denen heute die zwei großen Richtungen der Sunniten und Schiiten unterschieden werden.

Die *Sunniten*, die ca. 83 % aller Muslime bilden, halten an der Sunna fest, die in Verbindung mit dem Koran die Richtschnur ihres Handelns bildet.

Im Koran (al-kur'ān = »das zu Rezitierende«), der die dem Propheten Muhammad in den Jahren 610–632 vom Engel Gabriel übermittelten Offenbarungen des Gottes Allāh enthält, stehen in der Regel die längeren und gesetzgeberischen Suren aus der medinensischen Periode (622–632) Muhammads am Anfang, gefolgt von den kürzeren aus der mekkanischen Zeit (610–622). Die in die medinensischen und mekkanischen Suren unterschiedenen Offenbarungen entsprechen den zwei großen Lebensabschnitten des Propheten, wobei die mekkanischen im aufgeregten, sprunghaften und abgerissenen, aber hinreißenden Stil des Propheten, die medinensischen hingegen im nüchternen Stil des Gesetzgebers und Staatsmannes geschrieben sind. Zu letzteren gehören u. a. auch Texte seiner Selbstverteidigung, etwa der Rechtfertigung seiner Vielehen in Sure 33.

Die Sunna (»Tradition, Gewohnheit«) mit ihren Überlieferungen über Aussprüche, Wirken und Leben des Propheten sowie seiner Genossen wurden im Hadith (»Überlieferung«) gesammelt. Sechs dieser Traditionssammlungen des Hadith haben bei den sunnitischen Muslimen neben dem Koran ein fast kanonisches Ansehen erlangt. Die Sunniten erkennen alle Kalifen als rechtmäßige Nachfolger des Propheten an.

Im Gegensatz dazu anerkennen alle *Schiiten* (Schia = »Partei [des ʿAli]«) nur den Kalifen Ali (602–661), den Vetter und Schwiegersohn Muhammads, und dessen leibliche Nachkommen aus der Ehe mit der Prophetentochter Fatima als die Imame, das heißt als rechtmäßige Nachfolger und Leiter der Gesamtgemeinde, an. In der Frage, wie viele Nachfolger und welche Nachkommen die rechtmäßigen sind, unterscheiden sich die drei schiitischen Hauptrichtungen, die entweder fünf – wie die Zaiditen – oder sieben – wie die Ismailiten – oder zwölf – wie die Imamiten – als »sichtbare« Imame anerkennen. Die

Geburt des Religionsstifters Muhammad (Mitte), zur Linken seine Mutter Amina und zur Rechten zwei Engel mit Kronen auf dem Kopf. Türkische Miniatur. Istanbul: Topkapi-Museum

Muhammad, mit dem männlichen Geschlechtsmerkmal des Bartes, erhält die Offenbarungen des Gottes Allāh (»der Gott«) durch den gekrönten Engel Gabriel. Miniatur. Edinburgh: Universitätsbibliothek

Schiiten bilden ca. 16 % aller Muslime und leben vor allem im Iran und Irak, in Syrien und in Pakistan. Alle Muslime zusammen bilden mit ihren ca. 950 Millionen die zweitgrößte Religionsgemeinschaft der Welt, die in 172 Ländern verbreitet ist, darunter als Religion der Mehrheit in 38 Ländern und als Staatsreligion in 24 Staaten, u. a. in Pakistan und Bangladesch, in Iran und Ägypten, in Algerien, Marokko, Irak, in Saudi-Arabien, Afghanistan, Malaysia, Nordjemen, Tunesien, Libyen, Mauretanien, Kuwait und auf den Malediven. Aber auch in den Ländern Sudan, Türkei und Syrien stellen die Muslime z. T. über 90 % der Bevölkerung und prägen mit ihren Glaubens- und Moralvorstellungen das öffentliche Leben.[1]

Die Vielehe des Propheten Muhammad mit neun Frauen, als Privileg von Gott Allāh genehmigt

Muhammad (»der Gepriesene«), eigentlich Abūl-Kāsim ibn ʿAbd-Allāh, wurde am 20. April des Jahres 570 bzw. 571 als Sohn des verarmten Kaufmanns ʿAbd-Allāh und dessen Ehefrau Āmina in Mekka geboren. Muhammad, dessen Vater kurz vor oder nach seiner Geburt wahrscheinlich auf einer Handelsreise stirbt, kommt auf Veranlassung seines Großvaters ʿAbd al-Muttalib zu einer Amme namens Halīma, so wie alle neugeborenen Mekkaner gewöhnlich Ammen der berberischen Hirtennomaden aus dem Stamm Bakr

Abū Bakr, Vater der A'ischa – der Lieb-
lingsfrau des Propheten – und erster der
(nur männlichen) Kalifen (»Nachfolger,
Stellvertreter [des Propheten]«). Sein
Bart soll mit Hinnā rot gefärbt gewesen
sein. Miniatur. Istanbul: Nationalbiblio-
thek

übergeben werden. Bei seiner Amme verbringt Muhammad seine ersten Lebensjahre und hütet mit seinem Milchbruder die Herden in dem gebirgigen Hinterland Tāif. Da Muhammads Mutter als verarmte Witwe bald die Pflegekosten nicht mehr aufbringen kann, kommt Muhammad wieder zu seiner Mutter zurück, die aber schon im Jahr 576 stirbt, als er sechs Jahre alt ist. Das vollverwaiste Kind kommt jetzt in die Obhut seines achtzigjährigen Großvaters 'Abd al-Muttalib. Als dieser dann zwei Jahre später stirbt, findet der achtjährige Muhammad Aufnahme in der Familie seines Onkels Abū Tālib (†620), mit dessen Sohn 'Alī er zeitlebens befreundet bleibt.

Unter Anleitung seines Oheims wird Muhammad Karawanenführer. Als der in wirtschaftlich bescheidenen Verhältnissen lebende 25jährige Muhammad schließlich in die Dienste der wohlhabenden, vierzigjährigen zweifachen (Kaufmanns-)Witwe und Mutter mehrerer Kinder Khadidja (Chadidscha; ca. 555–620) tritt und für sie Karawanenreisen nach Syrien organisiert und leitet, wird er ihr Vertrauensmann und schließlich im Jahr 595 ihr Ehegatte.[2] 25 Jahre führen beide eine glückliche Ehe, aus der zwei bzw. drei nicht namentlich bekannte und früh verstorbene Söhne und vier Töchter – Zainab[3] (†629), Rukaiya, die spätere Ehefrau des 3. Kalifen 'Uthmān, Umm Kulthūm[4] (†630), die nach dem Tod ihrer Schwester Rukaiya den Kalifen 'Uthmān heiratete,[5] und Fātima[6] (†632), die spätere Ehefrau des 4. Kalifen und zugleich 1. Imam 'Alī – hervorgehen. Dazu wird Zaib ibn Hāritha, ein freigekaufter Sklave, adoptiert.

Seit 1610 hatte der inzwischen vierzigjährige Muhammad während der Meditation in einer Höhle bei Mekka Visionen, und er erhielt Offenbarungen des Gottes Allāh, die mit Ekstase verbunden waren. Aus den Aufzeichnungen aller Offenbarungen ist später der Koran entstanden.

Muhammad, der über Visionen und Auditionen zutiefst erschrocken ist, kehrt voll Angst in sein Haus zurück, wo er seiner Frau Khadidja das Offenbarungserlebnis erzählt. Sie ist die erste, die an seine Sendung glaubt und die ihm mit ihren Worten Mut macht. Während der ersten drei Jahre bleiben die Offenbarungen Allāhs das Geheimnis nur weniger Vertrauter Muhammads. Außer seiner Frau Khadidja teilt er die Offenbarungen nur seinem Vetter und späteren Schwiegersohn sowie 4. Kalifen 'Alī (602–661; Kalif seit 656), seinem Adoptivsohn Zaid, seinem Freund und späteren Schwiegersohn sowie 3. Kalifen 'Uthmān (Othmān) sowie seinem Freund und späteren Schwiegervater sowie 1. Kalifen Abū Bakr (Abu Bekr) mit.

Seit dem Jahr 612/613 tritt Muhammad dann mit seiner prophetischen Botschaft öffentlich in Mekka auf, und er ist der unerschütterlichen Überzeugung, daß er der letzte und größte aller vorangegangenen 124 000 Propheten Allāhs ist.

Als im Jahr 620 seine Gattin Khadidja, mit der Muhammad 25 Jahre in monogamer Ehe gelebt hatte, starb, heiratete er bereits einen Monat später die dreißigjährige Witwe Sawda[7] (†675) und verlobte sich dazu noch (als Fünfzigjähriger) mit der sechs-/siebenjährigen Āisha (Aischa; ca. 613/614 bis 678), seiner späteren Lieblingsfrau.

Da sich die Mekkaner seiner prophetischen Lehrtätigkeit widersetzten, obwohl Muhammad zehn Jahre (612–622) in Mekka wirkte, emigrierte der Prophet am 20. 9. 622 aus Mekka nach Medina. Dieses Jahr der »Auswanderung« (Hedschra) bedeutet für alle Muslime den Beginn der islamischen Zeitrechnung (ab 16. 7. 622).

Hier in Medina wird Muhammad Emir, das politische Haupt der Stadt. Zusätzlich zu seinem bisherigen Prophetenamt übernimmt er von jetzt an auch die Rollen des Staatsmannes, Gesetzgebers und Heerführers. In Medina ändert sich auch der Inhalt seiner Offenbarungen vom Endzeitlichen (Weltende, Paradiesesfreuden und Höllenstrafen) zum Staatspolitischen, Juristischen und Sozialethischen.

Der Prophet Muhammad predigt in Mekka seinen ersten Anhängern. Türkische Miniatur, 17. Jh.

Standesgemäß unterhält er jetzt auch wie ein großer Herrscher einen großen Harem, zu dem u. a. neun legitime Ehefrauen und zwei Konkubinen gehören, was der Prophet als Privileg aufgrund einer außerordentlichen Offenbarung Allāhs rechtfertigen konnte:

(49)　»O Prophet, wir erlauben dir
　　　deine Gattinnen, denen du ihre Mitgift gabst,
　　　und [die Sklavinnen], die deine Rechte besitzt
　　　von dem, was dir Allāh an Beute gab,
　　　und die Töchter deines Oheims
　　　und deiner Tanten väterlicherseits
　　　sowie die Töchter deines Oheims
　　　und deiner Tanten mütterlicherseits,
　　　die mit dir auswanderten,
　　　und jedes gläubige Weib,
　　　wenn es sich dem Propheten schenkt,
　　　so der Prophet sie zu heiraten begehrt:
　　　ein besonderes Privileg für dich von den Gläubigen.

(50)　Wir wissen wohl, was wir für sie verordneten
　　　in betreff ihrer Gattinnen und [der Sklavinnen],

Der bärtige Staatsmann Muhammad schickt von Medina aus seine ebenfalls bärtigen Boten an die Mächtigen der Welt

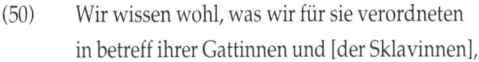

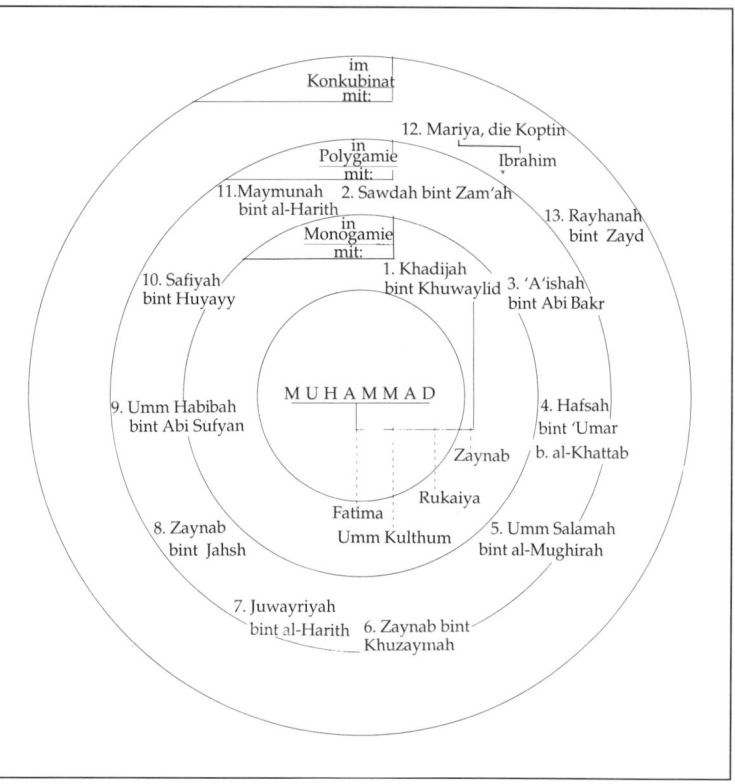

Diagramm der Großfamilie des Muhammad: seine monogame Ehe mit Khadijah, mit der er vier Töchter hatte, seine polygamen Ehen mit insgesamt zehn bzw. mit gleichzeitig neun Ehefrauen und sein Konkubinat mit zwei Sklavinnen, mit deren ersterer er einen Sohn hatte

die ihre Rechte besitzt, auf daß du keine Sünde begehst.
Und Allāh ist verzeihend und barmherzig.
(51) Du kannst, wen du willst von ihnen, abweisen,
und zu dir nehmen, wen du willst
und nach wem du Verlangen trägst,
von jenen, die du verstießest;
es soll keine Sünde auf dir sein…
Und Allāh weiß, was in euren Herzen ist,
und Allāh ist wissend und milde.«[8]

In dieser medinensischen Offenbarung Allāhs an Muhammad wird des letzteren »*Vielehe*« legitimiert, wobei zugleich die verschiedenen Arten der Frauen aufgezählt werden, mit denen er in seinem Harem gleichzeitig lebt und mit denen er regelmäßig Geschlechtsverkehr unterhält: Es sind nicht nur seine (neun) legitimen Ehefrauen, sondern auch die durch Kriegsbeute und/oder durch Geschenk erhaltenen Sklavinnen als Konkubinen, ferner die mit ihm von Mekka nach Medina ausgewanderten Kusinen und schließlich viertens eine jede gläubige (muslimische) Frau, die sich dem Propheten schenken will und die der Prophet auch zur Ehe begehrt.

Die Frauen des Propheten hatten aufgrund einer Offenbarung Allāhs vor allen anderen Frauen eine bevorzugte Stellung, aber auch eine größere Verantwortung:

(30) »O Weiber des Propheten,

wenn eine von euch eine offenkundige Schändlichkeit begeht,

so soll ihre Strafe zweifach verdoppelt werden,

denn solches ist Allāh leicht.

(31) Wer von euch jedoch Allāh und seinem Gesandten gehorcht und rechtschaffen handelt,

der geben wir zweifachen Lohn, und wir haben für sie

eine edle Versorgung in Bereitschaft gesetzt.«[9]

Als die wegen ihrer Barmherzigkeit und Güte geschätzte Sawda älter und dicker wurde, war Muhammad später in Medina ihrer überdrüssig, und er vernachlässigte sie, wohingegen er sehr viel Zeit mit der jugendlichen ʿĀʾisha verbrachte. Und als im (8.) Jahr (629/630) Muhammad Sawda verstieß, bat sie ihn, sie zurückzunehmen, indem sie sich erbot, den Rest ihres Lebens sich der ʿĀʾisha unterzuordnen, da »sie alt und von Männern nicht mehr begehrt sei; ihr einziger Wunsch sei, am letzten Gerichtstage als sein Weib aufzuerstehen«.[10] Der Prophet willigte ein, während er die Offenbarung Allāhs erhielt:

»Und so eine Frau von ihrem Ehemann

rohe Behandlung [= Verletzung der ehelichen Pflicht] oder Abneigung befürchtet,

so begehen sie keine Sünde,

wenn sie sich versöhnen,

denn Versöhnung ist das beste.

Die Seelen sind dem Geiz zugänglich;

doch so ihr Gutes tut und gottesfürchtig seid,

siehe, so kennt Allāh euer Tun.«[11]

ʿĀʾisha,[12] die Lieblingsfrau des Propheten, wurde im Jahr 613/614 in Mekka als Tochter des Abū Bakr, des späteren 1. Kalifen, geboren. Als Muhammad letzteren um die Hand seiner sechsjährigen Tochter bat, stimmte dieser nach einigen Einwendungen zu und löste ein bereits bestehendes Verlöbnis zwischen Ā'isha und Djubair b. Mut'im. Der fünfzigjährige Muhammad vermählte sich mit der sechsjährigen Ā'isha in Mekka, vollzog jedoch die Ehe erst 6 oder 7 Monate nach seiner Auswanderung nach Medina, im April/Juni des (1.) Jahres 623, also als Ā'isha neun Jahre alt war. Ihr Kinderspielzeug hatte sie in das Haus ihres älteren Ehegatten mitgebracht.

Als Ā'isha in späterer Zeit einmal der ehelichen Untreue gegenüber ihrem Gatten Muhammad fälschlicherweise verdächtigt wurde, konnte der Prophet schließlich die Schuldlosigkeit seiner jugendlichen Gattin aufgrund einer Offenbarung Allāhs (Sure 24,11 ff.) feststellen, in der es heißt, daß man jede Anklage wegen Ehebruchs durch vier Zeugen stützen müsse; wer das nicht könne, solle gestäupt werden.

Als Muhammad starb, war Ā'isha erst 18 Jahre alt. Als eine der Frauen Muhammads und eine der »Mütter der Gläubigen« durfte sie nicht wieder heiraten. Für die große Mehrzahl der Muslime ist sie eine Heilige und eine der hervorragendsten Kennerinnen der prophetischen Traditionen. So sind 1210 Überlieferungen verzeichnet, die sie direkt vom Propheten mitgeteilt hat. Sie selbst starb am 13. Juli 678.

Hafsa[13] (606–666), eine Tochter des Umar, des späteren 2. Kalifen, wurde als achtzehnjährige Witwe im (3.) Jahr 625 von Muhammad zu seiner dritten Ehefrau in seinen Harem genommen, wodurch der Prophet sich zugleich die Hilfe Umars sicherte.

Als Hafsa einmal aus einem uns nicht bekannten Grunde – ihre eheliche Gemeinschaft mit Muhammad war kinderlos geblieben – vom Propheten verstoßen worden war, hat Muhammad sie auf göttlichen Befehl, in Anbetracht ihrer islamischen Tugenden des Betens und Fastens, wieder in Gnaden aufgenommen, und er hat somit auch einer Entfremdung von Umar entgegengewirkt. Im Harem des Propheten, der aus neun Ehefrauen, zwei Konkubinen und zahlreichen Sklavinnen bestand, verband sich Hafsa mit Ā'isha gegen seine übrigen Frauen. Sie starb im Alter von ca. 60 Jahren im (45.) Jahr 666.

Die dreißigjährige Zainab,[14] eine Tochter des Khuzaima, die von ihrem ersten Gatten al-Tufail verstoßen worden war und ihren zweiten Ehemann Ubaida in der Schlacht von Badr verloren hatte, wurde vom Propheten als vierte Ehefrau im (4.) Jahr 626 geheiratet. Sie starb jedoch 2 oder 8 Monate später, als erste seiner Medinenser Frauen, die vor ihm starben.

Noch im selben (4.) Jahr 626 ehelichte dann Muhammad die neunundzwanzigjährige Witwe Umm Salāma,[15] deren Mann im Krieg gegen die Mekkaner gefallen war, als die wiederum vierte Ehefrau seines Harems. Sie wurde zu einer besonderen Rivalin der ʿĀisha.

Bis zu diesem Zeitpunkt des Jahres 626 hat sich der Prophet Muhammad selbst auf die Höchstzahl von vier legitimen Ehefrauen beschränkt, so wie sie jedem männlichen Muslim in der medinensischen Sure (4,3) zugestanden wird:

»Und so ihr fürchtet, nicht Gerechtigkeit

gegen die Waisen zu üben,

so nehmet euch zu Weibern, die euch gut dünken,

[nur] zwei oder drei oder vier;

und so ihr [auch dann] fürchtet, nicht billig zu sein,

heiratet nur eine,

oder was eure Rechte [an Sklavinnen] besitzt.

Solches schützt euch eher vor Ungerechtigkeit.«[16]

Dies änderte sich, als der Prophet Zainab[17] (592–642), die Frau seines Adoptivsohnes Zaid, eines Tages allein in Zaids Wohnung antraf, sie in bloßem Untergewand sah, und er sich in sie verliebte. Zaid, der bei seiner Rückkehr durch seine Frau Zainab von dieser Begebenheit hörte, erklärte sich sofort bereit, auf seine Ehefrau, die früher gegen ihren Willen mit ihm verheiratet worden war, zugunsten des Propheten zu verzichten. So verstieß er sie, damit der Prophet sie heiraten könne. Nach Ablauf einer Wartezeit hat Muhammad die 38jährige Zainab dann im (5.) Jahr 627 als 5. Ehefrau seines Harems geehelicht. Wegen der Adoptivverwandtschaft des Muhammad mit seinem Adoptivsohn Zaid galt die Verbindung des Propheten mit dessen ehemaliger Ehefrau als *inzestuös*, bis Allāh selbst in einer Offenbarung von Sure 33 das (inzestuöse) Verhältnis seines Propheten mit der Ehefrau von dessen freigelassenem Zaid, den er adoptiert hatte, legitimierte, indem Allāh das bisherige Ehehindernis, das für die Adoptivsöhne ebenso galt wie für die leiblichen Söhne, aufhob und die diesbezüglichen Zweifel seines Propheten zerstreute sowie die Zainab dem Muhammad zur legitimen Ehegattin gab:

(4)   »Allāh hat keinem Menschen

zwei Herzen in seinem Innern gegeben,

noch hat er die Frauen, von denen ihr euch scheidet,

zu euren Müttern gemacht,

noch auch eure Adoptivsöhne
zu euren leiblichen Söhnen.
Das sind eure Worte in eurem Mund;
Allāh aber spricht die Wahrheit,
und er leitet auf den rechten Weg.

(37)   Und [gedenke,] da du zu dem sprachst,
dem Allāh die Gnade erwiesen hatte und du [Zaid]:
Behalte deine Gattin für dich und fürchte Allāh,
und du [Muhammad] in deiner Seele verbargst,
was Allāh offen kundtun wollte,
und die Menschen fürchtetest,
wo Allāh mehr verdient, gefürchtet zu werden.
Und als Zaid die Sache mit ihr [= Zainab] erledigt hatte,
verheirateten wir dich mit ihr,
damit es für die Gläubigen keine Sünde sei,
die Gattinnen ihrer Adoptivsöhne zu heiraten,
wenn sie die Sache mit ihnen erledigt haben.
Und Allāhs Befehl ist zu tun.«[18]

Zainab, die stolz auf die Umstände ihrer Heirat mit Muhammad war, pflegte zu sagen, daß die anderen Ehefrauen des Propheten ihm durch ihre Väter und Brüder gegeben seien, während ihre Ehe mit Muhammad durch besondere göttliche Offenbarung zustande gekommen sei. Bei der Hochzeit beider hat Allāh wiederum einen Surenvers geoffenbart, der die Umstände des ersten Kennenlernens zwischen Muhammad und der Zainab in Zukunft für alle anderen Muslime ausschließen sollte:

»O ihr, die ihr glaubt,
tretet nicht ein in die Häuser des Propheten,
– es sei denn, daß er es euch erlaubt – für ein Mahl,
ohne auf die rechte Zeit zu warten.

Wenn ihr jedoch eingeladen seid, dann tretet ein.
Und wenn ihr gespeist habt, so gehet auseinander
und beginnt keine vertrauliche Unterhaltung.
Siehe, dies würde dem Propheten Verdruß bereiten,
und er würde sich eurer schämen;
Allāh aber schämt sich nicht der Wahrheit.

Wenn ihr sie [= seine Frauen]
um einen Gegenstand bittet,
so bittet sie hinter einem Vorhang;
solches ist reiner für eure und ihre Herzen.

Und es geziemt euch nicht,
dem Gesandten Allāhs Verdruß zu bereiten
noch nach ihm je seine Gattinnen zu heiraten.
Siehe, solches wäre bei Allāh ein gewaltig [Ding].«[19]

Im selben (5.) Jahr 627 vergrößerte Muhammad seinen Harem auf 6 Ehefrauen durch die Heirat mit der zwanzigjährigen Juwayriya,[20] der Tochter eines Stammesführers, der in einer Schlacht besiegt worden war. So kam sie zunächst als Sklavin und Konkubine zu Muhammad, konvertierte zum Islam, wurde freigelassen und vom Propheten geheiratet.

Ein Jahr später, im (6.) Jahr 628 ehelichte der Prophet als seine 7. Ehefrau die fünfunddreißigjährige Witwe Umm Habiha.[21]

Muhammads 8. Ehefrau hieß Safiya[22] (610–670/672). Sie war eine in Medina geborene Jüdin. Nachdem sie von ihrem ersten Mann verstoßen worden war, hat sie mit 17 Jahren erneut geheiratet. Als Kriegsbeute wurde sie gefangengenommen, und als Muhammad sie sah, war er von ihrer Schönheit ergriffen und warf seinen Mantel über sie, zum Zeichen, daß er sie für sich selbst erwählt hatte. Ihr ebenfalls gefangener Ehegatte wurde von Muhammad zu einem grausamen Tod verurteilt, weil ersterer sich geweigert hatte, den Schatz des jüdischen Stammes der banu l-Nadir anzugeben, vielleicht »auch wohl, weil es den Propheten danach verlangte, die Safiya zu heiraten«. Er bewog die Jüdin Safiya, deren Brautgeschenk in ihrer Freilassung bestand, den Islam anzunehmen.

Auch legte sie im (6.) Jahr 628 den Schleier zum Zeichen ihrer islamischen Eheschließung mit dem Propheten an. In Medina wurde Safiya von den anderen Ehefrauen im Harem des Propheten aus Eifersucht kühl empfangen, und sie machten geringschätzige Bemerkungen über ihre jüdische Herkunft. Safiya starb im (50. oder 52.) Jahr 670 oder 672. In Kairo gibt es eine Moschee, die der Safiya geweiht und nach der auch das umliegende Viertel benannt ist.

Im (7.) Jahr 629 heiratete der sechzigjährige Prophet zum elften und letzten Mal. Es war die in seinem Harem lebende neunte Ehefrau Maimūna[23] (†681). Von diesem Zeitpunkt seiner letzten Heirat datiert auch die Offenbarung

Allāhs in dem Surenvers (33,52) mit der endgültigen zahlenmäßigen Festlegung des Harems seines Propheten Muhammad durch Allāh:

»Dir [= Muhammad] sind hinfort keine Weiber mehr erlaubt,
noch darfst du für sie andre Gattinnen eintauschen,
wenn dir auch ihre Schönheit gefällt,
es sei denn für [die Sklavinnen,]
die deine Rechte besitzt.
Und Allāh wacht über alle Dinge.«[24]

Für die zur Zeit der Eheschließung mit Muhammad siebenundzwanzigjährige Maimūna war es die dritte Ehe. Nachdem sie ihr erster Mann verstoßen hatte und ihr zweiter Mann gestorben war, lebte sie als Witwe in Mekka, wo der Prophet sie auf seiner kleinen Wallfahrt (umra) im (7.) Jahr 629 kennenlernte und ehelichen wollte. Sein Wunsch, sie noch in Mekka zu heiraten, wurde aber von den Mekkanern abgelehnt, und so fand die Eheschließung erst in dem nördlich von Mekka gelegenen Ort Sarif statt. Maimūna, die alle anderen Ehefrauen des Propheten überlebte, starb im (61.) Jahr 681 in Sarif und wurde an dem Platz begraben, wo ihre Hochzeit mit Muhammad gefeiert worden war.

In einer Offenbarung Allāhs wird den Ehefrauen Muhammads die Ehescheidung angedroht, wenn sie von dem Propheten noch mehr irdische Güter, als sie schon haben, verlangen:

»O Prophet, sprich zu deinen Gattinnen:
›So ihr das irdische Leben begehrt mit seinem Schmuck,
so kommt her; ich will euch ausstatten
und will euch geziemend [zur Ehescheidung] entlassen.
Wenn ihr aber Allāh begehrt und seinen Gesandten
und die jenseitige Wohnung,
so hat Allāh für die tugendhaften unter euch
gewaltigen Lohn bereitet.‹«[25]

Jede der neun Ehefrauen des Propheten hatte in Muhammads Haus und Harem in Medina einen eigenen Wohnraum, und der Prophet verbrachte abwechselnd die Nächte mit ihnen.
Eine herausragende Bedeutung im Harem des Propheten erlangten von seinen neun Ehefrauen die beiden Frauen ʿĀisha und Zainab sowie von

seinen Sklavinnen und Konkubinen die Jüdin Rayhāna[26] und vor allem die koptische Christin Māriya.[27]

Muhammad, der im (6.) Jahr 628 von dem Statthalter Ägyptens Māriya, eine koptische Christin, als Sklavin zum Geschenk erhalten hatte, machte diese zu seiner Konkubine. Da sie sich als Christin weigerte, zum Islam überzutreten, ehelichte der Prophet sie nicht, sondern machte sie zu seiner Konkubine. Als eines Tages der Prophet mit der Konkubine Māriya in dem Wohnraum seiner abwesenden Ehefrau Hafsa geschlechtlich verkehrte – und dies zudem an einem Tag geschah, an dem der Beischlaf des Propheten seiner Gattin Hafsa oder der ʿĀisha zugestanden war – und Hafsa davon erfuhr, machte sie deswegen dem Muhammad eine Szene, worauf dieser unter Eid versprach, in Zukunft die Konkubine Māriya zu meiden, jedoch unter der Voraussetzung, wenn Hafsa über diesen Vorfall Stillschweigen bewahre. Hafsa sprach jedoch vertraulich darüber mit ʿĀisha. Als der Prophet von diesem »Vertrauensbruch« durch Allāh selbst erfuhr, mied er einen ganzen Monat lang alle seine Frauen und verblieb im Wohnbereich der Māriya.

Die Offenbarung Allāhs (in Sure 66,1–5) spielt auf diesen Vorfall an und entbindet den Propheten von seinem der Hafsa gegenüber geleisteten Eid, ja, Allāh tadelt sogar die beiden Frauen seines Propheten und droht ihnen mit Ehescheidung:

(1) »O Prophet, warum verbietest du,
    was Allāh dir erlaubt hat,
    deinen Gattinnen zu gefallen?
    Doch Allāh ist verzeihend und barmherzig.

(2) Allāh hat euch die Lösung eurer Eide sanktioniert [Sure 5,91],
    und Allāh ist euer Gebieter,
    und er ist der Wissende, der Weise.

(3) Und da der Prophet einer seiner Gattinnen [= Hafsa]
    einen Vorfall insgeheim mitteilte,
    und sie [der ʿĀisha] es aussagte,
    und Allāh ihm [Muhammad] davon Kunde gab,
    da gab er ihr einen Teil davon zu wissen
    und verschwieg einen Teil.
    Und da er es ihr ansagte, sprach sie:
    ›Wer hat dir dies angesagt?‹
    Er sprach: ›Angesagt hat es mir
    der Wissende, der Weise.‹

Muhammad auf dem Totenbett,
von drei Frauen seines Harems umgeben.
Türkische Miniatur. Istanbul: Topkapi-
Museum

(4) Wenn ihr beide [Hafsa und ʿĀiʾsha] euch zu Allāh bekehrt,

da eure Herzen abgewichen sind … [so ist es gut],

wenn ihr euch jedoch gegen ihn helft,

siehe, so ist Allāh sein Schützer

und Gabriel und [jeder] rechtschaffene Gläubige,

und die Engel sind außerdem seine Helfer.

(5) Vielleicht gibt ihm sein Herr,

wenn er sich von euch [Hafsa und ʿĀiʾsha] scheidet,

bessere Gattinnen als euch zum Tausch,

muslimische, gläubige, demütige,

reuevolle, anbetende, fastende,

nicht mehr jungfräuliche und Jungfrauen.«[28]

Muhammad, der sich aufgrund des von Allāh selbst aufgelösten Eides, mit Māriya keinen Umgang mehr zu pflegen, jetzt entpflichtet sah, pflegte nun weiterhin Geschlechtsverkehr mit seiner Konkubine Māriya, und noch gegen Ende seines Lebens schwängerte er sie, so daß Māriya einem Sohn das Leben schenkte, dem der Name Ibrāhīm gegeben wurde. Er starb jedoch schon als Kind.

Nachdem der Prophet im Jahr 630 einen siegreichen »Heiligen Krieg« gegen die Bewohner seiner Vaterstadt Mekka geführt hatte, traten die Mekkaner zum Islam über.

Muhammad starb am 8. Juni 632 in Medina in dem Wohnraum seiner Lieblingsfrau ʿĀiʾsha.

An der Stelle, wo er gestorben ist, liegt heute sein Grab innerhalb der durch Anbauten erweiterten Moschee in Medina. Es ist von einem Gitter aus Schmiedeeisen und Messing umgeben, auf dem das islamische Glaubensbekenntnis in mehrfacher Wiederholung steht: »Es gibt keinen Gott außer Allāh; Muhammad ist der Gesandte Allāhs.«

Bei seinem Tod hinterließ der Prophet einen Harem von u. a. 9 Ehefrauen und 2 Konkubinen. Seine Ehefrauen nahmen in der islamischen Gemeinde eine Sonderstellung ein und führten den Ehrentitel »Mütter der Gläubigen«. Da Allāh geoffenbart hatte: »Der Prophet steht den Gläubigen näher als sie sich selber [untereinander], und seine Gattinnen sind [gleichsam] ihre Mütter«,[29] durften nach Muhammads Tod seine Witwen und die von ihm geschiedenen Frauen nicht wieder geheiratet werden, was dieselbe Sure 33 in einem späteren Vers wiederholt: »Und es geziemt euch nicht … nach ihm je seine Gattinnen zu heiraten. Siehe, solches wäre bei Allāh ein gewaltig [Ding].«[30]

Das Haus des in Polygamie lebenden
Propheten in Medina mit den neun
Einzel-Räumen (5-13) für seine neun
Ehefrauen

BUCH-STABEN	WER-TE	ENTSPRECHENDE ATTRIBUTE GOTTES		WER-TE	BUCH-STABEN	WER-TE	ENTSPRECHENDE ATTRIBUTE GOTTES		WER-TE
		Name	Bedeutung				Name	Bedeutung	
ا Alif	1	الله ALLAH	Allah	66	س Sin	60	سميع SAMI	Hörer	180
ب Ba	2	باقى BAKI	der Bleibende	113	ع Ajin	70	علي ALI	erhaben	110
ج Djim	3	جامع DJAMI	der Sammelnde	114	ف Fa	80	فتاح FATAH	der Öffner	489
د Dal	4	دیان DAJAN	Richter	65	ص Sad	90	صمد SAMAD	ewig	134
ه Ha	5	هادي HADI	Führer	20	ق Qaf	100	قادر KADIR	mächtig	305
و Wa	6	ولي WALI	Meister	46	ر Ra	200	رب RAB	Herr	202
ز Za	7	زكي ZAKI	Reiniger	37	ش Schin	300	شفيع SCHAFI	der Annehmende	460
ح Ha	8	حق HAK	Wahrheit	108	ت Ta	400	توب TAWAB	der zum Guten Zurückführende	408
ط Ta	9	طاهر TAHIR	Heiliger	215	ث Tha	500	ثابت THABIT	fest	903
ي Ja	10	يسين JASSIN	Befehlshaber	130	خ Cha	600	خالق CHALIK	Schöpfer	731
ك Kaf	20	كافي KAFI	genügend	111	ذ Dhal	700	ذاكر DHAKIR	der sich Erinnernde	921
ل Lam	30	لطيف LATIF	wohlwollend	129	ض Dad	800	ضار DAR	der Strafende	1001
م Mim	40	ملك MALIK	König	90	ظ Za	900	ظاهر ZAHIR	offensichtlich	1106
ن Nan	50	نور NUR	Licht	256	غ Ghajn	1000	غفور GHAFUR	milde	1285

Die 28 Buchstaben des arabischen Alphabets, ihre Werte als Zahlzeichen sowie die ihnen zugeordneten (männl.) Beinamen des Gottes Allah

Ali, der Vetter und Schwiegersohn des Muhammad, dessen Tochter Fatima er heiratet, steht auf dessen Schultern und zerschmettert die Götter-und-Göttinnen-Idole der Kaaba in Mekka. Der spätere vierte Kalif trug einen langen, weißen, dichten Bart, den er bisweilen färbte

Allāh zeugt nicht und hat auch keine göttlichen Töchter gezeugt

Allāh (aus: al-ilāh = »der Gott«) ist die altarabische Bezeichnung für das höchste Wesen. Dieser männliche Hauptgott des vorislamischen, altarabischen Henotheismus, in Mekka unter dem Symbol des »schwarzen Steins« verehrt, wird für den Propheten Muhammad der einzige Gott des islamischen Monotheismus, dessen Name im Koran 2685mal vorkommt. Der Monotheismus bildet die Grundlage des Islam: »Es gibt keinen Gott außer mir, so dienet mir«, spricht Allāh.[31] Der Glaube an den alleinigen Gott Allāh findet kurz und bündig seinen Ausdruck in dem Einheitsbekenntnis der 112. Sure, die nach der 1. Sure, der Fātiha, die am häufigsten rezitierte Sure ist:

»Sprich: Er ist der eine Gott,
  Der ewige Gott;
  Er zeugt nicht und wird nicht gezeugt,
  Und keiner ist ihm gleich.«[32]

Die erste Sure, die Fātiha, das Hauptgebet der Muslime, beginnt mit den Versen:

»Lob sei Allāh [›dem Gott‹], dem Weltenherrn,
dem Erbarmer, dem Barmherzigen,
dem König am Tag des Gerichts!«[33]

Der Eigenname des Gottes Allāh wird mit zahlreichen (männlichen) Beinamen verbunden – z. B. der Große, der Erhabene, der Allmächtige, der Bezwingende, der Weise, der Allwissende, der Gerechte, der Erbarmer, der Barmherzige, der Herr und der König.

Im Islam ist Allāh bekannt unter 99 Namen, die, zusammengestellt als »die schönsten Namen«, die 99 Perlen des islamischen »Rosenkranzes« darstellen. Jede Sure des Korans beginnt mit der Anrufung: »Im Namen Allāhs, des Erbarmers, des Barmherzigen«. Diesen Vers nennt man in Abkürzung seines arabischen Wortlauts die »basmala«. Nach Allāh, dem Erbarmer und dem Höchsten, sind die 55. und 87. Sure im Koran benannt.

Wenn Allāh der alleinige Gott ist, bleibt jede »Zugesellung« (shirk) anderer Gottheiten zu Allāh verboten. So wandte sich Muhammad gegen jede Zugesellung anderer altarabischer Gottheiten zu dem männlichen Hochgott Allāh, die seine Landsleute u. a. als »Söhne Allāhs« oder als »Töchter Allāhs« verehrten. In der medinensischen Sure 4 heißt es:
»Siehe, Allāh vergibt nicht, daß man ihm Götter beigesellt … Und wer Allāh Götter beigesellt, der hat eine gewaltige Sünde ersonnen.«[34] Dann werden zwei vorislamische Götter namentlich genannt: al-Dschibt und Tāghūt.

Weitere 5 vorislamische, altarabische Gottheiten erscheinen mit ihren Namen in der mekkanischen Sure 71, wonach die Zeitgenossen (Noahs und auch Muhammads) sprachen: »Verlasset nicht eure Götter und verlasset nicht (den Mondgott) Wadd und (die Göttin) Suwā. Und nicht Jāghūt und Jā'ūk und Nasr.«[35]

Die »Töchter Allāhs« werden in sechs mekkanischen Suren genannt.[36]

»Drum frage ich [Allāh] sie [die Mekkaner],
    ob dein Herr [Allāh] Töchter hat
    und sie [die Mekkaner] Söhne.
Haben wir etwa die Engel weiblich erschaffen?
    Und waren sie Zeugen?
Ist's nicht eine Lüge,
    wenn sie sprechen:
›Allāh hat gezeugt?‹
    Wahrlich, sie sind Lügner.
Hat er [Allāh] Töchter Söhnen vorgezogen?«[37]

Bei den »Töchtern Allāhs« handelt es sich um al-Lāt (aus: al-ilāhat = »die Göttin«), dem Wort nach eine Femininbildung zu Allāh. Neben dieser Venussterngöttin al-Lāt, der in Taif ein weißer Granitblock geweiht war, wurden al-Uzzā (»die Starke, Gewaltige«), eine Morgensterngöttin, und Manāt (»Schicksal«), eine Göttin des Glücks und Todesgeschicks sowie Abendsterngöttin, verehrt. Alle drei Göttinnen bildeten eine weibliche göttliche Trias.

Die Verehrung dieser drei Göttinnen als Fürsprecherinnen bei Allāh hatte Muhammad zunächst für erlaubt erklärt,[38] dies später jedoch widerrufen.[39] In der 53. (mekkanischen) Sure, die mit »Der Stern« überschrieben ist, nennt der Prophet noch diese drei vorislamischen Göttinnen der Araber, die auch in Mekka verehrt wurden, namentlich:

(19)   »Was meint ihr drum von al-Lāt und al-Uzzā,
(20)   Und Manāt, der dritten danebem?«

Bei der ersten Verlesung der Sure soll Muhammad fortgefahren sein:

»Dies sind die zwei hochfliegenden Schwäne,
und ihre Fürsprache werde erhofft.«

Der Prophet konzedierte diese Fürsprache der Göttinnen bei Allāh, da ihm die in Mekka herrschenden Kuraishiten unter diesem Kompromiß die Prophetenwürde zuerkennen wollten. Jedoch bereits am nächsten Tag erklärte er die beiden letzten Verse als Eingebung des Shaitan (= Satan) und setzte an ihre Stelle die folgenden Verse:

(21)   »Sollen euch Söhne sein
            und ihm [Allāh] Töchter?
(22)   Dies wäre dann eine ungerechte Verteilung!
(23)   Siehe, nur Namen sind es,
            die ihr ihnen [den Göttinnen] gabt, ihr und eure Väter.
            Allāh sandte keine Vollmacht für sie hinab,
            Sie folgen nur einem Wahn und ihrer Seelen Gelüst,
            und wahrlich, es kam zu ihnen
            von ihrem Herrn die Leitung.«[40]

Vier geflügelte Erzengel mit Kronen überbringen eine Botschaft des Gottes Allah an Muhammad, der inmitten seiner bärtigen Gefährten auf einem Pferd reitet

Zu Allāhs Hofstaat gehören die guten Engel (malā'ika); deren bekanntester Gabriel (Djabrā'il) ist, von dem Muhammad die Offenbarung Allāhs erhalten hat.

Die Engel sind normalerweise geschlechtslose Wesen, wohingegen die unterhalb der Engel stehenden guten oder bösen Djinn Geschlechtswesen und zugleich Mischwesen zwischen Engel und Mensch darstellen.

In einer medinensischen Sure wird ein von Allāh einst auf die Erde geschicktes Engelspaar Hārūt und Mārūt genannt, das sich in ein wunderschönes Mädchen verliebte und geschlechtlich mit diesem verkehrte. Als sie dabei ertappt wurden, töteten sie den, der sie entdeckt hatte. Zur Strafe dafür wurden sie in einer Höhle bei Babylon an den Füßen aufgehängt. Seitdem lehren sie die Menschen die Zauberei.

»Von ihnen lernte man, womit man Zwietracht zwischen Mann und Weib stiftet; doch konnten sie niemand ohne Allāhs Erlaubnis damit Schaden tun.«[41]

Der Vorrang des Mannes auf Erden und im Paradies des Himmels

Allāh ist der Schöpfer aller Dinge und Wesen. So hat er auch die Menschen und die beiden Geschlechter geschaffen. Allāh erschuf »von allen Dingen Paare.«[42] Er »erschuf die Paare, das Männchen und Weibchen. Aus einem Samentropfen, da er ergossen ward.«[43] »Und [wir, Allāh] schufen euch [Menschen] in Paaren.«[44]

Aber nicht nur am Beginn der Schöpfung hat Allāh alle Menschen in Paaren geschaffen, sondern er sorgt auch heute in der Gegenwart noch für die Vermehrung:

(9) »Der Schöpfer des Himmels und der Erde

  hat für euch [Männer] Gattinnen gemacht von euch selber,

  und von den Tieren Weibchen;

  hierdurch vermehrt er euch.

  Nichts ist gleich ihm,

  und er ist der Hörende, der Schauende.

(48) Allāh ist das Reich der Himmel und der Erde;

  er schafft, was er will,

  er gibt, wem er will, Mädchen

  und er gibt, wem er will, Knaben.

(49) Oder er paart ihnen

  Knaben und Mädchen

  und macht, wen er will, unfruchtbar.

  Siehe, er ist wissend und mächtig.«[45]

*Der bärtige Muhammad empfängt in
Medina die ebenfalls bärtigen
Abgesandten benachbarter Staaten.
Türkische Miniatur*

Allāh, der den Menschen gleichsam aus dem Nichts, aus einem Samentropfen gemacht hat, hat auch die Macht, bei der Auferstehung den toten Menschen wieder lebendig zu machen:

»War er denn nicht ein Tropfen fließenden Samens [Spermas]?
Alsdann war er ein Blutklumpen,
und so schuf Er ihn und bildete ihn.
Und machte von ihm das Paar,
den Mann und das Weib.
Hat er nicht die Macht,
die Toten lebendig zu machen?«[46]

Gemäß vielen mekkanischen Suren[47] wird die *Entstehung des menschlichen Lebens* nach dem Geschlechtsverkehr in verschiedenen Stadien vorgestellt, die alle Allāh bewirkt. Zunächst läßt Allāh den Menschen aus einem »Samentropfen« (Sperma), bzw. aus einem Wassertropfen, d.h. »aus Samen aus verächtlichem Wasser«,[48] entstehen und setzt ihn in eine sichere Stätte (Mutterschoß). Dann schafft er den Tropfen zu »geronnenem Blut« (Embryo) und schafft den »Blutklumpen« zu Fleisch (Fötus). Dann läßt er ihn als Kind aus dem Mutterschoß hervorgehen. »Kein Weib wird schwanger oder kommt nieder ohne sein [Allāhs] Wissen.«[49]

»Drum schaue der Mensch, woraus er erschaffen.
Erschaffen ward er aus fließendem Wasser,
Das herauskommt zwischen den Lenden [des Mannes]
und dem Brustbein [der Frau].«[50]

Männerbund: Türkische Derwische beim Tanz in einem Konvent in Istanbul. Stich von J. Folkema, 1739

Die erste Offenbarung, die Muhammad durch den Erzengel Gabriel überhaupt empfing, ist die Sure 96 mit der Überschrift »Das geronnene Blut«. Sie beginnt mit den beiden Versen:

»Lies! Im Namen deines Herrn, der erschuf,
Erschuf den Menschen aus geronnenem Blut«.[51]

Allāh schafft die Menschen »in den Schößen eurer Mütter, eine Schöpfung nach einer Schöpfung in drei Finsternissen«,[52] womit das Nacheinander der Dunkelheit in den Lenden, im Mutterschoß und in der Plazenta gemeint ist. Auferweckung, aber auch Belohnung oder Bestrafung gelten für beide Geschlechter in gleicher Weise:

»Wer das Rechte tut, sei es Mann oder Weib,
wenn er nur gläubig ist,
den wollen wir lebendig machen zu einem guten Leben
und wollen ihn belohnen für seine besten Werke.«[53]

Und an anderer Stelle sagt Allāh wiederum:

»Wer Böses getan hat,
dem soll nur mit Gleichem gelohnt werden,
und wer das Rechte getan hat,
sei es Mann oder Weib, wofern sie gläubig waren,
die treten ein ins Paradies,
in dem sie ohne Maß versorgt werden sollen.«[54]

*Die jungfräulichen Huris (mit ihren zu
zwei hochstehenden Zöpfen geflochtenen
Haaren) im Paradies begegnen dem
Muhammad, auf seiner Stute mit Frauenkopf reitend, bei seiner Himmelsreise.
15. Jh. Paris: Bibliothèque Nationale*

Auch in den medinensischen Suren ist wie vorher in den mekkanischen als
Erlösungsziel für Mann und Frau in gleicher Weise das Paradies bestimmt:

»Wer aber Rechtes tut, sei es Mann oder Weib,
und gläubig ist –
jene sollen eingehen ins Paradies
und sollen nicht um ein Keimgrübchen im Dattelkern Unrecht erleiden.«[55]

Steht in den vorher zitierten mekkanischen Suren noch der Gedanke der
sozusagen gleichzeitigen Erschaffung des Menschenpaares im Blickpunkt, so
tritt in den späteren medinensischen Suren der Gedanke der nacheinander
erfolgten Entstehung von Mann und Frau, wie dieser in der zweiten israelitisch-jüdischen Schöpfungserzählung ausgesprochen ist, im Vordergrund.
Die 4. Sure, die überschrieben ist »Die Weiber«, beginnt mit dem Vers:

»O ihr Menschen,
fürchtet euren Herrn,

der euch erschaffen aus einem Wesen

und aus ihm erschuf seine Gattin

und aus ihnen viele Männer und Weiber entstehen ließ.

Und fürchtet Allāh,

in dessen Namen ihr einander bittet,

und eurer Mutter Schoß.

Siehe, Allāh wacht über euch.«[56]

Der *Vorrang des Mannes* vor der Frau kommt in den medinensischen Suren nicht nur bei der genannten Erschaffung des Menschenpaares zum Ausdruck, sondern findet auch seine Fortsetzung in der familiären und gesellschaftlichen Stellung, in der Zeugenschaft und im Erbrecht.

Daß Männern überhaupt der Vorrang vor den Frauen gebührt, sagen z.B. zwei Offenbarungen Allāhs in den Suren »Die Kuh« und »Die Weiber«. In ersterer heißt es lapidar »Doch haben die Männer den Vorrang vor ihnen [= den Frauen]; und Allāh ist mächtig und weise.«[57] Und in letzterer Sure wird dieser Vorzug ausführlicher erklärt:

»Die Männer sind den Weibern überlegen wegen dessen,

was Allāh den einen vor den andern gegeben hat,

und weil sie von ihrem Geld [für die Weiber] auslegen.

Die rechtschaffenen Frauen sind gehorsam

und sorgsam in der Abwesenheit [ihrer Gatten],

wie Allāh für sie sorgte.

Diejenigen aber, für deren Widerspenstigkeit ihr fürchtet –

warnet sie, verbannet sie in die Schlafgemächer

und schlagt sie.

Und so sie euch gehorchen,

so suchet keinen Weg wider sie;

siehe, Allāh ist hoch und groß.«[58]

Im *Zeugnisrecht* kann bei der Abfassung einer Privaturkunde das Zeugnis eines einzigen Mannes nur aufgewogen werden durch das von zwei Frauen: »Nehmt von euren Leuten zwei zu Zeugen. Sind nicht zwei Mannspersonen da, so sei es ein Mann und zwei Frauen, die euch zu Zeugen passend erscheinen, daß wenn die eine von beiden irrt, die andere sie erinnern kann.«[59]

Im *Erbrecht* der Kinder soll den Jungen der doppelte Anteil von dem der

Begleitet von den Paradiesesjungfrauen Huris unternimmt Muhammad seine Himmelsreise. Persisches Manuskript, 16. Jh. Paris: Bibliothèque Nationale

Muhammad, vom Engel Gabriel
begleitet, trifft auf seiner Himmelsreise
die Paradiesesjungfrauen Huris. 15. Jh.
Paris: Bibliothèque Nationale

Mädchen gemäß Allāhs Willen zugeteilt werden: »Allāh schreibt euch vor
hinsichtlich eurer Kinder, dem Knaben zweier Mädchen Anteil zu geben …
[Dies ist] ein Gebot von Allāh; siehe, Allāh ist wissend und weise.«[60] Und
wenn ein Mann kinderlos stirbt, und er hat »Brüder und Schwestern, so soll
der Mann den Anteil von zwei Frauen haben. Allāh macht es euch klar, daß
ihr nicht irrt; und Allāh weiß alle Dinge.«[61]

Zu den Paradiesfreuden der männlichen gläubigen Muslime gehören auch
sinnliche Genüsse. So werden u. a. die Muslime mit schönen Paradiesjung-
frauen von unvergänglichen Reizen, mit den Hūris (»die Weißen«), vermählt.
Und jeder männliche Selige kann mit jeder von ihnen so oft kohabitieren, »als
er im Ramadān Tage gefastet hat und so oft er außerdem gute Werke verrichtet hat«.[62]

Allein in sieben mekkanischen Suren spricht Allāh von den Hūris als »Lohn
für die männlichen Seligen.« Es sind züchtig blickende großäugige Jungfrau-
en und Altersgenossinnen, schwarzäugige Hūris, mit denen Allāh die Seligen
vermählen wird.

»Also [wird es sein] und wir vermählen sie [die Seligen]

mit schwarzäugigen Huris.«[63]

»Und großäugige Huris,

gleich verborgenen Perlen

als Lohn für ihr Tun.«[64]

»Siehe, wir erschufen sie (die Huris)

in [besonderer] Schöpfung

Und machten sie zu Jungfrauen

Zu liebevollen Altersgenossinnen

Für die Gefährten der Rechten.«[65]

»Jungfrauen mit schwellenden Brüsten,

Altersgenossinnen [der Seligen].«[66]

Harem und Schleierpflicht für die Frauen

Der allgemeine Vorrang des Mannes hat u. a. zur Folge, daß die Frau weitgehend aus dem öffentlichen Leben ausgeschlossen und im häuslichen Privatleben abgesondert wird. Bereits den Ehefrauen des Muhammad war von Allāh das stille Leben im Hause verordnet worden:

»O Weiber des Propheten, … seid nicht entgegenkommend in der Rede, so daß der, in dessen Herz Krankheit ist, lüstern wird, … Und sitzet still in euren Häusern … und gehorcht Allāh und seinem Gesandten. Siehe, Allāh will von euch als den Hausleuten den Greuel nehmen und euch völlig reinigen. Und gedenket dessen, was von den Zeichen Allāhs und an Weisheit in euren Häusern verlesen wird. Siehe, Allāh ist scharfsinnig und kundig.«[67]

Allgemein eingeführt wurde die *Absonderung der Ehefrauen* – eine byzantinische Hofsitte –, die sich außerhalb des Harems (harīm = »verboten«) nur verschleiert bewegen durften, unter den Abbasiden.

In der Öffentlichkeit, d. h. außerhalb des Wohnbereichs, und vor Fremden sollen Frauen ihre weiblichen Reize durch einen *Überwurf* verdecken, damit Männer nicht sexuell erregt werden. Deshalb sind die Frauen in vielen islamischen Ländern ganz oder teilweise in der Öffentlichkeit *verschleiert*. Oft werden sogar nichtverschleierte Frauen als »Nackte« bezeichnet. Umgekehrt fragt jedoch niemand danach, ob nicht eventuell alle »unverschleiert« gehenden Männer die Frauen sexuell erregen könnten. In der Frage der »Verschleierung« der Frau hat Allāh seinem Propheten für dessen Ehefrauen, dessen Töchter und für alle Muslimfrauen eine eindeutige Offenbarung aus medinensischer Zeit gegeben:

Sexualfreuden des Mannes mit einer seiner fünf Haremsfrauen. Persische Miniatur, 17. Jh. Berlin: Kunstbibliothek-Preuß. Kulturbesitz

»O Prophet,
sprich zu deinen Gattinnen und deinen Töchtern
und den Weibern der Gläubigen,
daß sie sich in ihrem Überwurf verhüllen.
So werden sie eher erkannt [als anständige Frauen]
und werden nicht verletzt.
Und Allāh ist verzeihend und barmherzig.«[68]

Allāh befiehlt ausdrücklich, daß alle Gläubigen ihre *Nacktheit,* insbesondere ihre Schamteile, bedecken. Alle Männer und Frauen sollen ihre (nackte) Scham bedecken. So spricht Allāh: »Siehe, die muslimischen Männer und Frauen, die gläubigen … ihre Scham hütenden und Allāhs häufig gedenkenden Männer und Frauen, bereitet hat ihnen Allāh Verzeihung und gewaltigen Lohn.«[69]

Insbesondere befaßt sich Allāh ausführlich in seiner medinensischen Offenbarung mit den diesbezüglichen Pflichten der Frauen in ihrem Intimbereich:

(30)   »Sprich zu den Gläubigen,

daß sie ihre Blicke zu Boden schlagen

und ihre Scham hüten.

Das ist reiner für sie.

Siehe, Allāh kennt ihr Tun.

(31)   Und sprich zu den gläubigen Frauen,

daß sie ihre Blicke niederschlagen

und ihre Scham hüten

und daß sie nicht ihre Reize zur Schau tragen,

es sei denn, was außen ist,

und daß sie ihren Schleier über ihren Busen schlagen

und ihre Reize nur ihren Ehegatten zeigen

oder ihren Vätern oder den Vätern ihrer Ehegatten

oder ihren Söhnen oder den Söhnen ihrer Ehegatten

oder ihren Brüdern oder den Söhnen ihrer Brüder

oder den Söhnen ihrer Schwestern

oder ihren Frauen oder denen, die ihre Rechte besitzt [= Sklavinnen]

oder ihren Dienern, die keinen Trieb haben [= Eunuchen],

oder Kindern, welche die Blöße der Frauen nicht beachten.«[70]

Ausgenommen von dieser strengen Schleierpflicht sind lediglich die Matronen:

»Und eure Matronen, die nicht mehr auf Heirat hoffen,

begehen keine Sünde, wenn sie ihre Kleider ablegen,

ohne ihre Zierde [= Geschlechtsteile?] zu enthüllen.

Doch ist es besser für sie, sich dessen zu enthalten;

und Allāh ist hörend und wissend.«[71]

*Geschlechtertrennung: Drei Frauen
beim Pflichtgebet, beaufsichtigt von
einem Wächter (unten). Sechs bärtige
Männer beim Schriftgelehrten-Gespräch
(oben). Indische Miniatur, 17./18. Jh.
Paris: Bibliothèque Nationale*

Für die feierliche Verrichtung des Hauptgebetes am Freitagmittag sind im
Laufe der Zeit *Moscheen* (masdjid = »Ort der Niederwerfung«), Freitagsmo-
scheen, erbaut worden. Zur Teilnahme am Freitagsgottesdienst, bei dem
wenigstens 40 Personen männlichen Geschlechts anwesend sein müssen, ist
nur jeder männliche, volljährige Muslim verpflichtet. Auch die Gebetshalle

(harām) im Innern einer Moschee ist während des Gottesdienstes nur für die (männlichen) Muslime reserviert, für die zum Gebet in Reihen neben- und hintereinander geordneten gläubigen Männer. Für die weiblichen Muslimen gibt es lediglich einen durch Gitter oder Tücher abgeschlossenen, oft etwas erhöhten Raum an der Rückseite des harām – gegenüber der Gebetsnische an der Vorderseite.

Das Personal einer Moschee bilden der Imām (»der Führer«) als gottesdienstlicher Vorsteher und Leiter des alltäglichen Ritualgebets, und der Khatib (»der Wortführer«) als Vorbeter und Prediger im Freitagsgottesdienst sowie der Muezzin, der von den Minaretts der Moscheen die Gebetszeiten ausruft. Alle vorgenannten Funktionen liegen ausschließlich in den Händen von Männern.

Zucht und Unzucht

Entsprechend der überragenden Bedeutung der Ethik gegenüber der Dogmatik steht das kanonische »Gesetz« (shari'a) mit den religiösen Pflichten im Mittelpunkt des Islam. Da der Islam von der Identität der muslimischen Gemeinde (umma) mit dem Staat ausgeht, ist die »shari'a« staatliches und religiöses Recht zugleich, das auf Allāh als obersten Gesetzgeber zurückgeführt wird.

Die staatlich anerkannten Rechtsgelehrten heißen Mufti (»Entscheider«), weil sie die ihnen vorgetragenen Streitfragen im Sinne der shari'a bejahen oder verneinen. Die in Iran und Indien übliche Bezeichnung der Rechts- und Korangelehrten ist Molla bzw. Mullah (»Herr«), was zugleich der Titel islamischer Geistlicher sein kann.

Nach den Sunniten ruht der Islam auf fünf Säulen: Glaubensbekenntnis, Ritualgebet, Almosensteuer, Fasten im Monat Ramadān und Pilgerfahrt nach Mekka. Hinzu kommt für alle Shiiten der Glaube an das Imāmat und das Vertrauen zu den (männlichen) Imāmen als eine der Hauptpflichten.

Ramadān ist der Name des 9. Monats im islamischen Kalender, der im Verlauf der (Mond-)Jahre in alle Jahreszeiten fallen kann. Da für den Monat Ramadān die Pflicht des gesetzlichen Fastens besteht, wird er auch Fastenmonat genannt. Er ist der einzige im Koran namentlich erwähnte Monat.[72] Das Fasten (sawm = »Stillstehen«) im Monat Ramadān ist die noch heute am strengsten eingehaltene der fünf Grundpflichten.

Im Fastenmonat muß sich jeder volljährige und gesunde Muslim täglich in der Zeit von Sonnenaufgang bis Sonnenuntergang nach vorausgegangener

Religionsgespräch unter Männern.
Persische Miniatur, 16. Jh. Lissabon:
Gulbenkian-Museum

Absichtsfassung (niya) u. a. des Geschlechtsverkehrs enthalten – im Gegensatz zu den Nächten dieses Monats.

»Erlaubt ist euch, zur Nacht des Fastens eure Weiber heimzusuchen … Und jetzt ruhet bei ihnen und trachtet nach dem, was Allāh euch vorschrieb … bis ihr einen weißen Faden von einem schwarzen Faden in der Morgenröte unterscheidet. Alsdann haltet streng das Fasten bis zur Nacht und ruhet nicht bei ihnen [= den Frauen], sondern verweilt in den Moscheen.«[73]

Ebenfalls während der Zeit der *Menstruation*, die als ein »Schaden« oder »Übel« von Allāh bezeichnet wird, ist es dem Mann verboten, mit der Frau Geschlechtsverkehr zu haben:

(222)   »Und sie werden dich über die Reinigung [Menstruation] befragen.
         Sprich: ›Sie ist ein Schaden.‹
         Enthaltet euch daher eurer Weiber während der Reinigung
         und nahet ihnen nicht eher, als bis sie rein sind.
         Sind sie jedoch rein,
         so suchet sie heim, wie Allāh es euch [Männern] geboten hat …
(223)   Eure Weiber sind euch ein Acker,
         gehet zu eurem Acker, von wannen ihr wollt.«[74]

Der Geschlechtsverkehr wird vor allem aus männlicher Sicht und als ein Gebot Allāhs gesehen.

»Er ist's, der euch erschuf von einem Menschen,
und von ihm machte er sein Weib,
auf daß er ihr beiwohne.
Und da er bei ihr geruht hatte,
trug sie eine leichte Last
und ging umher mit ihr.
Und da sie schwer ward,
riefen sie zu Allāh, ihrem Herrn.«[75]

Und in einer anderen Sure heißt es:

»Und zu seinen [Allāhs] Zeichen gehört es, daß er euch von euch selbst Gattinnen erschuf, auf daß ihr ihnen beiwohnt, und er hat zwischen euch Liebe und Barmherzigkeit gesetzt.«[76]

Die *Keuschheit* schließt den Geschlechtsverkehr mit den eigenen Ehegattinnen und den Sklavinnen-Konkubinen ein. So offenbart Allāh:

Muhammad, auf seiner Stute mit Frauenkopf reitend, sieht – vom Engel Gabriel darauf aufmerksam gemacht – die brennende Hölle, in der den Bösewichtern – darunter Unzüchtigen – unter Aufsicht des Shaitan (= Satan) siedendes Öl eingeflößt wird. Persische Miniatur, 1436

»Wohl ergeht es den Gläubigen [Männern] … die sich der Weiber enthalten – es sei denn ihrer Gattinnen oder derer, die ihre Rechte besitzt; denn siehe [hierin] sind sie nicht zu tadeln. Wer aber das über dies hinaus begehrt, das sind die Übertreter.«[77]

Und »diejenigen, die züchtige Frauen, die unbedacht, aber doch gläubig sind, verleumden, sind verflucht hienieden und im Jenseits und empfangen gewaltige Strafe [von Allāh].«[78]

Unzucht (zina) meint nach dem Koran den Geschlechtsverkehr zwischen Personen, die nicht in einem gesetzlichen Ehe- oder Konkubinatsverhältnis zueinander stehen. *Inzest* und *Notzucht* gelten als Unzucht. Auf diesem Hintergrund wird die Keuschheit als Merkmal der Gläubigen hingestellt, und es wird vor der Unzucht gewarnt. »Bleibt fern der Hurerei; siehe, es ist eine Schändlichkeit und ein übler Weg.«[79] »Huren; und wer dieses tut, findet Strafe.«[80] Ausführlicher wird die Unzucht, insbesondere der *Ehebruch*, in den medinensischen Suren behandelt. Auf nachgewiesenen Ehebruch der Frau kann lebenslänglicher Arrest stehen. »Und wer von euren Weibern eine Hurerei begeht, so nehmet vier von euch [Männern] zu Zeugen wider sie. Und so sie es bezeugen, so schließt sie [die Frauen] ein in die Häuser, bis der Tod ihnen naht oder Allāh ihnen einen Weg gibt [ins normale Leben zurückzukehren].«[81]

»Für verheiratete islamische Sklavinnen, die Ehebruch begehen, trifft nur die Hälfte der Strafe der verheirateten [freien] Frauen.«[82] Wohingegen für den eventuellen Ehebruch einer Frau des Propheten Muhammad die »Strafe zweifach verdoppelt werden« soll.[83] Die »offenkundige Schandbarkeit« des Ehebruchs einer Frau ist ein Grund für den Mann, die Ehescheidung auszusprechen und diese Frau aus seinem Haus zu treiben.[84]

Bisher war nur für die »unzüchtige« ehebrecherische Frau eine Strafe vorgesehen, während in einer anderen Sure für beide am Ehebruch Beteiligten das gleiche Strafmaß angesetzt wird: »Die Hure und den Hurer, geißelt jeden von beiden mit hundert [Peitschen-]Hieben; und nicht soll euch Mitleid erfassen zuwider dem Urteil Allāhs, so ihr an Allāh glaubt und an den Jüngsten Tag. Und eine Anzahl der Gläubigen soll Zeuge ihrer Strafe sein.«[85]

Die Anklage gegen eine des Ehebruchs verdächtigte Frau muß bewiesen werden, sonst trifft die Verleumder harte Strafen – ähnlich dem Vorfall anläßlich der Verdächtigungen hinsichtlich der ehelichen Treue von Ā'isha, der Lieblingsfrau Muhammads, deren Verleumder seinerzeit achtzig Peitschenhiebe erhielten.

So offenbarte und bestimmte Allāh für falsche Anschuldiger des Ehebruchs: »Diejenigen, welche [von euch] züchtige [Ehe-]Frauen [mit dem Vorwurf des Ehebruchs] verleumden und hernach keine vier Zeugen [für die Wahrheit ihrer Aussage] beibringen, die geißelt mit achtzig [Peitschen-]Hieben und nehmt nie mehr ihr Zeugnis an, denn es sind Frevler.«[86]

Etwas anders liegt der Fall, wenn der eigene Gatte seine Ehefrau des Ehebruchs anklagt. »Und diejenigen, welche ihre Gattinnen [mit dem Vorwurf des Ehebruchs] verleumden und keine Zeugen haben außer sich selbst – viermal soll ein jeder sein Zeugnis vor Allāh beteuern, daß er wahrhaftig ist. Und zum fünftenmal, daß Allāhs Fluch auf ihn komme, so er ein Lügner sei.«[87]

In einem solchen Anklagefall hat die Ehefrau die Möglichkeit, die Strafe von sich abzuwenden, wenn sie ähnliches wie der Ehemann tut. »Wenn sie viermal vor Allāh bezeugt, daß er ein Lügner ist, und das fünfte Mal, daß Allāhs Zorn auf sie [selbst] komme, wenn er die Wahrheit gesprochen.«[88] Wenn Allāh selbst in einem solchen Fall, wo Aussage gegen Aussage steht, kein »Gottesurteil« fällt und selbst keine sofortige Strafe verhängt, soll die Anklage auf Verdacht des Ehebruchs der Frau nicht weiterverfolgt werden.

Die *Homosexualität* (liwāt) wird im Koran als »Schandbarkeit« bezeichnet, aber nicht direkt angesprochen. In den mekkanischen Suren geschieht es nur im Zusammenhang mit der israelitisch-jüdischen Bibelerzählung von Lot

und den Bewohnern seiner Stadt, »die Ruchloses beging. Siehe, sie waren
schlechte Leute, Missetäter«.[89] Und es wird der von Allāh zu seinem Volk
(Sodom) entsandte Lot zitiert: »Wollt ihr Schandbarkeiten begehen, wie
keines der Geschöpfe sie zuvor beging? Wahrlich ihr [Männer] kommt zu den
Männern im Gelüst anstatt zu den Weibern! Ja, ihr seid ein ausschweifend
Volk!«[90] Und wiederum wird der von Allāh gesandte Lot zitiert, der seinem
Volk in Form einer rhetorischen Frage den Vorwurf macht: »Geht ihr [Män-
ner] zu den Männern aller Welt und lasset dahinten, was euch euer Herr
(Allāh) an Weibern erschaffen? Ja, ihr seid ein übertretend Volk.«[91]

Und nochmals mahnt der sich offenbarende Allāh unter Hinweis auf die
diesbezügliche Mahnrede Lots, wenn er sagt: »Und [gedenke] Lots, da er zu
seinem Volke sprach: ›Tretet ihr an die Schandbarkeit mit sehenden Augen
heran? Ist's daß ihr [Männer] euch in Lüsten den Männern naht anstatt der
Weiber? Ja, ihr seid ein töricht Volk!‹«[92] Und noch einmal wird der von Allāh
gesandte Lot zitiert: »Siehe, ihr begeht Schandbares, in dem euch niemand
von aller Welt zuvorkam. Ist's daß ihr [Männer] euch Männern naht und auf
dem Wege lauert und in eurer Versammlung Abscheuliches treibt?«[93]

Nur ein einziges Mal wird in einer medinensischen Sure und ohne Bezug auf
die Lot-Erzählung verschlüsselt auf eine zu bestrafende männliche Homosexualität angespielt, wenn es heißt: »Und diejenigen, die es [= die Hurerei]
von euch [Männern] begehen, strafet beide. Und so sie bereuen und sich
bessern, so lasset ab von ihnen. Siehe, Allāh ist vergebend und barmherzig.«[94]

In vier mekkanischen Suren hat sich der Prophet entschieden gegen die zu
seiner Zeit noch übliche – aus Gründen der Armut – vorislamische Praxis der
Tötung neugeborener Kinder, insbesondere der Mädchen gewandt. So warnt
Allāh: »Tötet nicht eure Kinder aus Furcht vor Verarmung; wir wollen sie und
euch versorgen. Siehe, ihr Töten ist eine große Sünde.«[95]

Und der Prophet Muhammad konstruiert in diesem Zusammenhang sogar
einen Widerspruch in der Vorstellung der Mekkaner, die dem Gott Allāh
fälschlicherweise die Göttinnen al-Lāt, Manāt und al-Uzzā als Töchter zuweisen wollen, für sich selbst aber keine Töchter wünschen, ja neugeborene
Mädchen sogar töten, indem sie diese gleich nach der Geburt lebendig
begraben. »Und sie [die Mekkaner] geben Allāh Töchter ... Und wenn einem
von ihnen eine Tochter angekündigt wird, dann bedeckt ein schwarzer
Schatten sein Gesicht und er grollt [dem Schicksal]. Er verbirgt sich vor dem
Volk wegen der [so] üblen Nachricht [und überlegt]: Soll er es zu Schande
behalten oder im Staub [lebendig] vergraben? Ist nicht ihr Urteil falsch?«[96]

Ein liegender Herrscher läßt sich in seinem Harem von vier Frauen, die ihn mit entblößten Brüsten umstehen, streicheln. Französische Miniatur, 15. Jh.

Selbst noch am Ende der Tage, beim Weltgericht, ist dieses Problem der Kindestötung nicht verstummt: »Und wenn das [nach der Geburt] lebendig begrabene [Mädchen] gefragt wird, um welcher Sünde willen es getötet ward.«[97]

Im Gegensatz zum ausdrücklichen Verbot der Tötung eines neugeborenen Kindes gibt es im Koran keinen vergleichbaren Hinweis auf ein Verbot der *Schwangerschaftsunterbrechung*.

So haben in dieser Frage die verschiedenen Schulrichtungen der Sunniten im Islam unterschiedliche Auffassungen.

Ein Teil der Rechtsschule der *Hanafiten* (u. a. in Indien und in der Türkei) gestattet eine *Abtreibung* vor dem 120. Tag, ein anderer Teil nur, wenn die Mutter fürchten muß, daß innerhalb der offiziellen Stillzeit von zwei Jahren (Sure 2,233) für ein gegenwärtiges Kleinkind ihre Milch durch eine erneute Schwangerschaft zurückgeht.

Für die Rechtsschule der *Malikiten* (u. a. in Oberägypten, Algerien, Marokko, Tunesien, Sudan) ist eine Schwangerschaftsunterbrechung grundsätzlich verboten, jedoch bei Einverständnis beider Elternteile unter bestimmten Umständen bis zum 40. Tag erlaubt.

Für die Mehrheit der Rechtsschule der *Schafiiten* (u. a. in Unterägypten, Syrien, Ostafrika, Indonesien) gilt eine Schwangerschaftsunterbrechung vor dem 120. Tag als erlaubt, für eine Minderheit bleibt sie generell verboten.

Nach der Rechtsschule der *Hanbaliten* (u. a. in Saudi-Arabien) ist eine Schwangerschaftsunterbrechung nach dem 40. Tag verboten.

Von den *Schiiten* erlassen die *Ismailiten* (u. a. im Iran) für eine Schwangerschaftsunterbrechung vor dem 40. Tag eine Geldstrafe, nach diesem Zeitpunkt ist sie streng verboten. Und für die schiitischen *Zaiden* (u. a. im Jemen) bleibt die Schwangerschaftsunterbrechung vor dem 120. Tag erlaubt.

Vielweiberei und Genußehe, Verstoßung und Ehescheidung

Das Eingehen der Ehe (nikāh = eigentlich: »der Geschlechtsverkehr«)[98] ist für Muslime eine heilige Pflicht, wohingegen eine Ehelosigkeit mißbilligt wird.

Die wichtigsten eherechtlichen Bestimmungen stehen in der medinensischen Sure 4 mit der Überschrift »Die Weiber«, die aus der Zeit bald nach der Schlacht bei Uhud stammt. Das *polygyne* Eherecht gestattet dem freien (männlichen) Muslim bis zu vier rechtmäßige Ehefrauen, darüber hinaus eine beliebige Anzahl von Sklavinnen-Konkubinen:

»Und so ihr fürchtet, nicht Gerechtigkeit gegen die [weiblichen] Waisen zu üben,
so nehmt euch zu Weibern, die euch gut dünken,
[ein jeder] zwei oder drei oder vier;
und so ihr [auch dann] fürchtet, nicht billig zu sein,
heiratet nur eine,
oder was eure Rechte [an Sklavinnen] besitzt.«[99]

Der Koran gestattet an mehreren Stellen seiner medinensischen Suren, wo es sich um die Abgrenzung des erlaubten Geschlechtsverkehrs handelt, das *Konkubinat* mit den eigenen Sklavinnen.

»Und wer von euch [freien Muslimen] nicht vermögend genug ist,
[bis zu vier] gläubige Frauen zu heiraten,
der heirate von den gläubigen Sklavinnen, die seine Rechte besitzt;
und Allāh kennt sehr wohl euren Glauben.
Ihr seid einer vom andern.
Drum heiratet sie mit Erlaubnis ihrer Herrn
und gebt ihnen ihre Morgengabe nach Billigkeit.«[100]

Dem muslimischen Sklaven werden zwei Ehefrauen zugestanden.
Neben der üblichen Form der – zumindest auf Lebzeiten angelegten – Ehe zum Zweck der Erzeugung von Nachkommenschaft, existiert auch die *Zeitehe* bzw. *Genußehe* (mut'a),[101] bei der es sich lediglich um ein zeitweiliges eheliches Zusammenleben gegen Entlohnung der Frau bis zu einem im voraus bestimmten Termin handelt. Sie wird zumeist von Männern eingegangen, die sich vorübergehend fern von ihrer Familie in der Fremde aufhalten. Derartige Verhältnisse einer »Genußehe« (mut'a) könnten sich auf den Wortlaut der folgenden medinensischen Sure beziehen:

»Und erlaubt ist euch außer diesem [= Sklavinnen-Konkubinen],
daß ihr mit eurem Geld [sonstige] Frauen begehrt
zur [Genuß-]Ehe
und nicht zur Hurerei.
Und gebt denen, die ihr [im ehelichen Verkehr] genossen habt, ihre Morgengabe.
Dies ist die Vorschrift: doch soll es keine Sünde sein,
wenn ihr über die Vorschrift hinaus
miteinander Übereinkunft trefft.
Siehe, Allāh ist wissend und weise.«[102]

Kinder, die aus einer solchen »Genußehe« oder »Zeitehe« hervorgehen, sind Sklaven. Aufgrund der Tradition steht jedenfalls fest, »daß der Prophet seinen Anhängern die mut'a wirklich gestattet hat, namentlich auf längeren Kriegszügen. Der Khalif 'Umar aber hat die mut'a streng verboten und der Unzucht [zina] gleichgestellt … Als Ergebnis ist die mut'a nur bei den Shi'iten erlaubt, bei den Sunniten dagegen verboten.«[103]

In dem von Allāh erlassenen Eherecht sind *inzestuöse* Verbindungen verboten – selbstverständlich aus nur männlicher Sicht – so z. B. mit der Stiefmutter,[104] ferner mit Mutter, Tochter, Schwester, Vater- und Mutterschwester, Bruder- und Schwestertochter, Nährmutter, Milchschwester, Schwiegermutter und Stieftochter. »Ferner die Ehefrauen eurer Söhne aus euren Lenden; und nicht sollt ihr zwei Schwestern zusammen haben, es sei denn bereits geschehen. Siehe, Allāh ist verzeihend und barmherzig.«[105]

Ein Hauptehehindernis – außer der genannten Bluts- und Milchverwandtschaft sowie der Verschwägerung – stellt u. a. die Verschiedenheit der Religion, die *Mischehe*, dar. Kein Muslim und keine Muslimin soll eine Ungläubige bzw. einen Ungläubigen heiraten.

»Und [ihr Männer] heiratet nicht eher Heidinnen
als sie gläubig geworden sind;
wahrlich, eine gläubige Sklavin ist besser
als eine [freie] Heidin, auch wenn sie euch gefällt.
Und verheiratet [eure Töchter] nicht eher an Heiden
als die gläubig wurden;
und wahrlich, ein gläubiger Sklave ist besser
als ein [freier] Heide, auch wenn er euch gefällt.«[106]

Und an anderer Stelle wird wiederholt: »eine Heidin … [zu] heiraten oder einen Heiden. Und verwehrt ist solches den Gläubigen.«[107]

Auf keinen Fall soll eine muslimische Frau einen nichtmuslimischen Mann heiraten. »Wenn zu euch [= gläubigen Muslimen] gläubige Frauen kommen, die ausgewandert sind, so prüft sie … Habt ihr sie jedoch als Gläubige erkannt, so lasset sie nicht zu den Ungläubigen zurückkehren. Sie sind ihnen nicht erlaubt, noch sind jene für sie erlaubt.«[108]

Während für die Muslimin das Eheverbot mit einem Nichtmuslim keine Ausnahme zuläßt, hat der Muslim die prinzipielle Erlaubnis für eine Ehe mit »andersgläubigen« Frauen aus den Religionen der »Leute des Buches« (Ahl al-Kitāb), d. h. mit Jüdinnen und Christinnen sowie Parsinnen.

So offenbarte und bestimmte Allāh selbst:

»Und [euch Männern sind erlaubt zu heiraten]
züchtige Frauen, die gläubig sind,
und züchtige Frauen von denen,
welchen die Schrift vor euch gegeben ward,
so ihr ihnen ihre Morgengabe gegeben habt
und züchtig mit ihnen lebt ohne Hurerei
und keine Konkubinen [aus ihnen] nehmt.
Wer den Glauben verleugnet, dessen Werk ist fruchtlos,
und im Jenseits ist er einer der Verlorenen.«[109]

Für die *Ehescheidung*, die fast identisch ist mit der *Entlassung der Ehefrau* durch den Mann (talak), gibt es verschiedene Arten. Der Koran bringt in fünf medinensischen Suren[110] verhältnismäßig viele und sehr eingehende Bestimmungen über die Ehescheidung. So u. a. über die Wartezeit ('idda) und den Eid des Mannes (ilā), den ehelichen Verkehr zu unterlassen.
Für geschiedene Frauen besteht eine bestimmte *Wartezeit* ('idda),[111] bevor sie eine neue Ehe eingehen dürfen. Es soll eindeutig ausgeschlossen sein, daß die geschiedene Frau noch von ihrem früheren Ehemann geschwängert ist und der neue Ehemann als der Vater eines von ihm nicht gezeugten Kindes gilt. Damit eindeutig nur der »Erzeuger« als Vater des Kindes betrachtet werden kann, darf keine Frau innerhalb einer bestimmten Frist nach der Ehescheidung wieder heiraten. Wenn die Geschiedene während dieser Wartezeit ein Kind gebiert, so gilt der bisherige Ehegatte als dessen Vater.
Die Wartezeit für eine geschiedene Frau dauert deshalb drei Menstruationsperioden gemäß der medinensischen Sure »Die Kuh«:

»Und die geschiedenen Frauen sollen warten,
bis sie dreimal die Reinigung [= Menstruation] gehabt haben,
und es ist ihnen nicht erlaubt, zu verheimlichen,
was Allāh in ihren Schößen erschaffen hat,
so sie an Allāh glauben und an den Jüngsten Tag.«[112]

Für eine noch nicht und für eine nicht mehr menstruierende Frau verlangt die medinensische Sure mit der Überschrift »Die Scheidung« eine Wartezeit von drei Monaten: »Und diejenigen eurer Weiber, welche keine Reinigung mehr zu erwarten haben – so ihr [über die Dauer ihrer Wartezeit] in Zweifel seid, so sei ihr Termin drei Monate; und ebenso derer, die noch keine Reinigung hatten.«[113] Wenn hingegen eine geschiedene Frau eindeutig schon schwanger ist, so darf sie auf keinen Fall vor Ablauf von 40 Tagen nach ihrer Niederkunft eine neue Ehe eingehen.[114]

Für die Sonderform der *Verstoßung der Ehefrau* durch den Mann aufgrund des Eides (ilā), den ehelichen Verkehr zu unterlassen, verordnet der Koran dem Gatten eine Bedenkzeit, um eine eventuell voreilige Verstoßung zu verhindern: »Für die, welche schwören, sich von ihren Weibern zu trennen, seien vier Monate Wartezeit festgesetzt. Geben sie dann ihr Vorhaben auf, siehe, so ist Allāh verzeihend und barmherzig. Und so sie zur Scheidung entschlossen sind, siehe, so ist Allāh hörend und wissend.«[115]

Der (männliche) Muslim kann die Ehe ohne Begründung durch einfache Scheidungserklärung (dreimaliges lautes Aussprechen der Trennung) auflösen, dagegen können die weiblichen Muslime die Scheidung nur über einen langwierigen Prozeßweg anstreben und manchmal auch erreichen.

Hingegen löst der Übertritt einer (nichtmuslimischen) Ehefrau zum Islam ihre nichtmuslimische Ehe sofort auf, da ein Nichtmuslim keine Muslimin zur Ehefrau haben kann. Umgekehrt löst sich die Ehe ebenfalls von selbst auf, wenn sie z. B. dadurch nichtig (batil) wird, daß ein Ehegatte vom Islam abfällt (irtidād).

Rituelle Unreinheit durch geschlechtliche Vorgänge, wie Beischlaf und Menstruation

Rituelle Reinheit (tahāra)[116] ist von großer Bedeutung, denn Muhammad soll gesagt haben: »Reinheit ist der halbe Glaube«. Zur religiösen Unreinheit gehören vor allem der Geschlechtsverkehr, die Menstruation und die Geburt eines Kindes. Das gewöhnliche Reinigungsmittel ist kaltes Wasser.

Die *Menstruation* (haid) wird im Koran als ein »Übel« bezeichnet: »Sie ist ein Schaden«[117] und macht die Frau rituell unrein. Während dieser Zeit darf eine Frau weder das Pflichtgebet (salāt) noch das Umschreiten der Ka'ba (Kaaba) in Mekka (tawāf) ausführen. Sie darf während der Zeit ihrer Menstruation nicht fasten, auch nicht den Koran anrühren, noch einen Vers daraus hersagen. Sie darf nicht einmal eine Moschee betreten.[118] Eine Menstruierende erreicht nach Beendigung der Monatsregel erst wieder den Zustand der rituellen Reinheit durch eine große Waschung (ghusl).

Die »große« rituelle Unreinheit heißt djanāba.[119] Es ist der im 9. Vers der 5. Sure genannte unreine Zustand: »Wenn ihr ehelichen Verkehr mit euren

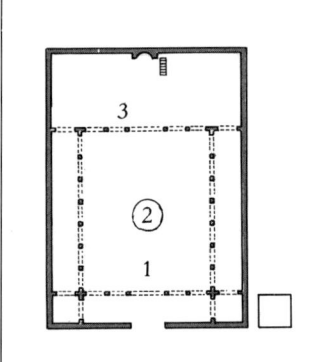

Moscheebau-Grundschema: Im offenen Vorhof (1) der Reinigungsbrunnen (2) für die kleine rituelle Reinigung (wudu) von der kleinen rituellen Unreinheit (hadath) – u.a. verursacht durch sexuelle Vorgänge wie das Berühren der Scham – und die Bethalle (3) für die nur männlichen Teilnehmer des Freitagsgebets

Frauen gepflegt habt, so reinigt euch.« Ferner wird im Gesetz jeder Samenerguß (Pollution) mit dem ehelichen Verkehr gleichgesetzt.

Jeder, der sich in einem solchen »unreinen« Zustand befindet, kann kein gültiges rituelles Gebet (salāt) verrichten und darf sich – außer in Notfällen – in keine Moschee begeben. Er darf keinen Koran berühren und keine Koranverse zitieren. Als Mekkapilger darf er auch keinen Umlauf (tawāf) um die Ka'ba ausführen.

Wer sich in diesem unreinen Zustand befindet, kann nur durch eine »große« rituelle Waschung (ghusl) wieder »rein« werden.[120] Diese besteht in einer allgemeinen Waschung des Körpers, bei der das Wasser nichts von seinem Körper und seinen Haaren unbefeuchtet läßt.

Die »kleine« rituelle Reinigung (wudu)[121] beseitigt den Zustand der »kleinen« rituellen Unreinheit (hadath). In Sure 5,8 heißt es: »O ihr, die ihr glaubt, wenn ihr hintretet zum Gebet [salāt], so wascht euer Gesicht und eure Hände bis zu den Ellbogen und wischet eure Häupter und eure Füße bis zu den Knöcheln ab.«

Eine »kleine« rituelle Unreinheit (hadath) entsteht u.a. durch das Berühren der Haut des anderen Geschlechts – der Geschlechtsverkehr selbst führt zur »großen Unreinheit« – durch das Verrichten der Notdurft und durch das Berühren der Scham.[122]

Gewöhnlich findet man bei den Moscheen ein Wasserbecken zur Verrichtung der wudu.

Nur im rituell reinen »Weihezustand« (ihrām) darf ein Muslim die »große Pilgerfahrt« (hadjdj; Hadsch) bzw. die »kleine Pilgerfahrt« (umra) unternehmen und das Pflichtgebet (salāt) verrichten.

Mit der Pilgerfahrt (hadjdj) nach Mekka, die jedem volljährigen Muslim beiderlei Geschlechts wenigstens einmal in seinem Leben vorgeschrieben ist,[123] sofern er gesundheitlich und finanziell dazu imstande ist, sind verschiedene Zeremonien verbunden. Zwanzig Kilometer vor Mekka unterzieht sich der Pilger einer rituellen Reinigung und legt das Pilgergewand an. Weil man in den »Weihezustand« der großen und kleinen Pilgerfahrt erst eintreten kann, nachdem zuvor alles kultisch Unreine entfernt worden ist, verrichtet man gewöhnlich die »große rituelle Waschung« (ghusl). Ferner muß man eine besondere Kleidung anlegen, die für die Männer aus zwei ungenähten Stücken besteht: einem Tuch, das den Körperteil zwischen Nabel und Knien bedeckt, dazu ein Umschlagtuch, das die linke Schulter, den Rücken und die Brust teilweise bedeckt. Frauen hingegen, die keine besondere Kleidung brauchen, tragen gewöhnlich ein langes Kleid, das vom Kopf bis zu den

Füßen reicht, während das Gesicht, das eigentlich unbedeckt sein sollte, durch eine Art Maske verborgen wird. Da der »Weihezustand« und der Sexualverkehr einander ausschließen, ist jeder Pilger dazu verpflichtet, sich des sexuellen Verkehrs zu enthalten.[124]

Auch das rituelle Pflichtgebet (salāt), das bei den Sunniten fünfmal und bei den Schiiten dreimal täglich verrichtet werden muß, erfordert rituelle Reinheit (tahāra). Deshalb wäscht sich der Muslim vorher die Hände, spült den Mund aus, wäscht sich das Gesicht und die Arme bis zum Ellbogen, badet das Haupt und wäscht sich die Füße bis zu den Knöcheln. Während dieses »Weihezustands« ist alles zu vermeiden – auch alles, was mit dem Geschlechtsleben zusammenhängt –, was den Weihezustand aufheben und somit das rituelle Pflichtgebet ungültig machen könnte.

In bestimmten Fällen gibt der Koran die Erlaubnis (tayammun),[125] die rituelle Reinigung mittels Sand statt Wasser vorzunehmen. So heißt es: »Und so ihr durch Samen [= Sperma] befleckt seid, so reinigt euch. Und so ihr krank oder auf einer Reise seid oder einer von euch kommt vom Abtritt oder ihr habt die Weiber berührt und findet nicht Wasser, so nehmt guten Sand und wischt euch das Gesicht und die Hände damit ab.«[126]

In der vorhergehenden Sure ist diese Vorschrift fast identisch formuliert: »Nähert euch nicht trunken dem Gebet... und auch nicht von Samen befleckt, ... Seid ihr krank oder auf einer Reise, oder es kommt einer von euch von der Senke, oder ihr habt die Weiber berührt und findet kein Wasser, so nehmt dafür guten Sand und reibet euer Gesicht und eure Hände ab; siehe Allāh ist nachsichtig und verzeihend.«[127]

Neue
Religionsgemeinschaften

Als neue Religionen bezeichnet man die im Zeitraum seit dem Beginn der Neuzeit (ca. 1500 n. Chr.), insbesondere seit dem Beginn der Neueren Zeit (nach 1789), bis zur Gegenwart entstandenen Religionsgemeinschaften – im Unterschied zu den alten Religionen.[1]

Der Grund dafür, daß im Laufe der Menschheitsgeschichte immer wieder neue Religionen entstanden sind und weiterhin entstehen, liegt darin, daß für viele Menschen die Fragen nach dem Menschsein und darin eingeschlossen die nach der Bedeutung seiner Sexualität immer größer bleiben, als die Antworten sind, die sie bei den traditionellen Religionen gefunden haben. Eine Reihe dieser neuen Religionen sind von Frauen gestiftet worden.

Die in Europa und Afrika, in Nord- und Lateinamerika, in Asien und Ozeanien entstandenen zahlreichen neuen Religionen bedeuten entweder eine Rückkehr zu den Traditionen der eigenen Stammes- und Volksreligionen oder eine Weiterentwicklung der etablierten Weltreligionen. In neuester Zeit sind okkultistische und esoterische Bewegungen sowie die New-Age-Bewegung hinzugekommen.

Neureligionen als Rückkehr zu den alten Stammes- und Volksreligionen

Charakteristisch für viele Neureligionen ist eine Rückbesinnung auf Traditionen ihres Stammes oder Volkes, die z. T. in Auseinandersetzung mit der von ihnen als Überfremdung empfundenen westlichen oder auch christlichen Kultur erfolgt.

Zu den Neureligionen *Lateinamerikas* gehören die afroamerikanischen Kulte Voodoo (Wodu, Wudu; französisch: Vaudou) und Umbanda. Ersterer ist ein seit 1791 auf Haiti verbreiteter Kult, zu dem sich in überwiegendem Maße die Nachkommen der von der Guineaküste Afrikas nach Mittelamerika deportierten und versklavten Schwarzen bekennen. Eine zentrale Stellung im **Voodoo-Kult**[2] nehmen die rituellen Tänze ein. Das Priestertum ist nach seinen Funktionen hierarchisch gegliedert, wobei die Frauen gleichberechtigt sind. Dem oungan als dem gewöhnlichen Priester entspricht mambo, die gewöhnliche Priesterin. Dem ranghöchsten Großpriester papaloa (»Gottvater«) entspricht die Großpriesterin mamaloa (»Göttinmutter«).

Umbanda[3] ist ein seit 1941 öffentlich in Erscheinung tretender brasilianischer Kult, der afrikanische und indianische Vorstellungen mit christlich-katholischen vereinigt. Auch der Umbanda-Kult kennt neben Priestern auch Priesterinnen.

In *Nordamerika* sind die USA reich an Neustiftungen. Als neue indianische Religionen gelten u. a. die Ghost-Dance-Religion[4] (gegr. 1889) des Jack Wilson (ca. 1856–1932) und der Peyote-Kult[5] (gegr. 1885) des John Wilson (* 1850).

In *Ozeanien* gehören dazu u. a. in Polynesien die Hapu-Religion[6] (gegr. 1825) der Prophetin Hapu auf den Hawaii-Inseln, die Hokianga-Bai-Bewegung (gegr. 1885) der Prophetin Maria auf Neuseeland und Ivi-atua[7] (gegr. 1914) der Prophetin Angata auf der Osterinsel.

Ferner gehören dazu die melanesischen **Cargo-Kulte,**[8] die seit 1870 messianische Reaktionen auf europäische Kolonisation und Zivilisation darstellen und Hoffnung auf Erlösung aus Armut und materieller Not verheißen. Die Anhänger des Cargo (englisch »Frachtgut, Schiffsladung«) erwarten die Ankunft von Schiffen, die, vollbeladen mit den Zivilisationsgütern der Weißen, Reichtum und Wohlergehen bringen. Zwei Cargo-Kulte in Melanesien sind Stiftungen von Frauen; so die Mansren-Koreri-Bewegung (gegr. 1939) der Prophetin Angganita in Holländisch-Neuguinea und die Filo-Bewegung (gegr. 1940/41) der Prophetin Filo auf Papua.

Aus *Afrika* sind zu nennen die **Mau-Mau-Bewegung**[9] (seit 1948/49), eine

Die brasilianisch-umbandische Göttin Oxum, die alles weibliche Tun leitet, hat sich in eine thronende Frau inkorporiert. Die sie umgebenden Verehrerinnen haben ihr in einem Kelch Sekt gereicht.

national-religiöse Bewegung des Volkes der Kikuyu (Bantuneger) in Kenia (Ostafrika), deren Kern ursprünglich ein Männerbund war. Der Widerspruch der christlichen Missionare gegen die Mädchenbeschneidung (Klitoridektonomie) und die damit verbundenen Mädchenweihen sowie die Einwände gegen die Vielweiberei waren u.a. Hauptgründe, die zur Stärkung dieser Bewegung führten.

Eine religiöse Freiheits- und Heilsbewegung ist auch die von der Prophetin Maria Dahonon Lalú († 1951) begründete Deima-Bewegung (gegr. 1942–46) an der Elfenbeinküste.

In *Mitteleuropa* sind die deutschreligiösen Bewegungen[10] (vom Ende des 19. Jh.) zu nennen, die neugermanischen Blut-, Boden- und Rassekulte, wie z. B. der **Mitgardbund** (gegr. 1912) für »rassezüchterische Siedlungen«. Dieser forderte nicht nur die Nacktkultur, sondern auch die sogenannte Hundschaftsehe, d. h. das Zusammenleben einer Mehrzahl von Frauen mit einer Minderheit von Männern unter fortschreitender Ausscheidung aller weniger Rassetüchtigen des menschlichen Geschlechts.

Zu nennen ist auch die **Weltanschauungsgemeinschaft Gotterkenntnis** (gegr. 1937) der Mathilde Ludendorff (1877–1966). Die als dritte Tochter des evangelischen Geistlichen Bernhard Spieß in Wiesbaden geborene Stifterin war zunächst Lehrerin, heiratete 1904 den Zoologen Gustav Adolf von Kemnitz († 1916) und wurde 1913 nach einem Medizinstudium Nervenärztin. Witwe geworden, heiratete sie dann den Major Kleine, von dem sie sich später scheiden ließ, um 1926 Erich Ludendorff (1865–1937) zu ehelichen, der sich von seiner bisherigen Ehefrau hatte scheiden lassen. Von Mathilde Ludendorff stammen u. a. die beiden Schriften »Das Weib und seine Bestimmung« (München 1917) sowie »Erotische Wiedergeburt« (München 1919).

Neureligionen als Weiterentwicklung der alten Weltreligionen

Viele Neureligionen sind aus den Weltreligionen des Buddhismus und des Shintoismus, des Islam und des Christentums sowie des Hinduismus hervorgegangen. Über die Grenzen ihres Volkes hinaus missionieren sie und erheben wie ihre Mutterreligionen universellen Geltungsanspruch. Ihre Stifterpersönlichkeit – manchmal eine Frau und Prophetin – ist zugleich Verfasser/in einer autoritativen Heiligen Schrift.

Als Tochterreligionen des *Buddhismus* gelten z. B. die drei Lotos-Sūtra-Religionen[11] (gegr. 1925/46), die in Japan entstanden sind und deren Hauptschrift das »Saddharma-pundarika« ist. Zwei dieser Lotos-Sūtra-Religionen wurden

Die japanische Religionsstifterin Miki Nakayama (Mitte) wird von einer Gottheit in Besitz genommen

von Frauen gegründet, so die Reiyū-kai (gegr. 1925) von Frau Kotani Kimi und der Risshō-kōsei-kai (gegr. 1938) von Frau Naganuma Masa (1889 bis 1957).

Aus dem japanischen *Shintoismus* sind u. a. Tenrikyō[12] (gegr. 1838) der Miki Nakayama (1798–1887), Ōmotokyō[13] (gegr. 1892) der Nao Deguchi (1836 bis 1918) und **Odoru Shūkyō**[14] (gegr. 1944) der Sayo Kitamura (* 1900) Stiftungen

Die japanische Religionsstifterin Sayo Kitamura und »Prophetin von Tabuse« bei einer Predigt in Yokohama (1952)

von drei Frauen. Ein Charakteristikum der letzteren Religion ist ein Kulttanz als ekstatischer »Befreiungstanz« (muga no odoru = »Tanz des Nicht-Ich«; engl. »ego-free«), dessen Ziel die Überwindung des Egoismus ist. Dieser der Prophetin in einer Vision einst geoffenbarte Tanz hat dazu geführt, daß ihre Bewegung auch als »Tanz-Religion« bezeichnet wurde.

Die Stifter und Stifterinnen der neuen Glaubensgemeinschaften werden oft schon zu ihren Lebzeiten als Gott bzw. Göttin Ikigami-sama verehrt. Und nach ihrem Tod wird ihr Charisma im Prinzip (nur) im Blut ihrer Verwandten weitergegeben. In der Geschichte der Gemeinschaftsbildung spielen fast immer die zweiten männlichen Personen eine Rolle als »Geschäftsführer«.

Aus dem *islamischen* Vorderasien stammt der im Irak entstandene **Baha'ismus**[15] (gegr. 1863) des sich als Bahā' u'llāh (arabisch: »Glanz Gottes«) verstehenden Stifters Mīrzā Husain 'Alī Nūrī (1817–92), der die religiöse Einheit der Menschheit über Völker- und Rassengrenzen hinweg predigte.

Der prophetische Stifter des Baha'ismus wurde als drittes von fünf Kindern des Mīrzā 'Abbās-i-Nūrī und dessen zweiter Frau Khadījih Khānum zu Nūr in Māzenderān (Iran) geboren. Insgesamt hatte sein Vater vier legitime Ehefrauen und darüber hinaus noch drei Konkubinen, mit denen er zahlreiche Kinder zeugte. Das einem Muslim zustehende Recht auf bis zu vier legitime Ehefrauen nahm auch der Stifter Bahā' u'llāh selbst für sich in Anspruch und lebte – wie einem jeden Muslim erlaubt – in *Vielweiberei* mit vier Frauen.[16] Zunächst hatte er nur zwei Frauen, von denen ihm jede sechs Kinder gebar. 1835 ehelichte er Navvāb, die spätere Mutter von 'Abbās Effendi (1844–1921), dem ältesten der überlebenden Söhne, der ihm in der Leitung der Religionsgemeinschaft später folgte. 1849 heiratete er seine Base Mahd-i 'Ulya, deren ältester Sohn Muhammad 'Alī sich nach dem Tod Bahā' u'llāhs der Nachfolge 'Abbās Effendis widersetzte. 1867 ehelichte er wiederum eine Frau namens Guhar, die ihm eine Tochter, Farūqiya, gebar. Im hohen Alter heiratete er dann noch Gamaliya, die Nichte seines Anhängers Hādim Allāh.

In den zwölf Grundsätzen, die in etwa die Grundgebote des Baha'i-Glaubens darstellen, lautet zwar der 6. Grundsatz: »Mann und Frau haben gleiche Rechte«, aber die oberste Leitung der Baha'i, das »Universale Haus der Gerechtigkeit«, das seinen Sitz in Haifa (Israel) hat, kann nur aus 9 Personen männlichen Geschlechts bestehen. Bei der alle fünf Jahre in Haifa stattfindenden Wahl zu diesem Gremium haben Frauen kein passives Wahlrecht, d. h. sie können nicht gewählt werden.

Das *Christentum* ist die Mutterreligion für viele Neustiftungen vor allem in den USA. Zu nennen sind vor allem das **Mormonentum**[17] (gegr. 1830) des

Joseph Smith (1805–44) mit der autoritativen Schrift: »The Book of Mormon« (»Das Buch Mormon«). Der prophetische Stifter und seit 1830 erste Präsident der Mormonen, Joseph (Joe) Smith, wird als viertes von zehn Kindern der presbyterianischen Farmerfamilie Joseph Smith (1771–1840) und Lucy Mack Smith (1776–1855) im Dorf Sharon im Bundesstaat Vermont (USA) geboren.

Der seit dem 18. Januar 1827 mit Emma Hale (1804–79) verheiratete Stifter hatte sich zunächst entschieden für die Einehe ausgesprochen. Noch in seinem »Buch Mormon« (1. Auflage 1830) heißt es:

24. »Siehe, David und Salomo hatten wahrhaftig viele Frauen und Nebenfrauen, und das war ein Greuel vor mir, spricht der Herr …

27. Darum, meine Brüder, vernehmt mich und hört auf das Wort des Herrn: Kein Mann unter euch soll mehr als nur eine Frau haben; und Nebenfrauen soll er keine haben.«[18]

Sechs Jahre später, im Jahr 1836, begann er aufgrund einer Offenbarung selbst in *Vielweiberei* zu leben, und er proklamierte 1843 »auf Befehl Gottes« die Vielehe für alle seine männlichen Anhänger. Die Zahl der Ehefrauen des Stifters wird zwischen 14, 27 und 49 angegeben. Zu den namentlich bekannten Ehefrauen im Harem des Stifters gehörten außer seiner ersten Frau Emma Smith u. a. Fanny Alger, Louisa Beaman, Elvira Cowles, Almera Johnson, Mary Rollins Lightner, Melissa Lott, Emily Partridge, Eliza R. Snow, Lucy Walker und Sarah Ann Whitney.

Der ersten Ehefrau Emma war sogar von Gott die »Vernichtung« angedroht worden für den Fall, daß sie dem Beispiel ihres Ehemanns (im Sinne einer Vielmännerei) folge bzw. ihn wegen dessen Vielweiberei verlasse:

»Wahrlich, ich sage dir: Ich gebe meiner Magd Emma Smith, deiner Frau … ein Gebot, daß sie sich zurückhalte und an dem nicht teilnehme, das ich dir gebot, ihr anzubieten …

Meine Magd Emma Smith nehme alle auf, die meinem Diener Joseph gegeben wurden, und die tugendhaft und rein vor mir sind …

Und ich gebiete meiner Magd Emma Smith, bei meinem Diener Joseph zu bleiben und ihm anzuhangen und keinem andern. Wenn sie aber dieses Gebot nicht befolgt, soll sie vernichtet werden, spricht der Herr …«[19]

Die *Vielweiberei der Mormonen* männlichen Geschlechts wurde durch eine im Juli 1843 in Nauvoo, Illinois, erhaltene Offenbarung gerechtfertigt, in der es heißt:

»Wenn ein Mann eine Jungfrau heiratet und wünscht noch eine andere zu heiraten, und die erste gibt ihre Einwilligung dazu; und wenn er dann auch die zweite heiratet, und sie Jungfrauen sind und haben keinem anderen Mann ein Gelübde gegeben, dann ist er gerechtfertigt. Er kann keinen Ehebruch begehen, denn sie sind ihm gegeben. Mit dem, was ihm gehört und keinem anderen, kann er keinen Ehebruch begehen. Und wenn ihm durch dieses Gesetz zehn Jungfrauen gegeben werden, so kann er keinen Ehebruch begehen, denn sie gehören ihm und sind ihm gegeben; deshalb ist er gerechtfertigt. Wenn aber die eine oder andere der zehn Jungfrauen nach ihrer Verheiratung bei einem anderen Mann ist, so hat sie Ehebruch begangen und soll vernichtet werden ...«[20]

Diese zu Lebzeiten des Stifters Smith geheimgehaltene Offenbarung wurde erst 1852 in Utah von Brigham Young (1801–77), seinem Nachfolger (seit 1847) und zweitem Präsidenten, bekanntgegeben. Aus Protest gegen die Einführung der Vielehe kam es 1852 zu einer Abspaltung, aus der die »Reorganisierte Kirche Jesu Christi der Heiligen der letzten Tage« mit Hauptsitz in Independence/MO hervorging, deren Leitung später der Sohn und dann der Enkel des Stifters Smith übernahmen.

Brigham Young hatte im Laufe seines Lebens mit 28 Frauen zusammengelebt und hat bei seinem Tod (1877) noch 17 Ehefrauen und 56 von ihm gezeugte Kinder hinterlassen. Im Oktober 1865 hat er zur *Polygynie* erklärt:

»Die Polygamie wurde von Gott offenbart, oder das ganze Gebäude ihres [der Mormonen] Glaubens ist falsch. Von ihnen den Verzicht auf ein solches Glaubensstück zu verlangen, kommt der Forderung gleich, daß sie ihren ganzen Glauben aufgeben, ihr Priestertum als Lüge, ihre Verordnungen als Täuschung und alles, wofür sie sich geplagt, gelebt, geblutet und gehofft haben, als einen elenden Bankrott und eine Verwüstung des Lebens eingestehen.«[21]

Nachdem der Kongreß der USA im Jahr 1862 Gesetze gegen die Polygamie erlassen hatte, erließ der (seit 1889) vierte Präsident der Mormonen, Wilford Woodruff († 1898), am 24. September 1890 ein offizielles Manifest gegen die Polygamie.

Für die *Eheschließung* unter Mormonen gibt es zwei Formen: erstens eine Ehe für die Zeit, d. h. die irdische Ehe zwischen Lebenden, und zweitens eine Ehe für die Ewigkeit, d. h. die himmlische Ehe eines Lebenden mit einem verstorbenen Partner. Letztere Eheform setzt einen Glauben voraus, daß unverheiratete Frauen nicht erlöst werden können, was u. a. ein Grund für die anfänglich praktizierte Vielweiberei war. Die für die Ewigkeit geschlossene Ehe kann nur von wenigen Amtsträgern und nur in acht besonders dafür zugelassenen Tempeln »versiegelt« werden.

Die Mormonen stellen eine männlich dominierte »Männerkirche« dar. Jeder männliche Mormone weißer Hautfarbe, der über zwölf Jahre alt ist, kann ein kirchliches Amt übernehmen. An der Spitze der Gesamtkirche steht der auf Lebenszeit gewählte Präsident, der zugleich Prophet, Seher und Offenbarer neuer Offenbarungen ist. Seit dem 23. Januar 1970 heißt der 10. Präsident Joseph Fielding Smith. Seine engsten Mitarbeiter sind vier Ratgeber und zwölf Apostel. An der Spitze jeder Gemeinde (Ward) steht ein Bischof mit zwei Ratgebern. In der Gemeinde wirken die Aaronitische und Melchisedekische Priesterschaft für Predigt, Taufe und Abendmahl. d. h., es werden nur Männer zum Priestertum ordiniert. Mehrere Gemeinden bilden einen »Pfahl«, der von einer aus drei Hohenpriestern zusammengesetzten »Pfahlpräsidentschaft« geleitet wird.

Die **Christian Science**[22] (englisch: »Christliche Wissenschaft«) der Mary Baker-Eddy (1821–1910) mit ihrer Schrift: »Science and Health« (englisch: »Wissen und Gesundheit«) ist ebenfalls christlichen Ursprungs. Die Stifterin wurde als jüngstes von sechs Kindern der kongregationalistischen Farmerfamilie Mark Baker († 1865) und Abigail Barnard († 1849) in Bow bei Concord / New Hampshire (USA) geboren. Als 22jährige heiratete sie 1843 den Bauunternehmer George Washington Glover († 1844), der schon nach 6 Monaten starb und sie mit einem drei Monate später geborenen Sohn unversorgt zurückließ. Der sogleich fremden Leuten zur Pflege und Erziehung anvertraute Sohn George sah erst mit 34 Jahren seine Mutter wieder.

Als 32jährige heiratete sie 1853 den Zahnarzt Dr. Daniel Patterson († 1896), der sie nach 10 Jahren verließ, und weitere 10 Jahre später wurde 1873 diese unglückliche Ehe geschieden. Im Jahre 1876 gründete Mary in Lynn (Massachusetts) die »Christian Science Association« mit sechs Gleichgesinnten, unter denen sich auch der 60jährige Nähmaschinenfabrikant Asa Gilbert Eddy († 1883) befand, mit dem sie am 1. Januar 1877 ihre dritte Ehe einging. Nachdem sie 1879 die von ihr gegründete »Association« in die »First Church of Christ (Scientist)« umwandelte, trat sie 1881 als deren ordinierte Pastorin unter dem Titel »Reverend« auf. 1892 erfolgte die endgültige Neugründung der »First Church of Christ Scientist« in Boston, und 1894 wurde sie an der Hauptkirche, der »Mutter Kirche«, Pastorin im Ruhestand (pastor emeritus).

Über die göttliche Dreieinigkeit sagt die Stifterin: »Leben, Wahrheit und Liebe bilden die dreieinige Person, Gott genannt – d. h. das dreifache göttliche

Seite 486 und 487:

Vielehe: 20 der insgesamt 28 Ehefrauen des Brigham Young, eines Nachfolgers des Religionsstifters Smith. Foto: Utah State Historical Society

Gruppenehe: Oneida-Perfektionisten – eine um 1848 von John Noyes gegründete christlich-sozialistische Gemeinde in den USA, die die Gruppenehe, bzw. »Komplexe Ehe« praktizieren, in der theoretisch jede Frau mit jedem Mann verheiratet ist

Prinzip Liebe. Sie stellen die Dreiheit in der Einheit dar, drei in Einem – gleich im Wesen, obwohl vielgestaltig im Amt: Gott, Vater–Mutter; Christus, die geistige Idee der Sohnschaft; die göttliche Wissenschaft oder der heilige Tröster.«[23] Gott als »Vater und Mutter«, so beginnt auch die abgewandelte Form des Vaterunser in ihrer Religionsgemeinschaft, in der Gott als »Vater« und »Mutter« angeredet wird:

»Unser Vater,
der Du bist in den Himmeln. –
Unser Vater – Mutter – Gott, allharmonisch.«

In dieser Religionsgemeinschaft der Christian Science sind Frauen und Männer gleichgestellt. Die Kirchenleitung liegt in den Händen eines fünfköpfigen Vorstandes: ein/e Präsident/in, ein/e Schriftführer/in, ein/e Schatzmeister/in, und zwei Leser, von denen jeweils der eine männlich und der andere weiblich sein soll.

Christlichen Einfluß zeigt auch die als Jugendreligion bezeichnete **Vereinigungskirche**[24] (gegr. 1954) des heute in den USA lebenden San Myung Mun (*1920). Der aus Korea stammende und heute in Irvington/NY (USA) lebende prophetische Stifter und Messias Sang Myung Mun (= Moon) wurde in Shang-sa-ri, Chongju, Provinz Pyungan Buk-do (heute Nordkorea) als 5. von 8 Kindern einer konfuzianischen Familie geboren, die, als er 10 Jahre alt war, zum presbyterianischen Christentum übertrat. Seit 1936 erhielt er Offenbarungen von Gott, von Mose und Jesus sowie von Buddha, die später die Grundlagen für seine Lehre bilden, und weshalb zu der von ihm gegründeten

»Vereinigungskirche« ehemalige Christen, Buddhisten und Konfuzianer gehören.

Die dem 25jährigen Mun geoffenbarten »Göttlichen Prinzipien« bilden – nach der Zeit des Alten Testaments und der des Neuen Testaments – die letzte Offenbarung Gottes und sind das »Erfüllte Testament« für die Gegenwart. Muns Lehre von Gott, Welt und Mensch ist von einem Dualismus bestimmt. In Gott ist die »universale Ursprungsenergie« in eine männliche und eine weibliche polarisiert. In Gottes Wesen sind männliche und weibliche Charakterzüge vorhanden. Auch der Kosmos ist durch diesen komplementären, nicht antithetischen Dualismus gekennzeichnet: u. a. männliche und weibliche Pflanzen und Tiere. Dualistisch existiert auch der Mensch in den beiden Formen von männlich und weiblich. Wenn ein Austausch vom »Geben und Nehmen« zwischen zusammengehörenden Subjekt-Objekt-Paaren (z. B. Eltern–Kinder, Gott–Mensch) stattfindet, entstehen Harmonie und Vollkommenheit. Das Gegenteil davon ist der Sündenfall. Das erste Menschenpaar Adam und Eva sollte nach dem ursprünglichen Plan Gottes mit ihm eine Trinität bilden und vollkommene Kinder haben, um Gottes Reich zu errichten. Nachdem aber Luzifer die 15jährige Eva zur Unzucht verführt hat, ihr Blut deshalb »verunreinigt« und eine neue Trinität aus Satan, Adam und Eva entstanden ist, erwählte Gott einen Messias, der als »Herr der Wiederkunft« kommen und eine vollkommene Frau heiraten wird. Beide werden mit Gott eine Trinität bilden und vollkommene Kinder haben. Dieser neue »Messias« ist der Koreaner Mun.

Da die erste Familie (Adam und Eva) durch den »Messias« symbolisch wiederhergestellt werden muß, haben dies der Stifter Mun, seine »neue« gegenwärtige Ehefrau und seine mit ihr gezeugten Kinder getan, deren Familie auf Gott gegründet ist.

Im Jahr 1955 hatte sich der prophetische Stifter und Messias Mun von seiner ersten Ehefrau Choe Sung Kil, mit der er seit 1940 verheiratet war, getrennt. Mun, Vater von 8 Kindern, heiratete schließlich nach vorangegangenen insgesamt drei Ehen am 15. April 1960 (seine offizielle zweite Ehefrau) die damals 18jährige Hak-Ja Han (* 1942). Diese Heirat des 40jährigen Mun mit dem 18jährigen Teenager – seinerzeit ein Schock für seine Anhängerschaft – wurde als die in der neutestamentlichen Johannesapokalypse (19,6-10) prophezeite »Heilige Hochzeit« des Lammes gedeutet, durch die zum ersten Mal in der Heilsgeschichte Gottes mit den Menschen eine sündenlose und vollkommene Familie auf Erden gegründet worden sei. Seitdem stellt der prophetische Stifter mit seiner neuen Ehefrau Han das »Wahre Elternpaar« des

Universums dar, und die Segnungen, die das erwählte Messias-Ehepaar bei seiner »Heiligen Hochzeit« von Gott empfangen hat, gibt es an die Mitglieder der Vereinigten Familien, der Vereinigungskirche, weiter.

Als unbedingte ethische Forderungen Gottes an die Menschen werden die drei Segnungen (1 Mose 1,28) verstanden:

(1) »Seid fruchtbar,

(2) und mehret euch, und füllet die Erde,

(3) und machet sie euch untertan!«

Gemäß der zweiten Segnung haben die Ehen und Familien eine zentrale Bedeutung. So schlagen Mitglieder der Vereinigungskirche einem noch unverheirateten Mitglied fünf mögliche Ehepartner/innen vor, unter denen die Gruppenführer als »Heiratsvermittler« die letzte Entscheidung treffen. Seit 1961 gibt es die *Massenhochzeiten* von »Mun-Kindern«, bei denen der Stifter Mun und seine jetzige Ehefrau als »Elternpaar« mit goldbestickten Gewändern bekleidet und mit goldenen Kronen auf dem Kopf thronend amtieren. Am 14. Oktober 1982 fand im Chamsil-Gymnasium in Seoul (Südkorea) die bisher größte Massentrauung der Welt statt, bei der 5837 »ideale Paare« – die Bräute in weißem Satin, ihre männlichen Partner in Marineblau – aus 83 Ländern vom »Elternpaar« Mun gesegnet wurden. Auf die Frage »Gelobt ihr einander ewige Liebe und Treue?« soll vielstimmig ein einstimmiges »Ye!« erklungen sein, wie das »Das Neue Guiness Buch der Rekorde 1988« berichtet.[25]

Auch die Jugendreligion der **Kinder Gottes**[26] (gegr. 1969) des US-Amerikaners David Berg (* 1919) zeigt christlichen Einfluß. Der prophetische Stifter der Kinder Gottes, der den Ehrentitel »Mose« (abgekürzt »MO«) angenommen hat, wurde als Sohn einer Evangelisten-Predigerfamilie, die der »Christian Church« angehört, in Oakland/CA (USA) geboren. Seit den Jahren 1966/67 predigte er den Jugendlichen der Hasch- und Hippie-Szene in Kalifornien und rief sie auf, sich der neuen, von ihm begonnenen »Jesus-Revolution« anzuschließen. 1969 erhielt er die erste Offenbarung. Der Stifter David Mose versteht sich als der von Gott gesandte »König und Prophet« für die Jetztzeit. Er selbst sagt von sich: »Ich bin der Wassermann – dies ist mein Zeitalter! Ich bin der Wasserträger! Jesus sagte mir das, weil ich das Wasser, das Leben dieser Generation bringe.«

David Mose leitet seine Bewegung durch die von ihm verfaßten MO-Briefe, die – neben der Bibel – eine autoritative Bedeutung haben und Aussagen über

»Flirty-Fishing«-Dienst fordert der Religionsstifter David Mose von seinen Jüngerinnen. Wie Ausgang und Ziel seiner Aufforderung: »Ma – verbrenne Deinen B(üsten) H(alter)!« aussehen sollen, illustrieren die beiden Bilder

apokalyptische Prophezeiungen, über persönliche Lebensführung der männlichen und weiblichen Mitglieder und über organisatorische Aufgaben der Gemeinden bringen. In den ca. 1000 MO-Briefen wird seit 1973 eine zunehmend sexualisierende Tendenz erkennbar, wenn es dort u. a. heißt: »Wir haben einen sexy Gott und einen sexy Glauben und einen sexy Leiter und sexy Anhänger. Wenn du also keinen Sex magst, steig lieber aus!« Diese mehrblättrigen Briefe in Heftform sind heute durchweg in Comic-strip-Manier und zum Teil mit »sexistischen« Zeichnungen illustriert.

Anfang der 70er Jahre hat David Mose seine 1944 geheiratete Ehefrau Jane Miller, mit der er vier Kinder hat, zugunsten eines jungen Mädchens mit Namen Maria verlassen. David Mose und seine neue Frau Maria lassen sich jetzt »MO & Maria« nennen. In seinem ersten MO-Brief »Die alte Kirche und die neue Kirche« rechtfertigte David Mose diesen Schritt damit, daß seine frühere Ehefrau die »alte« Kirche repräsentiere und ein Hindernis darstelle für die »neue« Kirche, die seine jetzige Frau repräsentiere.

Zu den Hauptpflichten seiner Anhänger/innen, der Jesus-Jünger/innen, gehört das »Zeugnis-Geben« (witnessing), eine Missionsmethode, bei der auf der Straße Leute angesprochen und als Mitglieder geworben werden. Eine andere, bekanntere Missionsmethode ist das »flirtige Fischen« (flirty fishing), bei der die Jünger/innen als »Menschenfischer/innen« mit Hilfe der erotischen Ausstrahlung ihres eigenen Körpers fremde Menschen des jeweils

Nacktes Mädchen mit ausgebreiteten Armen auf einem Bett mit Nackenrolle als den Längs- und Querbalken des (Marter-)Kreuzes liegend und mit einem dicken Nagel in der Vagina der Jüngerin, der symbolhaft für den Phallus des zu werbenden männlichen Neumitgliedes steht. »Kann ein Bett dein Kreuz sein? Bist Du bereit, Dich nageln zu lassen? Gottes Lamm – Dein Lamm.« »The Law of Love!« (»Das Gesetz der Liebe!«); MO-Brief No. 302 C »Disciples only« (»Nur für Mitglieder«)

anderen Geschlechts als neue Mitgliedern »fischen« bzw. »angeln« sollen. Dabei wird insbesondere von den missionierenden weiblichen Mitgliedern erwartet, daß sie »Köder für Jesus« sind. Im Handbuch für »Flirty fishers« fordert der prophetische Stifter von seinen weiblichen Mitgliedern: »Keine BHs, aber durchsichtige Blusen. Zeigt ihnen, was ihr habt – das ist der Köder … Sie [= die fremden Männer] sollen ausflippen und sich in euch verlieben.« Und in einem der MO-Briefe steht der Appell: »Komm her, Ma – verbrenn Deinen BH!« Am deutlichsten zeigt sich dieser »Flirty-Fishing«-Dienst in dem nur für Mitglieder herausgegebenen MO-Brief 302 C vom 21. 3. 1977 »Das Gesetz der Liebe!« (»The Law of Love«).

Aus den Traditionen des *Hinduismus* sind die anderen Jugendreligionen[27] (gegr. 1954–69) hervorgegangen. In Indien entstanden: Ananda Marga[28] (gegr. 1955) des Prabhat Ranjan Sarkar (*1921), Transzendentale Meditation[29] (gegr. 1958) des Mahesh Prasad Varma (*1918), Divine Light Mission[30] (gegr. 1960) des Shri Hans Ji und des Maharaj Ji (†1966), Hare-Krishna-Bewegung[31] (gegr. 1966) des Abhay Charan De (1896–1977) sowie Rajneesh Foundation[32] (gegr. 1966) – heute Osho-Bewegung – des Bhagwan Shree Rajneesh (1931 bis 1990). Die Jugendreligionen finden vorwiegend unter jungen Erwachsenen, vor allem aus dem Mittelstand und im Alter zwischen 18 und 40 Jahren, ihre Anhänger, die sich als erwählter Kreis von Margis, Neo-Sanyasins, Premies, Gottgeweihten und heiligen Geschwistern verstehen und oft in Wohngemeinschaften (ashram, center, home) leben. Für die Mitglieder haben der männliche Stifter oder dessen männlicher Stellvertreter und Nachfolger (Shri, Maharishi, Guru, Swami, Bhagwan, Meister oder heiliger Vater) sowie die autoritativen Schriften der männlichen Gründergestalt eine zentrale Bedeutung.

Okkultistische und esoterische Bewegungen

Der **Okkultismus** (von lateinisch *occultum* = »das Verborgene, Geheime, Unbekannte«) ist seit dem Ende des 19. Jh. eine Gesamtbezeichnung für alle weltanschaulichen oder religiösen Lehren und Praktiken, die sich mit »übersinnlichen« Kräften und Erscheinungen des Natur- und Seelenlebens beschäftigen, wobei nur die »Eingeweihten« das Verborgene zu ergründen vermögen. Eine neuere Bezeichnung ist **Esoterik** (von griechisch *esóteros* = »der innere [Kreis]«). Sie umfaßt Kenntnisse, Verhaltensweisen und Kulte, die nur einem »inneren« Kreis von Eingeweihten zugänglich sein können/dürfen, wohingegen sie dem äußeren Kreis verschlossen bleiben (müssen). Im Unter-

Urbild der Hexen: Die Hexe von Endor, die König Saul in Verkleidung vor der letzten Philisterschlacht aufsucht (1 Samuel 28, 7-25). Kupferstich von Melchior Küsel, 1702

schied zu den großen Weltreligionen mit ihren Großveranstaltungen treffen sich die Anhänger des Okkultismus und der Esoterik in Kleingruppen, Zirkeln, Orden, Séancen, Covens u. ä., um mit den übersinnlichen Mächten in Verbindung zu treten. Bedeutende Gruppierungen bilden der Spiritismus, Wicca-Kult und Satanismus.

Der **Spiritismus**[33] (von lateinisch *spiritus* = »Seele, Geist«) beinhaltet religiöse Theorien und Praktiken, nach denen der geistig-seelische Anteil des Menschen den leiblichen Tod überlebt und in einer jenseitigen Welt weiterexistiert, so daß Lebende und Verstorbene (Geister) mit Hilfe eines Mediums in Kontakt treten und Botschaften senden und empfangen können. Der heutige amerikanisch-europäische Spiritismus geht auf das Jahr 1848 zurück. Das häufigste Ritual ist die Séance (französisch: »Sitzung«).

Zum Spiritismus zählen u. a. der vietnamesische **Caodaïsmus**,[34] der 1926 von Lê-Van-Trung (1876–1934) zur Vereinigung der Weltreligionen gegründet wurde. Charakteristisch für den Caodaïsmus ist seine hierarchisch straffe Organisation, die nach dem Vorbild des römisch-katholischen Christentums aufgebaut ist. An der Spitze steht der Papst (ho-phap), gefolgt von 6 Kardinälen/innen, 12 Erzbischöfen/innen, 72 Bischöfen/innen und 3000 Priestern/innen. Jeder dieser geistlichen Ränge – mit Ausnahme von dem des Papstes – steht prinzipiell auch den Frauen offen.

Zum Spiritismus ist auch das deutsche **Heimholungswerk**[35] (gegr. 1980) – bzw. »Universelles Leben« genannt – der Prophetin Gabriele Wittek (* 1933) zu zählen. Die als Tochter des katholischen Schneidermeisterehepaars Mat-

Fünf Hexen bei ihren Hexen-Ritualen.
Kupferstich von Hans Baldung Grien,
1514. Wien: Albertina

thias Maden (1908–76) und Mathilde Bunk (1908–70) in Wertingen bei Augsburg geborene Prophetin war zunächst als Kontoristin in München tätig, heiratete 1955 den Ingenieur Rudolf Wittek (* 1931) und wurde nach 9 Jahren Mutter der Tochter Michaela. Nach ihrem Umzug von München-Solln nach Würzburg-Lengfeld kommt die Prophetin mit spiritistischen Zirkeln in Berührung. 1975 hält sie in Nürnberg ihre erste Kundgaben-Séance. Seitdem vernimmt sie das »Innere Wort« und ist davon überzeugt, daß sich durch sie verschiedene jenseitige Geister und dann vor allem Jesus Christus selbst zu Wort melden. Am 26. April 1980 gründet das Ehepaar Wittek zusammen mit fünf weiteren Gründungsmitgliedern in Münchberg in Oberfranken das »Heimholungswerk Jesu Christi. Die Innere Geist = Christus Kirche e. V.« (eingetragen beim Registergericht des Amtsgerichts Stuttgart unter VR 3648).

Zum Spiritismus zu rechnen ist ferner der von der schweizerischen Dolmetscherin Erika Bertschinger (* 1929) im Jahr 1980 gegründete Orden **Fiat Lux**[36] (»Es werde Licht«), dessen Mitglieder helle bis weiße Kleidung tragen sowie ein Kreuz und ein Marienmedaillon. Nach Kontakten mit einem Medium und Sprachrohr des Heilands in den USA und nach einer zeitweiligen Teilnahme an der Versammlung der Geistigen Loge Zürich hatte die sich »Uriella« nennende Prophetin im Jahr 1972 ihre erste »Begegnung mit Jesus Christus«. Seitdem hat sie über 400 »Kundgaben« (= Offenbarungen) empfangen und der Menschheit übermittelt. Sie ist die Übermittlerin der Botschaften Jesu Christi. Wenn sie in Volltrance versinkt, benutzt Christus ihren Körper und ihre Stimme für seine eigenen Worte.

Nach einer fünfjährigen Ehe mit dem ehemaligen Geistlichen Kurt Warter († 1988) ehelichte die prophetische Witwe einen ihrer Anhänger mit Namen Eicke. Ihre ledigen Anhänger und Anhängerinnen führt sie als Ehepartner zusammen und stiftet so neue Ehen. In den 80er Jahren ist in Görwihl, Ortsteil Strittmatt, im südlichen Schwarzwald ein Ordenszentrum entstanden, wo Mitglieder ihres Ordens in Wohngemeinschaften leben.

Da »Uriella« neben ihrem Prophetenamt auch als Geistheilerin und Heilpraktikerin tätig ist, ermitteln die staatlichen Behörden seit Februar 1993 wegen Verstoßes gegen das Heilpraktikergesetz und anderer Vergehen gegen sie.[37]

Die **Wicca-Bewegung** (von altenglisch *wit* = »Wissen, Weisheit«), die heutige neue **Hexen-Religion**[38] der »weisen Frauen«, ist eine seit 1954 wiederbelebte alte Form der Naturverehrung und vor allem ein Fruchtbarkeitskult um die Große Muttergöttin, in dem Frauen eine dominierende Rolle spielen. Um die jahreszeitlichen Feste rituell zu begehen, treffen sich die (13) Mitglieder eines Covens regelmäßig zum Hexensabbat der Jahreszeitenwechsel. Hauptsabbate sind die Walpurgisnacht (30. April), die in der nördlichen Hemisphäre den Sommeranfang markiert, und Hallowe'en (31. Oktober) zum Winterbeginn. Andere Sabbate sind: Imbole (1. Februar) zum Frühlingserwachen, Beltane (1. Mai) als Fruchtbarkeitsfest und Lamas (1. August) als Erntebeginn. Die Rituale, bei denen »die Mondgöttin vom Himmel geholt«, d. h. die Mond-

Weiblicher Sex-Vampir, der einem Mann im Geschlechtsverkehr das Leben aussaugt. Tuschzeichnung von Ernst Stöhr (aus: »Ver sacrum«), 1899

energie in den magischen Kreis herabgeleitet wird, vollziehen die Mitglieder der neuen Hexen-Bewegung meist nackt, d. h. nur »vom Himmel bekleidet«.

Der **Satanismus**[39] (von hebräisch Satan = »Feind, Ankläger«) oder Teufelskult ist eine religiöse Bewegung, die kulturhistorisch im 17., 19. und 20. Jh. faßbar wird und deren Anhänger, die Satanisten, sich vor allem aus der Verneinung der herrschenden Hauptkultur definieren lassen, indem sie z. B. dem Gott den Satan als oberstes Prinzip entgegensetzen, dem Guten das Böse, dem Leben den Tod, dem Lichten das Dunkle. Zu ihrem Ritual gehört u. a. die *Schwarze Messe* oder Satansmesse, in der die christliche Meßfeier parodiert wird. Dabei fungiert oft eine *nackte* Frau als Altar, während die übrigen Teilnehmer schwarze Gewänder tragen. Bekannt ist die 1966 von Anton S. LaVey (* 1930) in San Francisco gegründete Church of Satan (englisch: »Satanskirche«). Ihr Stifter spielte in Polanskis Film »Rosemary's Baby« die Rolle des Teufels. Teufelskult, verbunden mit Sexualmagie verband die 1967 von Charles Manson (* 1934) gegründete Final Church (englisch: »letzte Kirche«), die ihre Mitglieder zu Blutritualen veranlaßte. Bekannt geworden

Eine weibliche Succubus (»Darunter Liegende«), die einen jungen Mann umgarnt und dadurch den Tod bringt, wie die Totenschädel im Hintergrund symbolisieren. Holzschnitt von Gustave Doré

ist der Ritualmord an der Filmschauspielerin Sharon Tate und ihren Gästen (1969). Neben dem vorgenannten rituellen Satanismus gibt es den kulturellen in der bildenden Kunst, im Film (z. B. Polanski und manche Fantasy-Oper) sowie in der satanistischen Rockmusik (Heavy-Metal-Hardrock) mit ihrer

Flugblatt auf eine Verbrennung von drei Hexen in Derneburg/Hildesheim, in der Grafschaft Regenstein im Harz (Deutschland), im Jahr 1555

sexualisierten Sprache. Das erstrebte Heilgut für Satanisten ist vor allem Power (englisch: »Macht, Gewalt«).

New-Age-Bewegung im Wassermann-Zeitalter

New Age[40] (englisch: »Neues Zeitalter«) ist eine seit 1967 erkennbare Bewegung, die ein neues Denken und Handeln sowie ein neues Selbst- und

Schwarze Messe: Die nackt liegende Marquise de Montespan als Altartisch, zwischen deren beiden Brüsten der Kelch steht, in den das Blut eines kleinen Kindes, das der Priester mit seiner rechten Hand hält und mit seiner linken erdolchen will, gegeben werden soll

Weltbewußtsein intendiert. In Abkehr von einem dualistisch orientierten Weltbild und von zunehmender Technisierung und Isolation des einzelnen in der westlichen Zivilisation beinhaltet New Age die Hinwendung zu Integration und Humanisierung, zu Ganzheit und Spiritualität, zu einer Weltanschauung, deren Schlüsselwort »Einheit« ist: eine Einheit von Wissenschaft und Mystik, von Welt und Gott, von Mensch und Natur, von Geist und Leib, von Kopf und Bauch, von Mann und Frau, von Sexualität und Erotik; eine Einheit der gesamten Menschheit und aller Religionen auf diesem Planeten Erde, eine Bewußtseinssynthese aller scheinbar gegensätzlichen oder widersprüchlichen Lebensbereiche, wie die von Wirtschaft und Ökologie, von Politik und Ethik, von Religion und Sexualität.

Hinter New Age steht keine Organisation, trotzdem hat diese Bewegung durch Vorträge und Kurse eine große Resonanz gefunden. Die auf eine neue Selbst-, Partner- und Welterfahrung zielenden praktischen Übungen zu Meditation und Körperarbeit, zu Atmung und Selbstheilung und vor allem zu einem rechten Sexualverhalten spielen dabei eine große Rolle.

Das in den Menschen verborgene Kräftepotential soll durch Meditation und Psychotechnik erschlossen werden. Dazu verhelfen Workshops (englisch: »Arbeitsladen«), d.h. praxisbezogene Wissensvermittlung und -erarbeitung in einer Gruppe während eines kurzen Zeitraums (Wochenende). Die Verwirklichung der neuen Werte und Ziele in der menschlichen Gesellschaft, wie z.B. Kommunikation, Kooperation, Toleranz, beginnt beim Individuum durch Arbeit an sich selbst, wobei es seinem inneren, männlichen bzw. weiblichen »Guru« vertraut. Das neue individuelle Bewußtsein kann nicht nur den einzelnen heilen und transformieren, sondern es kann, wenn sich das Bewußtsein vieler Menschen verbindet, die ganze Gesellschaft geheilt und transformiert werden, so daß u. a. alle Religionen zu einer »Welteinheitsreligion« zusammenfließen und ein weltweites Friedensreich entsteht.

Ein Beispiel für eine spirituelle New-Age-Gemeinschaft ist die **Findhorn Foundation,** die 1962 in Schottland von dem damaligen Ehepaar Peter und Eileen Caddy gegründet wurde, die aus einem »grenzenlosen« ökologischen Bewußtsein sowie aufgrund von menschlich sexueller Harmonie und in Symbiose mit der Pflanzenwelt einen unfruchtbaren Landstrich in einen fruchtbaren, blühenden Garten verwandelten. Hier werden – ähnlich wie in den Sippenreligionen der Urgeschichte und in verschiedenen Stammesreligionen – die Fruchtbarkeit von Menschen, von Tieren und Pflanzen in wechselseitige Beziehungen zueinander gesetzt.

Das in fast allen Weltreligionen erwartete künftige »Neue Zeitalter«, meist unter der Herrschaft einer religiösen männlichen Führergestalt, ist für New Age das jetzt anbrechende, ca. zweitausendjährige astrologische *Wassermann-Zeitalter,* das oft mit New Age gleichgesetzt wird. Im Verlauf von 25 868 Jahren (= 1 Weltenjahr) durchläuft die gedachte Verlängerung der Erdachse einmal den von der Astrologie angenommenen Tierkreis mit seinen 12 Häusern, und alle 2156 Jahre (= 1 Weltenmonat) gelangt die Erde unter den Einfluß eines anderen Tierkreises, der dann die ganze Epoche prägt. Demzufolge steht die Gegenwart an der Übergangsphase vom dualistischen, vorwiegend von den männlich bestimmten Weltreligionen des vergangenen Fische-Zeitalters, zum synthetischen »androgynen« Wassermann-Zeitalter der zukünftigen spirituellen Evolution der Menschen. Letzteres Zeitalter bietet die Chance einer neuen Humanität. Frauen und Männer, Menschen und Völker können zu einer neuen dynamischen Einheit und synthetischen Bewußtseinsstufe zusammenwachsen, da das in Okkultismus und Esoterik bisher nur »Eingeweihten« zugängliche, verborgene Wissen über das volle Menschsein im neuen Wassermann-Zeitalter jeder und jedem zugänglich ist und zur Erfahrungs- und Lebensform aller gehört.

Zeitlich trifft die New-Age-Bewegung mit dem in zahlreichen Ländern der Erde aufbrechenden religiösen *Fundamentalismus,* u. a. bei Hindus und Sikhs, bei Juden, Christen und Moslems, zusammen, der sich auf die jeweils eigenständigen und ihn dadurch von den anderen abgrenzenden Traditionsgüter konzentriert, zu denen insbesondere eine meist negative Wertung zwischenmenschlicher Sexualität – ob hetero- oder homosexueller Art – gehört. Dagegen bedienen sich die Anhänger der weltweiten New-Age-Bewegung der

Die Sehnsucht einer imaginären Zukunft symbolisiert ein irdisches, nacktes Menschenpaar am überhängenden Treffpunkt mit außerirdischen Intelligenzen

Mystik der verschiedenen traditionellen Religionen als einer einheitlichen und ganzheitlichen Erfahrung, die zwischen den Religionen und Kulturen und insbesondere zwischen den Geschlechtern Brücken der Harmonie und des Friedens zu schlagen versucht, so wie es der Regenbogen, der »Lichtkanal zur Vermittlung spiritueller Energien«, als Symbol des Wassermann-Zeitalters verdeutlichen soll.

ANHANG

Anmerkungen

Urgeschichtliche Sippenreligionen

1 Knaurs Großer Religionsführer, München [3]1992, S. 404 f.
2 André Leroí-Gourhan: Prähistorische Kunst, Die Ursprünge der Kunst in Europa (= Große Epochen der Weltkunst: Ars antiqua, 1), Freiburg i. Br. u. a. 1971, S. 575 f.
3 Marija Gimbutas: The Language of the Goddess, San Francisco 1989, S. 149 (Figur 231) und S. 153 (Figur 236)

Stammesreligionen

1 Knaurs Großer Religionsführer, München [3]1992, S. 376 f.
2 Josef Franz Thiel: Religionsethnologie, Grundbegriffe der Religionen schriftloser Völker, Berlin 1984, S. 206
3 Knaurs Lexikon der Mythologie, 3100 Stichwörter zu den Mythen aller Völker von den Anfängen bis zur Gegenwart, München 1989, S. 137
4 A. van Gennep: Les rites de passage, Paris 1909
5 Wörterbuch der Völkerkunde, hrsg. von Walter Hirschberg (= Kröners Taschenausgabe, Bd. 205), Stuttgart 1965, S. 275
6 Wörterbuch der Symbolik, hrsg. von Manfred Lurker (= Kröners Taschenausgabe, Bd. 464), Stuttgart [3]1985, S. 680

7 Wörterbuch der Völkerkunde, a. a. O., S. 327

8 Hans Krahe: Einleitung in das vergleichende Sprachstudium, Innsbruck 1970, S. 104 f.

9 Lexikon der Afrikanistik, Berlin 1983, S. 92

10 Wilhelm Schmidt: Die Sprachfamilien und Sprachenkreise der Erde, (Nachdruck) Hamburg 1977, S. 338 ff.; vgl. Gerlach Royen: Die nominalen Klassifikations-Systeme in den Sprachen der Erde. Historisch-kritische Studie, mit besonderer Berücksichtigung des Indogermanischen, Wien 1929

11 Wilhelm Schmidt, a. a. O., S. 352; Hans Krahe: Einleitung in das vergleichende Sprachstudium, Innsbruck 1970, S. 104 f.; Hans Krahe: Grundzüge der vergleichenden Syntax der indogermanischen Sprachen, Innsbruck 1972, S. 30 f.

Altägyptische Religion

1 Knaurs Großer Religionsführer, München [3]1992, S. 9–26

2 Coffin Texts (»Sargtexte«) III, 383 a

3 Hans Bonnet: Reallexikon der ägyptischen Religionsgeschichte, Berlin 1952, S. 538 (= RÄRG)

4 Aegypten (= Religionsgeschichtliches Lesebuch, Bd. 10), Tübingen [2]1928, S. 29, Nr. 42

5 Lexikon der Ägyptologie [7 Bde., Wiesbaden 1975–89], Bd. III, S. 1041 (= LÄ)

6 RÄRG, S. 384

7 LÄ, Bd. II, S. 824

8 LÄ, Bd. II, S. 1206–1209

9 RÄRG, S. 173

10 Totenbuch der Ägypter (Spruch) 125, (Verse) 21–49; Das Totenbuch der Ägypter, übersetzt von Erik Hornung, Zürich–München 1990, S. 234 ff. (= Totenbuch)

11 Totenbuch der Ägypter 125, 78–86; Totenbuch, a. a. O., S. 237 f.

12 Totenbuch der Ägypter 125, 123–214; Totenbuch, a. a. O., S. 240 ff.

13 LÄ, Bd. III, S. 440

14 LÄ, Bd. VI, S. 1249

15 RÄRG, S. 484

16 RÄRG, S. 580

17 Plutarchos: de Iside et Osiride, 18

18 LÄ, Bd. II, S. 6 und Bd. III, S. 416; Papyrus Chester Beatty I, 4, 1–3

19 Posener, in: Zeitschrift für ägyptische Sprache und Altertumskunde 96, 1969,

S. 33, Anmerkung 26; LÄ, Bd. I, S. 1230 und Bd. III, S. 416 und Bd. IV, S. 281 und Bd. VI, S. 85

20 LÄ, Bd. II, S. 1274

21 RÄRG, S. 375

22 LÄ, Bd. III, S. 416; Herodot: Neun Bücher der Geschichte, Bd. II, S. 64

23 RÄRG, S. 636

24 RÄRG, S. 55 und 375; LÄ, Bd. III, S. 461

25 Kleines Wörterbuch der Ägyptologie, hrsg. von Wolfgang Helck und Otto Eberhard, Wiesbaden [3]1987, S. 128 f. (= KWÄ); LÄ, Bd. II, S. 801 ff., zählt 32 Gottesgemahlinnen auf.

26 Totenbuch der Ägypter 24, 24; Totenbuch, a.a.O., S. 114

27 LÄ, Bd. II, S. 10, Anmerkung 33

28 Papyrus Chester Beatty I, II, 6

29 LÄ, Bd. II, S. 10, Anmerkung 30

30 LÄ, Bd. IV, S. 1020

31 RÄRG, S. 218 ff.

32 KWÄ, S. 93

33 LÄ, Bd. IV, S. 293

34 RÄRG, S. 93 ff. mit Abbildung S. 94; vgl. Alan Gardiner: Egyptian Grammar, Being an Introduction to the Study of Hieroglyphs, Oxford [3]1957; Elmar Edel: Altägyptische Grammatik, Rom [2]1964

Religionen der Sumerer und Akkader, der Churriter und Hethiter

1 Knaurs Großer Religionsführer (= KGR), [3]1992, S. 377–380

2 KGR, S. 47–51

3 KGR, S. 36 f.

4 KGR, S. 142

5 KGR, S. 185–187

6 Reallexikon der Assyriologie, hrsg. von Erich Ebeling und Bruno Meissner, Berlin 1928 ff., 4. Bd., S. 535 (= RLA)

7 Etanas Himmelfahrt, Altorientalische Texte zum Alten Testament, hrsg. von Hugo Greßmann, Berlin–Leipzig [2]1926, S. 235–240 (= AOT)

8 Gilgamesh-Epos (Tafel) I, (Zeile) 51; AOT, S. 151

9 Höllenfahrt der Ishtar; AOT, S. 206–210

10 Höllenfahrt der Ishtar (Zeile) 77–80; AOT, S. 208, (Zeile) 7–10; AOT, S. 209

11 Gilgamesh-Epos, I, 7–9; AOT, S. 160

12 Gilgamesh-Epos 42 f.; AOT, S. 161

13 Codex Hammurabi (= CH), § 129; AOT, S. 393; vgl. Deuteronomium 22, 22 und Levitikus 20, 10

14 CH, § 130; AOT, S. 394; vgl. Deuteronomium 22, 25–27

15 CH, § 132; AOT, S. 394; vgl. Numeri 5, 12–28

16 CH, § 142; AOT, S. 395

17 CH, § 154–158; AOT, S. 396; vgl. Levitikus 20, 12

18 Altassyrische Gesetze (= AG), § 20; AOT, S. 414

19 AG, § 15; AOT, S. 413

20 AG, § 40; AOT, S. 418

21 Hettitische Gesetze (= HG), § 97; AOT, S. 430

22 HG, § 99 a; AOT, S. 430

23 HG, § 99 b; AOT, S. 430

24 Hartmut Schmökel: Heilige Hochzeit und Hoheslied, Wiesbaden 1956, S. 15

25 Adam Falkenstein und Wolfram von Soden (Hrsg.): Sumerische und akkadische Hymnen und Gebete, Zürich–Stuttgart 1953, S. 118 (= Falkenstein)

26 Falkenstein, a. a. O., S. 120

27 Falkenstein, a. a. O., S. 96 f.

28 RLA, Bd. IV, S. 257

29 Dieses Ritual schildern drei Texte in gewisser Ausführlichkeit; vgl. RLA, Bd. IV, S. 255 f.

30 RLA, Bd. IV, S. 145

31 CH, § 144–147 (vgl. CH, § 137); AOT, S. 395

32 CH, § 181; AOT, S. 400

33 Wolfgang Fauth: Sakrale Prostitution im Vorderen Orient und im Mittelmeerraum, in: Jahrbuch für Antike und Christentum, 31, 1988, S. 27

34 Weisheitssprüche, Zeile 41–46; AOT, S. 292

35 Gilgamesh-Epos, I, 167–170; AOT, S. 153

36 Gilgamesh-Epos, I, 207 f.; AOT, S. 154

37 Herodot: Opera, Bd. I, 199

38 RLA, Bd. II, S. 485

39 Auszugslied, Zeile 7–9; AOT, S. 257

40 Ishtars Höllenfahrt, Zeile 11 ff.; AOT, S. 209

41 CH, § 178–180, 187, 192 f.; AOT, S. 399–401

42 Adam Falkenstein: Grammatik der Sprache Gudeas von Lagash, Bd. I, Schrift- und Formenlehre, Rom 1978, S. 70

43 Bruno Meißner und Karl Oberhuber: Die Keilschrift, Berlin [3]1967, S. 151 f.

44 Bruno Meißner, a. a. O., S. 153

45 Adam Falkenstein: Grammatik, a.a.O., S.68–70

46 Adam Falkenstein: Das Sumerische, Leiden 1964, S.19

47 Adam Falkenstein: Das Sumerische, a.a.O., S.21

48 C. Brockelmann: Grundriß der vergleichenden Grammatik der semitischen Sprachen, Berlin 1908–13, Bd.I., S.404

49 Bruno Meißner, a.a.O., S.59, Nr.11

50 Bruno Meißner, a.a.O., S.56f.

51 Bruno Meißner, a.a.O., S.59, Nr.11

52 RLA, Bd.III, S.547; vgl. Emmanuel Laroche: Les Hiéroglyphes Hittites, Première partie, L'écriture, Paris 1960

53 RLA, Bd.III, S.489f.

54 RLA, Bd.III, S.549

Griechische Religion

1 Knaurs Großer Religionsführer, München ³1992, S.165–181

2 Knaurs Großer Religionsführer, a.a.O., S.221f.

3 Homer: Ilias, 14. (Gesang), 314–347 (Verse); Homer: Ilias und Odyssee, in der Übersetzung von Johann Heinrich Voss, Hamburg o.J., S.225

4 Homer: Ilias, 5, 370

5 Aischylos: Danaiden

6 Hesiod: Theogonie, 188–197, 200; Hesiod, Sämtliche Werke, Deutsch von Thassilo von Scheffer, Bremen 1984, S.61

7 Hesiod: Theogonie, 120

8 Mustervers Catull: »Hunc lucum tibi dedico consecroque, Priape.« Vgl. dtv Lexikon der Antike, Bd.4, München ³1978, S.28

9 Platon: Das Gastmahl, übersetzt und erläutert von Otto Apelt, in 2. Auflage mit gegenübergestelltem griechischem Text neubearbeitet von Annemarie Capelle, Hamburg 1960 [Rede des Aristophanes: 189 C – 193 D], S.47–59

10 Platon, a.a.O., S.49–53

11 Platon, a.a.O., S.55

12 Platon, a.a.O., S.56f.

13 Bornemann, Ernest: Lexikon der Liebe, Bd. 2, München 1968, S.155

14 Aristoteles: Politik, 1254b13, 1259b34, 1277b20

15 Demosthenes: Rede gegen Neaira

16 Strabo 8, 6, 20 (378); zitiert in: Jahrbuch für Antike und Christentum 31, 1988, S.38

17 E. Schwyzer und A. Debrunner: Griechische Grammatik, München (1939) 1950

Römische Religion

1 Knaurs Großer Religionsführer, München [3]1992, S. 340–356
2 M. Leumann, J. V. Hoffmann, A. Szantyr: Lateinische Grammatik, 2 Bde., München 1963–1972
3 Apuleius: Metamorphosen 4, 28–6, 24 f.; Apuleius, lateinisch und deutsch, Der goldene Esel, Metamorphosen, hrsg. und übersetzt von Edward Brandt und Wilhelm Ehlers, München [3]1980

Mysterienkulte

1 Knaurs Großer Religionsführer, [3]1992, S. 317 f.
2 Ovid: Metamorphosen X, 686 ff.; Ovids Metamorphosen, lateinisch und deutsch, übersetzt von Herm. Breitenbach (= Bibliothek der Alten Welt), Zürich 1958
3 Apuleius: Metamorphosen; Apuleius, lateinisch und deutsch, Der goldene Esel, Metamorphosen, hrsg. und übersetzt von Edward Brandt und Wilhelm Ehlers, München [3]1980
4 Plutarch: Brief an Klea
5 Vgl. Ovid: Metamorphosen X, 298
6 Plinius 12, 2

Religionen der Germanen und Kelten, der Slawen und Balten

1 Knaurs Großer Religionsführer (= KGR), München [3]1992, S. 157–162
2 KGR, a. a. O., S. 280–282
3 KGR, a. a. O., S. 373–374
4 KGR, a. a. O., S. 55
5 KGR, a. a. O., S. 338
6 KGR, a. a. O., S. 295
7 KGR, a. a. O., S. 294
8 Snorri Sturluson, Heimskringla: Ynglinga saga c. 4; Die Germanen (= Religionsgeschichtliches Lesebuch, Nr. 12). Tübingen [2]1929, S. 24 (= RGL: 12)

9 Edda: Lokasenna; RGL: 12, S.40, Edda, übertragen von Felix Genzmer (= Thule, Altnordische Dichtung und Prosa, 2 Bde.), 1. Band: Heldendichtung, 2. Band: Götterdichtung und Spruchdichtung, Düsseldorf–Köln 1963

10 Tacitus: Germania, cap. 40; RGL: 12, S.24

11 Adam von Bremen: Gesta Hammaburgensis ecclesiae pontificium IV, 26; RGL: 12, S.61

12 RGL: 12, S.9

13 Adam von Bremen, a. a. O.; RGL: 12, S.61

14 Snorri Sturluson: Heimskringla: Ynglinga saga c.3; RGL: 12, S.7

15 Edda: Lokasenna, Nr. 25 f.; RGL: 12, S.39

16 Saxo Grammaticus: Historia Danica I, S. 25 f.; RGL: 12, S.8

17 Edda: Lokasenna 20; RGL: 12, S.39

18 Edda: Lokasenna 17; RGL: 12, S.39

19 Edda: Lokasenna 23; RGL: 12, S.39

20 Edda: Lokasenna 33; RGL: 12, S.40

21 Edda: Lokasenna 40; RGL: 12, S.40

22 Edda: Lokasenna 51; RGL: 12, S.41

23 Edda: Lokasenna 54; RGL: 12, S.41

24 Imran Bráin, Nr. 19 f.; Die Kelten (= Religionsgeschichtliches Lesebuch, Nr. 13), Tübingen [2]1929, S. 13 (= RGL: 13)

25 Imram Bráin, Nr. 41; RGL: 13, S.15

26 »Condlas Abenteuer«, Nr. 6; RGL: 13, S.19

27 Snorri Sturluson: Heimskringla, Ynglinga saga c.4; RGL: 12, S.23

28 Snorri Sturluson: Heimskringla, Ynglinga saga c.7; RGL: 12, S.2

29 RGL: 12, S.70

30 RGL: 12, S.33

31 RGL: 12, S.49

32 Tacitus: Germania c.8; RGL: 12, S.66

33 Plinius: Naturalis Historia XIV, 249 ff.; RGL: 13, S.38

34 Caesar: De Bello Gallico VI, 13, 3 ff.

34a Helmut Arntz: Handbuch der Runenkunde, Halle/Saale [4]1944; Karl Schneider: Die germanischen Runennamen, Versuch einer Gesamtdeutung, Ein Beitrag zur indogermanischen Kultur- und Religionsgeschichte, Meisenheim 1956; Klaus Düwel: Runenkunde, Stuttgart [2]1982; Wolfgang Krause: Runen, Berlin 1970

35 Grein-Wülcker: Bibliothek der angelsächsischen Poesie, Bd. I, S.316; RGL: 12, S.70

36 Tacitus: Germania cap. 2, »deum terra editum«

37 Caesar: De Bello Gallico VI, 21

Religionen der Maya, Azteken und Inka

1 Knaurs Großer Religionsführer, München [3]1992, S. 301–305
2 Knaurs Großer Religionsführer, a. a. O., S. 41–45
3 Knaurs Großer Religionsführer, a. a. O., S. 228–229
4 Popol Vuh (Teil) IV, (Kapitel) 11; Popol Vuh, Das Heilige Buch der Quiché-Indianer von Guatemala, übersetzt von Leonhard Schultze-Jena, Stuttgart–Berlin 1944, S. 161 ff. (= Jena)
5 Popol Vuh II, 3; Jena S. 47 f.
6 Popol Vuh IV, 2; Jena S. 131 f.
7 Eduard Georg Seler: Gesammelte Abhandlungen zur amerikanischen Sprach- und Altertumskunde, Bd. 2, Berlin 1904, S. 1059; Ferdinand Freiherr von Reitzenstein: Liebe und Ehe in Ostasien und bei den Kulturvölkern Altamerikas, Stuttgart [5]1910, S. 74
8 Popol Vuh II, 1 und 2; Jena S. 37 ff.
9 Günter Zimmermann: Die Hieroglyphen der Maya-Handschriften, Hamburg 1956; J. Eric S. Thompson: Maya Hieroglyphic Writing, An Introduction, Washington 1950
10 Paul Schellhas: Die Göttergestalten der Mayahandschriften, Berlin [2]1904

Vedisch-brahmanisch-hinduistische Religion

1 Zur Erklärung der Bezeichnungen »Volks- und Reichsreligionen« siehe die Einführung vor der griechischen Religion
2 Knaurs Großer Religionsführer, München [3]1992, S. 405–410
3 Knaurs Großer Religionsführer, a. a. O., S. 60–64
4 Knaurs Großer Religionsführer, a. a. O., S. 187–221
5 Rigveda III, 6, 9; Sacred books of the East [50 Bde., Oxford 1879–1910], Bd. 46: 245 (= SBE)
6 Rigveda X, 91
7 Rigveda I, 160
8 Rigveda I, 66, 8; Moritz Winternitz: Geschichte der indischen Literatur, Bd. 1. Stuttgart (Nachdruck) 1969, S. 78 (= Winternitz: Literatur)
9 Rigveda V, 80, 5 f.; Vedismus und Brahmanismus, hrsg. von K. F. Geldner, (=

Religionsgeschichtliches Lesebuch, Nr. 9), Tübingen [2]1928, S. 21 (= RGL Nr. 9)

10 Rigveda X, 129

11 Rigveda X, 90

12 Brihadāranyaka-Upanishad 1, 4, 3; Paul Deussen: Sechzig Upanishad's des Veda, Leipzig 1921, S. 393 (= Deussen)

13 Knaurs Großer Religionsführer, a. a. O., S. 206

14 Satapatha-Brahmana IX, 4, I, 6; SBE 43: 230, Vishnu Institutes 67, 31; SBE 7: 215

15 Gesetzbuch des Manu; SBE 25

16 Gesetzbuch des Manu 5, 154; SBE 25: 196; Winternitz: Literatur S. 340

17 Purāna; Winternitz: Literatur, S. 472

18 Padma-Purāna II; Winternitz: Literatur, S. 452

19 Ramayana II, 27; Winternitz: Literatur, S. 411

20 Gesetze der Aryas: Vasishtha XXI, 11 ff.; SBE 14: 112

21 Aitareya-Brahmana VII, 13, 8; M. Winternitz: Die Frau in den indischen Religionen, I. Teil: Die Frau im Brahmanismus, Leipzig 1920, S. 5 (= Winternitz: Frau)

22 Gesetzbuch des Manu 4, 185; SBE 25: 185. Vgl. auch Mahabharata I, 74, 47

23 Brihad-aranyaka Upanishad 6, 4, 17–22; Deussen S. 517 f.

24 Garbha-Upanishad 1–4; Deussen S. 606–610

25 Chandogya-Upanishad 2, 13, 1.2; Deussen S. 91

26 Chandogya-Upanishad 5, 8, 1 f.; Deussen S. 142

27 Brihadaranyaka-Upanishad 6, 4, 3; Deussen S. 514

28 Satapatha-Brahmana XIV, 1, I, 29 f.; SBE 44: 446

29 Gesetzbuch des Manu 2, 213; SBE 25: 69

30 Mahabharata XII, 213, 7 ff.; 240, 34

31 Mahabharata I, 74, 40; Winternitz: Literatur S. 321

32 Satapatha Brahmana V, 2, I, 9 f.; SBE 41: 32

33 Gesetzbuch des Manu V, 66 u. 146 ff.; SBE 25: 179, 194

34 Gesetzbuch des Manu V, 66 u. 85 ff.; SBE 25: 179, 183

35 Gesetzbuch des Manu IV–V; SBE 25: 146, 162 f., 177–187

36 Grihya-Sutra II, 8, 1 ff.; SBE 30:56

37 Gesetzbuch des Manu XI, 172 ff.; SBE 25: 466

38 Gesetze der Aryas: Vasishtha III und Baudhayana I, 5, 8; SBE 14: 21, 167; Satapatha-Brahmana XIV, I, 2; SBE 44: 446

39 Gesetze der Aryas: Gautama XXIV u. ö.; SBE 2: 289 f.; SBE 14: 118, 300

40 Gesetze der Aryas: Baudhayana I, 5, 10; SBE 14: 174

41 Gesetzbuch des Manu III, 41 ff. u. ö.; SBE 25: 83 f. und 149

42 Kishkindhya Kanda 4, 18

43 Rigveda X, 10, 1–14

44 Rigveda X, 161, 5–7; Satapatha-Brahmana I, 7, 4, 2 ff.; SBE 12: 209

45 Gesetzbuch des Manu IX, 60 ff.; SBE 25: 338

46 Vishnu-Purana 2, 6, 12; W. Kirfel: Die Kosmographie der Inder, Bonn und Leipzig 1920, S. 149 f.

47 Gesetzbuch des Manu VIII, 1 ff. und 349 ff.; SBE 25: 253 und 315–321

48 Gesetzbuch des Manu IX, 42; SBE 25: 334

49 Gesetze der Aryas: Baudhayana I, 10; SBE 14: 201; Gesetzbuch des Manu IX, 229 f. und XI, 55 ff.; SBE 25: 383 und 441 f.

50 Agni Purana 168, 28–38. Gesetze der Aryas: Apastamba I, 7, 21; SBE 2: 74

51 Gesetzbuch des Manu XI, 135 ff.; SBE 25: 458

52 Agni Purana 203, 20–23

53 W. Kirfel: Die Kosmographie der Inder, a. a. O., S. 149

54 Gesetzbuch des Manu 5, 89, 90; SBE 25: 184

55 Gesetze der Aryas: Vasishtha XX, 18 ff. und Baudhayana IV, 1; SBE 14: 105 f. und 314 f.

56 Hymnen des Atharva-Veda VIII, VI, 113, 2; SBE 42: 165

57 Narada XII, 88 ff.; SBE 33: 183

58 Gesetze der Aryas: Apastamba I, 7, 21 und Gautama XXII, 17; SBE 2: 74 und 281

59 Gesetzbuch des Manu V, 90; SBE 25: 184

60 W. Kirfel: Die Kosmographie der Inder, a. a. O., S. 149

61 Gesetzbuch des Manu II, 173 ff.; SBE 25: 62 f.

62 Gesetzbuch des Manu VI, 24–29; SBE 25: 203

63 Grihya-Sūtra II, 1 f. und ö.; SBE 29: 303 und 403

64 Gesetze der Aryas: Gautama XV, 16 ff.; SBE 2: 254

65 Gesetze der Aryas: Gautama XVI, 14 ff.; SBE 2: 258

66 Gesetze der Aryas: Apastamba II, 9, 24; SBE 2: 158

67 Gesetzbuch des Manu V, 153 ff.; SBE 25: 196 f.

68 Tāndya-Brahmana VI, 1, 6–11; Winternitz: Literatur S. 190

69 Vishnu-Institutes, XXVIII, 29 ff.; SBE 7: 119

70 Rigveda I, 112, 10; X, 102, 2; Atharva Veda II, 1, 19; XI, 5, 18

71 Brihad-āranyaka-Upanishad II, 4; III, 6, 8; IV, 5; Deussen S. 416 ff., 437 f., 444 ff.; 481 ff.

72 Mahabharata XII, 213, 7 ff.; Helmuth von Glasenapp: Der Hinduismus, Reli-

gion und Gesellschaft im heutigen Indien, München 1922, S. 79; Vāyu-Purana I, 201; Winternitz: Literatur S. 447

73 Gesetzbuch des Manu II, 36f.; II, 67; SBE 25: 36 und 42; Vishnu-Institutes 22, 32; SBE 7, 90; Mahabharata I, 114, 36

74 Taittiriya samhita VI, 3.10.5

75 Pāraskara Grihya Sutra I, 8.1

76 Mahabharata I, 74. 8–9

77 Kāmasūtra III, 5.30

78 Apastamba-Sutra II, 27.3

79 Mahabharata I, 210.29

80 Agni Purana 276, 3–8

81 Rigveda X, 18.8

82 Āpastambā-Sutra II, 6, 13.4

83 Gesetzbuch des Manu IX, 66ff.; SBE 25: 339f.

84 Mahabharata I, 126.25–26

85 Atharva Veda XVII, 7, 18–24

86 Vishnu-Purana V, 38

87 1988, Britannica, Book of the Year (Chicago: Encyclopaedia Britannica 1988), S. 432

88 Sannyāsa-Upanishad 2, 7; Deussen S. 689

89 Mahabharata XIII, 174, 58ff.; 178, 7f.

90 Der menschliche Körper mit der Wirbelsäule und den neun Öffnungen (chidra): Augen, Ohren, Nasenlöcher, Mund, Geschlechtsorgan und After

91 Vasishtha XII, 96

92 Rigveda I, 72, 5

93 Rigveda VIII, 31

94 Satapatha-Brahmana I, 1, 4, 13; SBE 12: 28

95 Taittiriya-Brahmana II, 2, 2, 6

96 Satapatha-Brahmana V, 2.1.10; SBE 41: 32; Winternitz: Literatur S. 179

97 Gesetzbuch des Manu IV, 206; SBE 25: 161

98 Gesetzbuch des Manu XI, 37; SBE 25: 437; Winternitz: Literatur S. 59

99 Gesetzbuch des Manu IV, 205f., V, 155, XI, 37; SBE 25: 161 und 196 und 437

100 Gesetze der Aryas: Vasishtha XIV, 7ff.; SBE 14: 70

101 Satapatha-Brahmana I, 2, 5, 16; SBE 12: 63; Winternitz: Literatur S. 180

102 Rigveda I, 162f.

103 Brihad-Upanishad I, 1; Deussen S. 382

104 Satapatha Brahmana XIII, 5.2.2; SBE 44: 386

105 Allen V. Ross: Vice in Bombay, London 1969; zitiert von Nik Douglas und
    Penny Slinger: Das große Buch des Tantra, Basel [3]1989, S.152f.

106 1990, Britannica, Book of the Year, a.a.O., S.316

107 Wilhelm Geiger: Elementarbuch des Sanskrit unter Berücksichtigung der
    vedischen Sprache, erster Teil: Grammatik, Straßburg [2]1909; Manfred
    Mayrhofer: Sanskrit-Grammatik mit sprachvergleichenden Erläuterungen,
    Berlin–New York [3]1978; Wolfgang Morgenroth: Lehrbuch des Sanskrit,
    Grammatik, Leipzig [2]1990

Jainismus

 1 Knaurs Großer Religionsführer, München [3]1992, S.262–264

 2 Walter Schubring: Die Jainas, Tübingen 1927, S.3

 3 Akaranga Sutra II, 15; SBE 22: 192f.

 4 Akaranga Sutra II, 15; SBE 22: 200

 5 W.Kirfel: Die Kosmographie der Inder, Bonn und Leipzig 1920,
   S.312f.

 6 Kalpa-Sutra 4, 4; SBE 22

 7 Kalpa-Sutra 4, 2; SBE 22

 8 Kalpa-Sutra 5, 13.14; SBE 22

 9 Akaranga Sutra I, 8, 1; SBE 22: 81

10 Akaranga Sutra I, 5, 4; SBE 22: 48

11 Uttaradhyayana VIII, 18–19; SBE 45: 35

12 Sutrakritanga I, 4, 1; SBE 45: 274

13 Sutrakritanga I, 15; SBE 45: 330

14 Sutrakritanga I, 12; SBE 45: 318

15 Moritz Winternitz: Geschichte der indischen Literatur, Bd. 2, Die buddhistische
   Literatur und die heiligen Texte der Jainas, Stuttgart (1920), Nachdruck: 1968,
   S.344 (= Winternitz)

16 Winternitz, a.a.O., S.349

17 Winternitz, a.a.O., S.350

Buddhismus

 1 Knaurs Großer Religionsführer, München [3]1992, S.65–97

 2 Lalitavistara VI und VII; Der Mahāyāna-Buddhismus nach Sanskrit- und

Präkrittexten (= Religionsgeschichtliches Lesebuch, Bd. 15), Tübingen 1930, S. 6–11

3 Digha-Nikāya: 7. Rede; Die Reden Gotamo Buddhos aus der längeren Sammlung Dighanikayo des Pāli-Kanons, übersetzt von Karl Eugen Neumann, Zürich–Wien [3]1957, S. 517 (= Neumann II); Majjhima-Nikāya: 1. Rede; Die Reden Gotamo Buddhos aus der mittleren Sammlung Majjhimanikayo des Pāli-Kanons, zum erstenmal übersetzt von Karl Eugen Neumann, Zürich–Wien [4]1956, S. 693 (= Neumann I)

4 The Buddha-Carita of Ashvaghosha V, 46 ff.; SBE 49 (I): 56–59

5 Nyanatiloka: Buddhistisches Wörterbuch, Konstanz [4]1989, S. 196

6 H. S. Olcotts: Buddhistischer Katechismus, neu bearbeitet von Karl Seidenstükker, Leipzig 1908, S. 270

7 Digha-Nikāya: 22. Rede; Neumann II, S. 391

8 Majjhima-Nikāya: 38. Rede; Neumann I, S. 296. Vgl. auch 93. Rede; Neumann I, S. 716

9 Anguttara-Nikāya: Neuner Buch, Nr. 68; Die Lehrreden des Buddha aus der Angereihten Sammlung Anguttara-Nikāya, aus dem Pāli übersetzt von Nyanatiloka [5 Bde.], Köln 1969, Bd. 4, S. 237 (= Nyanatiloka). Vgl. auch Digha-Nikāya: 33. Rede; Neumann II, S. 572 und 574; Majjhima-Nikāya: 12. Rede; Neumann I, S. 83

10 Der Wahrheitspfad Nr. 125 f.; Sammlungen in Versen, Die Sammlung der Bruchstücke, die Lieder der Mönche und Nonnen, Der Wahrheitspfad, Zürich–Wien 1957, S. 643 (= Neumann III)

11 Hans Wolfgang Schumann: Buddhistische Bilderwelt, Köln 1986, S. 122

12 Süddeutsche Zeitung, Nr. 225 vom 29. September 1992, S. 10

13 Anguttara-Nikāya I, 1 f.; Nyanatiloka I, S. 17

14 Anguttara-Nikāya VIII, 17 f.; Nyanatiloka IV, S. 112

15 Anguttara-Nikāya VII, 48; Nyanatiloka IV, S. 33 f.

16 Anguttara-Nikāya II, 62; Nyanatiloka I, S. 82

17 Anguttara-Nikāya V, 230; Nyanatiloka III, S. 150

18 Jatakas Nr. 61–66; vgl. Moritz Winternitz: Geschichte der indischen Literatur, Bd. 2, Die Buddhistische Literatur ... Stuttgart 1968, S. 102 und 113 f.

19 Digha-Nikāya: 16. Rede; Neumann II, S. 281

20 Anguttara-Nikāya V, 55; Nyanatiloka III, S. 50 f.

21 Anguttara-Nikāya VI, 52; Nyanatiloka III, S. 212

22 Anguttara-Nikāya IV, 80 Nyanatiloka II, S. 81

23 Anguttara-Nikāya V, 33; Nyanatiloka III, S. 30

24 Anguttara-Nikāya VIII, 46; Nyanatiloka IV, S. 145 f.

25 Digha-Nikāya: 21. Rede; Neumann II, S. 370

26 Majjhima-Nikāya: 115. Rede; Neumann I, S. 873

27 Saddharma-Pundarika VIII; SBE 21: 194: Lexikon der östlichen Weisheitslehren: Buddhismus, Hinduismus, Taoismus, Zen, Bern–München–Wien 1986, S. 362

28 Saddharma-Pundarika XI; SBE 21: 252

29 Saddharma-Pundarika XI; SBE 21: 252–254

30 Saddharma-Pundarika XII; SBE 21: 389

31 Lexikon der östlichen Weisheitslehren, a. a. O., S. 363

32 Digha-Nikāya: 22. Rede; Neumann II, S. 392. Digha-Nikāya: 33. Rede; Neumann II, S. 563. Digha-Nikāya: 34. Rede; Neumann II, S. 603

33 Digha-Nikāya: 27. Rede; Neumann II, S. 481

34 Anguttara-Nikāya III, 109; Nyanatiloka I, S. 220

35 Digha-Nikāya: 22. Rede; Neumann II, S. 395

36 Anguttara-Nikāya X, 176; Nyanatiloka V, S. 117

37 Anguttara-Nikāya VII, 45; Nyanatiloka IV, S. 30

38 Anguttara-Nikāya III, 71; Nyanatiloka I, S. 185

39 Saddharma-Pundarika XXIV; SBE 21: 417. **Nur** zur Körperlichkeit (rūpa) gehören das Geschlecht (bhāva) der Männlichkeit (purisha-bhāva) und das der Weiblichkeit (itthi-bhāva)

40 Vinaya: Mahāvagga I, 30; SBE 13: 173 f.

41 Vinaya: Patimokkha und Mahāvagga; SBE 13: 7 f., 32, 43, 234 f. Sutta-nipatha: Uragavagga VI und XII; SBE 10 (II): 18 f. und 35

42 Vinaya: Kullavagga V, 7 f.; SBE 20: 77 ff.

43 Vinaya: Mahāvagga I, 61; SBE 13: 215

44 Vinaya: Mahāvagga I, 60; SBE 13: 214 f.

45 Schumann: Buddhistische Bilderwelt, a. a. O., S. 243

46 Lexikon der östlichen Weisheitslehren, a. a. O., S. 443

47 Vinaya: Kullavagga XI, 1, 10; SBE 20: 380

48 Vinaya: Kullavagga X, 1, 6; SBE 20: 325 f. Vgl. Der ältere Buddhismus nach Texten des Tipitaka (Religionsgeschichtliches Lesebuch, Bd. 11), Tübingen [2]1929, S. 145

49 Vinaya: Kullavagga X, 1, 4; SBE 20: 322 ff.

50 Vinaya: Kullavagga X, 1, 4 f.; SBE 20: 322–325

51 Vinaya: Kullavagga X, 4; SBE 20: 323 f.

52 Vinaya: Kullavagga VI, 4 f. und X, 3 f.; SBE 20: 195, 328

53 Vinaya: Kullavagga X, 20 f.; SBE 20: 358 f.

54 Lieder der Mönche, Nr. 738; Neumann III, S. 420

55 Lieder der Mönche, Nr. 1150–1154; Neumann III, S. 488 f.

56 Friedrich Heiler: Die Frau in den Religionen der Menschheit, Berlin 1977, S. 66

57 Samyutta-Nikāya, 5. Bhikkhuni-Samyutta, Sutta 2; Samyutta-Nikāya, Die in
    Gruppen geordnete Sammlung aus dem Pāli-Kanon der Buddhisten, zum
    ersten Mal ins Deutsche übertragen von Wilhelm Geiger, Bd. I., München-Neu-
    biberg 1930, S. 200 f.

58 K. Seidenstücker: Elementargrammatik (Laut- und Formenlehre) der Pāli-
    Sprache, Leipzig 1916; A. Fahs: Grammatik des Pali, Leipzig 1989

59 Schumann: Buddhistische Bilderwelt, a. a. O., S. 109

Sikhismus

1 Knaurs Großer Religionsführer, ³1992, S. 370–372

2 E. Trump: Die Religion der Sikhs, 1881, S. 646

3 E. Trump, a. a. O., S. 589

4 Die Söhne GOTTES, Aus den Heiligen Schriften der Menschheit, Auswahl und
   Einleitungen von Gustav Mensching, Wiesbaden o. J., S. 77; E. Trump, a. a. O.,
   S. 78

Zoroastrisch-parsische Religion

1 Knaurs Großer Religionsführer, München ³1992, S. 329–332, 419–421

2 Yasna 9, 13; Sacred books of the East, Oxford, Bd. 31, S. 235 (= SBE); Yasht 5,
   18; SBE 23: 70 f.; Vidēvdāt 19, 6

3 Yasht 13, 90–93; SBE 23: 201 f.

4 Yasna 53, 2; SBE 31: 190 f.

5 Pahlavi-Texte: Zad-Sparam XX, 7 ff.; SBE 47: 152–153

6 Yasna 44, 11; SBE 31: 116 f.

7 Yasna 44: 11; Die Gatha's des Awesta. Zarathushtra's Verspredigten, übersetzt
   von Christian Bartholomae, Straßburg 1905, S. 61 (= Bartholomae)

8 Yasna 12, 5; SBE 31: 249

9 Pahlavi-Texte: Zad-Sparam XXIII; SBE 47: 163–164

10 Yasna 46, 14 SBE 31: 142

11 Yasna 51, 17; SBE 31: 185; Yasht 13, 103; SBE 23: 207 f.

12 Yasna 12, 7; SBE 31: 249 f.; Yasht 5, 68; 13, 103; SBE 23: 70 und SBE 23: 207 f.

13 Yasht 13, 96–110; SBE 23: 203–211

14 Yasna 29; 32, 10.12.14; 33,3.4; 34,14; 44,20; 46,4
15 Yasna 53, 5
16 Yasna 27, 13; 9, 1 f.; SBE 31: 281 u. ö.; Yasht 13, 62; SBE 23: 195
17 Yasna 33, 1; 45, 11; SBE 31: 72 u. ö.
18 Bundahish XXXII; SBE 5: 140–144
19 Yasna 23, 2; 26, 5; 67, 2; SBE 31: 273 u. ö.; Yasht 13, 98;
     SBE 23: 204
20 [Frēnay oder Frēni] Yasht 13, 139; SBE 23: 224 f.
21 Yasht 13, 139; SBE 23: 224 f.
22 Yasna 53, 3; SBE 31: 191
23 Yasht 13, 98; SBE 23: 204; Vidēvdāt 2, 43
24 Yasht 13, 98; SBE 23: 204
25 Yasht 13, 139; 16, 15; SBE 23: 224 f. u. ö.
26 Yasht 13, 128; SBE 23: 219 f.
27 Yasht 19, 66; 19, 92; SBE 23: 302 und 307; Vidēvdāt 19, 5
28 Yasht 13, 141; SBE 23: 225 f.
29 Yasht 13, 142; SBE 23: 226
30 Yasht 13, 142; SBE 23: 226
31 Yasht 5, 127; SBE 23: 60; Avesta, Die Heiligen Bücher der Parsen, übersetzt von
     Fritz Wolff, Berlin–Leipzig 1924, S. 181 (= Wolff)
32 Yasht 5, 1 f., 5 f. 89; SBE 23: 54–74; Wolff, S. 166 f., 176
33 Zend-Avesta: Yasht 24, 7; SBE 23: 341; Pahlevi-Texte: SBE 5: 322; SBE 24: 277,
     286 f., 319; SBE 37: 100 f.; SBE 47: 30
34 Zend-Avesta: Yasht 21; SBE 23: 312; Pahlevi Texte: SBE 37: 174, 208 f.
35 Vendidad 18, 101 ff.
36 Vidēvdāt 4, 47; Wolff S. 339
37 Pahlevi-Texte: SBE 24: 340
38 Yasht 17, 59; Wolff S. 283; SBE 23: 281
39 Vidēvdāt 18, 46–47; Wolff S. 422
40 Vidēvdāt 18, 50; Wolff S. 423
41 Vidēvdāt 18, 51–52; Wolff S. 423
42 Vidēvdāt 8, 26 f.; Wolff S. 368 f.
43 Vidēvdāt 8, 31 f.; Wolff S. 369
44 Yasna 12, 8 f.; Wolff S. 41; SBE 31: 250
45 Vendidad 16, 21–22
46 Vendidad 16, 33 ff.; 18, 134 ff.
47 Vidēvdāt 16, 1–4; Wolff S. 413
48 Vidēvdāt 16, 1–8; Wolff S. 413 f.

49 Zend-Avesta: Vendidad V und VII; SBE 4: 62–65, 91 f.; Pahlevi-Texte: SBE 5:
     280–282; SBE 24: 340 f.; SBE 37: 159

50 Vidēvdāt 5, 48–54; Wolff S. 348

51 Vendidad 5, 149–151; vgl. Vendidad 7, 163–165

52 Vidēvdāt 15, 7 f.; Wolff S. 408

53 Vidēvdāt 16, 17; Wolff S. 415

54 Vidēvdāt 16, 15 f.; Wolff S. 415

55 Vidēvdāt 18, 69–74; Wolff S. 425

56 Vidēvdāt 15, 9–14; Wolff S. 409

57 Vidēvdāt 18, 61 f.; Wolff S. 424

58 Vidēvdāt 18, 64 f.; Wolff S. 424

59 Vidēvdāt 9, 21; Wolff S. 383

60 Vidēvdāt 9, 37 f.; Wolff S. 385. Vgl. auch Vidēvdāt 8, 57 f.;
     Wolff S. 373

61 Vidēvdāt 9, 40–42; Wolff S. 386

62 Vidēvdāt 8, 37–39; Wolff S. 370; Vidēvdāt 9, 6–11; Wolff S. 380 f.

62a R. S. P. Beekes: A grammar of Gatha-Avestan, Leiden 1988

63 Yasna 30, 4; 31, 9; SBE 31: 30 u. ö.

64 Yasna 16, 1; 17, 16; SBE 31: 257 u. ö.

65 Yasna 29, 4; 34, 5; 48, 1; SBE 31: 275 u. ö.

66 Yasna 49, 4; SBE 31: 163 f.

67 Yasht 19, 80 f.; Wolff S. 295; SBE 23: 305

68 Yasna 12, 1.4; SBE 31: 247 ff.

69 Yasht 6, 1; 16, 3–16; SBE 23: 85 f. u. ö.

70 Yasht 13, 104; Wolff S. 245; SBE 23: 208

Universistische Religionen Chinas

1 Knaurs Großer Religionsführer, München [3]1992, S. 399–404

2 Knaurs Großer Religionsführer, a. a. O., S. 384–389

3 Knaurs Großer Religionsführer, a. a. O., S. 285–289

4 Mong Dsi (Buch) II, (Abschnitt) B, (Kapitel) 11 u. ö.; Mong Dsi [= Meng-tse],
    aus dem Chinesischen verdeutscht von Richard Wilhelm, Jena 1921, S. 46 (=
    Mong Dsi)

5 Sacred books of the East, Oxford Bd. 39, S. 35, Fußnote 1 (= SBE)

6 SBE 39: 34

7 SBE 39: 34–35

8 Liä Dsi (Buch) IV, (Kapitel) 2 und III, 2; Liä Dsi. Das wahre Buch vom quellenden Urgrund, aus dem Chinesischen übertragen von Richard Wilhelm, Düsseldorf–Köln 1976, S. 87 und 75 (= Liä Dsi)

9 Tao Te King (Kapitel) 20, (Vers) 9; Lao-Tse: Tao Te King, aus dem Chinesischen übersetzt von Victor von Strauss, Zürich 1959; S. 80 f. (= Tao Te King); SBE 39: 63

10 Liä Dsi II, 4; IV, 15; VI, 7; VII, 11; VIII, 1.3

11 The Stone Tablet in the Temple of Lao-tze; SBE 40: 311–313

12 Lun Yü (Buch) V, (Kapitel) 1 und XI, 5; Kungfutse: Gespräche, Lun Yü, aus dem Chinesischen übertragen von Richard Wilhelm, Düsseldorf 1955, S. 64 und 113 (= Lun Yü)

13 Lun Yü IX, 6

14 Lun Yü II, 4

15 Lun Yü V, 1

16 Lun Yü XVI, 13

17 Li-Ki 2 »Than Kung«; SBE 27: 120 ff.

18 Lun Yü II, 4

19 Mong Dsi II, A, 2; III, A, 1; Liä Dsi II, 8; III, 8; u. ö.

20 Lun Yü XI, 8

21 Lun Yü XI, 7

22 Dies wird von Mong Dsi bezeugt

23 Tao Te King 1; SBE 39: 47

24 Tao Te King 25; SBE 39: 67 f.

25 Tao Te King 42; SBE 39: 85 f.

26 Tao Te King 52; SBE 39: 94 f.

27 Tao Te King 28; SBE 39: 71

28 Tao Te King 55; SBE 39: 99 f.

29 Tao Te King 61; SBE 39: 104 f.

30 Tao Te King 4; SBE 39: 49 f.

31 Liä Dsi IV, 3; VII, 14

32 Liä Dsi II, 1

33 Liä Dsi I, 1; II, 1 und 18; III, 1 und 7; V, 2; VI, 9

34 Lun Yü VI, 28; VIII, 18 u. ö.

35 Liä Dsi III, 3; IV, 3; VII, 14

36 Liä Dsi II, 18; V, 1

37 Liä Dsi III, 1

38 Tao Te King 6; SBE 39: 51 f.

39 Lun Yü XI, 11

40 Wolfram Eberhard: Lexikon chinesischer Symbole. Geheime Sinnbilder in Kunst und Literatur, Leben und Denken der Chinesen, Köln 1983, S. 110

41 Li-Ki; SBE 27 und SBE 28

42 She King II, 4, 5; James Legge: The Chinese Classics in five volumes, Bd. IV, Taipei 1985, S. 306 f. (= Legge)

43 Li-Ki 41 »Hun-i« XI f.; SBE 28: 432 f.

44 Li-Ki 27 »Fang-chi« V; SBE 28: 285 f.

45 Li-Ki 2 »Than Kung« I, 1, 28; SBE 27: 120

46 Lun Yü XVII, 25; Legge Bd. I, S. 330

47 Li-Ki 10 »Nei-tzu« II, 36; SBE 27: 479

48 Li-Ki 5 »Chang-tzu« XII, 10; SBE 27: 317 f.

49 Li-Ki 1 »Ch'ü-li« I, 3, 6; SBE 27: 62

50 Li-Ki 22 »Chi-t'ung« XX; SBE 28: 247

51 Li-Ki 1, »Ch'ü-li« II, 31; SBE 27

52 Li-Ki 19 »Sang-ta-chi« I, 1; SBE 28: 173

53 Mong Dsi III, B, 2, 2; Legge Bd. II, S. 264

54 Li-Ki 9 »Chiao-t'eh-seng« III, 10; SBE 27: 440 f.

55 Li-Ki 28 »Kung Yung« II, 9; SBE 28: 313; 3 »Wang Kih« V, 28; SBE 27: 248

56 Li-Ki 7 »Li-yun« IV, 13; SBE 27: 390 f.

57 Mong Dsi III, A, 4, 8; Legge Bd. II, S. 251

58 Li-Ki 7 »Li-yun« II, 19; SBE 27: 379 f.

59 Li-Ki 41 »Hun-i« XIII; SBE 28: 434

60 Li-Ki 24 »Ai-kung-wen« XI; SBE 28: 265

61 Mong Dsi V, A, 2, 1; Legge Bd. II, S. 345 f.

62 Li-Ki 8 »Li-chi« II, 1; SBE 27: 404

63 Li-Ki 41; »Hun-i«; SBE 28: 428 ff.

64 Li-Ki 1 »Ch'ü-li« I, 1, 7; SBE 27: 65 f.

65 Li-Ki 1 »Ch'ü-li« III, 1, 10; SBE 27: 73 f.

66 Li-Ki 41 »Hun-i« I; SBE 28: 428

67 Li-Ki 39 »Ta-hsüeh«; SBE 28: 411–424

68 Mong Dsi IV, A, 26, 1; Legge Bd. II, S. 313

69 Li-Ki 1 »Ch'ü-li« I, 3, 6; SBE 27: 63

70 Li-Ki 1 »Ch'ü-li« I, 2, 6; SBE 27: 62

71 Li-Ki 2 »Than Kung« XXVII; SBE 27

72 Li-Ki 23 »China-chieh« VIII; SBE 28: 259

73 Mong Dsi III; B, 3, 6; Legge Bd. II, S. 268

74 Li-Ki 41 »Hun-i« XI; SBE 28: 432 f.; Li-Ki 1 »Ch'ü-li« II, 3, 11; SBE 27: 119

75 Shoo King I, 3, 12; Legge Bd. III, S. 27; SBE 3: 36

76 Li-Ki 1 »Ch'ü-li« II, 1, 2; SBE 27; Shi King I, 3, 2f.

77 Li-Ki 13 »Sang-fu-hsiao-chi«; SBE 28

78 Li-Ki 10 »Nei-tzu« II, 37; SBE 27: 479

79 Li-Ki 10 »Nei-tzu« II, 16 und 26; SBE 27: 471f. und 475

80 Li-Ki 10 »Nei-tzu« I, 16; SBE 27: 457

81 Mong Dsi I, B, 5, 5; Legge Bd. II, S. 164

82 Mong Dsi VI, B, 7, 3; Legge Bd. II, S. 437

83 Li-Ki 10 »Nei-tzu« I, 16; SBE 27: 457; vgl. Mong Dsi IV, B, 30, 5

84 Li-Ki 13 »Sang-fu-hsiao-chi« I, 7; SBE 28: 42

85 Li-Ki 5 »Chang-tzu« I, 7; SBE 27: 316

86 Li-Ki 9 »Chiao-t'eh-seng« III, 7; SBE 27: 439

87 Shi King I, 4, 1; SBE 3

88 Li-Ki 2 »Than Kung« I, 1, 6; SBE 27: 65

89 Tao Te King 57; SBE 39: 100f.

90 Tao Te King 43; SBE 39: 87

91 Lexikon der östlichen Weisheitslehren: Buddhismus, Hinduismus, Taoismus, Zen, Bern–München–Wien 1986; S. 109

92 Li-Ki 41 »Hun-i« X; SBE 28: 432

93 Georg von der Gabelentz: Chinesische Grammatik. Mit Ausschluß des niederen Stiles und der heutigen Umgangssprache, Berlin 1953, S. 372 (= Gabelentz)

94 Bernhard Karlgren: Schrift und Sprache der Chinesen, Berlin–Heidelberg–New York 1975, S. 34 (= Karlgren)

95 Karlgren, a. a. O., S. 38

96 Karlgren, a. a. O., S. 36

97 Gabelentz, a. a. O., S. 49

Shintoismus

1 Knaurs Großer Religionsführer, München [3]1992, S. 364–369

2 Kojiki (Buch) I, (Teil) 1, (Marginal-Nr.) 15f.; The Kojiki, Records of Ancient Matters, translated by Basil Hall Chamberlain, Tokyo [3]1988, S. 15 (= Kojiki)

3 Kojiki I, 2, 16ff.

4 Kojiki I, 3, 18f.

5 Kojiki I, 4, 19f.

6 Kojiki I, 5, 20–25

7 Kojiki I, 6, 25–29

8 Nihongi, Chronicles of Japan from the Earliest Times to A. D. 697, translated

from the original Chinese and Japanese by W.G.Aston, two volumes in one, Tokyo [8]1988

9 Kleines Wörterbuch der Japanologie, hrsg. von Bruno Lewin, Wiesbaden [2]1981, S.595

10 Herbert Zachert: Shintō und Staatsführung im neuen Japan, in: Beiträge zur Gesellungs- und Völkerwissenschaft, Berlin 1950, S.467

11 Haruko Okano: Die Stellung der Frau im Shintō, Wiesbaden 1976, S.1f.

12 Alphabete und Schriftzeichen des Morgen- und des Abendlandes, Berlin 1969, S.31

13 Alphabete und Schriftzeichen, a.a.O., S.31

14 Bruno Lewin: Abriß der japanischen Grammatik auf der Grundlage der klassischen Schriftsprache, Wiesbaden 1959, S.43

15 Bruno Lewin, a.a.O., S.43

Israelitisch-jüdische Religion

1 Knaurs Großer Religionsführer (= KGR), München [3]1992, S.257–261, 265–278

2 Exodus (= 2 Mose), Kapitel 3; die Texte aus der hebräischen Bibel wurden z.T. vom Autor selbst ins Deutsche übersetzt und z.T. entnommen aus: Das Alte Testament, Interlinearübersetzung, hrsg. von Rita Maria Steurer, Bd.I, Genesis – Deuteronomium, Neuhausen-Stuttgart [2]1989; Otto Eissfeld: Hexateuch-Synopse, Darmstadt [2]1962; Elberfelder-Bibel, revidierte Fassung, Wuppertal und Zürich [3]1992

3 Genesis (= 1 Mose) 15, 7

4 Numeri (= 4 Mose) 6, 24

5 Jesaja 45, 5

6 Psalm 23, 1

7 Psalm 24, 1

8 Exodus 3, 15

9 Exodus 3, 6

10 Genesis 1, 1

11 Psalm 22, 2

12 Genesis 2, 4

13 Exodus 20, 1–10

14 Deuteronomium (= 5 Mose) 6, 4f.

15 Exodus 6, 2f.

16 1 Könige 8, 23

17 Exodus 15, 3 und 18

18 Psalm 23, 1

19 Psalm 80, 2. 4. 5

20 Exodus 34, 23; vgl. 23, 17

21 Deuteronomium 32, 1. 6. 18 f.

22 Jeremia 31, 9

23 2 Samuel 7, 13 f.

24 Psalm 2, 7

25 Jesaja 54, 1. 5

26 Jeremia 3, 6–9

27 Jeremia 5, 7–9

28 Ezechiel 16, 7–38

29 Ezechiel 23, 8

30 Hosea 1, 2

31 Hosea 2, 18. 21 f.

32 Jesaja 49, 15

33 Jesaja 66, 12 f.

34 Genesis 2, 7–25

35 Genesis 1, 26–28

36 Genesis 3, 1–20

37 Genesis 6, 4

38 Genesis 39

39 Richter 16, 4–20

40 Sprichwörter (= Sprüche Salomos) 31, 10–31

41 Sprichwörter 30, 18–20

42 Hoheslied (Salomos) 7, 2–14

43 Jüdisches Lexikon, Ein enzyklopädisches Handbuch des jüdischen Wissens in vier Bänden, Bd. 2, Berlin 1927, Nachdruck Königstein/Taunus 1982, Sp. 913–928 (= Jüdisches Lexikon)

44 Qiddushin, Fol. 29a; Der babylonische Talmud, neu übertragen durch Lazarus Goldschmidt, Bd. VI. Berlin 1966, S. 600 (= Goldschmidt)

45 Menahoth Fol. 43b; Goldschmidt Bd. X, S. 528

46 Levitikus (3 Mose) 18, 6

47 Levitikus 18, 7; vgl. Codex Hammurabi, § 157

48 Levitikus 18, 8; Deuteronomium 23, 1

49 Levitikus 18, 9

50 Levitikus 18, 10; vgl. Codex Hammurabi, § 154

51 Levitikus 18, 11
52 Levitikus 18, 12 f.; 20, 19a
53 Levitikus 18, 14
54 Levitikus 18, 15
55 Levitikus 18, 16
56 Levitikus 18, 17
57 Levitikus 18, 18
58 Levitikus 20, 11; 20, 12; vgl. Codex Hammurabi, § 155
59 Levitikus 20, 14a
60 Levitikus 20, 17
61 Levitikus 20, 20
62 Levitikus 20, 21
63 Deuteronomium 27, 20; 27, 23; 27, 22
64 Genesis 4, 17–26
65 Genesis 20, 12
66 Genesis 28, 9
67 Genesis 35, 22
68 Genesis 49, 3 f.
69 2 Samuel 13
70 Deuteronomium 7, 3 f.
71 Deuteronomium 23, 2–4
72 Exodus 34, 15 f.
73 Numeri 25, 6–18
74 Psalm 106, 29 f.
75 Esra 9, 2–12; Nehemia 13, 25
76 Exodus 20, 14; Deuteronomium 5, 18
77 Exodus 20, 17; Deuteronomium 5, 21; vgl. Levitikus 19, 20 (der Beischlaf mit
    der Sklavin eines anderen)
78 Levitikus 18, 20
79 Levitikus 20, 10
80 Deuteronomium 22, 22; vgl. Codex Hammurabi, § 129
81 Sprichwörter 5, 1–23; 6, 20–35; 7, 1–27
82 Numeri 5, 12–30; vgl. Codex Hammurabi, § 132
83 Genesis 39, 9
84 2 Samuel 11, 2–4
85 Deuteronomium 24, 1–4; vgl. Codex Hammurabi, § 138 f.
86 Deuteronomium 22, 29
87 Gittin Fol. 90a; Goldschmidt Bd. VI, S. 499

 88 Deuteronomium 22, 5
 89 Levitikus 18, 22
 90 Levitikus 20, 13
 91 Genesis 19, 1–11
 92 Richter 19, 22–30
 93 Exodus 22, 18
 94 Deuteronomium 27, 21
 95 Levitikus 18, 23
 96 Levitikus 20, 15
 97 Levitikus 19, 19
 98 Genesis 17, 10–14; vgl. Levitikus 12, 3
 99 Exodus 4, 24–26
100 Deuteronomium 22, 13–21
101 Exodus 22, 15f.
102 Deuteronomium 22, 28f.
103 Deuteronomium 22, 23f.
104 Deuteronomium 22, 25–27; vgl. Codex Hammurabi, § 130
105 Exodus 19, 15
106 Joma Fol. 73b; Goldschmidt III, 207
107 Ta'anit Fol. 12b; Goldschmidt III, 674
108 Jabmuth Fol. 63a; Goldschmidt IV, 531
109 Jabmuth Fol. 63b; Goldschmidt IV, 536
110 Genesis 1, 28
111 Genesis 9, 1
112 Genesis 19, 30–38
113 Jabmuth Fol. 65b; Goldschmidt IV, 541
114 Deuteronomium 25, 5f.
115 Deuteronomium 25, 9
116 Deuteronomium 25, 5
117 Genesis 38, 8–10
118 Jabmuth 61b; Goldschmidt IV, 526
119 Psalm 127, 3
120 Sprichwörter 30, 15f.
121 Genesis 21, 1f.
122 Genesis 25, 1
123 Genesis 29, 31f.
124 Genesis 30, 22f.
125 Levitikus 22, 24

126 Levitikus 21, 20
127 Deuteronomium 23, 2
128 Jesaja 54, 1
129 Jesaja 56, 3–5
130 Jeremia 16, 1f.
131 Deuteronomium 21, 15; vgl. Codex Hammurabi, § 165 und 167
132 1 Chronik 1, 32
133 Genesis 25, 6
134 Genesis 35, 23f.
135 Numeri 12, 1
136 Deuteronomium 17, 17
137 1 Samuel 18, 27
138 2 Samuel 3, 2–5; 1 Chronik 3, 1–4
139 2 Samuel 5, 13–16; 1 Chronik 3, 5–9
140 2 Samuel 11, 2–5
141 2 Samuel 11, 27; 1 Chronik 3, 5
142 2 Samuel 15, 16
143 1 Könige 1, 2–4
144 1 Könige 11, 1–3
145 2 Chronik 11, 21
146 2 Chronik 13, 21
147 Levitikus 15, 16
148 Levitikus 15, 18
149 Levitikus 15, 19. 24
150 Levitikus 18, 19
151 Levitikus 20, 18
152 Levitikus 12, 2–5
153 Levitikus 12, 6–8
154 Exodus 34, 19f.; Deuteronomium 15, 19; Numeri 18, 15
155 Genesis 3, 21
156 Genesis 9, 18–27
157 Exodus 20, 26
158 Exodus 28, 42
159 2 Samuel 6, 20
160 Jesaja 20, 2f.
161 Levitikus 18, 6–19
162 Deuteronomium 25, 11f.
163 Deuteronomium 23, 18

164 Deuteronomium 23, 19

165 Levitikus 19, 29

166 Exodus 15, 20 f.

167 Numeri 12, 2

168 Richter 5, 2–31

169 2 Könige 22, 15

169a Megilla Fol. 14a; Goldschmidt IV, 56–58

170 1 Samuel 2, 22; Exodus 38, 8

171 Levitikus 6, 11

172 Levitikus 21, 7

173 Ezechiel 44, 22

174 Levitikus 21, 14

175 Levitikus 21, 13–15

176 Qiddushin Fol. 82a; Goldschmidt VI, 796

177 Hermann L. Strack und Paul Billerbeck: Das Evangelium nach Markus, Lukas und Johannes und die Apostelgeschichte (= Kommentar zum Neuen Testament aus Talmud und Midrasch, Bd. II), München [5]1969, S. 41 f.

178 Jüdisches Lexikon, a. a. O., Bd. I. Stichwort »Bad«, Sp. 676 f.

179 Exodus 23, 17

180 Levitikus 27, 4–8

181 Megilla Fol. 23a; Goldschmidt IV, 96

182 Carl Brockelmann: Grundriß der vergleichenden Grammatik der semitischen Sprachen, Bd. I. Hildesheim 1961, S. 404

183 Richter 11, 24; 2 Könige 1, 2; 19, 37

184 1 Könige 11, 5. 33

185 Deuteronomium 4, 15–19

Christentum

1 Knaurs Großer Religionsführer (= KGR), München [3]1992, S. 99–139

2 Matthäus 1, 6; Lukas 3, 31; die Texte aus dem griechischen Neuen Testament wurden z. T. vom Autor selbst ins Deutsche übersetzt und z. T. entnommen aus: Das Neue Testament, Interlinearübersetzung, griechisch-deutsch, übersetzt von Ernst Dietzfelbinger, Neuhausen-Stuttgart [4]1990; Synopse zum Münchener Neuen Testament, für das Collegium Biblicum München e. V. hrsg. v. Josef Hainz, Düsseldorf 1991; Elberfelder-Bibel, revidierte Fassung, Wuppertal und Zürich [3]1992

3 Matthäus 13, 55f.; Johannes 1, 45 und 6, 42

4 Lukas 1, 26–38

5 Lukas 1, 26–38

6 Deuteronomium 22, 20f.

7 Matthäus 1, 18–25

8 Micha 5, 1

9 Lukas 2, 1–19

10 Lukas 2, 7

11 Matthäus 1, 16

12 Markus 6, 3 parr

13 Markus 3, 31–35 parr

14 Levitikus 12, 3

15 Alphons Victor Müller: Die »hochheilige Vorhaut Christi«, Berlin 1907

16 Lukas 2, 7

17 Lukas 2, 22f.; vgl. Exodus 34, 19f.

18 Levitikus 12, 4.6

19 Lukas 2, 22

20 Markus 1, 11

21 Lukas 3, 22

22 Psalm 2, 7

23 Lukas 2, 41–52

24 Matthäus 4, 1–12

25 Matthäus 20, 20–28

26 Johannes 3, 1–21

27 Johannes 4, 1–27

28 Lukas 15, 3–10

29 Matthäus 13, 31–33

30 Matthäus 22, 2–14

31 Matthäus 25, 1–13

32 Johannes 16, 21

33 Markus 5, 21–43 parr

34 Markus 2, 1–12 parr

35 Lukas 7, 11–17

36 Markus 3, 21

37 Markus 3, 22

38 Lukas 7, 36–50

39 Markus 1, 15

40 Markus 15, 34

41 Lukas 2, 41–52

42 Lukas 23, 46

43 Lukas 11, 2–4; Matthäus 6, 9–13

44 Matthäus 11, 25–27; vgl. Lukas 10, 21 f.

45 1 Korinther 16, 13–15

46 1 Korinther 11, 3–10

47 Kolosser 3, 18 f.

48 Epheser 5, 21–33

49 1 Petrus 3, 1–7

50 Titus 2, 1–5

51 Hieronymus ad Jovinian I, 48; Patrologiae cursus completus, Accurante Jacques-Paul Migne, Series Latina 1, Paris, Bd. 23, 260 ff. (= PL)

52 Aristoteles: De animalium generatione, 2: 3

53 Summa theologica I q. 92a.1; q 93a.4

54 Hieronymus: De perpetua virginitate B. Mariae; PL 23, 214

55 Catechismus Romanus ex decreto Concilii Tridentini ad Parochos, Romae 1566, Teil I, Kapitel IV, Nummer 8 (= Catechismus Romanus)

56 Lukas 6, 35; Matthäus 5, 44

57 Matthäus 5, 21–48

58 Matthäus 5, 27 f.

59 Matthäus 15, 17–20

60 Johannes 8, 2–10

61 1 Thessalonicher 4, 2–7

62 Galater 5, 19–21

63 1 Korinther 5, 1–5

64 1 Korinther 5, 9–13

65 1 Korinther 6, 9–11

66 1 Korinther 6, 13–19

67 Römer 1, 24–32

68 Epheser 5, 3–5

69 Offenbarung 14, 4

70 Offenbarung 14, 8

71 Offenbarung 17, 1 f.

72 Offenbarung 17, 3–5

73 Offenbarung 19, 2

74 Offenbarung 21, 8

75 Offenbarung 22, 15

76 Heribert Jone: Katholische Moraltheologie, Unter besonderer Berücksichti-

gung des Codex Iuris Canonici ... Paderborn [4]1931, Nr. 222, S. 179 (= Heribert Jone)

77 Catechismus Romanus, Teil II, Kapitel VIII, Nr. 3

78 Catechismus Romanus, Teil II, Kapitel VIII, Nr. 8

79 Catechismus Romanus, Teil II, Kapitel VIII, Nr. 34; vgl. Gerhard Bellinger: Der Catechismus Romanus und die Reformation, Paderborn 1970, Nachdruck: Hildesheim 1987, S. 193, 292, 232

80 Catechismus Romanus, Teil II, Kapitel IV, Nr. 58

81 Die Bekenntnisschriften der evangelisch-lutherischen Kirche, Göttingen [5]1963, S. 528–534 (= Die Bekenntnisschriften)

82 Die Bekenntnisschriften, a.a.O., S. 612

83 Catechismus Romanus, Teil II, Kapitel VIII, Nr. 13; vgl. G. Bellinger: Der Catechismus Romanus und die Reformation, S. 230.

84 Der Spiegel, 46. Jahrgang, Nr. 25 vom 15. Juni 1992, S. 50

85 Evangelische Kommentare, Stuttgart 1992, Heft 7, S. 435

86 Breviarium Romanum ex decreto Concilii Tridentini, Pars Verna, Ratisbonae 1952, S. 74

87 Glaubensverkündigung für Erwachsene, deutsche Ausgabe des Holländischen Katechismus, Nijmegen-Utrecht 1968, S. 431

88 Evangelische Kommentare, Stuttgart 1989, Heft 8, S. 55

89 Lutherische Monatshefte, Hamburg 1992, Heft 6, S. 286

90 Evangelische Kommentare, Stuttgart 1992, Heft 6, S. 373

91 Heribert Jone, a.a.O., Nr. 232, S. 186

92 Heribert Jone, a.a.O., Nr. 234, S. 188 f.

93 Heribert Jone, a.a.O., Nr. 237, S. 190 f.

94 Alphonsus Maria de Liguori: Theologia moralia, Bd. VI, 277

95 Doppelseitiger Einblattdruck, 8° (21 × 14,5 cm), ohne Verlagsort (? Paderborn) und ohne Jahresangabe (? 1957)

96 Markus 12, 18–27 parr

97 Matthäus 19, 3–9

98 Matthäus 19, 9

99 Markus 10, 11 f.; 1 Korinther 7, 10 f.

100 Matthäus 5, 31 f.; vgl. Lukas 16, 18

101 Matthäus 19, 12

102 Lukas 1, 7

103 Levitikus 21, 20

104 Deuteronomium 23, 2

105 Lukas 11, 27

106 Lukas 21, 23 parr
107 Lukas 23, 29
108 1 Korinther 7, 1–9
109 1 Korinther 7, 22–38
110 1 Korinther 7, 10–16
111 Evangelische Kommentare, Stuttgart 1990, Heft 8, S. 506
112 Johannes Chrysostomus: De virgine, 14; Patrologiae cursus completus, Accurante Jacques-Paul Migne, Paris, Series Graeca, Bd. 48, 544 (= PG)
113 Augustinus: Sermo 354 »ad continentes habitus«, c. 9; PL Bd. 39, 1568
114 Constitutio apostolica IV, 14; Elfriede Gottlieb: Die Frau in der frühchristlichen Gemeinde (Quellenhefte zum Frauenleben in der Geschichte, Heft 5), Berlin o. J., S. 25 (= Gottlieb)
115 Constitutio apostolica VIII, 24; Gottlieb S. 25
116 Markus 10, 17 ff.
117 Markus 10, 29 f.
118 Markus 10, 42 ff.
119 1 Korinther 9, 5; vgl. Lukas 4, 38
120 1 Timotheus 3, 2–5
121 1 Timotheus 3, 12
122 Titus 1, 5 f.
123 Gerhard Schmidtchen: Zwischen Kirche und Gesellschaft, Freiburg i. Br. ²1973, S. 134 f.
124 Der Spiegel, 46. Jahrgang, Nr. 25 vom 15. Juni 1992, S. 50
125 Corpus reformatorum, Berlin, Bd. 45, S. 401 und 528; Friedrich Heiler: Die Frau in den Religionen der Menschheit, Berlin–New York 1977, S. 167
126 Lexikon der Frau in 2 Bänden, Bd. I, Zürich 1953, Sp. 550
127 Lexikon der Frau, Bd. II, Zürich 1954, Sp. 1696
128 Lexikon der Frau, Bd. I, Sp. 481
129 Lukas 14, 26; vgl. Matthäus 10, 37
130 Lukas 8, 1–3
131 Markus 15, 40 f. parr
132 Lukas 23, 55 f. parr
133 Matthäus 28, 5–8
134 Matthäus 28, 9 f.
135 Markus 16, 9–11
136 Johannes 20, 1–10
137 Johannes 20, 13–18
138 Lukas 24, 9–11

139 1 Korinther 15, 3–8

140 1 Korinther 14, 33–35

141 1 Timotheus 2, 11–15

142 1 Korinther 16, 19

143 Römer 16, 1 f.

144 Römer 16, 3–5

145 Römer 16, 7

146 Johannes Chrysostomus: In epist. ad Romanos homilia; PG Bd. 31, 12

147 Constitutio apostolica III, 6; Gottlieb S. 39 f.

148 Constitutio apostolica III, 9; Gottlieb S. 41

149 Evangelische Kommentare, Stuttgart 1992, Heft 5, S. 260

150 Herder Korrespondenz, Freiburg i. Br. 1991, Heft 1, S. 52

151 Herder Korrespondenz, Freiburg i. Br. 1986, S. 606

152 Evangelische Kommentare, Stuttgart 1990, Heft 7, S. 440

153 Der Spiegel, 46. Jahrgang, Nr. 52 vom 21. Dezember 1992, S. 82

154 Lutherische Monatshefte, Hamburg 1992, Heft 8, S. 383; vgl. Evangelische Kommentare, Stuttgart 1992, Heft 8, S. 496

155 Evangelische Kommentare, Stuttgart 1989, Heft 3, S. 57

156 Herder Korrespondenz, Freiburg i. Br. 1992, Heft 9, S. 440

157 Evangelische Kommentare, Stuttgart 1992, Heft 12, S. 759

158 Evangelische Kommentare, Stuttgart 1989, Heft 6, S. 60; Herder Korrespondenz, Freiburg i. Br. 1989, S. 288

159 Verlautbarungen des Apostolischen Stuhls, Nr. 3, hrsg. vom Sekretariat der Deutschen Bischofskonferenz, Bonn 1977, S. 5

160 Verlautbarungen des Apostolischen Stuhls, Nr. 3, a. a. O., S. 7

161 Verlautbarungen des Apostolischen Stuhls, Nr. 3, a. a. O., S. 15

162 Der Spiegel, 46. Jahrgang, Nr. 52 vom 21. Dezember 1992, S. 82

163 Evangelische Kommentare, Stuttgart 1992, Heft 8, S. 494

Islam

1 Knaurs Großer Religionsführer, München [3]1992, S. 232–257

2 Handwörterbuch des Islam, hrsg. von A. J. Wensinck und J. H. Kramers, Leiden 1941, S. 286 (= HI); Leone Caetani: Annali dell' Islām, 2 Bde. Milano 1905–07, (Nachdruck:) Hildesheim–New York 1972, Bd. I, 166 ff. (= Caetani).

3 HI: 820

4 HI: 761

5 HI: 620

6 HI: 127–129

7 HI: 649; Caetani, Bd. I: 312

8 Sure 33: 49–51; Der Koran, aus dem Arabischen übertragen von Max Henning, Stuttgart (1960) 1970; Le Coran, traduction et notes par D. Masson (Bibliothèque de la Pléiade), Paris 1967; Der Heilige Qur-ān, arabisch-deutsch, Hrsg. Ahmadiyya-Mission des Islams, Zürich–Hamburg 1954; Sacred books of the East, Bd. 6 und Bd. 9

9 Sure 33: 30f.

10 HI: 650

11 Sure 4: 127

12 HI: 29f.; Caetani, Bd. I: 424

13 HI: 157; Caetani, Bd. I: 540

14 HI: 820; Caetani, Bd. I: 588f.

15 Caetani, Bd. I: 588f.

16 Sure 4: 3

17 HI: 819f.; Caetani, Bd. I: 610f.

18 Sure 33: 4. 37

19 Sure 33: 53

20 Caetani, Bd. I: 601

21 Caetani, Bd. II: 55

22 HI: 632f.; Caetani, Bd. II: 34ff. und 49

23 HI: 400; Caetani, Bd. II: 66

24 Sure 33: 52

25 Sure 33: 28f.

26 Caetani, Bd. I: 634; Bd. II: 369

27 Caetani, Bd. I: 730

28 Sure 66: 1–5

29 Sure 33: 6

30 Sure 33: 53

31 Sure 21: 25

32 Sure 112: 1–4

33 Sure 1: 1ff.

34 Sure 4: 51–54

35 Sure 71: 22f.

36 Sure 16: 59; 17: 42; 37: 149–153; 43: 15–18; 52: 39; 53: 19–23

37 Sure 37: 149–153

38 Sure 53: 19f.

39 Sure 53: 21–23

40 Sure 53: 19–23

41 Sure 2: 96; vgl. HI: 168

42 Sure 51: 49

43 Sure 53: 46f.

44 Sure 78: 8

45 Sure 42: 9. 48f.

46 Sure 75: 37–40

47 Sure 22: 5; 23: 12–14; 32: 6–8; 35: 12; 40: 69; 75: 36–39; 77: 20; 86: 4–6

48 Sure 32: 7

49 Sure 35: 12

50 Sure 86: 4–6

51 Sure 96: 1f.

52 Sure 39: 8

53 Sure 16: 99

54 Sure 40: 43

55 Sure 4: 123

56 Sure 4: 1

57 Sure 2: 228

58 Sure 4: 38

59 Sure 2: 282

60 Sure 4: 12

61 Sure 4: 175

62 HI: 177

63 Sure 44: 54

64 Sure 56: 22

65 Sure 56: 34–37

66 Sure 78: 33

67 Sure 33: 32–34

68 Sure 33: 59

69 Sure 33: 35

70 Sure 24: 30f.

71 Sure 24: 59

72 Sure 2: 185

73 Sure 2: 183

74 Sure 2: 222f.

75 Sure 7: 189

76 Sure 30: 20

77 Sure 23: 1–7
78 Sure 24: 23
79 Sure 17: 34
80 Sure 25: 68
81 Sure 4: 19
82 Sure 4: 30
83 Sure 33: 30
84 Sure 65: 1
85 Sure 24: 2
86 Sure 24: 4
87 Sure 24: 5f.
88 Sure 24: 8f.
89 Sure 21: 74
90 Sure 7: 78f.
91 Sure 26: 165f.
92 Sure 27: 55f.
93 Sure 29: 27f.
94 Sure 4: 20
95 Sure 17: 33; vgl. Sure 6: 141. 152
96 Sure 16: 59–61
97 Sure 81: 8f.
98 HI: 586f.
99 Sure 4: 3
100 Sure 4: 29
101 HI: 552–554
102 Sure 4: 28
103 HI: 588
104 Sure 4: 26
105 Sure 4: 27
106 Sure 2: 220
107 Sure 24: 3
108 Sure 60: 10
109 Sure 5: 7
110 Sure 2; Sure 4; Sure 33; Sure 58; Sure 65
111 HI: 195f.
112 Sure 2: 228
113 Sure 65: 4
114 ebenda

115 Sure 2: 226f.

116 HI: 713

117 Sure 2: 222

118 HI: 157

119 HI: 110

120 HI: 145

121 HI: 800

122 HI: 800

123 Sure 3: 91

124 HI: 199f.

125 HI: 746

126 Sure 5: 9

127 Sure 4: 46

Neue Religionsgemeinschaften

1 Knaurs Großer Religionsführer (= KGR), München [3]1992,
   S. 319f.

2 KGR, S. 414–416

3 KGR, S. 397–399

4 KGR, S. 162

5 KGR, S. 333–334

6 KGR, S. 181–182

7 KGR, S. 261–262

8 KGR, S. 98–99

9 KGR, S. 301

10 KGR, S. 142–144

11 KGR, S. 297

12 KGR, S. 389–390

13 KGR, S. 323–324

14 KGR, S. 321–323

15 KGR, S. 52–54

16 Francesco Ficiccha: Der Bahā'ismus, Weltreligion der Zukunft? Stuttgart 1981,
    S. 156f.

17 KGR, S. 314–317

18 Das Buch Mormon, hrsg. von der Kirche Jesu Christi der Heiligen der Letzten
    Tage, Frankfurt a. M. 1982, S. 107; Jakob 2, 24 und 27

19 Hans-Jürgen Twisselmann: Die Mormonen im Schatten ihrer Geschichte, Witten (Ruhr) [4]1967, S.7f.

20 Hans-Jürgen Twisselmann, a.a.O., S.8

21 Hans-Dieter Reimer u.a.: ... neben den Kirchen, Konstanz [9]1990, S.296

22 KGR, S.140–141

23 Mary Baker-Eddy: Science and Health, Boston 1937, S.331

24 KGR, S.410–413

25 Das Neue Guiness Buch der Rekorde 1988, S.292

26 KGR, S.283–285

27 KGR, S.278–279

28 KGR, S.31–33

29 KGR, S.393–396

30 KGR, S.148

31 KGR, S.182–184

32 KGR, S.56–58

33 KGR, S.374–376

34 KGR, S.97–98

35 Lexikon der Sekten, Sondergruppen und Weltanschauungen, hrsg. v. Hans Gasper u.a., Freiburg i. Br. [2]1990, Sp.1076–1079

36 Lexikon der Sekten, Sp.284–286

37 Süddeutsche Zeitung Nr.27, vom 3. Februar 1993, S.12

38 Lexikon der Sekten, Sp.455–457

39 Lexikon der Sekten, Sp.918–919

40 Lexikon der Sekten, Sp.738–746

Literaturverzeichnis

I. PRIMÄRLITERATUR: Heilige (Quellen-)Schriften der Religionen

Zeit	Schriften	Sprache	Religion
vor Christus:			
ca. 2400	Weisheitslehre des *Ptah-hotep*	Altägyptisch	Ägyptische R[eligion]
2310–2290	*Pyramidentexte* in Sakkara	Altägyptisch	Ägyptische R.
2040–1785	Entstehung der *Sargtexte*	Altägyptisch	Ägyptische R.
ca. 1900	Liederzyklus des *Gilgamesch-Epos*	Sumerisch	Sumerische R.
1728–1686	Gesetzestexte des *Hammurabi*	Akkadisch	Babylonische R.
1554–1080	Entstehung der *Totenbücher*	Altägyptisch	Ägyptische R.
1500–1200	*Rigveda*	Vedisch	Vedismus
1365–1349	Aton-Hymnus des *Echnaton*	Altägyptisch	Ägyptische R.
ca. 1120	*Debora*lied	Althebräisch	Israelitische R.
945/745	Weisheitssprüche des *Ani*	Altägyptisch	Ägyptische R.
nach 900	Elohistisches Erzählwerk	Althebräisch	Israelitische R.
900–700	*Brāhmanas* (Priestertexte)	Sanskrit	Brahmanismus
900/600	Weisheitslehre des *Amenope*	Altägyptisch	Ägyptische R.
9./8. Jh.	Jahwistisches Erzählwerk	Althebräisch	Israelitische R.
ca. 800	*Aranyakas* (»Waldtexte«)	Sanskrit	Brahmanismus
ab 800	*Upanishaden*/Vedanta	Sanskrit	Brahmanismus
8./6. Jh.	*Shi-king* (»Buch der Lieder«)	Chinesisch	Universismus
ca. 750	*Homers* »Ilias« und »Odyssee«	Altgriechisch	Griechische R.
700	»Theogonie« des *Hesiod*	Altgriechisch	Griechische R.
ca. 700	Erwerb der Sibyllinischen Bücher	Lateinisch	Römische R.
7./2. Jh.	*I-King* (»Buch der Wandlungen«)	Chinesisch	Universismus
600	Abschluß des Veda	Sanskrit	Vedismus

Zeit	Schriften	Sprache	Religion
6./5. Jh.	Priesterschrift	Althebräisch	Judentum
525–456	*Aischylos:* »Die Perser« (472) »Sieben gegen Theben« (467) »Orestie« (458)	Altgriechisch	Griechische R.
518–446	*Pindar* von Theben	Altgriechisch	Griechische R.
5. Jh.	*Ta-hsio* (»große Lehre«) des Tsze-Tsze	Chinesisch	Konfuzianis-mus
400 v.–200 n.	*Rāmāyana* des Valmiki	Sanskrit	Hinduismus (Vishnuis-mus)
400 v.–400 n.	*Mahābhārata*	Sanskrit	Hinduismus (Vishnuis-mus)
4./3. Jh.	»Sieben Schriften« des *Mēng-tse*	Chinesisch	Konfuzianis-mus
ca. 300	*Tao-tē-king*	Chinesisch	Taoismus
3. Jh.	Septuaginta	Altgriechisch	Judentum
3./2. Jh.	*Siddhānta* (»Lehrbuch«), Agama	Prakrit	Jainismus (Shvetāmba-ras)
seit 206	»Lun-yü« (»Gespräche«) *des K'ung-tse*	Chinesisch	Konfuzianis-mus
200	»Prajnāpāramitā-Sūtras«	Pali	Buddhismus
ca. 166–145	»Milindapañha« (»Fragen des Milinda«)	Pali	Buddhismus
ca. 80–35	Pāli-Kanon (Tipitaka) in Sri Lanka	Pali	Buddhismus
ca. 80–35	»Mahāyāna-Sūtras« (u. a. »Lo-tos-Sūtra«)	Pali	Buddhismus
76	Sibyllinische Bücher (Neuer-werbung)	Lateinisch	Römische R.
nach Christus:			
ab 50/51	Briefe des *Paulus*	Koine-Griech.	Christentum

Zeit	Schriften	Sprache	Religion
ca. 70	Evangelium nach *Markus*	Koine-Griech.	Christentum
ca. 80/90	Evangelium nach *Matthäus* und *Lukas*	Koine-Griech.	Christentum
ca. 100	Evangelium nach *Johannes*	Koine-Griech.	Christentum
2. Jh.	»Buddhacarita« des *Ashvagosha*	Sanskrit	Buddhismus
2. Jh.	Gesetzbuch des *Manu* (Redaktion)	Sanskrit	Hinduismus
2. Jh.	*Bhagavadgītā*	Sanskrit	Hinduismus (Vishnuismus)
226	*Avesta* (»Grundtexte«) kodifiziert	Altpersisch	Mazdaismus/ Parsismus
vor 277	*Shahpurakam*	Persisch	Manichäismus
280	*Saddharma-pundarika-Sūtra*	Pali	Buddhismus
3. Jh.	*Kāma-Sūtra* des *Mallanāga Vātsyāyana*	Sanskrit	Hinduismus
3. Jh.	*Kundakunda*	Prakrit	Jainismus (Digambaras)
3.–7. Jh.	*Pehlevi*-Schriften	Persisch	Mazdaismus/ Parsismus
nach 300	*Sāmkhya-Kārikā* des Ishvara Krishna		Hinduismus
367	Kanon des *Neuen Testaments* abgeschlossen	Koine-Griech.	Christentum
395–430	*Augustinus-Schriften*	Lateinisch	Christentum
4. Jh.	*Vasubandhu:* »Abhidharma-kosha«	Sanskrit	Buddhismus
4./5. Jh.	»Raghuvansha« des *Kālidāsa*	Sanskrit	Hinduismus
5. Jh.	*Buddhaghosa:* »Weg der Reinheit«	Pali	Buddhismus
5. Jh.	*Tao-ts'ang* abgeschlossen	Chinesisch	Taoismus
ca. 500	Babylonischer *Talmud* (Redaktion)	Hebräisch	Judentum

Zeit	Schriften	Sprache	Religion
ca. 500	»Yoga-Sūtras« des *Patanjali*	Sanskrit	Hinduismus
518	Katalog des chines.-buddh. *Kanons*	Chinesisch	Buddhismus
7./8. Jh.	»*Ginzā*« (»Schatz«)	Mandäisch	Mandäismus
653	*Koran* (Redaktion)	Arabisch	Islam
ab 700	Ältere *Samhitā*-Literatur	Sanskrit	Hinduismus (Tantrismus)
712	*Kojiki*, von *Ōno Yasumara* herausgegeben	Japanisch	Shintoismus
720	*Nihongi* abgeschlossen	Japanisch	Shintoismus
800–1200	»Ältere« *Edda*	Altisländisch	germanische R.
9. Jh.	Shivaitische *Āgamas*	Sanskrit	Hinduismus (Shivaismus)
9. Jh.	*Bhakti-Sūtras*		Hinduismus
9. Jh.	»Die sechs Bücher« des *Hadith*	Arabisch	Islam
900	*Purānas* abgeschlossen	Sanskrit	Hinduismus
927	*Engishiki* abgeschlossen	Japanisch	Shintoismus
10./11. Jh.	*Bhāgavatha-Purāna* (Krishna-Legende)	Sanskrit	Hinduismus (Vishnuismus)
1050–1137	*Rāmānuja*	Sanskrit	Hinduismus (Vishnuismus)
1059–1110	*al-Ghazzāli*: Mystik »Prabodhacandrodaya« des *Krishnamishra*	Sanskrit	Hinduismus
1170–1180	»Gitagovinda« des *Jayadeva*	Sanskrit	Hinduismus (Vishnuismus)
1181/82–1226	*Franz von Assisi*: »Sonnengesang«	Lateinisch	Christentum
1207–1273	*Djalāl ad-Dīn Rūmī* (Konya): Mystik		Islam
ca. 1225–1274	*Thomas von Aquin*	Lateinisch	Christentum
14. Jh.	*Totenbuch der Maya*	Maya	Maya-R.

Zeit	Schriften	Sprache	Religion
14. Jh.	*Bardo-thödol* (tibet. Totenbuch)	Tibetisch	Lamaismus
ab 14. Jh.	*Zohar* (»Glanz«)	Aramäisch	Judentum (kabbal.)
1325	*Kandschur* und *Tandschur*, systemat. durch *Buston* (1289 bis 1364)	Tibetisch	Buddhismus (Lamaismus)
1440–1518	*Kabir*	Hindi	Hinduismus
vor 1441	*Popol Vuh*	Maya	Maya-R.
1483–1546	*Martin Luther*	Deutsch	Christentum
1532–1623	Rām-carit-mānas des *Tulsīdās*	Hindi	Hinduismus (Vishnuismus)
1604	*Adi Granth* (»Buch«), kompiliert durch Guru Arjan Mal	6 Sprachen, u.a. Panjabi	Sikhismus
1705	*Dasam Granth* durch Guru Govind Singh		Sikhismus
seit 1750	Chassidisches Schrifttum		Judentum
1830	*The Book of Mormon*	Englisch	Mormonentum
1835	*Kalevala*	Finnisch	Finnische R.
1840–44	»Die Haushaltung Gottes« (3 Bde.)	Deutsch	Lorber-Gesellschaft
1847	»The principles of nature«	Englisch	Spiritismus
1850	*Bayān* (»Erklärung«) des »Bāb«	Arabisch	Babismus
ca. 1859	Konkōkyō Kyōten	Japanisch	Konkōkyō
ca. 1861	*Chonso* (»Himmlische Schrift«)	Koreanisch	Tonghak
1869–82	*Ōfudesaki* (»Spitze des Pinsels«)	Japanisch	Tenrikyō
1873	*Kitāb al-akdas* (»Heiligstes Buch«)	Arabisch	Baha'ismus
1875	»Science and Health«	Englisch	Christian Science
1888	»The Secret Doctrine« (3 Bde.)	Englisch	Theosophische Gesellschaft
nach 1918	*Ōfudesaki*	Japanisch	Ōmotokyō

Zeit	Schriften	Sprache	Religion
1918–48	»Reikai Monogatari« (81 Bde.)	Japanisch	Ōmotokyō
1926	»Im Lichte der Wahrheit« (3 Bde.)	Deutsch	Gralsbewe-gung
ca. 1930	»Sei-kyō«	Japanisch	Seichō-no-je
ca. 1944	»Seisho«	Japanisch	Odoru Shūkyō
1950	»Dianetics«	Englisch	Scientology Church
1964	»Consciencism«	Englisch	Nkrumahis-mus
1966	»The Science of Being«	Englisch	Transzenden-tale Meditation
1969	»Eckankar«	Englisch	Eckankar
1970	»KRSNA Consciousness«	Englisch	Hare-Krishna-Bewegung
1973	»Divine Principles«	Englisch	Vereinigungs-kirche
1975	»I Am the Gate«	Englisch	Bhagwan-Rajneesh-Bewegung
1977/81	»The Mo Letters« (8 Bde.)	Englisch	Kinder Gottes

II. SEKUNDÄRLITERATUR

Amezúa, Efigenio: Religiosidad y sexualidad, Madrid 1974.

Baldisan, James Robert: A manual of sex and sun worship rituals, Albuquerque/N.M. 1979.

Baudler, Georg: Gott und Frau. Die Geschichte von Gewalt, Sexualität und Religion, München 1991

Baumann, Hermann: Das doppelte Geschlecht. Ethnologische Studien zur Bisexualität in Ritus und Mythos, Berlin (1955)^{2}1980.

Bernos, Marcel (Hg.): Sexualité et religions. Textes réunies, Paris 1988.

Bertholet, Alfred: Das Geschlecht der Gottheit, Tübingen 1934.

Brown, Sanger: Sex worship and symbolism, New York (1922) 1975.

Cétremont, G. de: Religions et sexualisme, Paris 1928.

Christensen, H.T.: Sexualverhalten und Moral. Eine kulturvergleichende Untersuchung, Reinbek 1971.

Cohen, Chapman: Religion and Sex. Studies in the pathology of religious development, Edinburgh 1919/New York 1975.

Cutner, H.: A Short History of Sex Worship, London 1940.

Daniélou, Alain: L'Erotisme divinisé, Buchet-Chastel o.J.

Dulaure, Jacques-Antoine: The gods of generation. A history of phallic cults among ancient and modern, New York (1934) 1975.

– Die Zeugung in Glauben, Sitten und Bräuchen der Völker, Leipzig 1909.

Dupé, Gilbert: La sexualité et l'érotisme dans les religions, Nizza 1980.

Fehrle, Eugen: Die kultische Keuschheit im Altertum, Gießen 1910/Repr. Berlin 1966.

Foster, Lawrence: Religion and Sexuality. Three American Communal Experiments in the Nineteenth Century, New York 1981.

Garcia Pinon, Jesús: Sexualidad y religion, Castellón de la Plana 1984.

Goldberg, B(en) Z(ion): The sacred Fire. The story of Sex in Religion, New York (1930) 1958/1959/1970.

– Sex in religion, New York 1970.

Highwater, Jamake: Sexualität und Mythos, Olten 1992.

Howard, Clifford: Sex and Religion. A study of their relationship and its bearing upon civilization, London 1925/New York 1975.

Hunger, Heinz: Die Heilige Hochzeit. Vorgeschichtliche Sexualkulte und -mythen, Wiesbaden 1984

Ide, Arthur Frederick: Sex, woman and religion, Dallas/Texas 1984.

John, Bubba: Free Love of the Two-Armed Form. The Free and Regenerative

Function of Sexuality in Ordinary Life and the Transcendence of Sexuality in True Religious or Spiritual Practice, Middletown/Kalifornien 1978.

Krische, Maria: Religion und Geschlechtlichkeit, Leipzig-Lindenau 1925.

Lanval, M.: Les Mutilations Sexuelles dans les Religions anciennes et modernes, Bruxelles 1936.

Malinowski, Bronislaw: Sex, Culture and Myth, London 1963.

Marcireau, Jacques: Histoire des Rites sexuels, Paris 1971.

Mariel, Pierre: Sectes et sexe. La sexualité dans l'ésotérisme traditionnel, St. Jean-de-Braye 1978.

Marr, G. S.: Sex in Religion. A Historical Survey, London 1936.

Maupertuis, Alexandre: Le sexe et le plaisir avant le christianisme. L'érotisme sacré, Paris 1977.

Pahnke, D.: Ethik und Geschlecht. Menschenbild und Religion in Patriarchat und Feminismus, Marburg 1991.

Parrinder (Edward) Geoffrey: Sex in the World's Religions, London 1980.

– (dt. Ausgabe): Sexualität in den Religionen der Welt, Olten-Freiburg i. Br. 1990.

Sagne, Cecil: Geheiligter Eros, München 1985.

Savramis, Demosthenes: Religion und Sexualität, München 1972.

Schroeder, T. A.: Erotogenesis of Religion, New York 1916.

Schubart, Walter (hg. von Friedrich Seifert): Religion und Eros, München (1941) 1966–1989.

Scott, George Ryley: Curious customs of sex and marriage. An inquiry rel. to all races and nations from antiquity to the present day, London 1953.

– Phallic worship. A history of sex and sex rites in relation to the religions of all races from antiquity to present day, London (1966) 1970.

Sexualität: unter Mitarbeit von B. Datta u. a., München und Göttingen 1984 (= Ethik der Religionen – Lehre und Leben, Bd. 1).

Sierksma, Fokke: Religie, sexualiteit & agressie. Een cultur-psycholog. biijde tot de verklaring van de spanning tussen de sexen, Groningen 1979.

Tanner, Fritz: Eros und Religion. Spiritualität und Sexualität, Altstätten/Schweiz 1990.

Walker, (George) Benjamin: Sex and the Supernatural. Sexuality in religion and magic, London 1970.

Wall, O. A.: Sex and Sex Worship, London 1919.

Wilkin, Vincent: The image of God in sex, New York 1955.

Sachregister

Der in runde Klammern gesetzte Buchstabe B hinter einer Seitenzahl verweist auf eine entsprechende Abbildung im Text.

Bildnachweis